Heinrich J. Prinz

ERINNERUNGEN
EINES POLIZISTEN

Eine Polizistenlaufbahn im Wandel der Zeit

Dieses Buch ist auch als
e-book
erhältlich.

www.novumverlag.com

© 2016 novum Verlag

ISBN 978-3-99048-254-4
Lektorat: Dr. Annette Debold
Umschlagfoto: Heinrich J. Prinz
Umschlaggestaltung, Layout & Satz:
novum Verlag
Innenabbildungen:
Heinrich J. Prinz (53)

Die vom Autor zur Verfügung gestellten Abbildungen wurden in der
bestmöglichen Qualität gedruckt.

Gedruckt in der Europäischen Union
auf umweltfreundlichem, chlor- und
säurefrei gebleichtem Papier.

www.novumverlag.com

Heinrich J. Prinz, Münchner Kriminalbeamter a. D.
Fach- und Krimiautor
Mitglied der Polizei-Poeten e. V.

ERINNERUNGEN EINES POLIZISTEN

Von der Bayerischen Bereitschaftspolizei
über das Polizeipräsidium München
zum Bayerischen Landeskriminalamt
und in den (Un-)Ruhestand

Eine Polizistenlaufbahn im Wandel der Zeit

1952–2002

Inhaltsverzeichnis

Prolog 12

Teil I
Von der Bereitschaftspolizei
zur Münchner Funkstreife 19
  1. Folge – Dienstantritt bei der Bereitschaftspolizei 21
  2. Folge – Ausbildung und Einsätze 32
  3. Folge – Versetzung zur Stadtpolizei München 45
  4. Folge – Von Einsatz zu Einsatz 58
  5. Folge – Von Jahr zu Jahr mehr Einsätze 72
  6. Folge – Gewalt, Stress und Frust 83

Teil II
Erfahrungen bei der Münchner Kripo 97
  7. Folge – Lehrzeit als Kriminalanwärter 99
  8. Folge – Als Betrugssachbearbeiter
     bei der KPI München-Süd 115
  9. Folge – Versetzung zur Staatsschutzabteilung 128
 10. Folge – Einsatzplanung beim Staatsschutz 141
 11. Folge – Sicherheitsplanung für die Olympiade 1972 . . . 157
 12. Folge – Anschläge, Hausbesetzungen,
     AKW-Kampf 172

Teil III
Vom Kripo-Stab zum Kommissariatsleiter 185
 13. Folge – Wechsel zum Stab der Kripo 187
 14. Folge – Massendelikt Diebstahl aus und an Kfz 204
 15. Folge – Strategie und Taktik der Bekämpfung 221
 16. Folge – Gewalt- und Rohheitsdelikte
     und sonstige Missetaten 242

17. Folge – Aspekte der Ausländerkriminalität 268
18. Folge – Ausschreitungen bei Fußballspielen
und Demonstrationen 285

Teil IV
Wechsel zum LKA 309
19. Folge – Bekämpfung organisierter
und überörtlicher Kriminalität 311
20. Folge – Diebstahl von Kunstgegenständen 334
21. Folge – Kriminalstatistik und
Kriminalitätsentwicklung 358
22. Folge – Kriminalitätsursachen und Gewaltexzesse . . . 387
23. Folge – Schwindende Motivation –
Zunehmende Rauschgiftkriminalität 423

Teil IV
Im (Un-)Ruhestand 463
24. Folge – Vorzeitige Pensionierung 465
25. Folge – Redaktionstätigkeit und neuer Stress 490
26. Folge – Haarscharf am Herzinfarkt vorbei 522

Epilog 543

Das Buch

Wer hat heute noch so recht eine Vorstellung davon, was es heißt, nach Hitlers totalem Krieg 1945 eine ebenso totale Niederlage zu erleben, aus der heraus es nun galt, wieder Fuß zu fassen, die Schule abzuschließen, eine Lehrstelle oder überhaupt Arbeit zu finden und sich in eine fremde, nun demokratische Gesellschaftsordnung einzufügen, in der zunächst jeder sich selbst der Nächste ist, Millionen Flüchtlinge und Vertriebene aus den Deutschen Ostgebieten untergebracht werden müssen und nach Jahren der Kriegsgefangenschaft heimkehrende ehemalige Soldaten zunächst vor dem Nichts standen und zusehen mussten, wenigstens bei der Polizei unterzukommen. Als „Männer der ersten Stunde", die den wirtschaftlichen Aufbau in all dem Chaos überhaupt erst möglich machten und so manche von ihnen dabei den Tod fanden, gingen sie denn auch in die Polizeigeschichte ein. Gleichwohl kehrte sich die gesellschaftliche Entwicklung nach den Hungerjahren der unmittelbaren Nachkriegszeit, dem gesellschaftlichen Zusammenhalt bei der Trümmerbeseitigung in den zerbombten Städten, der Integration Millionen Vertriebener und schließlich eines wirtschaftlichen Aufschwungs – Wirtschaftswunder genannt – Ende der 60er-, Anfang der 70er-Jahre mehr und mehr ins Negative.

In seinen „Erinnerungen eines Polizisten" stellt der Autor einen Beruf vor, den er an sich als einen der schönsten bezeichnet, den mit der Pensionierung endlich ausgestanden zu haben ihn jedoch froh und glücklich werden ließ. Mit gemischten Gefühlen blickt er auf die Jahrzehnte bundesdeutscher Gesellschafts- und Kriminalitätsentwicklung zurück, in denen er nach anfänglichem wirtschaftlichen Aufschwung moralischen Niedergang und sittlichen Verfall, Straßengewalt und Terror, Sinnverlust und Orientierungslosigkeit, permanent zunehmende Verbrechensfurcht und überproportional zunehmende Rauschgiftkriminalität konstatiert – Ergebnis der volks-, staats- und gesellschaftszersetzenden Ideologie der Generation der aus der kommunistischen „Frankfurter Schule" hervorgegangenen „68er" auf ihrem Marsch durch die Institutionen in den vergangenen vierzig Jahren, auf den sie heute so stolz ist.

Der Autor

Mit Zwanzig verließ Heinrich J. Prinz (J. steht für Josef), Jahrgang 1932, seine niederbayerische Heimat, die ihm in den Jahren nach dem Krieg keine Zukunft bot. Er ging zur Bayerischen Bereitschaftspolizei. Von dort führte ihn sein Berufsweg zur (damaligen) Stadtpolizei München (heute Landespolizei), wo er u. a. zehn Jahre lang der legendären Münchner Funkstreife angehörte, bevor er schließlich zur Münchner Kripo ging, wo er seine eigentliche Berufung fand. Als Sachbearbeiter in einem Betrugskommissariat, Einsatzplaner bei der Staatsschutzabteilung, Sachbearbeiter für zentrale Aufgaben im Stab der Kripo arbeitete er sich zum Kommissariatsleiter empor und war als solcher in verschiedenen Aufgabenbereichen tätig, u. a. in Kommissariaten für „Diebstahl aus und an Kfz." und „Gewalt und Rohheitsdelikte". Mit zahlreichen Fachartikeln machte er sich bundesweit einen Namen. Schließlich bewarb er sich zum Bayerischen Landeskriminalamt, wo er zunächst als Sachgebietsleiter für „Überregionale Kriminalitätsbekämpfung und Diebstahl von Kunstgegenständen" und sodann für „Kriminalstatistik und Auswertung" tätig war. Als Erster Kriminalhauptkommissar (EKHK) ging er in Pension, gesundheitlich schwer angeschlagen. Für wenige Jahre ließ er sich noch dazu überreden, die Redaktion der polizeilichen Fachzeitschrift DIE NEUE POLIZEI zu übernehmen. Dann waren eine Bypassoperation und schließlich auch noch ein Herzschrittmacher fällig. Heute lebt er mit seiner Frau zurückgezogen in einer bescheidenen Wohnung am Stadtrand Münchens. Von seinem ehemaligen Beruf kommt er gleichsam nicht los.

In den Jahren der Zugehörigkeit zur Funkstreife schrieb er nach einem Fernkurs über „Technik der Erzählkunst" erste Krimis aus der Unterwelt New Yorks für Heftroman- und Leihbuchverlage und besserte damit sein karges Hauptwachtmeistergehalt etwas auf. Den langen Atem für Krimis, in denen er seine beruflichen Erfahrungen und Erinnerungen verarbeitet und authentisch die häufig stressige, oft genug frustrierende und meist nicht ungefährliche Tätigkeit der Polizei- und Kriminalbeamten schildert, fand er erst wieder zum Ende seiner Dienstzeit. Er trat der Autorengruppe DAS SYNDIKAT bei (inzwischen ausgetreten), einem Förderverein für deutschsprachige Kriminalliteratur e. V., und las bei dessen jährlich in einer anderen Stadt veranstalteten mehrtätigen Krimifestival, „Criminale" genannt, aus seinen Polizei-Krimis.

Eine Polizistenlaufbahn im Wandel der Zeit

Heinrich J. Prinz, Jahrgang 1932, verließ als Zwanzigjähriger seine niederbayerische Heimat, die ihm in den Jahren nach dem Krieg keine Zukunft bot, und ging zur Bayerischen Bereitschaftspolizei. Von dort führte ihn sein Berufsweg zur damaligen Stadtpolizei München. Geprägt durch zehn Jahre stressigen Schichtdienst mit ständigen Soforteinsätzen bei der legendären Münchner Funkstreife ging er schließlich zur Kripo. Hier stieg er alsbald in den gehobenen Dienst auf, verbrachte einige nicht minder stressige Jahre bei der Staatsschutzabteilung, wurde „Persönlicher Mitarbeiter" beim Leiter der Kripo und schließlich Kommissariatsleiter. Neugierig auf immer wieder Neues wechselte er wiederholt seinen Aufgabenbereich, bis er schließlich als Sachgebietsleiter im Bayerischen Landeskriminalamt landete. Zahllose Fachartikel kennzeichnen seine Tätigkeitsbereiche. Als Erster Kriminalhauptkommissar (EKHK) ging er in Pension, froh und glücklich darüber, einen der zwar schönsten, aber doch auch sehr stressigen und oft frustrierenden Berufe ausgestanden zu haben. Gleichwohl übernahm er noch für ein paar Jahre die Redaktion der Fachzeitschrift DIE NEUE POLIZEI (DNP). Heute schreibt er nur noch Polizeiromane und München-Krimis, in denen er seine beruflichen Erfahrungen und Erlebnisse verarbeitet und authentisch die stressige, oft frustrierende und meist nicht ungefährliche Tätigkeit der Polizei- und Kriminalbeamten im Wandel der Zeit schildert.

Prolog

Mit Ende des Zweiten Weltkriegs war ich gerade 13 geworden. Den Bombenterror der Alliierten auf deutsche Städte und den Einmarsch der Amerikaner hatten wir in unserer niederbayerischen Abgeschiedenheit zwischen Rott und Inn unbeschadet überstanden, wenn auch ein urplötzlicher Bombenwurf eines sonnigen Herbsttages 1944 lange nach Abzug der über uns mit ihren Kondensstreifen den Himmel eintrübenden Bomberströme beinahe in unseren friedlichen Marktflecken gekracht wäre (ein Notabwurf nach Flaktreffer über deren Zielgebiet wohl nur, der knapp neben einem Bauernhof und in den nahen Feldern riesige Krater hinterließ), und zum Kriegsende hin die in freier Jagd tief über das Land fliegenden Jagdbomber (Jabos) die Bauern auf den Feldern angriffen und selbst auf meine in einer Hamsterfahrt über die Dörfer radelnde Mutter schossen. Gerade dass sie sich noch unter die in erster Blüte stehenden Obstbäume eines kleinen bäuerlichen Anwesens zu werfen vermochte, in die die Geschosse der Bordkanonen prasselten und Blüten und Zweige auf sie warfen. Kreidebleich und noch immer zitternd an allen Gliedern kam sie nach Hause. Nachdem wir schon seit Tagen Kanonendonner aus der Ferne vernahmen, erwarteten wir mit Bangen den Einmarsch des Feindes.

Tage zuvor hatten wir einen Zahlmeister der Wehrmacht zur Einquartierung in unserer Wohnung. Doch dann rückten die letzten Einheiten der Wehrmacht Richtung Alpen ab. Zwei abgekämpfte Infanteristen, die einen Handwagen mit ihrem Gepäck und ihren Karabinern hinter sich herzogen, waren die letzten deutschen Soldaten, die wir vorbeiziehen sahen. In der offenen Wagenremise des Stadels hinter unserem Wohngebäude entdeckte ich, neugierig wie ich war, einen zurückgelassenen Kleinlaster (einen Opel Blitz, wie es sie die Jahre darauf noch immer gab).

Auf dessen Ladefläche lagen durcheinander geworfen jede Menge Infanteriewaffen, von Pistolen und MPs bis zu Karabinern und MGs. Ich stöberte etwas darin herum und entdeckte eine handliche Pistole, die ich mit nach Hause nahm und unserem Vater zeigte. Doch der war vorsichtig. Nein, die könnten wir nicht behalten, auch nicht irgendwo auf dem Dachboden unter unserem Holzvorrat und den Bergen von Tannenzapfen, die wir Buben in den nahe liegenden Wäldern sammelten und säckeweise heimschleppten. Er hatte recht, wie sich später erwies, als die Amis, die unseren Marktflecken besetzt hatten und wieder und wieder die Wohnungen nach versteckten deutschen Soldaten und nach Waffen durchsuchten. Unsere Mutter, die sich alsbald anbot, die Wäsche der Amis zu waschen und deren Uniformen aufzubügeln, wofür sie Seifenstücke, Konserven und Orangen bekam. Von den unsere Wohnung wieder und wieder durchsuchenden Amis aber wurden diese Waren regelmäßig konfisziert.

Ein Panzerspähwagen der Amerikaner war das erste Feindfahrzeug, das am späten Nachmittag des 1. Mai 1945 aus Richtung unserer im Norden liegenden Kreisstadt Pfarrkirchen in unseren Ort rollte, dem Marktflecken Tann. Geduckt spähte ein behelmter GI aus dem Turmluck, eine großkalibrige Pistole schussbereit in der Faust. Der Spähwagen verschwand um die Kurve und rollte weiter in den Ort hinein. Alles blieb ruhig, verdächtig ruhig, als hielte selbst die Natur an diesem trüben Tag den Atem an. Ein beklemmendes Gefühl beschlich mich, der ich mit meinen Eltern und meinen drei jüngeren Brüdern – der jüngste gerade mal drei Jahre alt – in unserer Mietwohnung im ersten Stock unseres breit hingeduckten Hauses an der Ausfallstraße Richtung Pfarrkirchen der Dinge harrte, die gleich über uns hereinbrechen würden. Drüben am Hang wehte vom Zwiebelturm unserer Pfarrkirche bereits eine weiße Fahne.

Für mich wurde es Zeit, mich auf den Weg zum Hansbauern zu machen, von dem wir täglich eine große Kanne frischer Milch bekamen, mit der wir den aus gerösteten und gemahlenen Eicheln aufgebrühten Kaffee genießbar machten und Schwarzbrot in die großen Tassen brockten. Unser tägliches, karges Abendessen. Meine

Eltern zögerten, mich mit Mutters Fahrrad losfahren zu lassen. Doch noch blieb es ruhig. Ich schob den *Michibauernberg* empor, wo oben die drei Vierseithöfe *Seppbauer, Michibauer* und *Hansbauer* dicht beisammen standen. Maria, Bäuerin des Hansbauernhofes und unsere Tante, füllte die Vier-Liter-Michkanne, die ich wieder an den Fahrradlenker hängte. Als ich losradeln wollte, begann die Erde zu beben. Vorne an der knapp 50 Meter entfernten Straße tauchte eine nicht enden wollende Kolonne schwerer amerikanischer Panzer auf, dazwischen Schützenpanzer und Laster mit Infanterie. Ohne anzuhalten, rollte sie den Berg hinunter, den ich gerade emporgekommen war.

Ich wartete am Hoftor. Die ersten der Panzer mussten wohl schon in unserem im Tal liegenden Marktflecken angekommen sein, die Kolonne staute sich zurück. Ich schob mein Fahrrad zur Straße vor und überlegte, ob ich es wagen könnte, neben der dicht aufgeschlossenen Militärkolonne des Feindes den Berg hinunterzuradeln. Mir, einem dreizehnjährigen Schulbuben, würden die Amis wohl nichts tun. Als keiner der behelmten Soldaten in den Jeeps und auf den Lastern Notiz von mir nahm, schob ich mein Rad zwischen den Fahrzeugen hindurch und radelte auf der Überholspur zögernd los. Keiner der Amis hielt mich an, so ließ ich es allmählich den Berg hinunter laufen, auf dem die Panzer und Laster sich offenbar schon aus unserem Markflecken heraus zurückstauten. Im letzten steilen Drittel hatte ich schon ziemlich Fahrt drauf, als ich vorne auf einem der Laster einen Soldaten stehen sah, der in hohem Bogen mit kräftigem Strahl über die Straße pinkelte. Ich wagte nicht zu bremsen, auf der Schotterfahrbahn wäre ich unweigerlich gestürzt. So zog ich den Kopf ein und fuhr unter dem Urinstrahl hindurch. Schallendes Gelächter brandete die Kolonne entlang auf. Unbeschadet ließ ich es unten auslaufen und radelte weiter die wenigen hundert Meter bis zur Brücke über den Bach und zu unserem Haus.

Erlöst nahm mich Mutter in die Arme. Wie staunten wir über die Masse von Panzern, Schützenpanzern und Trucks voll mit Soldaten, die nun absprangen, sich die Beine zu vertreten begannen und vorn an der Kurve in den Ort hinein Zaunlatten losbrachen und ein offenes Feuer entfachten, an dem sie sich die Hände wärmten. Der Verkehrsstau reichte weit über die umliegenden Dörfer hinaus, und wie wir Tage später erfuhren, war auch von Süden her ein Panzerspähwagen in unseren Ort gerollt. Dort soll, wie mir Schulkameraden erzählten, ein junger deutscher Soldat tot im Straßengraben gelegen sein, auf den von nachrückenden Amifahrzeugen herunter GIs johlend MP-Salven abfeuerten. Und rund um unseren Marktflecken soll Artillerie aufgefahren sein.

Am Morgen nach dem Einmarsch unserer Feinde riss uns der Entsetzensschrei unserer Mutter aus den Federn. Vater und ich stürzten in die zur Straßenseite liegenden Wohnküche unserer Mietwohnung im 1. Stock. Kreidebleich wies Mutter zum Fenster, an dem sie soeben das Verdunkelungsrollo hochgezogen hatte. Mit blendend weißen Zähnen im schwarzen Gesicht grinste ein Ami zum Fenster herein. Er stand im Turm seines Panzers, der dicht an das Haus herangerangiert worden war, um die relativ schmale Straße nicht zu blockieren – der erste Schwarze, den Mutter in ihrem Leben zu sehen bekam. Er erschreckte sie zu Tode.

Dass unser idyllischer niederbayerischer Landstrich davor bewahrt blieb, totaler Zerstörung durch Bomben und Granaten anheimzufallen, hatten wir ungarischen Generälen zu danken, die mit größeren Heeresteilen im Rückzug über Österreich auch in unserem Ort Quartier bezogen hatten und in umliegenden Wäldern kampierten. Sie sorgten dafür, dass die am Kirchturm unseres Ortes gehisste weiße Fahne, die Fanatiker sogleich entfernten, erneut aufgezogen wurde, und kapitulierten auf dem Marktplatz in feierlichem Zeremoniell vor den uns überschwemmenden Amerikanern. Leider hatte ich dies nicht mitgekriegt.

Als ich am Abend darauf wieder mit der *Millibietsch'n*, der großen Milchkanne, am Lenker von Mutters Fahrrad zum Hansbauerhof aufbrach, brach plötzlich ohrenbetäubendes Geschieße aus zahllosen Maschinenkanonen auf den Schützenpanzern und Fahrzeugen entlang der Straße aus unserem Ort hinaus los. Ich sah, wie die Leuchtspurgeschosse über den östlichen Hang, auf dessen Kuppe das Wasserreservoir für den Ort installiert war, auf ein Ziel weit dahinter zuflogen. Ein Flugzeug, ein deutsches konnte es nur sein! Eine leichte Rauchfahne zog es hinter sich her. Getroffen ...? Ich bangte um dessen Piloten. Doch es entschwand alsbald, ohne dass ein Absturz zu erkennen war, und das Geschieße hörte auf.

Jahre später las ich davon, dass Deutschland damals über erste Strahljäger verfügte, die Me 262, die indes nicht mehr in genügender Zahl produziert wurden, um den Terrorbombern Paroli bieten zu können. Noch war Krieg. War es vielleicht einer dieser neuen Düsenjäger, die ich damals gesehen habe, und die Rauchfahne, die er hinter sich herzog, die Abgase der Düsen?

Tage nach dem Einmarsch der Amis galoppierte eine Horde junger GIs auf den Pferden der am nahen Waldrand kampierenden Ungarn unter ausgelassenen Yippie-Rufen in unseren Ort. Auf dem Asphalt stoben unter den Hufen der Pferde die Funken auf.

Der Hang hinter der Kirche in Richtung Westen diente den Siegern als Sammelplatz für erbeutete deutsche Militärfahrzeuge. Ein Sanitätswagen war darunter, dessen Hecktüren einladend offen standen. Mit einem deutschen Schützenpanzerwagen, wie ich ihn noch nicht gesehen hatte, kurvten einige der Amis auf dem Hang herum und rissen mit dessen Halbketten die Grasnarbe auf. Ich schlich mich während dessen an den Sanka heran und kletterte hinein. Zu meiner Überraschung entdeckte ich eine Anzahl Kilodosen, die nur Nahrhaftes enthalten konnten. Ich schürzte mein Hemd auf, packte hinein, was nur ging, und schlich mich davon. Meine Eltern brachen eine der unbeschrifteten Dosen sofort auf, sie enthielt köstlich riechende Wurstkonserven. Ich zog erneut los, um einen noch größeren Vorrat an Konserven heimzuholen, kam indes zu spät. Einer der Ungarn, die sich teils schon Zivilklamotten besorgt hatten, hatte die Konserven entdeckt. Ein Ami aber sah ihn und schlug ihm, dem Plünderer, seinen Karabiner über den Rücken. Mit solcher Wucht, dass dessen Schaft entzweibrach. Verblüfft betrachtete der GI seine Waffe, dessen zwei Teile nur noch am Trageriemen zusammenhingen. Der Ungar haute augenblicklich ab, und auch ich zog mich unverrichteter Dinge zurück. Schade, unsere Familie hätte sehr wohl noch einen Vorrat an Wurstkonserven brauchen können.

Ein Jahr nach Deutschlands bedingungsloser Kapitulation am 8. Mai 1945 konnte ich im Schnelldurchgang die achte und letzte Klasse der Volksschule nachholen und brachte damit wenigstens einen ordentlichen Schulabschluss zustande. Eine Lehrstelle aber fand ich in den Hungerjahren nach dem Krieg nicht (ich wäre gern Kfz-Mechaniker geworden). Ebenso wenig fand ich eine Arbeitsstelle. So arbeitete ich in der von meinem Vater, einem begnadeten Bastler und Spielzeugmacher, nach der von der Militärregierung verkündeten Gewerbefreiheit gegründeten Drechslerei mit und eignete mir so manche handwerkliche Fertigkeit an. Nach der Währungsreform, mit der die D-Mark die Reichsmark ablöste, war mit unseren Haushalts- und Spielwaren und unseren kunstvoll aus Edelhölzern gedrechselten Tellern, Schalen und Dosen kein Geschäft mehr zu machen. Jetzt gab es ja wieder alles.

Inzwischen hatte ich ein Blasinstrument erlernt, spielte alsbald in der von einem Vertriebenen aus dem Sudetenland ins Leben gerufenen Blaskapelle zuerst Begleitstimme, dann erstes Tenorhorn (Nebenmelodien, in die ich mein ganzes Gefühl legen konnte und bald einen gewissen Ruf erlangte und in Nachbarkapellen aushelfen durfte) und arbeitete teils im elterlichen Haushalt; als ältester von vier Brüdern war ich Mädchen für alles und bekochte wiederholt Vater und Brüder, wenn Mutter wieder mal ins Krankenhaus musste (nach vier Geburten, für die sie das von Hitler gestiftete Mutterkreuz erhielt, das wir beim Nahen der Amerikaner unter den Dielen der Wohnküche versteckten, riss wiederholt ihr Bauchnetz). Immer öfter und länger arbeitete ich auch auf dem Bauernhof meines Großvaters und bekam ordentlich zu futtern (lang aufgeschossen und hager, wie ich war, hatte ich dies dringend nötig). Ich war dort der Handwerker für alle denkbaren Reparaturen und der Rossknecht. Noch heute denke ich gern an meine zwei kräftigen Kaltblüter – und an die bleierne Müdigkeit nach Tanzveranstaltungen, Fahnenweihen, Bauernhochzeiten, Volksfesten etc., von denen ich meist erst im Morgengrauen zum Schlafen kam, bald aber wieder aufstehen musste, um den Pferdestall auszumisten und den ganzen Tag über auf den Feldern zu arbeiten.

Im strukturschwachen Niederbayern der Nachkriegszeit sah ich keine Zukunft. So radelte ich eines Tages in die nächste Stadt zum Arbeitsamt, wo man mir Bergbau im Ruhrgebiet und die geplante Bereitschaftspolizei anbot. Jetzt musste ich mich entscheiden. Bergbau verhieß guten Verdienst, aber schwere Arbeit. Die kannte ich schon vom Hof meines Großvaters. Polizei ...? Die mochte ich eigentlich nicht, musste ich doch einmal wegen Radfahren ohne Licht in einer mondhellen Nacht 4,50 RM blechen. Schließlich füllte ich doch die Bewerbung für die Polizei aus. Die Einstellungsprüfung fand in Regensburg statt – an einem Dreizehnten. Ich glaubte zu träumen, als verkündet wurde, wer von den zahlreichen Bewerbern die zweitägigen Prüfungen (schriftlich, mündlich, sportlich, polizeiärztlich) bestanden hatte – ich war unter dem Drittel, das demnächst den Einberufungsbefehl erhalten sollte.

Als es im Frühjahr 1952 endlich so weit war, war ich gerade zwanzig geworden.

TEIL I

*Von der Bereitschaftspolizei
zur Münchner Funkstreife*

1. Folge

Dienstantritt bei der Bereitschaftspolizei

Am liebsten hätte ich kehrtgemacht und wäre wieder nach Hause gefahren, als ich sie unten auf dem Sportplatz exerzieren sah. Gruppenweise. „In Linie angetreten!", schallten lautstark Kommandos über den Sport- und Exerzierplatz, und als die Linie stand und sich nach dem Flügelmann ausgerichtet hatte: „Nach rückwärts weggetreten, marsch, marsch!" Da spritzten die jungen Polizeianwärter wieder davon, um auf das Kommando „Achtung" nach wenigen Metern abrupt stehen zu bleiben, Front zu ihrem Gruppenführer zu machen und in strammer Haltung das nächste Kommando abzuwarten. Andere Gruppen übten Wendungen, wieder andere den Gleichschritt, marschierten einmal „links schwenkt marsch", dann „rechts schwenkt marsch" kreuz und quer über den Platz.

Zufahrt zum Areal der Jäger-Kaserne – v. l.: Obelisk mit Steintafel; im Hintergrund Mitte: Wachgebäude, davor Schlagbaum mit Posten; rechts: Stabsgebäude.
Foto: aus Chronik „II. Bereitschaftspolizeiabteilung Eichstätt" von Helmut Reis

Ich stand mit einem alten, ramponierten Reisekoffer auf dem Hang entlang der Straße mit den alten Kasernengebäuden und sah eine Weile verwundert zu. Wo war ich da nur hingeraten! Ich hatte mich zur Bayerischen Bereitschaftspolizei gemeldet, nicht zum Barras! Dies hier war ganz und gar nicht mein Fall. Ich hatte als Schüler Karl May gelesen und hielt es eher mit Indianern. Unter den Schulkameraden der Nachbarschaft war ich der Häuptling. Schon der Drill der Hitlerjugend, bei der gewisse Wichtigmacher das Kommando führten und zu der ich ab dem vierzehnten Lebensjahr automatisch gehören sollte, zog mich nicht an. Als der Krieg endlich aus war, war ich dreizehn und hatte schon die Appelle beim Jungvolk, der Vorstufe zur HJ, meist geschwänzt.

Der Posten am Schlagbaum bestätigte mir, dass dies hier die Jägerkaserne in Eichstätt war, in der die II. Abteilung der BBPol. untergebracht war, bei deren 7. Hundertschaft ich mich an diesem 21. April 1952 zu melden hatte. Vom Bahnhof Eichstätt Stadt her hatte ich mich durchgefragt bis hierher ans östliche Ende der Bischofsstadt an der Altmühl, nachdem ich an der Station Eichstätt Bahnhof übersehen hatte, mich den jungen Männern anzuschließen, die hier von Uniformierten aus dem D-Zug von München, der Richtung Treuchtlingen (?) weiterfuhr, geholt und auf Lastwagen verladen worden waren. Ich hatte schon immer etwas langsam geschaut und erst überlegt, was in dieser oder jener Situation zu tun sei. So war ich denn in den Bummelzug nach Eichstätt Stadt und weiter die Altmühl entlang gestiegen. Nach Eichstätt Stadt musste ich schließlich.

Im Jahr davor erst war die Bayerische Bereitschaftspolizei aufgestellt worden, parallel zum Bundesgrenzschutz. Inzwischen war ja der *Kalte Krieg* ausgebrochen und unter den Westalliierten gab es längst Pläne, die Deutschen in die Verteidigung des Westens einzubeziehen. Dafür suchte man geeignete junge Männer. Ich hätte davon in meiner ländlichen Heimat gar nichts erfahren, wenn mich nicht ein gerade aus der Gefangenschaft heimgekehrter ehemaliger Soldat, der im strukturschwachen Niederbayern der Nachkriegszeit wie ich keine Arbeit fand und sich als Erntehelfer verdingen musste, darauf aufmerksam gemacht hätte. So radelte ich denn mit dem alten Fahrrad meiner Mutter die 18 km Schotterstraße nach Simbach am Inn, wo das zuständige Arbeitsamt lag. Ich war es gewohnt, überallhin mit dem Fahrrad zu fahren, wie vor allem zu

Tann/Ndb., Heimatort des Autors. Foto:Privat

Marschmusik zur Fahnenweihe der Freiwilligen Feuerwehr in Wurmannsquick/Ndb. (ich marschiere hinten rechts).

den Auftritten der Tanner Blaskapelle, in der ich seit drei Jahren Tenorhorn blies. In einem Radius bis ins 25 km entfernte Burghausen, wo mich, den mittlerweile geschätzten Tenorhornisten, das dortige große Blasorchester gelegentlich für Volksfeste auslieh, radelte ich durch das hügelige Bauernland zwischen Rott und Inn kreuz und quer zu den Auftritten unserer Blaskapelle.

Standkonzert auf dem Marktplatz meines Heimatortes Tann/Ndb. (der Lange mit Tenorhorn hinten links bin ich).

Bergbau im Ruhrgebiet bot mir das Arbeitsamt an und die im Aufbau begriffene Bayerische Bereitschaftspolizei, für die sie mir gleich die Bewerbungsunterlagen mitgaben. Ich war mir keineswegs schlüssig, ob ich mich dort bewerben sollte. Polizisten ging ich lieber aus dem Weg, seit mich die Tanner Schandis einmal wegen Fahrens ohne Licht angezeigt hatten und mir das Amtsgericht 4,50 Mark Strafe aufbrummte, wo ich doch kaum einmal Geld hatte und die kargen Einnahmen mit der Tanner Blaskapelle meist bei meiner Mutter ablieferte. Die Drechslerei meines Vaters, die dieser als begnadeter Bastler nach Verkündung der Gewerbefreiheit durch die Besatzungsmächte eröffnete und in der ich, ältester von vier Brüdern und „Mädchen" für alles im elterlichen Haushalt, bei der Herstellung von Haushaltsartikeln und Kinderspielzeug mitarbeitete und mir erste kunstgewerbliche Fähigkeiten erwarb, ging kurz nach der Währungsreform im Juni 1948 (Umstellung von Reichsmark auf Deutsche Mark – DM) pleite. Jetzt gab es ja wieder alles. Unser Vater hatte dafür die feste Anstellung als Bulldogfahrer bei einer der beiden Ortsbrauereien aufgegeben und fand nun lediglich im Straßenbau mit Schaufel und Pickel Arbeit. Infolge seiner chronischen Darmkrankheit, die er sich wohl schon die Jahre davor bei „Wacker Chemie" in Burghausen geholt hatte, wies er häufig Krankzeiten auf und war schließlich auf Sozialhilfe angewiesen. Schon für den Kriegsdienst war er ungeeignet und nach achtwöchiger Rekrutenausbildung für untauglich befunden und heimgeschickt worden – bleich und blutleer wie der „Tod zu Altötting" (ein in der Gnadenkapelle die Sense schwingendes Knochengerüst) – und im Ort fortan verächtlich als „Acht-Wochen-Soldat" bezeichnet worden. Wo andere längst an der Front standen oder für „Führer, Volk und Vaterland" ihr Leben ließen. Schon damals ging mir auf, was von den Leuten, der Gesellschaft, zu halten war. Dann denunzierte auch noch ein Nachbar unseren Vater wegen einer abfälligen Äußerung über Hitler. Unsere Mutter und wir Kinder waren starr vor Angst, als Vater zur örtlichen Gendarmerie vorgeladen wurde. Dachau drohte, das KZ, von dem wir wussten, dass da kaum einer lebend wieder rauskam. Mutter wäre mit ihren vier Buben allein dagestanden. Der Postenchef aber war Mensch, er bog die Denunziation ab.

Ich zweifelte allerdings auch, ob ich für den Polizeidienst überhaupt befähigt war, ich, der Volksschüler, der bei Kriegsende gerade mal sieben Schulklassen hinter sich hatte. Die letzte, die achte Klasse machte ich ein Jahr später innerhalb weniger Wochen nach, als sich nach dem totalen Zusammenbruch endlich auch das Schulwesen normalisierte und man Lehrer fand, die nicht in der NSDAP, also keine Nazis waren. Drei Jahre allgemeine Berufsschule folgten.

Bergbau behagte mir aber noch weniger. Zu weit weg von Bayern. Und schwere Arbeit hatte ich schon auf dem Bauernhof meines Großvaters kennengelernt, wo ich zur Erntezeit und an den Dreschtagen aushalf und mit Pferden umgehen lernte. Und hat nicht ein bayerischer Geschichtsschreiber anno dazumal gesagt: „Außerhalb Bayern ist koa Leben, und wenn, dann nicht dieses."

Dreschtage auf dem Hof meines Großvaters Heinrich Prinz (4. v. li. – 7. v. li. mein Vater Heinrich Prinz). An Dreschtagen halfen sich die Höfe der Umgebung mit ihren Mägden und Knechten bzw. Töchtern und Söhnen gegenseitig aus. Mir selbst (dem dritten Heinrich in der Familie) fiel regelmäßig die Aufgabe zu, die im Stock gestapelten Getreidegarben mit einer langen Gabel in großen Packen anzustechen und auf die Bie (die Bühne des Dreschwagens) zu wuchten, wo sie von Mägden in die Walze eingegeben wurden. Privatfoto.

Nach der für den **13.** Januar 1952 in Regensburg anberaumten Einstellungsprüfung war ich, der *Bauernbua* – ich konnte es kaum glauben: einer aus dem Drittel, die genommen wurden. Ich hatte eine Anstellung! Ein Stein fiel mir vom Herzen.

Nun stand ich also am Abhang zum Sport- und Exerziergelände der Jägerkaserne, deren Name an das königlich bayerische III. Jägerbataillon erinnerte, das dort ab 1855 stationiert war. Nach dem verlorenen I. Weltkrieg diente die Jägerkaserne der Reichswehr (Wehrmacht der Weimarer Republik) bzw. dem Ergänzungsbataillon des Infanterieregiments 63. Ab Kriegsbeginn 1939 wurden hier kriegsgefangene Offiziere untergebracht. Nach dem verlorenen II. Weltkrieg diente sie zunächst als Unterkunft für heimatlose Ausländer und schließlich als Wohn- und Gewerbesiedlung, musste jetzt für die BBPol. aber wieder geräumt werden. Ich erkannte, was mich hier erwartete: militärischer Drill. Sieben Jahre lang durften wir, die Polizeianwärter, nicht heiraten – eine später sehr gelegene Ausrede unseren Mädels gegenüber. 68 DM bekamen wir pro Monat, hatten aber Unterkunft, Verpflegung und Bekleidung (Uniform, Unterwäsche und Nachthemd) sowie Heilfürsorge frei. Die Halbe Bier kostete damals aber auch nur 50 Pfennig. Ich meldete mich auf der Schreibstube der Hundertschaft, wurde registriert und angewiesen, mein Gepäck auf Stube soundso zu deponieren und dann vor dem Hundertschaftsgebäude zu warten, es wäre gleich Appell. Dann wurde Antreten befohlen, die Langen an der Spitze, die Kleinen, die „Mündungsschoner" am Schluss. Ich wurde mit meinen 1,83 m in die dritte Reihe bugsiert und gehörte damit zur 1. Gruppe. Drei Züge mit je drei Gruppen wies die Hundertschaft auf, dazu Führungspersonal, Hundertschafts- und Zugtrupp mit Kradmeldern (zu denen ich später gehörte), Funksprechern, Fahrern sowie Versorgungspersonal. Dann wurden den Gruppen die mit Stockwerkbetten vollgestellten Stuben zugewiesen, wo wir gezeigt bekamen, wie die bereitliegenden Wolldecken und Kopfkeile in die blau-weiß gewürfelten Bezüge eingezogen und die Kleiderspinde eingerichtet werden mussten. Ein Stubenältester wurde bestimmt, der für Disziplin in unserer Stubengemeinschaft zu sorgen hatte – für unsere 15-köpfige Stubengemeinschaft war klar, dass es der Älteste aller Polizeianwärter der Hundertschaft wurde: Heinrich St., 27, ehemaliger Marinesoldat, der bald den Spitznamen „Minenspringer" weghatte, als er sein Seemannsgarn zu spinnen begann und uns erzählte, dass er einmal während einer Strandpatrouille auf eine Landmine getreten sei, die ihn raus in die See schleuderte, wo er auf eine Seemine fiel, die ihn wieder zurück an Land warf. Wir atmeten erst einmal auf und machten uns miteinander bekannt.

Ich, der ich wie unser Stubenältester ebenfalls Heinrich hieß, war nun nicht mehr der Heini oder Heinz wie daheim, sondern der Heiner, wie mich die Franken unter den neuen Kameraden zu nennen beliebten. Zu unserer 1. Gruppe gehörte auch der später als beliebter Volksschauspieler bekannt gewordene Willi Harlander (inzwischen verstorben). Einer der Langen in unserer Gruppe, Ludwig Z. aus Straubing, gelernter Schreiner und wie ich 20 Jahre alt, erschien mir etwas zu vorlaut, wurde dann aber zu meinem besten Freund, mit dem ich oft und oft durch die Eichstätter Wirtshäuser zog. Im Gegensatz zu mir war er aus Idealismus zur Polizei gegangen. Er war gesellig und wusste eine Tischrunde allemal zu unterhalten, während ich nur dann und wann ein Stichwort geben musste.

Im Wirtschaftsgebäude mit Küche und Speisesälen wurde an die Gruppen dann Abendessen ausgegeben: Kommissbrot mit Wurst und großen Kannen Tee. Am nächsten Tag wurden wir eingekleidet und mit den ehemaligen, in sattem Grün lackierten Wehrmachtsstahlhelmen ausgestattet. Wie war ich überrascht, als ich niederbayerischer Dickschädel doch glatt Stahlhelmgröße 60 benötigte.

Die 7. Hundertschaft der II. BPA. Privatfoto

Die vor der 7. schon im November 1951 aufgestellte 5. und 6. Hundertschaft waren wenige Tage vor uns in die frisch sanierten Hundertschaftsgebäude entlang der Kasernenstraße eingezogen. Sie waren bis dahin im nahen Kloster Rebdorf mit den riesigen Schlafsälen der ehemaligen Klosterbrüder untergebracht. Die nach uns einberufene 8. Hundertschaft, die Stabshundertschaft mit Fernmeldezug, Verkehrsregelungs- und Meldezug, Notstandszug, Instandsetzungszug und Versorgungsdiensten, wurde zunächst noch im Kloster Rebdorf belassen; das in der Jägerkaserne vorgesehene Gebäude war noch im Umbau begriffen.

Unterkunft der 7. Hundertschaft; Privatfoto

Dann lernten wir erst einmal das Gehen, d. h. Marschieren und Exerzieren in der Gruppe, im Zug und in der Hundertschaft. Im Speicher des Hundertschaftsgebäudes, in den wir von den Unterrichtsräumen die Stühle mit raufnehmen mussten, übten wir einige der alten Marschlieder ein.

Einen Monat nach unserer Aufstellung wurde zur Vereidigung auf die Verfassung der Bundesrepublik Deutschland geblasen. Nach den Gottesdiensten in der Schutzengelkirche für Katholiken und der evangelischen Stadtpfarrkirche für die Protestanten marschierten

Ausmarsch ins Gelände; Foto: Privat

vier Hundertschaften, an der Spitze der Musikzug der Bayerischen Bereitschaftspolizei, durch die Stadt zur Kaserne, begleitet von zahlreichen Bürgern. Auf dem Sportplatz nahmen sie Aufstellung. Unter den Klängen des Bayerischen Präsentiermarsches schritten in feierlichem Akt der Bayerische Ministerpräsident Dr. Wilhelm Hoegner und der Präsident der Bereitschaftspolizei die Front der Einheiten ab. In seiner Rede wies Dr. Hoegner darauf hin, dass die Bereitschaftspolizei vordringlich zur Bekämpfung größerer Unruhen und organisierter Störungen geschaffen worden sei, und betonte, dass sie keine Bürgerkriegsarmee sei, sondern ein Instrument des demokratischen Rechtsstaates. Der Aufbau des Staates und die Rechte und Pflichten des Staatsbürgers beruhten ausschließlich auf der Verfassung.

Präsident Remold sprach die Eidesformel vor:

Ich gelobe Treue der Verfassung und schwöre, dass ich die mir obliegenden Amtspflichten gewissenhaft und nach den Weisungen meiner Vorgesetzten erfülle und dass ich innerhalb und außerhalb des Amtes die durch die Verfassung gewährleistete demokratisch-konstitutionelle Staatsordnung unterstützen werde, so wahr mir Gott helfe.

Danach spielte der Musikzug die bayerische Nationalhymne „Gott mit dir, du Land der Bayern". Das „Deutschlandlied", dessen dritte Strophe erst vor kurzem zur deutschen Nationalhymne erklärt worden war, folgte nicht. Hatten doch viele Menschen das Deutschlandlied noch als Vorspann zum „Horst-Wessel-Lied" unseligen Gedenkens in Erinnerung.

2. Folge

Ausbildung und Einsätze

Die Bayerische Bereitschaftspolizei war in ihren Anfangsjahren weniger Ausbildungsstätte für die Polizei, sondern vor allem Polizeitruppe. So lernten wir erst einmal, wie man sich in Uniform bewegt (was die schon etwas älteren Polizeianwärter schon bei der Wehrmacht oder der Hitlerjugend beigebracht bekommen hatten), übten das Grüßen im Vorbeigehen durch „Anlegen der rechten Hand an die Kopfbedeckung" und „genossen" den Drill der Ordnungsübungen bzw. der Formalausbildung, schlichtweg des Exerzierens. Unsere Ausbilder waren „die Männer der ersten Stunde", meist ehemalige Frontsoldaten, die nach dem Zusammenbruch 1945 zur Polizei gingen und/oder gerade erst aus Kriegsgefangenschaft und Sklavenarbeit heimgekehrt waren und in den Wirren der ersten Nachkriegsjahre mit meist unzulänglichen Mitteln für Sicherheit und Ordnung sorgten und damit den wirtschaftlichen Aufbau unseres zerstörten Landes aus all dem

Ausbildung zu Kradmeldern. Privatfoto

Chaos überhaupt erst möglich machten. Viele ließen in diesen ersten Jahren im Kampf gegen marodierende Gewalttäter und in wilden Schießereien mit Räuberbanden aus zusammengerotteten Fremdarbeitern ihr Leben (76 allein 1945, bis 1950 insgesamt 201). Wir jungen Polizeianwärter wurden, nachdem wir endlich Ausgang bekommen hatten, dem „Zapfenstreich" unterworfen, d. h., wir mussten um 23.00 Uhr (an Samstagen und Sonntagen um 24.00 Uhr) nicht nur einpassieren, sondern bereits in den Betten liegen. Der zum Stubendienst eingeteilte Anwärter musste dem WvD (Wachtmeister vom Dienst) bei dessen Stubendurchgang in strammer Haltung melden: „Stube gereinigt und gelüftet, alle Anwärter anwesend." Wie beim Barras.

Erste Cliquen taten sich zusammen und erkundeten die Lokalitäten der verschlafenen Stadt, aus denen sie dann oft im Laufschritt zur Kaserne hetzten. Kam man zu spät, wurde man schon einmal vom Posten am Schlagbaum gemeldet. Unterließ es der und der WvD fand beim Stubendurchgang ein noch leeres Bett vor, musste er wegen Wachvergehens mit Entlassung rechnen. Wie ein Kamerad aus unserer 1. Gruppe einmal wegen Befehlsverweigerung – er weigerte sich, eine an sich schikanöse Anordnung eines Ausbilders zu befolgen – auf der Stelle entlassen und von zwei Anwärtern der Wache unter Gewehr zur Kaserne hinausexpediert wurde. Mit Mädchen geigte sich aber eh wenig, sodass die Versuchung nicht allzu groß war, etwa noch angekleidet ins Bett zu schlüpfen und nach dem Stubendurchgang über den Staketenzaun oben an der Straße auf ein letztes Bier nochmals in die Stadt zu entwischen. Als ein Kamerad und ich auf einem abendlichen Spaziergang durch die Stadt ein Mädchen anquatschten, das tatsächlich zugänglich war und sich auf eine Verabredung zum Wochenende einließ, wurden wir uns nicht einig, wer von uns beiden die Verabredung denn wahrnehmen sollte. Mir gefiel das junge, ausnehmend hübsche Ding über die Maßen, meinem Kameraden aber ebenso. Also „watteten" wir aus, wer gehen sollte (Watten, ein Glücksspiel, das in bayerischen Landen gern gespielt wird). Ich gewann. Die Hübsche kam auch und ließ sich auf einer Parkbank sogar küssen. Das war's aber dann, was sie mir gestattete, und ich verlor alsbald das Interesse an der spröden Maid. Ich hatte schließlich zu Hause längst ein Mädchen, nur konnte ich mir die Heimfahrten nicht oft leisten, sodass die Liaison zur Brieffreundschaft verkümmerte und ich sie letztlich aufkündete.

Neben Exerzierübungen bestand unsere Grundausbildung vorwiegend aus Schießausbildung mit Karabiner 98 K (in späteren Jahren ersetzt durch das belgische G 1), Maschinenpistole und Pistole, „denn gute Schießleistungen sind Vorbedingung für den Ernstfall", wie es hieß. Die hohen Herren aus Polizeiführung und Politik, die nach den ersten drei Monaten der Grundausbildung eine Besichtigung vornahmen, waren voll des Lobes. Die Vorführungen in der Grundausbildung, so die „Eichstätter Volkszeitung" vom 31. Juli 1952, der Waffen- und Schießausbildung und im Polizei-Ordnungs- und Kampfeinsatz bewiesen ebenso wie die Körperschulung und der Unterricht am Nachmittag, dass die jungen Polizeianwärter in ihren ersten drei Monaten der auf sieben Jahre angelegten Ausbildung tatsächlich etwas getan und gelernt hatten.

Auf Ordnung und Sauberkeit wurde bei uns Rekruten bzw. Polizeianwärtern besonders geachtet. So mussten wir zum „Kleiderappell", bei dem die Sauberkeit unserer Ausgehuniform begutachtet wurde, in Reih und Glied vor unserem Unterkunftsgebäude antreten. Die Gruppenführer musterten strengen Blickes unser Aussehen. Einer von ihnen klopfte einem der Anwärter kräftig auf die Schulter, dass es nur so staubte. Da hatte er in puncto Kleiderpflege schon gleich einmal einen Schlamper erwischt.

„Seh'n Sie mich denn noch?", rief er aufgebracht.

„Nein", erwiderte der Ertappte, „wer ruft denn da?" Alle lachten.

Ein anderes Mal waren unsere Matratzen dran. Wir schleppten sie auf den Rasen vor dem Abhang zum Sportplatz und klopften mit unseren zur Ausrüstung gehörenden Gummiknüppeln kräftig darauf ein.

Bei einem abendlichen Stubendurchgang befahl der Wachtmeister vom Dienst (WvD) dem zum Stubendienst eingeteilten Anwärter, vorzuführen, ob auch die Oberkante der Gardinenleiste gereinigt worden sei. Der Anwärter – Luck Z., mit dem ich mich im Laufe der Zeit anfreundete – stieg über einen Stuhl auf den Tisch vor dem Fenster, fuhr mit dem Zeigefinger, so schien es, über die Oberkante der Leiste und zeigte ihn sauber und staubfrei geblieben vor; dabei aber hatte er die Oberkante gar nicht berührt und war an der Rückseite der Gardinenleiste entlanggefahren. Der WvD war's zufrieden.

Ausklopfen der Matratzen mit Gummiknüppel. Privatfoto

In der anschließenden Sonderausbildung wurden wir dann auch noch mit dem berühmten MG 42 und mit Handgranaten bekannt gemacht, später auch noch mit Granatwerfern, die bald aber wieder abgeschafft wurden. Zusammen mit entsprechender Geländeausbildung mit „Sprung auf, marsch, marsch!" und „sprungweise vorarbeiten" ließ uns diese Ausbildung ahnen, dass wir nicht allein als Polizisten gebraucht wurden. Als Feindbild dienten uns sogenannte Störer- und Sabotagegruppen (dabei traten die Baader-Meinhof-Bande, die sogenannte RAF und ausländische Terrorgruppen wie der „Schwarze September" der Palästinenser, die 1972 die israelische Olympiamannschaft überfielen, erst viel später auf den Plan). Ich wurde im Rahmen der Sonderausbildung den Kradmeldern zugeteilt, musste bzw. durfte als solcher aber erst einmal den Führerschein der Klasse 1 machen.

Höhepunkt der *infanteristischen* Ausbildung war ein Gefechtsschießen mit scharfer Munition auf dem Truppenübungsplatz Hohenfels/ Oberpfalz, den uns die US Army dazu überließ. Im Zusammen-wirken von Gewehren und Maschinengewehren (MG 42) wurden Störerstellungen angegriffen. Eine tolle Sache! Schiedsrichter sorgten dafür, dass sprungweise vorgehende Schützen nicht in die Schussbahn der Feuerschutz gebenden MG-Schützen gerieten.

Gefechtsschießen: MG-Schützen geben Feuerschutz

Lehrinhalt der Ausbildung war aber auch eine staatsbürgerliche Schulung mit der Hinführung von uns Staatsdienern zu einem gesunden Demokratieverständnis. Unterrichtung in verschiedenen Rechtsfächern kam hinzu. Unvergesslich für mich das Lob unseres Zugführers, der, während wir zum Exerzieren marschierten, an meine Seite kam und mir zuraunte, dass meine Polizeirechts-klausur mit „2" benotet worden sei. Da war ich baff. Ich, der

Gewehrschützen springen vor. Privatfotos

zurückhaltende niederbayerische Volksschüler, hatte in einer mir bis dahin völlig fremden Materie auf Anhieb eine Zwei geschrieben! Dann aber verscherzte ich mir einen ersten kleinen Aufstieg mit bewusst mäßigen Leistungen zur Auswahl einer Wettkampfmannschaft für das Abteilungssportfest. Wer dafür nicht infrage kam, durfte während der Zeit der Wettkämpfe in Urlaub fahren. Urlaub war mir lieber. Als ich zurückkam, war mein Lehrgangsplatz anderweitig besetzt. Zu spät erkannte ich, dass Fitness und sportliche Leistungen, zu denen ich durchaus befähigt war, auch und vor allem bei der Polizei gefragt waren.

Als am 17. Juni 1953 in der SbZ (Sowjetisch besetzte Zone) ein Volksaufstand losbrach, hatten wir Ausgangssperre und lagen in Bereitschaft. Wir waren ja inzwischen voll ausgebildet und warteten stündlich darauf, an die Zonengrenze in Marsch gesetzt zu werden. Was wir dort allerdings sollten, ist mir heute noch schleierhaft. Gegen die Rote Armee in Stellung gehen und unsere eventuell. über die Grenze flüchtenden Landsleute vor den kommunistischen Schergen in Schutz nehmen? Wenige Tage später hatten wir unseren ersten Einsatz dann im eigenen Land. In München war der sogenannte Brenninkmeyer-Aufstand ausgebrochen, Ladenschluss-demonstrationen gegen das Textilhaus C & A in der Neuhauser Straße. Ein tausendstimmiges BUUUHH schlug uns entgegen, als wir in der Ettstraße, einer Seitenstraße der Neuhauser Straße mit dem altehrwürdigen Polizeipräsidium München, vorfuhren und in Sichtweite der Protestierer vorn an der Neuhauser Straße unsere Fahrzeuge abstellten. Ich vernahm diese Missfallensbekundung zum ersten Mal, es lief mir kalt über den Rücken. **Schwere Krawalle in München**", titelte die Abendzeitung vom 22. Juni und fuhr im Untertitel fort: „Polizei vermutet kommunistische Organisatoren der Zusammenstöße – Rowdys griffen Beamte an – Eichstätter Bereitschaftspolizei stellt Ordnung her". Ich als Melder folgte der Räumkette meiner Kameraden, die in Stahlhelm und mit quer gehaltenen Karabinern 98 K durch die Neuhauser Straße die gröhlenden Demonstranten vor sich herschoben. In der am Marienplatz einmündenden Rosenstraße flogen der Räumkette vom Flachdach des ebenerdigen Behelfsbaus, der hier die vom Bombenterror gerissene Baulücke schloss, Steine entgegen. Erstmals lernten wir bzw. die Polizei demonstrierende Steineschmeißer kennen. Einer unserer Kameraden bekam einen Ziegelstein an den Kopf geworfen – der Stahlhelm hielt gottlob. Mit Vehemenz stürmte auf Befehl des Gruppenführers ein Greiftrupp aufs Dach, der einen der Steineschmeißer fassen konnte. Die übrigen flohen überstürzt. Mit weiteren Greiftrupps wurden Aufwiegler aus der Menge geholt und der Kripo übergeben. Unseren Stolz auf unser Einschreiten drückte die Eichstätter Volkszeitung mit der Schlagzeile aus: „Die Bayerische Bereitschaftspolizei räumt auf!"

Im Juli 1953 waren wir dann in Landshut zu Absperrmaß-nahmen anlässlich der historischen „Landshuter Fürstenhoch-zeit" im Einsatz. Erstmals nach dem Krieg fand dieses große mittelalterliche Spektakel wieder statt, das an die Vermählung des Prinzen Georg von Bayern-Landshut mit der polnischen Königstochter Jadwiga im Jahre 1475 erinnern sollte und fort-an wieder alle vier Jahre als größtes historisches Fest Deutsch-lands veranstaltet wurde.

Großräumige Verkehrsumleitungen aufgrund massiver Frostschäden nach strengen Wintern und gelegentliche Fahndungen nach aus dem nahen Gefängnis Rebdorf entflohenen Sträflingen brachten weitere Abwechslung in unseren meist stupiden Dienstplan.

Als hätten die Innenministerien von Bund und Ländern geahnt, was 1954 auf sie zukam, wurde in der Zeit vom 21. 06. bis 26. 06. 1954 für die II. BPA unter Beteiligung von außerbayerischen Notstandszügen der Stabshundertschaften eine Katastrophenschutzübung angesetzt. Die verheerenden Überschwemmungen in der Poebene im Jahre 1952 hatten den Verantwortlichen zu denken gegeben. Angenommen wurden ergiebige Regenfälle, die besonders die Alpenflüsse anschwellen und über die Ufer treten ließen. Das Hochwasser erreichte schließlich die Donau, so die Vorgabe der Übung, wo bei Neustadt der Damm brach und weite Gebiete überflutet wurden.

Gut zwei Wochen später folgte der Ernstfall. Er bahnte sich an, als in der Woche vom 3. zum 7. Juli 1954 heftige Regenfälle, insbesondere in den Alpen und Voralpen, einsetzten. Die Wassermassen der rechten Nebenflüsse der Donau ließen diese anschwellen und drohten ihre Dämme zu sprengen. Gefährdet war vor allem die Strecke von der Isarmündung bei Deggendorf bis Passau, wo der Pegel der Donau auf bis zu 12,20 m stieg. Ein Pegelstand, wie er seit 1862 bzw. 1899 nicht mehr erreicht worden war. Die I. BPA war bereits in den Raum Tittmoning an der Salzach verlegt worden, wo Teile der Stadt bis zum ersten Stock unter Wasser standen und deren Bewohner mit Schlauchbooten der Notstandszüge evakuiert werden mussten. In den frühen Morgenstunden des 9. Juli wurden auch wir von der II. BPA alarmiert. Während die 5. und 6. Hundertschaft nach Landshut beordert wurden, wo das Hochwasser der Isar im Bereich Bayernwerk I und II und oberhalb der Stadt die Dämme zu durchbrechen drohten, wurden wir von der 7. Hundertschaft nach Passau beordert. Zahllose Umleitungen machten die Fahrt zu einer wahren Odyssee, nach acht Stunden erst erreichten wir Passau. Hier wurden wir zur Verstärkung der Polizeireviere hauptsächlich im Streifendienst und zu Transportaufgaben eingesetzt. Verglichen mit anderen Hundertschaften ein relativ ruhiger Dienst. Für Evakuierungs- und Bergungsaufgaben waren bereits fünf Hundertschaften des BGS eingesetzt. Nach über zehnstündigem Einsatz am 12. Juli wurde die 5. Hundertschaft endlich herausgezogen, bezog gegen 4.30 Uhr provisorische Unterkunft in einem Mädchenpensionat, wurde aber bereits um 7.40 Uhr erneut alarmiert. Auf ging's nach Deggendorf, wo der Westdamm des Bogenbaches gebrochen war. Die Wassermassen hatten weite Gebiete um Schaching und Heffkamm überschwemmt. Tiefer gelegene Häuser standen bis zur Dachrinne unter Wasser. Sollte auch der Ostdamm nicht standhalten, würde über Deggendorf eine Katastrophe herein- brechen. An einigen Stellen geriet der Damm bereits in Be- wegung, die Dammkrone rutschte ab. Gefüllte Sandsäcke mussten über Hunderte von Metern herangetragen werden. Hier griffen schließlich Amphibienfahrzeuge einer Labor-Service-Einheit der US Army hilfreich ein und brachten Sandsäcke unmittelbar an die Gefahrenstelle. Gegen 19.00 Uhr wurde die Situation be- drohlich. Die 5. Hundertschaft konnte ihren Abschnitt personell nicht mehr abdecken. Und es fehlten Hilfskräfte, die die Sand- säcke füllen würden (die Bediensteten des Straßen- und Flussbau- amtes und auch städtische Arbeiter hatten um 17.00 Uhr Feier- abend gemacht). Weitere Kräfte, andernorts abgezogen, wurden herangeführt. Die Personalsituation besserte sich damit, doch nun machte sich das Fehlen von Sandsäcken und Füllmaterial unan- genehm bemerkbar. Als gegen 22.30 Uhr die Lage am Damm immer bedrohlicher wurde, erwog der Präsident der Bereitschafts- polizei, die eingesetzten Kräfte herauszuziehen, da bei einem Dammbruch mit hohen Menschenverlusten zu rechnen war. An besonders gefährdeten Stellen arbeiteten die Einsatzkräfte an- geseilt. Um 23.35 Uhr gab Präsident Remold folgenden Lage- bericht: „*Drei Hundertschaften der BBPol. bemühen sich seit Stunden unter Lebensgefahr, einen aller menschlichen Voraussicht nach drohenden Dammbruch bei Deggendorf aufzuhalten. Ich habe an den Rissstellen die Arbeitskräfte auf die sicheren Dammkronen befohlen und lasse angeseilte*

Kräfte weiterarbeiten …" Die Polizeianwärter arbeiteten weiter wie Roboter, sie hatten zum Nachdenken keine Zeit. Vorgesetzte standen mit im Dreck. Es gab keine Pause, auch nicht zum Essen. Herangeschaffte belegte Brote wurden einfach in die schmutzige Hand genommen und mit der anderen der Sandsack geschleppt.

Hochwassereinsatz 1954 an der Donau im Raum Deggendorf. Privatfotos

Nach mehr als 75-stündigem Einsatz wurde der Bogenbachdamm dem Bundesgrenzschutz übergeben. Die Strapazen hatten sich gelohnt, dem gemeinsamen Einsatz von Polizei, Zivilbevölkerung und den Labor-Service-Pionieren war es gelungen, Deggendorf und das Umland vor einer Katastrophe größten Ausmaßes zu bewahren. Rund 150 Stunden waren die Männer der II. BPA im Einsatz. Täglich vier bis fünf Stunden Schlaf waren während dieser sechs Tage das Maximum. Die Hauptlast hatte die 5. Hundertschaft getragen, deren Führer und zwei der Anwärter wurden mit dem Bundesverdienstkreuz ausgezeichnet.

Vom 15. bis 20. Juli war die II. BPA nur noch zur Sicherung und Überwachung der südlichen Donaudämme zwischen Straubing und Deggendorf eingesetzt. Hier fuhr ich als Kradmelder Dammpatrouille, auf dem Soziussitz meiner 250er-BMW einen der Gruppenführer, einen beleibten, schwergewichtigen Hauptwachtmeister. Beinahe wäre diese Fahrt schiefgegangen. Ich überquerte eine tiefer liegende Furt über den Damm, fuhr, ohne den Gruppenführer erst absteigen zu lassen, die gut einen Meter tiefer liegende Furt hinab und drüben mit viel Gas wieder hinauf. Das Schwergewicht hinter mir auf dem Sozius ließ die Maschine steigen, sie kippte nach links und drohte zusammen mit mir in die reißenden Fluten zu stürzen. Ich ließ meine treue BMW nicht los und stemmte mich mit abgespreiztem Fuß mit aller Macht ein, um das Abrutschen zu stoppen. Wenige Fußbreit vor den eilig dahinströmenden Fluten bekam ich endlich genügend Halt. Erleichtert stemmte ich meine Maschine zurück auf die Dammkrone, überzeugt davon, dass ich mich in meinem schweren Kradmantel nicht hätte über Wasser halten können, wenn mich die Fluten mitgerissen hätten.

Kaum aus dem Hochwassereinsatz zurück, zeichnete sich ein neuer Einsatz ab. Seit Tagen wurde die bayerische Metallindustrie bestreikt, in mehreren Orten kam es zu Zwischenfällen und Zusammenstößen. Für die II. BPA sollte es nach Amberg/Opf. gehen, wo die Metaller seit Tagen ihre Betriebe bestreikten und die örtliche Polizei der Lage nicht mehr Herr wurde. Am 15. August wurde zunächst die 6. Hundertschaft in Marsch gesetzt, sie sollte die Auseinandersetzungen zwischen Streikenden und Streikbrechern unterbinden und die Arbeitswilligen vor Übergriffen schützen. Am 23. August wurde sie von der 7. Hundertschaft abgelöst, die bis 1. September blieb.

Bei all diesen Einsätzen waren wir Kradmelder als sogenannte „Kolonnenhunde" tätig, die den Marschkolonnen an Kreuzungen und Einmündungen freie Fahrt ermöglichten und deren Zusammenhalt gewährleisteten. Immer wieder preschten wir an die Spitze der Kolonne und sperrten an der nächsten Kreuzung den Querverkehr. In den Einsatzräumen lagen die Fahrer der Führer- und Gruppenfahrzeuge sowie wir Kradmelder in Ruhe und konnten uns etwas erholen, bevor es wieder weiterging.

Im August 1955 waren je ein Zug der 6. und 7. Hundertschaft zu einem friedlichen Einsatz nochmals in München. Am 2. August verstarb der Chef des Hauses Wittelsbach, der sechsundachtzigjährige Kronprinz Rupprecht. Mit seinem Tod ging eine Epoche bayerischer und auch deutscher Geschichte zu Ende. Er war der letzte Heerführer und Generalfeldmarschall des Ersten Weltkrieges. Viele Bayern waren dem angestammten Königshaus noch immer verbunden. So begleitete denn auch eine Ehrenformation der Bayerischen Bereitschaftspolizei den Toten auf seiner letzten Fahrt von Leutstetten nach München, wo er im „Steinernen Saal" der Residenz aufgebahrt wurde. Weiß und Blau zeigte sich der Himmel über München am 6. August, dem Tag der Beisetzung. Den eingesetzten Polizisten oblag die ehrenvolle Aufgabe, die vielen, im Nationalmuseum aufbewahrten Fahnen der Bayerischen Armee im Trauerzug zu tragen, der von einer unübersehbaren Menschenmenge gesäumt wurde. Schon am Vortag hatten sie das Zeremoniell hierzu geübt, das Aufnehmen und Absetzen und das letzte Neigen der Fahnen vor dem toten Heerführer. Ich selbst, der ich in diesem Jahr zum Kradmeldezug der Sonderstaffel (Stabsabteilung des Landesamtes der BBPol.) nach

München versetzt worden war, stationiert in der Polizeikaserne an der Rosenheimer Straße, war an diesem Tag lediglich als Melder eingesetzt, mein letzter Einsatz bei der Bereitschaftspolizei.

Ein letzter sinnender Blick über den Innenhof der Polizeikaserne in München. Privatfoto

Quelle der in Teil I und II aufgeführten historischen Daten und Fotos:
Chronik der II. Bereitschaftspolizeiabteilung Eichstätt, 1951–1988, von Helmut Reis

3. Folge
Versetzung zur Stadtpolizei München

Das Polizeipräsidium München in der Ettstraße, ehemaliges Augustinerkloster, nach der Säkularisation in das Eigentum des Staates übergegangen und nach Umbau 1913 als Polizeigebäude genutzt. Im Zweiten Weltkrieg in neun Luftangriffen auf München zu 45 % zerstört.

Endlich bei der richtigen Polizei, dem polizeilichen Einzeldienst. Zum 1. Januar 1956 wurde ich, zusammen mit einer Reihe weiterer Bereitschaftspolizisten, auf eigenen Wunsch an die Stadtpolizei München abgegeben. Schon so manche Kameraden hatten die Truppenpolizei verlassen und sich auf Polizeidienststellen auf dem Land (was nicht mein Fall gewesen wäre), zur Grenzpolizei oder in andere große Städte wie Stuttgart oder rauf nach NRW beworben. Die noch verbliebenen Anwärter wurden auf andere Hundertschaften aufgeteilt und die 7. Hundertschaft schließlich neu aufgestellt. Von den früheren Frontoffizieren wechselten so manche zur neu aufgestellten Bundeswehr.

Wir wurden als Sicherheitswachtmeister mit einem Grundgehalt von 340,00 DM übernommen, wovon die monatlichen Beiträge zur Krankenversicherung zu begleichen waren, denn mit freier Heilfürsorge ging nun nichts mehr. Für das erste halbe Jahr wurden wir in der städtischen Polizeischule in der Barbarastraße im Kasernenviertel der Schwere-Reiter-Straße in Schwabing-West untergebracht und waren nun blau uniformiert. Erst einmal war ein sechsmonatiger Anstellungslehrgang für Polizeidienstanfänger zu absolvieren, für den bei der BBPol. offenbar keine Zeit war. Nun wurden wir so richtig in die Paragrafenwelt eingeführt. Unvergessen der Leitsatz eines unserer Lehrer für den Fall, dass wir uns einmal einer unklaren Rechtslage gegenübersahen: Man müsse sich nur fragen: „Darf das sein?" Wenn es nach gesundem Rechtsempfinden nicht sein dürfe, dann würde sich auch eine Strafbestimmung finden, und ein Einschreiten wäre gerechtfertigt. Nachlesen könne man dann später.

In dieser Zeit lernte ich bei einer Tanzveranstaltung im Festsaal des Löwenbräukellers am Stiglmaierplatz ein Mädel kennen, bei dem ich auf einen Blick in ihre schwarzen Kirschenaugen nicht mehr wegschauen konnte und wusste, dass sie endlich die Richtige für mich war. Längst hatte ich es satt, immer nur auf der Pirsch zu sein (meine letzte Eichstätter Liebe hatte gottlob mein alter Kumpel Luck übernommen, der nun mit mir auf dem Grundlehrgang war und mich schon gleich zu neuerlichen Bierreisen animierte). Schlank und rank, wie mein neuer Schwarm war, lag sie beim Tanz wie eine Feder in meinen Armen, wogegen ich mich krampfhaft bemühte, die richtigen Schritte zu machen. Sie war wie ich erst 1955 nach München gekommen, war zusammen mit einer Freundin „rübergemacht", wie das damals hieß, ein Republikflüchtling aus dem sächsischen Vogtland der DDR. Eine Adelige also, eine „von Drüben", wie wir später witzelten. Wie ich war sie einsam in der großen Stadt. Als gelernte Schneiderin hatte sie in einer Trikotagenfabrik als Näherin für 1,00 DM die Stunde Arbeit gefunden.

Nach Ende des Lehrgangs wurden wir auf die Reviere der Stadt verteilt. Mein Kumpel Luck und ich wurden dem damaligen Revier 26 in Laim zugewiesen. Nun mussten wir selbst für Unterkunft sorgen. Ich fand ein Untermietzimmer bei einer Witwe unweit meines Reviers in der Von-der-Pfordten-Straße, und von meinem kargen Gehalt ging nun auch die Miete weg. 24-Stunden-Wachen waren angesagt, dazwischen Fußstreifen zu unregelmäßigen Zeiten, Verkehrsregelung an der belebten Kreuzung Agnes-Bernauer/Fürstenrieder Straße, an der sich Straßenbahn und Oberleitungsbus, der Stangerlbus, kreuzten, sowie Abstellungen zum Überfallkommando im Polizeipräsidium oder zu gewissen Veranstaltungen. Zwischen unseren Diensten bekamen wir sogenannte Erhebungen zugeteilt, die in der Regel viel Ärger machten. Waren doch bei diversen Aufenthaltsermittlungen, Entstempelung von Kfz-Kennzeichen, wenn Steuer oder Versicherung nicht abgeführt worden waren, und was sonst an Verfehlungen der Bürger zu ahnden war, selbst bei mehrmaliger Nachfrage die Betroffenen oft nicht anzutreffen oder ließen sich verleugnen. Festnahmen zum Strafvollzug kamen hinzu, problematisch vor allem bei längeren Gefängnisstrafen. In der Woche kamen da leicht 60 Arbeitsstunden und mehr zusammen.

Mein Kumpel hatte sich alsbald zur Funkstreifenabteilung gemeldet, wo mehr Aktion geboten war. Ich hatte vor allem den Erhebungsdienst satt und machte es ihm im Frühjahr 1957 nach. Die 1949 mit zwei „Radio-Streifenwagen" und nach ersten Erfolgen mit weiteren Mercedes vom Typ 170 V betriebene Funkstreifentätigkeit, bei der schließlich die heute noch gern als Oldtimer bei Veranstaltungen gezeigten BMW 501 Verwendung fanden, wurde zur legendären „Funkstreife", zuständig für sämtliche Soforteinsätze und Hilferufe der Bürger über Notruf 110. Sie galt als Eliteeinheit. Regelmäßige Schichten über drei Tage hinweg und einen Tag frei sorgten für überschaubare Dienstverrichtung. 1952 wurde das Funkkennwort „Isar" zugeteilt und 1954 die maßgeschneiderten kurzen Lederjacken, Erkennungsmerkmal der „Funkstreifler" eingeführt.

Vor diesem viele Jahre bei der Funkstreife verwendeten und heute noch gern als Oldtimer bei Veranstaltungen gezeigten BMW 501, dessen Kennzeichenschild an die Fernsehserie „Isar 12" erinnern soll, präsentiert der Autor seinen Roman „Bittere Erkenntnis", in dem er vor einem fiktiven Mafia-Fall seine beruflichen Erlebnisse und Erfahrungen aufarbeitet (Bestellung beim Autor unter Tel./Fax: 089/70 00 99 13). Privatfoto

Ich wurde zunächst als dritter Mann eingeteilt und musste erst einmal den Polizei-Führerschein der Klasse III machen. Schon bei einem der ersten Einsätze wäre ich beinahe überfahren worden, als ich in finsterer Nacht und bei heftigem Regen die geschwungene Abfahrt zu einer Eisenbahnunterführung draußen im Stadtteil

Aubing, in der ein Verkehrsunfall passiert war, sperren sollte, während die Kollegen die Unfallsituation vermaßen und für Abschleppdienste sorgten. Ein heranpreschender Autofahrer bemerkte mich, der ich mit meiner auf Rot gestellten Taschenlampe heftig winkte, erst, als ich mich mit einem Sprung in Sicherheit brachte. Jetzt erst bremste er heftig und schleuderte in die Böschung. Ich winkte ihn zu mir, verlangte seine Papiere und ließ ihn eine ganze Weile bei mir im Regen stehen, bis er wie ich patschnass war. Dann ließ ich ihn wenden und die Umleitung über eine andere Bahnunterfahrt nehmen. Hilfreiche Anwohner hatten mir inzwischen einen Regenmantel herausgebracht, den ich überrascht, aber dankbar überzog.

Schließlich wurde ich als Fahrer von Isar 13 Max Teichert (Name geändert) zugeteilt, einem ehemaligen Frontsoldaten, Leutnant in einer 8,8-Flack-Batterie, später dann Kommandant eines Tigerpanzers. Ein Bär von Mann und größer als ich, der ich auch schon 183 cm maß. Genauso schweigsam wie ich wechselten wir oft stundenlang kein Wort und verstanden uns prächtig. Und es war Verlass auf ihn. Als wir einmal zu einem Betrunkenen gerufen wurden, der am helllichten Tag quer über dem Bürgersteig seinen Rausch auszuschlafen versuchte und den ich mit der Schuhspitze gegen die Fußsohlen stieß, bis er sich endlich aufrappelte, dann aber sogleich mit einem Schwinger in meinen Bauch auf mich loszugehen versuchte, fing er von Max einen Kinnhaken ein, der ihn sogleich wieder zu Boden warf. Jetzt musste ich ihn neuerlich auf die Beine stellen. Im nahen Revier 12 verfrachteten wir ihn in die Arrestzelle, und ich tippte Tatbestand und Sachverhalt herunter.

Die ersten Einsatzfahrten, die ich nach bestandener Führerscheinprüfung und Überprüfung als Einsatzfahrer machen durfte, stressten mich ziemlich. Bis auch sie zur Routine wurden, wenn mir auch immer mal fast das Herz stehen blieb, wenn ich an Kreuzungen mit Blaulicht, Tatü und eingeschalteten Scheinwerfern angeprescht kam und andere Fahrer gerade so viel Platz machten, dass ich um Haaresbreite vorbeikam, oder mich nur anglotzten und weiterfuhren.

Im Sommer 1957 heiratete ich meine kleine Vogtländerin. Überraschend erlaubten die DDR-Behörden, dass ihre Eltern rüberkommen durften. In einer Gaststätte in Laim feierten wir, ein kleiner Kreis von gerade einem Dutzend Angehörigen. Meine Dienststelle gratulierte telegrafisch. Der schönste Tag in meinem Leben, auch wenn wir vorerst nicht wussten, wo wir unterkommen sollten. In dem total zerbombten München waren in den Nachkriegsjahren allenfalls teuere freifinanzierte Neubauwohnungen zu bekommen, ansonsten war man auf Untermietzimmer oder überhaupt Notunterkünfte angewiesen. Bis wir endlich auf Intervention eines hohen Vorgesetzten über den Personalrat hinweg, der monierte, dass ich noch nicht so lange vorgemerkt sei und auch nicht in der Gewerkschaft wäre, im Stadtteil Moosach eine schöne kleine Zweizimmerwohnung zugewiesen bekamen, eine der ersten Dienstwohnungen für städtische Bedienstete. Aber wir hatten niemand, der unser kleines Töchterchen versorgen könnte, sodass meine Frau nach der Stillzeit wieder hätte arbeiten können. So überlegte ich, welche Nebenbeschäftigung ich annehmen könnte. Als Taxifahrer? Auf dem Bau? Derlei Nebentätigkeiten wären nicht genehmigt worden. Schließlich bestellte ich einen Fernkurs über „Technik der Erzählkunst". Ich las schon immer gern und dachte, dass ich mit den damals als Schundliteratur bezeichneten Heftromanen eigentlich mithalten könnte. In den Jahren 1959/60 hatte ich aber erst einmal mit wöchentlichen Unterrichtsstunden neben meinem Schichtdienst bei der Funkstreife den von der Bayerischen Verwaltungsschule veranstalteten Lehrgang für den mittleren Polizeivollzugsdienst zu absolvieren. Dazu eine Schreibmaschinenprüfung, die neben der Kurzschriftprüfung, die ich schon bei der BBPol. gemacht hatte, Voraussetzung zur Beförderung zum Polizeimeister war. Mit einem Koffer voll Gesetzbücher fuhr ich im November 1960 zur schriftlichen Prüfung in den Salvatorkeller an der Hochstraße, in dessen großem Festsaal sie stattfand. Im Mai 1961 folgte die mündliche Prüfung. Ich war überrascht, als ich das Ergebnis in Händen hielt. Unter 1165 Teilnehmern hatte ich zusammen mit zwei weiteren Teilnehmern auf Platz 28 abgeschnitten. So wurde

ich dann bereits im September 1961 zum Städtischen Polizeimeister ernannt und bekam monatlich etwas mehr aufs Konto.

Mein erster in München spielender Krimi brachte mir indes nur
Portokosten ein. Bis mir der bekannte Bastei-Verlag den Tipp
gab, einen Krimi niemals in Deutschland spielen zu lassen, ein
Wachtmeister Huber wirke in diesem Rahmen albern. Chicago
müsse es sein, New York, London oder höchstens noch Paris. Also
besorgte ich mir einen Stadtplan von New York, denn Straßen
und öffentliche Gebäude müssten stimmen, und schrieb eine
Story über den Überfall auf einen Geldtransport mit dem Titel
„Der tollste Trick der Harlem-Gangster". Wie Spannung aufgebaut werden musste, vermittelte mir der Fernkurs. An die
20 Heft- und Leihbuchromane (gebunden) verfasste ich dann in
den 1960er-Jahren mit Titeln wie „Sie starben für ein Bündel
Dollar", „Die Nacht des Würgers" oder „Allein gegen die Unterwelt". Nun konnten wir uns glattweg eine der damals modernen
Musiktruhen mit Fernseher, Radio und Plattenspieler leisten, und
später sogar einen alten Fiat.

Auf meiner alten Reiseschreibmaschine klopfte ich meine ersten Krimis herunter. Privatfoto

Mein Dienst sah aber meist etwas anders aus, als ich ihn, übertragen auf New York, in meinen Romanen schilderte, auch wenn ich gern Verfolgungsjagden quer durch Manhattan, rüber in die Bronx und so schilderte, wie ich sie in München erlebte. Sonst hatten wir bei der Funkstreife hauptsächlich mit Erstzugriff zu tun, führten Festgenommene per Vorführungsnote der Kriminalbereitschaft zu, die mit dem Fall die hierfür spezialisierten Fachkommissariate betraute. Waren Verkehrsunfälle aufzunehmen, so fertigten wir Unfallskizzen an und fuhren mit den Beteiligten zum örtlich zuständigen Revier, wo der Unfall protokolliert wurde. Lediglich Bagatellunfälle bearbeiteten wir nach vereinfachten Verfahren selbst, indem wir den Verursacher gebührenpflichtig verwarnten und unter den Beteiligten lediglich die Personalien austauschten. Bei schweren Schäden oder tödlichen Verletzungen zogen wir das speziell dafür bereitgehaltene Verkehrsunfallkommando hinzu. Solche Fälle bleiben meist ein Leben lang im Gedächtnis haften. Wie z. B. ein Verkehrsunfall, zu dem wir eines Nachts zur Nordendstraße in Schwabing beordert worden waren – ich fuhr damals vorübergehend auf Isar 3, zuständig für die nördlichen Stadtviertel. Ein Pkw-Fahrer wollte seinen Wagen am Fahrbahnrand der relativ schmalen Straße abstellen. Als er die Fahrertür aufstieß, um auszusteigen, prallte ein nichtsahnend vorbeifahrender Mopedfahrer dagegen. In hohem Bogen flog er über die Autotür und prallte kopfüber auf das Kopfsteinpflaster. Da lag er nun. Der Autofahrer zeigte stumm auf ihn, kreidebleich und voller Schuldgefühle. Ein Blick auf den Verunfallten sagte mir, dass hier nicht mehr viel zu helfen war. Er lag an sich bereits in stabiler Seitenlage auf dem Pflaster und atmete schwer in eine größer und größer werdende Blase schaumigen Blutes hinein. Ich eilte zu unserem Funkwagen, verlangte dringend nach einem Rettungswagen und forderte auch gleich das Unfallkommando mit an. Der Mann würde den Sturz aufs Pflaster meines Erachtens nicht überleben, wie es letztlich auch war. Noch bevor der Sanka im Krankenhaus Schwabing ankam, war er tot.

Eines Vormittags wurden wir zum Feldmochinger See beordert, einer der vielen vom Autobahnbau der Hitlerzeit hinterlassenen Baggerseen, für den die weit gedehnte Münchner Schotterebene Kies in Hülle und Fülle bot: Wasserleiche am Nordwestufer. Sie trieb an der Oberfläche wie eine Qualle, keine zehn Meter vom Ufer entfernt – ein Mädchen, ein junges Fräulein. Ich kannte den See mit seinen meist steil abfallenden kiesigen Ufern, wo man aufpassen musste, nicht unversehens ins Tiefe zu rutschen. Mit meiner jungen Familie war ich an freien Sommertagen schon öfters hierher zum Baden marschiert. Die junge Wasserleiche aber war bekleidet, sie war nicht zum Baden in den See gegangen. Schwimmend hätte ich sie erreichen können, aber die Feuerwehr konnte das besser. Mit einem Schlauchboot ruderten sie hinaus, bugsierten das Mädchen ans Ufer und schleppten es aufs Trockene. Sie war wunderschön, selbst im Tod und trotz des Schaumpilz's vor dem Mund, wie er beim Ertrinken oftmals entsteht. Tiefes Mitleid überkam mich, und noch heute denke ich an sie. Was sie nur getrieben hatte, ihr junges Leben wegzuwerfen …?

Einer der vielen unvergessenen Fälle betraf einen Mordfall. Wir wurden zur Dachauer Straße nahe dem Hauptbahnhof beordert, ein Altbau. Eine alte Frau öffnete nicht mehr. Eine Nachbarin führte uns in den ersten Stock, wo sie vergeblich geklingelt und geklopft hatte, nachdem die alte Frau seit Tagen nicht mehr zu sehen war. Glücklicherweise wies die Wohnungstür eine schmale, entsprechend der hohen Räume hoch angebrachte Oberlichte auf. Ich zog mich mit einem Klimmzug empor und lugte hinein. Und da sah ich auch schon die Bescherung. Aus einer offenen Zimmertür lugten ein paar Frauenbeine hervor. Keine Frage, wir mussten rein und forderten einen Schlüsseldienst an. Die Beine der alten Frau ragten aus der Küche in den Flur heraus. Offensichtlich war sie ermordet worden. Ein Sofakissen lag auf ihrem mit verkrustetem Blut bedeckten Kopf. Wir suchten die Zimmer der geräumigen Altbauwohnung ab, niemand da. In einem der Zimmer fand sich auf einem kleinen Tischchen ein Aschenbecher, unter dem ein Zettel hervorlugte. Ich hob ihn auf.

„Leider konnte ich Sie nicht mehr antreffen …", stand darauf. Die verwitwete Frau hatte die Zimmer ihrer großen Wohnung an Pensionsgäste vermietet, wusste die Nachbarin. Ein Fall für die Mordkommission. Womöglich war der letzte Pensionsgast sogar der Täter. Ich schrieb meinen Bericht über unsere Feststellungen, dachte dabei aber nicht daran zu erwähnen, dass ich den Aschenbecher angehoben hatte. Darauf fanden sich brauchbare Fingerabdrücke. Ich musste mir beim Erkennungsdienst Vergleichsabdrücke nehmen lassen – und, oh Schande, die Abdrücke auf dem Ascher waren meine.

Eines Nachts – wir rollten mit unserem Funkwagen Isar 13 gemächlich durch die menschenleeren Straßen der Isarvorstadt – rannte ein Stück voraus ein Mann über die Kreuzung. Max und ich sahen uns kurz an, und ich gab Gas. Wer rennt, hat etwas gestohlen! Rasch hatten wir ihn eingeholt und hielten ihn an. Da kam ein weiterer Mann angehechelt. „Er hat mein Auto aufgebrochen!", keuchte er. Da waren wir zur richtigen Zeit am richtigen Ort. Wir nahmen den Kerl fest, besahen uns den Schaden am aufgebrochenen Wagen, wiesen den Geschädigten an, mit zum PP zu kommen, und führten den Täter bei der Kriminalbereitschaft vor. Während ich die Vorführungsnote herunterklopfte, machte der Geschädigte seine Aussage vor den Kriminalbeamten der KB, die den Täter auch gleich erkennungsdienstlich behandeln und ihn in der Polizeihaftanstalt verwahren würden, bis ihn am nächsten Morgen das für Kfz-Aufbrüche zuständige Fachkommissariat der Kripo zur Person und Sache vernehmen und dem Haftrichter vorführen würde. Zufrieden mit unserem Erfolg setzten wir unsere Streife fort. Einen ähnlich unverhofften Erfolg hatten wir Wochen später zu verzeichnen. Wir rollten durch die an der Isar entlangführende Steinsdorfstraße Richtung Ludwigsbrücke. Gerade hatte die Zentrale einen Raubüberfall auf die Kasse eines Bekleidungsgeschäftes am Isartorplatz durchgegeben, den Isar 1 annahm, dazu auch gleich die Beschreibung des flüchtenden Täters: ca. 25-jähriger Mann, 170 bis 175 cm groß, dunkelblond, trägt Jeansjacke. Der breite Gehsteig entlang der Häuserzeile war um diese Nachmittagsstunde menschenleer, es gab hier so gut wie keine Geschäfte, die Passanten angelockt hätten. Aus der einmündenden Ländstraße kam ein junger Mann gegangen. „Den schau'n wir uns an!", entschied Max, der gerade den Funkwagen fuhr. Vom Isartorplatz her war es nicht weit, und die Beschreibung des flüchtigen Täters passte. Ich stieg aus, bereit sofort hinterherzuspurten, falls der Bursche abhauen würde. Ich nahm Blickkontakt zu ihm auf und kam auf die an sich absurde Idee, den Schlag zum Fond einladend zu öffnen und seine Reaktion abzuwarten. Tatsächlich kam er geradewegs zu unserem Wagen und stieg wortlos ein. Das hatte ich eigentlich nicht erwartet, eher war ich darauf vorbereitet, ihm auseinandersetzen zu müssen, was wir von ihm wollten. Mit seiner Handlungsweise gestand er ein, dass er der gesuchte Räuber war.

Was man als Polizist sonst so alles erlebt, erfuhr ich bei einem Einsatz in einer kleinen Pension in der Isarvorstadt. „Hilfeleistung", hatte der Sprecher der Zentrale den Einsatzgrund lapidar bezeichnet, was immer wir darunter verstehen konnten. Hilfeleistungen aller Art gehörten zu unseren Aufgaben, sei es, dass sich ein Autofahrer aus seinem Wagen oder eine alte Frau aus der Wohnung ausgesperrt hatte, sich eine Katze auf einem Baum verstiegen hatte und kläglich miaute oder Wasser aus der Wohnung darüber durch die Decke tropfte, in der niemand zu Hause war — womit ich einmal in Obersendling konfrontiert war, wo ich mich mühsam auf den Balkon einer Wohnung im zweiten Stock gezogen hatte, um von dort in die Wohnung zu gelangen, aus der das Wasser anscheinend in die Wohnung darunter drang, dort mit dem Knauf meiner Pistole die Scheibe der Balkontür einschlug, um dann festzustellen, dass auch diese Wohnung unter Wasser stand, weil es aus dem Stockwerk darüber durch die Decke drang. Und um einen Wagen über ein Ausstellfenster aufzuhebeln oder einfache Schlösser zu knacken, dazu führten viele von uns gewisse Haken mit. Kamen wir selbst nicht zurecht, wussten wir, wen wir beiziehen konnten – die Feuerwehr in aller Regel. Oft und oft transportierten wir Blutkonserven von einem Krankenhaus zum anderen, damit ein gerade unter dem Messer liegender Patient Blut der für ihn passenden Blutgruppe, die dort gerade nicht vorhanden war, bekommen konnte. Nicht selten transportierte die Funkstreife auch Schwangere, bei denen bereits die Wehen eingesetzt haben. Und es konnte passieren, dass ein „Funkstreifenbaby" geboren wurde.

Ein Einsatz in einer Pension konfrontierte uns mit einer Situation, die wir ganz und gar nicht erwartet hatten. „Kommen Sie", sagte die Pensionswirtin mit gedrückter Stimme, führte uns in eines ihrer vermieteten Zimmer und deutete stumm auf eine junge Frau, die darin auf dem Bett saß. Wir traten näher. Jetzt erst sahen wir, was los war. Mit gespreizten Schenkeln saß die Frau kummervoll da und hielt in ihren Händen einen blutbeschmierten Fötus, dessen Nabelschnur noch mit der Nachgeburt, dem sogenannten Mutterkuchen in ihrem Leib, verbunden war. Flehend sah sie zu uns auf.

Tja, wie sollten wir da jetzt helfen? Max, mein Streifenführer, überlegte nicht lange. Gleich von der Pension aus rief er unsere Zentrale an und verlangte einen Krankenwagen. Währenddessen notierte ich für unseren Bericht die Personalien der jungen Frau. Auf meine Frage, wie es zu der Fehlgeburt gekommen sei, schüttelte sie nur den Kopf. Sie habe plötzlich das Fruchtwasser verloren, meinte sie kläglich. Nachdem sie abtransportiert war, befragten wir im Hinblick darauf, ob hier nun eine Fehlgeburt oder aber eine Abtreibung vorliegen würde, die Pensionswirtin. Die wusste darauf keine Antwort, die junge Frau habe sich für ein paar Tage eingemietet, ohne den Grund hierfür anzugeben. Na gut, wir konnten dazu keine weiteren Ermittlungen anstellen, wir mussten das der Kripo überlassen. So rückten wir vorübergehend ein, und ich setzte mich wie üblich an die Schreibmaschine.

Am 2. Februar 1961 standen Max und ich mit Isar 13 während unserer Schicht 17.00–24.00 Uhr an unserem üblichen Rastplatz in der Maximilianstraße unweit des Max-II-Denkmals, als uns der Notruf von Isar 9 schier aus den Sitzen riss: „Isar von 9, dringend BRK und Unterstützung, Kollege angeschossen, schwer verletzt!" Angeschossen? Was hatte Neun denn für einen Einsatz? War das nicht nur ein Familienstreit in der Krumbacher Straße in Schwabing, wohin er vorhin beordert worden war? Die Funkdurchsagen überschlugen sich, als eine Reihe von Wagen sich anboten, zur Unterstützung zu kommen. Mich drängte es, ebenfalls sofort loszupreschen, aber wir standen zu weit ab und wurden sicher nicht auch noch gebraucht. Dem Kollegen aber war nicht mehr zu helfen. Der 32-jährige Polizeiwachtmeister Karl-Heinz Roth verstarb kurz nach seiner Einlieferung ins Schwabinger Krankenhaus. Tot auch der 32-jährige Mordschütze Wilhelm K., von den Schüssen der Funkstreifenbeamten niedergestreckt. Er hatte sogleich zu schießen begonnen, als die Kollegen das Wohnzimmer, in das seine Frau sie verwiesen hatte, betraten und fragten, was denn los sei. Neben der Mordwaffe, einer französischen 7,65-mm-Pistole, hatte er auch einen geladenen Revolver bei sich. Unter großer Anteilnahme der Münchner Bevölkerung, der gesamten Funkstreifenabteilung und Angehörigen der Münchner Schutz- und Kriminalpolizei wurde er im Münchner Nordfriedhof beigesetzt. Seine Frau musste ihren kleinen Jungen nun ohne Vater großziehen.

Meine Frau schlief nun nach meinen Nachtschichten von 17.00–24.00 Uhr immer erst ein, wenn sie mich die Wohnungstür aufsperren hörte. Aus Angst, dass auch mir etwas Schlimmes passieren könnte. Bis ich in mein Bett schlüpfte, war sie dann aber schon weg.

Los von Polizistenfrauen.

4. Folge

Von Einsatz zu Einsatz

Mit meiner Beförderung zum PM war ich reif zum Streifenführer. Isar 7, Schicht I, war nun mein ständiger Wagen. Als
Partner und Fahrer wurde mir Hermann G., zugeteilt, genannt
Mandy, ein mittelgroßer, quirliger Oberbayer aus dem Chiem-
gau, vom Naturell her das Gegenstück zu mir. Auch mit ihm ver-

*Der Autor in kurzer, maßgeschneiderter schwarzer Lederjacke und grauer Hose, auf
der blauen Dienstmütze das Münchner Stadtwappen mit dem Schriftzug POLIZEI,
am linken Oberarm dasselbe Wappen, hier mit dem Schriftzug STADTPOLIZEI
MÜNCHEN. Das Pistolenfutteral mit der Walther PP, 7,65 mm, hing tief und griffbereit am rechten Oberschenkel. Der Dienstgrad kam mit silbernen Streifen an den Unter-
armen zum Ausdruck (zwei Streifen: PHW, drei Streifen: PM, vier Streifen POM).
Jahre später wurden die Rangabzeichen mit Rosetten bzw. Sternen auf blauen Kragen-
spiegeln dargestellt. Privatfoto*

stand ich mich gut, wenn ich ihn auch manchmal etwas bremsen musste, wenn er rastlos die Hauptstraßen entlang preschte. Ich rollte lieber in gemächlichem Streifentempo durch die Straßen. In späten Nachtstunden vor allem in der Hoffnung, Autoknacker zu überraschen, oder in denen ich in abgeschiedenen Ecken mit einem Leuchtkugelschreiber auf meinem Klemmbrett Szenen meines nächsten Krimis skizzierte. Einsatzklar waren wir ja auch hier – bis ich einmal spät nachts einschlief, den Kopf an den Türholm gelehnt, plötzlich aber hörte, dass der Sprecher der Zentrale einen Wagen für einen Einsatz ganz in unserer Nähe benötigte. Da schreckte ich auf und meldete mich: „Isar 7 kann fahren." Einen Moment Stille, dann die spöttische Frage des Sprechers der Zentrale: „Wo wollen Sie denn hinfahren, Isar 7?"

Ach du Scheiße, da hatte ich doch glatt geträumt.

Es war der Abend des 16. Februar 1962, als über Hamburg eine Sturmflut ungeahnten Ausmaßes hereinbrach. Mit Windstärke zwölf drückte der Sturm riesige Wassermassen von der Deutschen Bucht her in die Elbe. Die Deiche brachen, und ein Fünftel der Hansestadt versank in den eisigen Fluten. 315 Menschen kostete die Sturmflut das Leben. In München erlebten wir gleichermaßen eine Sturmnacht, die uns sowie die Feuerwehr pausenlos in Atem hielt. In der Hansastraße in Untersendling rissen die Sturmböen das Blechdach eines Wohnblocks los und schmissen es in Gänze auf die Straße. Der Verkehr war blockiert, und so forderten wir, die wir zum Schadensort beordert wurden, sogleich die Feuerwehr an und veranlassten eine Verkehrsumleitung. Kaum stand diese, wurden wir zum Maxhofviertel im äußersten Süden Münchens beordert, wo aus einem Gartengrundstück heraus eine hohe Fichte quer über die Straße gestürzt war. Das Hindernis musste beiseite geräumt werden, das war klar, denn wenn ein „Blinder" die Straße entlanggefahren käme, würde er glattweg reinkrachen – und wir wären schuld. Ein Anwohner stellte uns eine Baumsäge zur Verfügung, wie Holzknechte sie früher benutzten, und Mandy und ich sägten zum Erstaunen der Nachbarn den mannsdicken Baumstamm eigenhändig knapp am

Gartenzaun durch und zogen mit Abschleppseil und Funkwagen den Baum zur Seite auf den Gehweg. Der nächste Einsatz wartete bereits: In der Westendstraße in Laim drohten die Sturmböen das Dach eines Lebensmittelauslieferungslagers abzuheben. Ein paar der Eternitplatten des flach geneigten Giebeldaches waren bereits davongeflogen, über den Warenstapeln klaffte ein ziemliches Loch. Wir sahen von unten, wie sich die Platten hoben, wenn wieder und wieder eine Sturmböe reinfauchte. Jeden Moment konnte das gesamte Dach davonfliegen. Wenn es jetzt auch noch zu regnen anfing, war der Schaden immens.

Mein Partner wusste als passionierter Bergsteiger, wie wir das Dach absichern konnten, bis die angeforderte Feuerwehr kam. „Ich seil' dich mit unserem Abschleppseil an und sichere dich von der anderen Giebelseite." Okay. Ich informierte die Zentrale, dann ließen wir uns vom Hausmeister eine Leiter geben und stiegen hinauf. Auf allen Vieren krochen wir empor zum Giebel, und während ich mich neben dem klaffenden Loch niederließ und verhinderte, dass weitere Platten abgehoben wurden, sicherte mich mein „Bergsteiger" von der gegenüberliegenden Giebelseite aus für den Fall, dass sich das Dach so nicht halten ließ. Zunächst fand ich es spaßig wie in der Achterbahn auf dem Oktoberfest, wenn wieder und wieder eine Böe unter die Platten fuhr und mich emporhob. Dann aber ließ die Feuerwehr eine kleine Ewigkeit auf sich warten, ich begann zu frieren und bereute allmählich, Mandys Vorschlag gefolgt zu sein. Eine volle Stunde harrten wir bei Sturm und Kälte aus, dann kam endlich ein Rüstwagen angefahren. Mit Brettern zurrten die Feuerwehrleute die aufgerissene Dachlücke fest, und wir konnten uns endlich wieder einsatzklar melden.

Wochen später, wieder hatten wir die Nachtschicht von 00.00 bis 07.00 Uhr, rollten wir nach einer ersten Runde durch unser Streifengebiet die Lindwurmstraße stadteinwärts. Am Sendlinger Torplatz wollten wir über Sonnen- und Schwanthalerstraße wieder zurück in unseren eigentlichen Zuständigkeitsbereich fahren, der im äußeren Westend begann und über Laim, Großhadern,

Pasing und Aubing bis nach Freiham weit draußen an der westlichen Stadtgrenze reichte. In der Stadtmitte war in den Stunden um Mitternacht mehr los, da wollten wir mithalten. Voraus fiel mir kurz nach der Einmündung der Reisingerstraße, durch die wir häufig Betrunkene zur Blutentnahme in die Rechtsmedizin in der Frauenlobstraße brachten, ein Kerl auf, der dort an einem Zigarettenautomaten herummachte.

„Halt mal bei dem dort!", wies ich Mandy an. Ich trat an den Kerl heran, der uns noch immer nicht bemerkt hatte und weiter mit einem Schraubenzieher versuchte, die Frontblende aufzuhebeln, tippte ihm auf die Schulter und rief: „Halt, Polizei!" Darauf er: „Mach keinen Scheiß, pass lieber auf." Da fiel mir der Komplize auf, der angestrengt in die Seitenstraße hineinspähte. Mein Partner hatte ihn auch gerade gesehen, und so genügte ein Wink von mir, und er griff ihn sich. Mit zwei Festnahmen fing unsere Nachtstreife gut an. Eine dritte aber sollte noch hinzukommen, nachdem wir die beiden der Kriminalbereitschaft vorgeführt hatten. In der Meindlstraße nächst dem Verkehrsknotenpunkt Am Harras in Mittersendling war ein Einbruch in eine Werkstatt beobachtet worden. Ein Nachbar erwartete uns, er hatte in der Werkstattbaracke ein Licht gesehen. Ich schickte meinen Partner links herum und nahm mir selbst die rechte Barackenseite vor. Und siehe da, ein Fenster war eingeschlagen, drinnen sah ich Kerzenschein. Ich nahm den selben Weg wie der Einbrecher, unseren im Kofferraum mitgeführten Handscheinwerfer griffbereit zum Einschalten in der Linken, während ich mit der Rechten meine Walther PP zog. Doch dann trog mich im schwachen Schein der Kerze von einer Werkbank her der Augenschein, dass die Anrichte unter dem Fenster bis zur Wand reiche. Ich setzte meinen Fuß darauf – und brach durch die Scheibe des eingedrückten Fensters, die da lag und mein Gewicht natürlich nicht aushielt. Ich schrammte die Kante der Anrichte hinunter und zog mir eine schmerzhafte Schürfwunde das ganze Schienbein entlang zu. Darauf konnte ich nun aber keine Rücksicht nehmen. Ich humpelte in die Werkstatt hinein, schaltete meinen Handscheinwerfer ein und sah auch schon den Einbrecher. Er hatte mich natürlich gehört und sich unter einer Werkbank verkrochen, nur sein Hinterteil ragte hervor. Ich versetzte ihm einen Fußtritt und rief: „Polizei! Komm raus, du bist umzingelt!" Nachdem wir auch ihn, einen jungen Burschen, vorgeführt hatten, war unsere Nachtstreife fast um. Ein müdes Stündchen noch, dann rückten wir ein. Im Funkhof wartete schon unsere Ablösung. Wir tankten unseren Wagen noch schnell auf, übergaben ihn und zogen uns im Keller, wo Reihen von schmalen Blechspinden standen, in das übliche „Räuberzivil" um, d. h., wir vertauschten unsere Lederjacke mit einem zivilen Sakko, hakten das Pistolenfutteral vom Gürtel und verließen das Polizeipräsidium durch die Einfahrt Löwengrube, durch die wir gerade reingefahren waren. Am Stachus nahm ich die Straßenbahn der Linie 1 nach Moosach, während Mandy auf seine Linie nach Laim noch etwas warten musste. Leider musste ich mein Töchterchen enttäuschen, die mich freudig begrüßte und hoffte, dass ich nach dem Frühstück mit ihr spielen ginge. „Pappi muss erst mal schlafen", belehrte sie Mammi, „er war die ganz Nacht unterwegs auf Streife." Ich zog mich ins abgedunkelte Schlafzimmer zurück. Von 17.00 bis 24.00 Uhr erwartete mich ja bereits die nächste Schicht, und am Tag darauf die Nachmittags- schicht von 13.00 bis 17.00 Uhr. Dann erst würde ich einen Tag frei und etwas Zeit für meine kleine Familie haben. Soweit dies mein nächster Krimi zuließ, auf dessen Manuskript der Verlag ja immer schon wartete. Und danach ging die Drei-Tage-Schicht mit 07.00 bis 13.00 Uhr von vorne los.

„Mann schlägt Frau", lautete ein Einsatz, der uns zu einem Alt- bau im Westendviertel führte. Ich bestätigte: „Richtig." Was nun nicht heißen sollte, dass ich es richtig fand, wenn ein Mann eine Frau schlägt. Wir machten uns gern einen Spaß daraus, in solchen Fällen, die an sich häufig vorkamen, mit dem im Sprechfunk- verkehr vorgesehenen Begriff „richtig" für „richtig verstanden" zu antworten, nachdem in der Presse des öfteren darüber ge- witzelt wurde. Was wir in diesem Fall aber erlebten, verblüffte uns denn doch. Die schon etwas ältere Frau erwartete uns vor ihrer offen stehenden Wohnungstür schon im Treppenhaus. Ihr

Mann, ein untersetzter, kräftiger Kerl, kam sogleich hinzu. Als sie klagte, dass er sie wieder geschlagen habe, fuhr er auf: „Was sagst du da!", und holte zum Schlag gegen sie aus. Dass er in unserer Gegenwart seine Frau schlug, konnte ich keinesfalls zulassen. Ich versetzte ihm augenblicklich einen Schlag gegen den Kopf. Was ich nicht bedachte, war, dass mein Partner, der auf der anderen Seite des Mannes stand, dieselbe spontane Absicht verfolgte. So geriet dessen Kopf zwischen zwei kräftige Funkstreiflerfäuste. Wie vom Blitz getroffen brach er zusammen. Da stürzte seine Frau zum Fenster in den Hinterhof, riss es auf und rief gellend hinaus: „Hilfe, die schlagen meinen Mann!" Mandy und ich sahen uns nur kurz an, machten wortlos kehrt und verließen das Haus.

Während wir tagsüber und in den meist noch immer verkehrsreichen Abendstunden hauptsächlich mit Verkehrsunfällen beschäftigt waren, Unfallsituationen vermaßen und skizzierten und mit den Beteiligten, sofern sie nicht ins Krankenhaus eingeliefert werden mussten und deren Fahrzeuge noch fahrbereit waren, zum zuständigen Revier fuhren, um dort den Unfall protokollieren zu lassen, bescherten uns die Nachtstunden vornehmlich Schlägereien, Zechprellereien, in Anlagen, Gebäudenischen oder Ladenpassagen liegende Penner oder Betrunkene, die entweder Hilfe benötigten oder aber zur Festnahme ausgeschrieben waren, aktuelle Einbruchsdiebstähle oder wilde Verfolgungsjagden wie z. B. die Verfolgung eines Autodiebes kreuz und quer durch die Innenstadt und schließlich raus zur Theresienwiese, auf deren Anhöhe wir mit Isar 7 schon bereit standen und von hier aus in Sichtweite zu den verfolgenden Funkwagen zur Martin-Greif-Straße mit genau angepasster Geschwindigkeit hinunterfuhren und das verfolgte Fahrzeug in spitzem Winkel herausschnitten und ausbremsten (siehe „Verfolgungsjagd mit Isar 12" in meinem Band mit Polizei- und Kriminalgeschichten „Gnadenlose Mörderjagd", VNL, Jena). Eines Nachts wurden wir dann zu einem Bierstüberl im Westend beordert, wo es Schwierigkeiten mit einem Betrunkenen gäbe. Es war unnatürlich ruhig in dem Lokal, obwohl trotz der späten Stunde noch eine Menge junger Leute anwesend waren. Sie spürten wohl irgendwie, dass da einer aus ihrer Zechrunde mit dem Tod rang. Er lag unter dem Tisch in der Ecke neben der Bartheke und röchelte schaurig, ein großer, kräftiger junger Mann. Ich beugte mich über ihn. Er war nicht mehr ansprechbar, zog nur in Abständen röchelnd die Luft ein. Ich fühlte nach dem Puls, der unregelmäßig und mit immer größeren Aussetzern schlug. „Hol' das BRK her, eilig!", wies ich meinen Partner an. Ich erkundigte mich beim Wirt und den Gästen, was denn los gewesen sei, und nahm schon einmal deren Personalien auf. Meine Vermutung, dass der junge Mann eine Alkoholvergiftung davongetragen hatte, bestätigte sich. Die jungen Burschen an der Bar hatten, nachdem sie den Abend über bereits kräftig gezecht hatten, gewettet, wer von ihnen eine Flasche hochprozentigen Korn auf ex austrinken könne. Er konnte, lag bald darauf aber unter dem Tisch. Das BRK schaffte ihn noch ins Krankenhaus, wo er aber schon nicht mehr lebend ankam, wie uns die Zentrale mitteilte. Wochen später wurden wir zu einer Betrunkenen am Sendlinger Torplatz beordert – eine Sie diesmal, was selten war. Sie reagierte nicht mehr, selbst als ich ihr meinen Daumen hinters Ohr drückte, was sonst noch jeden Betrunkenen weckte. Ihr Puls flatterte, setzte aus, flatterte erneut. Ich hatte meine Erfahrungen mit dem jungen Mann aus dem Westend gemacht und forderte sofort das BRK an, statt sie in die Ausnüchterungszelle des Reviers zu verbringen.

„Gräf-, Ecke Retzerstraße der nächste Wagen", schreckte uns eine Durchsage der Zentrale auf, gerade als wir uns auf die Schäferwiese am Ende der Gotthardstraße in Laim zurückgezogen hatten, um in den letzten Stunden unserer Nachtschicht unsere müden Häupter etwas an den Türholm zu lehnen. Das war nicht weit in Pasing und ging uns an. Ich griff nach dem Hörer des Funkgerätes: „Isar 7", meldete ich mich.

„Eine Zeitungsausträgerin hat einen Mann beobachtet, der über ein an die Hauswand gelehntes Fahrrad in ein Fenster einstieg."

„Verstanden", quittierte ich. Ein Einsteigdieb? Die späten Nacht- bzw. frühen Morgenstunden waren Einbrecherzeit, und Einsteigdiebstahl rangierte im Strafgesetzbuch unter „Schwerer Diebstahl" und galt – zumindest damals noch – als mit Zuchthausstrafe bedrohtes Verbrechen. Über die Agnes-Bernauer-Straße, in der ich kurz das Blaulicht zog, damit uns nicht einer der wenigen noch unterwegs befindlichen Autofahrer in die Quere kam, waren wir in knapp zwei Minuten da. In mäßigem Tempo fuhren wir die Gräfstraße entlang und auf die genannte Kreuzung zu. Nirgends lehnte an einem der alten, zweigeschossigen Wohnblocks ein Fahrrad an der Wand oder stand ein Erdgeschossfenster auf.

„Isar von 7, wir können hier kein Fahrrad feststellen. Wo ist die Mitteilerin zu finden?"

„Nicht bekannt."

Wir fuhren noch ein Stück die Gräfstraße auf und ab und etwas in die Seitenstraßen hinein. Aber weder entdeckten wir irgendwo ein Fahrrad noch die Zeitungsfrau, die sicher auch mit einem vollbepackten Fahrrad unterwegs war. Schließlich meldete ich: „Isar von 7, weiterhin keine Feststellung." Es kam immer mal vor, dass an einem Einsatzort nichts von dem zu entdecken war, was der Anrufer glaubte uns mitteilen zu müssen, oder dass sich Gaudiburschen mit ihrem Anruf einen Spaß machen wollten, um zu sehen, wie lange die Funkstreife braucht.

Wir kreuzten weiter durch Pasing, machten einen Abstecher raus nach Aubing und kehrten über die Bodenseestraße wieder zurück. Ich fuhr gern so durch späte Nächte, in denen zumindest in den Außenbezirken kaum mehr Verkehr herrschte, genoss das wechselnde Spiel der Lichter und bunten Reklamen und lauschte den Funkdurchsagen, die erkennen ließen, dass die Stadt nie ganz schlief.

Am Pasinger Marienplatz mit der Mariensäule in der Mitte bogen wir in die Planegger Straße ab, um auch in Großhadern noch einmal nach dem Rechten zu sehen. „Isar 7", sprach uns die Zentrale gleich direkt an, „fahren Sie zum Weinbergerlager. Ein Mann stieg durch ein Fenster in eine der Baracken ein. Sie werden erwartet."

„Verstanden." Oha, war unser Einsteiger rübergewandert zum Flüchtlingslager an der Weinbergerstraße? Sie lag nicht weit ab von der Gräfstraße. Wieder zog ich das Blaulicht, und schon waren wir da. Ein Pulk von Leuten erwartete uns am Lagereingang. Als wir ausstiegen und auf die Leute zugingen, löste sich ein junger Kerl aus der Menge und rannte davon.

„Eine Pistole hat er auch!", rief eine Frau.

Sofort rannte ich hinterher, gefolgt von Mandy, meinem Fahrer. Als er über die Weinbergerstraße hinweg in eine Seitenstraße mit Gärten und Einfamilienhäusern rannte und ich befürchten musste, dass er uns hier entwischte, rief ich: „Polizei! Halt oder ich schieße!" Ich hatte meine Pistole noch gar nicht gezogen und hatte zunächst auch nicht vor, zu schießen, hoffte stattdessen, dass er stehen blieb und uns die Rennerei ersparte. Ein Schusswaffengebrauch, den ich mit meinem Ruf ja nun vorschriftsmäßig angedroht hatte, wäre indes berechtigt gewesen. Nach den Vorschriften des PAG über den Schusswaffengebrauch waren wir dazu berechtigt, wenn sich eine Person, die eines Verbrechens dringend verdächtigt ist, der Festnahme durch Flucht zu entziehen versucht. Zudem sollte er laut Ausruf der Frau in der Menge vor dem Lagereingang eine Pistole mitführen, ein weiterer Rechtfertigungsgrund für einen Schusswaffengebrauch, in diesem Fall sogar, wenn die Tat ein minder strafbewehrtes Vergehen war.

Bei meinem Warnruf hatte ich nun aber nicht mit der Spontanität meines Partners gerechnet. Schon krachte es bei ihm. Okay, jetzt zog auch ich die Pistole. Und während wir in langen Sprüngen hinterherhetzten, gaben wir Schuss auf Schuss ab, auf die Beine des Flüchtenden natürlich nur, um ihn einfach nur fluchtunfähig zu machen. Funken spritzten unter seinen Füßen auf, aber der Kerl blieb nicht stehen und verschwand plötzlich in eine Seitengasse. Als ich, gefolgt von Mandy, dort ankam, wäre ich beinahe über seine Beine gestolpert. Da lag er nun, niedergestreckt von unseren Schüssen. Scheiße, jetzt ging die Schreiberei so richtig los.

Doch es hatte ihn nur an der Hüfte erwischt, auch nur mit einem Streifschuss. Mandy verband ihn fachgerecht, während ich seine Taschen durchsuchte. Eine Waffe fand ich nicht, aber einen Ausweis. Über Funk überprüfte ich die Personalien und bekam mitgeteilt, dass er zum Strafvollzug ausgeschrieben war.

Eine achttägige Haftstrafe hatte er abzusitzen. Hatte er für diese wenigen Tage riskiert, schwer verletzt oder gar tödlich getroffen zu werden?

In der Tat war ihm nicht viel mehr vorzuwerfen. Wie ich von der Flüchtlingsfamilie erfuhr, war er zu deren Tochter eingestiegen, war einfach nur „fensterln" gegangen, in Bayern ein kaum strafwürdiges Delikt. Der Inhaber der Barackenwohnung wollte denn auch gar keinen Strafantrag wegen Hausfriedensbruch stellen. „Von Polizei angeschossen, Strafe genug", meinte er. Und eine Pistole fand sich auch nirgendwo.

Mein Fahrer hatte während dessen über die Zentrale geklärt, dass der Streifschuss in der Krankenabteilung der JVA Stadelheim versorgt werden könne. So nahmen wir den Kerl mit zum Präsidium und ließen ihn über die Kriminalbereitschaft zum Vollzug des Haftbefehls einliefern. Und während Mandy die Vorführungsnote runterklopfte, bastelte ich an unserer Schusswaffengebrauchsmeldung. Sie machte mir einiges Kopfzerbrechen, aber ich bekam die Begründung im Kontext mit dem in der Gräfstraße zu vermutenden Einsteigdiebstahl wohl einigermaßen hin. Und für den Fall des Falles, dass man uns ein Ermittlungsverfahren anhängen würde, das bis zur Klärung zu einer Beförderungssperre führen würde, bekundete ich, der ich vor Kurzem erst zum PM befördert worden war, wogegen Mandy noch PHW war, dass ich mit einem meiner Schüsse wohl doch in Hüfthöhe abgekommen war. Sollten sie mir die nächste Beförderung sperren, die sowieso nicht so bald zu erwarten war. Nun, ein Ermittlungsverfahren wurde eingeleitet, alsbald aber eingestellt. Gleichwohl war ich froh, dass wir den Burschen wegen seiner lapidaren Haftstrafe nicht erschossen hatten.

Immer wieder hatten wir es mit Selbstmorden zu tun, mit teils schon Tage oder Wochen unentdeckt in Wohnungen liegenden Toten, die entsetzlich stanken. Der Geruch fiel mich lange Zeit selbst vor einem appetitlichen Schweinsbraten an, es brauchte mir nur der warme Bratenduft in die Nase zu steigen, schon begann ich von meinen Leichen zu erzählen, worauf mir meine

Frau ärgerlich ins Wort fiel: „Hör auf, du verdirbst mir den Appetit!" Im Fall des Toten in der Buche konnte ich nur mutmaßen, dass eine Krebserkrankung ihn in den Selbstmord getrieben hatte. Er sorgte jedenfalls dafür, dass er entdeckt wurde, bevor er in Fäulnis überging, und warf seinen Angehörigen eine Benachrichtigung mit genauer Skizze in den Briefkasten, wo er denn zu finden sei. Mit dieser Skizze erwartete uns sein Bruder. Er lotste uns in den Forstenrieder Park, ein Stück einen Waldweg entlang bis zu einer am Wegesrand wie zufällig aufgestellten Coladose. Da ging es 50 Meter rein bis zu einer großen Buche, in der er im Geäst hing, gerade dass ich noch seine Füße erreichen konnte, das Sakko korrekt zugeknöpft und einen Hut auf dem Kopf, den ihm das Elektrokabel, mit dem er an einem der Äste hing, tief ins Gesicht schob. Das Geräumt (Unterteilung großer Forste), in dem er hing, gehörte nicht mehr zum Münchner Burgfrieden, und so ließen wir über die Zentrale die Landpolizei Starnberg verständigen. Diese rückte mit einem Bestatter an, der auch gleich einen Sarg mitbrachte, den er unter den Toten schob, und meinte, so könnte man ihn direkt hineinfallen lassen. Nur – wie ihn runterbringen? Wir verfügten weder über eine Zange, um das Kabel durchzuzwicken, noch über eine Säge, um den Ast durchzuschneiden. Einziges Werkzeug war mein Taschenmesser, mit dem ich gelegentlich den warmen, frisch aus unserer Stamm-Metzgerei besorgten Leberkäs in mundgerechte Happen schnitt, wenn wir in den langen Vormittagsschichten unseren Hunger gleich im Funkwagen stillten. Mandy, der Bergfex, stieg damit den Stamm hoch und begann an dem nicht sehr dicken, aber doch kräftigen Ast zu schnippeln. Es dauerte, bis der sich zu neigen begann. Ich zog den Erhängten an den Füßen in die Schräge, um ihn nicht senkrecht zu Boden stürzen zu lassen. Der Bestatter, ein langer, fast dürrer Mann mit dicker Hornbrille, griff mit zu und balancierte den plötzlich rasch herabsinkenden Toten über den mit weißen Papiertüchern und Spitzenkopfkissen ausgelegten Sarg. Splitternd gab oben der Ast nach. Als hätte es sich der Erhängte im letzten Moment anders überlegt, vollführte er eine tückische Drehung und fiel dem Bestatter mit seinem ganzen Gewicht ins

Genick. Kopfüber stürzte nun der in den Sarg, Staub wolkte auf, und die Brille flog davon. Der Tote landete daneben im Gras. Makaber. Wir drehten uns beiseite, denn wir und die Kollegen aus Starnberg vermochten unser prustendes Lachen nicht völlig zu unterdrücken.

Wieder einmal brach ein Föhnsturm über Südbayern und München herein, einer dieser über die Alpen herabstürmenden warmen Fallwinde, die gern die Köpfe der Leute verwirrten und uns eine steigende Zahl von Einsätzen bescherte. Der Verkehrsunfall in der Landsberger Straße schien damit aber nichts zu tun zu haben. An drei hinter einem Lastwagen herfahrenden PKW's waren Scheiben zersplittert, und die Geschädigten beschuldigten den Fahrer des Lasters, den sie angehalten hatten, seine Kiesladung nicht gesichert zu haben. Der Lastwagenfahrer aber beteuerte, weder Kies noch sonst etwas geladen zu haben, das er hätte verlieren können. Ich überzeugte mich und fand die offene Ladefläche in der Tat völlig leer. Als ich die beschädigten PKW's näher besah, erinnerte ich mich schlagartig an ein Buch über Wetterphänomene, das ich vor einiger Zeit gelesen hatte. Von Tornados, wie sie vor allem in Amerika auftreten, war darin u. a. die Rede, deren Wirbel die Luft ansaugten und um Gebäude herum zu Unterdruck führten mit der Folge, dass innerhalb der Gebäude ein Überdruck entstand, der Fenster und womöglich ganze Gebäude regelrecht platzen ließ. Die Scherben der beschädigten Pkw-Fenster lagen in der Tat nicht im Fahrzeuginnern, sondern außen, an den „geplatzten" Rückscheiben vor allem zu sehen. Ich versammelte die beteiligten Fahrer um mich und eröffnete ihnen, dass der Verkehrsunfall keiner war und wir uns nicht veranlasst sähen, den Vorfall polizeilich aufzunehmen. Da guckten sie erst einmal ungläubig. Ich wies sie darauf hin, dass zum einen die Ladefläche des Lkw leer war und zum anderen die Scherben der beschädigten Pkw-Fenster außen lagen, also nicht von außen beschädigt worden sein konnten, denn dann müssten sie innen liegen. Ich wies auf das Phänomen der Tornados hin, von dem ich gelesen hatte. Wir hatten selbst schon den ganzen

Vormittag über bemerkt, wie immer wieder Staubwirbel über die Straßen tanzten, Windhosen also, die meines Erachtens sehr wohl dazu führen konnten, dass in Fahrzeugen Überdruck entstand, der die Scheiben platzen ließ. Ihren zweifelnden Mienen nach glaubten sie mir nicht so recht. Als ich sie dann aber gegenseitig ihre Adressen und Fahrzeugdaten austauschen ließ, ihnen empfahl, den Vorfall ihren Versicherungen zu melden und mir die Daten auch selbst notierte für den Fall, dass ich den Versicherungen gegenüber Stellung nehmen müsste, schienen sie zufrieden. Ob sie mir aber auch geglaubt haben, will ich dahingestellt sein lassen.

Ersatzweise war ich hin und wieder auch in der Einsatzzentrale an einem der Notrufannahmeplätze eingesetzt. Dass es nichts gibt, was es nicht gibt, erfuhr ich hier wieder einmal durch einen Notruf, den ich erst für einen Jux hielt: „Meine Frau schlägt mich." Der Anrufer aber meinte es ernst, und so fertigte ich einen Einsatzzettel und reichte in durch das Schiebefenster in den Funkraum hinüber zum Sprecher. Jupp, ein ehemaliger Frontkämpfer, der mit einer der damals aufgestellten Polizeidivisionen mit seiner PAK (Panzerabwehrkanone) sowjetische T 34 abschoss, konnte seinen Kölner Slang auch als Münchner Funkstreifensprecher nicht ganz verleugnen. Fragend sah er mich an. Ich nickte grinsend. Da gab er den Einsatz mit dem Hinweis „Frau schlägt Mann" durch, worauf erst einmal Schweigen entstand, dann die zweifelnde Frage: „Im Ernst?" „Richtig", entgegnete Jupp, und hier konnte man es so oder so nehmen.

Am Notrufannahmeplatz bekam ich in diesen Tagen einen Anruf, der mir, wenn auch viel später erst, bewusst werden ließ, dass sich hier eine Straßengewalt anzubahnen begann, wie sie uns Ende der 1960er-/Anfang 1970er-Jahre noch öfters zu schaffen machen sollte. Von Studenten erfuhren wir Polizisten schon immer mal Aufmüpfigkeit, das war uns nicht neu. Sie wollten Weisungen der „Obrigkeit" nicht kommentarlos hinnehmen, sei es, dass man sie anhielt, weil sie mit dem Fahrrad ohne Licht fuhren, wo sie doch bei dieser hellen Straßenbeleuchtung genug sähen. Fraglos meinte der Anrufer mit seiner Warnung „Morgen kommen wir wieder, da zeigen wir's euch!" die seit Nächten tobenden sogenannten „Schwabinger Krawalle". Ich lachte nur. Sollten sie doch. Unsere Einsatzkräfte würden die hier rebellierende Jugend wie schon die Nächte davor die „Rue de Galopp", wie die Leopoldstraße schon bald bezeichnet worden war, hinunterjagen, bestes Einsatzmittel dabei unsere Berittenen, die einmal einen Pulk Randalierer, die auf zwei Polizisten einschlugen, auseinandersprengten, dass auf dem Asphalt nur noch Schuhe zurückblieben. Pferdehufe waren eben härter als Gummiknüppel. Die Krawalle begannen am 5. Juni 1962, als rund 2000 Studenten die Fortsetzung einer Jazzveranstaltung in der Münchner Uni zu erzwingen suchten, deren Räumlichkeiten nach 22.00 Uhr nicht mehr zur Verfügung standen. Der Pförtner rief die Funkstreife, die sofort angegriffen wurde. Erst nach Eintreffen von Verstärkung konnte der Platz geräumt werden. Wochen später sollte es dann richtig losgehen, als eine Funkstreife die nächtliche Ruhestörung am Wedekindplatz in Schwabing zu unterbinden suchte. Die Tumulte weiteten sich auf die nahe Leopoldstraße aus. Stärkere Polizeikräfte mussten herangeführt werden, um die durch die rasch anwachsende Menge verursachten erheblichen Verkehrsstörungen, Sachbeschädigungen und Widerstandshandlungen zu unterbinden, mit denen Tausende von Studenten verdeutlichten, dass sie keinerlei Respekt mehr vor der Ordnungsmacht besaßen. In den folgenden Nächten standen den 1000 Polizeibeamten an die 30 000 Krawaller gegenüber. Der persönlich am Einsatzgeschehen teilnehmende damalige Direktor der Kriminalpolizei und spätere Polizeipräsident Dr. Manfred Schreiber entwarf nach diesen Erfahrungen die sogenannte „Münchner Linie", die psychologische Mittel und konsequente Strafverfolgung den Vorrang vor der Anwendung unmittelbaren Zwanges gab.

Dass man die Funkstreife indes in Schwabing nicht mehr zum Einsatz kommen lassen durfte, fanden wir Funkstreifler gleichwohl diskriminierend. Als ob wir die Unruhestifter gewesen wären.

5. Folge

Von Jahr zu Jahr mehr Einsätze

Die Funkstreife war längst zum unentbehrlichen Helfer in der Not geworden. Während 1950 gerade mal rund 20 000 Einsätze registriert wurden, verdreifachte sich deren Einsatzzahl in den nächsten zehn Jahren und stieg bis 1962 auf 92 983 Einsätze. Zwei Jahre darauf waren dann schon 110 504 Einsätze zu verzeichnen, nach weiteren zwei Jahren 129 139. Mit der Verstaatlichung der Münchner Stadtpolizei als letzte kommunale Polizei Bayerns im Jahr 1975 wurde die so erfolgreiche Funkstreifenabteilung aufgelöst und die Einsätze von den Dienstgruppen der jeweils zuständigen Polizeiinspektionen gefahren. Nach dem Willen des BStMI musste die Polizeiorganisation der

Zug um Zug löste im Lauf der Jahre der schnelle, wendige BMW 1800 den robusten, klassisch schönen Oldtimer BMW 501 ab. Privatfoto

Millionenstadt München derjenigen auf dem flachen Land an-
geglichen werden, und dort wurden Einsätze nun einmal von
den PIs aus gefahren (zu dieser Zeit gehörte ich der Funkstreife
längst nicht mehr an). Konnte der Bürger bislang damit rechnen,
dass eine Funkstreife innerhalb weniger Minuten am Einsatzort
war, klagte er jetzt, dass er mitunter Stunden auf Hilfe warten
müsse. Bis zum Ende des Jahrhunderts registrierte die Einsatzzentrale, von der aus die Funkstreifen der PIs gesteuert wurden,
nach kontinuierlichem Anstieg über 814 000 Notrufe, die zu über
230 000 Soforteinsätzen führten. Mit der Verstaatlichung der
Münchner Polizei fiel allerdings auch der Landkreis München,
dessen Siedlungsstruktur vielfach mit dem Stadtgebiet zusammen-
hing, in die Zuständigkeit des PP München.

Im Juli 1960 nahm die Funkzentrale, die bis dahin im Erdgeschoss neben der Einfahrt Löwengrube untergebracht war
und in der sich Notrufannehmer und Funksprecher gegenüber-
saßen, ihren Betrieb im ersten Stock des Schutzpolizeibaues an
der Ettstraße 4 auf. Notrufannahmeraum, in dem jetzt auch der
Schichtleiter bzw. Inspektor vom Dienst seinen Platz hatte, und
Funkraum waren nun durch eine Glasfront mit Schiebefenster
getrennt. In den 1980er-Jahren entstand mit CEBI-München,
einer „Computerunterstützten Einsatzleitung Bearbeitung und
Information" eine neue Einsatzzentrale, die den Möglichkeiten der
elektronischen Datenverarbeitung auf dem Gebiet der Informationsgewinnung, -verarbeitung und -weitergabe Rechnung trug.

„Gott sei Dank warst du nicht mit dabei", rief meine Frau erleichtert aus, als ich ihr erzählte, dass mein Partner während meines
Urlaubs einen schweren Verkehrsunfall erlitten hatte und ich
nun einen Ersatzmann zugeteilt bekommen habe. Ihre ständige
Angst, dass irgendwann auch mir etwas passieren könnte, vermochte sie nicht zu unterdrücken. Los von Polizistenfrauen. Mit
Sondersignalen war Mandy zur Stoßzeit durch die lang gestreckte
Bodenseestraße im Westen Münchens zu einem schweren Verkehrsunfall weit draußen gerast, den stockenden Verkehrsfluss
auf der Mittellinie überholend. Als stadteinwärts ein Linienbus

H.J.PRINZ

SCHATTENSEITEN EINER GROSSSTADT

POLIZEIREPORT

*Das Buchcover meines Polizeireports SHCHATTENSEITEN EINER GROSS-
STADT (zu bestellen unter meiner Tel./Faxnummer: 089/70009913) zeigt die Not-
ruftische der Einsatzzentrale des PP München (CEBI). In spannender Abfolge wird dem
Leser vor Augen geführt, wie wieder und wieder die Notrufe anschlagen, Streifenwagen
zu den verschiedensten Einsatzorten beordert werden und schließlich die zuständigen
Dienststellen ihre Ermittlungen aufnehmen. Privatfoto*

zum Überholen des auch in dieser Richtung dichten Verkehrs ansetzte und sich weder für den Bus noch für ihn eine Lücke zum Einscheren bot, stieß er frontal mit dem Bus zusammen. Mit Rippenbrüchen und diversen sonstigen Verletzungen war er zusammen mit seinem Streifenkollegen, der einen Schädelbruch erlitt, ins Kreiskrankenhaus Pasing eingeliefert worden.

Der auf meinen Frühdienst von 07.00 bis 13.00 Uhr folgende Nachtdienst von 00.00 bis 07.00 Uhr, zu dem wir wie zu allen unseren Schichtdiensten eine halbe Stunde früher antraten und von der Folgeschicht gleichermaßen eine halbe Stunde früher abgelöst wurden, bescherte uns schon gleich einen Verkehrsunfall Ecke Schwanthaler-/Schillerstraße im Bahnhofsviertel mit den vielen Bars und Nachtklubs, auf den wir auf der Fahrt in unser Streifengebiet direkt darauf zufuhren. Einen alten R 4 hatte es zerlegt in sämtliche Einzelteile, als ihm ein Mercedes, dem er die Vorfahrt genommen hatte, in die Seite fuhr. Motorhaube, Kotflügel, Stoßstange, die Windschutzscheibe und diverse sonstige Teile lagen verstreut über die ganze Breite der Schwanthalerstraße. Für den jungen Fahrer und seine Beifahrerin mussten wir einen Krankenwagen des BRK anfordern. Während ich mich daranmachte, die Unfallsituation zu skizzieren, nahm mein neuer Partner, ein als Altbewerber mit verkürzter Ausbildung übernommener Zeitsoldat, der sich sogleich als sehr kompetent erwies, den beteiligten Fahrern schon gleich einmal die Papiere ab und prüfte, ob sie getrunken hatten. Der R-4-Fahrer blieb deutlich unter dem Grenzwert des Teströhrchens. Er war mit seiner Holden im Kino gewesen und hatte danach in einer der Bars nur kurz ein Gläschen getrunken. Der Mercedesfahrer aber blieb hängen, das Röhrchen verfärbte sich bei ihm weit über den Strich. Obwohl er an dem Unfall nicht die Schuld trug, war er nun wegen Trunkenheitsfahrt dran. Er fluchte unterdrückt, als ich ihm ankündigte, dass wir ihn zur Blutentnahme bringen und seinen Wagen, der ebenfalls ziemlich beschädigt war, abschleppen ließen, wie auch den Totalschaden seines Kontrahenten.

Es war 01.00 Uhr durch, als wir uns wieder klar meldeten und sofort den nächsten Einsatz bekamen: Schlägerei in einem

Lokal in der Landsberger Straße. Ein zweiter Wagen wurde mit dazugeschickt. Vor dem Lokal erwartete uns ein junger Mann mit zwei, drei seiner Freunde. Er presste ein blutiges Taschentuch auf seine aufgeschlagene Oberlippe und zeigte uns, dass sie glatt durchtrennt war und auf jeden Fall genäht werden musste. Zusammen mit ihm betraten wir die Gastwirtschaft. Zwischen den großen, alten Wirtshaustischen und teils umgestürzten Holzstühlen und zerbrochenen Biergläsern standen Gruppen aufgeregter junger Leute. Der Verletzte zeigte auf einen athletischen jungen Mann in den Zwanzigern und etwa meiner Größe. „Der war's!" Ich forderte dessen Ausweis, zückte mein Notizbuch und begann seine Personalien aufzuschreiben, die ich dem Geschädigten weitergeben wollte, damit dieser ihn entweder anzeigen oder privat verklagen konnte. Während ich noch schrieb, umringt von den Freunden des Schlägers, begann dieser schon gleich wieder mit seinem Kontrahenten zu streiten. Ich forderte ihn auf, jetzt ruhig zu bleiben. „Sonst gibt's was!", fügte ich mahnend hinzu. Da packte er mich mit beiden Händen an meiner Lederjacke. „Was gibt's?", herrschte er mich an. Ich parierte seinen Angriff augenblicklich mit einem Faustschlag, konnte aber nicht verhindern, dass er mich über den hinter mir stehenden Wirtshaustisch katapultierte. Mit einem Überschlag kam ich drüben gleich wieder auf die Beine, zog meinen Gummiknüppel, den ich im Funkwagen meist in der Innentasche der Tür stecken hatte, bei Einsätzen wie diesem aber griffbereit in meinen linken Ärmel steckte, und klatsche ihn meinem Kontrahenten, der um den Tisch herumtänzelte und sich sogleich kampfbereit in Positur stellte, quer übers Gesicht. Mit gesenktem Schädel stürmte er daraufhin wie ein Kampfstier auf mich zu. Ich wich beiseite und nahm ihn in den Schwitzkasten. Eine Weile schob er noch gegen mich an, dann verharrte er. Seine Kumpels bildeten einen Ring um uns beide, kamen ihm aber nicht zu Hilfe. Mein Partner begriff die Situation und hielt sich ebenso zurück. Es war ein Zweikampf, den allein wir beide auszufechten hatten. Ich klopfte meinen Kontrahenten schließlich ab und rief: „Gibst auf?" Ja, er gab auf. Ich entließ ihn aus dem Schwitzkasten und eröffnete ihm, dass er sich mit seinem Angriff gegen mich nun auch noch wegen Widerstandes gegen die Staatsgewalt strafbar gemacht habe und wir ihn deswegen zur Blutentnahme bringen würden. Er wehrte sich nicht, als ich ihn hinausführte und in unseren Wagen bugsierte. Seine Kumpane folgten, hielten sich aber auf Abstand, als der zweite zu unserem Einsatz beorderte Wagen angeprescht kam, mit ihm auch gleich noch ein dritter. Schnelligkeit, gegenseitige Unterstützung und resolutes Auftreten verhalfen uns zu einer Reputation, durch die wir die Staatsgewalt meist problemlos durchzusetzen vermochten. Ich bedeutete den Kollegen, dass wir alles unter Kontrolle hätten, winkte den Geschädigten heran und bot ihm an, ihn zur Chirurgischen Klinik in der Nussbaumstraße mitzunehmen, damit er sich seine aufgeplatzte Lippe nähen lassen könne. Er nahm an, und so ließ ich ihn auf den Beifahrersitz einsteigen, während ich mich zu meinem Kontrahenten auf den Rücksitz schob. So ganz traute ich ihm denn doch nicht. Es war noch nicht lange her, dass ich einen an sich harmlosen, total besoffenen Zechbetrüger allein hinten sitzen ließ. Doch als ich auf der Fahrt zur Rechtsmedizin merkte, dass er in meiner Kollegmappe herumkramte, die ich auf der Ablage des Rückfensters liegen hatte und in der ich meine Brotzeit und sonstige private Kleinigkeiten verwahrte, rief ich ihn an: „He, was hast du da in meiner Mappe zu suchen?" Da warf er mir meine Sonnenbrille entgegen und stieß mit dem Fuß zwischen den Lehnen der Vordersitze hindurch nach mir. Ich packte seinen Fuß an Verse und Spitze und drehte ihn kräftig herum, bis er qualvoll nachgab und sich vor Schmerz zum Rückfenster herumwälzte. Dergleichen sollte mir mit dem Raufbold nicht wieder passieren. Vor der Chirurgischen Klinik in der Nussbaumstraße ließ ich den Verletzten raus, händigte ihm auf einem Blatt aus meinem Notizbuch die Personalen seines Kontrahenten aus, erklärte ihm die Rechtslage und fragte ihn, ob er denn überhaupt Strafantrag gegen den Mann stellen wolle. Das wusste er plötzlich nicht mehr. Na gut, er konnte es sich vorbehalten und hatte drei Monate Zeit dazu. Mit dem Raufbold fuhren wir weiter zur nahen Rechtsmedizin, wo die Blutentnahme anstandslos über die Bühne ging und wir unseren Delinquenten anschließend entließen. Er wohnte in Neuhausen und konnte nun zu Fuß heimgehen oder sich ein Taxi nehmen. Straßenbahnen gingen längst keine mehr.

Auf dem Weg zurück in unser Streifengebiet stoppten wir einen Schnellfahrer. Mehrere hundert Meter weit waren wir in gleichbleibendem Abstand hinter ihm hergefahren – mit knapp 85 km/h auf unserem geeichten Tacho.

„Was wollen Sie von mir?", pflaumte mich der junge Mann an, als ich an sein heruntergekurbeltes Fenster trat, während mein Fahrer herzutrat und mit der Hand an der Pistolentasche sicherte. Ein arroganter Schnösel, der vor seiner hübschen Beifahrerin wohl angeben wollte.

„Sie haben die innerhalb geschlossener Ortschaften nur erlaubte Geschwindigkeit von 50 km/h um über 30 km/h überschritten", erwiderte ich knapp. „Ihre Papiere bitte!"

„Wie wollen Sie mir das beweisen?"

„Ihre Papiere bitte!", wiederholte ich. Mit diesem Schnösel wollte ich mich auf keine Diskussion einlassen. Wir maßen uns mit Blicken. Endlich gab er klein bei, zückte seine Brieftasche und reichte mir Kfz-Schein und Führerschein. Ich reichte die Papiere an meinen Fahrer weiter, der den Mann über Funk fahndungsmäßig überprüfte. Er war ohne Vormerkung. Auch roch seine Atemluft nicht nach Alkohol, wie ich während unseres kurzen Disputs festgestellt hatte. Ich eröffnete ihm, dass er nun eine Verwarnung in Höhe von 5,00 DM entrichten könne, andernfalls ich Anzeige erstatten würde. Er zögerte, zahlte dann aber. Höhnisch bemerkte er: „Jetzt können Sie sich ja wieder eine Brotzeit leisten."

Frechheit. Hätte ich ihm die Verwarnung nicht bereits quittiert, hätte ich ihn von vornherein angezeigt. Ich warf ihm seine Papiere in den Schoß und wandte mich wortlos ab. Das musste man sich nun bieten lassen. Bitter, dass der Kerl so Unrecht nicht hatte, reichte doch das Gehalt eines kleinen Beamten gerade so über die Runden, zumal wenn die Ehefrau, wie es bei mir der Fall war, nach dem Kind nicht mehr mitarbeiten konnte. Mein Nebenverdienst mit meinen New-York-Krimis war auch längst zum

Erliegen gekommen, nachdem meine ständig unter Zeitdruck verfassten Storys mehr und mehr zu wünschen übrig ließen, wie mich mein Verlag wissen ließ. Mit welcher Sicherheit sollten wir kleinen, minderbemittelten Beamten arroganten Staatsbürgern gegenüber auftreten?

Wochen später bedankte sich ein abgemagerter Bernhardiner mit deutlicher Geste für die Hilfe, die ich ihm zuteilwerden ließ. Wegen einer Ruhestörung waren wir eines Nachts in die Willibaldstraße in Laim beordert worden. Aufgebrachte Anwohner erwarteten uns. „Jetzt heult der Hund unserer Nachbarn schon die zweite Nacht. Das Paar im zweiten Stock ist wieder einmal auf Sauftour und hat ihn allein gelassen. *Ииии …,* drang das Geheul schauerlich durchs ganze Haus, wir hörten es selbst. Wir stiegen die Treppe hoch, klingelten wiederholt und vergeblich. Ich überlegte, ob hier das Grundrecht der Unverletzlichkeit der Wohnung das wertvollere Rechtsgut war oder die Nachtruhe der Bewohner des Blocks oder gar das Leiden des Hundes. Ich entschied mich für den Hund. Über Funk forderte ich einen Schlüsseldienst an. Dann warteten wir und notierten währenddessen die Personalien der Bewohner, die sich gestört fühlten. Als er endlich kam und ich ihm den Sachverhalt schilderte, machte er sich wortlos daran, das Sicherheitsschloss aufzubohren. Ich war gespannt, wie der Hund wohl reagieren würde, wenn ich die Wohnung betrat. Er erwartete uns im Flur, ein großer Bernhardiner mit eingefallenen Flanken. Hinter ihm stand eine der Zimmertüren offen.

„Na du, haben sie dich wieder allein gelassen", sprach ich ihn an und tätschelte ihm den Kopf. Traurig sah er zu mir auf und tappte folgsam neben mir her zurück in das Zimmer. Ich machte Licht. Bis auf eine große Blechschüssel, in der sich Reste von Haferflocken befanden, war es leer. In einer Ecke lag Hundekot. Das war wohl keine artgerechte Haltung, wie sie das Tierschutzgesetz verlangte. Da war eine Anzeige fällig. Während der Mann vom Schlüsseldienst einen neuen Schließzylinder einbaute, schrieb ich für die Wohnungsinhaber eine Nachricht, dass der Schlüssel für das neue Zylinderschloss beim zuständigen Revier abgeholt werden könne. Dann nahm ich den Bernhardiner am

Halsband und führte ihn die Treppe hinab. Kaum dass ich ihn zurückhalten konnte, so heftig zog er nun ins Freie. Ich öffnete die Tür zum Fond unseres Funkwagens, und sofort sprang er hinein und legte sich auf den Kunstlederpolstern der Rückbank nieder. Er hat sicherlich Hunger, dachte ich mir, und so holte ich aus meiner Kollegmappe das belegte Brot hervor, das mir meine Frau für den langen Nachtdienst eingepackt hatte. Ich brach es durch und fütterte ihm die Hälfte. Nachdem er die Brocken gierig verschlang, fütterte ich ihm auch noch die andere Hälfte. Ich konnte mir ja später in der Eisenbahnerkantine an der Landsberger Straße, die wir öfters aufsuchten, ein Paar warme Pfälzer kaufen.

Als wir dann losfuhren, um zunächst die neuen Wohnungs-schlüssel beim Revier zu hinterlegen, wo ein entsprechender Tagebucheintrag gefertigt wurde, und meinen Freund ins Tier-heim im östlichen Stadtteil Riem zu bringen, tauchte plötzlich der Hundekopf neben meinem Gesicht auf. Ehe ich es mir ver-sah, zog mir der Bernhardiner seine große, feuchte Zunge quer über die Wange. Da war ich denn doch gerührt. „Ja, ist schon gut", sagte ich und tätschelte ihn, „leg dich nur wieder hin."

Als wir ihn im Tierheim ablieferten und er in eine Box ver-bracht werden sollte, wollte er nicht von meiner Seite weichen. Ich musste mit in die Box gehen, sprach beruhigend auf ihn ein und schloss dann rasch die Gittertür hinter mir. Traurig blickte er mir nach. Am liebsten hätte ich ihn zu mir genommen. Leider ging das nicht, ich konnte und wollte in unserer kleinen Wohnung keinen Hund halten und hätte auch gar keine Zeit für ihn gehabt.

Was von so manchen Menschen zu halten war, insbesondere von der sich mehr und mehr gewalttätig gebärdenden Jugend, war mir längst bewusst. Während einer weiteren Nachtschicht wurde es mir neuerlich verdeutlicht. Eine Zeitungsausträgerin, die im ersten Grau des Morgens durch die Straßen radelte, um sich ein paar Groschen dazuzuverdienen, hatte 110, die Einsatzzentrale, angerufen und mitgeteilt, dass in einer der Seitenstraßen der Murnauer Straße in Obersendling ein Mann liege. Wir rollten die genannte Straße entlang, und da sahen wir ihn an der Vorgartenabgrenzung eines der Häuser liegen. Wir besahen ihn uns näher. Verletzt schien er nicht zu sein, aber wohl besoffen. Mein Partner rüttelte ihn wieder und wieder. Endlich erwachte er und rappelte sich auf, ein junger, untersetzter Kerl.

„Wo wohnst du denn?", wollte mein Partner wissen. Wir hätten ihn nach Hause gefahren, um ihn von der Straße wegzuhaben. Keine Antwort. „Dann zeig deinen Ausweis. Los, gib ihn her."

Heimtückisch sah der Kerl zu ihm auf, bis er plötzlich erwiderte: „Den kannst scho hab'n", und meinem Partner einen Faustschlag versetzte, dass er zurücktaumelte. Seine Dienstmütze flog davon, und er hielt sich den Mund – der Kerl hatte ihm einen Schneidezahn abgeschlagen.

Ich zog meinen Gummiknüppel aus der Armstütze der offenen Wagentür, neben der ich stand. Der Kerl schien mir ein geübter Schläger zu sein, auf einen Faustkampf wollte ich mich mit ihm nicht einlassen. So zog ich ihm den Gummiknüppel mit aller Macht über den Schädel. Er ging zu Boden und lag nun wieder da. Ich zog ihn hoch, und jetzt fing ich einen Faustschlag ein, direkt aufs Auge. Wie sich später erwies, war er Amateurboxer. Ich aber sah rot, stieß ihn zu unserem Wagen und öffnete die Tür zum Fond. Als er sich widersetzte, einzusteigen, prügelte ich ihn regelrecht hinein, mit einer Hand das beißende Blut aus meiner aufgeplatzten Augenbraue wischend. Mein Partner kam mir mit unserer Handfessel zu Hilfe. Gemeinsam zwangen wir ihm die Arme auf den Rücken und fesselten ihn. Dann riss ich eines unserer Verbandspäckchen auf, drückte es auf meine Wunde und stieg zu dem Schläger in den Fond. Wieder fuhren wir Richtung Gerichtsmedizin. Nach der Blutentnahme entließen wir ihn, seine Personalien hatten wir inzwischen, er hatte einen festen Wohnsitz, war fahndungsmäßig ohne Vormerkung und konnte entlassen werden. In der Chirurgischen Klinik ließ ich mich verarzten – auf Kosten des Dienstherrn; es war ja wohl ein Dienstunfall, über den ich nun neben der Strafanzeige wegen Widerstandes gegen die Staatsgewalt und Körperverletzung in zwei Fällen auch noch eine Dienstunfallmeldung schreiben musste. Der Bereitschaftsarzt der Nothilfe in der Chirurgischen gab mir eine Dienstunfähigkeitsbescheinigung mit.

Mit verpflasterter Platzwunde über der Augenbraue, dick verquollener Augenpartie und schwarzer Augenklappe ging ich gleichwohl weiter zum Dienst. Die Verletzung schien mir kein ausreichender Grund, meinen Dienst nicht zu verrichten – auch wenn sie mehr und mehr zu schmerzen begann. Mein Schichtführer wollte mich so aber nicht auf die Straße lassen, er steckte mich in die Einsatzzentrale.

Monate später fand die Hauptverhandlung gegen den Schläger wegen Widerstand gegen die Staatsgewalt und Körperverletzung vor dem AG München statt. Mein Fahrer und ich waren als Zeugen geladen. Der die Anklage vertretende Staatsanwalt wollte wissen, mit welchem Auftrag wir an den Einsatzort geschickt worden waren. „Da liegt ein Mann", hatte es geheißen. Damit konnte der Staatsanwalt nichts anfangen, und mir wurde klar, dass er weder über unsere alltägliche Arbeit noch von dem relativ neuen Polizeirecht eine Ahnung hatte und sich als Jurist allein an der Strafprozessordnung (StPO) und den Richtlinien für das Strafverfahren orientierte. So erklärte ich ihm, dass es für uns klar war, was der Hinweis bedeutete: Nach den Vorschriften des PAG (Polizeiaufgabengesetz) mussten wir zum einen Hilfe leisten (der Mann konnte verletzt, erkrankt oder einfach nur besoffen sein), zum anderen Gefahren für die öffentliche Sicherheit und Ordnung abwehren und strafbare Handlungen oder Ordnungswidrigkeiten verhindern oder unterbinden. Den jungen Mann, der anscheinend schwer betrunken war, mussten wir nach diesem gesetzlichen Auftrag von der Straße wegschaffen und entweder nach Hause bringen (was ich ursprünglich vorhatte, denn er wohnte nach Sachlage wohl irgendwo in der Nähe und hatte es nicht mehr ganz nach Hause geschafft) oder zur Ausnüchterung auf die nächste PI verbringen. Hatten wir Polizisten damit nun Unrecht getan und sollten statt des Schlägers angeklagt werden?

Fast erschien es mir so.

6. Folge
Gewalt, Stress und Frust

Fünf im Dienst erschossene Polizisten hatte die Münchner Polizei 1946 zu beklagen, dem ersten auf die bedingungslose Kapitulation am 8. Mai 1945 folgenden Jahr, in dem mit Erlass der Militärregierung ihre Neuorganisation erfolgte. Nahezu ein Dutzend wurden schwer verletzt. Fünf weitere Polizisten mussten in den folgenden Jahrzehnten im Kampf gegen das Verbrechertum ihr Leben lassen. Die zunächst nur mit Holzknüppeln bewaffneten Männer der ersten Stunde – 1488 Schutzpolizisten und 172 Kriminalisten – sahen sich marodierenden, schwer bewaffneten Verbrecherbanden aus entlassenen Kriegsgefangenen und Fremdarbeitern gegenüber. 183 vollendete und 51 versuchte Tötungsdelikte wurden darüber hinaus im ersten Jahr nach dem Zusammenbruch registriert. Von den ermittelten Tätern waren über die Hälfte Ausländer. 79 vollendete und 65 versuchte Tötungsdelikte waren es auch noch 1946, dazu waren 1044 Raubüberfälle, 1054 Plünderungen und zahllose sonstige Straftaten zu verfolgen. Im Jahr 1947 konnte, so vermeldet der Chronist, eine 17-köpfige, mit Karabinern, Maschinenpistolen und Handgranaten ausgerüstete Verbrecherbande unschädlich gemacht werden.

Gewalttätigkeiten gegen Polizisten, wie ich sie zu meiner Zeit bei der Funkstreife erlebte, waren weiterhin an der Tagesordnung – und sind es heute wieder. 54 ernstlich verletzte Polizisten vermeldet der Chronist z. B. für das Jahr 1957. Zehn Jahre darauf waren es dann schon 81.

Es war im November 1966 – ich erfuhr erst bei meinem nächsten Dienst davon –, als mein Freund und Hundertschaftskollege Ludwig Z., der wie ich zum PP München versetzt worden war, bei einem Einsatz vor einem Dirnenhaus in der Schleißheimer Straße einen lebensgefährlichen Bauchschuss davontrug. Er war

Streifenführer von Isar 1 in der Schicht IV, zuständig für die Altstadt. Wir, die wir früher gern zusammen auf Bierreise gegangen waren, sahen uns seit unserer Verehelichung– auch er hatte inzwischen geheiratet – kaum einmal.

Vor dem Dirnenhaus solle eine Schlägerei stattfinden, hieß es. Außer Blutspuren auf den Gehsteigplatten fand sich dort aber nichts, die Schläger hatten sich anscheinend schon verdrückt. Als die Beamten wegfahren wollten, hörten sie aus dem Haus eine Frau um Hilfe rufen. Gerade als mein Freund Luck in die dunkle Hauseinfahrt hineinging, kam ihm von dort ein Mann entgegen. Er fragte ihn, was los sei, worauf dieser antwortete: „Nichts ist los." Luck forderte ihn auf, mitzukommen, um den Grund der Hilferufe zu klären, und ließ den Mann vorangehen. Sein Streifenkollege folgte. Da blitzte es vor ihm plötzlich auf. Ein donnernder Schlag hallte in der Einfahrt wider, und ein brennender Schmerz fuhr ihm in den Bauch. Ohne sich umzuwenden, hatte der Kerl aus knapp einem halben Meter nach hinten auf meinen Freund geschossen – wie sich später herausstellte, aus einem Revolver vom Kaliber 45 (11,4 mm). Meinen Freund warf es zurück an die Wand, an der er zu Boden rutschte. Sein Partner zog sich zurück und ging in Deckung. Der Täter flüchtete nach hinten in den Hof. Ludwig zog seine Pistole und legte auf ihn an. Doch er hatte vergessen, sie zu entsichern. Über Aschentonnen hinweg flüchtete der Täter in den Nachbarhof und betrat von dort aus die Straße, wo Lucks Partner ihn stellte und anrief: „Polizei, Hände hoch!" Der Täter hob eine Hand, rief „Ich war's nicht", und schoss mit der anderen Hand auf den Kollegen. Der schoss zurück, doch keiner traf. Dann flüchtete er weiter die Straße entlang und konnte entkommen.

Von überall her kamen Streifenwagen angerast, als Lucks Fahrer um Unterstützung rief und sich dann um seinen Streifenführer kümmerte. Luck war klar, dass er sterben müsse, und bat den Kollegen, sich um seine Frau und sein Kind zu kümmern. Vergeblich fahndeten die herbeigeeilten Funkwagen nach dem Flüchtenden, er blieb bis heute unbekannt. Als die Sanitäter den Verletzten auf die Bahre legten, kollerte ein Projektil zu Boden.

Es hatte seinen Körper durchschlagen und war in der Lederjacke hängen geblieben. Im Krankenhaus *Rechts der Isar* wurde
er operiert, erwachte Stunden später mit furchtbaren Schmerzen.
Drei Tage danach platzte die Wunde, und er musste neuerlich
operiert werden. Nun bekam er die „Letzte Ölung", genas aber
schließlich. Drei Wochen danach landete er wegen einer Lungen-
embolie wiederum in der Intensivstation.

Drei Monate später nahm er seinen Funkstreifendienst wieder
auf und hoffte, dem Täter irgendwo zu begegnen. Wie sich herausstellte, hatte der Kerl der Dirne, die um Hilfe rief, aus der Handtasche Geld entwendet und sie mit seinem Revolver bedroht. Sie
und ihre Kolleginnen beschrieben ihn so gut, dass ein Phantombild erstellt werden konnte. Die Fahndung nach ihm aber blieb
über die Jahre vergeblich.

Eines Tages stand ich vor der Alternative, zu schießen oder mich
zurückzuziehen. Aber es waren eine Frau und ihre Kinder in Gefahr, und so hatte es für mich keine andere Wahl gegeben, als dem
Gewehrschützen gegenüberzutreten, der gedroht hatte, seine Frau
und seine Kinder zu erschießen. Wir hatten damals ja auch noch
nicht die Möglichkeit, auf ein SEK zurückzugreifen. Sondereinsatzkommandos gab es noch nicht, benötigten wir Funkstreifler
auch nicht. Wir erledigten unsere Einsätze grundsätzlich selbst.

Wir standen kurz vor Ende unserer Spätschicht in einer Park-
bucht der großen Kreuzung Fürstenrieder – Landsberger Straße
und warteten darauf, dass wir einrücken konnten. Ich hatte für die
zweite Hälfte der Schicht meinen neuen Fahrer Erich A. abgelöst,
als uns der Einsatz weit draußen in Freiham erreichte: „Wiesen-
weg 12 (Adresse geändert), ein Mann droht, seine Frau und seine
drei Kinder zu erschießen." Ich bretterte mit Blaulicht und Tonfolgehorn die westliche, durch Pasing hindurch Richtung Landsberg
führende Ausfallstraße entlang, während Erich im schwachen Licht
der Innenbeleuchtung auf dem Stadtplan suchte, wo die Wiesen-
straße denn überhaupt war. Endlich hatte er sie, und ich bog mit
kreischenden Pneus in die schmale, zwischen Kornfeldern hindurch
zu den letzten am äußersten Stadtrand führenden Häusern ein.

Vor dem ersten der Anwesen, ein kleines, spitzgiebeliges, hinter Fliederbüschen verborgenes altes Häuschen, hielt ich kurz und schickte Erich an das schief in den Angeln hängende Gartentor, um ihn nach der Hausnummer sehen zu lassen. Doch kaum hatte er mit seiner Taschenlampe hineingeleuchtet, da sprang er zurück und warf sich in Deckung.

„Pass auf, der schießt!", rief er mir zu. Augenblicklich zog ich den Zündschlüssel ab und ließ mich aus dem Wagen fallen. Geduckt wich ich an das Heck unseres Wagens zurück, das vom Haus her nicht einsehbar war.

„Er steht mit dem Gewehr in Anschlag am Fenster", informierte mich Erich.

Ich überlegte. Sollten wir es riskieren und frontal durch das Gartentor angreifen?

Ein Schuss aus dem Dunkel enthob mich derartiger Überlegungen. Ich richtete mich auf und rief laut: „Polizei! Werfen Sie ihr Gewehr weg, und kommen Sie mit erhobenen Händen heraus!"

„Kommt ihr doch rein!", rief es von drinnen.

Das könnte dem Kerl so passen. Ich wollte nicht warten, bis Verstärkung kam, nahm den großen Handscheinwerfer aus dem Kofferraum, beauftragte Erich, hier vorne aufzupassen, dass der Kerl nicht abhaut, und schlich mich den schmalen Feldrain entlang, bis sich in den Sträuchern, die das Anwesen umgaben, eine Lücke auftat. Über der Stadt war der Himmel hell erleuchtet, hier draußen aber konnte ich die Sterne sehen und meine Augen gewöhnten sich an das Dunkel. An das Häuschen war hinten ein Schuppen angebaut und Obstbäume standen im Garten. Ich umrundete das Häuschen, zögerte, als ich die Haustür, zu der ein paar Betonstufen emporführten, schwarz gähnend offen fand. Stand der Schütze noch immer vorn zur Straße am Fenster oder lauerte er bereits hier an der Tür? Ich fühlte, wie sich mir die Nackenhaare sträubten, als ich an der Tür vorbeischlich, um vorn um die Ecke zu schauen. Tappende Schritte im Hausflur ließen mich erkennen, dass er nun die Treppe vom Giebelgeschoss herunterkam. Ich blieb an der Hausecke stehen und spähte zur Haustür zurück, meine Walther PP schussbereit in der Rechten. Ein Gewehrlauf erschien in der Tür, und eine Schulter schob sich heraus. Wenn der Kerl jetzt abdrückte, konnte er mir vom Treppenpodest des Hauseingangs her einen Bauchschuss verpassen, ohne groß zielen zu müssen. „Polizei, Hände hoch!", rief ich und gab zwei ungezielte Schüsse in seine Richtung ab, Warnschüsse. Ich durfte ihn jetzt nicht mehr aus den Augen lassen, denn wenn ich mich um die Ecke zurückzog, ging das Katz- und Maus-Spiel von vorne los.

Schulter und Gewehrlauf verschwanden kurz, tauchten aber sogleich wieder auf.

„Polizei, wirf dein Gewehr weg!", rief ich erneut und gab einen weiteren Schuss auf ihn ab. Noch einmal verschwand der Gewehrlauf, schob sich aber sogleich wieder um den Türstock herum. Jetzt schaltete ich meinen Handscheinwerfer ein und richtete ihn auf den Eingang, zielte kurz und schoss. Das Gewehr polterte auf den Rasen herab, und der Kerl taumelte aus der Tür, presste die Linke auf seinen rechten Oberarm und torkelte die Stufen herab auf mich zu. Blut spritzte, und er rief: „Au, das brennt!" Mit einem Fußtritt hielt ich ihn auf Distanz. „Bleib mir vom Leib, du Blödmann!" Ich stieß ihn in Richtung Gartentor. Von dort kam mir bereits Erich entgegen, gefolgt von zwei Kollegen, die zur Unterstützung gekommen waren. „Nehmt ihn mir ab, ich durchsuche das Haus."

Im Schein meiner Handlampe suchte ich Zimmer für Zimmer ab und fand ein unbeschreibliches Durcheinander von verdreckten, ungemachten Betten, von schmutzigen Kleidern, dreckigen Schuhen, von Gerümpel und von leeren Flaschen und Essensresten – ein unbeschreiblicher Saustall, wie wir Polizisten ihn immer mal zu sehen bekommen, selten aber in diesem Ausmaß. Doch ich fand weder die Frau noch die Kinder. Sie hatten sich zu den Nachbarn geflüchtet, erfuhr ich, als ich zu den Kollegen zurückging, die dem verletzten, schwer alkoholisierten jungen Mann den Arm abbanden, um die Blutung zu stillen. Ich bat die Kollegen von Isar 9, ihn zusammen mit meinem Partner ins Krankenhaus Pasing zu verbringen, und beauftragte Erich, dort eine Blutentnahme zur Alkoholbestimmung zu veranlassen und ihn, sofern ihn die Ärzte transportfähig befanden, in die Haftanstalt im Polizeipräsidium oder gleich ins Gefängnis Stadelheim einliefern zu lassen, wo er weiter ärztlich versorgt werden könnte. Ich würde nachkommen, sobald die Kripo hier eintraf, die meinen Schusswaffengebrauch ja nun würde aufnehmen müssen, damit die Staatsanwaltschaft entscheiden könne, ob ich rechtens gehandelt hatte. Ich rangierte unseren Funkwagen von der schmalen Straße herunter, um Isar 9 durchzulassen, und erstattete der Zentrale Bericht.

„Wir schicken die Kripo raus", beschied mich der Sprecher. „Warten Sie solange!"

Während ich dann in unserem Funkwagen saß und in das Dunkel starrte, überlegte ich, was ich nun schreiben musste. Da war einmal die Vorführungsnote für den Haftrichter wegen Verdacht des versuchten Todschlags, Widerstand gegen die Staatsgewalt sowie Bedrohung. Er hatte geschossen, als wir vorfuhren. Ob auf uns oder nur zur Warnung irgendwohin, musste wohl noch geklärt werden. Widerstand gegen die Staatsgewalt war auf jeden Fall gegeben. Und er hatte gedroht, seine Frau und die Kinder zu erschießen, was den Tatbestand der Bedrohung mit einem Verbrechen erfüllte. Ja, und dann musste ich eine Schusswaffengebrauchsmeldung schreiben, anhand derer entschieden werden würde, ob etwa gegen mich selbst ein Ermittlungsverfahren einzuleiten sei. Etwa wegen Körperverletzung im Amt, weil ich vielleicht gar nicht hätte schießen dürfen. Das kümmerte mich allerdings wenig, mein Handeln konnte ich allemal begründen und wusste, wann ich von der Schusswaffe Gebrauch machen durfte und wann nicht.

Weit nach Mitternacht war es, als endlich zwei Kollegen der Kripo ankamen, einer der beiden war bis vor wenigen Jahren selbst noch Funkstreife gefahren. Ich führte sie zu der Ecke, von der aus ich geschossen hatte, und sie begannen nach den Patronenhülsen zu suchen. Zu Hause würde meine Frau schlaflos im Bett liegen und darauf lauschen, ob es an der Wohnungstür nicht endlich schlüsselte. Erst dann würde sie einschlafen können, wie sie mir einmal gestand.

Wenige Monate später war es dann wieder so weit, dass wir einen Einsatz kurz vor Schichtende bekamen. Zur Mittagszeit diesmal. In einem der alten Patrizierhäuser im Wiesnviertel bedrohte der Untermieter den Wohnungsinhaber mit einem Gewehr und wollte ihn nicht mehr in die Wohnung lassen. Wieder so ein verdammter Gewehrschütze!

„Wenn der nur nicht auch das Gas aufgedreht hat", befürchtete der Wohnungsinhaber. Wir mussten also rein, und zwar sofort. Ich ließ mir aus dem Präsidium zwei kugelsichere Westen kommen, über die unsere Abteilung neuerdings verfügte, zog die eine über und überließ die andere einem der Kollegen der neuen Schicht, die sie uns gebracht hatten. Dann stapften wir rauf in den zweiten Stock. Ich nahm mir das Wohnzimmer vor, in der sich der Gewehrschütze aufhalten sollte, und schickte den Kollegen den Flur hinunter zur Küche, um nach dem Gasherd zu sehen. Die Tür war verschlossen. Ich schob meinen kantigen, einem Ritterhelm ähnelnden Kopfschutz hoch und rief: „Polizei, öffnen Sie, und kommen Sie mit erhobenen Händen heraus!"

Da krachte drinnen auch schon ein Schuss – wie neulich draußen in Freiham. Ein Kleinkalibergewehr, konstatierte ich dem Schussknall nach. Zorn überkam mich – so nicht mein Freund! Dass der Schuss in Kniehöhe durch die Türfüllung gegangen war und mich leicht hätte treffen können, stellte sich erst später heraus. Ich wich einen Schritt zurück und trat mit Macht gegen die Tür, einmal, zweimal, bis der Rahmen splitterte und der Schlossriegel herausbrach. Knallend schlug die Tür zurück an die Wand. Rasch zog ich meinen Kopfschutz wieder übers Gesicht und trat ein, zwei Schritte in den Raum hinein, meine Pistole schussbereit in der Rechten. Doch durch die schmalen Sehschlitze sah ich nicht genug. Wo stand der Kerl, verdammt! Wieder schob ich den Kopfschutz zurück und sah mich rasch um. Ein Rundbogen führte in einen Nebenraum, verhängt mit Perlenschnüren. Ich machte ein, zwei Schritte darauf zu. Da fiel im Nebenraum ein Schuss, gedämpft, als wäre nur die halbe Pulverladung verbrannt oder der Geschossknall irgendwie erstickt worden. Da stimmte etwas nicht. Rasch trat ich näher und schob mit meiner Pistole die Perlenschnüre beiseite.

Und da sah ich ihn, sah ihn auf einem Stuhl sitzen, das Gewehr zwischen den Knien und den Lauf im Mund. Ich trat an ihn heran und verstaute meine Walther PP im Futteral. Der Mann war tot, das sah ich auf den ersten Blick, erkannte es an dem gebrochenen Blick seiner Augen. Eine Kugel durch den Mund ins Kleinhirn – eine todsichere Sache. Trotzdem fühlte ich den Puls. Nichts.

Ich ging hinaus zu den anderen. „Er hat sich in den Mund geschossen", sagte ich bedrückt und hatte plötzlich Mitleid mit dem Mann. Hatte ich ihm keinen Ausweg mehr gelassen? Hätte ich ihm noch etwas Zeit lassen sollen, mit ihm reden …? Doch er wollte mich ja nicht reinlassen.

Wieder wartete ich nun auf die Kripo, die den Selbstmord aufnahm, und als ich auf der Dienststelle meinen Bericht geschrieben hatte und endlich nach Hause fahren konnte, war es später Nachmittag. Wieder einmal hatte meine Frau vergeblich auf mich gewartet, mit dem Mittagessen diesmal.

Noch einmal musste ich schießen, doch nicht wieder auf einen Menschen. Ein Fuchs war es, der sich in einer der Wohnsiedlungen mit Ein- und Mehrfamilienhäusern im Stadtteil Laim in den Vorgarten eines Einfamilienhauses verirrt hatte. Die Tollwut grassierte zu dieser Zeit, und die Jägerschaft war aufgerufen, in ihren Revieren die Fuchsbauten auszuräuchern und den Nachwuchs zu töten. Und deutete nicht die Tatsache, dass der Fuchs die Nähe der Menschen aufsuchte, darauf hin, dass mit ihm etwas nicht stimmte?

„Er hat unseren Hund angegriffen, der ihn in unserem Garten aufstöberte und verbellte", erfuhren wir von den Hausbesitzern, einem älteren Ehepaar, das uns an der Haustür erwartete.

„Wo ist er denn jetzt?", wollte ich wissen.

„Im Haus. Wir wollten ihn nicht mehr rauslassen."

„Nein, ich meine den Fuchs."

„Dort bei dem Holzstoß haben wir ihn zuletzt gesehen."

Mein Kollege und ich näherten uns den auf Bohlen aufgeschichteten langen Holzscheiten am Rand des Gartengrundstücks. Ich ließ mich auf die Knie nieder und lugte darunter. Zwei

Augen funkelten mir aus dem Halbdunkel unter den Bohlen entgegen. Da war er!

Ich zog meine Pistole und bedeutete meinem Partner, die gegenüberliegende Seite des Holzstoßes zu beobachten, ob er dorthin vielleicht abhaute und nicht etwa Passanten vorbeigingen. Dann legte ich mich auf den Bauch, denn nur so konnte ich unter den Holzstoß hinein gezielt schießen. Nach wie vor lag der Fuchs im Dämmerlicht zwischen den Rundhölzern und funkelte mich an. Bedächtig zielte ich zwischen die funkelnden Augen und drückte ab. Mein Projektil warf ihn in die Höhe. Mit zuckenden Läufen blieb er dann liegen. Noch einmal schoss ich. Nun lag er still.

Mit einem Rechen zog ich ihn dann hervor. Mein Partner holte die Zeltplane aus unserem Kofferraum, die wir ständig mitführten, um Tote abzudecken oder schamlose Nackte einzuhüllen. Ich zog meine Lederhandschuhe über – mit bloßen Händen wollte ich das vielleicht infizierte Tier nicht berühren – und wickelte meine „Jagdbeute" in die Plane. Über unsere Zentrale erfragten wir, wo der Tierkadaver denn untersucht werden könne. Die Landesanstalt für Gesundheit und Lebensmittel (LGL) in Oberschleißheim nördlich von München sei dafür zuständig, sagte uns der Sprecher, wir sollten den Kadaver aber einfach zur Abdeckerei in Obersendling bringen, dort würde man ihn weiterleiten. Ich instruierte die Hausbesitzer, wo sie das Testergebnis erfahren könnten, das sie aber wohl auch von unserer Dienststelle mitgeteilt bekämen. Ich musste ja sowieso auch einen Schusswaffenbericht schreiben, allein um die zwei verschossenen Patronen ersetzt zu bekommen.

Einige Monate später, Schnee fiel bereits, machte mir ein Einsatz endlich deutlich, dass es für mich genug war beim „Funk" und meine Frau absolut recht hatte, wenn sie mich wieder und wieder drängte, doch zur Kripo zu gehen. „Niemand dankt es dir, wenn du dich immer mit allem möglichen Gesocks rumschlagen musst."

Es ging auf Mitternacht zu. Erich und ich hatten unser Streifengebiet bereits verlassen und strebten dem Polizeipräsidium in der Ettstraße zu. Da sah ich ihn, den VW-Bus, nach dem gefahndet wurde, als jemand beobachtet hatte, dass ein junger Mann ihn auf einem Parkplatz draußen in Feldmoching kurzschloss und damit wegfuhr. Er fuhr direkt vor uns die Marsstraße entlang und bog gerade in die Dachauer Straße ab. Als wir ihn überholen und anhalten wollten, hielt er an der Abzweigung der Augustenstraße selbst bereits an. Wir setzten uns vor ihn.

Der Fahrer, ein junger Italiener, konnte weder Papiere für den Wagen noch Führerschein oder Pass vorweisen, und der Wagen war in der Tat kurzgeschlossen. Der Zündschlüssel sei verloren gegangen, bedeutete er uns und zeigte auf das Hotel auf der gegenüberliegenden Straßenseite, in dem er wohne und wo er uns die Papiere zeigen könne. Na gut, wenn dem so war, dann ließ sich die Sache ja an Ort und Stelle klären, und wir konnten noch einigermaßen rechtzeitig Feierabend machen.

Hätte ich mich nur nicht darauf eingelassen, sondern den Kerl einfach beim Schlawittchen gepackt und wegen Verdacht des Kfz-Diebstahls vorgeführt!

In dem Hotel wohnten auch seine Kollegen, eine internationale Theatergruppe, die in einem Theater in der nahen Brienner Straße „Frankenstein" aufführte und im Hotelrestaurant gleich nebenan noch vollzählig versammelt war. Der Portier ließ den Manager der Theatergruppe kommen, einen Berliner. Der wusste angeblich auch nicht Bescheid, wo die Papiere für den VW-Bus im Moment wären, und konnte oder wollte auch Pass und Führerschein des Italieners nicht beibringen können. Unglaubwürdige Ausflüchte, die meinen Verdacht, dass der Kerl den VW-Bus gestohlen hatte, nur noch verstärkten. Ich verklickerte ihm, dass wir den Fahrer vorläufig festnehmen und zum Präsidium bringen würden, wohin er die Fahrzeugpapiere, so sie noch aufzufinden seien, nachbringen und den Diebstahlsverdacht damit entkräften könne. Inzwischen hatten sich weitere Theaterleute eingefunden und mitbekommen, was wir beabsichtigten. Augenblicklich entrissen sie uns den Festgenommenen, flüchteten sich mit ihm in eine Ecke und schützten ihn mit ihren Leibern.

Dies konnte und wollte ich mir nun keinesfalls gefallen lassen. „Hol' Unterstützung!", beauftragte ich meinen Partner, und als der auf die Straße zu unserem Funkwagen eilte, zog ich meine Pistole. Der Italiener befand sich in unserem, also in amtlichem Gewahrsam, und zur Vereitelung der Flucht einer solchen Person war Schusswaffengebrauch zulässig. Ob ich wirklich schießen würde, wenn die Kerle nun mit ihrem Kumpanen flüchten würden, wusste ich keineswegs. Wahrscheinlich nicht, zumindest nicht gezielt in das Knäuel der Kerle. Die schussbereite Pistole in meiner Hand aber genügte, um sie in der Ecke festzuhalten. Und wenige Minuten später waren die ersten zur Unterstützung angerasten Funkstreifenbesatzungen da. Ich steckte meine Pistole weg und instruierte die Kollegen, dass der Kerl in der Ecke wegen Verdacht des Kfz-Diebstahls festgenommen sei und diejenigen, die ihn abschirmten, wegen Gefangenenbefreiung festzunehmen wären.

Da ging der Tumult erst so richtig los. Ein bulliger Schwarzafrikaner ging mit erhobenen Fäusten auf mich los, während die ersten der hereinstürmenden Kollegen die den Italiener abschirmenden Theaterleute beiseite stießen, sich den Kerl schnappten und mit hinaus auf die Straße zogen. Ich wehrte den Schwarzafrikaner ab, der plötzlich von mir abließ und mit den übrigen Theaterleuten hinaus auf die Straße stürmte. Ich rannte hinterher, stieß ihn zu Boden, fesselte ihm die Arme auf den Rücken und zerrte ihn in unseren Funkwagen. Weitere Funkstreifen kamen angerast, hielten kreuz und quer auf der Straße, wo die Straßenbahn nicht mehr durchkam und an die 20, 30 Theaterleute nun in Sprechchören skandierten:

„Nazi, Nazi, Nazi …!"

Mit sieben Festgenommenen, die wir der versuchten Gefangenenbefreiung, des Widerstandes gegen die Staatsgewalt, des Landfriedensbruchs und der Beleidigung beschuldigten, rückten wir schließlich ab. Ich beauftragte die Kollegen von Isar 10, den VW-Bus zur polizeilichen Verwahrstelle schleppen zu lassen, und stoppte das Überfallkommando, das inzwischen in seinem offenen Opel Blitz zu uns unterwegs war. „Bleiben Sie vorerst nur in der Nähe, falls Isar 10 Sie brauchen sollte", instruierte ich es über Funk. „Ich will die Lage nicht weiter eskalieren lassen."

Noch lange hämmerten dann in unserem Schreibraum und bei der KB die Schreibmaschinen, und wieder kam ich erst spät nachts nach Hause.

Am nächsten Tag, als ich mich zur Nachmittagsschicht einfand und mich erkundigen wollte, ob der Ermittlungsrichter gegen unsere Festgenommenen denn auch Haftbefehle erlassen habe, glaubte ich, mich tritt ein Pferd. Sie waren alle frei, gegen uns aber sei ein Verfahren wegen Freiheitsberaubung und Körperverletzung im Amt eingeleitet worden, speziell gegen mich auch noch wegen Bedrohung, weil ich meine Pistole gezogen hatte. Die Ermittlungen würde das Landeskriminalamt führen, und wir sollten uns dort zur Gegenüberstellung mit den Geschädigten einfinden. Schließlich entbehrte unser Einschreiten jeglicher Grundlage, denn der VW-Bus war gar nicht gestohlen, er war nur nicht zugelassen und nicht mehr verkehrssicher. Ein Münchner Rechtsanwalt, der bei der Kollegenschaft längst als Polizistenhasser bekannt war und grundsätzlich Gegenanzeige erstattete, wenn ihn ein Ganove um Rechtsbeistand bat, hatte dies zuwege gebracht.

Ich, der ich der „Rädelsführer" unserer „unrechtmäßigen" Aktion war und seit Dezember 1965 nun auch Obermeister, rief die beteiligten Kollegen zusammen. „Wir sind ja nun alle Beschuldigte", erklärte ich ihnen, „und als solche müssen wir weder Angaben zur Sache machen noch zu einer Gegenüberstellung erscheinen. Soll uns die Staatsanwaltschaft doch gewaltsam vorführen lassen. Was wir den Festgenommenen vorwerfen und im Einzelnen gegen sie veranlasst haben, können die Herrn Juristen unseren Vorführungsnoten entnehmen. Wir sagen darüber hinaus kein Wort." Sie waren alle damit einverstanden. Die Presse zog natürlich gewaltig über uns her. Ich selbst wurde in der „Frankfurter Allgemeinen" als amtsbekannter Schläger bezeichnet, der sich bereits bei den „Schwabinger Krawallen" 1962 hervorgetan habe. Ich fragte mich, wie gerade eine Frankfurter Zeitung dazu kam, wo ich nachweislich bei besagten Krawallen gar nicht eingesetzt war. Ich wollte mir eine solche Verleumdung nicht gefallen lassen und erstattete bei der Frankfurter Staatsanwaltschaft Strafanzeige, die mir indes umgehend mitteilte, dass in diesem

Fall kein öffentliches Interesse an einer Strafverfolgung bestehe. Wenn ich wolle, könne ich privat klagen. Auf eigene Kosten. Na gut, wenn es die Öffentlichkeit nicht interessierte, dass Polizisten verleumdet werden und sich jeder hergelaufene Ganove seine dreckigen Pfoten ungestraft an meiner Uniform abwischen dürfe, dann zog ich sie besser aus. Die Münchner Staatsanwaltschaft stellte die Verfahren gegen die 15 Funkstreifenbeamten, die besagter Rechtsanwalt verfolgt sehen wollte – sollten es wirklich so viele gewesen sein, die zu unserer Unterstützung gekommen waren? – umgehend ein, ohne dass wir noch irgendwie belangt worden wären. Der Polizistenhasser legte dagegen Beschwerde ein, so dass sich das Verfahren doch noch über ein Jahr hinzog. Später erfuhr ich, wes' Geisteskind der Mann war. In einem Entführungsfall bot er sich den Angehörigen des Entführungsopfers als Überbringer des Lösegeldes an, wobei er die kriminalpolizeiliche Observation mit seinem Porsche unter Missachtung sämtlicher roter Ampeln und jeglicher Geschwindigkeitsbeschränkung abhängte.

Für mich gab es nur eine Konsequenz: Ich folgte dem Ratschlag meiner Frau und meldete mich zur Kripo, die für das kommende Jahr sowieso wieder Nachwuchsbeamte übernehmen wollte – wobei ich hoffte, dass ich mit meinen 35 Jahren nicht schon zu alt war. Meine zehnjährige Tätigkeit beim „Funk", die ich ohne Verkehrsunfall überstand, habe ich interessant und abenteuerlich gefunden und war nie scharf auf eine Bürotätigkeit bei der Kripo. Sie entsprach meinem Naturell, hier war ich in jeder Situation zuerst einmal auf mich selbst gestellt und wurde im Lauf der Jahre zu einem Polizisten, der alles schon einmal gesehen hatte und dem nichts mehr fremd war. Tag für Tag und Nacht für Nacht jagten wir durch die Stadt, ob die Straßen nun trocken waren oder regennass, mit plötzlichem Glatteis überzogen oder mit sulzigem Schneematsch bedeckt. Immer war irgendwo was los, hing entweder eine Taube in einem Dachabfluss fest, war ein Familienstreit entbrannt, eine Ausfahrt versperrt oder ein Verkehrsunfall passiert, lag ein Betrunkener auf der Straße oder versetzte ein Tobsüchtiger seine Nachbarschaft in Angst und Schrecken. Oder wir zogen betrunkene Kraftfahrer aus dem Verkehr, überwältigten rabiate Schläger, rasten mit Blaulicht und gellendem Tonfolgehorn zu Banküberfällen, jagten Einbrecher, zogen Wasserleichen aus der Isar oder den Baggerseen rund um München, schnitten Erhängte ab und sicherten den Schauplatz eines Mordes, bis die Kripo kam. Dann wieder leisteten wir Geburtshilfe, brachten zugelaufene Hunde und Katzen ins Tierheim und suchten nach verirrten Kindern. Ständig waren wir mit dem Zank und Streit, dem Neid und Hass, der Skrupellosigkeit und Gewalttätigkeit der Menschen konfrontiert. Da wurde gestohlen und betrogen, die Konkurrenz skrupellos ausgeschaltet, dem alten Rentner die letzte Mark abgenommen, die hilflose Oma wegen zwei Mark fünfzig erschlagen, der ahnungslose Passant niedergestochen, der Bankkassier über den Haufen geschossen, die Nutte erdrosselt und dem Homo der Schädel eingeschlagen. Im Verkehr benahmen sie sich nicht viel anders, diese Menschen, zeigten sich gegenseitig den Vogel, rasten durch die Gegend, hirnlos, rücksichtslos und lagen dann da in ihrem Blut, die Glieder zertrümmert, die Eingeweide zerquetscht, der Schädel aufgeplatzt, der Körper verbrannt bis zur Unkenntlichkeit.

In diesen Jahren lernte ich die Menschen in ihrer ganzen Hässlichkeit kennen und zog mich mehr und mehr von ihnen zurück. Wir ernteten keinen Dank dafür, dass wir unsere Gesundheit und unser Leben aufs Spiel setzten, und ich hatte es satt, mich weiter als Bulle verhöhnen und als Schläger und Nazi diskriminieren zu lassen. Dabei sollte ich den Hass, der uns Polizisten vornehmlich aus den Steine- und Brandsätze schleudernden revolutionären Studentengruppen entgegenbrandete, erst noch erleben.

Quelle der historischen Daten:
Chronik des Polizeipräsidiums München, von Oberamtsrat Josef
    Falter
Abschied von der Münchner Stadtpolizei, herausgegeben vom
    Personalrat des PP München, J. Weiß, M. Auer, H. Rose,
    L. Streb, J. Albrecht

TEIL II

Erfahrungen bei der Münchner Kripo

7. Folge

Lehrzeit als Kriminalanwärter

Wieder war ich Anwärter wie zu Beginn meiner Polizeilaufbahn – Kriminalanwärter diesmal. Auf dem lang gestreckten Flur im 4. Stock des Polizeipräsidiums warteten eine ganze Reihe von Kollegen auf das Bewerbungsgespräch mit Kriminaldirektor Gustaf St., damals Leiter der Kriminalabteilung V, der die KPIs Nord, Ost, Süd und West nachgeordnet waren, sowie Lehrer für Strafrecht und Kriminalistik an der Stadtpolizeischule. Er sollte prüfen, ob wir denn als Kriminalanwärter geeignet wären. Alle waren sie jünger als ich, der ich entgegen dem Rat meiner Frau viel zu lange bei der Funkstreife ausgeharrt hatte. Nacheinander wurden wir in sein Büro gebeten und darüber befragt, warum wir zur Kripo wollten und welche Vorstellungen wir von kriminalpolizeilicher Tätigkeit hätten.

Ich beklagte, dass ich als Streifenpolizist kaum einmal erfuhr, was mit den Tätern bzw. Tatverdächtigen, die wir festnahmen und der Kripo vorführten, weiter geschah. Es könne ja wohl nicht sein, dass, wie so manche meiner Schutzpolizeikollegen meinten, mit der Festnahme die Arbeit getan sei und der Vorgang lediglich noch an die Staatsanwaltschaft weitergeleitet werden müsse. Ich wäre interessiert daran, ließ ich ihn wissen, was dem einen oder anderen sonst noch nachgewiesen werden könne, welchen kriminellen Werdegang er aufzuweisen habe und ob und welche Haftgründe für einen Haftbefehl wirklich ausreichend seien. Müsse man doch davon ausgehen, dass so mancher der Ganoven nicht schon beim ersten, sondern vorerst letzten Mal erwischt worden sei. Wir Schutzpolizisten würden ja nicht einmal erfahren, wo kriminelle Brennpunkte festzustellen wären, sofern wir dies nicht selbst mitbekamen (in München wurden, im Gegensatz zum Bereich der Landpolizei und den kleineren Städten, wo kleine und mittlere Kriminalität in die

Zuständigkeit der uniformierten Polizei fiel, Kriminaldelikte ausschließlich bei der Kripo bearbeitet). Er nickte nur, wollte dann aber wissen, ob mir, der ich Kriminalromane schreibe, bei der Bearbeitung von Kriminalfällen da und dort nicht etwa die Fantasie durchgehen würde? Da war ich denn doch überrascht. Woher wusste er, dass ich Krimis schrieb? Ich war mit den Freiexemplaren meiner Heftromane allerdings recht freizügig umgegangen und hatte sie an Kollegen verteilt. Irgendwie musste ich ja doch auch angeben, wo ich sonst wenig Aufhebens von meiner dienstlichen Tätigkeit und so manchen Erfolgen machte und einmal sogar von einem höheren Vorgesetzten darauf hingewiesen worden war, doch mehr aus mir herauszugehen, denn solange man nicht wisse, was in mir stecke, könne man mich schwerlich für einen Aufstiegslehrgang vorschlagen (verschiedene meiner Funkstreifenkollegen waren bereits für den Aufstiegslehrgang für den gehobenen Dienst nominiert worden). Ich fragte mich, ob es denn nicht genüge, dass ich bei keinem meiner Einsätze einer Situation hilflos gegenübergestanden wäre. Oder sollte ich vielleicht mehr gebührenpflichtige Verwarnungen aufweisen? Ich war mir dessen bewusst, dass ich die Verwarnungsblocks über 2,– DM und 5,– DM meist monatelang mit mir herumschleppte, bis ich sie endlich „verkauft" hatte. Ich mochte den Leuten ungern Geld abknöpfen, lieber verwarnte ich sie, sofern sie mir nicht pampig kamen, gebührenfrei.

Wir erfuhren vorerst nicht, ob und wann wir übernommen würden. So fuhr ich weiterhin Funkstreife, frustriert darüber, dass auf die wiederholten Beschwerden und Einsprüche auf die staatsanwaltschaftlichen Einstellungsverfügungen das Verfahren gegen meinen Partner und mich und die damals zur Unterstützung angerasten Kollegen noch immer nicht eingestellt werden konnte. Längst sah ich mich außerhalb der Gesellschaft und wollte mit diesem „Volk" möglichst nichts weiter zu tun haben. In den ersten Monaten des neuen Jahres stieg ich aber doch wieder auf das Dach eines dreistöckigen Altbaus, von dem eine Schneelawine nach der anderen auf die Fußgänger auf dem Gehsteig herunterplatschte. Einfach nach dem Motto „Polizei, dein Freund und Helfer".

Dabei war die Polizei niemandes Freund, konnte es nicht sein. Musste sie doch jedermann gegenüber neutral sein. Auf dem nur leicht geneigten Blechdach falteten sich die nach vorübergehend steigenden Temperaturen ins Rutschen geratenden Schneebahnen vor dem Schneegitter am Dachrand auf und drohten eine nach der anderen darüber hinweg in die Tiefe zu stürzen. Ich hatte meinen Partner unten den Gehsteig absperren lassen, nachdem die schräg an die Hauswand gelehnten Latten den Gefahrenbereich nur unzureichend versperrten, ließ mir vom Hausmeister eine Schneeschippe durch die Dachluke heraufreichen und probierte, ob ich auf den nassen Blechbahnen mit meinen Winterstiefeln nicht auch gleich ins Rutschen geraten würde. Ein Sturz hinab auf die Straße wäre wohl tödlich gewesen. Vorsichtig schob ich die aufgestauten Schneebahnen, die noch nicht hinuntergerutscht waren, weiter auf das Schneegitter zu und stieß sie darüber hinweg hinab. Bis das Dach geräumt war.

Noch einmal sollten wir es an diesem Vormittag mit Schnee zu tun bekommen. In der Rosshaupterstrasse in Mittersendling sahen wir einen Tankwart den auf der Tankstellenzufahrt aufgetürmten Schnee auf die bereits trockene Fahrbahn schaufeln. Er wollte den Schnee von den Autos zermatschen lassen. Schaffte er damit aber nicht eine Gefahrenstelle? Falls da ein in normaler Geschwindigkeit nahender Fahrer plötzlich bremsen musste, weil vielleicht gerade ein Wagen die Tankstelle verließ, musste er unweigerlich ins Rutschen und Schlingern geraten. Ich ließ meinen Partner halten und wies den Tankwart auf die Gefährlichkeit seines Tuns hin. Zu meiner Überraschung sah er es ein und schob den Schnee zurück an den Fahrbahnrand. Was hätte ich getan, wenn er uneinsichtig gewesen wäre? Wieder eine Klage inklusive Pressekampagne provoziert, bei der wieder nur ich der Dumme gewesen wäre? Nein, ich musste weg von der Straße. Meine Haut war in den zehn Jahren Funkstreifendienst verdammt dünn geworden. Ich war mir keineswegs sicher, was ich mit jemanden täte, der wieder nach mir schlagen oder mich als Nazischwein betiteln würde. Derlei Angriffe nahm ich mittlerweile persönlich und war mir mehr und mehr darüber klar, dass ich mich nicht mehr würde beherrschen können und weiß der Teufel wie reagieren könnte. Ich, der ich einmal die Ruhe selbst war. Wie ich Jahre später in einem amerikanischen Kriminalfilm sah, in dem ein weiblicher Cop einen Gangster verfolgte, der soeben ihren Partner niedergeschossen hatte, ihn stellte und auf ihn einprügelte, bis die zu Hilfe gerufenen Kollegen eintrafen und sie zurückzogen. „Ich habe nicht mehr aufhören können", gestand sie und kannte sich selbst nicht wieder. Genauso könnte es mir ergehen, fürchtete ich.

Im März 1967 war es dann so weit. 46 Schutzpolizisten wurden für ein Jahr zur Kripo abgeordnet, um als sogenannte Rollierer die verschiedenen kriminalpolizeilichen Aufgabenbereiche kennenzulernen und in einem anschließenden Kriminalfachlehrgang ihr Wissen theoretisch weiter zu vertiefen. 620 Kriminalisten und Kriminalistinnen umfasste der Personalkörper der Kriminalpolizei bei einem Sollstand von 729 Beamten in diesem Jahr. Sie zog damit neuerlich über einhundert Fehlstellen mit sich. Dabei nahm die Zahl der Straftaten weiter um über 15 % zu und sank die Aufklärungsquote auf 50,8 %. Erst 1965 war die Kripo entsprechend den Erfordernissen der Kriminalitätsentwicklung, den Erfahrungen bei der Ermittlungsarbeit, der permanenten Raumnot und kriminologischen Gesichtspunkten umorganisiert worden – zum dritten Mal innerhalb von zehn Jahren. Zu Beginn dieses Jahres wies München, dessen Einwohnerzahl 1945 auf 539 313 Personen abgesunken war, nach rasantem Bevölkerungszuwachs 1,192 Mio. Einwohner auf (+ 16 % gegenüber dem Vorjahr). Die Dienststellen der Kripo waren nun in Kriminalabteilungen mit nachgeordneten Kriminalinspektionen und Kommissariaten mit differenzierterer Aufgliederung der sachlichen Zuständigkeit gegliedert und die Kriminalaußenstellen Nord, Ost, Süd und West zu Kriminalämtern erhoben worden. An die Stelle der Tagebücher der Kriminaldienststellen trat eine Zentralkartei, und Personenbeschreibungsmerkmale und Täterarbeitsweisen, gestohlene Gegenstände sowie die Daten zur Polizeilichen Kriminalstatistik (PKS) wurden im Lochkartenverfahren erfasst (sogenannte Hollerithverfahren nach amerikanischem Vorbild, in München erstmals für Deutschland eingeführt) und maschinell ausgewertet. Die Tageszeitungen schrieben von einer „Revolutionierung der Personenfahndung".

Erste Einblicke in die Arbeit der Kripo gewann ich bei der Fahndung. Ein Fahndungstrupp der Personenfahndung nahm mich in ihrem VW-Bus mit auf Fahndungsstreife. Für mich an sich nicht neu. Auch bei der Funkstreife hatten wir Verdächtige fahndungsmäßig überprüft, die wir in Ruinen oder Rohbauten aufstöberten – oder in einem Stadl (Scheune) draußen in Freiham, wo wir einmal unter Strohballen versteckt einen aus einer geschlossenen Lungenheilanstalt entwichenen und zur Festnahme ausgeschriebenen Patienten mit offener TBC entdeckten – und danach vorsorglich eine dienstliche Meldung schreiben und den Funkwagen desinfizieren lassen mussten. Doch jetzt überfahndeten wir spezielle Örtlichkeiten wie den Hauptbahnhof, wo sich gern Diebe und sonstiges Gelichter herumdrückten oder wo Gelegenheitsarbeiter auf Tagesbeschäftigungen warteten wie vor dem Arbeitsamt oder an der Großmarkthalle. Und dann arbeiteten wir spezielle Fahndungsaufträge ab und suchten Adressen auf, die als Anlaufpunkte gesuchter Straftäter bekannt waren. Neu war für mich die Tätigkeit der erkennenden Sachfahndung. Einer der älteren Sachfahnder nahm mich mit ins Städtische Leihamt an der Augustenstraße nicht weit vom Hauptbahnhof und in die privaten Leihhäuser, die es daneben gab. Dort stöberten wir die großen Karteitröge mit den unzähligen alphabetisch geordneten Karteikarten der Kunden durch, auf denen vermerkt war, welche Gegenstände sie wann versetzt hatten, verglichen diese mit den in Sachfahndungsmeldungen von Diebstahlsanzeigen aufgeführten Wertsachen und checkten bekannte Einbrecher danach ab, was sie versetzt hatten. Merkfähigkeit war dabei gefragt, und natürlich Erfahrung, denn sonst verzettelte man sich. Wie mir einmal eine Frau aufgefallen war, die wiederholt Regenschirme und Knirpse versetzte. Mein Kollege winkte ab. Er kannte sie schon und wusste, dass sie diese regelmäßig am Hauptbahnhof gefunden oder geklaut hatte, darüber aber nie Anzeigen vorhanden waren. Überprüft wurden darüber hinaus auch An- und Verkaufsgeschäfte, die über ihre Ankäufe Buch führen mussten, in diese aber nur ungern Einblick gewährten. Denn stießen wir auf gestohlene Wertsachen, stellten wir die sicher, und sie waren sie los.

Beim Erkennungsdienst ließen sie mich zusehen, wie die Personenbeschreibungsbogen ausgefüllt und die zur ED-Behandlung vorgeführten Delinquenten „gewuzelt" wurden, d. h. die Fingerabdrücke abgenommen bekamen. Auch durfte ich zu Einbruchsorten mit rausfahren, wo nach Spuren gesucht und fleißig gepinselt wurde. In einem Diebstahlskommissariat der Kriminalaußenstelle Süd wurde mir gegenüber einem der älteren Kollegen ein freier Schreibtisch zugewiesen. Er zeigte mir, in welchem Fach die Karten zur Vorladung von Zeugen und Verdächtigen und die benötigten Formblätter zu finden seien und schob mir seine Vorgänge rüber. Als ich ihn einmal fragte, wie ich in einem der Diebstahlsfälle den Täter, den die Geschädigte gesehen hatte und vielleicht identifizieren konnte, ausfindig machen könnte, meinte er, ich solle mir Kriminalakten von bekannten Dieben kommen lassen und ihr die darin enthaltenen ED-Fotos vorlegen. Er wusste noch nicht, dass mit dem beim ED entwickelten Hollerithverfahren anhand gewisser Personenbeschreibungsmerkmale alle die ED-Fotos gezogen und vorgezeigt werden konnten, die der Beschreibung entsprachen. Ich musste mir nur die bei meinem Kollegen noch unbekannten Formulare besorgen und die Erkennungszeugin zur Lichtbildstelle vorladen, die mir das Ergebnis der Suche dann mitteilte. Die erfahrenen Hasen, denen Nachwuchsbeamte gern zugeteilt wurden, zehrten meist nur vom Gestern, und so war bei der Kripo eben auch nicht alles Gold, was glänzt.

Einer der nächsten Fachbereiche meiner Rollierzeit war das Kommissariat für Todesermittlung, das zum Morddezernat gehörte. Dort schickte man mich zur Beobachtung der Obduktionen in die Gerichtsmedizin, bei denen jeweils ein Kriminalbeamter anwesend sein musste. Auf was ich dabei achten sollte, blieb mir schleierhaft, den Obduktionsbericht des Gerichtsmediziners bekamen wir ja zugesandt. So verdrückte ich mich in Fällen, in denen stark verweste und bestialisch stinkende Leichen zu sezieren waren, in die entfernteste Ecke des Obduktionssaales. Als ich einmal nachfragte, was denn in dem Kessel ständig gekocht würde, neben dem ich stand, erfuhr ich, dass hier Schädel für die Anatomie ausgekocht würden. Da nahm ich Abstand davon. Eines Tages war ein Kleinkind zu obduzieren, das an plötzlichem Kindstod gestorben war. Ich konnte nicht mehr hinsehen, so leid tat mir das kleine unschuldige Wesen, das da unter dem Messer des Obduzenten lag.

Für den Rest meiner „Ausbildung" zum Kriminalisten blieb ich beim Kommissariat für Kfz-Aufbrüche hängen. Hier brannte es, das Massendelikte Kfz-Aufbruch hatte Hochkonjunktur. Als dritter Mann in einem Drei-Mann-Büro saß ich neben dem zum Kantinenhof führenden Fenster einem kettenrauchenden älteren Kollegen gegenüber, der mich einweisen und anleiten sollte. Am dritten Schreibtisch in meinem Rücken saß ein jüngerer, im Jahr davor zur Kripo übernommener Kollege. Täglich bekamen wir jeder bis zu einem Dutzend und mehr bei den Polizeirevieren aufgenommene Formanzeigen über Kfz-Aufbrüche zugeteilt, die auf etwaige Täterhinweise, welche in aller Regel nicht vorhanden waren, und Vollständigkeit dazugehörender Sachfahndungsmeldungen zu prüfen waren und für die das Statistikblatt zur PKS (Polizeiliche Kriminalstatistik) auszufüllen war. Diebstähle aus und an Kfz konnten wir wahrlich nur verwalten. Abwechslung in unsere stupide Tätigkeit brachten sogenannte Haftsachen, die hin und wieder anfielen, wenn Autoknacker ertappt und festgenommen worden waren. Per Schließzange holten wir sie uns aus der Polizeihaftanstalt im inneren Querblock, führten sie an den in den Korridoren im 1. Stock vor den Schaltern des Einwohnermeldeamtes und des Ausländeramtes wartenden Bürgern vorbei rauf in unser Büro, vernahmen sie zur Person und Sache und brachten sie nach obligatorischer ED-Behandlung im 4. Stock wieder zurück, auf dass ihnen der im Korridor des Hochparterre gegenüber der Haftanstalt residierende Ermittlungs- bzw. Haftrichter, dem wir den Vorgang sodann vorlegten, den Haftbefehl verkündete – so er solchen erließ. Per Schubwagen – ein großer grüner Gefangenentransportwagen, die sogenannte Grüne Minna –

wurden die in U-Haft genommenen Täter zur Justizvollzugsanstalt (JVA) Stadelheim an der Stadelheimer Straße im Stadtteil Obergiesing verfrachtet. Die übrigen wurden auf freien Fuß gesetzt – und liefen uns mitunter frech grinsend bald wieder über den Weg.

Zuständig für den Bereich der PI Giesing versuchte ich, örtliche und nach modus operandi sachliche Zusammenhänge zu erkennen, die zum einen für die Streifentätigkeit von Interesse sein konnten, zum anderen den ggf. auf frischer Tat festgenommenen Autoknackern vorgehalten werden könnten und mich selbst in die Lage versetzten, mir die für diese und jene Kfz-Aufbrüche etwa in Frage kommenden bekannten Ganoven vorzunehmen. Doch mein Schreibtisch reichte nicht aus, die Anzeigen auszubreiten, um Zusammenhänge zu erkennen. Eine Steckkarte stand nicht zur Verfügung. Der Rat meines „Ausbilders", zum Erkennungsdienst raufzugehen und dort die abgelegten UT-Anzeigen (UT = unbekannte Täter) durchzuforsten, brachte mich auch nicht weiter. Ließen diese doch zumeist eine einheitliche Gliederung in kurze, prägnante Tatbestandsbeschreibung und anschließende Sachverhaltsschilderung vermissen, so dass die Anzeigen von vorn bis hinten durchzulesen waren, wenn man auf übereinstimmende Modus-Merkmale stoßen und sich nicht im Wald gleicher Modus Operandi verlieren wollte wie z. B. Ausstellfenster (solche gab es damals noch) aufgehebelt oder aufgebrochen, Scheibe eingeschlagen, Türschloss angestochen oder Tür aufgebrochen. Bei einem Massendelikt wie dem Kfz-Aufbruch musste da schon feiner unterschieden werden, wie z. B. nach festgestellten Werkzeugspuren, erlangtem Diebesgut usw. Das Hollerythverfahren lieferte anhand solcher grober Unterscheidungsmerkmale ebenso wenig brauchbare Ergebnisse. Sollte ich alle diese Geschädigten anrufen oder aufsuchen, um differenzierter unterscheiden zu können? Bei entwendeten Nummerngegenständen – Autoradios z. B. – musste sowieso oftmals nachgefragt werden, wenn die Fabrikationsnummer noch immer fehlte. Oder konnte ich auf diesem Klavier nur einfach nicht spielen? Ich war enttäuscht und begann mich zu langweilen.

Bis mir eines Tages der Kommissariatsleiter den Auftrag erteilte, sofort zu einer gewissen Spedition am Leuchtenbergring draußen im Stadtteil Berg am Laim zu fahren und die Anzeige aufzunehmen. Ein am Vortag zur Auslieferung beladener LKW war über Nacht gestohlen worden – einer dieser Ladungs- bzw. Speditionsdiebstähle, wie sie in letzter Zeit schon des Öfteren angezeigt worden waren. Von der Fahrbereitschaft ließ ich mir einen Wagen geben, kurvte durch die Seitenstraßen hier im Zentrum auf kürzestem Weg zur Maximilianstraße, überquerte die Isar, fuhr den Bogen um das Maximilianeum mit dem Bayerischen Landtag das Hochufer der Isar hinauf zum Max-Weber-Platz und von dort die Einsteinstraße schnurgerade weiter zur Abzweigung des Leuchtenbergrings, der unter einer Bahnunterführung hindurch zum Innsbrucker Ring und weiter zur Autobahn nach Salzbug führte. Ich kannte die Stadt nach meiner langjährigen Streifentätigkeit gut genug, um nicht noch im Stadtplan nachsehen zu müssen. Die gesuchte Spedition befand sich an der Abfahrt zur Bahnunterführung. Ich fuhr auf den Speditionshof und suchte die Geschäftsleitung auf. Ja, gestern Nachmittag noch war der LKW beladen worden, mit Küchenmöbeln und einer Anzahl Kartons mit Medikamenten, die heute Morgen ausgeliefert werden sollten. Ich verlangte nach dem Lademeister, dem Fahrer des LKW und den Lade- und Fahrzeugpapieren, und als ich sagte, dass ich deren Aussagen an Ort und Stelle protokollieren wollte, brachte man eilfertig ein Rolltischchen mit einer Schreibmaschine darauf an – einer elektrischen. Ach du Scheiße. Auf einer Elektrischen hatte ich noch nie geschrieben, bei uns hackte man noch immer auf alten Mechanischen herum. Ich wollte mir keine Blöße geben, spannte die mitgebrachten Formulare mit Durchschlag ein und tippte drauflos. So einfach aber war es nicht. Mittendrin schnellte der Wagen auf eine neue Zeile, wenn ich versehentlich eine falsche Taste berührte, und ich musste auf die noch nicht volle Zeile zurückstellen. Verdammt aber auch. Fehlerkorrekturen konnte man ohne Radieren vornehmen. Doch wie ging das? Schließlich brachte ich die Vernehmungsprotokolle mehr schlecht als recht hin. Niemandem waren gestern betriebsfremde Personen aufgefallen, und die Fahrzeugschlüssel waren noch vorhanden. Ich notierte mir sämtliche Personen, die über die bevorstehende Auslieferung Bescheid wussten. Ich würde sie aktenmäßig überprüfen müssen. Wieder im Präsidium und an meinem Schreibtisch schrieb ich auf unserer guten alten Mechanischen als erstes den entwendeten LKW zur Fahndung aus. Dann machte ich mich an eine formgerechte Anzeige und schrieb die stümperhaft zu Papier gebrachte Sachfahndungsmeldung neu, in der ich die entwendeten Gegenstände nach Art und Menge übersichtlich über Seiten hinweg auflistete. Beim ED erbrachte eine erste Suche unter den UT-Anzeigen der letzten Jahre 14 Ladungsdiebstähle der Art, wie ich nun einen weiteren Fall hinzufügen konnte. Die entwendeten LKW's und Sattelzüge waren zumeist wieder aufgefunden worden, von deren Ladung aber fehlte jede Spur. Mein Fall begann interessant zu werden.

Eine knappe Woche später wurde der entwendete Lkw auf einem unbebauten Grundstück in Neuaubing im Münchner Westen aufgefunden. Ich ließ mir einen zivilen Funkwagen geben und fuhr sofort los. Von den Kollegen erfuhr ich, dass die Bewohnerin eines der Einfamilienhäuser am Rande des unbebauten, sich über einen leichten Hang erstreckenden und mit Pflöcken in Parzellen unterteilten Grundstückes den LKW schon die ganze Woche über verlassen stehen sah. Ich zog mich die rückwärtige Bordwand der mit einer Plane überdeckten Ladefläche empor und überzeugte mich, dass sie völlig leer war. Die Streifenkollegen von Isar 14 hatten bereits festgestellt, dass der LKW kurzgeschlossen war. In der Tat hingen unter den Armaturen lose Drähte hervor. Das Fahrzeug wies einen Fahrtenschreiber auf. Ich entnahm die eingelegte Tachoscheibe, die erkennen ließ, welche Strecke die Täter zu welcher Zeit zurückgelegt hatten. Achtzehn Kilometer waren es nur, und seit dem Morgen nach der Tatnacht stand er schon hier. Die Strecke durfte in etwa der Entfernung vom Leuchtenbergring bis hier nach Neuaubing betragen. Hatten sie den Wagen auf dem unbebauten Grundstück in Sichtweise der Häuser ringsum entladen? Oder irgendwo auf dem Weg hierher? Dass sie zurückkehrten, war nach Sachlage nicht zu erwarten, eine Observation konnten wir uns sparen. Ich fragte mich allerdings, wie sie auf dieses abgelegene Grundstück gekommen waren. Kannten sie es? Eine Spurensuche aber wollte ich wenigstens vornehmen lassen, auch wenn ich mir nicht viel davon versprach. Die Täter dürften etwaige Fingerspuren vermieden oder beseitigt haben, wenn sie das Fahrzeug so offen hier zurückließen. Beim Erkennungsdienst, mit dem ich mich über die Funkzentrale verbinden ließ, empfahl man mir, ihn zur polizeilichen Verwahrstelle schleppen zu lassen, wo man ihn später in aller Ruhe nach Täterspuren untersuchen würde, auf absehbare Zeit stünde niemand dafür zur Verfügung. Okay, ich kannte das, beim Erkennungsdienst waren wie überall die Leute zu knapp – oder die Tatorte zu viel. Beim alltäglichen Kfz-Aufbruch wurden die Geschädigten nach Anzeigenaufnahme bei der PI ja auch zur Spurensicherung zur nächsten Kriminalaußenstelle verwiesen. Ich forderte einen Abschleppdienst an, bat die Streifenkollegen noch solange zu warten und ging rüber zu den Einfamilienhäusern am Rande des Grundstückes.

Die Mitteilerin hatte uns von ihrer Terrasse aus beobachtet und erwartete mich schon. Sie bestätigte, dass ihr der LKW mit dem auffälligen Schriftzug der Spedition vom Leuchtenbergring auf der Plane gleich am ersten Tag aufgefallen war, habe zunächst aber gedacht, dass er zu der Autoverwertung gebracht worden wäre, die sich mit ihren Schrottautos bis vor wenigen Monaten über den ganzen Hang hinweg ausgebreitet hatte, den Platz aber räumen musste, nachdem er nun bebaut werden sollte. Ein Grieche habe den Schrottplatz betrieben, er sei auf einen Platz drüben in Obermenzing ausgewichen.

Tat sich hier eine Spur auf?

Zurück im Präsidium begann ich zu telefonieren. Im Gewerbeamt der Stadtverwaltung wurde ich fündig. Der Hinweis auf einen Griechen stimmte, der Mann war dort bekannt, er betrieb nun seine Autoverwertung auf einem Platz an der Straße nach Lochhausen im Münchner Westen. Noch einmal fuhr ich los an diesem Tag. Die Straße nach Lochhausen war mir nicht unbekannt, ich benutzte sie, wenn ich mit meiner kleinen Familie an warmen Sommertagen über die Goteboldstraße zum Langwieder See an der Autobahn nach Stuttgart fuhr.

Den Griechen, einen schon älteren Mann mit zerfurchtem Gesicht, traf ich in einem ausrangierten Omnibus an, den er als Büro nutzte. Ich stellte mich vor, wies mich aus und fragte ihn knallhart: „Wirft Ihr Schrottgeschäft nicht mehr genügend ab, dass Sie sich jetzt auf Ladungsdiebstahl verlegen müssen?" Konsterniert sah er mich an und verstand nicht. Ich klärte ihn darüber auf, dass auf seinem früheren Schrottplatz in Neuaubing ein aus einer Spedition gestohlener LKW entdeckt worden sei, dessen Ladung verschwunden war. Jetzt schien ihm etwas zu dämmern. „Welche Ladung war das?", fragte er lauernd. Er sprach perfekt Deutsch.

„Küchenmöbel", erwiderte ich, und als ihm dieser Hinweis offenbar nichts sagte, setzte ich hinzu: „Und ganze Kartons mit Medikamenten." Damit hatte ich es getroffen. Er lief zornrot an und stieß etwas auf Griechisch hervor, das ich natürlich nicht verstand. „Ja, ich kann Ihnen sagen, wer das gestohlen hat. Rudi Knauer, er hat mal bei mir gearbeitet und kennt den alten Platz."

„Rudi Knauer?" Der Name (geändert) sagte mir nichts. „Wie kommen Sie auf ihn? Nur weil er den Platz kennt?"

„Will es Ihnen sagen, Herr Wachtmeister. Er hat mich angerufen und wollte wissen, ob ich jemanden kenne, der Medikamente brauchen kann. In meiner Heimat vielleicht."

„Wie erreiche ich ihn?"

„Kann ich leider nicht sagen, ich weiß es nicht. Er ist erst aus dem Knast gekommen. Hab ihm gesagt, dass ich mich mal umhöre. Er will sich wieder melden."

Volltreffer.

„Okay, sagen Sie ihm, dass Sie jemand für seine Medikamente wissen." Ich reichte ihm meine Visitenkarte, die meine momentane Erreichbarkeit aufwies, und zwinkerte ihm zu. „Ich übernehme die Ware."

Wieder im Präsidium, suchte ich als Erstes die sich im Mittelbau über sieben niedrige Etagen mit engen Wendeltreppen erstreckende Aktenverwaltung auf und ließ mir Rudi Knauers Kriminalakte raussuchen. Wie erwartet hatte er einige Kfz-Aufbrüche und auch bereits einen in Mittäterschaft begangenen Fall von Ladungsdiebstahl aufzuweisen. Vor drei Jahren war das, der Fall war hier im Kommissariat bearbeitet worden. Deswegen saß er, nur war seine Entlassungsanschrift nicht vermerkt. Seine früheren Mittäter, deren Kriminalakten ich beizog, boten indes genügend Ermittlungsansätze. Und es waren ein paar Reservefotos von seiner ED-Behandlung, auf denen er abfällig grinsend in die Kamera blickte, in der Akte. Ich steckte vorsorglich eines ein.

Am nächsten Morgen – ich schrieb noch an meinem Ermittlungsbericht – rief der Grieche an. „Ich hab ihm gesagt, dass ich einen Interessenten für seine Medikamente habe. Er will sie mir bringen. Um spätestens elf Uhr."

„Okay, ich komme." Ich sah mich um. Der junge Kollege am Schreibtisch hinter mir hatte eine Zeugenladung vor Gericht. Mein kettenrauchendes Gegenüber war in seine Morgenzeitung vertieft. Ich ging zum Kommissariatsleiter. „Ja, suchen Sie sich einen, der Zeit hat, ich bin einverstanden."

Die Zeit wollte ich mir nicht nehmen, ich, der Schutzpolizist, der nicht so recht aus sich herausgehen wollte, war noch mit keinem der Kriminaler des Kommissariats warm geworden. So ging ich rüber zu Ewald R., der wie ich von der Funkstreife kam und beim Kommissariat für Kfz-Diebstähle rollierte. „Kannst du mit mir rausfahren zu einer Festnahme?" Notfalls hätte ich an Ort und Stelle eine Funkstreifenbesatzung zur Unterstützung angefordert.

„Klar doch."

Im Abteilungsbüro hatten sie gottlob noch einen zivilen Funkwagen zur Verfügung. Vormittags, wenn die Kriminaler der verschiedenen Abteilungen zu ihren Ermittlungen rausfuhren, war oft nicht einmal bei der Fahrbereitschaft ein letzter klappriger VW-Käfer zu vergeben. Wir brausten los. Unterwegs instruierte ich meinen Kollegen und ließ ihn Knauers dreiteiliges ED-Foto sehen. Okay, wir wappneten uns für eine Festnahme.

Auf dem Schrottplatz des Griechen hielt ich etwas abseits des ausrangierten Omnibusses, in dem er sein Büro betrieb. Er hatte uns schon gesehen und erwartete mich am offenen Einstieg. „Er war gestern Abend noch hier. Ich hab ihm hundert Mark gegeben als Anzahlung." Sogleich zog er sich wieder in sein Büro zurück. Es war ihm wohl wichtig, sich reinzuwaschen, nachdem ich ihn gleich bei unserer ersten Begegnung verdächtigt hatte, da mit drinzuhängen. Klar, als Ausländer, dem rasch die Konzession entzogen werden konnte. Mir sollte das nur recht sein. Wer würde ihm aber die hundert Mark ersetzen, die er aufgewendet hatte? Die Versicherung vielleicht? Ich kannte mich noch nicht damit aus, wie V-Leute ihre Aufwendungen ersetzt bekommen konnten.

Eine ganze Weile hatten mein Kollege und ich in unserem Wagen schon gewartet, als ein alter Mercedes mit einem PKW-Anhänger auf den Platz gefahren kam. Der Mann darin sah uns in unserem Wagen sitzen, schaltete sofort und bog in eine Kurve, um wieder davonzufahren.

„Das ist er!", erkannte ich, startete und schnitt ihn raus, noch bevor er die Kurve vollendet hatte. Wir sprangen raus und eilten, die Hand an den Pistolen in unseren Gürtelholstern, die wir statt der unbequemen Schulterholster noch gern trugen, auf ihn zu. Ich riss die Fahrertür auf. „Polizei! Steigen Sie aus, und nehmen Sie die Hände hoch!"

Er zögerte. Ich zeigte ihm meinen Dienstausweis und ließ ihn sehen, dass meine Rechte auf dem Griff meiner Pistole lag. Langsam wälzte er sich heraus, ein großer, kräftiger Mann mittleren Alters in seriösem Trachtenanzug. Ich ließ ihn die Hände aufs Wagendach legen und tastete ihn ab. Keine Waffen.

„Sie sind wegen Verdacht des Diebstahls vorläufig festgenommen", eröffnete ich ihm. „Wem gehört der Wagen und der Anhänger?"

„Den habe ich geliehen", erwiderte er.

„Was transportieren Sie in dem Anhänger?"

Er zuckte die Schultern und schwieg. Wir verfrachteten ihn in unseren Wagen, und mein Kollege setzte sich zu ihm in den Fond. Ich selbst inspizierte den Anhänger, der eine ganze Anzahl Kartons mit medizinischen Bezeichnungen enthielt, machte mir die nötigen Notizen und bat schließlich die Einsatzzentrale um Unterstützung durch einen Funkstreifenwagen, der den Mercedes inklusive Anhänger mit Diebesgut zur polizeilichen Verwahrstelle verbringen würde. Als der Streifenwagen eintraf, verbrachten wir unseren Festgenommenen ins Präsidium.

Mit Rudi Knauer hatte ich nun das Ende eines Fadens in der Hand, mit dem sich eine ganze Serie von Ladungsdiebstählen abrollen ließ. Eine wahre Herausforderung. Hatte ich mit ihm doch einen Mann in Haft, der von Elektroartikeln über Textilien bis hin zu Schweinerücken, Kaffee und Spirituosen Gebrauchs- und Verbrauchsgüter günstig anzubieten hatte. Seine Kriminalakte wies frühere Mittäter auf, die mit ihm nach wie vor gemeinsame Sache machten, und in seinem Bekanntenkreis ließen sich überall gestohlene, billig erstandene Güter aufspüren. So hatte ich schließlich rund ein Dutzend einschlägige Fälle auf dem Schreibtisch und mehrere seiner Mittäter in Haft. Und so allein mich meine Vorgesetzten – Kommissariats- und Inspektionsleiter – mit meinem Serienfall gelassen hatten – lediglich der junge Kollege am Schreibtisch hinter mir, Alois G., war mir echte Hilfe –, so genau beobachteten sie mich und nahmen in alle meine Ermittlungsvermerke und Vernehmungsprotokolle Einblick. Meine Rollierzeit als Kriminalanwärter war denn auch noch nicht zu Ende, da schlugen sie mich für den nächsten Aufstiegslehrgang für den gehobenen Dienst vor. Ich konnte mich darüber allerdings nur kurze Zeit freuen. Meine Nominierung hatte in der Kollegenschaft helle Empörung hervorgerufen, wie ich alsbald erfuhr. Ihr Sozialneid ließ beim Personalrat die Telefone heiß laufen. Dieser Kriminalanwärter soll erst einmal ein „richtiger" Kriminaler werden, bevor er daran denken könne, in den gehobenen Dienst aufzusteigen, hieß es. Hatte ich doch noch den Dienstgrad „Polizeiobermeister" aufzuweisen, nicht schon „Kriminalobermeister". Wo käme man da hin, wenn nun schon Schutzpolizisten den Kriminalbeamten die Lehrgangsplätze wegnähmen. Prompt strich mich der damalige Leiter der Kripo, Jurist und früherer Gefängnisdirektor, von der Teilnehmerliste.

Meinen Serienfall brachte ich dann trotzdem nicht mehr zum Abschluss. Mein junger Kollege Alois G. durfte bzw. musste ihn übernehmen – und blieb genauso allein gelassen wie ich –, wie er mir Jahre später erzählte, als er mir beim LKA über den Weg lief, wo auch er eines Tages landete. Rund 30 Ladungsdiebstähle hatten unter seiner Ermittlungsführung letztlich zum Abschluss gebracht werden können. Die ermittelten Täter wurden zu Zuchthausstrafen zwischen 1 ½ und 7 Jahren verurteilt – im Zuge der Liberalisierung im bundesdeutschen Straf- und Strafprozessrecht wurde der Begriff „Zuchthaus" aber dann gestrichen. Er war mit der grundgesetzlich garantierten Würde des Menschen, die auch einem Schwerverbrecher zustand, nicht mehr vereinbar.

Für mich ging die Lehrzeit als Kriminalanwärter mit dem für das PP München obligatorischen sechswöchigen Kriminalfachlehrgang zu Ende, in dem wir über allgemeine kriminalistische Grundregeln, Kriminalpsychologie, Spurensuche und -sicherung, Tatortbefundaufnahme, Personenbeweis, Sachbeweis und deren Möglichkeiten und Grenzen, Todesermittlung, Einsatzlehre, Vernehmungstechnik und -taktik, Erkennungsdienst, Fahndung, Katastrophenlagen, verschiedene Phänomene der Kriminalität, verschiedene Rechtsfächer u. v. a. unterrichtet wurden. Nach einem abschließenden Wissenstest bekamen wir unsere kriminalistischen Weihen nebst Kriminalmarke und Kriminaldienstgrad.

Wie ich heute feststelle, fand ich in dem Beruf des Kriminalisten meine eigentliche Berufung.

8. Folge

Als Betrugssachbearbeiter bei der KPI München-Süd

Mit meiner Bestallung vom POM zum KOM fand ich mich im Frühjahr 1968 wieder dort, wo ich als Sicherheitswachtmeister 1956 nach vier Jahren bei der BBPol. und Grundlehrgang an der Städtischen Polizeischule angefangen hatte. Das damalige Revier 26 war im Zuge einer der Umorganisationen der ehemaligen Stadtpolizei München dem Großraumrevier 25 Laim einverleibt worden, und die beiden ursprünglichen Erdgeschosswohnungen zu beiden Seiten des Eingangsflurs des dreigeschossigen Wohnblocks an der Fürstenrieder Straße 105 standen inzwischen der im Polizeipräsidium aus allen Nähten platzenden Kripo zur Verfügung. Das 3. Kommissariat (KK V S 3) der Kriminalpolizeiinspektion (KPI) München-Süd residierte hier. Die gut ein halbes Dutzend Kriminalbeamte des mittleren Dienstes mit einem Kriminaloberinspektor als Chef waren zuständig für Betrugsdelikte (ausgenommen Wirtschaftsbetrug, der zentral bearbeitet wurde), Wucher, Leistungserschleichung (Schwarzfahrer), Eidesdelikte, Verletzung der Unterhaltspflicht und sonstige nebengesetzliche Straftatbestände. Das zur KPI Süd gehörende 1. Kommissariat (zuständig für einfachen Diebstahl ohne zentrale Zuweisung sowie Unterschlagung) und das 2. Kommissariat (zuständig für Gewalt- und Rohheitsdelikte, Verstöße gegen das Waffengesetz, Freiheitsberaubung, falsche Verdächtigung, Beleidigung, unterlassene Hilfeleistung und sonstige nicht zentral zugewiesene Straftaten und Ordnungswidrigkeiten) waren im Stadtteil Sendling untergebracht. Ich bekam ein Einzelzimmer zugewiesen – das Kinderzimmer der ursprünglichen Familienwohnung – und fühlte mich von Anfang an wohl darin. Hier konnte ich mich in Muße meinen Vorgängen widmen, die mir nicht zu knapp zugeteilt wurden, konnte mein taktisches Vorgehen selbstständig und eigenverantwortlich planen und durchführen und war insoweit nur mir selbst und allenfalls der Staatsanwaltschaft verantwortlich. Das war es, was mir bei der Kripo gefiel. Und ich hatte nicht weit nach Hause, nachdem ich mit meiner kleinen Familie gerade vor zwei Jahren eine 3-Zimmer-Wohnung in der am südwestlichen Stadtrand auf Wiesen und Äckern errichteten Neubausiedlung Blumenau zugewiesen bekommen hatte; in meiner bisherigen 2-Zimmer-Wohnung (40 qm klein mit Ofenheizung) im nordwestlichen Stadtteil Moosach hatten wir unser heranwachsendes Töchterchen, das nun schon zur Schule ging, in einem Klappbett am Fuße unserer Ehebetten schlafen lassen müssen. Eine Dienstwohnung für städtische Bedienstete, die ich ergatterte, als ich wieder einmal im Wohnungsamt, wo ich längst wieder unter Dringlichkeitsstufe I vorgemerkt war, nachfragte und gerade recht kam, dass ich mir bei der Wohnungsbaugesellschaft anhand eines Belegungsplans sogar die Lage meiner Wohnung aussuchen konnte: Südseite dritter Stock mit Loggia zur wenig befahrenen Straße – genau, wie meine Frau es sich gewünscht hatte. Wir wohnen noch heute da. Auch wenn – oder gerade weil – die Wohnungen in unserem Block nach Rückzahlung der öffentlichen Gelder in Eigentumswohnungen umgewandelt worden waren und der alte Mieterstamm erhalten blieb.

Bald aber ahnte ich, dass ich mich nicht allein meinen Fällen widmen konnte. Ich wurde einer der zivilen Einsatzgruppen zugeteilt, die im Alarmfalle aufgerufen und zur Überwachung der immer häufigeren Demonstrationen revolutionärer Studentengruppen eingesetzt wurden. Die Jahre 1967 bis 1969 waren geprägt von der „Außerparlamentarischen Opposition" (APO), die eine sozialistische Gesellschaftsordnung zu errichten versuchte. Über Gruppen des „antiautoritären Lagers" wie den „Zentralrat der Sozialistischen Kinderläden West-Berlin" warben die Befürworter gewaltsamer Veränderungen Sympathisanten und Unterstützer. Ich nahm derlei Bestrebungen nur am Rande wahr und verstand nicht, wie man in der BRD eine sozialistische Gesellschaftsordnung anstreben konnte, wie man sie als abschreckendes Beispiel in der DDR vor Augen hatte. Ich wusste, wie es „drüben" zuging, kannte die Zwänge dort von meiner Frau und mittlerweile durch eigenen Eindruck, nachdem auch mir einmal eine Aufenthaltsgenehmigung erteilt worden war. Mit dem D-Zug reisten wir ein, wurden am Grenzübergang Hof-Gutenfürst einer peinlich genauen Kontrolle der Einreisedokumente und nach Druckerzeugnissen jeglicher Art (die verboten waren), mitgeführten Zahlungsmitteln und Gegenständen (Geschenke etc.) unterzogen, mussten uns binnen 24 Stunden beim zuständigen Volkspolizei-Kreisamt anmelden (und bei Rückreise abmelden) und pro Person und Tag 25 DM 1 : 1 in Ostmark umtauschen. Die Fassaden der Gebäude, an denen lediglich rote Spruchbänder mit sozialistischen Parolen für etwas Farbe sorgten, sowie die Straßen befanden sich in bemitleidenswertem Zustand. Außer Fleisch-, Wurst- und Backwaren war alles andere Mangelware, Südfrüchte gab es kaum einmal. Eigene Feldfrüchte – Karotten z. B. – wurden im VEB-Konsum in alten Obstkisten angeboten, unter den Erdanhaftungen kaum zu erkennen, und verbreitete sich die Kunde, dass diese oder jene Mangelware eingetroffen sei, so standen halbe Betriebe leer und vor den Ladengeschäften bildeten sich endlose Schlangen. Ging in den Betrieben eine Fertigungsmaschine kaputt, musste sie mit Ersatzteilen aus anderen Maschinen repariert werden. Um mir, den Schwiegersohn aus Bayern, ein anständiges Bier bieten zu können, musste mein Schwiegervater Beziehungen spielen lassen, über die er einen Kasten Pils besorgen konnte, das es sonst auch nirgendwo gab. Auf einen Trabbi oder Wartburg wartete man jahrelang, und Reisen in westliche Länder wurden grundsätzlich nicht gestattet. Eine solche Gesellschaftsordnung wollte unsere Studentenschaft auch für uns …! Ich konnte da nur verständnislos den Kopf schütteln. Jahre nach dem Fall der Mauer und des Eisernen Vorhangs begriffen wir wohl endlich, wie den Menschen im anderen Teil Deutschlands nach jahrzehntelanger sozialistischer Diktatur zumute war, die sie in ihrer Sehnsucht nach Freiheit zu Tausenden in die Deutsche Botschaft in Tschechien flüchten und sich nach Ungarn absetzen ließ, wo ihnen die weit humaneren Ungarn den Grenzübertritt nach Österreich gestatteten. Der tausendstimmige Jubelschrei der in der Deutschen Botschaft in Tschechien zusammengepferchten Menschen, als der bundesrepublikanische Außen-

minister Hans-Dietrich Genscher verkündete: „Ihre Ausreise ..."
Da gingen seine Worte auch schon im Jubelschrei unter. Noch
heute rührt mich diese im Fernsehen wiederholt gezeigte Szene und
treibt meiner Frau, die schon 1955 die sich damals noch bietende
Chance zur „Republikflucht" ergriffen hatte, die Tränen in die
Augen. „Im Westen musst du dich selbst kümmern, das kannten
wir anfangs nicht", bekannte eine damals Achtzehnjährige, die über
die ungarisch-österreichische Grenze in den Westen floh – kurz
vor der Maueröffnung. „Aber ich genieße es, viele Möglichkeiten
zu haben." (Münchner Abendzeitung vom 2./3. 10. 2009). Beim
Film „Das Leben der Anderen", den sie sich im Kino angeschaut
hatte, kam die Vergangenheit wieder hoch, sagte sie. „Ich saß im
Kino und habe geheult. Genauso war die DDR."

Im Frühjahr 1968 erschütterte eine Tat die Bundesrepublik, wie
sie aus politischen Gründen bis dahin nicht für möglich gehalten
worden wäre – in der Nacht zum 3. April gingen in Frankfurt/
Main zwei Kaufhäuser durch selbst gebastelte Brandsätze in
Flammen auf. 24 Stunden darauf waren die Täter gefasst: die
Studentin Gudrun Ensslin, der berufslose Andreas Baader, ein
weiterer Student und ein Schauspieler.
    Und die Auseinandersetzungen auf der Straße eskalierten.
Am 11. April 1968, einem Gründonnerstag, schoss auf dem
Kurfürstendamm in Berlin ein 28-Jähriger Rechtsextremist den
SDS-Funktionär Rudi Dutschke nieder (SDS = Sozialistischer
Deutscher Studentenbund). Für den SDS das Signal zu einer gewalttätigen Demonstration gegen die Springer-Presse, auf deren
Manipulation die radikale Studentenschaft das Attentat zurück-
führte. Fackeln und Steine flogen gegen die gläserne Fassade
des Berliner Redaktionsgebäudes, Fahrzeuge wurden in Brand
gesetzt. Parallel dazu zog in München ein Demonstrationszug vor
das Buchgewerbehaus an der Barerstraße, in dem die Münchner
Lokalausgabe der Bild-Zeitung hergestellt wurde. Bei der „Schlacht
in der Barerstraße" fanden zwei junge Männer den Tod, niedergestreckt durch Wurfgeschosse (Pflasterstein und Holzbohle)
aus den Reihen der Demonstranten (noch Jahre danach ver-

suchte man die tödlichen Würfe der Polizei in die Schuhe zu schieben). Schon davor war es in München zu Krawallen an den Unis während einer Feier der Rektorenwahl, zu Vorlesungsstörungen, zu Tumulten im Amerika-Haus anlässlich einer Ausstellungseröffnung, zu Störaktionen im Justizpalast und zu „Go-in" und „Sit-in" durch SDS-Angehörige im großen Sitzungssaal des Rathauses gekommen. Die nach den Schwabinger Krawallen 1962 entwickelte flexible Einsatztaktik, die „Münchner Linie", wirkte zwischen Wahrung des Rechts und Meinungs- und Demonstrationsfreiheit ausbalanzierend. Wiederholt wurden die zivilen Einsatzgruppen alarmiert, die die Demonstrationszüge zu begleiten und etwaige Straftäter zu observieren hatten, um sie bei günstiger Gelegenheit festnehmen zu lassen. Wieder wartete meine Frau vergeblich darauf, dass ich nach Dienstschluss heimkam. Bis ich mir endlich ein Telefon anschaffte.

An die Osterkrawalle schlossen sich Demonstrationen gegen die in jener Zeit beschlossenen Notstandsgesetze sowie gegen den Vietnamkrieg der USA an. Zehntausende Demonstranten tobten mit rhythmischen „Ho-Ho-Ho-Chi-Minh-Rufen durch die Straßen, untergehakt in breiten Reihen und in festem Marschblock vor unmittelbarem Zugriff der Polizei geschützt. An den Hochschulen breiteten sich leninistische, stalinistische, trotzkistische und maoistische Lehren aus, und die „Neue Linke" (NL) agierte für eine sozialistische Revolution. In Berlin führte ein Ehrengerichtsverfahren gegen den Verteidiger der Frankfurter Kaufhausbrandstifter zu der bis dahin schwersten Straßenschlacht der Stadt. Die das Zivilgericht am Tegeler Weg schützenden Polizeibeamten wurden mit einem Steinhagel überschüttet, dem sie sich wehrlos ausgesetzt sahen. 130 Beamte wurden teils schwer verletzt. In München musste in der Nacht zum 19. Februar 1968 ein starkes Polizeiaufgebot das Zeitungswissenschaftliche Institut räumen. 43 Personen wurden festgenommen. Es folgte die Verwüstung der Münchner Kunstakademie, die zu 130 Festnahmen führte. Bei einer anschließenden Spontandemonstration wurden weitere 30 Personen festgenommen, die in der Polizeihaftanstalt ein „Sit-in" veranstalteten, Zellen beschädigten und als „Fanal des

Widerstandes" eine Holzpritsche in Brand setzten. Eine sich von der APO abspaltende Gruppe um Fritz Teufel bezeichnete sich als „Kommune", der es nicht mehr um Hochschulreform, Vietnam und Notstandsgesetze ging, sondern um Sturz der gegenwärtigen Ordnung. Die Münchner Kommune arbeitete mit Gleichgesinnten in Berlin und anderen Städten zusammen. Ihre Führung übernahmen die Terroristen Mahler, Baader und Meinhof.

Im Juni 1969 wurde den Frankfurter Kaufhausbrandstiftern Haftverschonung gewährt. Sie wichen zunächst ins Ausland aus, ließen sich im Frühjahr 1970 aber in Berlin nieder. Im April wurde Andreas Baader, inzwischen zum Strafantritt gesucht, festgenommen – um im Mai bei einer durch Ulrike Meinhof erwirkten Ausführung zum Quellenstudium für eine Arbeit „Zur Organisation randständiger Jugend" (!) gleich wieder befreit zu werden. Die Gruppe ging als „Rote Armee Fraktion" (RAF) in den Untergrund und setzte sich vorerst nach Beirut ab. Vor ihr hatte sich bereits eine Gruppe von Linksextremisten einer militärischen Ausbildung durch Palästinenser unterzogen. Nach ihrer Rückkehr waren ihr erster Schlag drei zeitgleich von 19 schwer bewaffneten Tätern durchgeführte Raubüberfälle, die der Bande über 200 000 DM einbrachten. Bei ihren weiteren Straftaten, darunter erneut Banküberfälle, machte sie wiederholt von der Schusswaffe Gebrauch – die „Baader-Meinhof-Bande" begann, ihre blutige Spur zu ziehen.

Nicht allein Linksextremisten machten der Polizei zu schaffen, auch Ausländerorganisationen und Rechtsextremisten traten auf den Plan. Gewalttaten ausländischer Exilgruppen häuften sich, eine davon ein dreifacher Kroatenmord am 28. Oktober 1968 in München. 65 Gewalttaten politisch radikaler Ausländer schlugen 1969 zu Buche, 182 ein Jahr danach. Links- und rechtsextremistische Ausländergruppen nahmen Konflikte und Ereignisse in ihren Heimatländern sowie nationale Gedenk- und Feiertage zum Anlass für Demonstrationen und Ausschreitungen. Zahlreiche Brand- und Sprengstoffanschläge wiesen auf die Existenz verschiedener ausländischer Terrorgruppen innerhalb der Bundesrepublik hin, wie auf Geheimbünde kroatischer Nationalisten, auf spanische und italienische Anarchisten, auf militante Gruppen von Exil-

Griechen, auf Stützpunkte des palästinensischen „Widerstandes" und auf Extremisten der „Black-Power-Bewegung". So verübten linksextreme Spanier und Griechen Anschläge gegen diplomatische und konsularische Vertretungen, Reisebüros und Banken ihrer Länder, besetzten iranische Studenten ihr Generalkonsulat in München und forderten die Freilassung politischer Gefangener, begingen türkische Fordarbeiter anlässlich eines wilden Streiks schwere Ausschreitungen, griffen Exilkroaten jugoslawische Einrichtungen an und fielen selbst Mordanschlägen zum Opfer, versuchten palästinensische Terroristen in München-Riem eine Maschine der israelischen Fluggesellschaft EL AL zu entführen, töteten einen Passagier und verletzten elf weitere.

Mit all diesen Ordnungs- und Sicherheitsstörungen musste die Polizei neben ihrem alltäglichen Arbeitspensum fertigwerden – und sie wurde es. Dass in diesen Jahren der Keim zu erschreckender Dekadenz typisch deutscher Tugenden wie Fleiß, Pflichtbewusstsein, Treue und Opferbereitschaft gelegt wurde, erkannte und berührte zunächst wohl niemand. Die sogenannten „68er" traten auf den Plan, begannen ihren Marsch durch die Institutionen und machten sich erfolgreich daran, Anstand, Sitte und Moral zu untergraben. Nach vierzig, fünfzig Jahren Bundesrepublik tauchen mehr und mehr Schriften über die in Deutschland herrschenden Verhältnisse, die Erscheinungen eines kulturellen, wirtschaftlichen und politischen Niederganges auf. Man könne diesen Niedergang nur verstehen, macht zB. Thorsten Mann in seinem Buch ROT-GRÜNE LEBENSLÜGEN deutlich, wenn man die 68er-Bewegung und ihre volks-, staats- und gesellschaftszersetzende Ideologie kenne. Fast alle führenden Mitglieder der SPD und der Grünen seien 68er, Kinder der kommunistischen „Frankfurter Schule" oder entstammten deren marxistisch-leninistischen Nachfolgeorganisationen und hätten mit Erfolg den langen Marsch durch die Institutionen vollzogen. In VERFÜHRT. MANIPULIERT. PERVERTIERT – DIE GESELLSCHAFT IN DER FALLE MODISCHER IRRLEHREN stößt Christa Meves ins selbe Horn. Sie schreibt: „... die Männer werden feministisch abgehalftert und die Frauen zu Männinnen

aufgeplustert. Sex und Perversion werden Kindern als Lebens-
ziel angepriesen, statt sie vor der Zerstörung ihrer Persönlichkeit,
die mit dem vermeintlichen Lustgewinn einhergeht, zu warnen
und zu schützen." Und Katharina Wullf-Bräutigam schreibt über
ihre verrückte und schmerzhafte Kindheit in den 70ern, in der
ihre Eltern ein wildes Kommunenleben führten und sie mit auf
Demos musste: „Die 68er waren Reisende in Sachen Selbstverwirklichung und Weltverbesserung – und haben ihre Kinder
vergessen." Die Lebenswelten, die dafür sorgen sollten, dass aus
Menschen denn auch Menschen werden, gerieten heillos durcheinander. So kehrte sich die gesellschaftliche Entwicklung nach
Hungerjahren der unmittelbaren Nachkriegszeit, des gesellschaftlichen Zusammenhalts bei der Trümmerbeseitigung in den zerbombten Städten, der Integration Millionen Vertriebener und
endlich eines wirtschaftlichen Aufschwungs – Wirtschaftswunder
genannt – Ende der 60er-, Anfang der 70er-Jahre mehr und mehr
ins Negative. Die „skeptische Generation" der Nachkriegsjugend
mit ihrer „Ohne-mich-Haltung" wurde von der „Generation
der Unbefangenen" abgelöst, wie der Meinungsforscher Viggo
Graf Blücher nach einer repräsentativen Umfrage das Bild vom
deutschen Nachwuchs zeichnete. In den USA begann mit Blues
und Gospel und Haschisch und LSD ein überproportionaler
Anstieg des Drogenkonsums. Woodstock, eine kleine Stadt im
Staat New York, ist einer der Begriffe aus jener Zeit. Die Szene
schwärmt noch heute davon. Für den Normalbürger unbegreif-
lich wälzten sich an die 400 000 Jugendliche drei Tage lang bei
strömendem Regen auf freiem Feld im Schlamm, high durch
Haschisch, Marihuana und LSD. Eine Rock-Drogen-Kultur
entstand, der Drogenkonsum wurde zum Massenphänomen.
Die Unkultur schwappte sogleich nach Europa über, wo sie wie
alles, was dazu geeignet ist, tradierte Werte zu zerstören, begeistert aufgenommen wurde. Das Gammlerunwesen breitete
sich aus, und die „Blumenkinder", langhaarige Hippies, fielen
vollgekifft mit Haschisch über die Städte her. Die Revolution in
der Musikszene breitete sich mit Gettomusik, Sounds und Songs
von Demonstration und Revolution aus und begann die Szene

mit politischen Arrangements zu füllen. Im Frühjahr 1966 setzten die ersten Straßenkämpfe ein. „Macht kaputt, was euch kaputt macht!", skandierten linke Gesellschaftsveränderer und kapierten nicht, dass sie sich in erster Linie selbst kaputt machten.

Mit dieser Entwicklung ging eine breite, zunächst noch ideologisch verbrämte Invasion sogenannter „Modedrogen" einher; Halluzinogene bzw. Rohopium waren damals führend, „Bewusstseinsveränderung" die bestimmende Motivation. Der Drogen-(Cannabis-)Konsum wurde als Mittel politischen und gesellschaftlichen Protestes ausgerufen.

Ideologie wurde unter den Drogenkonsumenten aber bald nebensächlich. Härtere Drogen waren gefragt, und so waren die 70er-Jahre schließlich beherrscht von Heroinmissbrauch, die 80er sodann von Kokain und die 90er vornehmlich von Amphetaminen. Ecstasy war und ist es noch heute, ohne das der jetzt grassierende Techno-Rock, mit dem unsere Jugend wegen Schwerhörigkeit in Frühinvalidität getrieben wird, wohl nicht zu ertragen ist und die Nächte ja auch nicht endlos durchgeravt werden könnten. Und die mehr und mehr um sich greifende Sucht musste und muss finanziert werden. Beschaffungs- und Folgekriminalität waren das neue Phänomen.

Brach diese Entwicklung aber so ganz von selbst über unsere Jugend herein? War wirklich ein bis dahin ungestilltes Bedürfnis nach Rauschgiften vorhanden? Es ist weithin in Vergessenheit geraten, dass es Drogensucht, wie sie heute in unserer Gesellschaft grassiert, in den ersten Jahrzehnten nach dem Krieg in Deutschland und in Europa nicht gab (vereinzelt war lediglich Morphiummissbrauch durch Ärzte, Schmerzpatienten, Kriegsversehrte zu registrieren). Bis zur Wende 1990 blieb auch die damalige DDR, der Ostblock allgemein, so gut wie drogenfrei. Muriel Mirak-Weißbach weist denn auch in seinem höchst aufschlussreichen Buch „Der gerechte Krieg – das Rauschgiftkartell besiegen", erschienen 1990 bei Dr. Böttiger Verlagsgesellschaft, u. a. darauf hin, dass die Sowjets schon früh erkannten, dass „bewusstseinsverändernde" Drogen weit erfolgreicher einzusetzen seien als Gehirnwäsche und mit Rauschgift das soziale und kulturelle

Gefüge des Westens empfindlich gestört werden könne. Unterlagen die Studenten an unseren Universitäten, die sich in den 60er- und 70er-Jahren geradezu überschlugen, kommunistische Gruppen zu formieren und revolutionäre Ideen auf die Straße zu tragen, kommunistischer Indoktrination genauso wie den damit einhergehenden „bewusstseinsverändernden" Drogen, die letztlich in Sucht und Kriminalität führten?

Vor einem der legendären „Isar"-Wagen der ehemaligen Münchner Funkstreife präsentiert der Autor seine Polizeiromane OPERATION MOHNBLUME und BITTERE ERKENNTNIS. Bestellungen dazu nimmt er persönlich unter Tel./Faxnummer 089/70009913 entgegen. Privatfoto

In *OPERATION MOHNBLUME (239 S., 8,– EUR)* führt ein Mord im Münchner Drogenmilieu und ein V-Mann-Tipp das Rauschgiftfahnderteam *JÜRGEN RENNER* und *MONIKA HOBERG* zu einem riskanten Einsatz nach Istanbul. Mit einem dort angeblich liegen gebliebenen Wohnmobil, in dem eine umfangreiche Heroinlieferung versteckt ist, kehren sie über die Balkanroute, auf der sie nur knapp den Schüssen eines auf sie lauernden Heckenschützen entgehen, nach München zurück, wo mit der Übergabe der avisierten Lieferung die „Türken-Connection" aufgerollt werden soll. Authentisch zeigt der Autor die Tätigkeit der Rauschgiftfahndung auf, gibt fundierte Einblicke in die Rauschgiftszene, zeigt Abschottung und Hierarchie der Zwischen- und Großdealer auf und verdeutlicht deren Skrupellosigkeit und internationale Verbindungen.

Sein in Teilen autobiographischer Roman *BITTERE ERKENNTNIS* spielt Mitte der 80er-Jahre im Milieu der Mafia. Eine Zeit, in der die hohe Politik noch nicht so recht wahrhaben wollte, dass in Deutschland Mafia bzw. Organisierte Kriminalität (OK) längst präsent ist. Die aktuelle Handlung basiert auf seinen während seiner Kripoausbildung gemachten Erfahrungen mit Ladungs- und Speditionsdiebstählen und seinen in einer Arbeitsgruppe seines Berufsverbandes BDK gewonnenen Kenntnissen über OK. Sein Protagonist *GEORG HAGER*, Sachgebietsleiter im BLKA, der mit seinen Leuten gegen die kriminelle Vereinigung um *CESARE LUCCHESE* ermittelt, gerät ins Visier der Mafia, die sich die lukrativen Einkünfte mit ihren Ladungsdiebstählen nicht schmälern lassen will und Camorra-Killer einfliegen lässt, die sich um seine Familie „kümmern" sollen. Verzweifelt versucht er, sie zu schützen, und kommt zu der bitteren Erkenntnis, was in der Kriminalpolitik alles versäumt worden ist.

Die Bundestagswahlen am 28 September 1969 verliefen in München ruhig. Die Sozialdemokraten übernahmen mit Willy Brandt als Bundeskanzler die Regierungsgeschäfte. Deren Ostpolitik mit den Verträgen mit Moskau, Warschau und der DDR führte zu einem sprunghaften Anstieg rechtsextremistischer Gewalttaten. So kam es anlässlich eines Treffens von Bundeskanzler Brandt mit dem Ministerpräsidenten der DDR, Stoph, in Kassel zu rechts–

extremistischen Demonstrationen, schoss ein NPDler in Kassel zwei Gegendemonstranten nieder, hielt die NPD in Würzburg einen „Widerstandskongress" ab und verkündete Parolen wie „Deutsches Land wird nicht verschenkt, eher wird der Brandt gehängt". In Berlin verübte ein Rechtsextremist mit einem Kleinkalibergewehr einen Mordanschlag auf einen sowjetischen Soldaten am Ehrenmal. Wer für die Ostpolitik der Bundesregierung eintrat, wurde mit Mord und Entführung bedroht. 53 Terror- und Gewaltakte wurden allein 1970 registriert, 1971 bereits 123. Weitere Aktionen richteten sich gegen die Sicherheitspolitik (unter Brandt sei Deutschland zu einem Verbrecherparadies geworden), gegen die Verteidigungspolitik, die Konjunktur- und Wirtschaftspolitik und die Sozialpolitik. Immer wieder wurden auch jüdische Friedhöfe und KZ-Gedenkstätten verwüstet und Hakenkreuzschmierereien angebracht.

Mich selbst berührte dies alles nur am Rande. Ich arbeitete in meinem abgeschiedenen Kämmerchen beim KK V S 3 meine monatlichen Stöße von Vorgängen ab und hatte inzwischen eine Serie von Betrügereien und Verstößen gegen das Heilmittelgesetz mit rund 2000 Geschädigten auf dem Tisch. Der im Münchner Süden – unserem Zuständigkeitsbereich – ansässige Täter hatte durch Vorspiegelung falscher Tatsachen, nämlich der angeblichen Heilwirkung eines von ihm vertriebenen „japanischen Armbandes", leichtgläubige Kunden zum Kauf verleitet und sie damit in ihrem Vermögen geschädigt (Betrugstatbestand). Sie alle mussten dazu gehört werden. So begann ich sie der Reihe nach anzuschreiben. Aber wieder konnte ich eine Serie nicht zum Abschluss bringen und musste sie einem Kollegen überlassen, der davon wenig begeistert war. Ich wurde neuerlich zum Aufstiegslehrgang für den gehobenen Dienst nominiert. Diesmal klappte es.

Ein halbes Jahr Praktikum in verschiedenen Aufgabenbereichen der Kripo war einem halbjährigen Vollkurs vorgeschaltet. Viel längst Bekanntes begegnete uns, wie z.B. im Kommissariat für Todesermittlungen, wo ich für meinen Zimmerkollegen gern Schreibkraft spielte und die Diktate über Tatortbefundaufnahmen bei tödlichen Betriebsunfällen, häuslichen Unfällen, Selbstmorden oder unbekannten Todesursachen herunterratterte, wie es in solcher Geschwindigkeit kaum eine der wenigen zur Verfügung stehenden Schreibkräfte vermochte. Mit meinen Krimis war ich schließlich geübt darin. In Erinnerung blieb mir der Selbstmord einer Hausfrau, die sich im nahen Forst im Osten der Stadt vom Gittermast einer durch den Wald geschlagenen Starkstromleitung stürzte und in ihrer Kittelschürze nun dalag im hohen Gras. Als ich sie nach Ausweispapieren abtastete, quoll ihr ein Schwall Blut aus Mund und Nase. Sie hätte meine Mama sein können, die Arme. Bei einem der Kommissariate für Wirtschaftsdelikte wurde ich mit einem mir völlig fremden Straftatbestand aus dem Aktiengesetz konfrontiert. Ich musste mir erst eine Textausgabe des AktienG besorgen, um überhaupt zu erkennen, um was es dabei ging. Und wieder waren wir Aspiranten einfach nur Arbeitskommando für Dienststellen, in denen die Vorgänge an Zahl und insbesondere Umfang überhandnahmen. Wie wir in einem Betrugsfall bei der KPI Nord einmal über Wochen hinweg ganze Reihen von Leitzordnern durchzuarbeiten hatten.

Im anschließenden Vollkurs wurden wir neuerlich vollgepaukt mit Wissen über Allgemeines Sicherheitsrecht, Bürgerliches Recht, Polizeiverwendung, Kriminologie, Kriminalistik und Kriminaltechnik, Staatsbürgerkunde und Zeitgeschehen, Beamtenrecht, Strafrecht und Strafverfahrensrecht, Besonderes Sicherheitsrecht und Polizeirecht. Es war dies einer der letzten Aufstiegslehrgänge in den gehobenen Dienst an der Bayerischen Verwaltungsschule. Danach wurde für Laufbahnbewerber (= Seiteneinsteiger) und Aufstiegsbewerber ein drei- bzw. zweijähriges Studium an der Bayerischen Beamtenfachhochschule, Fachbereich Polizei, eingeführt, das mit der Anstellungsprüfung abschließt, die den akademischen Grad „Diplomverwaltungswirt/in-FH" bzw. die Befähigung für die Ernennung zum/zur Polizeikommissar/in beinhaltet. Beamte, die davor die gehobene Anstellungsprüfung abgelegt haben und fünf Jahre Berufspraxis im gehobenen Dienst aufwiesen, wurden 1981 nachdiplomiert.

9. Folge

Versetzung zur Staatsschutzabteilung

Während des ganzen Aufstiegslehrgangs bangte ich, wohin ich wohl nach dessen Abschluss versetzt werden würde. Mir war klar, dass ich auf meine Sachbearbeiterstelle des mittleren Dienstes beim KK V S 3 nicht würde zurückkehren können. Nur nicht zum Staatsschutz, so hoffte ich. Mit politischen Straftaten, den revolutionären Studentengruppen und den Terroristen der Baader-Meinhof-Bande wollte ich nichts zu tun haben. Doch dann schloss ich mit einer recht passablen Note ab – und schon war ich dort und gehörte ab dem Frühjahr 1970 dem KK III A 4 an, d. h. dem 4. Kommissariat der Inspektion A der Kriminalabteilung III Staatsschutz. Im November wurde ich zum Städtischen Kriminalinspektor (KI) ernannt, was mir finanziell nicht mehr einbrachte, denn in Besoldungsgruppe A 9 war ich schon als Kriminalhauptmeister. Zwei Jahre darauf war ich dann KOI, und weitere zwei Jahre später KA, Kriminalamtmann. Zum 01. 10. 75 wurden die Inspektoren bundeseinheitlich umbenannt in Kommissare – und die Stadtpolizei München als letzte kommunale Polizei in den Dienst des Freistaates Bayern übergeführt.

Die beim kriminalpolizeilichen Staatsschutz zu bearbeitenden Delikte stellen eine der vielgestaltigsten Erscheinungsformen der Kriminalität dar. In der Polizeilichen Kriminalstatistik (PKS) sind sie indes nicht als Staatsschutzkriminalität ausgewiesen. Gleichwohl ist diese Art Kriminalität kein Geheimnis. Das Bundesinnenministerium zeigt sie in seinen jährlichen Verfassungsschutzberichten auf, das Bundeskriminalamt stellt sie in seinen Jahresberichten als PKS (S) gesondert heraus und die Medien berichten regelmäßig über spektakuläre Spionagefälle, gewalttätige Demonstrationen und skrupellose Terroranschläge. Insgesamt beinhaltet die Staatsschutzkriminalität „eigentliche Staatsschutzdelikte" und „andere Straftaten", d. h. Straftaten der allgemeinen

Kriminalität mit politischem Bezug. Bei den „eigentlichen Staatsschutzdelikten" handelt es sich um die in den §§ 80 ff StGB von Friedensverrat, Hochverrat und Gefährdung des demokratischen Rechtsstaates über Handlungen gegen ausländische Staaten und gegen Verfassungsorgane, Verwenden von Kennzeichen verfassungswidriger Organisationen, Sabotagehandlungen bis hin zur Zersetzung, Verunglimpfung des Bundespräsidenten, des Staates und seiner Symbole sowie von Verfassungsorganen, Spionage, Geheimnisverrat, Bildung terroristischer Vereinigung u. a. m. reichenden Straftatbestände. Bei den „anderen Straftaten" handelt es sich dann um Staatsschutzdelikte, wenn wegen des Motivs des Täters, wegen dessen Verbindung zu Organisationen mit verfassungsfeindlicher Zielsetzung und deren durch die Tat beabsichtigten Unterstützung oder wegen des angegriffenen Objektes ein Bezug zu einer Staatsschutzsache besteht. Mit 2727 im Jahre 1974 erstmals veröffentlichten Staatsschutzdelikten nahm sich die PKS (S) noch bescheiden aus. 1981 wies sie indes bereits 16 545 Straftaten auf, ging 1985 aber auf 12 479 Delikte zurück, stieg 1989 dann wieder auf über 13 000 an. Mit diesen Deliktszahlen schlägt die Staatsschutzkriminalität – ähnlich den Umweltdelikten nach §§ 324 ff. StGB – lediglich mit einem Anteil von 0,3 Prozent an der Gesamtkriminalität zu Buche. Welch unvergleichlich hohen personellen Aufwand aber bedingen sie! Nicht nur, dass da ständig „kriegsstarke Divisionen" von Polizeikräften bereitzuhalten und nur zu oft einzusetzen sind. Weitere „Divisionen" sind damit beschäftigt, die Gefahrenlage für bestimmte Personen, Veranstaltungen, Einrichtungen, Objekte, Institutionen, Wirtschaftszweige und Staatsorgane festzustellen, die erforderlichen Einsatzvorbereitungen zu treffen, die gefährdeten Personen, Objekte und Institutionen möglichst rund um die Uhr zu schützen und bei den zahllosen Ausschreitungen und Anschlägen extremistischer und terroristischer Personen und Gruppen schließlich die Ermittlungen zu führen und die Strafverfahren abzuwickeln (siehe zu diesem ganzen Komplex meine Artikelserie STAATSSCHUTZKRIMINALITÄT – CHRONIK DER GEWALT, veröffentlicht in DIE NEUE POLIZEI (DNP) Nr. 5 – 11/1990).

Das Jahr 1970 war geprägt von Attentaten und Flugzeugentführungen arabischer bzw. palästinensischer Terroristen. Eine Woche nach der von palästinensischen Terroristen am (damaligen) Flughafen München-Riem versuchten Entführung einer Maschine der israelischen EL AL (s. Folge 8) konnten am Flughafen München-Riem drei weitere palästinensische Terroristen festgenommen werden, nachdem der Flugkapitän bei einer Kontrolle deren Handgepäcks Pistolen und Munition entdeckte und bei deren körperlicher Durchsuchung Unterlagen gefunden wurden, die auf eine beabsichtigte Entführung der bei einem Flug von Paris nach Belgrad in München zwischengelandeten Maschine deuteten. Drei Tage später erregten zwei Attentate auf Verkehrsmaschinen die ganze Welt, als an Bord eines österreichischen Verkehrsflugzeuges auf dem Flug von Frankfurt nach Wien eine in einem für Tel Aviv bestimmten Postsack eine Höllenmaschine explodierte (der Flugkapitän konnte die beschädigte Maschine landen). Am selben Tag stürzte eine schweizerische Verkehrsmaschine auf ihrem Flug von Zürich nach Tel Aviv nach einer Explosion an Bord ab. In Verbindung mit weiteren Attentatsdrohungen führten diese Ereignisse zu besonderen Sicherheitsvorkehrungen auf den Flughäfen im In- und Ausland. Ihren Höhepunkt erreichten die Attentate bzw. Flugzeugentführungen im September 1970, als drei Verkehrsmaschinen verschiedener Luftfahrtgesellschaften von arabischen Luftpiraten nach Jordanien entführt wurden, zu denen sich die „Volksfront für die Befreiung Palästinas" bekannte. Die Entführung einer weiteren EL AL-Maschine misslang, nachdem der Terrorist an Bord erschossen wurde und seine verletzte Begleiterin überwältigt werden konnte.

In München setzten am Abend des 13. Februar 1970 unbekannt gebliebene Täter das Altenheim der israelitischen Kultusgemeine München an der Reichenbachstraße in Brand. Sieben Insassen kamen zu Tode. Die bei der KA III anhängigen Ermittlungen waren noch nicht abgeschlossen, als ich dorthin versetzt wurde, tangierten mich aber ebenso wenig wie ein im Februar gegen einen Münchner Amtsgerichtsrat verübter Anschlag mit Molotowcocktail und ein im März versuchter Brandanschlag auf das Münchner

Amtsgericht per Zeitzündereinrichtung. Die Drohung von unter „Tupamaros West-Berlin" bekannten Anarchisten, gegen Justizeinrichtungen mit Gewalt vorzugehen, fand ihre Bestätigung. Und die Ermittlungen ergaben Zusammenhänge mit den Mitgliedern der Berliner „Kommune I", den Frankfurter Kaufhausbrandstiftern und der Münchner „Aktion Südfront", die sich mit der Befreiung von Heimzöglingen befasste. Deren Anführer konnte im April festgenommen und 120 entwichene Heimzöglinge aufgegriffen werden, denen 1667 Straftaten zur Last gelegt werden mussten.

Welche Konsequenzen aus all den Anschlägen auf israelische Einrichtungen, vornehmlich auf Flüge nach Israel im Hinblick auf die zwei Jahre später in München stattfindende Olympiade zu ziehen gewesen wären, fiel wohl niemanden ein. Innerhalb der Staatsschutzabteilung wurden zwar alle hier anhängigen Verfahren, Einsätze und relevante Gruppierungen in einer Kartei erfasst, ich erinnere mich indes nicht, dass damals oder später eine allgemeine oder speziell Israelis betreffende Gefährdungslage erfasst und fortgeschrieben worden wäre. Ich selbst bekam die damals häufigen Flugzeugentführungen nur über die Medien oder, wenn sie einen Bezug zu München hatten, aus gelegentlichen Gesprächen mit davon betroffenen Kollegen mit und war über die Akteure und Hintergründe kaum informiert. Und später, als ich für die Vorbereitung der kriminalpolizeilichen Sicherheitsmaßnahmen während der XX. Olympischen Spiele 1972 in München verantwortlich war, galten Israelis zwar nach wie vor als höchst gefährdet – man wusste allgemein davon –, die Erinnerungen an die Geschehnisse des Jahres 1970 waren in den Köpfen der für die Spiele maßgebenden Politiker aber wohl nicht wachzurütteln. Wichtig war denen eher die Weltpresse, die nach einer internationalen Leichtathletikveranstaltung 1971 im Münchner Dantestadion, die die Münchner Polizei als Test für mögliche und notwendige Sicherheitsmaßnahmen nahm, schrieb: „Diese KZ-ähnlichen Zustände, das schreibt euch hinter die Ohren, ihr Deutschen, wollen wir 1972 nicht wiedersehen. Stacheldraht, Polizei, Hunde gehören einer Ära an, die uns daran erinnern lässt, dass München bei Dachau liegt." So kaschierte man BGS-Einheiten als Ordnungsdienst, mit dem man für Sicherheit sorgen wollte. Dem Ansehen in der Welt war damit Genüge getan.

Beim Staatsschutz wurde ich zunächst im KK III A 4 verwendet und in einem der letzten Kämmerchen in einem Seitenflur untergebracht. Der Aufgabenbereich dieses Kommissariats erstreckte sich von Sabotage, Landesverrat und Zersetzung über Wehrstrafrecht (Fahnenflucht etc.), Verletzung der Vertraulichkeit des Wortes und Verstöße gegen das Fernmeldeanlagengesetz bis zu Völkermord, NS-Gewaltverbrechen und Kriegswaffenkontrollgesetz u. a. In Erinnerung sind mir ein Ermittlungsverfahren über NS-Gewaltverbrechen, in dem ich einen der letzten noch lebenden Angehörigen eines Wehrmachtsregiments zu vernehmen hatte, das damals hinter der Ostfront in Etappe lag oder zur Partisanenbekämpfung eingesetzt war (ich weiß das heute nicht mehr so genau) und wo Sondereinheiten des SD (oder welche Einheiten es sonst waren) massenhafte Erschießungen jüdischer Zivilisten vorgenommen haben. Ein deutscher Offizier, der immer auf einem Schimmel angeritten kam, sollte dafür verantwortlich gewesen sein. Mein schon ziemlich betagter Zeuge wusste von diesem „Schimmelreiter", konnte mir aber auch nicht sagen, von welcher Einheit er war. Vergeblich versuchte ich weitere Angehörige dieses Regiments ausfindig zu machen. Vergeblich auch stundenlange Observationseinsätze zusammen mit Beamten des Verfassungsschutzes. Der international als Kriegsverbrecher gesuchte KZ-Arzt Mengele, der sich bei Kriegsende nach Argentinien abgesetzt hatte – wohl über Fluchthelfer in Italien, wie zahlreiche andere Naziverbrecher – sollte, so wollte man erfahren haben, nach München kommen. Stunden über Stunden beobachteten wir ein Haus in Schwabing, das er vielleicht aufsuchen würde, hatten aber nicht einmal ein Foto von ihm. Inzwischen ist sein Tod längst erwiesen.

Ein Fall von illegalem Abhören des Polizeifunks mittels eines angeblich selbst gefertigten Geräts, mit dem auch die über Inverter verschleierten vertraulichen Funksprüche abgehört werden konnten, beschäftigte mich unter anderem, brachte mir statt eines Ermittlungserfolges aber nur eine Beschwerde über die mit richterlichem Durchsuchungsbeschluss vorgenommene gründliche Wohnungsdurchsuchung ein. Als ich als frischgebackener Kriminalinspektor schließlich auch zur Wochenbereitschaft eingeteilt war, wurde ich eines Abends (im September 1970) zu Hause alarmiert. Eine zweistrahlige Verkehrsmaschine der rumänischen Fluggesellschaft TAROM, die sich mit 84 Passagieren an Bord auf dem Flug von Budapest nach Prag befand, war von Highjackern zum Abdrehen nach Westen und zur Landung in München-Riem gezwungen worden. Ich stürzte los. Die Täter, drei Ungarn (einer mit Frau und zwei Kindern im Alter von 2 und 5 Jahren), waren bereits festgenommen und befanden sich im Gewahrsam der Bayerischen Grenzpolizei (die es damals noch gab). Sie baten um politisches Asyl. Es galt nur noch, die Crew und evtl. sonstige Zeugen richterlich vernehmen zu lassen (um deren Aussagen denn auch bei einer später in München stattfindenden Hauptverhandlung anerkannt zu bekommen), was der dazukommende diensthabende Staatsanwalt veranlasste. Ich musste die Festgenommenen am nächsten Tag nach ihrer Vernehmung per Dolmetscher, die mir oblag, dem Ermittlungsrichter zum Erlass eines Haftbefehls vorführen und eine Übersetzung des Funkverkehrs zwischen Maschine und Münchner Tower, den ich mir überspielen und übersetzen ließ, nachreichen. Die drei hatten eine Kunstlederreisetasche mitgeführt, aus der sie ein Elektrokabel mit Druckknopf herausragen ließen und damit drohten, die Maschine in die Luft zu sprengen, falls der Käpt'n ihrer Forderung nach Kursänderung nicht nachkommen würde. In der Tasche befand sich indes lediglich Reiseproviant, ein großer geräucherter Schinken und Brot. Die Highjacker wurden, wenn ich mich richtig erinnere, zu rund drei Jahren Freiheitsstrafe verurteilt. Der auch gegen die Frau des einen erlassene Haftbefehl wurde außer Vollzug gesetzt und sie zusammen mit ihren beiden Kindern in das Flüchtlingslager Zirndorf eingewiesen. Die Maschine konnte ihren Flug mit den übrigen Passagieren fortsetzen – bis auf einen Ostberliner Ingenieur, der die Entführung der Maschine zur „Republikflucht" benutzte und hierblieb.

Häufig wurden wir Staatsschutzbeamten zur Überwachung von Versammlungen extremistischer Vereinigungen von links und rechts sowie zur Kontrolle von deren Informationsständen auf öffentlichen Straßen und Plätzen eingesetzt. Damit sollten etwaige Straftaten aufgedeckt (Beleidigungen, Diffamierungen, Aufforderung zu strafbaren Handlungen etc.) und künftig beabsichtigte öffentliche Versammlungen und Demonstrationen in Erfahrung gebracht werden. Wir traten dabei keineswegs verdeckt auf. Das Versammlungsgesetz gebot uns, dass wir uns beim jeweiligen Versammlungsleiter vorstellten. Zunächst mussten wir lediglich hassvolle Blicke ertragen. Dass die Ablehnung schließlich in Gewalt überging, erfuhren wir dann aber auch noch.

Wiederholt war ich zum Personen- bzw. Begleitschutz bei Staatsbesuchen oder sonst konkret gefährdeter Personen eingesetzt. Die freiheitliche Bundesrepublik Deutschland ermöglicht sowohl Ausländervereinigungen und Emigrantenorganisationen aller Schattierungen und aller Herren Länder ihren Kampf gegen das politische System des Heimatlandes von unserem Boden aus zu führen als auch eigenen politisch extremen Gruppen ihre Solidarität mit solchen Gruppierungen in Demonstrationen und sonstigen Aktionen deutlich werden zu lassen, wie zu jener Zeit z. B. gegen die Diktaturen Spaniens (ehemaliges Francoregime) und Griechenlands (ehemalige Militärdiktatur), die damalige Kolonialpolitik Portugals oder die Vietnampolitik der USA. Dem kriminalpolizeilichen Staatsschutz obliegt die Feststellung der für den jeweiligen Staatsbesuch oder Gefährdungssachverhalt relevanten Lagen und Staatsschutzhintergründe. Neben der Vorplanung, die ständige Verbindung mit der Protokollabteilung der Staatskanzlei, Personenüberprüfungen, Ortsbesichtigungen, Festlegung von Fahrt- und Ausweichstrecken und anderes umfasst, ist eine der wichtigsten Maßnahmen die Abstellung eines Begleitschutzes. Als solcher werden die zur persönlichen Begleitung des Gastes eingesetzten Beamten bezeichnet, die ihrerseits Teil des aus Voraus-, Spitzen- und Schlussfahrzeug sowie der Krad- bzw. Ehreneskorte bestehenden und von der Schutzpolizei zu stellenden Begleitkommandos sind, wobei die Ehreneskorte bei Staatspräsidenten 15, bei Regierungschefs 7 und sonstigen Repräsentanten oder Regierungsmitgliedern 5 oder ggf. 3 Kradfahrer beträgt.

Der Begleitschutz ist von der Kriminalpolizei zu stellen. Bei Gästen der Bundesregierung besteht er in aller Regel aus einem oder mehreren Kriminalbeamten der Sicherungsgruppe des Bundeskriminalamts und einem oder mehreren Beamten der örtlichen Kriminalpolizei, bei Gästen einer Landesregierung nur aus Beamten der örtlichen Kriminalpolizei. Personenschützer bzw. persönliche Begleiter haben sich ständig in unmittelbarer Nähe des Gastes bzw. der gefährdeten Person aufzuhalten und drohende Gefahren, insbesondere Angriffe auf Leib und Leben unter vollem Einsatz ihrer Person abzuwehren. Unmittelbare Nähe bedeutet dabei nicht, ständig und zu jeder Zeit Tuchfühlung zu halten. Gleichwohl darf der Abstand nicht zu groß gehalten werden – selbst gegen den Einspruch der Protokollbeamten, die die Beamten des Personenschutzes gern im Hintergrund halten möchten. Ein plötzliches Eingreifen könnte sonst in Frage gestellt sein. Die absolute Notwendigkeit dazu bewies ehemals die Ohrfeige, die der frühere Bundeskanzler Kiesinger und danach im Herbst 1971 bei einem Besuch des NOK in München, das die Olympiade 1972 vorbereitete, auch Bundeskanzler Brandt einstecken mussten. Während der Fahrt mit Kraftfahrzeugen hat der persönliche Begleitschutz unmittelbar hinter dem Fahrzeug des Staatsgastes bzw. der gefährdeten Person zu fahren.

Welche organisatorischen Vorkehrungen notwendig sein können oder besser müssten, erfuhr ich selbst einmal beim Besuch des damaligen Bundesaußenministers und späteren Bundespräsidenten Walter Scheel beim bayerischen Ministerpräsidenten Alfons Goppel, unserem Landesvater. Ich war dem Bundesaußenminister als persönlicher Begleiter zugeteilt, ein weiterer Staatsschutzbeamter war zum sogenannten Innenschutz für den großen Vorraum des Konferenzraumes eingeteilt (die bayerische Staatskanzlei befand sich damals noch in der Prinzregentenstraße nahe der Prinzregentenbrücke über die Isar und dem auf dem jenseitigen Hochufer über die Stadt blickenden goldglänzenden Friedensengel). Ich wartete vor dem Konferenzraum, der sich mehr und mehr mit Journalisten und Fernsehteams füllte, als kurz vor Ende der Konferenz ein Mann die breite Treppe in den ersten Stock heraufgehetzt kam und sich hinter den Wartenden an die Wand drückte. Als der Außenminister aus dem Konferenzraum kam und ich mich in seine unmittelbare Nähe gesellte, griff der Mann an der Wand, den ich noch immer im Auge hatte, unter das Revers seiner Jacke, so als greife er nach einer Pistole im Schulterhalfter. Automatisch griff ich nach meiner Pistole, ohne sie indes gleich zu ziehen (über die Köpfe der Reporter hinweg hätte ich auch kaum freies Schussfeld gehabt). Mein Blick hetzte zu meinem Kollegen vom Innenschutz, den ich auf den Verdächtigen aufmerksam machen wollte, konnte ihn über die vielen Köpfe hinweg aber nicht mehr sehen. Da kreuzte sich mein Blick mit dem Blick des Mannes an der Wand, und als fühle er sich ertappt, zog er seine Rechte leer unter dem Revers hervor. Mein Schutzbefohlener hatte indessen die Treppe erreicht, voraus der Begleitschützer des BKA. Ich schloss mich ihm an, musste ja in seiner unmittelbaren Nähe bleiben und konnte mich nicht mit der Kontrolle eines Verdächtigen befassen. Vielleicht wartete ja unten auf der Straße ein Komplize. Der Verdächtige folgte nicht. Auch sonst kam mir weiter niemand verdächtig vor. Im Hof der Staatskanzlei bestiegen wir unsere Wagen und fuhren hinaus auf die Prinzregentenstraße, wo Schutzpolizeibeamte der Kolonne freie Bahn schufen. In meinem späteren Bericht über den Begleitschutzeinsatz wies ich auf den Vorfall hin und regte an, Begleitschutzbeamte und Innenschutzbeamte künftig mit Kleinfunkgeräten auszurüsten, wobei mir klar war, dass die Kleinfunkgeräte, die uns beim Staatsschutz zur Verfügung standen, wenig für derlei Aufgaben geeignet waren. Sie mussten an einem Lederriemen quer über Kopf und Schulter mit Mikrofon und kleinem Lautsprecher vor der Brust getragen werden. Ohrclips und Knopflochmikrofon standen dem Staatsschutz nicht zur Verfügung.

Mein damaliger Schutzbefohlener musste für eine Besprechung beim Europaparlament nach Straßburg fliegen. Wir fuhren also zum damals noch existierenden Flugplatz Neubiberg, wo bereits eine Bundeswehrmaschine bereitstand. Dort machte mir der Begleitschutzbeamte des BKA einen Vorschlag, den ich, der ich noch nie geflogen war, einfach nicht ablehnen konnte. Für eine kleine Versicherungsgebühr durfte ich mitfliegen, und so beauftragte ich meinen Fahrer, meine Dienststelle zu informieren und zur Zeit der Rückkehr noch am selben Tag wieder in Neubiberg bereitzustehen. Die zweimotorige Propellermaschine flog in etwa 5000 Metern Höhe, der Tag war klar und sonnig, und so hatte ich einen wunderbaren Blick auf die unter uns sich hinziehenden Höhen des Schwarzwaldes. In Straßburg erlebte ich dann die französische Art, Staatsgäste durch die Stadt zu lotsen: zwei Motorradfahrer (Flics) preschten voraus, geleiteten uns in überschlagendem Einsatz über die Kreuzungen und brachten uns schnell und sicher ans Ziel. Zurück in München, suchte ich während einer Ruhepause, die sich mein Schutzbefohlener im Nobelhotel „Vier Jahreszeiten" gönnte, kurz meine Dienststelle auf und holte mir den Anschiss für die eigenmächtige Ausweitung meines Zuständigkeitsbereiches ab. Dann nahm ich meine Begleitschutzaufgabe wieder auf, die mich abends in die Franziskaner-Gaststätten führte, wo Gast, Protokoll und Begleitschutz zusammen an einem Tisch gemütlich zu Abend aßen. Was mit ausländischen Besuchern nicht üblich war, die in aller Regel separat tafelten, während Protokoll und Begleitschutz nebenan im Restaurant dasselbe Menü wie die Staatsgäste vorgesetzt bekamen. Einer der Protokollbeamten der Staatskanzlei bemerkte einmal, als wir im Nobelhotel „Vier Jahreszeiten" nach opulentem Hauptgericht zum Nachtisch auch noch einen Langustensalat serviert bekamen, dass ich bei meinen sonstigen dienstlichen Tätigkeiten wohl keine derartigen Genüsse zu erwarten hätte. Ich musste ihm recht geben, wurde ich doch bei Begleitschutzaufgaben sogar Opernbesuchen teilhaftig, die ich mir privat nicht leisten wollte und konnte. Trotzdem waren Begleitschutzaufgaben nicht mein Ding, zu denen ich mir im Kostümverleih mitunter sogar einen Smoking ausleihen musste, wenn das Protokoll zu Opernbesuchen etc. selbigen verlangte, und so antwortete ich dem guten Mann: „Wenn ich noch öfters hinter hohen Persönlichkeiten hertrotten muss, dann lasse ich mich versetzen." Bei einem anderen Begleitschutzauftrag – ein serbischer Minister war mit einer Wirtschaftsdelegation Gast der bayerischen Staatsregierung – ließen wir von Protokoll und Begleitschutz uns im Restaurant des Hotel Continental vom Ober gefülltes Spanferkel vorlegen. Als mich eine Dame vom Protokoll ansprach und bedauerte, dass sie leider meine Sprache nicht verstünde – sie hielt mich für einen Serben – meinte ich: „Ich versteh Sie aber ganz gut." Da stellte sie sich mit den Worten vor: „Ich bin die Prinzessin Soundso" (den Namen will ich hier nicht nennen). Ich erwiderte spontan und an sich ungehörig: „Ich bin der Prinz von der Kripo." Perplex sah sie mich an, worauf ich mich entschuldigte und die Sache klarstellte. Da lachte sie amüsiert.

Über „Begleitschutz bei Staatsbesuchen" verfasste ich schließlich einen meiner ersten Fachartikel (veröffentlicht im Herbst 1972 in der Fachzeitschrift des BDK „der kriminalist"), dem noch viele andere folgen sollten.

Dem BDK (Bund Deutscher Kriminalbeamter) war ich bereits im Sommer 1970 beigetreten. Ich schätzte und schätze Gewerkschaften nicht sonderlich. In der Regel sind sie links gestrickt, wie selbst die GdP, die Gewerkschaft der Polizei, mit ihrem späteren Beitritt zum DGB bewies. In dieser von der Schutzpolizei dominierten Gewerkschaft konnten und können spezifische Belange der Kripo einfach nicht zur Geltung kommen. Der BDK unterschied und unterscheidet sich von sonstigen Polizeigewerkschaften vor allem dadurch, dass er ein selbstständiger, politisch unabhängiger Berufsverband ist. Sein in seiner Satzung festgeschriebener Zweck und sein Ziel sind zum einen die *Mitwirkung bei der Entwicklung einer fortschrittlichen und praxisnahen Bekämpfung der Kriminalität*, zum anderen *die Förderung der wirtschaftlichen, beruflichen, sozialen und kulturellen Interessen aller Kriminalbeamten, insbesondere die Durchsetzung einer gerechten Bewertung und Besoldung des kriminalpolizeilichen Dienstes.* Der BDK wurde im Jahre 1968 aus Untergliederungen der GdP entwickelt, da es nicht gelungen war, die besonderen Interessen der Kriminalpolizei in einem Arbeitskreis innerhalb der GdP durchzusetzen. Wesentliche Gründungsforderung des BDK war die Einführung der zweigeteilten Laufbahn für die Kriminalpolizei (gehobener und höherer Dienst), nachdem ein von der IMK in Auftrag gegebenes Gutachten der Universität Saarbrücken bewies, dass der Beruf des Kriminalbeamten sich in wesentlichen Facetten vom Beruf der Kollegen der Schutzpolizei unterschied und es rechtfertigte, sie alle aus Besoldungsgruppen des gehobenen Dienstes zu bezahlen. Der erste bayerische Landesdelegiertentag des BDK stand denn auch unter dem Motto: „Mehr Sicherheit durch Reformen". Wenige Tage darauf forderte der BDK auf einer Tagung in Hamburg „Macht die Kriminalpolizei endlich schlagkräftiger!" Erstmals in der Geschichte der Polizei kündigte eine Berufsvertretung der für Ordnung und Sicherheit verantwortlichen Organe gewerkschaftliche Kampfmaßnahmen an. So verteilten am 7. Oktober 1970 Münchner Kriminalbeamte Flugblätter, in denen sie die Bürger darauf hinwiesen, dass ihre Sicherheit in Gefahr sei. Frankfurter Schutz- und Kriminalbeamte protestierten tags darauf in einer turbulenten Personalratsversammlung gegen Missstände in der hessischen Polizei. Die „Polizeigewerkschaft im Deutschen Beamtenbund" wandte sich in einem Presseaufruf an die Öffentlichkeit, in dem sie friedliche Demonstrationen ankündigte. Am 15. Oktober 1970 demonstrierten ca. 4500 Polizeibeamte in Frankfurt/Main. Und der BDK forderte zu einem Protestmarsch in Bonn auf, worauf die Presse schrieb: „Das hat es in Deutschland noch nicht gegeben! 4000 Kriminalbeamte aus allen Ländern der Bundesrepublik zogen in Bonn mit Transparenten auf die Straße und pfiffen bei einer Kundgebung die Politiker aus. Sie erklärten: „Wenn nicht bald etwas geschieht, dann geht die öffentliche Sicherheit baden!"

Nicht überall in den bundesdeutschen Ländern ist das vom BDK angestrebte Ziel inzwischen realisiert. Vor allem mangelt es oft noch an spezieller Ausbildung der Kriminalbeamten. Noch immer werden da und dort die Beamten für Kriminalkommissariate mit unterschiedlichen Ermittlungsschwerpunkten inhaltsgleich wie die für den Wach- und Streifendienst vorgesehenen Schutzpolizeibeamten ausgebildet. Nach der in so manchen Ministerien vorherrschenden Meinung, dass ein Polizeibeamter alles können muss, heute den Verkehr regeln und morgen einen Mord aufklären, will man partout nicht davon abgehen. Ich selbst habe denn auch in meiner Einheitsausbildung zum Allgemeinpolizisten z. B. nie etwas über Ermittlungstaktik oder gar Ermittlungsstrategie gehört. Die dazu nötigen Kenntnisse musste ich mir erst in der praktischen Arbeit aneignen. Die vom BDK geforderte Ypsilon-Ausbildung an den Fachhochschulen, die nach gemeinsamer Grundausbildung eine Teilung in fachspezifische Ausbildung für Kriminalisten und Schutzpolizisten vorsieht, ist Politikern einfach nicht begreiflich zu machen. Sie gefallen sich vielerorts ja auch darin, teils große Anteile der Kriminalität in sehr unterschiedlichen Modellen auf Ermittlungsorganisationen von Schutz- sowie Kriminalpolizei zu übertragen. Vergeblich plädierten Kriminalpraktiker für eine Kriminalitätsbekämpfung in einer Hand.

10. Folge

Einsatzplanung beim Staatsschutz

Aus der Studentenrevolte der späten 1960er-Jahre entstand ein Widerstand, der die Bundesrepublik Deutschland mit gewalttätigen Auseinandersetzungen auf der Straße und einer Welle des Terrors heimsuchte (wie teils bereits in Folge 8 ausgeführt). Die Akzeptanz traditionellen Gedankenguts schwand. Einer falsch verstandenen Liberalisierung und Enttabuisierung der Sexualität wurden überlieferte Vorstellungen von Sitte und Moral geopfert, antiautoritäre Erziehung wurde schick, Pornographie gesellschaftsfähig, Videofilme voll Grausamkeit und Sadismus allgemein zugänglich, fremdes Eigentum mehr und mehr missachtet und die Loyalität gegenüber Staat und Gesellschaft weit-

Der Autor an seinem Arbeitsplatz bei KA III/Einsatzplanung. Privatfoto

gehend aufgekündigt. Eine Welle des moralischen und sittlichen Verfalls, des Drogenkonsums und der Gewalt wurde losgetreten, und die politischen Gegensätze führten zur Polarisierung ganzer Gesellschaftsschichten.

Ich, der ich von Führungs- und Einsatzlehre, von Aufklärung, Lagebeurteilung, Kräfteansatz, Befehlsgebung und Einsatztaktik noch herzlich wenig Ahnung hatte – derlei stand bis dahin selbst in den Aufstiegslehrgängen zum Einheitspolizisten nicht auf dem Lehrplan –, fand mich in Ablösung des in diesem Aufgabenbereich von Anfangszeiten tätigen und eingearbeiteten, plötzlich nach einem Zeckenbiss an Hirnhautentzündung lebensgefährlich erkrankten Kollegen (er war Hobbyjäger) in der „Einsatzplanung" (abgekürzt Epl.) wieder. Nun war ich Sachbearbeiter für Informationsbeschaffung, Beobachtung politisch extremer Gruppen und Organisationen und Einsatzplaner für kriminalpolizeiliche Einsätze gegen die chaotischen Umtriebe linksextremistischer Studentengruppen und sonstiger links- und rechtsextremistischer deutscher und ausländischer Organisationen, den Terror der Baader-Meinhof-Bande sowie für die Sicherheit von Staatsgästen und sonst gefährdeten Personen. In dieser Eigenschaft wollte und musste ich über den Zuständigkeitsbereich des PP München hinaus extremistische Gruppierungen und deren Aktivität im In- und Ausland im Auge haben, kam es doch bei Veranstaltungen von Ausländergruppen und vor allem bei Sicherheitsvorkehrungen für ausländische Staatsgäste darauf an, über die unterschiedlichen politischen Strömungen in deren Heimatland Bescheid zu wissen. Wie wir später einmal amüsiert erfahren mussten, kam ein schwarzafrikanischer Staatsgast einmal mitsamt seinem Kabinett angereist – damit während seiner Abwesenheit zu Hause nur ja keiner putschte. Die begleitenden Sicherheitskräfte waren bewaffnet – sie waren ja exterritorial und unterstanden nicht unserer Gerichtsbarkeit. Wir bekamen das mit, als Nutten vom „Imexhaus" in Schwabing, einem damals populären Bordell, besorgt die Polizei riefen, da bei ihnen schwarzafrikanische Kunden auftauchten, die bewaffnet waren, aber angaben, sie gehörten zur Delegation des Staatsgastes aus … Ich war damals zum Begleitschutz des im Hotel „Vier Jahreszeiten" abgestiegenen Staatsgastes eingesetzt und konnte den Streifenbeamten am Ort nach Rücksprache mit dem Protokollbeamten unserer Staatskanzlei bestätigen, dass dem so war. Ich wusste schon, bevor es mir bestätigt wurde, dass dies nur welche vom Begleitpersonal unseres Staatsgastes sein konnten, denn die hatten sich gleich nach Ankunft bei den uniformierten Beamten unseres Begleitkommandos erkundigt, wo es hier was zu ficken gäbe, und waren ans „Imexhaus" verwiesen worden.

Zum Glück war bei der Einsatzplanung ein längst schon eingearbeiteter Beamter des mittleren Dienstes vorhanden, den ich noch von der Funkstreife her kannte und der den Absprung dort früher als ich riskierte, und der mir, dem Neuling auf diesem Gebiet, beratend zur Seite stand. Nun hetzte ich von Besprechung zu Besprechung – wenn es um die Anmeldung von Aufzügen oder Kundgebungen bei der Stadtverwaltung als dafür zuständige Ordnungsbehörde ging, zusammen mit einem Kollegen der Schutzpolizeidirektion –, koordinierte unsere Aktivitäten, sammelte Informationen, vertiefte die Kontakte zu den Kollegen des Verfassungsschutzes, mobilisierte die aus eigenem Bereich vorzusehenden Einsatzkräfte und vereinbarte Einsatzbesprechungen. Für große und kleine Einsätze, für die Beobachtung von Versammlungen verfassungsfeindlicher Gruppen, für Kundgebungen und Demonstrationszüge, für Staatsbesuche, für zu schützende Empfänge, jüdische Hochzeiten und traditionelle Maibockanstiche mit Politikern, für erste Terroristenprozesse vor dem Landgericht, für sonstige störträchtige Veranstaltungen sowie für Durchsuchungen von Terroristenschlupfwinkeln und Kommunen – bei denen wir hautnah mitbekamen, welches Gesocks sich da zusammentat, auf ausgelegten verdreckten Matratzen schlief, unter denen mir auch mal ein Brocken Haschisch in die Hände fiel und einmal einer der jungen Möchtegernrevoluzzer eine hagere, halb nackte Kommilitonin vor unseren Augen gegen die Wand drückte und fluchte: „Jetzt find ich das verdammte Loch wieder nicht." Ich diktierte die Einsatzbefehle, wofür mir gottlob eine routinierte, ältere Schreibkraft zur Verfügung stand, die ich notfalls aber auch selbst im Zehnfingersystem herunterhackte (Secret-Service-Leute aus dem Weißen Haus, die einmal in mein Büro kamen, um die Sicherheitsmaßnahmen für den Besuch ihres Finanzministers zu besprechen, staunten, dass wir Kriminalbeamten sogar Schreibmaschineschreiben konnten – was sie selbst nicht nötig hatten). Dass meine Stärke mein Organisationstalent war, von dem ich gar nicht wusste, dass ich es hatte, wurde mir erst damit bewusst. Ich stieg voll ein, wurde dabei allerdings zum Kettenraucher und begann, Stress und Frust zusammen mit gleich gesinnten Kollegen in den Augustiner-Gaststätten drüben in der Fußgängerzone der Neuhauser Straße abzubauen, die wir nach hektischen Einsätzen, die ich als DuSKdo.-Führer teils selbst mitmachte, oder frustrierenden Entwicklungen immer öfter aufsuchten und wo wir mit Kollegen des Verfassungsschutzes (LfV) und mit den für Staatschutzdelikten zuständigen Staatsanwälten vom Richterstammtisch nebenan zusammentrafen, auf kurzem Dienstweg Erfahrungen austauschten, über die linke Studentenschaft herzogen, mit der wir es ständig zu tun hatten, und – wie gesagt – unseren Frust im süffigen Augustiner-Bier vom Fass erтränkten. Über Quellen erfuhren wir eines Tages, dass da gern spitze Ohren in der Nähe saßen, die sich mokierten: „Da sitzen sie beisammen und verkünden lautstark ihre Beschlüsse." Da sahen wir uns danach um, wer von unseren Kunden sich nicht genierte, bourgeoise Gaststätten aufzusuchen. Unsere zweite Heimat, wie wir sie schließlich bezeichneten, ließen wir uns gleichwohl nicht vermiesen. Wobei wir vom BDK im Löwenbräukeller am Stiglmaierplatz auch noch einen Kripo-Stammtisch unterhielten – unsere dritte Heimat. Dass meine Ehe in diesen hektischen Jahren nicht in die Brüche ging, verdanke ich einzig und allein meiner Frau. Sie bewahrte mir mit unserer kleinen Familie die Basis, in der ich immer wieder zu mir kommen und mich erholen konnte. Oft und oft hielt sie nach mir Ausschau, wie sie mir einmal gestand, wenn ich wieder und wieder nicht heimkam, voller Angst, ob mir denn etwas passiert sei. Wenn ich sie zu beruhigen suchte, dass mir schon nichts passiere, so hielt sie entgegen: „Ja, das denkt ihr. Wie auch Ludwig, dein Funk-streifenkollege. Und dann schoss ihn so ein Verbrecher in den Bauch" (s. Folge 6, Gewalt, Stress und Frust, und meinen teils autobiographischen Roman „Bittere Erkenntnis", in dem ich u. a. das Los von Polizistenfrauen schildere).

Die von mir als Einsatzplaner zu fertigenden Einsatzbefehle bezogen sich auf die der Kripo bzw. der Staatsschutzabteilung obliegende Aufgabe der Dokumentation und Strafverfolgung, für die unter Führung unserer Abteilung ein Dokumentations- und Strafverfolgungskommando, abgekürzt DuSKdo., mit Führungs-gruppe (Berichterstatter, Funker und Fahrer), Film- und Foto-trupps sowie entsprechend der Münchner Linie sogenannten Klettengruppen (Einsatzgruppen der Schutzpolizei in Zivil) vor-zusehen waren mit dem Auftrag, die Veranstaltung im Rahmen des gesetzlichen Auftrags zu beobachten, wichtige Erkenntnisse zu melden, Straf- und Ordnungswidrigkeitstatbestände festzu-stellen, Beweismittel zu sichern, Lichtbilder von Tathandlungen und Tätern zu fertigen und die Täter zu observieren, bis sie unter Vermeidung von Eskalationen festgenommen oder ihre Personalien festgestellt werden konnten, was unter Umständen bedingte, die Observation über das Ende der Veranstaltung hi-naus durchzuführen (Strategie der Münchner Linie). Die Ein-satzkräfte waren über Lage bzw. Anlass des Einsatzes, Einsatz-leitung (für den der Schutzpolizei obliegenden Gesamteinsatz), Kommunikationswege, benachbarte Kräfte und etwaige Be-sonderheiten zu informieren. Dies gelang mir offenbar recht gut, denn bei einem Staatsbesuch des belgischen Königspaares, König Baudouin und Königin Fabiola, zu Wirtschaftsbesprechungen in München mit Besuchen bei Siemens und weiteren Konzernen, bei dem neben der Abstellung eines Begleitschutzes ein halbes Dutzend Örtlichkeiten zu sichern waren, wozu ich die jeweils nötigen Kräfte in überschlagendem Einsatz personalsparend vor-sah und einen störungsfreien Ablauf des Besuches garantierte, wurde meinem Vorgesetzten die königliche Verdienstmedaille verliehen.

Gewalt und Terrorakte nahmen weiter zu. Im Februar 1970 führten Mitglieder des später als kriminelle Vereinigung zerschlagenen „Sozialistischen Patientenkollektivs" (SPK) in Heidelberg die erste Hausbesetzung in der Bundesrepublik durch. Nach dem Verbot der SDS-Hochschulgruppe Heidelberg am 30. Juni 1970 protestierten an insgesamt 22 Hochschulen über 21 000 Studenten. Linksextremistische Studentengruppen forderten weiterhin eine sozialistische Politik an den Hochschulen. Nur die Arbeiterklasse werde unter Anleitung der kommunistischen Partei einen konsequenten Kampf bis zum Sturz des Kapitalismus führen können. Klassenkampf hieß die Parole, mit dem sie das gesellschaftliche System in der Bundesrepublik beseitigen und an dessen Stelle die „klassenlose Gesellschaft", den Kommunismus, errichten wollten. Mit gewalttätigen Demonstrationen anlässlich von „Rote-Punkt-Aktionen" gegen Fahrpreiserhöhungen städtischer Verkehrsbetriebe versuchten sie die Arbeiterklasse für diesen Kampf zu gewinnen, mit wenig Erfolg. Die maoistischen Gruppen der NL nahmen indes an Zahl zu.

In Berlin legten linksextremistische Studentengruppen Ende April den Lehrbetrieb durch Streik in mehreren Fachbereichen lahm; sie protestierten gegen die Nichtberufung des Trotzkisten Mandel an die FU. Anfang Juni veranstalteten sie in Frankfurt/Main einen Solidaritätskongress für die schwarze amerikanische Bürgerrechtlerin Angela Davis. Im Oktober vereinigten sich viele Gruppen der NL zu einer gemeinsamen Protestaktion in Dortmund gegen das Verbot der palästinensischen GUPS und GUPA. 10 000 Teilnehmer brachten sie dafür auf die Beine.

In München wurde im Juni und Juli 1971 die Neuwahl des Rektors der Ludwig-Maximilian-Universität (LMU) durch Studenten vereitelt. Sie konnte erst Tage später unter einem Aufgebot von 1200 Polizisten in der Residenz stattfinden.

Weitere ihrer Kampagnen richteten sich gegen die Gesetze zur Inneren Sicherheit (Ausbau des Polizei- und Spitzelnetzes, wie sie sie apostrophierten), gegen den Imperialismus und Militarismus der Bundesrepublik und der NATO, gegen die „Disziplinierung" an den Hochschulen und gegen die „Berufsverbote" (das Fernhalten von Verfassungsfeinden vom öffentlichen Dienst). Massive Vorlesungsstörungen an der Universität Heidelberg führten zur zeitweiligen Schließung der Universität. An der Frankfurter Universität erreichten die Auseinandersetzungen einen neuen Höhepunkt. An der Universität Kiel brachten linksextremistische Studentengruppen den Lehrbetrieb fast zum Erliegen. In Berlin sah sich im Dezember das Präsidialamt der Freien Universität gezwungen, Lehrveranstaltungen durch Einsatz von Polizei zu sichern, Anhänger des maoistischen Kommunistischen Studentenverbandes (KSV) leisteten gewaltsam Widerstand. Tausende Studenten solidarisierten sich mit linksextremistischen Gruppen und streikten und demonstrierten in Bremen, Bayern, Nordrhein-Westfalen, Kiel und Berlin gegen die Hochschulgesetzgebung, gegen Prüfungsordnungen und Berufspraktiken sowie gegen die Polizeieinsätze an den Hochschulen. Wann sie wirklich studierten, war mir ein Rätsel.

In München begann in diesen ersten 1970er-Jahren eine Serie von Banküberfällen – das BKA hatte bereits in einem Sonderblatt auf die kriminellen Aktivitäten einer aus den „Tupamaros" (abgeleitet von der Guerillabewegung Uruguays, die dort terroristisch aktiv war) und den „Kommunen" hervorgegangenen Gruppe um Mahler, Baader und Meinhof hingewiesen. Als Angehörige der „Münchner Tupamaros", wegen Verdacht der Beteiligung an damals gebräuchlichen Rohrbombenanschlägen bereits im Visier der Terroristenfahnder stehend, nun wegen Bankraubes festgenommen, erklärten: „Derartige Überfälle sind zur Enteignung des Kapitals und zur Vorbereitung der Revolution erforderlich." Brutale Gewalt und bewaffnete Banküberfälle sahen sie als notwendige Mittel gesellschaftspolitischer Bestrebungen militanter extremistischer Gruppen. Ihre illegale Tätigkeit und ihren Lebensunterhalt finanzierten sie aus den von ihnen begangenen Straftaten, insbesondere aus Raubüberfällen auf Banken. Seit Mitte Mai 1970 wurden in Berlin (West) und in verschiedenen Orten des Bundesgebiets zahlreiche solcher Straftaten begangen, zwischen denen nachweislich Zusammenhänge bestanden und die der anarchistischen Gruppe um Mahler, Baader und Ulrike Meinhof zur Last zu legen waren. Auch München war davon betroffen – mit vier im Februar 1971 kurz hintereinander erfolgenden Raubüberfällen auf Münchner Geldinstitute fielen den Tätern insgesamt 127.000 DM in die Hände. Im Monat darauf erfolgten zwei weitere Raubüberfälle auf Münchner Banken, bei denen die Täter 80.000 DM und 30.000 DM erbeuteten. Bei einem sodann im April verübten bewaffneten Banküberfall erbeuteten sie 50.000 DM. Zwei der Täter, ein junger Arbeiter und ein Student, konnten nach der Tat festgenommen werden. Zwei weitere, eine Kindergärtnerin und einer der B-M-Terroristen, denen zunächst die Flucht mit der Beute gelang, konnten ermittelt und ebenfalls festgenommen werden. Die Bande gehörte den „Münchner Tupamaros" an, denen bereits Bombenanschläge auf Justiz- und Polizeieinrichtungen zur Last gelegt wurden. Weitere Mitglieder der Baader-Meinhof-Bande, nach denen bereits gefahndet wurde, konnten in den folgenden Monaten festgenommen werden, einer im April in Berlin, ein anderer im Mai in Hamburg und ein dritter im Juli ebenfalls in Hamburg, wobei dessen Begleiterin, das B-M-Mitglied Petra Schelm, die, als die beiden in einem Pkw gestellt worden waren, zur Pistole griff und auf die Beamten anlegte, worauf sie von diesen erschossen wurde. Im Dezember kam ein weiterer B-M-Terrorist bei einem Schusswechsel mit der Polizei ums Leben.

Für Banküberfälle kamen zum Teil aber auch Täter aus allgemeinen Bereichen der Kriminalität in Frage. So verübten am 4. August 1971 gegen 15.55 Uhr die bereits mit schwerem Raub, Einbruchdiebstahl und Kfz-Diebstahl amtsbekannten Hans Georg Rammelmayr und Dimitri Todorov einen bewaffneten Überfall auf eine Zweigstelle der Deutschen Bank in der Prinzregentenstraße 70. Die Überfälle auf Münchner Bankinstitute erreichten mit diesem in der Münchner Kriminalgeschichte beispiellosen Überfall ihren Höhepunkt. Mit vermummten Gesichtern und gezogenen Revolvern betraten sie die Schalterhalle und riefen: „Überfall! Verhalten Sie sich ruhig! Gehen Sie hinter den Tresen!" Die 18 Anwesenden – Angestellte und Kunden – wurden von

Rammelmayr mit einer in einem Koffer mitgeführten Maschinenpistole in Schach gehalten. Todorov ließ alle Türen absperren und übergab einem der Angestellten die schriftlich fixierten Bedingungen und ein Stück Plastiksprengstoff zur Demonstration der Ernsthaftigkeit der Lage mit dem Auftrag, diese der Polizei zu übergeben. Die Täter forderten ein Lösegeld von zwei Millionen DM und die Bereitstellung eines viertürigen BMW als Fluchtfahrzeug bis 22.00 Uhr. Bei Nichterfüllung würden die Geiseln getötet werden und Maschinengewehrattentate und Sprengstoffanschläge gegen Personen und Einrichtungen des öffentlichen Lebens angedroht. Die Täter bezeichneten sich als „Rote Front". Der beauftragte Bote und zehn weitere Geiseln wurden durch einen rückwärtigen Ausgang entlassen. In der Gewalt der Täter blieben: der Filialleiter, der Kassier, drei Angestellte und zwei Kunden. Sie wurden gefesselt. Gegen 17.05 Uhr erlitt der Filialleiter einen Herzanfall. Die Täter, die sich zwischenzeitlich rote Ku-Klux-Klan-Masken aufgesetzt hatten, entließen ihn. Der Kassier musste nun die Forderungen der Geiselnehmer telefonisch an die Notrufzentrale der Polizei und den Direktor der Deutschen Bank durchgeben und androhen, dass bei einem Scheitern des „Unternehmens" mit der „Aktion Elend" begonnen würde, bei der von der „Roten Front" im Raum München für die Dauer von 48 Stunden Mordanschläge verübt würden.

Nach Bereitstellung des geforderten Fluchtfahrzeugs vor der Bank forderte ein Polizeisprecher die Täter per Megaphon auf, ihre Verhandlungsbereitschaft durch Entlassung weiterer Geiseln zu beweisen. Diese gingen nicht darauf ein. Gegen 20.00 Uhr wurden auf Forderung der Gangster Speisen und Getränke angeliefert, die der Kassier unter Bewachung eines der Täter am Bankeingang übernahm. Währenddessen musste die Angestellte Ingrid Reppel das gesamte in der Kassenbox befindliche Bargeld – etwa 200.000 DM – in eine Botentasche packen. Gegen 21.45 Uhr klagte eine der Geiseln über Herzschmerzen. Der mit Einverständnis der Geiselnehmer herbeigerufene Notarzt stellte – zum Schein – eine Herzrhythmusstörung fest, worauf sie zusammen mit dem Notarzt die Bank verlassen durfte. Die

Einsatzleitung konnte in mehreren Gesprächen mit den Tätern einen Aufschub der Lösegeldübergabe bis 23.30 Uhr erreichen. In dieser Zeit – gegen 22.10 Uhr – detonierte am Sockel eines Leitungsmastes der Straßenbahn Ecke Prinzregenten-/Lerchenfeldstraße ein Sprengsatz, der den Betonsockel abriss und mehrere Fensterscheiben in der Umgebung zertrümmerte.

Gegen 23.30 Uhr wurde der Sack mit dem von der Deutschen Bank beschafften Lösegeld vor dem Eingang der Bankfiliale abgestellt. Nun musste der Kassier die Geldbotentasche zum bereitstehenden Fluchtfahrzeug bringen und im Fond des Wagens ablegen. Auf dem Rückweg zur Bank kam ihm die Angestellte Ingrid Reppel mit einem um den Kopf gewickelten Schal entgegen. Er führte sie zum Fluchtwagen und half ihr auf den Beifahrersitz. Wieder auf dem Weg zurück in die Bankfiliale begegnete ihm der Gangster Rammelmayr mit schussbereiten Waffen – Revolver und Maschinenpistole. Als er am Fluchtwagen anlangte und einsteigen wollte, eröffneten die postierten Präzisionsschützen das Feuer. Schwer verletzt, gab er im Zusammenbrechen noch mehrere Schüsse auf die im Fluchtwagen sitzende Ingrid Reppel ab. Während Rammelmayr starb, wurde die ebenfalls schwer verletzte Ingrid Reppel von einem anwesenden Arzt versorgt und ihre Einweisung in eine Klinik veranlasst. Noch während der Operation erlag sie ihren Verletzungen.

Unmittelbar nach den Schüssen stürmten Schutz- und Kriminalbeamte die Bankfiliale. Sie schlugen die Schaufenster ein und schossen die rückwärtige Tür auf. Nach kurzem Schusswechsel, bei dem Todorov eine Geisel als Schutzschild benutzte, konnte der zweite der Gangster von meinem ehemaligen Funkstreifenkollegen auf Isar 7, der, wie er mir später erzählte, zum Ort des Banküberfalls beordert worden war und über den Hintereingang in die Schalterhalle eindrang, überwältigt und festgenommen werden. Ich selbst bekam den Überfall erst in den Nachrichten und den späteren Fernsehberichten mit, über die ich sehr verwundert war, zeigten sie doch nach den ersten Schüssen auf den Geiselgangster Rammlayr ein Blitzlichtgewitter und ein Trommelfeuer von Schüssen, als wäre hier die Rote Armee abzuwehren. Wer hat denn da alles geschossen? Nicht nur die als „Scharfschützen“ eingesetzten Polizisten? Zum Glück ist dadurch weiter niemand zu Schaden gekommen. Die unglückliche Geisel kam allein durch eine Garbe aus der MP Rammelmayrs zu Tode.

Dieser tragische Fall veranlasste die Polizeiführung, darüber nachzudenken, mit welchen Spezialeinheiten derartigen Fällen künftig begegnet werden könnte. Nachdem hier aber auch und vor allem die Politik gefragt war – insbesondere in Bezug auf einen finalen Rettungsschuss (Todesschuss zur Rettung der Geisel), zu dem man im Übrigen Beamte brauchte, die einen wirklich tödlichen Schuss anzubringen psychisch in der Lage waren – standen Spezialeinheiten ein Jahr später, als es galt, die als Geisel genommene israelische Olympiamannschaft freizukämpfen, noch immer nicht zur Verfügung. Wieder mussten dazu Freiwillige aufgerufen werden.

Vier terroristische Gruppen des linken Spektrums haben 1971 größere Bedeutung erlangt.

Die Baader-Meinhof-Bande, deren Mitglieder als Rote-Armee-Fraktion (RAF) in den Untergrund gingen, sich zu siebt mit der Ostberliner Interflug zunächst nach Beirut absetzen und von den Palästinensern militärisch ausbilden ließen, verübten nach ihrer Rückkehr zahlreiche Straftaten, darunter bewaffnete Raubüberfälle auf Banken und Sparkassen, wobei sie wiederholt von der Schusswaffe Gebrauch machten, dabei zwei Polizeibeamte töteten und mehrere verletzten und selbst auch zwei Tote zu verzeichnen hatten. Neben ihr erlangte zunächst das „Sozialistische Patientenkollektiv“ (SPK) an Bedeutung (wurde schließlich verboten). Ebenso die „Schwarzen Zellen“ in Berlin, in denen sich an die 100 Jugendliche zusammenfanden, die sich an den anarchistischen Vorstellungen einer staatenlosen Gesellschaft, unbeschränkter Freiheit des Einzelnen und Leugnung jeglicher Autorität orientierten. Weiter kam eine Gruppe um den wegen Mordes und fortgesetzter Urkundenfälschung verurteilten Münchner Kommunarden Dieter Kunzelmann dazu, die ihre Straftaten, darunter zwei bewaffnete Banküberfälle, hauptsächlich im Raum München beging. Anfang

1972 kam dann die Berliner Terrorbande „Bewegung 2. Juni"
dazu (Todestag des Demonstranten Benno Ohnesorg). Sie verübte einen Sprengstoffanschlag auf den britischen Yachtclub in
Berlin und beging Raubüberfälle.

Der Polizei gelang es, eine Reihe von Quartiergebern von
untergetauchten Mitgliedern der B-M-Bande ausfindig zu machen,
darunter ein Hochschullehrer, ein Geistlicher, ein Redakteur,
ein Hochschuldozentenehepaar, ein Korrespondent einer Nach-
richtenagentur und ein Ingenieur. Die Bande begann, sich schärfer
abzuschotten.

Über ein Drittel der Gewalt- und Terrorakte richtete sich gegen
Schulen und Hochschulen, die übrigen überwiegend gegen Justiz-
und Polizeibehörden, gegen Verkehrsbetriebe, amerikanische Einrichtungen sowie gegen Banken und Sparkassen. Brennpunkte
lagen in Berlin, Bayern und Nordrhein-Westfalen. Die Statistik
weist für 1971 auf: 10 Mordanschläge, 29 Sprengstoffanschläge,
40 Brandstiftungen, 288 sonstige Gewaltakte, 555 Androhungen.

Doch nicht allein Linksextremisten sorgten für Remmidemmi
in unserem Land. Rechtsextremistische Gewaltakte haben sich
1971 mehr als verdoppelt (123 gegen 53 im Vorjahr). Sie richteten
sich überwiegend gegen die Ostpolitik der Bundesregierung bzw.
die Verträge mit Moskau, Warschau und der DDR. Die „Aktion
Widerstand" – eine NPD-Gruppe – trat mit Schmierereien und
der Forderung, den Bundeskanzler aufzuhängen, hervor. Am
12. April wurden gegen das SPD-Kreisbüro in Hamburg-Altona,
am 19. Juni auf das Hamburger Anwaltskollektiv Brandanschläge
verübt. Bundestagsabgeordnete erhielten Drohbriefe eines „Ostdeutschen Femegerichts", in denen die Vollstreckung des Todes-
urteils angekündigt wurde, falls sie den Ostverträgen zustimmten.
Die Zahl der Terror- und Gewaltakte ging indes auf 92 zurück.

Am 1. März 1972 wurden in Hamburg im Zuge der Terroristen-
fahndung Manfred Grashof und Wolfgang Grundmann festgenommen. Ein an der Festnahme beteiligter Polizeibeamter
erlag seinen Schussverletzungen. Am 2. März wurde anlässlich

einer B-M-Fahndung Thomas Weißbäcker in Augsburg von der Polizei erschossen, als er nach seiner entsicherten Pistole griff.

Während die Fahndung nach den Bombenattentätern im ganzen Bundesgebiet auf Hochtouren lief, gingen am 28. Mai 1972 bei Presseagenturen Drohschreiben ein, in denen die „Rote-Armee-Fraktion" (so nannte sich die B-M-Bande seit April 1971) neue Sprengstoffanschläge ankündigte. So für den 2. Juni im Stadtgebiet von Stuttgart und auf das US-Hauptquartier in Heidelberg, am 5. Juni auf das US-Hauptquartier in Frankfurt, am 7. Juni auf das Bundeskriminalamt in Wiesbaden und am 12. Juni auf den Frankfurter Flughafen.

Schon im Mai 1972 massierten sich die Anschläge der B-M-Bande: 11. Mai, 19.00 Uhr: Bombenanschlag auf das Hauptquartier der US-Armee in Frankfurt/Main, drei Sprengkörper detonierten kurz hintereinander. Ein amerikanischer Offizier wurde getötet, sieben amerikanische Soldaten, drei US-Zivilangestellte und drei Deutsche erlitten schwere Verletzungen. Dies war der Auftakt zu einer Anschlagserie in sechs westdeutschen Städten.

Am 12. Mai ging um 14.25 Uhr auf dem Parkplatz des Bayerischen Landeskriminalamts in München eine Autobombe hoch. Drei Beamte wurden von den Bombensplittern getroffen und zahlreiche geparkte Autos zerstört. Glühende Trümmer flogen 60 Meter weit, so die Münchner Presse, und die Wucht der Explosion drückte bis zu einer Entfernung von 200 Meter Schaufensterscheiben ein. Das Tatfahrzeug war am 28. April 1972 in Ulm gestohlen worden, es war mit einem Kennzeichen des Landkreises Fürstenfeldbruck versehen.

Zur gleichen Zeit explodierte im dritten Stock der Polizeidirektion Augsburg ein Sprengkörper, drei Minuten später im vierten Stock ein zweiter. Eine dritte, in einem Schrank versteckte Bombe konnte noch rechtzeitig entschärft werden. Am 15. Mai explodierte am Sitz des obersten Bundesgerichts in Karlsruhe eine unter dem Privat-Pkw des Bundesrichters Buddenbrock angebrachte Haftladung in dem Moment, als dessen Ehefrau den Zündschlüssel drehte. Sie wurde schwer verletzt. Am 19. Mai explodierte im dritten Stock des Axel-Springer-Verlags in Hamburg neben den Pulten der Zeitungskorrespondenten eine Bombe, drei Minuten später im sechsten Stock gegenüber der Teeküche eine weitere. Achtunddreißig Angestellte und Arbeiter wurden verletzt in die umliegenden Krankenhäuser eingeliefert. Bei der Durchsuchung der Gebäude wurden drei weitere Bomben entdeckt, deren Zündmechanismus versagt hatte. Jede von ihnen wog zehn Kilo und war mit je drei Kilo Sprengstoff gefüllt. Am 24. Mai gegen 18.10 Uhr detonierten kurz nacheinander zwei auf den Parkplätzen des US-Hauptquartiers in Heidelberg in dort abgestellten Pkws versteckte Zeitzünderbomben. Drei Soldaten wurden getötet, fünf weitere schwer verletzt. Ein Gebäude und etwa 30 PKW's wurden zum Teil schwer beschädigt. Zu dem Anschlag bekannten sich ein „Kommando Petra Schelm", ein „Kommando Thomas Weißbäcker" und ein „Kommando 2. Juni".

In München, wo es im November 1971 zu Hausbesetzungen abbruchreifer Gebäude durch eine Gruppe des „Kommando Rote Hilfe" kam, richteten sich Brand- und Sprengstoffanschläge vorwiegend auf Polizei- und Justizeinrichtungen. Den Auftakt bildete am 23. Juli 1969 wohl ein Sprengstoffanschlag auf das Wohnanwesen des Behördenleiters der Staatsanwaltschaft München I. Am 23. Februar 1970 wurde ein Molotowcocktail in die Wohnung eines Amtsgerichtsrats geworfen, und am 10. März 1970 wurden im Amtsgericht an der Pacellistraße zwei Brandsätze mit Zeitzünder entdeckt. Weitere Brand- und Rohrbombenanschläge folgten. So wurde vor einem Polizeirevier im Waldfriedhofviertel ein Streifenwagen in Brand gesetzt, im Speicher eines nahegelegenen großen Altersheimes Materialien zur Herstellung von Molotowcocktails gefunden und ein dort beschäftigter Pfleger festgenommen, im Stadion an der Grünwalder Straße ein Großbrand verursacht, an der Pförtnerloge des Justizpalastes am Karlplatz ein Sprengsatz gezündet, vor einem Polizeirevier in Bogenhausen eine Rohrbombe hochgejagt und auf ein Anwesen, in dem Polizeiangehörige wohnten und die GdP ein Büro unterhielt, ein Brandanschlag verübt. Bis zum Februar 1971 wurden in München 29 Brand- und Sprengstoffanschläge auf Einrichtungen der Polizei und anderer öffentlicher Institutionen verübt. Für die meisten dieser Anschläge und auch Raubüberfälle waren wohl kleinere anarchistische Gruppen und Einzeltäter verantwortlich, wie sie vor allem in Berlin und Bayern bestanden. Mit falschen Ausweisen ausgestattet, besaßen sie Schusswaffen, lebten im Untergrund und stammten aus der radikalen antiautoritären Bewegung der Jahre 1967/1969. Wer den Sprengstoffanschlag auf das spanische Generalkonsulat verübte, das in einer Villa im Stadtteil Bogenhausen residierte, zu dem ich während einer meiner Wochenbereitschaften gerufen wurde, entzieht sich meiner Kenntnis. Hatten unsere Kriminellen für ihre spanischen Kollegen Amtshilfe geleistet? Für Sprengstoffanschläge war und ist das LKA zuständig, dessen zuständige Beamte ich dann auch noch aus dem Bett klingeln ließ. Eine weitere nächtliche Alarmierung brachte wohl ebenfalls nichts ein. Eine Zeitungsausträgerin hatte in den frühen, noch dunklen Morgenstunden Andreas Baader in ein Haus in Schwabing gehen sehen. Ich fuhr hin, allein, besah mir das Haus, fand aber nicht heraus, bei wem ich vielleicht klingeln sollte (Sondereinsatzkommandos existierten damals noch nicht). Und die Zeitungsausträgerin war längst weitergeradelt. So schrieb ich für unsere zuständige Soko, die die Adresse weiter abklären sollte, lediglich einen Bericht, der indes zu nichts führt.

Im Juni 1972 konnte der harte Kern der Baader-Meinhof-Bande zerschlagen werden. Am 1. Juni umstellte die Polizei kurz nach 06.00 Uhr morgens mit Panzerwagen in Frankfurt/Main ein Anwesen am Hofeckweg. Über Lautsprecher wurden die im Anwesen verschanzten Terroristen aufgefordert herauszukommen. Tränengas wurde eingesetzt, Schüsse peitschten. Schließlich ergab sich Holger Meins, von einem Streifschuss am Oberschenkel verletzt. Jan-Carl Raspe ergab sich ebenfalls. Andreas Baader, der einen Steckschuss ins Gesäß abbekommen hatte, musste herausgetragen werden. In Hamburg wurde am 7. Juni Gudrun Ensslin während eines Einkaufsbummels in der Innenstadt nach einem Hinweis aus der Bevölkerung festgenommen. Zwei Tage später konnten in Berlin die zur B-M-Bande zählenden Bernhard Braun und Brigitte Mohnhaupt festgenommen werden. Auch sie führten schussbereite 9-mm-Pistolen, gefälschte Personalpapiere und eine selbst gebastelte Handgranate mit sich. Am 15. Juni konnten in Langenhagen bei Hannover Ulrike Meinhof und deren Begleiter, Gerhard Müller, festgenommen werden. Die beiden schleppten in ihrem Gepäck eine Maschinenpistole, Pistolen und Sprengkörper mit sich. Einen Tag später hob die Frankfurter Polizei die „Bombenwerkstatt" der Bande aus. Sechs Zentner Sprengstoff und fertiggestellte Bomben konnten sichergestellt werden. Weitere Waffendepots wurden in Erddepots in Niedersachsen gefunden.

Eine große deutsche Illustrierte brachte am 14. 06. 1972 unter dem Titel „Die Landkarte des Schreckens" einen zusammenfassenden Bericht und stellte darin fest: „Vor zwei Jahren erklärte die Baader-Meinhof-Bande (jetzt auch: „Rote-Armee-Fraktion") unserer demokratischen Gesellschaftsordnung den Krieg. Die Bilanz des Schreckens: 10 Tote, 38 Verletzte, 17 ausgeraubte Banken mit einer Gesamtbeute von 1,3 Millionen DM und 52 gestohlene Autos." Insgesamt wurden von Januar bis Juni 1972 13 Mitglieder der B-M-Bande festgenommen. Seit Bestehen der Bande konnten damit über dreißig zum engeren Kreis der Bande gehörende Personen verhaftet werden. Nach weiteren sechs namentlich bekannten Bandenmitgliedern wurde noch gefahndet.

Die deutsche Polizei erwies sich als durchaus wehrhaft.

Quellen:

„Staatsschutzkriminalität – Chronik der Gewalt" von Heinrich Prinz, DNP Nr. 5 – 11/1990;

„Chronik des Polizeipräsidiums München" von Josef Falter;

„Abschied von der Münchner Stadtpolizei", Personalrat des PP München, 1975.

11. Folge

Sicherheitsplanung für die Olympiade 1972

Am 26. 04. 1966 hatte das Internationale Olympische Komitee (IOC) die bayerische Landeshauptstadt als Austragungsort für die vom 26. 08. bis 10. 09. 1972 in der Stadt und der Region geplanten Sommerspiele der XX. Olympiade gewählt. Die Segelwettbewerbe wurden für Kiel vorgesehen.

Zur Vorbereitung der Spiele in München fand am 20. April 1971 die konstituierende Sitzung der Arbeitsgruppe Polizeiführungsstab München (PFStM) statt. Als Leiter der AG wurde Polizeivizepräsident Dr. Wolf bestimmt. Am 6. Mai 1971 folgte die konstituierende Sitzung der AG Kriminalpolizei, deren Leitung der damalige Leiter der Münchner Kriminalpolizei, OKD Häring und KD Trometer vom BLKA übernahmen. Dem PFStM organisatorisch unterstellt war die Kriminalpolizeiliche Einsatzzentrale (KEZ), die aus einem Leiter, aus Sachbearbeitern für Allgemeine Kriminalität, Staatsschutz, LPD Oberbayern, Berichterstattung und Personal/Versorgung sowie aus Verbindungsbeamten zu BKA, BLKA und BLfV bestand. Sie sollte ihren Dienst in drei Schichten versehen, waren also dreifach zu besetzen.

Zum 1. April 1972 konnte an die Durchführung der Aufgaben gegangen werden. Ich wurde für die Einsatzplanung im Bereich Staatsschutz (Opl.) herangezogen und war nun zuständig für die Vorbereitung des kriminalpolizeilichen Innenschutzes in den Stadien, die Veranstaltungen im Rahmen des Kulturprogramms, den Schutz gefährdeter VIPs, für Aufklärung, Informationssammlung, Observation potentieller Störer und den Einsatz von DuSKdos (Dokumentation- und Strafverfolgungs-Kommandos) bei eventuellen Demonstrationsaufmärschen. Dazu standen 538 Kriminalbeamte aus den übrigen Bundesländern mit der Maßgabe zur Verfügung, dass diese je nach vorausgemeldeter Verwendungsfunktion (z. B. persönlicher Begleiter, Observierer, Staatsschutzsachbearbeiter) eingesetzt wurden und keine Überstunden mit nach Hause nehmen durften (insgesamt wurden für die Kriminalpolizei 786 Beamte/Innen und 30 Kraftfahrer abgeordnet).

Zu den Spielen wurden 9000 Sportler aus 125 Nationen mit 3000 Betreuern erwartet, die fast alle im Olympischen Dorf untergebracht wurden und zumeist bereits zum Trainingsbeginn am 1. August eintreffen sollten. Zu erwarten waren ca. 2 ½ Mio. Besucher.

Für die Einsatzvorbereitungen standen mir persönlich zwei erfahrene Beamte aus der eigenen Abteilung und eine Kriminalanwärterin als Schreibkraft zur Verfügung (um die darüber hinaus anfallenden alltäglichen Einsatzvorbereitungen brauchte ich mich nun nicht mehr zu kümmern). Für die einzelnen Aufgabenbereiche waren als Leiter Beamte aus dem eigenen Bereich vorgesehen. Innenschutzmaßnahmen waren für die innerstädtischen Sportstätten im Olympiapark (Olympiastadion, Olympiahalle, Radsporthalle, Schwimmhalle), im Messegelände auf der Theresienhöhe, in der Basketballhalle an der Siegenburger Straße, im Dantebad, in der Reithalle Riem, an der Bogenschießanlage im Englischen Garten und an der Dressuranlage Nymphenburg vorzusehen. Weitere Austragungsstätten bzw. Sportveranstaltungen waren die Regatta-Anlage in Feldmoching, der Einer-Radfahr-Rundkurs in Grünwald, die Military-Geländestrecke Riem-Poing und die BAB Wangen-Penzberg für das 100-km-Mannschaftsfahren. Innerhalb des Stadtgebietes kamen der Marathonlauf, das 50-km-Gehen und das 20-km-Gehen hinzu. Innenschutzmaßnahmen waren auch für eine Reihe von Kulturveranstaltungen vorzusehen, die womöglich von gefährdeten Gästen besucht werden würden. Ich ließ mir von den hauseigenen Werkstätten Stellwände aufstellen, an denen ich Übersichten über Einsatzorte und jeweils vorgesehene Kräfte anbrachte, um den Überblick nicht total zu verlieren. Äußerst misslich war, dass wir, die wir die Einsatzmaßnahmen minutiös unter Vermeidung von Überstunden für die Fremdkräfte planen sollten, weder frühzeitig Bescheid bekamen, wann in den jeweiligen Austragungsstätten Wettkämpfe stattfinden würden, noch welche VIPs zu erwarten seien. Zu Beginn der Spiele waren lediglich 244 hochrangige Besucher avisiert, von denen 36 in Sicherheitsstufe II, 13 in Sicherheitsstufe III und 99 in die Sicherheitsstufe IV einzuordnen waren. Die in Stufe II eingeordneten Gäste (Attentat nicht auszuschließen) waren sicherheitsmäßig zu betreuen (persönliche Begleiter, Innenschutzmaßnahmen, Hotelwache vor deren Zimmern). Für die übrigen Sicherheitsstufen waren zunächst keine Sicherheitsmaßnahmen vorgesehen, allerdings mussten nach dem Anschlag des palästinensischen Terrorkommandos 11 Personen aus Stufe III und IV in Stufe II umgestuft und weitere 13 Personen und Gruppen, insbesondere israelischer und arabischer Nationalität, geschützt werden. Schließlich waren 172 Beamte (darunter 58 Fahrer) allein für die Begleitung von 60 gefährdeten Personen einzusetzen. In der Zeitplanung mussten wir vielfach von Schätzungen ausgehen oder eigene Kontakte spielen lassen. In der aktuellen Phase der Spiele war mein Büro in drei Schichten rund um die Uhr zu besetzen. Welchen Arbeitsaufwand dies alles allein für mich bedeutete, möge der geneigte Leser an meinem Überstundenkontingent am Schluss der Spiele ersehen: für einen vollen Monat konnte ich mir Überstunden auszahlen lassen (mehr an Auszahlung war nicht zulässig), für einen weiteren Monat durfte bzw. musste ich sie abfeiern. Danach war ich wieder einigermaßen Mensch.

Mein Nervenkostüm brauchte aber noch etwas länger, insbesondere im Hinblick auf den Frust durch die vielen Unzulänglichkeiten, mit denen ich bei den Vorbereitungen allein durch das Unvermögen der die Unterstützungskräfte abordnenden Bundesländer zu kämpfen hatte, die zwar vorschrieben, dass die von ihnen abgeordneten Beamten nur in den für sie vorgesehenen Verwendungen einzusetzen seien, dann aber angebliche Personenschützer mit Freizeitlook und Observanten mit Gesellschaftsanzug im Gepäck anreisen ließen und häufig deren Ausbildungsstand, Fachkenntnisse und praktische Erfahrungen nicht den Vorausmeldungen entsprachen (hier hätte man das Denken besser den Pferden überlassen, die bekanntlich größere Köpfe haben). Das chaotische Durcheinander war auf die Schnelle nicht zu reparieren, die Einsatzpläne, mit denen die einzelnen Beamten in Dreier-

und Vierergruppen aufgeführt, zu Objektgruppen zusammengefasst und in einer oder mehreren Gruppen in den einzelnen Wettkampfstätten eingesetzt werden sollten, standen bereits. Und dass wir dem palästinensischen Terrorkommando „Schwarzer September" (steht für den 1970 blutig niedergeschlagenen Aufstand von Palästinensern gegen den jordanischen König) die Chance lassen mussten, so mir nichts, dir nichts über die im Olympischen Dorf untergebrachte israelische Olympiamannschaft herzufallen, und hinterher auch noch den *Schwarzen Peter* für das Desaster bei der missglückten Befreiung der Geiseln am Fliegerhorst Fürstenfeldbruck zugeschoben bekamen, ließ mir Jahre danach noch Bitterkeit in der Kehle hochkommen. Hatte ich doch während der monatelangen Vorbereitungen kaum mehr einen freien Tag für meine Familie erübrigen können, war mit meiner Frau und meiner damals vierzehnjährigen Tochter, die vor allem in den Sommerferien einige Aufmerksamkeit auch meinerseits verdient hätte, nachdem wir schon nicht in Urlaub fuhren, wie sonst auch kaum, an den schönen Sommertagen an nur wenigen Nachmittagen zum Baden an den nahen Langwieder See gefahren, wobei ich selbst dabei meine Unterlagen mit hatte, um nur ja die vorgeschriebene minutiöse Planung voranzutreiben. Alles umsonst! Nach dem Willen des NOK sollten es „heitere" Spiele werden. Auf keinen Fall noch mal eine solche „Polizeischau" wie ein Jahr zuvor bei der internationalen Leichtathletikveranstaltung im Dantestadion, bei der wir unsere Sicherheitsvorkehrungen getestet und vor den Zugängen uniformierte Beamte und Berittene postiert und die freien Flanken des Stadions mit Stacheldraht und Hundeführern geschützt hatten, zu denen die Weltpresse aber schrieb: „Diese KZ-ähnlichen Zustände, das schreibt euch hinter die Ohren, ihr Deutschen, wollen wir 1972 nicht wieder sehen. Stacheldraht, Polizei, Hunde gehören einer Ära an, die uns erinnern lässt, dass München bei Dachau liegt." Eine derart negative Presse wollten unsere Oberen nicht wieder riskieren. So hielt man die Polizei im Hintergrund – und vom Olympischen Dorf überhaupt fern, in dem auch die israelische Olympiamannschaft untergebracht wurde.

Als ob die Polizei der Störenfried wäre!

Bei den Verhandlungen mit dem NOK biss ich mir auch sonst schier die Zähne aus. Da hieß es immer nur: Strategisch wichtige Plätze für die Innenschutzkräfte der Polizei …? Die Plätze sind doch alle längst verkauft, ist denn das notwendig? Einlasskarten für die Beamten, damit sie in Erfüllung ihrer Aufgaben überall ungehindert Zutritt haben …? Oh nein, da hätten wir doch nur noch Polizisten in den Stadien. Durchlassscheine und Parkerlaubnisse für Polizeifahrzeuge …? Kommt nicht in Frage, die Parkplätze brauchen wir für die Gäste. Plätze für das in den Theatern vorgesehene Kulturprogramm, das sicher von einer Reihe gefährdeter Staats- oder Ehrengäste besucht wird …? Wo denken Sie hin, das kostet doch. Bauliche Maßnahmen am sogenannten Umgriff des Olympiastadions, von wo aus es einem Attentäter ein Leichtes wäre – wie ich bei einer Ortsbesichtigung feststellte – klammheimlich eine Handgranate auf die darunter vorfahrenden Staats- oder Ehrengäste fallen zu lassen …? Unmöglich. Und am Olympischen Dorf sorgt allein ein ziviler Ordnungsdienst für die Sicherheit der Athleten, hieß es. Gerade dass noch eine Polizei- und eine Kriminalwache zur Entgegennahme etwaiger Anzeigen zugestanden wurde. Ich konnte nicht verstehen, dass sich gerade diejenigen, deren Veranstaltungen wir schützen sollten, dagegen sträubten, dass wir dazu anwesend sein wollten.

Was mich kaum belastete, war die Abstellung einer nicht gerade geringen Anzahl von Beamten zur aktenmäßigen Überprüfung all jener Personen, die mit gefährdeten Personen zusammenkommen würden (Dienstleistungspersonal), in Positionen tätig waren, die Außenstehenden Unterstützung bei Aktionen oder Anschlägen ermöglichten, in konkretem Verdacht standen, strafbare Handlungen mit politischer Motivation vorzubereiten sowie Erkenntnisse über potenzielle Störer zu gewinnen. Dazu gehörten die Erledigung der notwendigen Karteiarbeiten, die Abwicklung des erforderlichen FS-Verkehrs und die Einleitung eventuell erforderlicher ausländerrechtlicher Maßnahmen.

In der Klenzeschule in der Isarvorstadt, die das Schulreferat der Stadt zur Verfügung stellte, schlugen wir vom Staatsschutz unser Basislager auf und unterhielten dort im Schichtbetrieb einen Geschäftsbetrieb mit einem „Spieß" und ein oder zwei Helfern. In deren Turnhalle versammelte ich die Masse der Fremdkräfte und wies sie theoretisch ein (auf eine Einweisung in die einzelnen Wettkampfstätten musste verzichtet werden, niemand von uns Staatsschützern hatte auch nur eine Stunde Zeit dafür). Als ich mir Tage zuvor ein eigenes Bild zu machen versuchte und verschiedene Sportstätten abfuhr, musste ich am Olympiastadion zu meinem Entsetzen feststellen, dass der Umgriff über der Zufahrt der Ehrengäste nicht wie vereinbart mit polizeilichen Absperrgittern so weit abgesperrt war (nachdem Umbauten angeblich nicht möglich waren), dass niemand an das Geländer über der Zufahrt herantreten konnte. Irgend so ein Schlaumeier hatte offenbar gefunden, dass dies nicht nötig war, und hatte entweder die Absperrgitter gar nicht aufstellen oder aber entfernen lassen. Ich vergatterte den Leiter des vom BGS gestellten Ordnungsdienstes, die Gitter entweder wieder beizuschaffen oder das Umgriffgeländer über der Zufahrt mit seinen Ordnern besetzen und sichern zu lassen, und machte ihm den Ernst der Lage klar. Ob er es tat oder ob ihm dies seitens der Stadionverwaltung oder des NOK gestattet worden ist, erfuhr ich nicht. Jedenfalls passierte dort weiter nichts, gottlob. Als dann in der Turnhalle der Klenzeschule das aufgebaute Mikrofon nicht richtig funktionierte, ich wieder und wieder schreien musste, um mich verständlich zu machen, und dann auch noch Klagen darüber kamen, dass verschiedene der Fremdkräfte so weit draußen im Umland einquartiert worden seien, dass sie nicht wüssten, wie sie frühmorgens ihre Einsatzorte erreichen sollten, da hätte ich am liebsten alles hingeschmissen und die Flucht ergriffen. Dabei war hinsichtlich der Quartiervergabe vereinbar gewesen, dass unsere Einsatzkräfte in der Stadt oder deren unmittelbarer Nähe unterzubringen seien. Hier aber wollte das hochwohllöbliche NOK wohl allein seine Gäste unterbringen. Ich konnte den Kollegen nur raten, rechtzeitig Verabredungen entweder mit den Quartiergebern oder unserer Geschäftsstelle in der Klenzeschule zu treffen, um zu den Einsätzen frühmorgens gebracht und spät abends zurückgebracht zu werden – wozu schließlich die Kollegen der Geschäftsstelle in der Klenzeschule Sammelfahrten per VW-Bus organisieren mussten. Wie ich den versammelten Fremdkräften auch riet, bei etwaiger Hinderung am Betreten von Sportstätten wegen fehlender Passierscheine, die uns nicht zugestanden worden waren, die Ordner wegen Störung einer Amtshandlung vorübergehend festzunehmen. Wenn die „Sportmanager" kein Einsehen hatten, dass wir Sicherheit nur zu bieten vermochten, wenn wir anwesend sein konnten, dann mussten wir uns eben selbst helfen. Für uns ging unser Auftrag jedenfalls vor. Wie ich später erfuhr, passierte solches dem persönlichen Begleiter des Bundeskanzlers, der am Betreten des Ehrengastbereiches gehindert wurde. Dieser aber, ein Bär von Mann, wischte den Wicht einfach beiseite. Im Übrigen mussten im Bereich des Innenschutzes vom 21. 08. bis 12. 09. bei 215 Anlässen (Empfänge, Kongresse, IOK-, NOK-u. a. Tagungen, Kulturveranstaltungen usw.) sowie für mehrere DuSKdos Einsatzbefehle gefertigt werden. Dass Fremdkräfte ohne ortskundige Führer eingesetzt werden mussten, ließ sich letztlich nicht vermeiden.

Und dann begannen sie, die „heiteren" Spiele. Und ließen sich anfangs wirklich heiter an. Eine gelöste, fröhliche Stimmung lag über der Stadt – von der wir aber nur erfuhren, wenn wir mal zu Hause Fernsehnachrichten sehen konnten. Längst hatten wir von der KEZ unsere 12-Stunden-Schichten aufgenommen, versuchten sportlichen Wettkampf vor kommunistischen Umtrieben und terroristischer Gefahr zu bewahren, den Begleitschutz für die Staats- und Ehrengäste auf die Reihe und die Innenschutzgruppen an ihre Einsatzobjekte zu kriegen, über Quellen und durch Aufklärung möglichst frühzeitig von Störaktionen zu erfahren, durch offene und verdeckte Observationen potenzielle Störer und verkappte Attentäter unter Kontrolle zu behalten, DuSKdos für Demonstrationseinsätze einsatzklar, Karteiführung, Überprüfungssteuerung, Versorgung und Personaldisposition funktionsfähig und darüber hinaus auch noch eine Soko (für den Terror der B-M-Bande) und allgemeine Sachbearbeitung am Leben zu halten.

Mir tat schon bald das Ohr weh von den pausenlosen Telefonaten, zwischen denen ich immer wieder auch an die Funkstation eilte, unsere reguläre Feststation gleich im Raum nebenan, über die Aufklärung und Observation ihre Meldungen absetzten und ggf. neue Aufträge erhielten (die großen, hohen Räume des ehemaligen Klosterbaus waren durchwegs mit Türen untereinander verbunden, was unserem hektischen Dienstbetrieb gelegen war). Als ich eines Tages von Aufklärungsstreifen mitgeteilt bekam, dass man ihnen den zivilen Funkwagen abgeschleppt habe, den sie in der sogenannten Parkharfe abgestellt hatten, um auch rund um das Olympiastadion und die Olympiahalle aufzuklären, wo wiederholt spontane Versammlungen, Flugblattaktionen und sonstige politische Betätigungen zu beobachten waren oder sich verdächtige Personen herumtrieben, da kam mir regelrecht die Galle hoch. In die Aufklärung waren neben den Wettkampfstätten vor allem Behörden, Hochschulen, Konsulate und sonstige ausländische Niederlassungen, Hotels, Büros und Versammlungsorte politischer Organisationen und Institutionen, die bereits Angriffen ausgesetzt waren, einbezogen. Für die Sportstätten aber wollte das NOK unsere Aufklärungsstreifen partout nicht mit Durchlass- oder Parkscheinen ausstatten. Dabei versorgten uns die Aufklärer zufriedenstellend mit relativ zuverlässigen Informationen über die Betätigung extremistischer Gruppen. Von wem gingen nach Ansicht der Sportfunktionäre denn nun Störungen oder Gefährdungen aus? Oder war es einfach nur Hass gegen die Polizei, wie er uns vor allem aus Teilen der Studentenschaft häufig entgegenschlug, Hass gegen die „Bullen", als welche wir mittlerweile verhöhnt wurden – Synonym für männliche Rinder, die mit gesenkten Hörnern wutschnaubend im Sand scharren?

Dass sich schon gleich mit dem Eröffnungstag (28. August 1972) ca. 2000 aus dem ganzen Bundesgebiet angereiste Anhänger und Sympathisanten der „Liga gegen den Imperialismus" auf dem Kiliansplatz im Westend versammelten, um eine als Gegenveranstaltung zur Eröffnungsfeier aufgezogene Demonstration durchzuführen, tat der heiteren Stimmung noch keinen Abbruch. Und nachdem die Anrufung des Verwaltungsgerichts durch den Veranstalter der Demo auf Freigabe der Fußgängerzone, die vom Karlsplatz (Stachus) durch die Neuhauser und Kaufingerstraße und teils in die Nebenstraßen hinein zum Marienplatz führt, erfolglos blieb, zeigte man sich mit einem Zugweg zum Sendlinger-Tor-Platz einverstanden. Gleichwohl band der Demonstrationszug, mit dem Auseinandersetzungen befürchtet wurden, schon gleich einmal starke Polizeikräfte. Und wie von solchen linksextremistischen Gruppen nicht anders zu erwarten, wurde der Aufzug entgegen den geplanten Auflagen erst am Karlsplatz (Zugang zur Fußgängerzone) beendet.

Auch ein Aufzug des DGB, der es natürlich genauso wenig lassen konnte, vor aller Welt auf seine sozialen Probleme hinzuweisen und die Polizei zusätzlich in Atem zu halten, störte den Frieden noch nicht.

Bis die „Neue Linke" (NL) ihre revolutionären Proteste anlässlich des „Antikriegstages" (Beginn des Zweiten Weltkrieges am 1. September 1939) mit einem in brutaler Gewalt endenden Demonstrationszug den olympischen Frieden erstmals ernstlich störte. Der „Kommunistische Jugendverband Deutschlands", die Jugendorganisation der KPD/ML, wollte ebenso im Blickpunkt der Weltöffentlichkeit stehen und hatte einen Aufzug mit zwei Marschsäulen aus östlichen Stadtteilen zum Sendlinger-Tor-Platz, wo er sich vereinigte und durch die Sonnenstraße zum Karlsplatz zog und hier in die Fußgängerzone einbiegen sollte, was die Ordnungsbehörde aber auch in diesem Falle untersagte und als Ort der Schlusskundgebung den vom Karlsplatz nicht weit entfernten „Alten Botanischen Garten" anbot. Am Karlsplatz aber stoppte der in perfekter Demonstrationstaktik mit straff geführten Marschblocks organisierte Aufzug. Der Versammlungsleiter erklärte ihn für beendet. Für die mit Schlagstöcken, Prügeln, Brecheisen, Vierkanthölzern und Transparentstangen bewaffneten Schlägerblocks das Signal zum Losschlagen. Die unter den Rundbogen des Karlstors an ihren Absperrungen stehenden Bereitschaftspolizisten (sie waren aus Nordrhein-Westfalen, wenn ich mich recht erinnere) vermochten dem mit in München bisher nicht bekannter Brutalität geführten Ansturm mit ihren Gummiknüppeln nicht standzuhalten. Die Demonstranten brachen durch und tobten durch die Fußgängerzone – 58 verletzte Polizeibeamte waren hier zu verzeichnen. Kampferprobte Münchner Einsatzzüge zerstreuten die wilden Horden schließlich. 14 Täter wurden festgenommen – besser hätte man sie alle schon hier zusammengetrieben und eingekreist und summa summarum eingesperrt (was wir später einmal bei einer der in München regelmäßig stattfindenden Sicherheitskonferenzen tatsächlich praktizierten – mit dem Erfolg heftiger öffentlicher Proteste).

Eine zweite, zum Olympiagelände vorgesehene Demo wurde schon am „Alten Botanischen Garten", dem Aufstellungsort eingekesselt und sämtliche Schlagwerkzeuge sichergestellt, worauf die Veranstaltungsleitung ihr Vorhaben, den Demonstrationszug zum Olympiastadion zu führen, aufgab. Es hätte jetzt ja keinen Spaß mehr gemacht.

Am 5. September war es dann vorbei mit den von der Politik propagierten „heiteren Spielen". Im Morgengrauen stieg das palästinensische Terrorkommando „Schwarzer September" mit Kalaschnikows und Handgranaten in den Sporttaschen über die Umzäunung des olympischen Dorfes und überfiel die in einem Gebäude an der Connollystraße untergebrachte israelische Olympiamannschaft.

Es war 04.10 Uhr, als zwei Postbeamte, die die Telefonleitungen im Olympischen Dorf kontrollieren wollten (so jedenfalls schildert eine Münchner Zeitung die Chronologie der Ereignisse in ihrer Ausgabe vom 21./22. Januar 2006), mehrere Männer in Trainingsanzügen beobachteten, die mit Sporttaschen über den Zaun bei Tor 25 A kletterten und im Dunkel des Dorfes verschwanden. Sie hielten die Männer für spät heimkehrende Sportler.

Um 04.55 Uhr wird der Polizeiführungsstab im Olympiagelände telefonisch informiert, dass in der Connollystraße 31 geschossen würde. Beamte der Kripo-Wache im Olympischen Dorf und der Bereichsleiter des Ordnungsdienstes begeben sich zur Connollystraße. Am Eingang zu Nr. 31 winkt ihnen ein Mann mit weißem Hut, geschwärztem Gesicht und Sonnenbrille zu, näher zu treten. Die Terroristen verlangen bis 09.00 Uhr die Freilassung von 234 in Israel gefangen gehaltenen Palästinensern und der inhaftierten RAF-Terroristen Andreas Baader und Ulrike Meinhof sowie den ungehinderten Abflug. Sie drohen, die Geiseln zu erschießen, wenn die Polizei versucht, das Gebäude zu stürmen.

Um 05.21 Uhr werden das Olympische Komitee, die Polizei und Krankenwagen alarmiert. Sie finden den toten Ringertrainer Moshe Weinberg vor dem Hauseingang. Der Gewichtheber Romano, auf den ebenfalls geschossen wurde, liegt schwer verletzt im ersten Stock. Die Terroristen aber lassen niemanden ins Haus, Romano stirbt.

Kurz vor 07.00 Uhr treffe ich nichts ahnend im Polizeipräsidium ein, um meine Tagesschicht anzutreten. Mein Büro finde ich leer vor, die Kollegen, die ich ablösen will, sitzen alle in gedrückter Stimmung nebenan um die Funkstation herum. Ich ahne, dass es nun passiert war, was immer es war und wir nicht verhindern konnten. Die Kollegen informierten mich, dass die israelische Olympiamannschaft von Palästinensern überfallen wurde und zwei der Israelis bereits tot seien. Die Terroristen seien über den Zaun gestiegen, von Zeugen seien sie dabei gesehen worden. Ich lasse alle Hoffnung fahren, dass die Geiseln und wir aus diesem Schlamassel unbeschadet herauskämen. Zumal sich inzwischen auch die Politiker des Falles angenommen hatten: Neben unserem Polizeipräsidenten Dr. Manfred Schreiber sollen bereits der Bürgermeister des olympischen Dorfes, OK-Präsident Willi Daume und Bayerns Innenminister Bruno Merk am Ort sein und Verhandlungen mit den Terroristen aufgenommen haben. Später schwebte auch noch Bundesinnenminister Hans-Dietrich Genscher ein. Der Oberterrorist – der Mann mit dem weißen Hut – er nannte sich Isa, d. h. Jesus –- lehnte jede Konzession ab.

Wir Einsatzplaner der KEZ waren mit dem Fall nicht weiter befasst. Weit vom Schuss waren wir nur mehr stille Zuhörer und Zuschauer, und ich kann mich für die Schilderung des Ablaufs und der Hintergründe lediglich der Presseberichte und späterer Veröffentlichungen bedienen, wie der Hauspostille des PP

München „MÜNCHNER POLIZEI 1972", in der u. a. Polizeivizepräsident Dr. Georg Wolf eine „Beurteilung des Polizeieinsatzes am 5. September 1972 gegen die palästinensischen Terroristen" veröffentlichte. Die israelische Regierung wollte keine Verhandlungen mit den Terroristen aufnehmen und würde auf deren Forderungen nicht eingehen. Für die Sicherheit der Sportler sei allein die Bundesregierung verantwortlich. Damit blieb uns, der Münchner Polizei, der Schwarze Peter. Wir durften die Welt nicht mit „Polizei, Stacheldraht und Hunden" schockieren, sollten die Israelis jetzt aber heraushauen. Wozu wir natürlich bereit waren, auch wenn dazu allein auf Freiwillige zurückgegriffen werden musste. Sondereinheiten wie PSK, MEK und SEK gab es dazumal noch nicht, noch immer nicht! Wie PVP Dr. Wolf, der als ehemaliger Hauptmann und Kriegsteilnehmer über genügend militärische Erfahrungen verfügte, in seiner Lagebeurteilung über den Einsatz ganz richtig darlegte, waren die Terroristen mit ihren durchschlagskräftigen Kalaschnikows, deren Stahlkerngeschosse die Ziegelmauern des Towers in Fürstenfeldbruck glatt durchschlugen, wie sich später erwies, und ihren Handgranaten weitaus besser bewaffnet als die deutschen Polizisten, waren militärisch ausgebildet (was die Bereitschaftspolizisten der ersten Jahre allerdings auch waren) und bedingungslos zu kämpfen bereit. Ein Befreiungsversuch schon in der Unterkunft oder im Basement mit seinen Nischen und Säulen, durch das die Terroristen ihre gefesselten Geiseln zum Bus führten, mit dem sie raus zu den Hubschraubern gefahren wurden, wäre für unsere Kollegen zum Himmelfahrtskommando geworden und auch für die Geiseln tödlich verlaufen. Gleichwohl wurden hier Präzisionsschützen und Sturmtrupps bereitgehalten, die allerdings teils vor die Linsen der Fernsehkameras gerieten und den Terroristen zeigten, dass sie vorhanden waren. Dann musste die Möglichkeit einkalkuliert werden, dass die Terroristen die Hubschrauber nicht zum Flughafen Fürstenfeldbruck dirigieren würden, wo eine Lufthansa-Maschine für sie bereitstand, sondern zum Flughafen Riem, um vielleicht dort eine abflugbereite Passagiermaschine zu kapern. Die Truppe der Freiwilligen – Präzisionsschützen wie Sturmtruppen – musste also auf vier Einsatzorte aufgeteilt werden. Dass die Präzisionsschützen nicht mit den für solche Aufgaben erforderlichen Gewehren versehen waren, wie es jüngst erst wieder in einer Fernsehdokumentation behauptet wurde, entspricht laut PVP Dr. Wolf, der Einsatzleiter war, nicht den Tatsachen. Sie verfügten über die als Scharfschützengewehre sehr wohl geeigneten Schnellfeuergewehre G 3 der Bundeswehr mit Zielfernrohr. Durch Fristverlängerung gegenüber den Terroristen bekamen die Schützen auch noch Gelegenheit, sich auf einem Schießplatz etwas mit dieser Waffe vertraut zu machen (sie weist im Gegensatz zum deutschen Karabiner oder Jagdgewehr ein sogenanntes Lochvisier auf, das man erst mal kennenlernen muss – ich habe selbst schon mal mit einem G 3 geschossen und nicht schlecht getroffen). Dass auf dem Flughafen Fürstenfeldbruck letztlich nur fünf Scharfschützen zum Einsatz kamen, wie es uns ständig vorgeworfen wird, ist auf die vorsorgliche Aufsplitterung der Kräfte zurückzuführen. Wie hätte die Weltpresse wieder gehöhnt, wenn die Terroristen die Hubschrauber mit den Geiseln wirklich nach Riem dirigiert hätten und dort nicht hätte versucht werden können, sie zu befreien – was aber hinsichtlich der Gefährdung vieler anderer sowieso sehr problematisch gewesen wäre. Dass, nachdem in Fürstenfeldbruck die ersten der Terroristen unter den Schüssen der Präzisionsschützen fielen und nicht gleich die Sturmgruppen angriffen, hat sehr wohl auch seinen Grund. Der Einsatzleiter wollte sie nicht über das deckungslose Vorfeld ohne Feuerschutz durch die angeforderten Sonderwagen (Panzerspähwagen) angreifen lassen, doch die Sonderwagen verspäteten sich, sie waren durch den Zustrom zahlloser Neugieriger am Vorankommen gehindert. Gut zu wissen, dass Vorgesetzte auch in solchen Lagen ihre Leute nicht einfach verheizen wollen – doch dass bei der BBPol. in den 1950er-Jahren Sturmangriffe unter sprungweisem Vorarbeiten mit gegenseitigem Feuerschutz geübt worden waren (s. Folge 2), war wohl in Vergessenheit geraten, mit einem Haufen zusammengewürfelter Freiwilliger wohl auch zu riskant. Die Polizisten, die in der bereitgestellten Lufthansamaschine als Cockpitbesatzung getarnt auf die

Terroristen und ihre Geiseln warten sollten, um diese zu überwältigen, entgingen ihrem Himmelfahrtskommando auch nur, nachdem sie sich rechtzeitig zurückzogen.

Als ich nach rund achtzehn Stunden Dienst mit einer letzten Tram heimfuhr, erzählten sich Fahrgäste erleichtert, dass alle Geiseln befreit werden konnten. Im Radio wäre es gekommen. Was war ich da froh, vielleicht noch mehr als die Fahrgäste, die alle Anteil genommen hatten an dem Geschehen in Fürstenfeldbruck.

Fünf der insgesamt acht Terroristen blieben in Fürstenfeldbruck auf der Strecke und alle neun in den Hubschreibern gefesselt auf ihre Befreiung harrenden Geiseln. Schon gleich, als der erste Panzerwagen auf dem Vorfeld auftauchte, hatte einer der noch lebenden Terroristen eine Handgranate in den einen der Hubschrauber geworfen und ein weiterer die Geiseln im anderen Hubschrauber erschossen. Das Warten auf die Panzerwagen hätte also so und so nichts gebracht. Tot auch ein deutscher Polizist, den angeblich ein Querschläger traf. Die Hubschrauberpiloten retteten sich unter ihre Fluggeräte, von wo sie sich − verletzt, aber lebend − in die Dunkelheit des Geländes davonschleichen konnten.

Die drei überlebenden Terroristen wurden keine zwei Monate später durch die Entführung einer Lufthansamaschine freigepresst, sie mussten nach Libyen ausgeflogen werden. Ich erinnere mich, dass die Terroristen mit der gekaperten Maschine über dem Flughafen München-Riem niedergingen, aber nicht zu landen wagten. Fürchteten sie, in München sogleich erschossen zu werden wie ihre Komplizen? Der israelische Geheimdienst soll sehr verärgert darüber gewesen sein, nicht informiert worden zu sein, wohin diese Mörder gebracht werden sollten. Er hätte sie schon gleich bei deren Ankunft in Empfang genommen. Mit dem Leben kamen sie, wie zahlreiche andere, die an der Vorbereitung des Terrorüberfalls beteiligt waren, trotzdem nicht davon.

Uns aber wurde Unvermögen angelastet, nachdem die zur Befreiung der Geiseln eingesetzten Beamten, zusammengewürfelt aus Freiwilligen und weder entsprechend ausgerüstet noch ausgebildet, aber bereit ihr Leben zu riskieren, nicht in der Lage waren, die Situation zu meistern.

Der Olympiaeinsatz endete für die zur Unterstützung nach München abgeordneten Beamten mit Verstimmung. Zunächst hieß es, wegen des Attentats auf die israelische Olympiamannschaft würde der Einsatz nicht verlängert. Als die ersten auswärtigen Kräfte abzureisen begannen, kam die Weisung zur Verlängerung um einen Tag. Die zum Staatsschutz abgeordneten Kräfte brachten zudem ihre Verbitterung darüber zum Ausdruck, dass sie nicht einmal verabschiedet wurden und kein Wort des Dankes für ihre Arbeit erhielten. Ich fühlte mich damit selbst angesprochen und hatte sogar überlegt, ob nicht ich rübergehen sollte zur Klenzeschule, wenn schon keiner der Chefs Zeit dazu habe. Doch ich hatte genauso keine Zeit dazu, alles musste nun erst einmal abgewickelt werden: die Zeitkarten waren auszufüllen, die DuZ-Stunden festzuhalten (Dienst zu ungünstigen Zeiten, d. h. nachts und an Wochenenden, für die generell 0,75 DM pro Stunde gutzuschreiben waren), und Erfahrungsberichte über die einzelnen Aufgabenbereiche sollten möglichst schon gestern vorgelegt worden sein usw. Ich trauere dieser Zeit des Stresses, des Frusts und der Verbitterung trotz der vielfältigen beruflichen Erfahrungen, die ich damit gewonnen habe, nicht nach und bedauere die Polizeien der Städte, die mit Olympischen Spielen „beglückt" wurden oder weiterhin werden.

Quellen:

„Chronik des Polizeipräsidiums München" von Josef Falter; „Münchner Polizei 1972", herausgegeben vom Polizeiverlag Heinz Krause, mit Beiträgen und Erfahrungsberichten über die Olympischen Spiele 1972.

12. Folge

Anschläge, Hausbesetzungen, AKW-Kampf

Der Freizeitausgleich durch meine Überstunden ließ mich Abstand gewinnen zu den Olympischen Spielen, die ich selbst zusammen mit meiner Frau nur ein einziges Mal unmittelbar miterlebt hatte: Im Messegelände fanden die Ringerwettkämpfe statt, für die mir zwei Freikarten zugestanden worden waren. Ich nutzte die vier Wochen Überstundenausgleich zu Kurzbesuchen bei meinen Eltern in Niederbayern und zu Ausflügen mit meiner kleinen Familie zu den oberbayerischen Königsschlössern. Aus der Presse erfuhr ich, dass während der Olympiade noch nie so wenig allgemeine Kriminalität zu verzeichnen gewesen sei. Es war ja auch genügend Polizei in der Stadt und auf den Straßen, womit sich zeigte, dass ein optimales Maß an Sicherheit nur mit der ständigen Präsenz von uniformierter Polizei auf den Straßen erreicht werden kann. Schnell hatten sich auch die auswärtigen Kollegen in die Münchner Verhältnisse eingefunden, wie ein Berliner Polizeiobermeister fast philosophisch meinte: „Ein Berliner in München ist so etwas wie ein Amerikaner in Paris. Zuerst staunt man über ihn, dann wird er akzeptiert, und wenn er die dritte Maß übersteht, gehört er dazu."

Eine zum 1. Oktober 1972 verfügte Neugliederung der Dienststellen der Kriminaldirektion und der KA III (Staatsschutz) berührte auch mich. Die Direktionsdienststelle 3 (DD 3) übernahm neben ihren bisherigen Aufgaben die Vorbereitung von Einsätzen, soweit sie den Rahmen einer Abteilung überstiegen. Die KA III gliederte sich künftig in die KPI III A und III B mit jeweils nachgeordneten Kriminalkommissariaten KK III A 1 und III A 2 bzw. KK III B 1 bis KK III B 3. Ich verblieb mit meiner Epl. mit abgespeckter Zuständigkeit, aber kaum weniger Arbeit bei meinem bisherigen Kommissariat, von dem aus ich DD 3 mit Lageerkenntnissen beliefern und bei über eine Abteilung hinausreichenden Einsätzen die dabei von KA1 III zu stellenden Beamten mit ihren speziellen Aufgaben benennen musste. Mir gefiel dies nicht. Geteilte Zuständigkeiten waren nicht mein Ding. Aber ich hatte etwas mehr Luft für mein Hobby, die Konzeption von Fachartikeln über die revolutionären kommunistischen Studentenverbände und die Bekämpfung anarchistischer und terroristischer Organisationen, für die ich im Dienst über Wochen und Monate Material sammelte und mich an den Wochenenden und diversen Urlaubstagen an die Ausarbeitung machte (wozu ich von meiner mechanischen Reiseschreibmaschine schon bald auf eine Elektrische und schließlich auf einen Computer umstieg). Oft musste ich mir dabei Vorwürfe meiner Frau anhören, wie: „Du hörst mir ja schon wieder gar nicht zu!" An meinem abwesenden Blick erkannte sie, dass ich gar nicht auffasste, was sie mir erzählte oder mich fragte.

Noch lange nicht sind hier an seinem heimischen Arbeitsplatz alle Fachzeitschriften ausgebreitet, für die der Autor allein in den 1970er-Jahren schrieb. Privatfoto

In einer Reihe von Veröffentlichungen analysierte ich die verschiedenen linksextremistischen Organisationen (s. u. a. POLIZEINACHRICHTEN Nr. 6/74), die von Aufbauorganisation (AO) für die KPD (die bisher verboten war) über die Roten Zellen (bestanden an der Uni München in sämtlichen Fakultäten, stellten den AStA und entwickelten sich aus dem ehemaligen SDS), DKP, Rote Hilfe, KPD (neu), KPD/ML, Revolutionäre Gewerkschaftsopposition (GO), KSV (Studentenorganisation der KPD), KHB/ML, KSB/ML, Liga gegen den Imperialismus, Nationales Vietnam-Komitee (NVK) und diverse sonstige Studentenorganisationen wie Spartakus. In weiteren Beiträgen befasste ich mich mit „Straßensammlung bei Veranstaltungen und Demonstrationen" („der kriminalist" 5/74) und vor allem mit „Terroristenbekämpfung – Gedanken zur Aufstellung und Ausbildung von Spezialtrupps" („der kriminalist" 2/73), die mir schon gleich eine öffentliche Beschimpfung in einer Parteiveranstaltung als „Mörderspezialist" eintrug, wie ich unter der Hand erfuhr, denn staatstragende Parteien wie jene Mini-Partei, die gern das Zünglein an der Waage politischer Entscheidungen spielt, werden nicht beobachtet. Ich hatte darin im Verein mit meinen BDK-Kollegen detailliert dargelegt, welche Spezialeinheiten (Präzisionsschützen- und -sturmgruppen und -kommandos) mit welcher Bewaffnung (G 3) und welchen speziellen Aufgaben nach den jüngsten Erfahrungen in Fürstenfeldbruck erforderlich seien und dass solche Gruppen bzw. Kommandos zu einem PuS-Kdo (oder wie man es nennen will) zusammengefasst werden sollten.

In „Zielsetzung, Strategie und Taktik linksextremer Organisationen" (s. „der kriminalist" 9/73 und 10–11/73) fasste ich meine Erkenntnisse aus der Beobachtung des linksextremistischen Spektrums zusammen. Danach ist die nach offizieller Ideologie des Kommunismus, dem dialektischen Materialismus, geschichtliche Entwicklung (wie in der Hinwendung vom Feudalismus zum Kapitalismus) naturgesetzliche Notwendigkeit. Nächste Entwicklungsstufe sei die Hinwendung vom Kapitalismus zum Sozialismus und schließlich zum Kommunismus. Getreu dieser Lehre sei der Bourgeoisie der Untergang zu bereiten und die Verhältnisse umzustürzen. Das Proletariat müsse zum Sieg über die Bourgeoisie geführt und als neue Gesellschaftsform die Diktatur des Proletariats errichtet werden. Nach marxscher Theorie bestimme das gesellschaftliche Sein der Menschen ihr *Bewusstsein*.

Nach Lenins Vorstellungen müsse das Bewusstsein der Menschen durch die Partei gelenkt werden. Nach Mao Tse-tung schließlich bestimmt das gesellschaftliche Sein der Menschen ihr *Denken*. Die Strategie linksextremistischer Organisationen ist deutlich darauf ausgerichtet, den Massen die „richtigen" Ideen einzugeben. Sie setzen dabei auf Agit-Prop (agitatorische Propaganda) und auf die Schaffung von Zellen in allen Bereichen, durch die sie die Massen organisieren und zur Einheitsfront schmieden wollen. Nun – solange hierzu kein Agitator wie z. B. Hitler aufgeboten werden kann, wohl ein vergebliches Bemühen.

Von besonderer Bedeutung sind für linksextreme Organisationen Sammlung, Organisation und Erziehung der Jugend. In der Erkenntnis: „Wer die Jugend hat, der hat die Zukunft", wollen die Extremisten sie organisieren und zum bewaffneten Sturz des Imperialismus erziehen und führen. Sie setzen dabei auf Kampagnen und betrachten Demonstrationen als Höhepunkte des Kampfes, als „Schritte zur Revolution". Für bestimmte Demonstrationen, sogenannte „Kampfdemonstrationen", erstellen sie detaillierte „taktische Pläne" (Durchführungspläne). Mit ihnen wollen sie zeigen, dass es eine Kraft gibt, die den Kampf gegen Missstände führt und auch in der Lage ist, die Schranken (Verbote, Absperrungen) der Bourgeoisie zu durchbrechen. Aus führenden Genossen soll dabei eine „Einsatzleitung" gebildet werden und zu den einzelnen Marschblöcken, für die Blockleiter und Trupps zu je zehn Mann vorzusehen sind, durch Kuriere Verbindung gehalten werden. Jeder Block soll eine gewisse Anzahl von „Ordnungskräften" stellen, die die Veranstaltung vor „Provokateuren" und „Übergriffen" der Polizei schützen. Sie sollen mit Helmen, „fester Kleidung" und „Verteidigungsmaterialien" (Eisenrohre, als Fahnen getarnte Prügel etc.) ausgerüstet sein. Dort, wo beabsichtigt ist, Absperrungen gewaltsam zu durchbrechen, soll die bis dahin den Auflagen gemäß durchgeführte Demo für beendet erklärt werden. Die Blöcke der Angriffsspitze haben noch während des legalen Teils der Demo die vorgesehenen Positionen einzunehmen. Sobald der Angriff erfolgt, ist über Nebenstraßen ein Entlastungsangriff in den Rücken des „Feindes" zu führen.

Verhindern Gegenmaßnahmen des „Feindes" die vorgesehenen Aktionen, sind auch hierfür taktische Maßnahmen vorgesehen. Die Anti-Kriegsdemonstration am 2. September 1972 in München mit gewaltsamem Durchbruch nach deren Beendigung in die Fußgängerzone (s. 11. Folge) entsprach genau diesem taktischen Durchführungsplan.

Nachdem mittlerweile Mitarbeiter der KA III, insbesondere diejenigen, die mit Ermittlungen gegen die Bader-Meinhof-Bande und sonstige Gewalttäter befasst waren, Drohanrufe erhielten und teils bereits die Fenster ihrer Wohnungen eingeworfen worden waren, wurden deren Meldedaten bei Einwohnermeldeamt, Zulassungsstelle und Post (Telekom) abgedeckt und für Auskünfte gesperrt.

Ungebremst führte sich die studentische „Neue Linke" nach den Spielen weiterhin auf. In München musste erstmals sogar die Christmette am 24. Dezember 1972 im Dom unter polizeilichen Schutz gestellt werden, nachdem mehrere Gruppen junger Leute mit Transparenten und Flugplättern gegen das Bombardement der US-Luftwaffe auf Nordvietnam protestierten. Während des Besuches des vietnamesischen Staatspräsidenten 1973 stürmten und verwüsteten Anhänger der KPD/ML das Bonner Rathaus, und anlässlich des Besuches des Generalsekretärs der KpdSU demonstrierten Anhänger der KPD und der KPD/ML in Dortmund unter taktischen „Kampfanweisungen" für die Auseinandersetzungen mit der Polizei. Neben Kampagnen gegen die „bürgerliche Klassenjustiz", gegen die „Militarisierung des öffentlichen Lebens" (als Reaktion gegen die inzwischen gebildeten Sondereinheiten der Polizei), gegen die Verschlechterung der sozialen Lage der Studenten (Bafög-Kampagne) und gegen die Militärjunta in Chile waren der Hungertod des Terroristen Holger Meins 1974 sowie der Selbstmord Ulrike Meinhofs 1976 willkommene Anlässe für die Gruppen der NL zu heftigen Kampagnen mit Kundgebungen und Demonstrationen gegen Polizei und Justiz. Längst gehörten zu den taktischen Einsatzmitteln gegen die Polizei neben Steinen, Pflastersteinen, ausgestanzten Eisenstücken, Latten, Montier- und Brecheisen, Rauchkörpern und Schleudergeschossen aller Art auch Molotowcocktails, wie sie sich im Zweiten Weltkrieg zur Panzerbekämpfung auf beiden Seiten bewährten.

Am 27. Februar 1970 führten Angehörige des später als kriminelle Vereinigung zerschlagenen „Sozialistischen Patientenkollektivs" (SPK) in Heidelberg eine erste Hausbesetzung durch. Am 2. Februar 1972 wurde in Frankfurt das Anwesen Kettenhofweg 51 besetzt und von Sympathisanten abgeschirmt, die der Polizei untergehakt und in Viererreihen entgegentraten, sodass diese infolge ihrer Unterlegenheit abziehen musste. Der Hausbesitzer vereinbarte indessen mit den Besetzern eine einjährige Nutzung. Ein Hauskollektiv und ein Häuserrat wurden gebildet – und die getroffene Vereinbarung missachtet.

Die Jahre 1973/74 waren gekennzeichnet von dem in Frankfurt entbrannten „Häuserkampf" und dem damit zusammenhängenden gewalttätigen Demonstrationen. Im März 1973 sprengten die Hausbesetzer eine Sitzung des im Frankfurter Römer stattfindenden Bauausschuss und verwüsteten den Sitzungssaal. Zehn Tage darauf stellte der Gerichtsvollzieher den Räumungsbeschluss zu. Er stieß auf bis zu 500 inzwischen alarmierte Sympathisanten. Nachdem die Polizei zunächst nicht eingriff, verlagerten die Hausbesitzer den Konflikt in die Innenstadt. Nach heftigen Straßenschlachten zogen sich die Demonstranten zum Kettenhofweg zurück, rissen das Straßenpflaster auf und verbarrikadierten sich. Bei der anschließenden Räumung waren die Beamten einem Geschosshagel aus Steinen und ausgestanzten Eisenstücken ausgesetzt. Angriffe wurden gegen sie vorgetragen, Tränengas und Nebelbomben auf sie geworfen, mit Latten, schweren Knüppeln und Bleirohren auf sie eingeschlagen und mit Steinschleudern Glaskugeln auf sie verschossen, die die Schutzschilde glatt durchschlugen. Kämpfe Mann gegen Mann entbrannten, und während die Vorderleute auf sie einschlugen, wurden von hinten ganze Ziegelsteine auf sie geworfen. Der Einsatz wurde lebensgefährlich, teils mussten die Beamten wiederholt zum Vorrücken aufgefordert werden.

48 Verletzte hatte die Polizei zu beklagen, und zahllose Einsatzfahrzeuge wurden beschädigt.

Bei den zunächst verbotenen, unter Auflagen aber dann doch genehmigten (!) Anschlussdemonstrationen kam es zu erneuten Straßenschlachten. Wieder prasselten Baulatten und Eisenteile auf die Beamten nieder. Der Höhepunkt der Ausschreitungen aber sollte erst ein Jahr darauf erreicht werden.

Während in München in strikter Verfolgung der Strategie, dass kein Haus länger als vierundzwanzig Stunden besetzt bleiben dürfe, leer stehende Gebäude systematisch erkundet und von den Eigentümern Strafanträge wegen Hausfriedensbruch für den Fall des Falles einer Besetzung gleich vorsorglich eingeholt wurden, konnten derartige Versuche bereits im Keim erstickt werden. Die Hausbesetzungen griffen auf zahllose weitere Städte über. Allein 1981 wurden ca. 700 Hausbesetzungen bekannt, je etwa 200 in Berlin und in Nordrhein-Westfalen.

In München warteten wir von der Einsatzplanung der Staatsschutzabteilung seit Wochen darauf, dass die aus Quellen bekannt gewordene beabsichtigte Besetzung des leer stehenden Gasteigspitals (zum Abriss und Neubau des „Kulturzentrum Gasteig" vorgesehen) endlich vorgenommen würde. Als es so weit war, stand die Polizei bereit, observierte die potentiellen Besetzer schon, als sie aus ihren Löchern (Versammlungs- und Trefforte) hervorkrochen, und sah ihnen zu, wie sie das leere Gasteigspital okkupierten. Als die Besetzer immer zahlreicher wurden, machten wir dicht und begannen umgehend und noch bevor sich die Besetzer verbarrikadieren konnten mit der Räumung. 150 Festnahmen hatten wir mittlerweile abzuarbeiten und die Zellen in der Polizeihaftanstalt quollen über.

Von 1973 an zeigte die terroristische Szene deutliche Veränderungen. Sie fächerte sich mit Schwerpunkten in verschiedenen Städten weiter auf, und allein in den ersten sechs Monaten des Jahres wurden 50 Brand- und Sprengstoffanschläge verübt, deren Zahl sich 1974 weiter erhöhte. In Berlin wurde ein Mitglied der „Bewegung 2. Juni" wegen angeblichen Verrats erschossen, und die laufenden und bevorstehenden Strafverfahren gegen Terroristen führten zu andauernden Bedrohungen und neuerlichen Sprengstoffanschlägen. Der Tod Holger Meins' im November 1974, der sich mit weiteren 41 inhaftierten Terroristen in Hungerstreik befand, hatte eine sprunghafte Zunahme der terroristischen Aktivitäten zur Folge, wie zwei Mordanschläge, zwei Sprengstoff- und 19 Brandanschläge, überwiegend auf Einrichtungen der Polizei und der Justiz. Die zur Unterstützung der Forderung auf Aufhebung der „Isolationsfolter" bereits geplante Entführung des Berliner Kammergerichtspräsidenten Günter von Drenkmann führte aufgrund der heftigen Gegenwehr des Opfers zu dessen Ermordung. Die inhaftierten Mitglieder der Baader-Meinhof-Bande bzw. RAF erneuerten in einem Spiegel-Interview ihr Bekenntnis zur „Metropolenguerilla" als Waffe im „imperialistischen Kampf", die auf dem Wege zur Eroberung der politischen Macht eine „notwendige Etappe" sei. Die übrigen linksextremistischen Gruppen sahen in der „revolutionären Gewalt", die sie als „Gegengewalt" bezeichneten, weiterhin ein legitimes Mittel zur Zerschlagung der bestehenden Gesellschaftsordnung.

Die „Bewegung 2. Juni" fand nach dem gescheiterten Entführungsversuch an Günter von Drenkmann in dem Berliner CDU-Vorsitzenden Peter Lorenz ein neues Entführungsopfer. Sie erpressten die Freilassung und Ausreise von inhaftierten RAF-Mitgliedern. Mit einem Terrorüberfall auf die deutsche Botschaft in Stockholm am 24. April 1975 wurde versucht, 26 weitere inhaftierte Terroristen freizupressen. Am 13. September 1975 explodierte in einem Schließfach des Hamburger Hauptbahnhofs ein Sprengsatz, wobei 11 Personen verletzt wurden. Bei drei Banküberfällen erbeuteten die Terroristen weitere 250.000 DM.

Innerhalb der „Neuen Linken" fand Mitte der 1970er-Jahre eine allgemeine Kräfteverschiebung statt. Während die K-Gruppen mit ihrem sterilen Dogmatismus und ihrer oft rigorosen Disziplin an Boden verloren, gewannen die Gruppen der undogmatischen „Neuen Linken", die vor allem die Zivilisationsängste, die Staats- und Gesellschaftsverdrossenheit und den Unmut vieler Studenten über bürokratische Hemmnisse an den Hochschulen aufgriffen, zunehmend an Zahl und Einfluss. Und mit dem sich formierenden Widerstand gegen den Bau von Kernkraftwerken ergab sich auch und gerade für sie eine weitere Chance zu gewalttätigen Ausschreitungen aus Massendemonstrationen heraus.

Die Anti-AKW-Bewegung führte ihre ersten größeren Demonstrationen 1974 mit Demonstrationen und Bauplatzbesetzungen gegen das geplante Kernkraftwerk Wyhl bei Breisach in Baden-Württemberg durch. Bei Demonstrationen der „Bürgerinitiative Umweltschutz Unterelbe" 1976 gegen den Bau des Kernkraftwerkes Brokdorf gingen linksextremistische Gruppen gewalttätig vor, versuchten den Bauplatz zu besetzen und griffen Polizeibeamte an: **81 Beamte wurden verletzt** und mehrere Polizeifahrzeuge schwer beschädigt. Und sie bereiteten sich weiter intensiv und koordiniert auf Gewaltakte bei Demonstrationen gegen Kernkraftwerke vor. So zogen am 19. Februar 1977 trotz Demonstrationsverbot gegen Kernkraftwerke etwa 10 000 Demonstranten zur KKW-Baustelle Brokdorf, etwa 2000 unter ihnen mit Helmen, waffenähnlichen Gegenständen und Werkzeugen zum Sturm der Baustelle ausgerüstet. Ein massives Polizeiaufgebot verhinderte größere Ausschreitungen. Bereits am 19. März zeigte sich bei einer Demonstration gegen das geplante KKW Grohnde eine neue Stufe planmäßigen, koordinierten und exzessiven gewalttätigen Vorgehens. 7500 Demonstranten, darunter etwa 1000 Angehörige der K-Gruppen und der undogmatischen Neuen Linken, versuchten das Baugelände zu stürmen. Sie marschierten nach Anleitung über Lautsprecher und Funksprechgeräten in festgefügten, einheitlich gekennzeichneten Gruppen und führten Molotowcocktails, Schlagstöcke, Wurfanker, Drahtzangen, Beile, Nagellatten, Feuerwerkskörper, Schutzhelme und Schilde mit. Während ihres dreistündigen Ansturms wurden **240 Polizeibeamte** verletzt. Bei einer gegen die Inbetriebnahme des Reaktors ISAR I in Ohu bei Landshut am 7. Mai veranstalteten Demonstration kam es in Folge geringer Teilnehmerzahl zu keinen nennenswerten Störungen. Eine auf gewaltsame Aktionen ausgerichtete Demonstration gegen den Bau des KKW Kalkar am 24. September verlief nach umfangreichen Sicherheitsvorkehrungen der Polizei, durch die rund 5000 waffenähnliche Gegenstände wie Schlagstöcke, Äxte, Totschläger, Schwarzpulver und Molotowcocktails sichergestellt wurden, weitgehend friedlich. Aber man bereitete sich weiter intensiv und koordiniert auf Gewaltakte bei Demonstrationen gegen Kernkraftwerke vor.

In München führte am 1. Mai 1973 der Deutsche Gewerkschaftsbund zum Tag der Arbeit eine machtvolle Kundgebung durch, zu der für den Bundesfinanzminister und den DGB-Bundesvorsitzenden Begleitschutz zu stellen war. Neben der DGB-Kundgebung am Königsplatz mit anschließendem Aufzug zum Marienplatz fanden an verschiedenen Plätzen der Stadt Kundgebungen der Arbeiterbasisgruppen sowie ein Demonstrationszug „Komitee Roter 1. Mai" vom Karolinenplatz (Objektschutz für das hier befindliche Amerika-Haus nötig) nach Auftaktkundgebung quer durch die Innenstadt zum Schlachthofviertel mit Schlusskundgebung am Zenettiplatz statt. Der Veranstalter (DGB) rechnete mit 50 000 Kundgebungsteilnehmern. Nach vorliegenden Erkenntnissen war mit einer starken Teilnahme linksextremistischer Gruppen zu rechnen, auf die wir uns vom Staatsschutz mit einem starken DuSKdo unter Führung eines unserer KPI-Leiter vorbereiteten, dem ich als Leiter der Führungsgruppe angehörte. Bei den Einsatzvorbereitungen hatte ich erfahren, mit welchen Losungen auf den Transparenten die einzelnen linksextremistischen Gruppen aufzutreten gedachten. So konnten wir unsere Kräfte gezielt ansetzen und hätten im Fall von Gewalttätigkeiten schon gleich gewusst, von welchen Gruppen diese ausgingen (von Vorteil für etwaige spätere Ermittlungen). Doch so chaotisch sich das Durcheinander verschiedenster Veranstaltungen (von Standkonzerten an den Aufstellungsorten bis zu zahlreichen Informationsständen der einzelnen Gruppen) und der verschiedenen Demonstrationszüge auch darstellte, wir, die Polizei, waren gut aufgestellt und hatten alles weitgehend im Griff. Es blieb friedlich.

Die „Neue Linke" ging in diesen Jahren mehr und mehr dazu über, die in ihre Versammlungen entsandten Kriminalbeamten der Staatsschutzabteilung aus dem Saal zu nötigen. Nachdem wir bei einer dieser Versammlungen die entsandten Beamten mit Kleinfunkgerät ausgerüstet und einen Einsatzzug der Schutzpolizei in der Nähe postiert hatten, blieb es bei verbalen Sprechchören „PoPos raus!" (PoPo = Politische Polizei, als solche bezeichneten uns die linken Studiosi). Für den 23. Oktober 1973 lud nun das linksextremistische, der KPD zuzuordnende „Komitee Studenten gegen politische Entlassungen und Gewerkschaftsausschlüsse" zu einer öffentlichen Versammlung in den Festsaal des *Schwabingerbräu* ein. Vorsorglich wollte ich wieder mehrere Beamte (3) entsenden und wieder mit einem Kleinfunkgerät zur rechtzeitigen Alarmierung eines in der Nähe bereitgehaltenen Einsatzzuges ausrüsten. Dies untersagte aber nun mein Vorgesetzter. Die Beamten seien in friedlicher Absicht entsandt und sollten dies ggf. durch Öffnen ihrer Sakkos verdeutlichen, unter denen sie weder Waffen noch ein Funkgerät trugen. Ich befürchtete Stunk und suchte die Versammlung als stiller Beobachter ebenfalls auf. Von den mehreren Personen auf dem Podium – im Saal hatten sich ca. 400 Personen versammelt – wollte sich, als unsere Beamten sich gemäß der Bestimmungen des Versammlungsgesetztes vorstellten, niemand als Versammlungsleiter zu erkennen geben. Eine junge, ausnehmend hübsche Studentin eröffnete die Versammlung nun im Namen der „Roten Hilfe". Nach dem Auftritt einer Songgruppe gab sie bekannt, dass „Politische Polizei" im Saal sei, „um Unruhe zu stiften", und forderte die in der Nähe der Beamten befindlichen Versammlungsteilnehmer auf, sich von der „Politischen Polizei" zu distanzieren. „PoPos raus!" skandierten die Versammlungsteilnehmer sofort. Sie wies nun die Beamten, die sich an einem Tisch beim Hinterausgang (über den der Einsatzzug ggf. eindringen sollte) niedergelassen hatten, an, einen für sie reservierten Tisch weiter hinten einzunehmen. Sie taten dies nicht, saßen aber nun isoliert und waren für alle im Saal als die „Unruhestifter" zu erkennen. Ich sah, wie von überallher Versammlungsteilnehmer auf den Tisch mit den Beamten zustrebten. Über die Köpfe der

Leute hinweg erkannte ich, dass auf die Kollegen eingeschlagen wurde und diese regelrecht zur Hintertür rausgeprügelt wurden. Der Einsatzzug, der genau für eine solche Situation bereit stand, erfuhr davon nichts. Selbst ein losgeschickter Läufer wäre zu spät gekommen. Ich verdrückte mich nun auch, nachdem ich bereits scheele Blicke in meine Richtung bemerkte. Auf der Straße fand ich mich mit den Kollegen zusammen, zornesrot deren Gesichter. Einer wies auf seinen krummen Regenschirm, mit dem er sich zu wehren versucht hatte. Wir gingen zunächst rüber zum nahen Polizeirevier in der Leopoldstraße und beratschlagten, was nun zu tun sei. Die Versammlung war gewalttätig geworden, an sich ein Grund, sie aufzulösen. Dazu genügte ein einziger Zug aber nicht. Sollten wir Hundertschaften anfordern und ein großes Remmidemmi veranstalten? Nein, das war es nicht wert. Wir fuhren erst einmal zum Löwenbräukeller am Stiglmaierplatz und spülten unseren Frust runter, ihre Verletzungen wollten die Kollegen anschließend ärztlich behandeln und attestieren lassen. Anzeige würden wir erstatten, das war klar. Wenige Tage später lief mir die junge Studentin vom *Schwabingerbräu*, die sich partout nicht als Versammlungsleiterin zu erkennen geben wollte, aber als solche fungierte, bei einer Demonstration der „Roten Hilfe" wieder über den Weg. Sie fungierte hier als Versammlungsleiterin, und ich brauchte nur den Auflagenbescheid einzusehen, um ihre Personalien zu erfahren. Zu ihren Einträgen in den kriminalpolizeilichen Unterlagen würde ein weiterer kommen. Wir aber hatten neuerlich einen Rückzieher vor diesem kommunistischen … (ich sag's lieber nicht) gemacht.

Wieder einmal hatte ich die Nase voll, und so schrieb ich eines Tages ein Versetzungsgesuch zu einem beliebig anderen Aufgabenbereich. Ich ging bei allen meinen bisherigen Tätigkeiten den Dingen gern auf den Grund. Mit meinen zahlreichen Fachartikeln bewies ich dies wohl. Beim Staatsschutz hatten wir unsere „Kundschaft" meist vor Augen, machten wieder und wieder Fotos und Filmaufnahmen, wenn es bei Demonstrationen zu Gewalttätigkeiten kam. Wenn ich dann aber vorschlug, alle diese Aufnahmen systematisch auszuwerten und die identifizierten Personen zu erfassen, erkennungsdienstlich sozusagen, dann bekam ich von meinen Vorgesetzten zu hören: „Das dürfen wir nicht, und überhaupt ist dies nur Aufgabe des Verfassungsschutzes." Doch von dem kam insoweit nichts. Dabei wirkt es nach kriminalistischer Erfahrung allein schon präventiv, wenn man sein Gegenüber mit Namen ansprechen kann. Da ziehen sie sich zurück, die sonst so gern gewalttätig werdenden Demonstranten. Das spätere Vermummungsverbot sollte ja auch genau diesen Zweck erfüllen. Und im Falle dokumentierter Gewalttätigkeiten bräuchten wir uns nur unsere alten Bekannten herauszupicken und würden uns jede Menge meist erfolgloser Ermittlungsarbeit sparen. Aber was soll's? Lassen wir Polizisten uns also weiter aus Versammlungen hinausnötigen und mit Steinen und Brandsätzen bewerfen. Begnügen wir uns damit, mit gesenkten Hörnern wutschnaubend im Sand zu scharren – wie es von Bullen, männlichen Rindern, als die wir so gern betitelt werden, an sich erwartet wird.

Quellen:

Chronik des Polizeipräsidiums München von Oberamtsrat Josef Falter;

Staatsschutzkriminalität – Chronik der Gewalt von H. J. Prinz, München.

TEIL III

Vom Kripo-Stab zum Kommissariatsleiter

13. Folge

Wechsel zum Stab der Kripo

Mit meinem Versetzungsgesuch weg vom Staatsschutz lief ich dem Polizeivizepräsidenten Dr. Georg Wolf in die Arme, der bisher Chef der Schutzpolizei war. Ihn hatte das Plenum des Stadtrats der Landeshauptstadt München auf Vorschlag des Polizeipräsidenten Dr. Manfred Schreiber im Juni 1973 zum neuen Chef der Kriminalpolizei berufen, nachdem der bisherige Münchner Kripoleiter, OKD Hermann Häring ins Bayerische Innenministerium berufen worden war. Nun suchte er aus dem Bereich der Kripo einen geeigneten „persönlichen Mitarbeiter", einen Adjutanten sozusagen, wie er ihn davor auch bei der Schutzpolizei gehabt hatte.

Als Sachbearbeiter für zentrale Aufgaben (SZ) im Büro des Leiters der Kriminalpolizei und Leiter der Geschäftsstelle der Abteilung K (nach erneuter Umorganisation 1975 in Abteilung E umbenannt), die aus Vorzimmersekretärin, zentralem Schreibdienst und Registratur bestand, erweiterte sich mein Horizont neuerlich. Jetzt bekam ich Führungsaufgaben, aufgabengerechte Organisation und Aspekte der Menschenführung mit (womit sich mein neuer Chef vornehmlich befasste und worüber er an der Verwaltungsschule lehrte). Meine bisherige Ausbildung ließ solches leider total vermissen.

Neben verschiedenen Spezialaufträgen, die ich auszuführen hatte, war ich Protokollführer bei den regelmäßigen Abteilungsleiterbesprechungen. Die Aktivitäten der Extremisten und Terroristen verfolgten mich weiterhin. Unabhängig davon, dass ich nach wie vor über deren Umtriebe informiert sein wollte und musste, bekam ich die heikle Aufgabe, zusammen mit einem Kollegen vom Stab der Schutzpolizei vor dem Hintergrund der häufigen

Sprengstoffanschläge von RAF und RZ (Rote-Armee-Fraktion bzw. Bader-Meinhof-Bande und Revolutionäre Zellen) die vielen Bombendrohungen auf ihre tatsächliche Gefährlichkeit hin zu beurteilen und ggf. die erforderlichen Maßnahmen einzuleiten. Allein 1973 gingen in München 290 Bombendrohungen ein, deren Akteure vom politischen und kriminellen Täter über Frustrierte und Nachahmungstäter bis zu Psychopathen und Geisteskranken reichten. Im Schließfachbereich des Münchner Hauptbahnhofs und in einem S-Bahnhof im Osten der Stadt hochgehende Sprengkörper bewiesen die Gefährlichkeit solcher Anschläge im öffentlichen Raum. Vor diesem Hintergrund war zu beurteilen, ob die Androhung völlig unglaubwürdig und somit nicht ernst zu nehmen oder zwar ernst zu nehmen, aber hinsichtlich Ort und Zeit nicht näher bestimmbar ist. In diesem Fall waren lediglich Ermittlungen durch die zuständigen K-Dienststellen aufzunehmen und Straf- oder Owi-Anzeige zu erstatten. Waren Zeit und Örtlichkeit bestimmbar, war eine Absuche durch sprengstoffkundige Beamte der Dienststelle WuG (Waffen und Geräte) zu veranlassen und bei akuter Gefahr sofortige Räumungsmaßnahmen durchzuführen. Ich rief in den mehr oder weniger akuten Fällen umgehend meine Frau an – insbesondere wenn Kaufhäuser betroffen waren und ich wusste, dass sie dies oder jenes dort besorgen wollte – und erteilte ihr „Stadtverbot".

Das Ausmaß internationaler Verflechtungen des politischen Terrorismus verdeutlichte sich an dem Terroristennetz um den Venezolaner Ramirez Sanches, genannt „Carlos", der im Juni 1975 in Paris zwei Sicherheitsbeamte und einen Libanesen erschoss und für die Geiselnahme im Gebäude der OPEC am 21. Dezember in Wien verantwortlich gemacht wurde, an der auch der deutsche Terrorist Hans Klein beteiligt war und verletzt wurde. Koordinierte Ermittlungen und Hinweise aus der Bevölkerung führten 1975 zu zahlreichen Festnahmen von Personen, die terroristische Bestrebungen verfolgten oder unterstützten. Trotz dieser Abwehrerfolge hielten die Aktivitäten deutscher Linksterroristen auch 1976 an. Sie steigerten sich nach dem Selbstmord der inhaftierten

Ulrike Meinhof und erreichten ihren Höhepunkt mit schweren Sprengstoffanschlägen gegen amerikanische Einrichtungen in Frankfurt/Main, die zu über 20 Verletzten und hohem Sachschaden führten. Weitere Ziele für Sprengstoffanschläge waren das Gefängnis Stuttgart-Stammheim, das Stachus-Untergeschoss in München sowie das Bayerische Staatsministerium des Innern. Eine Serie von Brandanschlägen in Kaufhäusern der Münchner Innenstadt kam hinzu. Gottlob wurden die Brände vom Personal oder von Kunden rechtzeitig entdeckt und konnten gelöscht werden, ehe größerer Schaden entstand. Skrupellose, hirnverbrannte Revoluzzer!

Die Fußballweltmeisterschaft 1974 in München bescherte mir einen dienstlichen Besuch zum Endspiel Deutschland – Niederlande im Ehrengastbereich des Olympiastadions. Ich begleitete meinen Chef, der die Sicherheitsmaßnahmen um das Spiel und die angereisten VIPs kontrollieren wollte. Ich hatte kaum einmal ein Fußballspiel in einem Stadion gesehen, interessierte mich auch nicht sonderlich dafür. So faszinierte mich auch jetzt nicht so sehr das Spiel der Mannschaften, sondern mehr die Reaktion des Publikums in den Rängen ringsum. Der anfeuernde kollektive Ruf beim Ansturm aufs gegnerische Tor, der tausendstimmige Aufschrei bei verpatzten Torchancen oder der Empörungsschrei bei grobem Foul vermittelten eine Atmosphäre, wie sie im Fernsehen nicht in dieser Intensität rüberkommt. Und erst der Begeisterungssturm, nachdem unsere Nationalelf 2 : 1 gewann und neuerlich Weltmeister wurde. Reiner Balsam für das Selbstwertgefühl der Nachkriegsdeutschen war ja schon der Gewinn der Fußballweltmeisterschaft 1954 in Bern (ich bekam damals die Radioübertragung am großen Funkwagen unserer Hundertschaft mit, mit der wir zu Absperrungen eines Motorradrennens um den Ring in Ingolstadt eingesetzt waren – 1 toter Rennfahrer war damals zu beklagen – und hatte noch lange danach den sich überschlagenden Schrei des Reporters nach dem Siegestreffer: „Tor, Tor, Tor", im Ohr).

Eine meiner ersten größeren Aufgaben war die Erarbeitung des „**Berufsbildes des Kriminalbeamten**", worüber weithin keine Klarheit bestand und noch immer nicht so richtig besteht. Sie war mir ein persönliches Anliegen, und ich versuche ja auch in meinen Polizei-Krimis, dem Leser authentisch die häufig stressige, oft frustrierende und meist nicht ungefährliche Tätigkeit der Polizei- und Kriminalbeamten nahezubringen. Dies vor allem in einer Zeit des gesellschaftlichen Wandels, in der überkommene Vorstellungen von Sitte und Moral, Recht und Gesetz mehr und mehr in Zweifel gezogen werden, die Kriminalität eine besorgniserregende Zunahme erfährt und Aggressionen sich immer ungehemmter entfalten. So machte ich mich mit Eifer daran, das Berufsbild speziell des Kriminalbeamten umfassend darzustellen, von dem nicht einmal der Kriminalbeamte selbst eine genaue Vorstellung hat. Ein Berufsbild beinhaltet die umfassende und genaue Beschreibung der beruflichen Tätigkeit. So brachte ich nun zu Papier, aus welchen dieser Tätigkeiten Grundstruktur, Aufgabengebiet, Tätigkeitsmerkmale, Eignungsvoraussetzungen, Ausbildungsgang, Entwicklung- und Aufstiegsmöglichkeiten sowie Vergütung zu ersehen sind. Sie lassen sich in ihrer Gesamtheit, wie sie diesen Beruf ausmachen, folgendermaßen aufgliedern:

- Beobachtung der Erscheinungsformen der Kriminalität
- Systematische Sammlung von Nachrichten und Erkenntnissen über Straftäter und Straftaten
- Analyse der begangenen Straftaten mit Aufklärung des Sachverhalts, Ermittlung und Ergreifung des Verdächtigen sowie deren Überführung durch Personal- und Sachbeweis
- Synthese bei Verfahrensabschluss mit Würdigung der Beweise und des Sachverhalts
- Überwachung des gefährlichen und gewohnheitsmäßigen Rechtsbrechers
- Resozialisierungshilfen für den abgeurteilten Rechtsbrecher
- Verbrechensverhütung durch Vorbeugungsmaßnahmen technischer Art, durch Ursachenforschung in bestimmten Bereichen, durch Mitwirkung und Beratung bei Gesetzgebung,

durch allgemeine Überwachung des Verbrechertums, durch spezielle Überwachung bestimmter Objekte, durch Streifen und durch Razzien.

Die Bearbeitung von Ermittlungsvorgängen als wichtigste Aufgabe des kriminalpolizeilichen Sachbearbeiters umfasst nach Maßgabe der einschlägigen strafprozessualen und polizeirechtlichen Bestimmungen, kriminalistischen und kriminologischen Grundsätzen und dienstlichen Richtlinien und Anordnungen von der Anzeigenaufnahme bis zur anklagereifen Abgabe an die Staatsanwaltschaft oder die für Ordnungsbehörden zuständige Verfolgungsbehörde eine Reihe von Maßnahmen zur Rekonstruktion des Tathergangs, der Herstellung des Zusammenhangs zwischen Tat und Täter (wie er allein schon zur Begründung des für einen Haftbefehl erforderlichen „dringenden Tatverdachts" erforderlich ist), der Ermittlung und ggf. Festnahme des Täters und dessen beweiskräftiger Überführung.

Dazu gehören als Teilaufgaben insbesondere folgende Ermittlungstätigkeiten: Vernehmung von Geschädigten und Zeugen, Tatortuntersuchung und Tatortbefundaufnahme, Durchsuchung von Personen, Sachen, Wohnungen, Geschäftsräumen und befriedetem Besitztum, Sicherstellung und Beschlagnahme von Beweismitteln und der Einziehung unterliegenden Gegenständen, Lichtbildvorlage und Wahlgegenüberstellung, Vernehmung des ermittelten Täters, fristgerechte Vorführung des festgenommenen Täters vor den Haftrichter, erkennungsdienstliche Behandlung, Anordnung körperlicher Untersuchung wie Blutentnahme und Untersuchung bei Sexualdelikten sowie Abnahme von Vergleichsschriften und Vergleichsspuren.

Ich war mit meinem Konzept gerade fertig, da ergab es sich, dass eine Klasse einer Fachoberschule einen Vortrag über das „Berufsbild der Kriminalbeamtin" erbat – es waren hauptsächlich Mädchen in der Klasse. Ich fragte meinen Chef, wen ich da als Referenten wohl schicken könnte, worauf er erwiderte: „Da kenne ich nur einen", und damit war ich dafür bestimmt.

Ich klärte die Klasse mit Beginn meines Vortrags schon gleich einmal darüber auf, dass der Beruf des Kriminalbeamten, wie er in gleicher Weise für Frauen gilt, nichts von dem Nimbus an sich hat, der den Kriminalbeamten in Kriminalromanen und Kriminalfilmen umgibt, in denen er entweder als Held und unerschrockener Draufgänger geschildert wird, der in jeder Lage schneller und besser schießt als seine Widersacher oder seine Gegner mit Judogriffen oder Karateschlägen reihenweise aufs Kreuz legt. Es hat auch nichts von dem Nimbus eines mit wunderbaren Kräften ausgestatteten Gehirnakrobaten an sich, der in unnachahmlicher Art und Weise seine Fälle vom Schreibtisch aus löst. Ich erklärte meinen Zuhörerinnen und Zuhörern, in welche Tätigkeiten sich der Beruf des Kriminalbeamten gliedert und kam schließlich auf die Eignungsvoraussetzungen zu sprechen, die insgesamt das Berufsbild des Kriminalbeamten darstellen: ausreichende Vorbildung, spezielle Ausbildung sowie eine Reihe körperlicher und geistiger Anlagen wie völlige Gesundheit und Belastbarkeit, gute Auffassungsgabe, ausgeprägte Merkfähigkeit, logisches Denkvermögen, Kritikfähigkeit und Urteilsvermögen. Vor allem aber müssten charakterliche Anlagen vorhanden sein wie Selbstdisziplin, Zuverlässigkeit und Wahrhaftigkeit sowie Selbstständigkeit, Pflichtgefühl und Verantwortungsbewusstsein und darüber hinaus Anlagen wie ein Leistungsbild mit guter Allgemeinbildung, gutem mündlichen und schriftlichem Ausdruck, Überzeugungskraft und technischem Verständnis. Als ich ihnen dann auch noch das erforderliche Persönlichkeitsbild vortrug, das Eigenschaften umfassen müsse wie Lebensnähe, Kontaktfreudigkeit, soziale Einfühlungsgabe, Anpassungsfähigkeit, Verständnis für psychologische Fragen und rechtliche Zusammenhänge, Ausgeglichenheit, Willensspannkraft und Willensstoßkraft …

Da ging ein Stöhnen durch die Klasse. Konnte ein junger Mensch all diesen Voraussetzungen denn gerecht werden …?

Na gut, für den Polizeidienst wird ja auch sonst ein Fabelwesen gesucht, das den Geist eines altgriechischen Philosophen, die körperlichen Eigenschaften eines Olympiasiegers, den Mut eines spartanischen Legionärs, die Ruhe eines bayerischen Bierkutschers, die Übersicht eines Generaldirektors und das Verantwortungsbewusstsein eines Finanzministers in sich vereinigt. Solche Wunschvorstellungen kann wohl auch niemand erfüllen.

Das Ergebnis meiner Analyse legte ich dem Vorstand des BDK vor, der umgehend eine Arbeitsgruppe einberief, der natürlich auch ich angehörte, die mein Berufsbild begutachtete und für gut befand, worauf es der Vorstand drucken ließ und den Innenministerien in Bund und Ländern und sonstigen interessierten Gremien zusandte. Und das war es dann. Heute spricht niemand mehr davon. Nach wie vor ist der BDK darum bemüht, den Beruf des Kriminalbeamten als eigenständigen Beruf anerkannt zu bekommen und Kriminalbeamte speziell für diesen Beruf auszubilden. Politiker wissen ja alles besser. Klar, dass ich das von mir erarbeitete Berufsbild auch veröffentlichte: Es erschien im Oktober 1974 in der Dokumentation des BDK-LV Bayern.

Ein weiterer Spezialauftrag meines Chefs bereitete mir ausgesprochen Freude, gewährte er mir doch detaillierte Einblicke in einen Entführungsfall, wie ich sie bis dahin nicht gewonnen hatte. Anhand der Akten des Entführungsfalles der Tochter eines bekannten Münchner Gastronomen, für deren Freilassung 3 Mio. DM gefordert worden waren, sollte ich einen minutiösen Ablaufbericht für eine Stabsübung erarbeiten. Ein straffes, stabsmäßiges Führen von Einzeldienstbeamten bzw. kriminalpolizeilichen Sachbearbeitern, die grundsätzlich eigeninitiativ und eigenverantwortlich tätig sind, war so gar nicht gang und gäbe. Auch wenn die Aversionen gegen derlei „militärische" Praktiken innerhalb der Polizei überwunden waren, nachdem mit der Demonstrationswelle der Linken ab Ende der 1960er-Jahre der Einsatz starker Schutzpolizeikräfte mit Verkehrslenkung und meist erforderlicher Strafverfolgung etc. nicht ohne stabsmäßige Führung zu bewerkstelligen und längst gängige Praktik war. Im Bereich der Kripo wurde das Einsatz- und Ermittlungsgeschehen, sofern nicht überhaupt die Schutzpolizei die Einsatzleitung übernimmt, weil auch mehr oder weniger starke Schutzpolizeikräfte beteiligt sind, meist vom einzelnen Sachbearbeiter, allenfalls von dessen unmittelbaren Vorgesetzten (Kommissariats- oder Soko-Leiter) bestimmt. An ihm lag es in der Regel, sowohl den Sachverhalt zu ermitteln und alle erforderlichen Maßnahmen dazu anzuordnen, als auch die Tätigkeit anderer beteiligter Dienststellen wie Erkennungsdienst, Fahndung, Observationsgruppen oder Kräfte der Schutzpolizei zu koordinieren, ohne womöglich den nötigen Gesamtüberblick gewinnen und in der etwaigen Flut von Informationen aus der Bevölkerung und durch Ermittlungen behalten zu können.

Einen kriminalpolizeilichen Führungs- oder Einsatzstab stellte ich mir in folgender Zusammensetzung vor (wobei ich mich am Beispiel des von meinem Chef unter dem Titel „Einsatz- und Führungsstäbe in der Polizei", veröffentlicht in „Polizei in Bayern 74", und an meinen Erfahrungen beim Staatsschutz, wo ich gelegentlich auch als „Sachbearbeiter Strafverfolgung" in schutzpolizeilichen Einsatzstäben tätig war, orientieren konnte): Leitender Polizeiführer (LPF) bzw. Einsatzleiter (EL), ihm zur Seite Sachbearbeiter für Taktik (ST), Ermittlungen (SE), schutzpolizeilichen Einsatz (SSch) und Presse (SP). Daneben ein Meldekopf, über den Verbindung zu den eingesetzten Kräften gehalten wird, Mitteilungen aller Art entgegengenommen werden, wie sie bei aufsehenerregenden Kriminalfällen oft in einer ganzen Flut zu erwarten sind, und ein Ablaufkalender geführt wird. Je nach Sachlage treten Angehörige anderer Behörden als Verbindungsbeamte (VB) zum Stab, wie z. B. von der Staatsanwaltschaft, von LKA, BKA, Verfassungsschutz, Kreisverwaltung etc.

Aufgabe eines Stabes ist es, aufgrund der eingehenden Meldungen und Erkenntnisse in Lagebesprechungen und kooperativer Meinungsbildung die erforderlichen Entschlüsse zu fassen, getroffene Entscheidungen in Befehle umzusetzen, im Einsatztagebuch festzuhalten und weiterzugeben. Die nachgeordneten Kräfte sind nach ihren speziellen Aufgaben in Kommandos (oder ähnlich) zu gliedern, z. B. in Ermittlungs-Kdo., Fahndungs-, Observations-, Technisches-Kdo., Schutzpolizeikräfte und Reservekräfte.

Für die Stabsübung, die ich vorzubereiten hatte, legte ich folgenden, aus den Ermittlungsakten ersichtlichen Sachverhalt zugrunde: Die Täter fangen ihr Opfer bei deren abendlicher Rückkehr von einer Geschäftsbesprechung mit ihrem Sportwagen in die Tiefgarage ihres Wohnanwesens in einer Münchner Randgemeinde ab, bringen sie in ihrem eigenen Wagen in eine westlich von München gelegene Stadt, halten sie dort unter Bewachung in einem angemieteten Appartement fest, fahren ihren Sportwagen nach München zurück und stellen ihn im nördlichen Stadtviertel Freimann ab. Einen zur Tatausführung benutzten Leihwagen (mit falschen Papieren angemietet) lassen sie am Münchner Hauptbahnhof stehen. Spät in der Nacht erfolgt ein erster Anruf der Entführer beim Verlobten der Entführten, mit dem für deren Freilassung 3 Mio. DM gefordert werden, zu übergeben in der DDR. Unmittelbar darauf erfolgt auch beim Vater der Entführten ein gleichlautender Anruf, bei dem nun eine gewisse Stückelung der Lösegeldsumme gefordert und ein Tonband abgespielt wird, auf dem die Entführte bestätigt, dass es ihr gut gehe. Die Lösegeldübergabe soll, so präzisiert der Anrufer nun, auf der Transit-Autobahn Hof–Berlin unmittelbar nach Passieren des DDR-Grenzüberganges Hirschberg auf Lichtzeichen eines nachfolgenden Pkws und Verlassen der Autobahn bei der nächsten Ausfahrt erfolgen.

Im Laufe des Vormittags wird Polizeipräsident Dr. Manfred Schreiber von der Entführung informiert. Die Stabsübung lief entsprechend meines vorbereiteten Rollenspiels mit der Benennung eines LPF bzw. EZ und der Bildung eines Stabes an, gefolgt von einer ersten Lagebesprechung, bei der die bisher bekannten Fakten vorgetragen, die Lage beurteilt, ein Entschluss über das Vorgehen gefasst, notwendige Sofortmaßnahmen angeordnet und ein Durchführungsplan erstellt wird. Gliederung und Aufruf der erforderlichen Einsatzkräfte folgen, erste Befehle an Ermittlungsgruppe (Vernehmung der bisher kontaktierten Personen und Angehöriger, Auswertung bisheriger Erkenntnisse, Überprüfung einschlägig bekannter Straftäter etc.), Kontaktgruppe (zu den Angehörigen zwecks Betreuung und Beratung bei neuerlichen Entführeranrufen etc.), Fahndungsgruppe (Fahndung nach dem Sportwagen der Entführten u. a.), Observationsgruppe (zunächst Standobservation an den Wohnorten Angehöriger, um evtl. Kontaktaufnahmen zu erkennen), Erkennungsdienst (in Bereitstellung), Technische Gruppe (zur Einrichtung von Fangschaltungen und Anschluss von Tonbandgeräten an den Kontakttelefonen, Überwachung der Anschlüsse etwaiger Verdächtiger etc.) und Absperrkräfte (in Bereitstellung für den Fall, dass Journalisten von der Entführung erfahren und auf Angehörige eindringen – was in diesem Fall tatsächlich noch am selben Tag geschah und wodurch die Entführung allgemein publik wurde).

Schon mit den ersten durchgespielten Abläufen, über die ich Protokoll führte, erwies es sich, dass der als LPD bzw. EL bestimmte Dezernatsleiter seine Stabsmitarbeiter überhaupt nicht beanspruchte. Er beurteilte und entschied alles selbst – wie es bei der Kripo in der Tat so üblich war. Die Übung musste dann auch unter geduldigen Ermahnungen meines Chefs in Teilen öfters wiederholt werden. Der der Übung zugrunde liegende Fall erwies sich im weiteren Verlauf als überaus hektisch, konnte aber trotzdem zu einem glücklichen Abschluss gebracht und die Entführte bei der nun nicht in der DDR (wäre zu riskant gewesen), sondern auf einem Forstweg im Norden Münchens vereinbarten Lösegeldübergabe unversehrt übernommen werden, wenngleich der Täter mitsamt dem Lösegeld zunächst entkommen konnte, letztlich aber doch im ausgeworfenen Fahndungsnetz hängen blieb.

Vielleicht war ich der Einzige, der aus unserer Stabsübung Nutzen zog. Vor dem Hintergrund dieses spannenden und interessanten Falles konzipierte ich einen München-Krimi, den ich nach Jahren der Suche nach einem Verlag im VERLAG DEUTSCHE POLIZEILITERATUR GMBH, Hilden/Rhld., in der dort neu aufgelegten Reihe „Krimi-Archiv" unterbringen konnte. Er erschien 1989 unter meinem damaligen Pseudonym H. J. Tanner (nach meinem niederbayerischen Heimatort Tann) und dem Titel:

Heiße Spur am Isarstrand

Er umfasst 184 Seiten, verkaufte sich gut, ist inzwischen aber vergriffen (eine Neuauflage als E-Book könnte sich m. E. lohnen). Ein Pseudonym wählte ich, nachdem einer der Kripo-Oberen, dem zu Ohren gekommen war, dass ich Krimis schrieb, bei meinem Vorstellungsgespräch meinte, ob mir da die Fantasie nicht auch bei meinen Ermittlungen durchgehen würde.

Mit diesem versuchte ich deutlich zu machen, dass zur Bearbeitung von Kapitaldelikten doch etwas mehr gehört, als Fernsehkommissare es in der Regel zeigen. So schildere ich in sachkundiger Realität, wie in die Hektik eines samstäglichen Jourdienstes der Münchner Kriminaldirektion 1 und mitten in die Ermittlungen im Mordfall Volker Kalik (basierend auf einem authentischen Fall in den Isarauen bei Grünwald), der die Münchner Mordkommission seit einer Woche in Atem hält, die Entführung der Bankierstochter Charlotte Randoll platzt. Und wie es der Zufall will, wird nach einem am Isarstrand beobachteten Verdächtigen gefahndet, der mit dem Mord nichts, mit der Entführung aber umso mehr zu tun hat. Ein Irrtum, der fatale Folgen haben sollte.

Ich veröffentlichte natürlich auch hier unter dem Titel „Kriminalpolizeiliche Führungs- und Einsatzstäbe" in der BDK-Zeitschrift „der kriminalist", Heft 3/74 einen Fachbeitrag.

In der Folgezeit habe ich indes nie erlebt, dass im Bereich des PP München je ein Führungsstab unter Leitung der Kripo gebildet worden wäre. Es waren und blieben Sonderkommissionen die Regel, die im Grunde aber nicht wesentlich anders aufgebaut sind, nur dass dem Leiter kein Stab mit SBs für Taktik, Ermittlungen etc. zur Verfügung steht, sondern lediglich Einsatzkräfte für Hinweisauswertung, Ermittlungen, Kriminaltechnik und sonstige Gruppen je nach Bedarf wie Fahndung, Observation, TÜ etc., wobei der Hinweiserfassung und Auswertung im Hinblick auf Bewertung, Aktenführung und EDV-Erfassung per SUDOK-System etc. besondere Bedeutung zukommt (siehe „Organisation einer Soko" von Petra Sander, Kriminalistik 7/94). Bei Geiselnahmen indes ist nach Polizeidienstvorschrift (PDV) der Einsatz von Sonderkommissionen nicht vorgesehen, hier ist eine besondere Aufbauorganisation mit Führungsstab und verschiedenen Einsatzabschnitten zu bilden.

Im BDK machten wir uns in dieser Zeit Gedanken über die stetig zunehmende Kriminalität und hohe Rückfallquote. Strafverfolgung und Strafvollzug zeigten nicht die zu erwartende generalpräventive und sozialpräventive Wirkung, sie dienen lediglich der Sühne begangener Schuld und tragen nicht in dem erforderlichen Maße zum Schutz der Gesellschaft bei. Verbrechensbekämpfung im eigentlichen Sinne, nämlich aktives Vorgehen zur gezielten Bekämpfung der Erscheinungsformen der Kriminalität scheiterten an fehlender strategischer, operativer und taktischer Konzeption und mangelnder Einheitlichkeit kriminalpolizeilicher Organisation. Die zum Schutz der Gesellschaft dringend erforderliche Intensivierung der Verbrechensbekämpfung veranlasste den BDK, die Errichtung einer **Bundeskriminalpolizei** zu fordern. Allein eine zentral geführte, einheitlich organisierte und für die Verbrechensbekämpfung, d. h. für die Sammlung und Auswertung aller bedeutsamen Erkenntnisse, die Darstellung und Analyse der Kriminalitätslage und die Entwicklung strategischer, operativer und taktischer Konzepte – einer generellen Ermittlungsstrategie sozusagen – einschließlich deren Anwendung durch eine federführend zuständige Kriminalpolizei ist in der Lage, kooperativ mit der Schutzpolizei, mit den übrigen Sicherheitsbehörden, mit der Justiz sowie mit den mit Sozialisation und Resozialisation befassten Institutionen die Kriminalität einzudämmen und zurückzudrängen. So beschloss denn auch der vom 05. bis 08. 11. 1975 in Osnabrück einberufene 3. Bundesdelegiertentag des BDK ein diesen Erfordernissen entsprechendes „**Modell zur Schaffung einer Bundeskriminalpolizei**" vorzulegen. Ich fühlte mich hinsichtlich der hierzu erforderlichen Regelungen und Grundsätze und deren Interpretation angesprochen und legte in 25 Manuskriptseiten meine „Gedanken zur Organisation einer Bundeskriminalpolizei" nieder. Es wurde eine Arbeitsgruppe einberufen, der natürlich auch ich angehörte, die letztlich aber, wenn ich mich recht erinnere, infolge der Sturköpfigkeit eines höheren Kriminalbeamten, der sich kein entsprechendes Führungssystem vorstellen konnte und den einzelnen Ebenen – wie es gängige Regelung war – Zuständigkeiten lediglich nach Deliktsbereichen zubilligen wollte, kein Ergebnis zustande brachte. Mir ging es hingegen – und da stimmten mir die übrigen Kollegen der Runde im Grunde zu – um Umwandlung des BKA in die oberste, der Landeskriminalämter in die mittlere und der örtlichen Kriminaldirektionen in die unterste Führungsebene, ein den Erfordernissen gerecht werdendes Führungssystem, eine an kriminalgeografischen Verhältnissen orientierte zentralisierte Verbrechensbekämpfung, spezialisierte Deliktsbearbeitung und homogenen organisatorischen Aufbau der Vollzugsdienststellen. Ich berief mich hinsichtlich meiner Vorstellungen auf namhafte Quellen, z. B. auf den „Abschlussbericht des Planungsteams ‚Resortübergreifende Planung – Verhütung und Bekämpfung der Kriminalität‘, Berlin 1974", „Verbrechensbekämpfung und Rollenverteilung auf die damit befassten Institutionen" von Dr. Georg Wolf, Kriminalistik 1975, bis hin zu einem Beitrag über „Das militärische Führungssystem" von Wust/Limburg. Ich hatte meine Vorstellung nicht einfach nur aus der Luft gegriffen. Unsere glorreiche Idee zur Schaffung einer Bundeskriminalpolizei aber verlief letztlich im Sande.

Ein letzter Auftrag meines Chefs ließ mich die gewalttätigen Umtriebe der revolutionären Studentenschaft weiterhin nicht vergessen: Ich sollte feststellen, warum im Vergleich zu München vor allem Frankfurt/Main so häufig Schauplatz gewalttätiger Demonstrationen sei. Gut, das fragte ich mich auch. In den Medien hörte man dabei immer nur, dass die Demos aufgelöst bzw. die Straßen freigeprügelt worden seien. So nach der Räumung der besetzten Häuser am Kettenhofweg, nach der es bei anschließenden Demonstrationen zu größeren Ausschreitungen gekommen war, bei einer weiteren Demonstration Barrikaden errichtet, das Straßenpflaster aufgerissen und Fensterscheiden von Banken und Bürogebäuden zertrümmert wurden (über 24 verletzte Polizisten). Bei einer Demonstration gegen die Fahrpreiserhöhungen im Frankfurter Verkehrsverbund kam es erneut zu militanten Aktionen, bei denen Gleise blockiert und Weichen zementiert und neuerlich zahlreiche Polizisten verletzt wurden. Bei weiteren Protesten gegen Fahrpreiserhöhungen im öffentlichen Nahverkehr, u. a.

wiederum in Frankfurt/Main, blockierten Anhänger des KBW, Straßenbahnschienen und griffen Polizeibeamte mit Pflastersteinen, Montiereisen und Rauchkörpern an. Und nach dem Selbstmord der inhaftierten Ulrike Meinhof am 09. 05. 1976 protestierten am 10. 05. 1976 in Frankfurt ca. 500 „Spontis", zertrümmerten Scheiben, beschädigten Kraftfahrzeuge, errichteten Barrikaden und bewarfen Polizeibeamte mit Steinen und Molotowcocktails. Sieben Beamte wurden verletzt, einer davon lebensgefährlich.

Was aber war bei all diesen gewalttätigen Aktionen mit Festnahmen …? Von solchen hörte man nichts. Mit Freiknüppeln war es nicht getan, die Gewalttäter traten sonst doch immer aufs Neue an.

Über seine Quellen brachte das bayerische LfV den Grund für die in München zumeist weniger häufigen und gewalttätigen Demonstrationen zutage: Voraussetzung für die Durchführung militanter Demonstrationen sei eine ausreichende, jederzeit zur Verfügung stehende größere Anzahl von Sympathisanten. In München aber könne man sich eine solche kaum einmal aufbauen. Es müssen dazu ja irgendwie Kommunen gebildet werden. Kaum habe man dies aber versucht, stünden in München auch schon die Bullen vor der Tür, um zu durchsuchen. Da zerstreuen sich die Genossen doch sogleich wieder.

In diesem Zusammenhang fiel mir ein, dass in meiner Zeit als Einsatzplaner bei der KA III eines Tages zwei BKA-Beamte zu mir ins Büro kamen, voller Zorn über die Frankfurter Staatsanwaltschaft, von der sie gerade kamen. Sie hatten einen Durchsuchungsbeschluss für die Aufenthaltsorte von Terrorverdächtigen aus dem Dunstkreis der Bader-Meinhof-Bande beantragt, waren von der Frankfurter Staatsanwaltschaft aber mit der Drohung abgewiesen worden, ein Ermittlungsverfahren wegen Verfolgung Unschuldiger einzuleiten, falls sie tatsächlich darauf bestünden. Hatten hier die ersten „68er" auf ihrem Marsch durch die Institutionen schon Fuß gefasst?

Mit der Verstaatlichung der Münchner Stadtpolizei als letzte der nach dem Krieg ins Leben gerufenen kommunalen Polizeien des Freistaates zum 1. Oktober 1975 waren neuerlich Umbenennungen und Umorganisationen verbunden. Der BDK, LV Bayern, legte seine in einem Arbeitskreis erarbeiteten Vorstellungen zur „Organisation der Kriminalpolizei" in einem 59 Seiten umfassenden Positionspapier im Februar 1975 dem BStMI vor, gab dazu eine Presseerklärung heraus und seine Überzeugung kund, dass alle Maßnahmen der Verbrechensbekämpfung bei demjenigen Dienstzweig der Polizei zu entscheiden sind, der damit hauptsächlich betraut ist, nämlich der Kriminalpolizei. Vergebliche Liebesmüh. Ich bezweifle, ob unser Papier an maßgeblicher Stelle überhaupt gelesen wurde, denn als nächsten Schritt löste das BStMI die KD 4 auf und unterstellte die örtlichen KPIs der Schutzpolizei – weil es auf dem flachen Land ja auch so war. Mit der Verstaatlichung der Münchner Polizei wurde zum einen der die Landeshauptstadt in einem Bogen vom Norden bis zum Süden umschließende Landkreis München mit den für deren Gemeinden zuständigen Landpolizeistationen dem Polizeipräsidium München zugeschlagen (in der Polizeilichen Kriminalstatistik (PKS) musste nun zwischen Präsidiumsbereich und Stadtbereich unterschieden werden). Zum anderen wurden die vier Polizeiämter Nord, Ost, Süd und West in Polizeidirektionen (PD) umbenannt, das Polizeiamt Funkstreife (seine Aufgaben wurden nunmehr dezentral von den PIs wahrgenommen) und das Kriminalamt Mitte aufgelöst, und aus den vier Kriminalabteilungen wurden Kriminaldirektionen (KD) mit nachgeordneten Dezernaten und Kommissariaten für folgende Aufgabenbereiche gebildet:

- KD 1 Verletzung höchstpersönlicher Rechtsgüter (darunter als Dezernat 14 die frühere KA III Staatsschutz)
- KD 2 Eigentums- und Vermögensdelikte
- KD 3 Zentrale Dienste der Kriminalpolizei
- KD 4 Örtliche Kriminalpolizeiinspektionen (KPI Nord, Ost, Süd, West mit nachgeordneten Kommissariaten).

Für die Sachbereiche „Rauschgift", „Falschgeld" und „wissenschaftliche Kriminaltechnik" wurde das Landeskriminalamt originär zuständig. Und es wurden die Stellenpläne für den mittleren, gehobenen und höheren Dienst neu festgelegt, was

mir die Chance bot, mich auf die eine oder andere neu zu be-
setzende Planstelle bewerben zu können, denn meine Stelle im
Stab der Kripo als SZ und Leiter der Geschäftsstelle war auf A 11
beschränkt und damit eine Sackgasse. Bis meine Bewerbung auf
eine Kommissariatsleiterstelle in A 12 zum Erfolg führte – ich
strebte das K 234, Diebstahl aus und an Kfz im Bereich der PD
Ost und Süd an (der Zuständigkeitsbereich für diese Massendelikte war nunmehr zweigeteilt), in dem ich während meiner
Zeit als Kriminalanwärter den Überraschungserfolg der Klärung
einer Serie von Speditions- bzw. Ladungsdiebstählen erzielt hatte
(s. 7. Folge), hatte aber auch Ersatzplanstellen im Auge (solange
ich mir meinen Aufgabenbereich aussuchen konnte, wollte ich
nicht wieder dorthin versetzt werden, wohin es mich überhaupt
nicht zog, wie damals zum Staatsschutz). Mit einem Facharktikel
über „Strategie und Taktik der Öffentlichkeitsarbeit der Polizei"
verabschiedete ich mich vom Stab der Kriminalabteilung, die
nun Abteilung Einsatz (E) hieß und folgende Unterabteilungen
(UA) umfasste:

- UA 1 Organisation und Dienstbetrieb, darunter das Sach-
  gebiet Einsatzzentrale (E 12)
- UA 2 Ordnungs- und Schutzaufgaben mit Sachgebieten für
  Geschlossene Einsätze u. a.
- UA 3 Verbrechensbekämpfung mit Sachgebieten für Er-
  hebung und Auswertung der Sicherheitslage (E 31) und der
  Staatsschutzlage (E 32) sowie der Steuerung der Verbrechens-
  bekämpfung (E 33)
- UA 4 Polizeiliche Verkehrsaufgaben.

Bis im Innenministerium all die Bewerbungen gesichtet und
gewichtet worden waren – es dauerte zwei Monate – wurde
ich als Urlaubs- und Krankheitsvertretung als Kommissariatsleiter bei der KPI München-Ost im K 422 (Betrug) eingesetzt.
Drei Kommissariate umfasste eine KPI der KD 4: das 1. K war
für einfachen Diebstahl ohne zentrale Zuweisung zuständig, das
2. K für Betrug (ausgenommen Wirtschaftsbetrug, der zentral
bearbeitet wurde), das 3. K für Gewalt- und Rohheitsdelikte

wie Körperverletzung, Widerstand gegen die Staatsgewalt, Bedrohung, Beleidigung, Sachbeschädigung, Verstöße gegen das Waffengesetz, das Tierschutzgesetz, das Ausländerrecht, Unterhaltspflichtverletzung, Eidesdelikte, häusliche und Betriebsunfälle ohne Todesfolge sowie sonstige Verstöße, die nicht im Bereich der KD 1 oder 2 zentral bearbeitet wurden. Ich machte alle drei Kommissariate durch und lernte neuerlich dazu.

Quelle:

„Staatsschutzkriminalität – Chronik der Gewalt" von Heinrich Prinz, DNP Nr. 5 – 11/1990;

„Abschied von der Münchner Stadtpolizei", herausgegeben 1975 vom Personalrat des PPM.

14. Folge

Massendelikt Diebstahl aus und an Kfz

Nach meiner Vertretungszeit bei der KPI Ost konnte ich endlich mein Wunschkommissariat 234 des aus 4 Kommissariaten bestehenden Dezernats 23 der KD 2, sachlich zuständig für Diebstähle aus und an Kfz, Motorbooten und Flugzeugen und im Güter- und Speditionsverkehr übernehmen (Diebstahl „an …" = Diebstahl von Fahrzeugteilen). Zusammen mit Diebstählen von Kfz (K 231) und von Mopeds und Krädern (K 232) sowie deren jeweilige unbefugte Ingebrauchnahme stellen die Straftaten rund um das Kfz einen wesentlichen Anteil der das Sicherheitsgefühl des Bürgers in besonderem Maße beeinträchtigenden Straßenkriminalität dar.

Ich verdrängte dort mit meiner offenbar bessern Rangzahl den bisherigen K-Leiter (Kommissariatsleiter), der zum Einbruchsdezernat abwandern musste, dort aber auch einen nicht uninteressanten Aufgabenbereich übernehmen konnte. So war er mir denn auch nicht gram. Vom Staatsschutz hatte ich eine sehr gute Beurteilung mitbekommen, die Note, mit der ich den Aufstiegslehrgang abschloss, ließ sich auch sehen, und mit meinen fünfundvierzig Lebensjahren war ich nicht mehr der Jüngste. Fakten, aus denen die Rangzahl für Stellenbewerbungen und Beförderungen gebildet wurde.

Den Aufgabenbereich des Diebstahls aus und an Kfz kannte ich ja schon von meinem Rolliererzeit als Kriminalanwärter. Dessen örtliche Zuständigkeit wurde mit der Verstaatlichung der Münchner Stadtpolizei in zwei Stadthälften mit jeweils anschließenden Landkreisgemeinden aufgeteilt. Dem K 233 fielen die Bereiche der PD Nord und West zu, meinem K 234 die Bereiche der PD Süd und Ost. Diese regionale Aufteilung störte mich von Anfang an. Massenkriminalität im wahrsten Sinne des Wortes war es, die in diesem Deliktsbereich anfiel. Tatzusammenhänge waren aus dieser Masse von Straftaten zwar kaum zu gewinnen. Gleichwohl hätte ich gern die Übersicht über den Gesamtbereich mit den jeweiligen Brennpunkten gehabt. An polizeiliche Zuständigkeitsgrenzen hielten sich die Täter nun einmal nicht, der eine und andere hinterließ mit seiner Arbeitsweise, dem *Modus Operandi*, mitunter aber Merkmale, die dem aufmerksamen Kriminalisten Anhaltspunkte boten. Dies insbesondere, wenn er ganze Tatserien hinterließ, wie beim Kfz-Aufbruch des Öfteren. Mit der organisatorischen Zweiteilung vermochte ich nun aber nur die eine Hälfte des kriminalgeographischen Raumes zu überblicken, den der Zuständigkeitsbereich des PP München in seltener Einheitlichkeit bot, selbst noch mit seinen siedlungsmäßig kaum abgegrenzten Randgemeinden. Dass ich den Leiter des K 233 und stellvertretenden Dezernatsleiter für meine kriminalistischen Analysen, die ich wie noch in jedem meiner Aufgabenreiche anzustellen gedachte, jemals gewinnen könnte, schloss ich von vornherein aus. Er war zu der Zeit meiner Ausbildung im Kfz-Dezernat Kommissariatsleiter beim Kraddiebstahl. Meinen Sachbearbeitern oblag es, etwa auf frischer Tat von Streifen der Schutzpolizei betroffene Täter zu vernehmen und dem Haftrichter vorzuführen, die UT-Anzeigen (UT = unbekannter Täter) ggf. zu vervollständigen, die entwendeten Gegenstände, sofern es Nummerngegenstände wie Personalpapiere, Schecks, Autoradios, Fotoapparate etc. waren, zur Sachfahndung im INPOL-System auszuschreiben, etwaigen Verdachtsgründen nachzugehen, das Statistikblatt auszufüllen und die Anzeige an die Staatsanwaltschaft abzuverfügen. Kriminalitätsverwaltung im Grunde nur. Die Aufklärungsquote (AQ) bewegte sich in diesem Deliktsbereich dann auch nur um rund 10 Prozent.

Von den knapp 15 mir zur Verfügung stehenden Sachbearbeitern kannte ich einige noch aus meiner Praktikerzeit und wusste, welche von ihnen Ermittlungserfolge erwarten ließen. Die Nachwuchsbeamten musste ich diesbezüglich erst noch kennenlernen. Längst hatte ich erkannt, dass in einer Arbeitseinheit wie einem Kommissariat einige wenige eigeninitiativ für Erfolge sorgen und das K voranbringen, andere willig mitarbeiten, einige aber regelrecht mitgezogen werden müssen. Die Namen meiner Mitarbeiter, die ich nachfolgend vorstelle, habe ich deshalb geändert.

Mein damaliger Ausbilder, einer der schon damals ältesten Sachbearbeiter, gehörte nun auch zu meiner Mannschaft. Er begrüßte mich mit schiefem Lächeln, als ich nach der Vorstellung durch den Dezernatsleiter, der die Mannschaft zusammenrufen ließ, und einem ersten Überblick über die Zuteilungskladde auf meinem Schreibtisch, von Zimmer zu Zimmer ging und mich über den jeweiligen Arbeitsanfall informieren ließ. Kettenraucher war er noch immer. Mich störte das nicht, auch wenn ich seit ein paar Jahren Nichtraucher war, nachdem ich vor allem im Stress der Einsatzplanung beim Staatsschutz zuletzt an die fünfzig, sechzig Zigaretten täglich geraucht hatte, dann aber von einem Tag auf den anderen aufhörte. Schon einmal hatte ich zu rauchen aufgehört, bei der Funkstreife noch. Die Vorstellung, dass, sollte ich einmal einer Obduktion anheimfallen, der Gerichtsmediziner auch bei mir den Teer mit der Spachtel von meinen Lungenflügeln kratzen könnte, war mir ein Graus. Auch ließ mich der Horror des Beipackzettels zu Raucherentwöhnungstabletten, die ich eines Tages lutschte, in dem von nichts anderem als von Lungenkrebs die Rede war, endlich die Finger von den Glimmstengeln lassen. Sehr zur Erleichterung meiner Frau, die sich oft und oft darüber beklagte, dass die Gardinen in unserer Wohnung den Rauchergestank auch dann noch verbreiteten, wenn ich gar nicht daheim war. Ein Jahr lang hielt ich durch, auch wenn mir oft das Wasser im Munde zusammenlief, wenn ich jemanden genussvoll eine Zigarette anzünden sah, nach einer Tasse Kaffee vor allem. Schließlich wollte ich wissen, ob mir denn überhaupt noch eine schmecke. Das hätte ich nicht tun sollen, denn nach der einen kaufte ich mir schon gleich eine ganze Schachtel. Nachdem es mir aber schon einmal gelungen war, abrupt mit dem Rauchen aufzuhören, schaffte ich es mehr oder weniger problemlos auch ein zweites Mal.

Meinem ehemaligen Ausbilder Schorsch H.* gegenüber saß Egon B.*, ein ebenfalls schon älterer Hauptmeister, hager und lang aufgeschossen und wie eh und je im Jeansanzug. Ein dritter Arbeitsplatz war leer. Was das dienstliche Engagement der beiden betraf, passten sie gut zusammen. Sie verfügten die ihnen zugeteilten UT-Anzeigen unverzüglich an die Staatsanwaltschaft ab und legten gelegentliche Haftvorgänge ordnungsgemäß dem Haftrichter vor, nachdem sie die Delinquenten pflichtgemäß darüber belehrt hatten, dass es ihnen freistehe, auszusagen oder keine Angaben zur Sache zu machen. Die liberalisierte Strafprozessordnung sah dies ja ausdrücklich vor. Signalisierte man dem Delinquenten, dass man von ihm eigentlich nichts weiter hören wolle, dann brauchte man lediglich „nicht" in die vorgedruckte Zeile der Aussagebelehrung zu setzen, statt ihn lang und breit darauf hinweisen, dass es ebenso sein gutes Recht sei, zu dem ihm vorgeworfenen Tatgeschehen Stellung zu nehmen. Geständnisse konnte man diesen Burschen meist nur entlocken, wenn es einem versierten und engagierten Vernehmer gelang, sie zu der Einsicht zu bewegen, dass Kriminalität zu nichts führe und es besser sei, sich seine Straftaten ein für alle Mal von der Seele zu reden und einen Neuanfang zu machen. Doch das kostete Zeit, u. U. musste man den Delinquenten ein zweites oder drittes Mal zur Vernehmung aus der Zelle holen, wo er inzwischen nachdenken und ggf. einen Anwalt konsultieren konnte.

Im Zimmer nebenan stieß ich auf Wolfgang T., einen ruhigen, freundlichen Kollegen, der mit den meist jungen Autoknackern, wie sie in diesem Deliktsbereich in der Regel anfielen, verständnisvoll umzugehen verstand, wie er auch innerhalb der Kollegenschaft für ein harmonisches Miteinander sorgte und meist auch die Feiern zu Geburtstagen oder Beförderungen organisierte. Er gewann das Vertrauen selbst hart gesottener Ganoven und erhielt nicht selten ein Geständnis – die Krone kriminalpolizeilicher Ermittlungen. Später einmal erzählte er mir, dass einer seiner „Kunden", den er in den Knast gebracht hatte, nach Strafverbüßung bei ihm aufgetaucht sei und sich dafür bedankt habe, dass er ihm die Augen über sein sozialschädliches Leben öffnete.

Ihm gegenüber saß ein für mich Neuer, der nur höflich nickte, als ich ihn danach fragte, ob es ihm hier gefalle, und am dritten der dagegengeschobenen Schreibtische ein junger Kriminalanwärter, der ihm zur Ausbildung zugeteilt war. Ich hatte mich gewundert, Wolfgang T. auf der Dienstliste immer noch als Hauptmeister vorzufinden. Sollte er inzwischen nicht den Aufstiegslehrgang für den gehobenen Dienst absolviert haben …? Er gehörte damals, als ich beim Kfz-Aufbruch rollierte, zusammen mit seinem Zimmerkollegen Lutz M.* zu den Spitzenkräften im Kommissariat und war dafür nominiert worden.

„Ich habe den Auswahltest nicht bestanden", ließ er mich verschämt wissen, als ich ihn später danach fragte, als ich mit ihm allein war. „In Deutsch. Ich machte zu viele Fehler."

Schade, fand ich. Ein hervorragender Kriminalist, und dann genügte seine Grammatik nicht! Sein damaliger Partner hatte den Aufstiegslehrgang indes hinter sich und riss derzeit den inzwischen für jeden Kriminalbeamten obligatorischen Dienst beim KDD, dem Kriminaldauerdienst herunter.

Ich setzte die Runde durch die Büros fort, zunächst durch die großen, hohen Zimmer, die zur Ettstraße und zu der mächtigen Esche zwischen dem mit einer Mauer von der Straße abgegrenzten schmalen Parkhof für die Dienstwagen der Kripo und dem mit hohem Lanzengitter eingefriedeten Rondell vor dem Hauptportal hinunterführten – mein K befand sich im vierten und obersten Stockwerk des ehemaligen Klosterbaus, dessen im letzten Krieg erlittene Bombenschäden längst saniert waren. Lediglich das völlig weggebrochene sogenannte Posteck an seiner Nordostecke musste noch hochgezogen werden, vorerst war nur das Erdgeschoss, in dem einst ein Postamt untergebracht war, wiederhergestellt worden. Ein großer Besprechungs- und Vortragssaal befand sich darin, in dem gelegentlich die Einsatzkräfte in bevorstehende Einsätze bei Demonstrationen und dergleichen eingewiesen wurden.

Im anschließenden Büro residierte Willi S.*, wohlbeleibt und engagiert über seine Anzeigen und Ermittlungsberichte gebeugt. Er arbeitete an einer Serie von Scheckdiebstählen aus Pkws, bei denen sich eine Spur nach Recklinghausen in NRW ergab. Einige der entwendeten Schecks waren dort eingelöst worden, wie er mir sogleich berichtete. Sie waren auf Parkplätzen rund um den Waldfriedhof gestohlen worden und ließen von der Tatörtlichkeit her und den meist gezielten Diebstählen von im Wagen zurückgelassenen Handtaschen sowie der Einlösung der darin vorgefundenen Schecks einen Tatzusammenhang vermuten. Eine organisierte Bande schien hier am Werk zu sein, wie die Scheckeinlösungen bis rauf nach NRW vermuten ließen.

„Zum Einlösen weiblicher Schecks setzen sie ausnahmslos Frauen ein", erklärte er mir und setzte hinzu: „Die Diebe passen die Friedhofsbesucher ab, da wette ich. Verlässt eine Frau ohne Handtasche den Wagen, gehen sie davon aus, dass diese im Wagen liegt, unter dem Sitz versteckt vielleicht. Die deutsche Frau trägt nun mal eine Handtasche, nicht wahr."

Dazu konnte ich nur verstehend nicken. Solche Details interessierten mich, in meinem Gehirn begann es schon gleich zu arbeiten. Wie konnte man solche Erkenntnisse zur Vorbeugung nutzen?

Willi gegenüber saß ein Neuer, ein schon etwas älterer Kollege, der sein Rolliererjahr gerade hinter sich hatte und auf seinen Wunsch nun zum K 234 versetzt worden war, wo er damals schon mit Willi zusammengearbeitet hatte.

Im letzten und größten der Büros meines K an der Ettstraßenseite waren drei Arbeitsplätze für Sachbearbeiter und ein zusätzlicher für Gisela E.*, unsere einzige Schreibkraft, eingerichtet. Sie war noch relativ neu im K, aber bereits allseits beliebt, wie ich mir von Richard M.*, meinem Vertreter, sagen ließ, der sie gleich nach meiner Vorstellung durch den Dezernatsleiter zu sich kommen ließ, um ihr den Ereignis- und Pressebericht über die Festnahme zweier Autoknacker vergangene Nacht zu diktieren. Gewinnend lächelnd reichte sie mir ihre kleine, schmale Hand.

„Nehmen Sie mittags mit an der Kaffeerunde teil, Herr Hauptkommissar?"

„Ja, gern. Wo kommt die denn zusammen?"

„Hier." Sie deutete auf den runden Tisch hinter dem als Sichtblende quer zur Tür gestellten Kleiderspind. „Haben Sie eine eigene Tasse, Herr Hauptkommissar?"

„Nein, aber ich bringe morgen eine mit. Nennen Sie mich aber bitte nicht Hauptkommissar. Ich habe einen ganz passablen Familiennamen. Mit Titeln haben wir es bei der Kripo nicht so, das überlassen wir den Krimiregisseuren." Wie kam sie darauf, mich Hauptkommissar zu titulieren? Hatte man ihr das eingespuckt, nachdem mich der Dezernatsleiter betont als Kriminalhauptkommissar vorgestellt hatte und alle wussten, dass ich vom Leiter K kam?

„Herr Prinz, ja, ein schöner Name."

„Ich habe nur leider kein Schloss. Zu Hause aber immerhin eine Prinzessin."

Sie lachte, und ich wandte mich den Männern an den Schreibtischen zu. Konrad K.*, allgemein Conny genannt, untersetzt und wohlbeleibt auch er, war der Senior unter ihnen. Er war eng befreundet mit Bert W.* am Schreibtisch gegenüber, KOK und einer der wenigen Beamten des gehobenen Dienstes im K. Drei Gehobene hatte ich in meiner Mannschaft, immerhin. Wenn damit auch der Forderung des BDK, für den Kriminaldienst grundsätzlich die zweigeteilte Laufbahn einzuführen – gehobener und höherer Dienst –, noch lange nicht entsprochen war.

Der dritte Mann war neu im K. Er sah noch einmal seine UT-Anzeigen durch, bevor er sie zur Weiterleitung an die Staatsanwaltschaft ins Auslauffach legen würde, wo ich sie auf Vollständigkeit prüfen und die Abverfügung unterschreiben musste. Bert W. war dabei, eingegangene Fernschreiben seinen Vorgängen zuzuordnen, während Conny K. einen Geschädigten anschrieb, um nach der Fertigungsnummer des entwendeten Autoradios zu fragen, die er bei der Anzeigeerstattung auf den Polizeirevieren anscheinend nicht parat gehabt hatte.

„Wenn nur diese Anfänger bei „S" einmal lernen würden, was wir brauchen", kritisierte Conny. Mit „S" war die Schutzpolizei gemeint. Dass dort junge Spunde erst einmal lernen mussten, wie eine Anzeige aufzubauen war, war an sich klar. Doch wer lehrte sie, auf was es dabei der Kripo ankam? „Letzte Woche erst war ich wieder Stunden über Stunden damit beschäftigt, die UT-Anzeigensammlung beim Erkennungsdienst nach gleichen Arbeitsweisen durchzuforsten. Jede Anzeige ist anders gegliedert, jede musst du erst von Anfang bis zur letzten Zeugenaussage lesen, bevor du dahinterkommst, wie der Täter gearbeitet hat."

Ja, das war mir schon während meiner Durchlaufzeit beim Kfz-Aufbruch aufgefallen, wo ich mich auch vergeblich bemüht hatte, anhand der Arbeitsweise Tatzusammenhänge zu erkennen.

„Wie sollte eine Anzeige denn aufgebaut sein?" Musste man dies wirklich erst in der Praxis lernen?

„In Tatbestand und Sachverhalt natürlich, müsste eigentlich jedem klar sein. Aber da beginnen sie damit, dass der Geschädigte auf die Wache der Polizeiinspektion kam und angab, dass sein Auto aufgebrochen worden ist. Dieser „Sachverhalt" muss nun von Anfang bis zum Ende durchgelesen werden, um sich ein Bild darüber machen zu können, wie der Täter vorgegangen ist. In unserem speziellen Anzeigenvordruck für Diebstähle aus und an Kfz sind an sich schon Mussfelder über Tatort, Tatzeit, Geschädigter, Höhe des Schadens und Mitteiler mit jeweils detaillierten Angaben vorgegeben. Aber dass im Freitext dem Sachverhalt ein kurzer, prägnanter Tatbestand vorangestellt werden soll, leuchtet ihnen partout nicht ein."

Er blätterte in seinem Stoß von Anzeigen. „Hier ist einmal ein positives Beispiel: ‚Unbekannte Täter brachen vermutlich mit einem Schraubenzieher das rechte Ausstellfenster eines in einer Reihe weiterer Fahrzeuge geparkten Pkw der Marke VW Käfer auf und entwendeten das im Armaturenbrett eingebaute Autoradio.' Kurz und bündig. Damit lässt sich bei der Suche nach gleichartigen Fällen etwas anfangen, auch wenn hier die Arbeitsweise auf viele der Aufbrüche zutrifft."

Ja, die Ausstellfenster. Praktisch zur Entlüftung, aber eine Schwachstelle für Autoknacker. Man brauchte durch das Dreieckfensterchen nur hindurch zu greifen, um die Tür von innen öffnen zu können.

„Die Spurensuche an den aufgebrochenen Wagen lässt ja auch sehr zu wünschen", fiel Bert ein. „Da kommt doch kaum einmal was."

Ich hatte während meiner Rollierzeit bei der KPI Süd selbst einmal einen Pkw nach Fingerspuren abgepinselt, nachdem die Halterin brav bei der Kripo vorgefahren war, wie es ihr auf der PI aufgetragen wurde. Ich war überzeugt, dass nur wenige dies befolgten, hatten sie doch mit der Anzeigenerstattung bei der Polizei ihrer Pflicht gegenüber ihrer Versicherung Genüge getan. Auf den Polizeirevieren bzw. Polizeiinspektionen, wie die Reviere nun hießen, waren sie weder zur Spurensicherung ausgerüstet noch ausgebildet, die Geschädigten mussten dazu extra zur nächsten Kripo-Dienststelle fahren. Mir wurde klar, dass ich über diesen Deliktsbereich dringend einen Artikel verfassen und Vorschläge unterbreiten musste. Vielleicht las man ihn an maßgeblicher Stelle sogar, wenn er über eine Fachzeitschrift verbreitet wurde. Wie sich einmal zu meiner Zeit beim Staatsschutz ein Kollege des BKA bei mir erkundigte, wo denn mein Artikel über die „Rote Hilfe" erschienen sei, sie hätten darüber nichts.

Ich nahm mir die restlichen, zu einem der Innenhöfe liegenden Büros meines K vor und begann wieder vorn an der Ecke zur Treppe und dem dahinter emporführenden Paternoster, wie dieser ständig umlaufende Aufzug genannt wurde. Im ersten der kleinen Kämmerchen, wie auch mir eines am anderen Ende der Reihe zugewiesen war, residierte Rüdiger H.* Er war KHK und kam von der Sonderfahndung, die vornehmlich Nacht- und bekannte Ganovenlokale überfahndete, und hatte sich dort einen ausgezeichneten Ruf erworben. Ich war überrascht, ihn auf der Dienstliste meines K vorzufinden.

Auf dem steiflehnigen Vernehmungsstuhl neben seinem Schreibmaschinentischchen saß einer der beiden Autoknacker aus der Haftsache von heute Morgen, ein junger, blasser Bursche mit langem, strähnigem Haar. Ich wollte nicht unterbrechen und sagte nur: „Die Schreibkraft ist jetzt frei. Soll ich sie dir rüberschicken?"

Er schüttelte den Kopf und tippte den Satz zu Ende. „Hab's gleich." Bei nur einer Schreibkraft im K blieb es nicht aus, dass die Sachbearbeiter ihre Texte meist selbst tippten.

Das Zimmer nebenan, in dem ich Alfred B.*, einen der auch schon älteren Sachbearbeiter, vorzufinden hoffte, war abgesperrt. Fred unterstützte seinen Zimmernachbarn und führte den anderen der beiden Autoknacker zur ED-Behandlung vor, wie ich später erfuhr – sie mussten ja, nachdem sie schon vor Mitternacht festgenommen worden waren, noch heute dem Ermittlungsrichter vorgeführt werden, der sie entweder freiließ oder in Haft nahm, sofern der Vorgang ausreichend Haftgründe bot. So ging ich weiter zum Zimmer meines Stellvertreters, KHK Richard M.*, einen lebhaften, sportlich schlanken Mann Anfang vierzig, der vormals beim Kraddiebstahl war, zusammen mit dem Leiter meines Nachbarkommissariats.

„Ich hab dir den Presse- und Ereignisbericht auf deinen Schreibtisch gelegt", empfing er mich. „Kannst ihn gleich weitergeben. Den Haftvorgang hab ich Rüdiger zugeteilt, der hat heute Anzeigendienst. Die übrigen Vorgänge findest du ebenfalls noch auf deinem Schreibtisch. Wirst sie ja erst sehen wollen."

„Ja, danke, dass du dich darum angenommen hast." Er hatte, nachdem er nicht wusste, wann ich im K aufkreuzen würde, den sogenannten „Einlauf" wie jeden Morgen in der Zentralkartei im zweiten Stockwerk abgeholt, die zwei Haftsachen, die zusammengehörten, sogleich zugeteilt und sich über den Presse- und Ereignisbericht hergemacht, der über die Abteilung Einsatz bzw. deren für den Aufgabenbereich der Kripo zuständigen Unterabteilung 3, Verbrechensbekämpfung, von der er in den täglichen Lagebericht aufgenommen werden würde, der Pressestelle zuzuleiten war.

In meinem Büro bzw. meiner Kammer, die wie alle der zu den Innenhöfen ausgerichteten Zimmer so klein war, dass neben dem mit einer Schmalseite dicht zum Fenster aufgestellten Schreibtisch gerade noch die Bürotür aufging und ich auf meinem Drehstuhl einfach nur herumschwingen musste, um am Schreibmaschinentischchen hinter mir die Schreibmaschine bedienen zu können. Gegenüber fand gerade noch ein Tischchen mit zwei Stühlen links und rechts Platz und gleich links neben der Tür ein Rollschrank mit Fächern für den „Auslauf" und die Vorgänge für die Sachbearbeiter, und rechts der Tür ein Kleiderspind.

Ich atmete erst einmal durch.

Bevor ich mich nun aber in Vorstellungen verlor, wie sich die in meinem neuen Aufgabenbereich vorherrschende „Kriminalitätsverwaltung" in Kriminalitätsbekämpfung organisieren ließe, machte ich mich daran, den Stapel an Vorgängen zu lesen, den dafür jeweils zuständigen Sachbearbeitern (SB) zuzuteilen und die Registriernummern (Reg.-Nr.) in die Zuteilungskladde einzutragen sowie den Namen des SB auf das angeheftete Reg.-Kärtchen zu schreiben, das an die ZK zurückging. Vertikal war die geheftete große Kladde über die aufgeschlagenen zwei Seiten hinweg in Rubriken je Mitarbeiter unterteilt, horizontal in Tage. Unter den darüber angebrachten Namen waren die Nummern der PIs vermerkt, für die der jeweilige SB zuständig war. War er abwesend, genügte ein U für Urlaub, ein K für krank und ein DA für Dienstausgleich. Waren Vorgänge abgeschlossen und ausgelaufen, war die eingetragene Reg.-Nr. einfach zu streichen. Mit einem Blick war damit ersichtlich, welcher der Mitarbeiter mit seinen Vorgängen etwa in Rückstand war. Praktisch, das Ganze, und ein ruhiger Job für einen K-Leiter, der sich mit Vorgangszuteilung und Kontrolle deren Erledigung begnügte.

Ich wollte das nicht.

Wöchentlich hielt ich fortan in dem großen Büro gleich gegenüber meinem Kämmerchen eine Dienstbesprechung ab, berichtete, was ich an Neuem in der Dienstbesprechung des Dezernatsleiters mit seinen K-Leitern erfahren hatte, besprach mit meinen Mitarbeitern angefallene Aufbruchsserien und Haftvorgänge und holte deren Meinung über ggf. daraus zu ziehende Konsequenzen ein. Ich bemühte mich um kooperativen Führungsstil, wie ich ihn beim PVP und Leiter K, meinem letzten Chef, mitbekommen hatte, der über Menschenführung und die verschiedenen Führungsstile Vorträge in Fortbildungsseminaren und an der Verwaltungsschule hielt. Doch als ich Fakten für ein von mir geplantes Merkblatt über „Verhaltensweisen von Straftätern im Deliktsbereich Kraftfahrzeug", eine sogenannte „Indikatorenliste", erbat, erhielt ich schon gleich einmal zur Antwort: „Kennen wir doch alle." Ja, wir alten Routiniers schon. Wissen aber auch die jungen Streifenbeamten bei „S", mit welchem Verhalten ein potentieller Täter ggf. erkennen lässt, was er gerade vorhat? Wie Willi S. es mit seinen Diebstählen auf Friedhofsparkplätzen andeutete, dass Friedhofsbesucherinnen wohl dahin gehend belauert würden, ob sie die Gräber ihrer Angehörigen mit oder ohne Handtasche am Arm aufsuchten. Und wie ich selbst in meiner Funkstreifenzeit zu nächtlicher Stunde, als wir in Schleichfahrt und nur mit Standlicht im Stadtteil Laim eine Nebenstraße entlangfuhren und voraus zwei Gestalten entdeckten, die offenbar eine Reihe schräg geparkter Pkw absuchten und immer wieder zwischen den Wagen verschwanden. Ich ließ meinen Fahrer in Höhe der Stelle, wo ich sie zuletzt gesehen hatte, halten und sprang aus dem Wagen. Während einer der beiden sofort davonrannte, griff ich mir den anderen. Mein Fahrer gab Gas und preschte hinter dem Flüchtenden her.

„Was sucht ihr denn hier?", fragte ich den jungen Burschen, dem ich zwischen den Wagen den Weg verstellte, sodass er nicht auch abhauen konnte.

„Nix", war die Antwort. Ich ließ ihn die Hände auf ein Wagendach legen und spreizte ihm mit meinem Fuß die Beine.

„Dann lass mal sehen, was du gefunden hast." Ich förderte schon gleich einmal einen starken Schraubenzieher zutage – Einbruchswerkzeug.

Als mein Fahrer mit dem zweiten der Kerle zurückkam – er hatte ihn bereits gefesselt, damit er kein zweites Mal laufende Beine bekam –, fesselten wir die beiden nun aneinander. Dann machte ich mich mit der starken Handlampe aus dem Kofferraum unseres Streifenwagens an die Absuche der Parkreihe. Schon gleich entdeckte ich neben dem Pkw, an dem wir die beiden ertappt hatten, eine große Plastiktüte mit einer Reihe von Gegenständen, wie eine zusammengeknüllte Lederjacke, Fotoapparate, Straßenkarten, einen Regenschirm (Knirps), einen Sanitätskasten u. a. Dinge, wie sie in der Regel in Autos mitgeführt werden. Mehrere der in der Reihe geparkten Pkws wiesen Aufbruchspuren auf, Handfächer standen offen und waren anscheinend durchwühlt worden. Profis waren die beiden aber offenbar nicht. Ich notierte mir die Kennzeichen und hinterließ unter den Scheibenwischern eine kurze Notiz darüber, was hier geschehen ist und dass der Halter sich bei der Polizei melden möge. Dann meldeten wir der Zentrale unseren Erfolg und führten die beiden Jugendlichen beim KDD vor.

In meiner „Indikatorenliste" stellte ich anhand verschiedener Beispiele heraus, dass es bei Personen, die sich irgendwie unmotiviert bei geparkten Fahrzeugen, auf Parkplätzen oder in unmittelbarer Nähe privater Tiefgarageneinfahrten etc. aufhielten oder suchend an abgestellten Wagen entlanggingen, angebracht erschiene, sie zu beobachten, bis klar wird, was sie denn vorhaben. Eine Aufgabe für die ZEG-Streifen, die Zivilen Einsatzgruppen der PIs. Ich hatte meine Liste kaum der einen und anderen PI meines Zuständigkeitsbereichs angeboten, als sie auch schon von anderen S-Dienststellen angefordert wurde. Es bestand zweifellos Bedarf an derartigen Hinweisen.

Nachdem ich von meiner Funkstreifenzeit her wusste, wie wenig man als Schutzpolizist darüber Bescheid wusste, was mit Strafanzeigen und Vorführungsnoten bei der Kripo weiter geschah – weit verbreitet war unter den Kollegen von „S" anscheinend die Ansicht, dass es nutzlos sei, eine Anzeige überhaupt aufzunehmen und Geschädigte weggeschickt (abgewimmelt) wurden, wenn weder eine Fahndung nach dem Stehlgut noch nach dem unbekannten Täter Erfolg verspreche, weil hierfür einfach keine Anhaltspunkte vorlägen, und im Übrigen die Arbeit ja getan sei, wenn sie uns einen Täter lieferten, denn wir bräuchten den Vorgang dann nur mehr an die Staatsanwaltschaft weiterzureichen –, arbeitete ich einen Vortrag über „Anzeigenaufnahme und -bearbeitung bei Diebstählen aus und an Kfz." aus und erstellte dazu Musteranzeigen. Nicht meine Aufgabe, das war mir klar, für Aus- und Fortbildung war ich nicht zuständig. Machte ich mich damit einfach nur wichtig ...? Von der einen und anderen PI wurde ich aber doch dazu eingeladen, ihn bei deren Dienstbesprechungen zu halten.

Ich war gerade warm geworden mit meiner Mannschaft und hatte längst meinen „Einstand" gegeben, als Lutz M. anrief und mir eröffnete, dass sich seine Abordnung zum KDD dem Ende zuneige und er demnächst zum K zurückzukehren gedenke. Im ersten Moment war ich darüber erfreut, war er mir doch als engagierter Sachbearbeiter und versierter Kriminalist bekannt, und ich dachte schon gleich daran, ihn als weiteren Ausbilder für Kriminalanwärter einzusetzen. Doch er wollte wieder, wie schon vor seiner Abordnung mit seinem Freund und Partner Wolfgang T. zusammenarbeiten, andernfalls er sich zu einem anderen K bewerben würde, was ihm nach seiner KDD-Zeit freistehe. Damit durchkreuzte er meine Absicht, ihn als Ausbilder zu verwenden, denn Ausbilder war ja auch Wolfgang T. Doch die beiden in einem Büro versprachen ein exzellentes Team zu werden, und so gab ich nach. Wenn ich damit auch schon gleich eine Umbesetzung vornehmen musste, denn der Kollege gegenüber Wolfgang T. musste unter diesen Umständen seinen Platz räumen. Die Frage, wohin mit ihm, löste sich aber schließlich von selbst. Als Ersatz für KOK Lutz M. musste KOK Bert W. im Zimmer gegenüber meinem Kämmerchen zum KDD. Es war so vorgesehen, dass jeweils aus dem K, in das ein Beamter nach Beendigung seiner vorgeschriebenen KDD-Zeit verwendet werden will, Ersatz zu stellen hat.

Es fügte sich dann aber alles recht harmonisch. Und als wir beide im Herbst des Jahres 1977 befördert wurden, Lutz M. zum Hauptkommissar und ich zum „Hauptkommissar de luxe", wie wir die Anhebung in Besoldungsgruppe A 12 unter Beibehaltung des Titels Hauptkommissar spaßhaft nannten, schmissen wir eine Beförderungsfeier, wie sie das K 234 noch nicht erlebt hatte. Schon im Laufe des Vormittags bauten wir ein Büfett mit Snacks aller Art und Bier und Sekt auf, gratulierten uns gegenseitig und empfingen Gratulanten aus dem ganzen Haus. Der Tag war gelaufen und sollte unser Kommissariat, in dem ich eine neue dienstliche Heimat gefunden hatte, neuerlich festigen.

Der Terror der linken Revoluzzer in unserem Land ging währenddessen ungebremst weiter. Nach wie vor richtete er sich gegen Repräsentanten des Staates und der Wirtschaft. Ihre Anschläge nahmen 1977 im Vergleich zum Vorjahr nach Zahl und Schwere der Folgen erheblich zu. Bei drei der Terroranschläge fanden allein neun Personen den Tod. In ihren Schriften forderte die Baader-Meinhof-Bande: „Den Widerstand bewaffnen, die Illegalität organisieren, den antiimperialistischen Kampf offensiv führen."

So wurde am 7. April Generalbundesanwalt Siegfried Buback zusammen mit seinen beiden Begleitern in Karlsruhe auf offener Straße von einem „Kommando Ulrike Meinhof – Rote-Armee-Fraktion" ermordet. Die als „Hinrichtung" bezeichnete Tat wurde damit begründet, dass Buback verantwortlich sei für die Ermordung von Holger Meins, Siegfried Hauser und Ulrike Meinhof.

Am 30. Juli (ein Bekennerschreiben ging am 7. August ein) wurde auf den Vorstandssprecher der Dresdner Bank, Jürgen Ponto, ein Mordanschlag verübt.

Am 5. September wurde BDI-Präsident Dr. Hanns Martin Schleyer auf offener Straße entführt, nachdem die ihn begleitenden drei Polizeibeamten und der Fahrer erschossen worden waren. Im Austausch für ihn sollten 11 inhaftierte Terroristen in ein Land ihrer Wahl freigelassen werden.

Am 13. Oktober wurde als Parallelaktion zur Schleyer-Entführung die auf Mallorca gestartete Lufthansa-Maschine „Landshut" von einem palästinensischen Terrorkommando entführt. Wieder diese verdammten Palästinenser, die 1972 in München beim missglückten Befreiungsversuch der von ihnen gekidnappten israelischen Olympiamannschaft auch einen Münchner Polizisten töteten. Bei einem Zwischenstopp in Dubai, wo sie auftanken lassen wollten, hielten sie einer Stewardess eine Pistole an den Kopf, bis die Flughafenverwaltung das Auftanken genehmigte. Den Flugkapitän stellten sie unter die offene Kabinentür und töteten ihn mit einem Schuss in den Hinterkopf. Mit dem Kopiloten flogen sie weiter nach Mogadischu, wo die Grenzschutzgruppe GSG 9 die Geiseln in couragiertem Einsatz befreite und die zu ihren Waffen greifenden Entführer tötete. Der inhaftierte „harte Kern" der RAF, Andreas Baader, Gudrun Ensslin und Jan-Carl Raspe begingen hierauf Selbstmord. Am 19. Oktober wurde der entführte Hans-Martin Schleyer in Mühlhausen (Frankreich) tot aufgefunden.

Die Baader-Meinhof-Verbrecher waren nicht allein für all den Terror verantwortlich. Die „Revolutionären Zellen" knüpften mit ihren Brand- und Sprengstoffanschlägen an aktuelle politische Diskussionen an. Ihre Äußerungen zum ideologischen Konzept eines „bewaffneten antiimperialistischen Kampfes" glichen in ihren programmatischen Aussagen denen der RAF. Konsequent verfolgten sie ein bereits im Mai 1975 entwickeltes Konzept, „dass die Stadtguerilla eine Massenperspektive wird und nicht eine Sache von ein paar Leuten."

So ließ mich denn der Terror dieses linken Gesocks selbst in unserem so ganz und gar unpolitischen Kommissariat nicht los, zumal wir täglich mit Gangstreifen zu verhindern versuchen sollten, dass in den Fluren und Nischen Brandsätze hinterlegt wurden oder Sprengsätze detonieren. Ich verstand nicht, was diese jungen Leute zu ihren terroristischen Umtrieben trieb. Ging es ihnen nicht gut genug in unserem Land? Mehr und mehr entwickelte ich Hass gegen diese Irren. Wie sie ihn uns Polizisten ja auch auf der Straße entgegenbrachten.

Die rechtsextremistischen Gewalttaten, im Vergleich zum Vorjahr auf 40 angestiegen, nahmen sich gegenüber diesem Terror fast harmlos aus. Sachbeschädigungen waren es in der Regel und Androhungen von Gewalt. Ich überlegte, ob ich in den von dem Münchner Journalisten gegründeten Republikanern etwa eine mir genehme politische Heimat finden könnte. Wurden wir, die wir als Polizisten für Ordnung und Sicherheit einzutreten hatten, ja sowieso als Rechtsradikale betrachtet. Zahlreiche Polizisten waren bei den REPs bereits Mitglied. Doch dann stellte sich heraus, dass die REP längst von Neonazis aus anderen rechtsextremistischen Parteien und Gruppen unterwandert war und nun selbst als rechtsextremistisch eingestuft und vom Verfassungsschutz beobachtet worden war. Damit hatte sich diese Partei für mich erledigt.

Bis drei Jahre später, 1980, ein in seiner Sinnlosigkeit nicht zu überbietender Bombenanschlag mit 13 Toten und über 200 zum Teil Schwerverletzten auf dem Oktoberfest meine Frau und mich, die wir zu dieser Zeit auf Mallorca in Urlaub waren, für einen Moment schier in Panik versetzten, als wir von anderen deutschen Feriengästen gefragt wurden, ob wir schon von dem Anschlag in München gehört hätten. Wollte doch unsere frisch verheiratete Tochter mit ihrem Mann und ihren Freunden vom Trachtenverein dieser Tage aufs Oktoberfest gehen. Sofort riefen wir zu Hause an. Was waren wir erleichtert, als unsere Tochter sagte: „Ich hab gewusst, dass ihr anruft. Aber nein, wir waren nicht auf dem Oktoberfest." Meine Kollegen aus dem Kommissariat aber waren draußen auf der Wiesn an diesem Abend und wollten sich gerade auf den Heimweg machen, als vor ihnen am Wieseneingang die Bombe, die ein rechtsextremer Fanatiker in einem Papierkorb deponierte, hochging und den Attentäter mit zerriss. Sie halfen sogleich mit, die vielen Verletzten zu bergen und das Tohuwabohu einigermaßen unter Kontrolle zu bringen, bis die Rettungskräfte kamen. Der Täter war als Rechtsextremist bekannt. Er stand bereits 1976 mit der inzwischen als rechtsextremistisch verbotenen „Wehrsportgruppe Hoffmann" in Verbindung. Ein weiterer, 1977 aus der DDR geflohener Neonazi, erschoss am 24. Dezember 1980 am schweizerisch-deutschen Grenzübergang einen Schweizer Polizisten und einen Schweizer Zöllner und verletzte zwei weitere Beamte schwer. Danach beging er Selbstmord. Er gehörte der militanten Frankfurter Gruppe „Volkssozialistische Bewegung Deutschlands/Partei der Arbeit" (VSBD/PdA) an und hatte offenbar versucht, mit einem Schlauchboot Waffen aus der Schweiz über den Rhein einzuschmuggeln. In verschiedenen Städten wurden Brandanschläge auf DKP-Büros und andere kommunistische Objekte verübt, jüdische Friedhöfe verwüstet und in Erlangen ein jüdisches Verlegerehepaar ermordet. Die Zahl rechtsextremer Gewalttaten stieg in diesem Jahr auf 113. In weiteren 119 Fällen war erkennbar die Ausländerfeindlichkeit von Rechtsextremisten unmittelbarer Anlass zu Gesetzesverstößen (Schmieraktionen wie „Kanaken raus" etc.).

Quelle:
„Staatsschutzkriminalität – Chronik der Gewalt" von Heinrich Prinz, DNP Nr. 5 – 11/1990.

* Namen geändert

15. Folge

Strategie und Taktik der Bekämpfung

Kein Deliktsbereich beeinträchtigt wohl das Sicherheitsgefühl des Bürgers so sehr wie die Straßenkriminalität. Straftaten rund um das Kraftfahrzeug stellen dabei einen wesentlichen Anteil. Zur Verdeutlichung dieses Anteils, den zum einen die Straßenkriminalität innerhalb der Gesamtkriminalität, zum anderen der Deliktsbereich rund um das Kfz innerhalb der Straßenkriminalität aufweisen, seien hier die Zahlen der Kriminalstatistik zugrunde gelegt, wie sie in München für das Jahr 1976 erfasst wurden. 28 678 Fälle bzw. 34,62 % der Gesamtkriminalität weist hiernach die Straßenkriminalität auf, von diesen sind 16 020 Fälle bzw. 55,86 % dem Deliktsbereich rund um das Kfz. zuzuordnen.

Von den insgesamt 34 586 erfassten Tatverdächtigen (TV) zählten 6522 bzw. 18,85 % zur Straßenkriminalität, davon 2641 bzw. 40,49 % zum Deliktsbereich rund um das Kfz. Damit zeigt sich die kriminelle Intensität des Täters der Straßenkriminalität, insbesondere im Deliktsbereich rund um das Kfz, die verstärkt Bekämpfungsmaßnahmen, insbesondere hinsichtlich des Wiederholungs- und Serientäters, angebracht erscheinen ließen. Ich machte mich denn alsbald an die Analyse dieses Phänomens und einen Fachartikel über die „Bekämpfung der Straftaten rund um das Kraftfahrzeug" (veröffentlicht in der „Dokumentation des LV Bayern" meines Berufsverbandes BDK 1978), opferte dafür wiederholt freie Wochenenden und plädierte zudem gegenüber meinem Dezernatsleiter für eine Zusammenlegung des mit der kriminalistisch unsinnigen Zweiteilung der örtlichen Zuständigkeit im Deliktsbereich „Diebstahl aus und an Kfz", auf die es mir vor allem ankam, verhinderten sie doch die Gesamtschau. Nichtsahnend, dass ich damit den Ast absägte, auf dem ich voller Tatendrang saß.

In der Erkenntnis, dass in diesem Deliktsbereich vornehmlich Wiederholungs- und Serientäter agieren, hielt ich in Kooperation aller mit der Kriminalitätsbekämpfung befassten Dienststellen mit allen rechtlich zulässigen, einsatztaktisch möglichen und kriminalistisch gebotenen Mitteln eine klar herausgestellte Strategie mit entsprechender Taktik des Vorgehens für angebracht, die deren kriminelle Aktivitäten möglichst unterbindet und die Entstehung neuer Deliktsmassierungen oder Brennpunkte verhindert.

Dazu plante ich in meinem Kommissariat folgende taktische Maßnahmen: Darstellung von Gebieten mit besonderer Kriminalitätsdichte, erkannter Trefflokale und Wohn- oder Aufenthaltsorte der Täter sowie Absatzadressen für Stehlgut zwecks gezielter Überwachung durch Einsatzkräfte und eigenen Ermittlungen, gezielt auf Mitwirkung des Bürgers gerichtete polizeiliche Öffentlichkeitsarbeit und operative Maßnahmen gegenüber einschlägig bekannten Serien- und Wiederholungstätern.

Mit einer ersten, in meinem Kommissariat zu verwirklichenden Maßnahme ging ich eine detaillierte Feststellung der Kriminalitätslage unseres Deliktsbereiches an. Ich beantragte für die Büros meiner Mitarbeiter große, an freien Wänden anzubringende und mit Katasterplänen des jeweiligen PI-Bereiches zu beklebende Dämmplatten, besorgte Stecknadeln und Steckfähnchen in unterschiedlichen Farben und beauftragte meine Mitarbeiter, Tatorte (mit Nadeln) und Täter-Wohn- und Aufenthaltsorte (mit nummerierten Fähnchen) nach vorgegebenem Plan abzustecken. Ich war gespannt, wie sie wohl darauf reagieren würden, bedeutete dies doch zusätzliche Arbeit. Doch sie nahmen es klaglos hin. Als darauf die ersten Tat- und Täterlagen erkennbar wurden, war ich jedoch selbst nicht so recht überzeugt davon, dass meine Lagetafeln denn etwas brachten. Hatte ich mir doch vorgestellt, dass damit zumindest die ortsansässigen Täter auffallen würden, die nach statistischen Erkenntnissen ihre Aktivitäten zum Großteil auf den eigenen, allenfalls noch auf den angrenzenden Stadtteil beschränkten – über 50 % der Taten wurden, soweit bekannt und nachweisbar, in einer Entfernung von 1 km vom Wohnsitz, über 80 % bis zu 5 km begangen. Doch in welchen Lokalen sie bevorzugt verkehrten, wurde bei den Vernehmungen entweder nicht erfragt oder nicht angegeben. So fehlten Bezugspunkte, ob sie vielleicht auf dem Nachhauseweg von Lokalbesuchen Tatgelegenheiten nutzten. Und was Hehlerlokalitäten betraf, so erwies es sich auch hier, dass Diebe ihre Hehler nur in Ausnahmefällen preisgeben, wollen sie bei ihnen doch auch künftig ihr Stehlgut absetzen können. Gleichwohl zeigten sie deutlich die verschiedenen Aktionsräume der Täter sowie eine Konzentration auf Gebiete mit bestimmter Sozial- und Siedlungsstruktur. Anhaltspunkte bei Vernehmungen festgenommener Täter.

Für Serienaufbrüche im Verlauf einzelner Straßenzüge oder in großen Tiefgaragen für die Wohnblocks in neuen Großsiedlungen, kreierte ich unter der ins Auge fallenden Überschrift „Die **Kriminalpolizei** bittet um Ihre **Mitwirkung**" sogenannte „Mitwirkungsaufrufe", in denen auf die jüngsten Autoaufbrüche hingewiesen, das Vorgehen der Täter kurz erläutert und um Mitteilung sachdienlicher Beobachtungen gebeten wurde. Von meinen Mitarbeitern wurden sie an die zuständigen Hausmeister zum Anschlag an den Informationsbrettern in den Hauseingängen der infrage kommenden Blocks verteilt. Wir erhielten hierauf so manchen Hinweis auf verdächtige Fahrzeuge, konnten da und dort die Tatzeit genauer fixieren, erreichten sonst aber nur einen gewissen Verdrängungseffekt – einer unserer jungen Täter hatte bei der Vernehmung nach erneuter Festnahme auf die Frage, warum er seine Aufbrüche jetzt woanders beging, erwidert: „Wo die Kripo ihre Plakate aufhängt, gehen wir doch nicht mehr hin."

Die über die einzelnen Straftäter bei den Polizeibehörden zentral gesammelten Kriminalakten sind sehr von Nutzen, wenn ein Verdächtiger genannt oder ein Täter ermittelt oder festgenommen wird. Doch bis dahin schlummern sie mit all ihren Erkenntnissen und gestapelt bis unter die Decke in den Aktenräumen (den heute üblichen Kriminalaktennachweis per EDV gab es noch nicht). Ich regte also an, für jeden Deliktsbereich auch die Täterlage festzustellen und im Hinblick auf mögliche und notwendige Ermittlungs- oder Einsatzmaßnahmen zu beurteilen. In meinem Kommissariat ordnete ich an, Erfassungsblätter für die bei uns anfallenden Autoknacker mit jeweils bevorzugter Arbeitsweise anzulegen und deren Wohn- oder sonstigen Aufenthaltsort mit entsprechendem Code in der Lagekarte abzustecken. Es sollten damit Vergleiche mit dem aktuellen Tatgeschehen ermöglicht und ggf. der für Ermittlungen gegen eine bestimmte Person erforderliche Anfangsverdacht gem. § 152 StPO begründet werden. In gleicher Weise ordnete ich die Erfassung kriminalitätsrelevanter Objekte (Gaststätten, sonstige Trefforte, Hehlerlokale) an. In Bezug auf die Wohn- und Herkunftsorte der Täter konnte ich feststellen, dass der Täter des Deliktsbereichs rund um das Kfz überwiegend als **örtlicher Täter** anzusehen ist. Im Stadtgebiet München verteilten sich sowohl die Täterwohnsitze als auch die in diesem Deliktsbereich zu registrierenden Taten auf Gebiete mit bestimmter Siedlungs- und Sozialstruktur. Es handelt sich hier – abgesehen vom Bereich der Innenstadt mit seinen wiederum anderen Bedingungen – in der Regel um Siedlungsgebiete, in denen Mehrfamilienhäuser bzw. Wohnblocks überwiegen, insbesondere um Neubaugebiete mit großen, modernen Wohnanlagen und Hochhäusern. Hier ist sowohl eine sehr gemischte Wohnbevölkerung vorhanden, als auch auf vollgeparkten Straßen und Parkplätzen und weiträumigen Tiefgaragen das hier infrage kommende Tatobjekt, das Kraftfahrzeug, in Massen und in beliebiger Auswahl vorhanden. Siedlungsgebiete mit vorwiegend Villen oder Einfamilienhäusern bleiben in diesem Deliktsbereich jedenfalls weitgehend sowohl täter- als auch deliktsfrei.

Was die Motive oder Ursachen kriminellen Handelns betrifft und dass der eine Täter z. B. Raubtaten begeht, andere schwere Diebstähle und wieder andere Betrügereien, liegt wohl in den geistigen und körperlichen Fähigkeiten und teils Fertigkeiten des einzelnen begründet. Die Motive dafür, Kraftfahrzeuge als Angriffsziel zu wählen, liegen einmal darin, dass das Kfz zur Begehung weiterer Straftaten verwandt wird, die aus ihm zu entwendeten Gegenstände leicht abgesetzt werden können, die an ihm befindlichen Teile zur Reparatur oder Ausstattung des eigenen Fahrzeuges zu gebrauchen sind oder sich finanzieller Gewinn durch deren Veräußerung oder Verschiebung des Fahrzeuges erzielen lässt. Bezeichnend dürfte diesbezüglich sein, dass zu der damaligen Zeit weit über die Hälfte der ermittelten Täter ohne Arbeitsverhältnis war.

Polizeilich relevant erscheint in diesem Deliktsbereich vor allem das Täterverhalten vor, während und nach der Tat. Der Täter des Deliktsbereiches rund um das Kfz muss das von ihm bevorzugte Modell oder die erstrebte Beute in den Fahrzeugen unter der Masse der vorhandenen Fahrzeuge erst herausfinden, d. h., er muss, auch wenn Straßen und Parkplätze voll davon sind, danach suchen (siehe diesbezüglich meine „Indikatorenliste" in der 14. Folge).

Was professionelle Hehler betrifft, schien mir dieser Bereich weitgehend unbeackert zu sein. Dabei weiß die Polizei: Wo kein Hehler da kein Stehler. Ich beauftragte also meinen Mitarbeiter KHK Rüdiger H. in Anbetracht seiner Erfahrungen bei der Sonderfahndung, bekannt werdende Hehler und Hehlerlokale zu erfassen und ggf. Ermittlungsverfahren gegen sie in die Wege zu leiten; sie sollten von den Sachbearbeitern bei Vernehmungen oder aus den Kriminalakten in Erfahrung gebracht und ihm mitgeteilt werden. Dass ich damit schlafende Hunde weckte, erfuhr ich durch den Leiter des Einbruchsdezernats, der mich in meinem Kämmerchen aufsuchte und diesbezüglich um Zusammenarbeit bat. War es doch auch den Einbruchssachbearbeitern ein Anliegen, die Hehler ausfindig zu machen. In Bezug auf Arbeitsweise, bevorzugte Tatzeiten und Örtlichkeiten ist vielfach eine bestimmten Tätern zuzuordnende Perseveranz festzustellen. Ich bestimmte in meinem Kommissariat also Sachbearbeiter für Tatorte auf Friedhofsparkplätzen sowie von Diebstählen von Schecks, wofür sich Conny K. bereits bestens bewährt hatte, und der neue Kollege ihm gegenüber am Schreibtisch ihn weiterhin unterstützen sollte.

Schließlich bestimmte ich einen Neuzugang vom Kommissarsstudium an der Fachhochschule in Fürstenfeldbruck zum Sachbearbeiter für Pkw-Räderdiebstähle, die sich mehr und mehr häuften. Über dieses Thema arbeitete ich bereits an einem Fachartikel, der unter dem Titel „Der Diebstahl von Pkw-Rädern" in „Münchner Polizei '79" und in „Polizei, Technik, Verkehr, Heft 1/81" veröffentlicht wurde. Darüber hinaus wies ich in einer Presse- und

Ereignismeldung über einen konkreten Fall auf dieses Phänomen hin, und prompt musste ich einem Rundfunkreporter ein Interview hierüber geben. Die Medien sprangen gern darauf an, über derlei Besonderheiten berichten zu können. Ich stellte künftig meine Presse- und Ereignismeldungen darauf ab. Wie sich die von meinem vormaligen Chef Dr. Georg Wolf initiierten und allen Dienststellen zugeleiteten regelmäßigen Lageberichte, in die die der Abteilung E aus allen Aufgabenbereichen zugehenden Ereignismeldungen mit ihren teils nicht für die Presse bestimmten Internas zusammengefasst wurden, als absoluter Gewinn erwies. Hätte es sie nur auch schon zu meiner Funkstreifenzeit gegeben! Einer meiner Mitarbeiter – ich gab die Lageberichte zusammen mit Fachzeitschriften und sonstigen interessanten Veröffentlichungen in meinem K in Umlauf – las darin von einem Handtaschenraub auf eine Besucherin des „Alten Südlichen Friedhofs" im Stadtteil Isarvorstadt, der von einem mit einer Bomberjacke mit Tigerkopf auf dem Rücken bekleideten noch unbekannten Jugendlichen ausgeführt worden war. Er erinnerte sich, dass er vor einiger Zeit eine Haftsache mit einem Jugendlichen zu bearbeiten hatte, der wegen Teilediebstahl an einem Kleinkrad in einer Straße nächst diesem Friedhof vorgeführt wurde und eine Bomberjacke mit Tigerkopf auf dem Rücken trug, damals aber nicht in Haft ging. Im Raubkommissariat war man darüber hocherfreut, erwies es sich doch, dass dieser junge Mann auch für ihren Raubüberfall in Frage kam.

In meinem Artikel über Pkw-Räderdiebstähle ging ich darauf ein, dass sich dieser spezielle Diebstahl innerhalb des Kfz-Teilediebstahls bzw. Diebstahls an Kfz an sich bescheiden auswirkte, in München 1978 aber immerhin mit über 250 Fällen und knapp ein Jahr davor mit ebenso vielen Fällen anfiel, der jeweilige Schaden jedoch, der beim Diebstahl aller vier Räder mit z. B. teuren Gürtelreifen auf hochwertigen Aluminiumfelgen, auf die es die Diebe vornehmlich abgesehen haben, mit bis zu 4000 DM doch beträchtlich war. Es wurden dabei bestimmte Fahrzeugtypen bevorzugt, wie Mercedes, BMW und Porsche. Das Motiv der Täter, die teils natürlich auch für den Eigenbedarf klauten, lag bei diesen Fahrzeugen vielfach im Gewinn durch – teils gewerbsmäßigen – Weiterverkauf ganzer Rädersätze. Bevorzugt wurden Tatörtlichkeiten, bei denen die Demontage der Räder möglichst nicht eingesehen werden kann, wie Parkplätze in Hofräumen, Tiefgaragen, Verkaufsplätze an Tankstellen, Gebrauchtwagenoder Neuwagenhandlungen. Die Tatzeiten liegen zumeist in der Zeit zwischen 22.00 und 04.00 Uhr (Radsicherungsschrauben mit codierten Schlüsseln, erhältlich im Fachhandel, schützen vor Diebstählen dieser Art).

Bei der Aufnahme von Anzeigen kommt es zum einen auf die Beschreibung an, in welchem Zustand das beklaute Fahrzeug angetroffen wurde. War es einfach auf die Bremstrommeln abgestellt oder waren Unterlegmaterialien wie Ziegel-, Hohlblockoder Pflastersteine, Abschnitte von Bauhölzern, alte Reifen oder Bierträger etc. verwendet worden. Waren an der Karosserie Beschädigungen entstanden, weil vielleicht der Wagenheber wegkippte? Die Erfahrung zeigte, dass von bestimmten Tätern immer wieder die gleiche Masche angewandt wird bzw. die gleichen Materialien verwendet werden. So hat eine Bande von Jugendlichen, denen 14 Fälle von Räderdiebstählen nachzuweisen waren, Balkenabschnitte aus Baustellen in ihrem Wohnbereich verwendet, die sie zu den Tatorten mitbrachten. Eine andere Tätergruppe verwendete Bierträger, die sie sich jeweils aus einem Bierdepot in Wohnortnähe besorgte. Werden bei Fahrzeugkontrollen im Kofferraum also derartige Unterlegmaterialien vorgefunden, ist dies zweifellos ein Indikator für Pkw-Räderdiebstähle, der ggf. einen Anfangsverdacht für weitere Ermittlungen bildet.

Für den Tatnachweis ist in solchen Diebstahlsfällen eine detaillierte Beschreibung von Reifen und Felgen von besonderer Wichtigkeit. Gerade weil hier Individualnummern und meist auch sonstige individuelle Kennzeichen, die ein Wiedererkennen ermöglichen würden, fehlen. Ein Pkw-Reifen weist eine Fülle verschiedener Bezeichnungen auf, die ggf. zusammen mit bestimmten Tatumständen oder in der Person des Verdächtigen oder dessen Fahrzeug liegenden Besonderheiten einer Individualbezeichnung schon sehr nahekommen. Befinden sich z. B. an einer alten Rostlaube teure Gürtelreifen mit hochwertigen Alu- bzw. Sportfelgen, dürften Ermittlungen nach der Herkunft der Räder angebracht sein. Die an den Reifen angebrachten Marken-, Größen- und Herstellerbezeichnungen lassen sich anhand des Reservereifens feststellen, der in solchen Fällen meist zurückbleibt und in vielen Fällen auch noch mit der Erstausstattung übereinstimmt.

In Fällen von Pkw-Räderdiebstählen ist, wie an sich auch bei Pkw-Aufbrüchen, eine Spurensuche und -sicherung zweckmäßig. Es können Finger- und Handflächenspuren, Werkzeugspuren, Passspuren und Fußspuren oder Reifenprofilabdrücke des Täterfahrzeuges am Tatort vorhanden sein und Lackproben (von der Felge des Reserverades oder der Karosserie, sofern diese beschädigt wurde) von Bedeutung werden.

Die Erkenntnissammlung über einschlägige Täter sollte deren Umfeld und damit weitere potentielle Täter mit einbeziehen. Auch müssen die Streifenbeamten Informationen darüber bekommen, welche Indikatoren auf derartige Diebstähle deuten. Mir selbst war während meiner Funkstreifenzeit völlig unbekannt, dass es derartige Diebstähle gibt, wie ich damals oft auch beklagt habe, dass wir aus dem Erfahrungsschatz der Kripo nie etwas erfuhren.

Ein Umstand, der uns Polizisten sowohl von S als auch K immer wieder frustrierte, war, dass die Ermittlungsrichter die vorgeführten Straftäter sogleich wieder freiließen und diese uns hämisch grinsend am nächsten Tag schon wieder über den Weg liefen. Jetzt, da ich im Deliktsbereich meines Kommissariats tiefere Einblicke in die Bearbeitung von Haftsachen gewann, musste ich feststellen: vielfach unsere Schuld. Ließen die Vorführungsnoten, mit denen uns Festgenommene präsentiert wurden, und selbst unsere weiteren Ermittlungen doch oft die Schilderung von Umständen vermissen, die Tatverdacht oder Haftgründe näher dokumentierten. Was blieb den armen Juristen, die einen etwaigen Haftbefehl nach den in der Strafprozessordnung vorgegebenen Verdachts- und Haftgründen sachkundig begründen mussten, als den Delinquenten auf freien Fuß zu setzen, wenn ein Haftvorgang die Gründe hierfür nicht enthielt.

Ich nahm mir die Haftbefehle aus den über meinen Schreibtisch gehenden Ermittlungsvorgängen vor und studierte die von den Ermittlungsrichtern angeführten Begründungen, auf die sich jeweils ein „dringender Tatverdacht", der für einen Haftbefehl laut Gesetz Grundvoraussetzung war, stützte, und welche Gründe in Bezug auf Flucht-, Verdunkelungs- oder Wiederholungsgefahr in diesem und jenem Fall bestanden. Mir wurde klar, dass hier Aufklärungsbedarf bestand, wurden uns doch in all den Lehrgängen, wie ich sie auch selbst durchlief, immer nur Paragraphen eingepaukt, hörten von Strategie und Taktik kriminalpolizeilicher Ermittlungen aber herzlich wenig, von Verkehrsrecht, das vornehmlich für Schutz- und Verkehrspolizisten von Bedeutung war, aber jede Menge. Für den Kriminaldienst wurde und wird auch heute noch kaum speziell ausgebildet, man will in der Polizei überall verwendbare Generalisten heranbilden, Polizeibeamte, die alles können, nicht alles aber so richtig.

Ich machte mich also – wieder einmal – über einen Fachartikel, der unter dem Titel „Verdachts- und Haftgründe" beleuchten sollte, dass nicht jeder Verdacht konkret genug ist, ein Ermittlungsverfahren gegen eine bestimmte Person zu führen und nicht jeder konkrete Verdacht „dringend" und zur Festnahme und zu einem Haftbefehl berechtigend. Die Skala reicht hier von mehr oder minder vagen Vorstellungen, wer diese und jene Tat begangen haben könnte, bis zu handfestem Sach- oder Zeugenbeweis.

Umgekehrt ist ein Haftgrund nicht allein deshalb nicht gegeben, weil der Beschuldigte einen festen Wohnsitz nachweisen kann und Anhaltspunkte für Verdunkelungs- oder Wiederholungsgefahr im Moment oder schon am Betretungsort nicht erkennbar sind. Mangelnde soziale Bindungen, flüchtige Mittäter, ungenannte Hehler, nicht beigebrachtes Diebesgut oder fortgesetzte Begehung können einen Haftgrund aber durchaus begründen.

Gern nahm ich Informationsveranstaltungen wahr, wie sie unser Berufsverband, der Bund Deutscher Kriminalbeamter (BDK), zu aktuellen Kriminalitätsphänomenen in regelmäßigem Turnus anbot. So fuhr ich zu einer zweitägigen Veranstaltung unter dem Titel „Die Bekämpfung der organisierten Kriminalität in Europa" im Mai 1976 in Freiburg im Breisgau. Im April 1978 sodann nach Kiel zu einer in der Ostseehalle unter dem Moto „Internationale Kriminalität und ihre Umschlagplätze" stattfindenden zweitägigen Veranstaltung. Sie war mit einer Sternfahrt verbunden, bei der wir die Dienststempel von an der Strecke liegenden Polizeidienststellen mit im Wort Kiel beinhalteten Anfangsbuchstaben vorweisen mussten. So führte sie uns (ich hatte meine Frau mit) abseits der Autobahnen über die Fränkische Schweiz, die Rhön, den Harz und das Sauerland, die Lüneburger Heide und schließlich die Holsteinische Schweiz mit den wechselnden Landschaftsbildern und damit die ganze Schönheit Deutschlands vor Augen. Leider schlug nach unserer Ankunft das Wetter um. Bei Sturm und Windstärke sieben stachen wir mit der „Stadt Kiel II" zu einer Ausfahrt in die Ostsee in See, die uns als Einlage geboten wurde, kehrten hinter dem Leuchtturm aber schon gleich um. Waagrecht wehte es die Gischt von den Wellenkämmen, wie wir Binnenländer es noch nicht erlebt hatten. Das Angebot der Kollegen, bei dem schweren Seegang doch Reisetabletten zu nehmen, lehnten wir mit dem Bemerken, dass das Bayerische Meer, der Chiemsee, bei Sturm schon auch ganz schöne Wellen warf, ab. Da lachten sie nur mitleidig – das war doch überhaupt kein Vergleich. Wir brauchten sie aber tatsächlich nicht.

Am Tag darauf wurden die Preisträger auf die Bühne gebeten, meine Frau und ich waren dabei. Wir, die wir von weit her aus München kamen, hatten den ersten Preis erhofft, bekamen vom Innenminister Schleswig Holsteins mit einem gravierten Silberteller aber nur den zweiten Preis verliehen. Wiener Kollegen kamen noch von weiter her und erhielten den ersten.

Anlässlich unseres 20. Hochzeitstages besuchten wir zusammen mit unserer schon fast volljährigen Tochter wieder einmal meine Schwiegereltern im sächsischen Vogtland/DDR. Meiner Dienststelle hatte ich den Verwandtenbesuch wie üblich vorschriftsmäßig gemeldet. Inzwischen gestatteten uns die DDR-Behörden die Einreise mit unserem Auto. Am Grenzübergang Hirschberg-Rudolfstein der Transitautobahn München–Berlin nahm uns die Vorkontrolle der Grenztruppen schon gleich einmal Reisepass und Besuchserlaubnis ab und dirigierte uns in eine der abgegrenzten Gassen zur Pass- und Zollkontrolle, auf der wir schrittweise vorrückten. Vor dem Abfertigungsschalter des Grenzhäuschens mussten wir in gebührender Entfernung noch mal anhalten, bis wir auf einen Wink aus dem Schiebefenster bis dorthin nachrücken durften. Nach peinlich genauer Gesichtskontrolle bekamen wir unsere Pässe zurück, mussten aber noch die Zollkontrolle über uns ergehen lassen, ob wir über die auf dem Einfuhrzettel aufgeführten Mitbringsel hinaus nicht doch auch verbotene Gegenstände mitführten, wie Druckerzeugnisse oder – obligatorisch diese Frage – Schusswaffen oder Sprengstoff. Meine Frau, sonst gern vorlaut, wurde mit jedem Meter, den wir uns der Kontrolle näherten, kleinlauter. Dann hatten wir endlich freie Fahrt und durften an der Ausfahrt Schleiz die Transitautobahn in das Hoheitsgebiet der DDR hinein verlassen. Ich war nun peinlich darauf bedacht, die vorgeschriebene Geschwindigkeitsbegrenzung auf 80 km/h nur ja nicht zu überschreiten, den Blick im Rückspiegel, ob wir etwa observiert würden. Die Luft war vom ungewohnten Gestank der Zweitaktmotoren der in der DDR gebräuchlichen Trabbis und Motorräder erfüllt.

Wie schon die letzten Male kam uns mein Schwiegervater schon kilometerweit entgegen. Herzlich wurden wir begrüßt, luden unsere Mitbringsel aus – Lebens- und vor allem Genussmittel, die in der DDR nicht immer zu haben waren, wie neue Kartoffeln, Schokolade, Kaffee, Südfrüchte – für die auch Handwerker zu kriegen waren. Und los ging's mit dem unter Sachsen üblichen Palaver, unausgesetzt – und in einer Lautstärke, wie bei schwerhörigen alten Leuten üblich. Ein Hörgerät pfeift ja immer so, das wollten sie nicht nehmen. Doch sie waren lieb, unsere Eltern. Mich hofierten sie nachgerade. Die Gegend aber war ungastlich, wenn auch landschaftlich schön. In Spaziergängen durch die Kleinstadt mit den tristen Fassaden der Häuser mit häufig blinden Fenstern verwaister verfallener Wohnungen oder in die nahen Täler mit den bewaldeten Hängen fand sich nirgends ein

Biergarten oder sonstige Lokalität, in die man auf ein Bier hätte kurz einkehren können. Selbst oben auf dem sogenannten Kuhberg mit dem alten, gemauerten Aussichtsturm, einer Modelleisenbahn rundherum, die man mit einem Geldstück in Gang setzen konnte, und einer einladenden „Baude", in der ich bei einem sonntäglichen Vormittagsspaziergang wenige Minuten vor zehn auf ein Weißbier oder ein Pils einkehren wollte, wurde ich von der Bedienung, die die im Freien aufgestellten Tische säuberte, in unwirscher sozialistischer Manier abgewiesen: „Wir öffnen erst um zehn!" Bei uns dahoam hätte ich freundlich zu hören bekommen: „Hab's gleich, Nehmens nur Platz derweilen."

Nachmittags saßen wir dann unter Efeugerank im Garten beim Kaffee, ein befreundetes Ehepaar aus der Nachbarschaft mit am Tisch. Die Eltern hatten die Doppelhaushälfte mit einer vermieteten Wohnung im Erdgeschoss und einer selbst bewohnten im Obergeschoss mit verglastem kleinen Balkon, einem relativ geräumigen Garten mit Obstbäumen, einer wunderschönen Silbertanne neben der Garage und Gemüse- und Blumenbeeten, erst erwerben können, lange nachdem ihre Tochter, ihr einziges Kind, in den Westen gegangen war, und hätten sicherlich gern gesehen, wenn sie zurückkehren würde, mitsamt ihrer Familie, für die nun ja Platz wäre. Doch dies kam weder für meine Frau noch für mich, der ich beruflich in München gebunden war und getreu dem Leitspruch des bayerischen Geschichtsschreibers Aventinus, der schon im 15. Jahrhundert feststellte: „Außerhalb von Bayern ist kein Leben", aus Bayern niemals weggehen würde. Und sollte sie es eines fernen Tages erben können, wenn sie den Unterhalt des alten Gebäudes aus den Zwanzigerjahren mit Westmark garantierte, dann wollte sie auch darauf verzichten. Wie wir von dem befreundeten Ehepaar aus der Nachbarschaft erfuhren, war dergleichen auch nicht erstrebenswert. Der Mann hatte einen mehrstöckigen Klinkerbau in einer Geschäftsstraße der nahen Kreisstadt geerbt, dessen baufälliges Dach auf Anordnung der Behörde dringend repariert werden sollte. Doch er konnte dies weder bezahlen, noch fand sich dafür eine Baufirma. So schenkte er es dem Staat, musste die Kosten der notariellen Überschreibung aber selbst tragen.

Wie noch bei jedem unserer Besuche erwartete ich, dass das Ministerium für Staatssicherheit (MfS), die sogenannte Stasi, zu einem Anbahnungsversuche aufkreuzen würde. Ich hatte dergleichen schon gehört und wäre an sich neugierig darauf gewesen. Aber wieder ließ sie sich nicht sehen. Welche Überraschung die Stasi später noch für mich bereithielt, erfuhr ich erst nach der Wende.

Wie üblich reisten wir nach wenigen Tagen wieder ab. Ich wollte der Stasi nicht unbedingt die Chance einräumen, doch noch zu einem Anbahnungsgespräch vorbeizukommen.

Was wir nun wieder einmal an Geschenken einpacken sollten!? Ostmark, stapelweise vorhanden, weil man ja nichts dafür bekam, die wir doch 1 : 4 in Westmark umtauschen könnten, diese und jene Erbstücke von Verwandten, Salat und Gemüse aus dem Garten. Ich ließ mich außer auf Salat und Gemüse auf nichts ein, war doch alles verboten. Bei einem wunderschön bemalten Porzellandöschen, Erbstück einer ihrer Tanten, konnte meine Frau dann doch nicht widerstehen. Sie setzte es auf die vorgeschriebene Liste für ausgeführte Gegenstände, womit sie bei der Ausreisekontrolle bekunden wollte, dass sie doch nichts verbergen wolle und ein unbedeutendes Erbstück wohl nicht zu beanstanden sei. Mir war nicht wohl dabei, wusste ich doch um das Schicksal eines Kollegen aus der Umgebung von München, der ein wertvolles Meißner Porzellanservice unter der Rückbank versteckt mit rüberzunehmen versuchte. Vergeblich bat er die Grenzpolizisten, seine kleine Tochter, die auf der Rückbank angeblich gerade eingenickt sei, doch schlafen zu lassen. Nein, sie musste wachgerüttelt und die Rückbank ausgebaut werden. Wie es mir bei der Ausreise nach einer Besuchsfahrt ein oder zwei Jahre zuvor schon mal ergangen war: Ich sollte die Rückbank, auf der der Grenzpolizist erst prüfend herumkniete, anheben, doch das ging nicht, sie war verschraubt. Ich wusste nicht, wo da eine Schraube war. Er zeigte es mir. Zum Glück hatte ich einen Kreuzschlitzschraubendreher mit im Bordwerkzeug. Außer Staubflusen war unter der Sitzbank aber nichts zu finden. Bei dem Kollegen aus München – ich kannte ihn nicht, hörte nur von seinem Schicksal – fand sich das wertvolle Porzellanservice. Er wurde auf der Stelle festgenommen und das Service samt Schmuggelfahrzeug beschlagnahmt. Später wurde er nach Hinterlegung einer Kautionssumme in Höhe von etlichen Zigtausend DM in den Westen abgeschoben.

Als wir bei unserer Rückreise in die Transitautobahn einbogen, standen da schon Polizeifahrzeuge. Wir wurden einer Vorkontrolle unterzogen. Am Grenzkontrollpunkt hieß es dann, vorne und hinten Deckel hoch, also Motor- und Kofferraum öffnen, während gleichzeitig Spiegel unter das Fahrzeug geschoben wurden. Peinlich genau wurde überall nachgeguckt, ob nicht irgendwo ein Republikflüchtling oder Schmuggelware versteckt seien.

„Ah, Mutters Garten geplündert", bemerkte einer der Grenzer spöttisch, als ihm meine Frau im Kofferraum Salate und Gemüse präsentierte. Erstmals, dass sich ein DDR-Grenzer überhaupt zu einer humorvollen Bemerkung herbeiließ, sonst geschah immer alles überaus abweisend. Bis er dann das Porzellandöschen in Händen hielt, da wurde seine Miene eisig. „Sie wissen doch, dass das verboten ist!"

Ach, du Scheiße, dachte ich. Hing jetzt unser weiteres Schicksal an diesem scheiß Porzellandöschen?

Meine Frau brachte kleinlaut vor, dass sie es doch vorschriftsmäßig aufgeführt habe. Wenn wir das Erbstück wirklich nicht mitnehmen dürften, müssten wir es halt zurückschicken.

Er drehte es um und um, qualvolle Sekunden lang. Bis er schließlich sagte: „Na gut, nachdem sie es aufgeführt haben, will ich es Ihnen lassen."

Unbeschreiblich das Gefühl der Erleichterung, nachdem wir Ausreisekontrolle und kommunistischen Machtbereich hinter uns hatten und heim gen München düsten.

Am 1. Oktober 1978 trat nach jahrelangen Vorarbeiten und öffentlichen Diskussionen um ein einheitliches Polizeirecht im Bundesgebiet das „Gesetz über die Aufgaben und Befugnisse der Bayerischen Staatlichen Polizei" (Polizeiaufgabengesetz – PAG) in Kraft, das das „alte" PAG aus dem Jahre 1954 ablöste. Es enthielt nun in Art. 14 die Befugnis zu erkennungsdienstlichen Maßnahmen sowohl zur Identitätsfeststellung als auch zur vorbeugenden Bekämpfung von Straftaten. Gem. Art. 15 durfte sie eine Person zu diesem Zweck nun vorladen und ggf. zwangsweise vorführen. Ich entwarf für meine Mitarbeiter ein Formblatt zur Vorladung zur ED-Behandlung sowie einen Formblattsatz zur zwangsweisen, durch richterlichen Beschluss bestätigten Vorführung zur ED-Behandlung. Den Artikel, den ich über diese Neuerung verfasste, veröffentlichte die BDK-Zeitschrift „der kriminalist" in Heft 11/79 unter dem Titel „Erkennungsdienstliche Behandlung nach dem Polizeirecht". Erfreut nahm ich im Jahr darauf zur Kenntnis, dass mein Beitrag auch von anderen Polizeidienststellen als hilfreich erachtet wurde, als mir ein Kollege aus NRW mitteilte, dass auch dort ein neues Polizeirecht in Kraft gesetzt worden sei und er um Zusendung meiner Formblattsätze bat. Von eigenen vorgesetzten Stellen erhält man ja kaum einmal eine Anerkennung, allenfalls erfährt man hintenherum ärgerliche Äußerungen, was zu kritisieren man sich da und dort wieder erdreistete, und wird mit Vorschlägen eher lästig.

In meinem Kommissariat beschäftigte ich mich weiter mit Pkw-Aufbruchserien, sammelte die nach und nach eingehenden Anzeigen von ein und demselben Tatort, verglich sie hinsichtlich etwaiger Unterschiede bzw. Gemeinsamkeiten mit anderen Tatorten und kam oft bis in den Abend hinein nicht von meinem Schreibtisch los. Einem Kommissariatsleiter obliegt, so hatte ich es bei PVP Dr. Wolf gelernt, für seinen Aufgabenbereich die „geistige Führung". Ich verfasste darüber unter dem Titel „Führungsaufgaben des Kommissariatsleiters im Bereich der Straftatenaufklärung und Verbrechensbekämpfung" einen weiteren Fachartikel, in dem ich u. a. schrieb: „In kaum einem Arbeitsbereich innerhalb der Polizei ist die wohl allgemein als Kernstück der Vorgesetztentätigkeit zu bezeichnende ‚geistige Führung' von solcher Bedeutung wie in einem Kriminalkommissariat. Sind hier doch in besonderem Maße Aufgaben zur Herbeiführung eines

Sacherfolges gestellt (Ermittlung und Überführung des Täters) und damit Analyse, Ursachenerforschung, Planung, Konzeptionsentwicklung und Zielsetzung im Gegensatz zu rein tätigkeitsorientierten Bereichen so wichtig."

Meinen Mitarbeitern wollte ich eingedenk meiner Führungsaufgaben ein auf meinen Analysen basierendes System bieten, das Indikatoren darüber aufweist, welche Aufbruchserien von welchen Tätern oder Tätergruppen begangen wurden. Festgenommenen und etwa Aufbruchsserien verdächtigen Tätern kann man in der Regel nicht mit der Aufforderung kommen zu gestehen, wo und wann sie sonst noch Autos aufgebrochen haben. Kaum ein Täter ist so naiv, sofort zu gestehen, wenn der Vernehmer mit der Frage, was er sonst noch alles angestellt hat, einfach nur mal auf den Busch klopft. Man muss ihm vorhalten können, was er aller Wahrscheinlichkeit nach sonst begangen hat. Erkennt er, dass die Kripo dies bereits weiß, ist er, wie die Erfahrung zeigt, eher zu Geständnissen bereit.

Der Kriminalpolizeiliche Meldedienst (KPMD) des LKA kann diesbezüglich keine Hilfe sein. Die KP-Vordrucke über Tat und Täter, mit denen dem LKA Straftaten gemeldet werden sollen, sind bei einem Massendelikt wie dem Pkw-Aufbruch kaum dienlich. Mangels genauer Ortskenntnis kann man dort ja kaum erkennen, welche der 50 oder 60 der z. B. in München in einer Nacht aufgebrochenen Autos in örtlichem Zusammenhang stehen und welche nicht. Ich ging hinsichtlich Serienzusammenhang von der Erfahrung aus, dass jeder Täter seine eigene Masche hat und ein Auto auf die Weise aufbricht, die er bei diesem und jenem Modell am besten anzuwenden versteht. Ein Vergleich einzelner Anzeigen ergibt viel zu häufig Übereinstimmungen, als dass hierauf eine brauchbare Aussage bezüglich gewisser Täter getroffen werden könnte. Innerhalb einer Tatserie (mehrere Aufbrüche in örtlichem und zeitlichem Zusammenhang) sind dagegen meist Kriterien festzustellen, die mit ziemlicher Sicherheit erkennen lassen, für welche Serien diese oder jene Tätergruppe verantwortlich sein dürfte.

Zum Vergleich der einzelnen Serien miteinander zog ich folgende fünf Kriterien heran:

- **Tatortbereich und Tatörtlichkeit** (öffentliche Straßen und Plätze, Parkplätze in Wohnsiedlungen, vor Großmärkten oder an Ausflugsorten, in Tiefgaragen oder Parkhäusern)
- **Tatzeitraum bzw. Tatstunde** (Tages- oder Nachtzeit mit gewisser zeitlicher Eingrenzung, die Stunden um Mitternacht oder die Zeit nach Mitternacht)
- **Angegriffene Fahrzeugtypen** (z. B. nur oder hauptsächlich VW Käfer, nur BMW der 2er-Serie, überwiegend sonstige, leicht aufzusperrende Modelle oder wahllos alle möglichen Typen)
- **Arbeitsweise** (Angriffsflächen bieten Scheiben, Ausstellfenster, Türen und ggf. Klappverdeck, dabei können Scheiben oder Ausstellfenster eingeschlagen oder aufgebrochen werden, kann die Tür aufgebrochen, das Türschloss gesperrt oder mit Gewalt überdreht, das Türblech gezielt angestochen und das Verriegelungsgestänge betätigt oder der Türknopf gezogen oder das Fahrzeug – und ggf. der Kofferraum – auf sonstige spezielle Art und Weise geöffnet werden)
- **Stehlgut** (hier sind teils bedeutsame Unterscheidungen möglich, die u. U. allein für sich auf bestimmte Täter deuten und Serienzusammenhänge aufzeigen, wie z. B. teure Autoradiorekorder mit Stereoboxen, Funkgeräte oder zurückgelassene Damen- oder Herrenhandtaschen, woraus ggf. gezielt Bargeld oder Schecks entwendet werden).

Meinem System legte ich ein Erfassungsblatt zugrunde, in das die genannten Kriterien detailliert, aber möglichst rationell einzutragen waren. Der Vergleich all dieser Fakten sollte die Zusammenführung von Aufbruchsserien ermöglichen, die ihrerseits Ermittlungshilfen und damit größere Erfolgschancen böten,

- wie gezielte Vorhalte gegenüber Tatverdächtigen (womit eher Geständnisse zu erzielen sind)
- gezieltes Unterbringen sichergestellten Stehlgutes (wichtig für Tatnachweis bereits zur Haftfragelösung)

- größere Wahrscheinlichkeit für Erlass eines Haftbefehls (höhere Straferwartung für Tatserien und damit größerer Fluchtanreiz)
- höhere Aufklärungsquoten durch Nachweis einer ganzen Anzahl von Straftaten
- längere Freiheitsstrafen bzw. keine Strafaussetzung zur Bewährung
- letztlich mehr Sicherheit für den Bürger, wenn Serientäter für längere Zeit aus dem Verkehr gezogen werden.

Folgende geklärte Tatserien untermauerten die Erfolgschancen meines Analysesystems:

Fall Herbert W., Einzeltäter, brach nur Pkw mit Ausstellfenster auf – vorwiegend VW –, ging nur auf der Straße geparkte Fahrzeuge an, durchwühlte sie, suchte nach Bargeld, nahm aber auch einige Kleinigkeiten mit. 49 Aufbrüche konnten geklärt werden, nachdem eine bei ihm gefundene Taschenlampe einem Aufbruch in einer Serie Tage vor seiner Festnahme zugeordnet werden konnte und er damit geständnisreif wurde.

Fall Gebrüder Ö. u. a., vier Täter, gingen nur in ruhigen Seitenstraßen geparkte Wagen an, waren nur nach Mitternacht tätig, bevorzugten VW Golf – hatten selbst einen und übten daran –, hebelten jeweils die Tür mit nur wenig Beschädigung auf, nahmen nur Radios mit. 82 Straftaten konnten geklärt werden.

Fall F., Einzeltäter, war nur auf Friedhofsparkplätzen und nur zur Tageszeit tätig, schlug jeweils Scheibe ein, hatte es nur auf zurückgelassene Handtaschen bzw. das darin vermutete Bargeld abgesehen. 10 Aufbrüche waren ihm nachzuweisen, nachdem er erst kurz aus dem Gefängnis entlassen war (für 2 Jahre und 9 Monate war er damit wieder drinnen).

Fall Gebrüder K. u. a., vier Täter, gingen nur nach Mitternacht in Tiefgaragen, stachen vielfach neben Türschloss in die Türverkleidung und trafen hier auf das Verriegelungsgestänge, bevorzugten Autoradios und sonstiges Wertvolles. 120 Pkw-Aufbrüche u. a. konnten geklärt werden.

Der Fall Gebrüder K. kam ins Rollen, nachdem in meinem Kommissariat ein Pkw-Serienaufbruch (20 Fahrzeuge) in einer Tiefgarage einer Neubausiedlung im Stadtteil Bogenhausen, wobei auch ein Pkw Volvo gestohlen wurde, anfiel. Die Analyse der Aufbruchserie ergab, dass in meinem K. bereits fünf gleichartige Serien mit noch unbekannten Tätern angefallen waren. Ich vereinbarte mit dem Leiter des für Kfz-Diebstähle zuständigen K 231 eine sofortige Verständigung, falls der gestohlene Volvo auftauchen sollte. Wenige Tage darauf war es auch schon so weit: Bei einem Einbruchsversuch in einer Gemeinde westlich von München konnten die Täter gestellt und der entwendete Volvo sichergestellt werden. Ich erhielt davon Nachricht, nahm mit den Kollegen der Landpolizei Verbindung auf, erklärte ihnen, dass in meinem K mehrere Pkw-Aufbruchsserien in Bearbeitung seien, die diesen Tätern zur Last gelegt würden. Ich fragte sie, ob sie wohl die über 100 Pkw-Aufbrüche mit übernehmen würden, nachdem die Täter in ihrem Zuständigkeitsbereich festgenommen worden seien und der Fall somit der für sie zuständigen Staatsanwaltschaft und dem für die Täter zuständigen Richter zufiele. Die Kollegen hielten wohl sofort mit ihrer Staatsanwaltschaft Rücksprache, denn noch am selben Morgen bekamen wir die Täter überstellt und hatten sie für unsere weiteren Ermittlungen zur Verfügung. Unsererseits musste nun sofort gehandelt werden, denn die Täter waren nun hier bei uns dem Ermittlungsrichter vorzuführen, unverzüglich. Fatal war, dass ich mit der Kegelrunde meines K am Abend zuvor beim Kegeln war und alle miteinander ziemlich verkatert waren, das eingeschworene Ermittlerteam Wolfgang T. und Lutz M., dem ich diesen arbeitsintensiven Fall nun aufbürden wollte, mit eingeschlossen. Bei diesen konnte ich sicher sein, dass sie die Festgenommenen „geistig zu überwältigen" und ihnen die anhängigen Aufbruchsserien nachzuweisen vermochten und sich trotz Kater nicht damit begnügten, dass diese etwa von ihrem Aussageverweigerungsrecht Gebrauch machen wollten. Als die beiden begriffen, was da nach der durchzechten Nacht auf sie zukam, hießen sie mich ob meiner Rücksichtslosigkeit einen „g'scherten Hund", griffen aber sofort an.

Ich lieferte ihnen währenddessen die Unterlagen zu meinen Analysen und machte mich an den Presse- und Ereignisbericht. Mit den beiden hatte ich die richtige Wahl getroffen. Nach wiederholten Vernehmungen und Vorhalten ihrer kriminellen Aktivitäten, von denen wir wüssten, liefen endlich die Geständnisse.

Im Frühjahr 1980 trugen wir unser glorreiches K 234, dem ich nun vier Jahre lang vorstand, mit einer bewegenden „Trauerfeier" mit Weißwürsten, frischen Brez' n und Bier vom Fass zu Grabe. Es wurde, nachdem ich immer wieder darauf hingewiesen hatte, dass die Trennung des Deliktsbereichs „Diebstahl aus und an Kfz" in zwei Kommissariate einer effizienten Aufklärung abträglich war, aufgelöst und die Mannschaft dem K 233 zugeschlagen. Ich, der K-Leiter, war überflüssig, das K 233 hatte ja einen lang gedienten K-Leiter, der nicht übergangen werden sollte – was ich an sich einsah, mich aber gleichwohl frustrierte. Zwar bot man mir das für Moped- und Kraddiebstahl zuständige K an, für das gerade ein neuer K-Leiter gesucht wurde. Warum setzte man den K-Leiter von 233 nicht dorthin um, hatte der es doch früher schon einmal geleitet! Man wertete meine Arbeit im K 234 nicht, und das stank mir so sehr, dass ich in diesem Dezernat nicht mehr bleiben wollte und die angebotene Planstelle ablehnte. In meiner Abschiedsrede wies ich darauf hin, „dass der frühe Tod unseres Kommissariats quasi vorprogrammiert war. Mit der Verstaatlichung der Münchner Stadtpolizei 1975 als Zwilling geboren, war sie, wie ihre Schwester, eine kriminologische Missgeburt und von Anfang an dazu verurteilt, ihren Zwilling entweder aufzufressen oder von ihm gefressen zu werden. Nachdem sie noch nie einen gefressen hat, sondern jeden auf seine Weise leben ließ, ist Letzteres eingetreten. Ursächlich für ihren frühen Tod ist aber auch die unterschiedliche Mentalität ihrer Ziehväter: Während es dem einen vornehmlich um Arbeitsbewältigung ging, hatte sich der andere der Verbrechensbekämpfung verschrieben – und sich damit prompt den eigenen Ast abgesägt.

In einer launigen Erwiderung in urbayerischem Dialekt bekundeten mir meine Mitarbeiter, dass sie zuerst gebangt hätten, denn „der kimmt ja vom Stab und bringt uns auf Trab. Und so is a g'wen. Doch stad hat er's bracht, net glei über d'Nacht. Z'erst hat er denkt, und dann ganz vui g'schriem, und net nur uns, sondern a den Vorgesetzten an Schweiß auf d'Stirn driem ..." Urkundlich bestätigten sie mir, dem „Königlich Bayerischen Kriminalhauptkommissar Prinz Heinrich I. (und Letzten)", die alte Mannschaft jederzeit wieder einberufen zu dürfen. Sie schätzten mich wohl, und auch mir war das Kommissariat mit all ihren Mitarbeitern nicht nur Mittelpunkt unserer täglichen Achtstundentätigkeit. War es darüber hinaus doch Kristallisationspunkt für unser aller Engagement und irgendwie zweite Heimat. Nicht ohne Grund meldeten sich ja auch die meisten der Kriminalanwärter, die ich oft und gern für einige Wochen im Kommissariat hatte, nach ihrer Rollierzeit zu diesem K.

Für mich selbst konnte ich mit stiller Befriedigung feststellen, dass meine Analysen und Planungen – zumindest für kurze Zeit – Früchte getragen hatten. Ich verglich anhand meiner Ein- und Auslaufkladde die zur Bearbeitung eingegangenen Diebstahlsanzeigen und stellte die geklärt ausgelaufenen Fälle gegenüber. Wenn diese händisch erarbeitete Kriminalstatistik auch keinen Anspruch auf absolute Genauigkeit erheben durfte, wie sie mit dem zentralen Rechner des LKA wohl zu erzielen gewesen wäre, so genügte mir die Feststellung, dass wir im K 234 für das abgelaufene Jahr die Aufklärungsquote, die in diesem Deliktsbereich Jahr für Jahr gerade mal um die 10 % lag, in etwa verdoppelt hatten.

Von der Personalführung erfuhr ich bis zum letzten Tag nicht, wo ich künftig beschäftigt werden sollte. Aber da wusste ich mir zu helfen. Dass mir der Leiter des bisherigen Nachbarkommissariats zum Abschied vorwarf, ich hätte ihm mit meinen Analysen und Planungen ein Kuckucksei hinterlassen, berührte mich schon nicht mehr. Ich war sicher, dass er davon keinen Gebrauch machen würde.

16. Folge

Gewalt- und Rohheitsdelikte und sonstige Missetaten

Mein Kommissariat 234 war ich los, doch wo ich weiterhin Dienst machen sollte, wusste ich noch am letzten Tag nicht. Gegen meine Nacken- und Rückenverspannungen von der permanenten Lese- und Schreibhaltung an meinem Schreibtisch und zu Hause über meinen Fachartikeln musste ich aber dringend wieder einmal etwas tun. Ich ging zu meinem Hausarzt und ließ mich krankschreiben. Eine Gastritis war überdies dazugekommen, wie er diagnostizierte. So wurden es vier Wochen, in denen sich die Personalverwaltung überlegen konnte, wo und in welcher Funktion ich fürderhin verwendet werden könnte. Bewerbungen auf Planstellen in A 13 im Bereich des PP München, die ich mittlerweile losschickte, blieben erfolglos. Anscheinend war ich dafür nicht gut genug beurteilt worden.

Die KPI 44 München-West sollte es sein, erfuhr ich schließlich. Für die nächsten Monate sollte ich dort in Urlaubs- und Krankheitsvertretung abwechselnd die Leitung der K 441 (Diebstahl), 442 (Betrug) und 443 (Gewalt- und Rohheitsdelikte u. a.) übernehmen. Von unserer früheren Wohnung in München-Moosach aus hätte ich gerade mal zehn Minuten dorthin gehabt.

Ab September 1980 war ich dann als Leiter des K 423 zur KPI 42 München-Ost vorgesehen. Hier hatte ich 1976 schon einmal vertretungsweise das K 422 (Betrug) kennengelernt. Mit dem Kommissariat 423 war ich nun für einen Deliktsbereich „quer durch den Gemüsegarten" zuständig, d. h. von Gewalt- und Rohheitsdelikten wie Körperverletzung, Nötigung, Bedrohung, Widerstand gegen die Staatsgewalt über Eidesdelikte, Beleidigung, Sachbeschädigung, Unterhaltspflichtverletzung, häusliche Unfälle und Betriebsunfälle ohne Todesfolge bis zu Verstößen gegen das Ausländerrecht, das Jagd- und Tierschutzgesetz und sonstige Straftaten, die nicht im Bereich der KD 1 und 2 zentral bearbeitet wurden. Eine Palette verschiedenster Tatbestände und Tätermentalitäten, auf die ich einen ersten Einblick schon bei meiner Vertretung bei der KPI 44 bekam. Der örtliche Zuständigkeitsbereich umfasste das Gebiet der Polizeidirektion Ost, das rechts der Isar von den Stadtteilen Au über Herzogpark bis raus nach Unterföhring, von dort zurück über Johanneskirchen, Englschalking, Bogenhausen, Haidhausen und Obergiesing, zur östlichen Stadtgrenze hin wieder zurück über Ramersdorf, Berg am Laim, Baumkirchen und Daglfing bis raus nach Riem und von dort wiederum zurück über Trudering und die Trabantenstadt Neuperlach bis Neubiberg reichte. Außerhalb der Stadtgrenze gehörten noch die Landkreisgemeinden von Ismaning im Norden bis Ottobrunn im Süden dazu.

Das Dienstgebäude lag in einem Anbau des großen Klinkerbaues der PD Ost an der Bad-Schacherer-Straße im Stadtteil Ramersdorf, entgegengesetzt von meinem Wohnort im Münchner Südwesten. Die Anfahrt mit öffentlichen Verkehrsmitteln quer durch die Stadt mit wiederholtem Umsteigen beanspruchte eine volle Stunde. Es war dort aber ein Parkhof vorhanden, und so fuhr ich künftig mit meinem Wagen zum Dienst.

Zunächst sah ich mich nur kurz um. In der Zuteilungskladde quollen die Spalten der SBs vor Reg.-Nummern schier über. An Arbeit mangelte es hier nicht – 60 bis 80 Vorgänge pro Mann und Monat, schätzte ich, wie es auch bei der KPI West nicht anders war. Gleichwohl nahm ich zunächst einmal meinen Jahresurlaub, den ich nicht erst im Winter einbringen wollte. Schisportler war ich keiner. Und das Kommissariat befand sich mit Gottfried K., meinem Vertreter und altgedienten KHK, solange in guten Händen.

La Rapita an der Südküste Mallorcas war unser Urlaubsziel. Zum ersten Mal, dass ich mir zusammen mit meiner Frau eine Flugreise in den Süden leistete. Mein Bruder Erwin mit Frau begleitete uns bzw. wir die beiden. Erwin, der Zweitgeborene von uns vier Brüdern, hatte kurz nach mir das Elternhaus und unsere niederbayerische Heimat verlassen und war in den Ruhrpott geschickt worden, wo er eine Lehre zum Bergmann antreten konnte mit betreuter Unterbringung im „Pestalozzidorf" der Zeche und der Aussicht auf späteren guten Verdienst – die zwei jüngsten Brüder waren nacheinander hinterhergeschickt worden, inzwischen aber nach München gekommen, wo ich ihnen Arbeit bei der Firma Rathgeber in Moosach und ein gemeinsames Untermietzimmer besorgt hatte, von wo aus sie dann aber als Zeitsoldaten zur Bundeswehr gingen. Längst war auch Erwin verheiratet und zum Wettersteiger aufgestiegen. Er spielte in der Knappenkapelle Tenorhorn (wie ich ehemals bei der Tanner Blaskapelle) und war Mitglied eines Kegelvereins. Beim Wettkegeln gewann er eines Tages ein Preisausschreiben – einen Mallorca-Urlaub in La Rapita für zwei Personen. Das reizte ihn zunächst nicht, und so schlug er vor, ob nicht meine Frau mit seiner Frau vorfühlen wollten. Die zwei wagten es, und es gefiel ihnen dort so gut, dass sie uns Männer dazu überredeten, im nächsten Jahr mitzukommen. Also fuhren meine Frau und ich im Jahr darauf mit dem Intercity zu meinem Bruder in den Ruhrpott, wo wir von Düsseldorf aus gemeinsam nach Mallorca starteten. Das „Hotel Bris", das uns dort erwartete, war ein Familienbetrieb mit Restaurant und Gästehaus mit durchgelegenen Betten gegenüber einem Hühnerhof ein Stück die Straße rauf, von dem lästige Fliegen rüberschwirrten. Es wurde von Vicente, dem Familienoberhaupt, und seinem Sohn Carlos, der hinter der Bartheke stand, geführt, während Julia, die Señora, über die Küche herrschte und ausgezeichnete landestypische Gerichte auftischte. La Rapita, ein lang gestreckter, touristisch noch wenig erschlossener Ort mit Villen und Bungalows, lag unmittelbar an den Klippen eines halbmondförmigen Küstenstreifens, wie er für Mallorca typisch ist. Das Gastwirtsehepaar war freundlich und entgegenkommend, er, der Chef fuhr seine Gäste gern zum „Teufel" (El Diabolo) an der Route Palma–Manacor, ein uriges Restaurant mit offenem Kamin, an dem die korpulente Wirtin teuflisch scharfe Pfefferwürste grillte, die sie mit Oliven und Weißbrot servierte und dazu einen vollmundigen Rotwein vom Fass kredenzte. Oder auch zu seinem Freund „Jonny", der gelegentlich in seinem Restaurant aushalf und in der Nähe von Colonia de Sant Jordi eine Rinderfarm betrieb. Für Vicentes Gäste veranstaltete er Barbecues.

Verlockend der Naturstrand, der mit einem zehnminütigen Fußmarsch entlang der Küstenstraße und vorbei am Yachtklub erreichbar war, sich bis zu einer felsigen Punta (Landzunge) mit einer kleinen Ansiedlung, Ses Covetes, mit flachen Dünen und dichtem Pinienwald dahinter hinzog und sich anschließend in langem Sandstrand bis nach Colonia de Sant Jordi erstreckte, als Nudistenstrand „Es Trenck" allgemein bekannt. Das Meer war nach der Hitze des Sommers angenehm warm und das mediterrane Klima wohltuend und erholsam. Julia gab uns für Mittag Lunch-pakete mit, wenn wir zum Mittagstisch nicht in den Speisesaal des Hotels zurückkehren wollten. Abends saßen wir meist auf der Terrasse unseres Restaurants beim Bier, einem bekömmlichen „San Miguel", beobachteten den farbenprächtigen Sonnenunter-gang am anderen Ende der Bucht und unterhielten uns mit den übrigen Gästen. Ein Single aus Köln erzählte, wie er am Ende des Sandstrandes, wo er ganz allein war, seine Badehose auszog und nackt rausschwamm. Dabei überschwamm er eine Qualle, die er nicht sah. Wimmernd vor Schmerz und sein edles Teil haltend, habe er sich in die Pinien zurückgezogen. Wir amüsierten uns prächtig.

Es gefiel uns sehr in diesen Wochen, und wir fuhren noch mehr-mals hin, bis wir schließlich auf einen „zivilisierteren" Urlaubsort an der Ostküste umstiegen. Ausgerechnet zu unserem Urlaub ver-setzte uns schließlich der Bombenterror während des Münchner Oktoberfestes in Angst und Schrecken (s. 14. Folge), fürchteten wir doch, dass unsere Tochter mit ihren Freunden gerade dort war. Wir riefen sofort an, als wir davon von anderen Gästen hörten. Doch unsere Tochter und ihre Freunde waren an diesem Abend zu Hause geblieben, Gott sei Dank.

Erholt und ausgeruht kam ich zurück, bereit, mein neues Kommissariat zu übernehmen. Mein Vertreter wies mich in die Gepflogenheiten der Vorganzuteilung und in die Eigenheiten der rund ein Dutzend Mitarbeiter ein, unter denen sich ein weiterer gehobener Beamter befand, KOK Wolfgang K., der mir schon bei der Funkstreife über den Weg gelaufen war. Für mich zum ersten Mal befand sich auch eine Kriminalbeamtin, KOMin Kreszenz St., unter meinen Mitarbeitern. Und regelmäßig waren ein oder zwei Rollierer auszubilden. Mein Vertreter erläuterte mir, welchen der Mitarbeiter er in der Regel welche Art Straftaten zugeteilt hatte.

Gottfried, ein ruhiger, sympathischer Kollege Mitte fünfzig, war unbeweibt. Er wohnte bei seiner Mutter in einer Randgemeinde im Osten Münchens, wo er im Garten Balkon-Tomaten zog, von denen er mir ein paar mitbrachte (meine Frau pflanzte sie in einen Blumenkübel, wo sie gut gediehen). Natürlich hatte er sich Hoffnungen gemacht, die K-Leiterstelle zu bekommen. Trotz einiger Alterspunkte mehr als ich sie mit meinen knapp fünfzig Jahren aufwies, hatte seine Rangzahl offenbar nicht gereicht. Dass er das K. als Vertreter immer wieder mit ruhiger Hand zu leiten verstand, zählte nicht. Ich sollte ihn aber bald an den KDD verlieren, bei dem eine Schichtleiterstelle in A 12 ausgeschrieben war. Dass er sich in seinem Alter gerade dorthin beworben hatte, wo stressige 12-Stunden-Schichten über alle Feiertage hinweg zu leisten waren, wunderte nicht nur mich. Trug er mir nach, dass ich ihm vor die Nase gesetzt worden war? Er ließ sich derlei nicht anmerken und tat es wohl auch nicht. Er kannte das System. Dass er vor seiner Pensionierung noch jede Chance nutzen wollte, nach A 12 aufzusteigen, denn zwei Jahre davor würde eine Beförderung in diese Besoldungsgruppe nicht mehr für die Pension angerechnet werden, verstand ich durchaus. Der Polizeidienst war im Grunde nur mit seinen Beförderungsmöglichkeiten attraktiv. Zahlte es sich gesundheitlich aber aus, in seinem Alter nochmals in den Schichtdienst einzusteigen? Ich verspürte es längst an mir, wie mein Dienst an meiner Gesundheit zu zehren begann. Nicht allein mit den Überstunden schon damals beim Staatsschutz und der geistigen Anspannung, der man wieder und wieder ausgesetzt ist. In jüngster Zeit schlauchten mich mehr und mehr sogar die Jourdienste zu den Wochenenden, die in regelmäßigen Abständen immer wieder zu leisten waren, denn Kriminalität war ja auch und oftmals verstärkt an den Wochenenden zu verzeichnen. Festgenommene konnten nicht einfach bis zum nächsten Werktag eingesperrt bleiben, sie mussten vernommen, erkennungsdienstlich behandelt und ohne Verzug einem Richter vorgeführt werden. Und dringende Überprüfungen für auswärtige Dienststellen, die genauso Festgenommene fristgerecht vorführen mussten, kamen hinzu. Schon beim Staatsschutz war ich damit immer wieder tangiert gewesen. Als Kommissariatsleiter hatte ich dann die Jourdienstmannschaft, die jede Kriminaldirektion für ihren Deliktsbereich zu stellen hatte, zu leiten, die anfallenden Haftvorgänge zuzuweisen und für deren sachgerechte und pünktliche Erledigung zu sorgen. Jetzt würde ich Jourdienstleiter für den bunten Deliktsbereich der KD 4 sein und auf alle Verfahrensfragen eine Antwort haben müssen. Nach geistig anstrengendem Dienst und ohne einen freien Tag zwischen den Wochenenden habe ich mir schon so manches Mal gewünscht, mit einem der Straßenarbeiter tauschen zu können, die ich manchmal von der Tram oder dem Bus aus werkeln sah. Mit schweißtreibenden Waldläufen an freien Wochenenden noch vor dem Frühstück machte ich mich geistig und körperlich aber immer wieder fit. Gelegenheit dazu bot sich für mich in dem Waldstück zwischen unserer Wohnsiedlung und der Gemeinde Gräfelfing im Westen Münchens. Es lag quasi vor meiner Haustür.

Die Büros meiner neuen Mitarbeiter waren über den Gebäudekomplex verstreut. Wenige nur im Anbau, wo auch ich neben dem Geschäftszimmer der KPI mein Büro hatte, die meisten drüben im Hauptgebäude, über eine Treppe zu erreichen. Ich suchte sie nach und nach auf und informierte mich über ihre Fälle und eventuelle Sorgen. Worauf mich schon mein Vertreter hingewiesen hatte, waren es die oftmals unklaren Inhalte der Anzeigen und die nicht deutlich genug herausgestellten Verdachts- und Haftgründe, die unnötig Arbeit machten, oder die mangelnden Rechtsgrundlagen bei Bedrohungen, die es kaum gestatteten, einen potentiellen Gewalttäter, der seiner Frau oder Freundin drohte, sie zusammenzuschlagen oder umzubringen, sofort festzunehmen oder in Gewahrsam zu nehmen, schon gar nicht für längere Zeit. Und neuerdings weigerten sich die Sozialbehörden und das Arbeitsamt, uns Auskunft über Arbeitsstellen und insbesondere Verdienste oder den Bezug von Sozialleistungen zu geben, die wir bei Unterhaltspflichtverletzungen erheben mussten, um gegenüber Staatsanwaltschaft und Gericht darlegen zu können, ob der säumige Schuldner nicht zahlen konnte oder nur nicht wollte. Personenbezogene Daten durften nicht mehr unbefugt offenbart werden, so bestimmte es der Gesetzgeber, der neben dem Arzt-, dem Bank-, dem Post- und Telefongeheimnis sowie dem Beichtgeheimnis ein neues Geheimnis kreiert hatte – das Sozialgeheimnis. Uns machte er damit zusätzlich Arbeit, denn nun mussten wir jeweils einen richterlichen Beschluss erwirken, wenn der Beschuldigte einer Offenbarung seines Geheimnisses nicht zustimmte, einer Vorladung zur Vernehmung nicht nachkam oder, wie häufig in solchen Fällen, sich abgesetzt hatte und unbekannten Aufenthalts war. Ohne richterlichen Beschluss erfuhren wir also nicht einmal mehr seinen Aufenthaltsort. Telefonische Anfragen wie bisher konnten wir uns schon gleich sparen.

Ich musste da etwas tun. Fälle dieser Art waren nicht gerade selten, stiegen doch auch die Scheidungen von Jahr zu Jahr. Erst einmal musste ich mich selbst schlau machen. Ich besorgte mir das für diesen Fall maßgebende X. Sozialgesetzbuch (SGB), kopierte die betreffenden Paragraphen und arbeitete sie in eine Arbeitsanleitung ein. Für den Fall, dass der Aufenthaltsort des Beschuldigten bekannt war und er zur Vernehmung kam, konzipierte ich eine kurze Einwilligungserklärung, die den nunmehr schriftlichen Auskunftsersuchen an AOK, Arbeitsamt oder Sozialamt beizugeben waren. Ansonsten war der eingeholte richterliche Beschluss beizugeben. Damit hoffte ich, das Verfahren in solchen Fällen wenigstens etwas zu rationalisieren.

Wie ich schon in meinem letzten Kommissariat einen Vortrag über „Anzeigenaufnahme und -bearbeitung bei Diebstählen an und aus Kfz" bei den PIs gehalten und Musteranzeigen hinterlassen hatte, und bei der KPI West, wo ich vertretungsweise das K 443 leitete, in gleicher Weise hinsichtlich der mitunter mangelhaften Anzeigen wegen Körperverletzungsdelikten, die mir nun einmal ob ihrer Vielfalt am Herzen lagen, bereits eine Musteranzeige erarbeitet und in einem Vortrag vor den SB Verbrechensbekämpfung der PIs das Prozedere der Sachbearbeitung bei K erläuterte, machte ich mich neuerdings daran, eine Abhandlung über „Aufnahme von Strafanzeigen und Erstellung von Vorführungsanzeigen" zu verfassen, in der ich ausführlich auf alle möglichen dabei zu beachtenden Aspekte einging. Sie wurde ziemlich umfangreich. Würde sie bei Aus- und Fortbildung der Polizeivollzugsbeamten denn beachtet werden – oder würde man sie einfach nur „lochen und abheften"? Zu meiner Überraschung kamen aber doch mehr und mehr Anzeigen in Einlauf, die zeigten, dass man meine Ratschläge beachtete.

Die tägliche Lektüre der eingehenden Anzeigen veranlasste mich zu Notizen über die eine und andere Straftat. Da schlug zum Beispiel ein Mann mit dem Ende seiner Hundeleine auf seinen Schäferhund ein, der winselnd neben ihm herkroch. Strafbares Quälen? Ein anderer packte einen Wurf Welpen in einen Sack, um die gerade geborenen Tierchen zu töten. Ist nach dem Tierschutzgesetz solches Töten strafbar? Oder, wie ich es als Streifenpolizist selbst erlebt hatte (s. 5. Folge), als ich einen über Tage hinweg in einem Zimmer allein gelassenen Bernhardiner befreite, der die Nachtruhe der übrigen Hausinwohner durch sein klagendes Heulen fortgesetzt störte. Vernachlässigung in Haltung und Pflege? Ich nahm mir das Gesetz vor, und schon hatte ich wieder Stoff für einen Artikel, denn so ganz waren derlei Fragen durchaus nicht klar. Nebengesetze wie das Tierschutzgesetz sind keine reinen Strafgesetzte. Hier ist zwischen bloßen Ordnungswidrigkeiten und Straftatbeständen zu unterscheiden. Eine Straftat begeht, wer einem Tier aus Rohheit oder länger anhaltend Schmerzen oder Leiden zufügt. Roh ist die Handlung, wenn sie einer gefühllosen Gesinnung entspricht, also der Charakterzug der Gefühl- und Mitleidlosigkeit erkennbar wird. Ein Übermaß an Züchtigung kann ein Anzeichen dafür sein. Ein verbotenes Töten liegt hauptsächlich dann vor, wenn es im Lebenszusammenhang nicht gerechtfertigt erscheint. Wird ein Tier zwar nicht ohne vernünftigen Grund, jedoch ohne Betäubung oder sonst nicht unter Vermeidung von Schmerzen getötet, so ist eine Ordnungswidrigkeit gegeben. In Bezug auf Haltung und Betreuung muß dem Tier artgemäße Nahrung und Pflege sowie eine verhaltensgerechte Unterbringung gewährt werden. Dessen artgemäßes Bewegungsbedürfnis darf nicht dauernd und nicht so eingeschränkt werden, dass ihm vermeidbare Schmerzen, Leiden oder Schäden zugefügt werden.

Unter dem Titel „Angewandter Tierschutz" veröffentlichte ich den Artikel in dem unter der Redaktion der Pressestelle des PP München herausgegebenen „MAGAZIN P".

Zum Jahresende wurde ich zu einem zweiwöchigen „Lehrgang für Dienststellen- und Dezernatsleiter" am „Fortbildungsinstitut der Bayerischen Polizei" in Ainring (nahe der Salzach als Grenzfluss zu Österreich und gegenüber von Salzburg) geschickt. Ich wurde in Führungslehre, Führungspraxis, Angewandte Psychologie, Zusammenarbeit mit Massenmedien und wiederum über eine Reihe von Rechtsfächern ausgebildet. Fast ein kleiner Urlaub, hatte ich mir in diesen Fächern doch längst praktische Erfahrungen angeeignet.

Zum Jahresbeginn 1981 ging's schon wieder fort, diesmal zu meiner Überraschung zu einem Seminar an die Polizeiführungsakademie (PFA) in Münster-Hiltrup. Dort erhielten an sich die für den gehobenen Polizeivollzugsdienst vorgesehenen Beamten die „höheren Weihen", was sollte dort also ich? Um präventable Delikte ging es, wie schon in einer Reihe solcher Seminare davor, um Körperverletzung in diesem Fall. Der hierfür ursprünglich vorgesehene Beamte war ausgefallen, und so verfiel man kurzfristig auf mich. Na gut, es sollte mir eine Ehre sein – und interessierte mich natürlich.

Noch im selben Jahr brachte ich zu dieser Thematik unter dem Titel „Die gefährliche Körperverletzung als präventables Delikt" einen umfangreichen Beitrag in drei Folgen in der Fachzeitschrift „der kriminalist" unseres Berufsverbandes BDK heraus, Heft 7–8/81, 9/81 und 10/81, wobei mich der Redakteur wissen ließ, dass mein Artikel viel zu lang sei, aber zu gut, als dass man ihn nicht in mehreren Teilen veröffentlichen könnte (freute mich natürlich).

Täglich erfahren wir, so führte ich gleich einleitend aus, *dass unsere „Kunden" aus unvollständigen oder nicht intakten Familien kommen. Aus der Verhaltensforschung kennen wir den Begriff der Prägung und wissen, dass der Mensch in seinen ersten fünf Lebensjahren bereits entscheidend geprägt wird. Hier, innerhalb der Familie, werden also bereits die Weichen für das spätere Verhalten und damit das spätere Schicksal des einzelnen Menschen gestellt.* Und weiter: *Aus Versuchen mit Affenbabys ist bekannt, dass unterbundener Körperkontakt mit der Mutter zu irreparablen Verhaltensstörungen führt. Stellen wir bei mangelnder Zuwendung, fehlender Nestwärme ähnliches nicht auch beim Menschen fest?*

Nicht jede Beeinträchtigung der körperlichen Unversehrtheit wird aber auch schon als verwerflich angesehen und als strafwürdig und vor allem als verfolgungswürdig erachtet. Maßstab hierfür ist in der Regel die Schwere des Angriffs und/oder der Folgen. Grundsätzlich steht zwar die Einleitung eines Strafverfahrens dem Staat zu. Von diesem Grundsatz sind jedoch die Antrags- und Privatklagedelikte ausgenommen, worunter die einfache vorsätzliche und fahrlässige sowie die gefährliche Körperverletzung (KV) fallen. Hier hat der Betroffene selbst – und auf seine Kosten – Klage einzureichen. Der staatliche Verfolgungszwang ist gleichwohl nicht gänzlich aufgehoben. Die Staatsanwaltschaft hat jeweils von sich aus zu prüfen, ob nicht auch hier öffentliches Interesse an einer staatlichen Strafverfolgung besteht. Und gegen Jugendliche kann sowieso keine Privatklage erhoben werden. Wie auch nicht wegen schwerer KV, die als Verbrechen gilt (Freiheitsstraße von einem bis zu fünf Jahren), wenn der Verletzte ein wichtiges Glied des Körpers, das Sehvermögen auf einem oder beiden Augen, das Gehör, die Sprache oder die Zeugungsfähigkeit verliert oder in erheblicher Weise dauernd entstellt wird oder in Siechtum, Lähmung oder Geisteskrankheit verfällt.

Wie soll sich bei solch unterschiedlicher Bewertung, bei der es darauf ankommt, ob KV entweder noch akzeptabel, als zwar verdammens- nicht aber auch verfolgungswürdig oder als absolut verfolgungswürdig gehalten wird, die Polizei, der einzelne Polizeibeamte verhalten? Zwar ist sie bzw. er jeglicher Frage insoweit enthoben, als die Strafprozessordnung (§ 163) einen eindeutigen Ermittlungsauftrag für jegliches Kriminaldelikt enthält und zwischen Antrags-, Privatklage- und Offizialdelikt nicht unterscheidet. Die Möglichkeit indes, dass Körperverletzungen auch auf dem Wege der Privatklage verfolgt werden können, suggeriert aber doch, von einer polizeilichen Anzeige abzusehen und zuallererst ans Vermittlungsamt, den Schiedsmann bzw. die Vergleichsbehörde zu verweisen. Und es ist bei einfacher KV vor Klageerhebung ja auch ein Sühneversuch vorgesehen. Erfährt der Polizeibeamte in Fällen, in denen er notgedrungen eine Strafanzeige entgegennahm, weil sich der Geschädigte partout nicht abwimmeln ließ, dass der Staatsanwalt nun seinerzeit von der Erhebung einer Anklage absah, so wird er beim nächsten Mal noch mehr „Überredungskunst" dazu verwenden, die Anzeige nicht entgegennehmen zu müssen. Er übersieht dabei, dass er die Anzeige in jedem Fall entgegennehmen müsste (Nr. 77 RiStV) und die Polizei sie allenfalls ohne weitere Ermittlungen an die Staatsanwaltschaft weiterleiten könne, wenn nach Sachlage kein öffentliches Interesse an der Strafverfolgung besteht. „Je mehr bei der Polizei auch gleich der Täter genannt wird", so führte ein Referent in besagtem Seminar aus, „umso unwahrscheinlicher ist es, dass eine Anzeige entgegengenommen wird." In solchen Fällen werden unter den Beteiligten lediglich die Personalien ausgetauscht, wie ich aus eigener Streifenpraxis weiß.

Wie soll aber nun in einem Deliktsbereich, der polizeilich nur lückenhaft bekannt wird und deshalb nur unzureichend beurteilt werden kann, wirksame Prävention betrieben werden?

Körperverletzungen erfuhren in den vergangenen Jahren, wie Kriminalität überhaupt, eine permanente Steigerung, so stellte ich damals (Anfang der 1980er-Jahre) fest. Von 1971 bis 1979 stiegen die statistisch erfassten Zahlen im Bundesgebiet um 57 % auf 170 779 Fälle, in Bayern um 52,1 % auf 33 051 Fälle und in München um 21,8 % auf 2680 Fälle (der deutlich geringere Anstieg, wie er ähnlich auch in Köln und Frankfurt/Main festzustellen war, Folge häufig unterlassener Entgegennahme von KV-Anzeigen?).

Körperverletzungen als vielfach im Affekt bzw. einer gewissen Stimmungslage heraus begangene Taten lassen im Übrigen auch vermuten, dass dabei Alkohol eine wesentliche Rolle spielt. Eine Hamburger Untersuchung aus den Jahren 1975 bis 1978 sagte diesbezüglich aus, dass die enthemmende Wirkung des Alkohols vor allem bei jungen Gewalttätern zum Tragen komme. Rund 80 % waren bei diesem Täterkreis alkoholisiert. In München stieg der Prozentanteil alkoholisierter minderjähriger Täter von 23,1 % (1978) auf 32,5 % (1980). Zu berücksichtigen ist dabei, dass gerade bei Antrags- und Privatklagedelikten wie der KV nicht in jedem Fall eine Blutprobe genommen wird oder überhaupt festzustellen ist, dass er alkoholisiert war (weil er erst ausgemittelt werden muss und evtl. auch noch die Aussage verweigert).

So wenig, wie statistische Erfassung mangels vollständiger Registrierung aller KV-Delikte einen umfassenden Überblick über diesen Bereich gibt, so wenig wird kriminelle Gewaltanwendung allein anhand der KV-Delikte ersichtlich. Zu vielgestaltig ist der Deliktsbereich, in dem Gewaltanwendung entweder Tatbestandsmerkmal ist, die Tatbegehung einen Gesundheitsschaden zur Folge hat oder KV in Tateinheit mit einem anderen Delikt steht und für sich nicht auch registriert wird.

Aber auch innerhalb der KV-Delikte sind deren Erscheinungsformen äußerst vielgestaltig. Kaum ein Lebensbereich ist davon ausgenommen, nicht der familiäre, der nachbarschaftliche oder der öffentliche Bereich auf Straßen und Plätzen, in Verkehrsmitteln, in Gastwirtschaften, bei Volksfesten, Rockfestivals oder Fußballspielen sowie bei Demonstrationen aus politischen Anlässen. Alle Spielarten wie die Überschreibung des Züchtigungsrechts (das heute in keiner Form mehr gebilligt wird, seit antiautoritäre Erziehung schick wurde und man schon gleich als Schläger bezeichnet wird, wenn man seinem ungezogenen Sprössling auch nur einen Klaps hinter die Ohren gibt), der gesundheitliche Schäden verursachende Telefonterror, dem hinterhältigen Schuss mit einem Luftgewehr, dem unbeherrschten Schlag mit einem Maßkrug oder dem womöglich tödlichen Steinhagel krimineller Demonstranten. Die augenscheinlichen Motive zeigen jeweils nur den unmittelbaren Anlass der Tat auf, die Stimmungslage. Sie sagen meist nichts aus über die tieferen Ursachen, die Entstehungszusammenhänge, die letztlich dazu führen, dass der einzelne zu keiner normalen Kommunikation mehr fähig ist, Schwierigkeiten im Zusammenleben mit anderen hat oder in gewissen Situationen zu plötzlichen Gewaltausbrüchen neigt.

Wie soll und kann hier vorgebeugt, wirkungsvolle Prävention betrieben werden?

Nun, KV-Delikte müssen zuerst einmal erfasst und analysiert werden. Dazu ist es notwendig, nicht nur Art und Zahl der einzelnen Delikte, sondern vor allem Tatorte und Tatzeiten, sowie Opfer und jeweilige Tatumstände zu erfassen, sie zu vergleichen, örtliche und zeitliche Massierungen festzustellen und potenzielle Opfer zu erkennen.

Es ist also, wofür ich z. B. vor allem in meinem letzten Kommissariat in Bezug auf den Diebstahl von und an Kfz plädierte, die **Kriminallage** festzustellen und zu analysieren.

Gleiches gilt vor allem auch im Hinblick auf die Täter. Auch hier ist es erforderlich festzustellen, welche Täter oder Täterkreise zu welchen Zeiten, an welchen Orten, zu welchen Gelegenheiten, gegenüber welchen Opfern und auf welche Weise vorgehen. Hier aber werfen vornehmlich die Datenschützer der Polizei ständig Prügel zwischen die Beine. Sie haben allein das Grundrecht der freien Entfaltung der Persönlichkeit des Bürgers vor Augen, nicht auch dessen Sicherheit, wie die Polizei sie anstrebt. Wenn der Polizei z. B. schon das Führen von Dateien über Fußballrowdys untersagt wird, womit natürlich auch ein Informationsaustausch unter den Polizeien der Austragungsorte von Bundesligaspielen illusorisch wird, dann muss man sich wohl fragen, welche politische Absicht denn dahintersteckt: Welcher vernünftige Mensch will denn sonst der Polizei das mit der modernen Datenverarbeitung eben erst gewonnene Instrument zur Verbrechensbekämpfung gleich wieder aus der Hand schlagen? Im Hinblick auf KV bei Demonstrationen erscheint wirksame Prävention überhaupt kaum noch möglich. Nicht genug, dass maßgebliche Politiker und staatstragende Parteien zur Teilnahme an verbotenen Demonstrationen mit voraussehbaren gewalttätigen Aktionen (wie Anfang Februar 1981 in Brokdorf, bei denen im Verlauf schwerer Krawalle ein Polizeibeamter mit einem Spaten fast totgeschlagen wurde) aufrufen und derlei Demonstrationen hinterher auch noch als friedlich bezeichnen. Die Polizei muss auch noch gegen den erklärten politischen Willen vorgehen und gewalttätige Demonstrationen zu unterbinden versuchen. Sollte sie besser die AKW-Baustelle stürmen und verwüsten lassen?

Wirksamste allgemeine und für jedwede Erscheinungsform der Kriminalität, als auch der Körperverletzungen, geltende Prävention ist es, für den Täter das Risiko des Erwischtwerdens so hoch wie möglich zu schrauben. Dies bedingt natürlich auch eine konsequente Ahndung. Im Bereich der KV gehört dazu vor allem eine ausnahmslose Anzeigenaufnahme. Dem Täter muss bewusst gemacht werden, dass er mit einer Strafanzeige zu rechnen hat, ganz gleich ob er eine einfache und ggf. nur auf Antrag des Verletzten oder überhaupt nur im Wege der Privatklage zu verfolgende Tat begeht und damit bei Polizei und Justiz bekannt ist. Und soweit die Prognose zu stellen ist, dass er mit einer solchen Tat neuerlich auftritt (oder bereits aufgetreten ist), auch erkennungsdienstlich behandelt wird. Es darf ihm keinerlei Freiraum zugebilligt werden, in dem er sich keinerlei Zurückhaltung auferlegen müsste. Bleiben Sanktionen generell aus, neigt ja sogar der sonst gesetzestreue Bürger dazu, gewisse Schranken auch seinerseits nicht mehr zu beachten.

In Bezug auf Körperverletzungen bzw. Schlägereien in der Öffentlichkeit, in U- und S-Bahnhöfen und in öffentlichen Verkehrsmitteln sowie auch in Lokalen ist gezielt angesetzte polizeiliche Präsenz ein wirksames Mittel der Prävention. Gezielt angesetzt heißt, dass die Polizei sich an tatrelevanten Örtlichkeiten zu tatrelevanten Zeiten regelmäßig zeigt (sofern sie genügend Beamte dazu hat und ihr nicht wieder Stellen gestrichen worden sind). Eine regelmäßige Nachschau ist auch in Lokalen zweckmäßig, in denen wiederholt Schlägereien vorkommen oder durch das dort verkehrende Publikum oder aus sonstigen Anlässen zu erwarten sind. Die Gäste sowie ggf. auch das Personal müssen das

Gefühl haben, dass jederzeit wieder eine Streife vorbeischauen kann. Und bei Schlägereien sollten alle anwesenden Gäste notiert und vor allem die Personalien des gesamten Personals festgestellt werden – was bei schwerwiegenden Fällen sowieso notwendig ist. In den Presseberichten sollten die jeweiligen Lokale namentlich genannt werden, sodass zum einen potentielle Opfer gewarnt, zum anderen Wirte und Geschäftsführer dazu angehalten werden, mehr auf streitbare Gäste einzuwirken oder sie erst gar nicht einzulassen.

Gleiches gilt für gewisse öffentliche Plätze und Parkanlagen, in denen ggf. auch Personenkontrollen vorgenommen werden können.

In öffentlichen Verkehrsmitteln kann Prävention durch polizeiliche Präsenz zum einen dadurch bewirkt werden, dass der Polizei in allen Nahverkehrsmitteln – um diese geht es hier ja – allgemein Freifahrt zugestanden wird. Wenn solche Fahrten auch in Zivil durchgeführt werden bzw. auch zu Ermittlungen durch Kriminalbeamte genutzt werden, so sind Polizeibeamte doch vermehrt in den Bahnen und Bussen anwesend und können, ggf. schon verhütend oder unterbindend einschreiten. Zum anderen sind Linien, in denen wiederholt Schlägereien vorkommen, zu tatrelevanten Zeiten zu begleiten.

Wirksame und ebenfalls der Verbrechensbekämpfung allgemein dienende Prävention stellt auch polizeiliche Öffentlichkeitsarbeit dar. Wird sie nicht allein zur Imagepflege und Erfolgsdarstellung benutzt, sondern dazu, den Bürger über die jeweiligen Erscheinungsformen und Entwicklungen der Kriminalität umfassend zu informieren, kann sie ihn zur Mitwirkung bei der Verbrechensbekämpfung sowohl animieren als auch befähigen. Animieren insoweit, als ihm vor Augen geführt wird, dass Verbrechensbekämpfung nicht allein Aufgabe der Polizei ist, sondern alle angeht, und ihn befähigen, indem ihm aufgezeigt wird, wo, zu welchen Zeiten und in welcher Art und Weise er sich welchen Tätertypen gegenüber sieht, welche Verhaltensweisen potentieller Täter Indikatoren für zu erwartende Straftaten sein können, wie er, der Bürger sich jeweils verhalten soll und auf welche Beobachtungen es der Polizei ankommt.

Öffentlichkeitsarbeit ist aber auch nach innen vorzunehmen, d. h. sowohl die mit Anzeigenaufnahme als auch deren Bearbeitung betrauten Beamten sind entsprechend zu unterrichten und zu motivieren. Sie müssen um die ganze Problematik der jeweiligen Deliktsfelder wissen. Ihnen muss die Notwendigkeit bewusst sein, vor allem auch bei Körperverletzungen im familiären Bereich Anzeige zu erstellen, unabhängig davon, ob Strafantrag gestellt oder öffentliches Interesse an der Strafverfolgung bejaht wird oder nicht. Zum einen erscheint dies nötig, um bei Misshandlungen von Frauen diese nicht in die Verlegenheit zu bringen, nun unbedingt gegen ihren Mann Strafantrag stellen zu müssen. Zum anderen muss potentiellen Tätern bewusst gemacht werden, dass auf jeden Fall Anzeige erstattet wird. Dies bedingt an sich ja auch das Legalitätsprinzip. Nur ist dazu auch jeweils festzuhalten, wie sich die einzelnen familiären und nachbarschaftlichen Verhältnisse darstellen, inwieweit etwa Kinder in Mitleidenschaft gezogen werden oder die Nachbarschaft durch lauten Streit tangiert wird. Damit hat die Staatsanwaltschaft die Möglichkeit zu prüfen, ob der Rechtsfriede über die Kreise der Betroffenen hinaus gestört und aus dem einen oder anderen Grund eben doch öffentliches Interesse an einer Strafverfolgung besteht. Präventiv dürfte ein solches Vorgehen insoweit wirken, als der Täter auf jeden Fall mit Scherereien zu rechnen hat und von künftigen Misshandlungen abgehalten wird.

In meinem Kommissariat bestimmte ich im Rahmen eines Aufgabenverteilungsplanes ein Drittel meiner Sachbearbeiter speziell für jugendtypische Gewalttaten, die in einigen wenigen Händen zusammenzufassen mir vor allem wichtig erschien – die übrigen zwei Drittel zum einen für sonstige Straftaten in öffentlichen Bereichen, zum anderen in privaten und nachbarlichen Bereichen. Ich versuchte damit zu erreichen, dass sich wenigstens in den Köpfen der jeweiligen Sachbearbeiter, die vorwiegend mit gleichartigen Fällen und immer wieder denselben Tätern zu tun haben, entsprechende Lageerkenntnisse manifestierten. Mehr konnte ich in meinem örtlich beschränkten Deliktsbereich, in dem ich nur ein Viertel der in München anfallenden einschlägigen Straftaten übersehen konnte, nicht tun. Schon in meinen vormaligen Aufgaben-bereichen war ich bestrebt gewesen, die jeweilige Lage festzu-stellen und zu analysieren, auf die sich Prävention und Repression gründen könnten. Und war gescheitert. Nun wollte ich mir nicht wieder den eigenen Ast absägen, wenn ich eine Zusammenlegung der auf vier PDs verteilten Zuständigkeitsbereiche wenigstens in punkto Körperverletzungen vorschlagen würde. Utopisch, auch nur daran zu denken, vergingen doch auch nur wenige Jahre, bis die in der KD 4 zusammengefassten vier örtlichen KPIs den vier örtlichen Schutzpolizeidirektionen einverleibt und die KD 4, die sie organisatorisch zusammenhielt, aufgelöst wurde. Im Innen-ministerium ging man davon aus, dass eine Organisation, wie sie sich auf dem flachen Land anscheinend als aufgabengerecht er-wies, auch für eine Millionenstadt nicht so ganz falsch sein konnte. Und für Lageanalysen hatte man schließlich Stäbe. Dass hier nicht eine Gesamtlage, sondern einzelne Deliktsbereiche zu analysieren und einsatz- und ermittlungstaktische Konsequenzen gezogen werden müssten, wie sie nur von den mit den Ermittlungen be-fassten, also örtlich **und** sachlich zuständigen Kriminaldienst-stellen vorgenommen werden können, geht nicht in die vernagelten Köpfe derer, die meinen, ein Polizist, ganz gleich ob Schutz- oder Kriminalpolizist, müsse alles können. Als „Generalist" soll er ja auch überall eingesetzt werden können.

Wieder hatte ich ein Thema, dem ich mich widmen musste. Aus rund 50 Kriminalbiografien jugendlicher Schläger, die in meinem Kommissariat anfielen bzw. angefallen waren, trug ich zusammen, was bezüglich Tat, Täter, deren Anlagen, Prägung und Persönlichkeitsbild sowie etwaiger Prognose von Bedeutung sein konnte. Dabei stellte sich im Wesentlichen heraus:

Körperverletzungen werden in der Regel im Affekt oder aus einer gewissen Stimmungslage heraus begangen. Alkohol spielt vielfach eine Rolle. Planung und Vorbereitung sind – ab-gesehen von Fällen, in denen aus Rache, Eifersucht oder zwecks Erpressung gehandelt wird – nicht festzustellen.

Gleichwohl sind hier, vor allem bei jugendtypischen Gewalt-taten, gewisse Vortatsituationen zu erkennen. Sie sind hier nur komplexer zu sehen als in anderen Deliktsbereichen. Insbesondere ist dabei ausschlaggebend, welche potentiellen Täter oder Tätergruppen sich an welchen Örtlichkeiten aus welchem Anlass und zu welchen Zeiten einfinden. Tatauslösend kann z. B. sein, wenn eine Anzahl potentieller Täter auf öffentlichen Plätzen, in Verkehrsmitteln oder in Lokalen durch alkoholisiertes lautes, rüpelhaftes Benehmen auffällt. In solchen Fällen ist oft lediglich noch der berühmt-berüchtigte Funke nötig, um Gewalttätigkeiten auszulösen, wie z. B. eine abfällige Bemerkung, ein mokanter Blick, eine zurechtweisende Bemerkung bezüglich flegelhaftem Benehmen, eine Rempelei, nicht schnell genug erfolgendes Ausweichen vor geschlossenen Gruppen u. a. m.

Ein bestimmter *Modus Operandi* kann hier nicht genannt werden. Trotzdem ist gerade bei den als jugendtypische Gewalttat zu klassifizierenden Körperverletzungen festzustellen, dass zum einen das hier sowie strafrechtlich geforderte Merkmal der gefährlichen KV gegeben ist, nämlich die Gemeinschaftlichkeit, zum anderen gerade hierbei auch eine skrupellose Anwendung von Waffen oder gefährlichen Werkzeugen oder ein besonders brutales Vorgehen festzustellen ist. Insbesondere werden niedergeschlagene Opfer auch noch mit Fußtritten traktiert, d. h. gestiefelt, wird mit Messern zugestochen oder Gas- und Schreckschusswaffen unmittelbar vor dem Gesicht des Opfers abgefeuert. Bei Demonstrationen wird skrupellos mit Transparentstangen, Eisenstangen, Spaten oder sonstigen Werkzeugen zugeschlagen, mit faustgroßen Kiesel- oder Plastersteinen oder mit Brandflaschen geworfen oder mit Armstützenschleudern Stahlkugeln, die die Schilde der Polizisten glatt durchschlagen, verschossen.

Über 50 % beträgt hier der Anteil der bis fünfundzwanzigjährigen Täter. Der Anteil weiblicher Täter fällt dagegen nicht sonderlich ins Gewicht (11 % 1980), sie gebärden sich aber mitunter als wilde Amazonen.

Die Auswertung der Biografien der rund 50 einschlägig aufgetretenen Täter ergab, dass lediglich 1 Täter 17 Jahre alt war und noch kein kriminelles Vorleben aufzuweisen hatte. Von allen anderen waren rund 78 % im Alter zwischen dem 12. und 17. Lebensjahr erstmals kriminalpolizeilich aufgefallen, wobei das 14. bis 16. Lebensjahr deutlich im Vordergrund stand. Mit KV-Delikten waren rund 85 % der Täter zwischen dem 15. und 19. Lebensjahr erstmals in Erscheinung getreten. Als Einstiegskriminalität waren zu 64 % Eigentumsdelikte wie Ladendiebstahl, Diebstahl rund um das Kfz und sonstiger Diebstahl festzustellen. Raub, KV und Sachbeschädigung folgten mit 21 %. Sonstige Delikte wie Beleidigung, Verstöße gegen das Waffengesetz oder Fahren ohne Führerschein bildeten mit 15 % den Schluss. Bei den Zweit- und Dritttaten standen Raub, KV und Sachbeschädigung den Eigentumsdelikten kaum mehr nach. Auch Vermögensdelikte wie Beförderungserschleichung und Zechbetrug kamen ins Spiel. Letztlich kristallisierten sich Gewalt- und Rohheitsdelikte mit 35 % deutlich heraus. Neben Raub, Nötigung und Bedrohung waren auch Vergewaltigungen zu verzeichnen. Mit über 80 % stellten Körperverletzungen indes den Löwenanteil aller Taten. Hinzu kamen vereinzelt Widerstandshandlungen und zahlreiche Sachbeschädigungen. Eigentumsdelikte, die nun auch Einbruchsdiebstähle, wiederholt auch Serientaten umfassten, traten mit 38 % etwas zurück. Bei den insgesamt 365 Straftaten, die den zur Auswertung stehenden Tätern zuzuschreiben waren (wobei 11 Serientaten jeweils nur als 1 Fall gewertet wurden) bzw. durchschnittlich sieben Straftaten je Täter ist diesem noch verhältnismäßig jungen Täterkreis eine beachtenswerte kriminelle Energie zu bescheinigen.

Ihre Motivation ist diesen Tätern – vor allem in Bezug auf KV – im Großen und Ganzen unklar und ihnen wohl selbst nicht so recht deutlich. Ausschlaggebend dürfte indes das Bestreben sein, sich vor anderen, der Gruppe oder allgemein der Umwelt, hervorzutun und Anerkennung und Bestätigung zu finden.

Die einzelnen Gruppen bestehen in der Regel aus etwa Gleichaltrigen bzw. aus höchstens drei oder vier verschiedenen Jahrgängen. Es sind da erstens die jugendlichen Schlägergruppen. Sie bestehen überwiegend aus 16- bis 20-jährigen Burschen, die sich aus Grund- oder Berufsschule oder aus der Nachbarschaft kennen und zu Cliquen zusammenschließen. Zweitens sind da die Rocker und Punker, die ggf. weitere Jahrgänge umfassen, einen größeren Einzugs- und Aktionsbereich umfassen und ein ausgeprägteres Gruppengefühl kennen. Drittens sind da die Fußballrowdys, die sich den gleichen und teils denselben Täterkreisen zusammensetzen. Viertens sind da die Extremisten und anpolitisierten Kriminellen, die meist ebenfalls dieser Altersgruppe angehören und sich teils aus Jugendcliquen, Rockern und Punkern rekrutieren, die sich als ebensolche Schläger produzieren.

Was Anlagen und Prägung dieser Schlägergruppen betrifft, so ist als Ergebnis kriminologischer Forschung entgegen früherer Ansicht festzustellen, dass es den „geborenen Verbrecher" nicht gibt. Allerdings, so will man heute wissen, beruhen die kriminogenen Dispositionen der meisten Kriminellen auf angeborenen Anlagen. Auf Anlagen, wie sie sich aus zahllosen kriminellen Varianten bei vielen und sehr verschiedenen Persönlichkeitstypen zusammensetzen und aus denen auch die nichtkriminelle Bevölkerung besteht. Im 5. Jh. v. Chr. wusste schon Konfuzius, der Mensch sei grundsätzlich böse, und die heutigen Kriminologen stellen fest: Der Mensch ist grundsätzlich zu allem fähig, es muss sich dazu nur ein Anlass und die Gelegenheit ergeben. So gibt es also keine ausgesprochen kriminelle Anlage, wohl aber Fähigkeiten, Bereitschaften und Neigungen, die unter sonst gleichen Umständen den so Veranlagten leichter und eher zum Verbrechen kommen lassen.

Wie aus dem kriminellen Vorleben der hier analysierten jungen Schläger deutlich wird und im übrigen kriminologische Falluntersuchungen vor allem bei Rückfalltätern zeigen, haben wir es mit mehr oder weniger auffälligen Psychopathen zu tun. Entsprechend dem hierfür bestimmenden Krankheitsbild finden sich bei ihnen in wechselnder Ausprägung: Haltlosigkeit, abnorme Erregbarkeit, Geltungssucht, Empfindsamkeit, Gemütskälte mit Asozialität, Streitsucht oder Fanatismus. Ein Mokieren über ihr Verhalten, ihren Aufzug löst meist schon gewalttätige Reaktionen aus. In Fällen, in denen ein Außenstehender unversehens einen Faustschlag auf die Nase bekommt, sind Aussagen wie: „Der hat mich so blöd angeschaut", bezeichnend. Ein unbedachtes Wort kann genügen, selbst alte Leute mit Fäusten, Ketten oder Todschlägern brutal zusammenzuschlagen und auf die hilflos am Boden liegenden rücksichtslos mit Stiefeln einzutreten.

Entgegen früherer Ansicht weiß man heute aber auch, dass Psychopathen nicht geboren, sondern ihnen Psychosen hauptsächlich anerzogen werden. Damit kommt der Erziehung des Menschen, insbesondere der Prägung in den ersten Lebensjahren, auch und gerade im Hinblick auf dessen spätere etwaige Kriminalität herausragende Bedeutung bei. Und damit sind es die Eltern, die Familien, die letztlich unsere Kriminalität bzw. die im Hinblick auf zunehmende Drogensucht mehr und mehr dekadenten Gesellschaft gebührende Kriminalität bestimmen.

In der polizeilichen Praxis erfahren wir neben der Tatsache, dass es wieder und wieder dieselben sind, die kriminell auffallen, dass diese überwiegend aus unvollständigen oder nicht intakten Familien kommen. Diese Tatsache ist einerseits zwar bezeichnend, sagt für sich aber nicht, dass damit gewisse Fähigkeiten, Bereitschaften oder Neigungen zwangsläufig ins Kriminelle ausschlagen. Hier kommen ausschlaggebende, vor allem in unvollständigen oder nicht intakten Familien vorhandene Komponenten hinzu. Einmal das Vorbild, das die Eltern geben. Wer, und das ist kriminologische Erfahrungstatsache, bereits innerhalb der Familie Gewalt als Konfliktlösungsmittel erfährt, wird dieses Mittel später auch selbst anwenden. Es ist dies aber auch – und in vermutlich vorrangiger Bedeutung – mangelnde Liebe und Zuwendung (nicht Zuwendungen, die ja vielleicht gegeben werden), die das Kleinkind vor allem in seiner Prägephase erfährt. Ab welchem Ausmaß Liebe und Zuwendung indes zur Mangelerscheinung wird, kann kriminologische Forschung nicht mit schlüssigen Ergebnissen belegen. Zwar wird bei der Entwicklung des jungen Menschen den Eltern, die keine Zeit für ihre Kinder haben oder Kinderjahren ohne elterliche Liebe eine entscheidende Rolle zugeschrieben. Ansonsten aber kann nur auf die Erkenntnisse der Verhaltensforschung zurückgegriffen werden. Eines dieser Experimente wurde mit Affenbabys durchgeführt und in der Reihe „Bilder aus der Wissenschaft" im Bayerischen Fernsehen unter dem Titel „Trennungsverhalten bei Primaten" im Oktober 1980 ausgestrahlt. Es wurden verschiedene Arten und Zeiträume der Trennung vorgenommen. Einmal völlige Isolierung, einmal Trennung durch eine Glasscheibe, einmal Trennung nur durch ein Gitter, durch das sie sich noch greifen und fühlen konnten. Die Ergebnisse waren – bedenkt man ähnliche Auswirkungen beim Menschenbaby – geradezu alarmierend. Die Affenbabys, zunächst nur hilflos und verwirrt, reagierten nach Tagen mit jammernden Verhaltenslauten und schließlich totaler Trauer und tiefem Kummer und zeigten Veränderungen in der Stimmung, im Verhalten und auch in den Körperfunktionen. Zwar erwiesen sich Unterschiede zwischen Kurz- und Dauertrennung. Die Kurzgetrennten hatten später lediglich Schwierigkeiten, selbstständige und selbstsichere Lebewesen zu werden. Die Dauergetrennten dagegen mieden zunächst jeden körperlichen Kontakt. Ihr Verhalten erwies sich als unkontrolliert, und sie waren außerordentlich aggressiv. Als erwachsene Tiere aber hatten sie große Schwierigkeiten, mit den anderen zusammenzuleben. Ihr Kontakt untereinander schwankte von plötzlichen Gewaltausbrüchen bis hin zu totaler Isolation.

Versuche dieser Art erwiesen aber noch weit bösere Folgen, nämlich Schädigungen im Kleinhirn. Hirnschnittuntersuchungen zeigten, dass im Gegensatz zum normal entwickelten „Dendriten" mit vielen Verästelungen, bei den getrennt gehaltenen Affen, und zwar auch bei den nur teilweise Getrennten, nur schwache Verästelungen und damit weniger Verbindungen von Neuronen zu anderen Nervenzellen vorhanden waren. Kontaktstörungen führen also auch zu wohl irreparablen Hirnschädigungen.

Sind also bei den hier infrage stehenden jungen Schlägern nicht auch mangelnde Liebe und Zuwendung durch die Eltern ausschlaggebend?

Allgemein zeigt sich beim jungen Schläger ein niedriges Bildungsniveau. Sie gehören vorwiegend der sozialen Unterschicht an, sind schnell bereit, ihre Ausbildung abzubrechen oder ihre Arbeitsstelle aufzugeben. Halt suchen und finden sie allein in ihrer Clique, in Gruppen Gleichgesinnter, mit denen sie eine ähnliche Prägung, ähnliche Schicksale, dasselbe soziale Milieu und gemeinsame, in wechselseitiger Beteiligung begangene „Erlebnisse" wie Laden- oder Mopeddiebstahl, Körperverletzung, Kfz-Aufbruch oder auch schon mal ein Raub verbinden. Doch selbst Cliquen- oder Gruppenverbindungen sind oft nicht von langer Dauer. In ihrem sozialschädlichen oder sozialfeindlichen Verhalten versagen sie teils gegenüber Lebensaufgaben oder in zwischenmenschlichen Verbindungen.

Die Strafregisterauszüge vor allem der noch im Jugendlichen- oder Heranwachsendenalter befindlichen Schläger weisen in der Regel keine Vorstrafen auf. Gerade in diesem Alter aber sind sie besonders aktiv und treten innerhalb eines Jahres oft mehrmals hintereinander kriminell in Erscheinung. Die Ermittlungsverfahren aber werden eingestellt oder auf andere Art als durch Verurteilung oder etwa Freispruch beendet. Somit erfahren sie in einem für Umwelteinflüsse besonders empfänglichen Alter nicht in ausreichendem Maße, wo die Grenzen des noch Erlaubten sind. Das gleichwohl unverzichtbare Erziehungsmittel Strafe wird nicht angewandt.

In Fällen, in denen kriminelle Auffälligkeiten noch nicht so früh oder so oft zu beobachten sind, ließen sich durchaus günstige Prognosen stellen. Einzelne junge Schläger erkennen mitunter ihre ausweglose Situation und gestehen ihrem kriminalpolizeilichen Sachbearbeiter, „ihrem" Sachbearbeiter, dass sie heraus wollen aus der Clique, aus diesem ganzen Teufelskreis. Ohne gewisse Anleitung und Führung gelingt ihnen dies aber wohl nicht. Es dürfte dies auch nicht jemand sein, der, um nur ja die Resozialisation nicht zu gefährden, sämtliche weitere Straftaten vertuscht und womöglich aus ideologischen Gründen selbst konträr zu den Strafverfolgungsorganen, dem staatlichen „Machtapparat", eingestellt ist. Es müsste stattdessen jemand sein, der Fehlverhalten eindeutig als solches bezeichnet und vor allem nicht durchgehen lässt sowie erfahren genug ist, die Folgen für die Zukunft deutlich vor Augen zu führen. Der kriminalpolizeiliche Sachbearbeiter würde sich, sofern er es versteht, auf junge Menschen einzugehen, daneben aber bestrebt bleibt, Straftaten umgehend aufzuklären, sehr wohl dazu eignen. Junge Straftäter (und oft auch ältere) nehmen es in der Regel positiv auf, dass da plötzlich jemand ist, der sich für sie interessiert, Zeit für sie hat, zwar unnachsichtig aber korrekt, das einzelne Fehlverhalten aufrollt und damit unwillkürlich zum Vorbild für die Geradlinigkeit und Gerechtigkeit und zur akzeptierten Autorität wird. Immer wieder erweist es sich, dass gerade diejenigen Täter, die ihrem Sachbearbeiter in häufigen, oft endlosen Vernehmungen etc. am meisten Arbeit gemacht haben, diesem aus der Haft Weihnachts- oder Neujahrsgrüße senden oder ihn nach der Haft aufsuchen. Doch der hat nach Abschluss des Verfahrens natürlich nicht mehr die Zeit für sie. So werden Resozialisierungshilfen dort, wo sie womöglich gesucht werden, nicht gegeben und günstige Prognosen wieder zunichte.

Für die meisten dieser Straftäter aber ist der Lebensweg absehbar. Sie werden eine Lebens- bzw. Schicksalsgefährtin finden, meist auch heiraten und Kinder haben, vielfach aber wieder geschieden werden, denn einerseits werden sie nicht immer Arbeit haben oder haben wollen und auch auf kriminelle Art und Weise den Unterhalt für sich und schon gar nicht für die Familie aufbringen können. Über immer längere Zeiträume werden sie in Haft sein, teils auch wegen Unterhaltspflichtverletzung, denn ihre Haltlosigkeit sichert weder einen regelmäßigen Verdienst, noch lässt sie entsprechendes Verantwortungsbewusstsein zu.

So werden ihre Kinder wieder eine Prägung erfahren und Umwelteinflüssen unterworfen sein, wie sie für junge Schläger typisch sind.

Eine der Ende der 60er-, Anfang der 70er-Jahre zutage getretene Ursache für die in der damaligen Wohlstandsgesellschaft hereinbrechenden Gewalt und Kriminalitätsentwicklung blieb hier noch unerwähnt. Sie erweist sich in der Rückschau für den Niedergang unserer Gesellschaftsordnung meines Erachtens als ausschlaggebend: die politische Indoktrination, die Beeinflussung der Jugend an unseren Universitäten mit marxistisch-leninistischer Ideologie. Welche Kräfte immer dafür verantwortlich sein mögen – die kommunistische „Frankfurter Schule" mit ihren Zöglingen, den „68ern", oder wem sonst daran gelegen sein mochte, Zersetzung als probates Mittel des „Kalten Krieges" gegen den wirtschaftlich so erfolgreichen Westen einzusetzen. Nach dem Wiederaufbau in unserem Land in den „goldenen" 50er-Jahren, dem „Wirtschafts-wunder", der Vollbeschäftigung, waren „Innere Sicherheit und Ordnung" bis zum Ende der 60er-Jahre jedenfalls kein Thema.

Wir alten Kämpfer der 1952 aufgestellten 7. BPH fanden uns im April 1982 – wie alle fünf Jahre – zum traditionellen Hundert-schaftstreffen in der Jägerkaserne in Eichstätt ein. Unser verehrter Hundertschaftsführer Ludewig hielt die Festansprache, in der er auf eben diese gesellschaftliche Entwicklung in deutlichen Worten einging und fortfuhr: *„Da kamen die Studentenunruhen (APO) und ersten Demonstrationen (Notstandsgesetze – Vietnam)! … Und es kamen die 70er-Jahre und mit ihnen der Terror der Baader-Meinhof-Bande, der „Rote-Armee-Fraktion, der 1977 seinen bisherigen Höhepunkt erreichte … Die ersten 80er-Jahre waren die Jahre des gewaltsamen Protests und der gewaltsamen Demonstrationen. Stichworte wie „Brokdorf", „Startbahn West", „Hausbesetzer" stehen für die Krawalle und Jugendunruhen der letzten Jahre, und einige Hundert verletzte Polizeibeamte sind – neben den Millionen von Sachschäden – der Preis, den unser demokratischer Rechtsstaat sich das Grundrecht der Demonstrationsfreiheit bisher hat kosten lassen! Und ich liege wohl nicht falsch mit der Feststellung, dass ganz bestimmte Teile unserer Gesellschaft, unserer Parlamente und Medien schon darauf „eingeübt", ja schier programmiert sind, die Schuld an allen Folgen jeder Gewaltanwendung pauschal der Polizei anzulasten oder zu-mindest die Schuldvermutung auf sie zu beschränken. Wir hatten noch keine Parlamentsdebatte über die Frage, wer denn gezwungen ist, auch an einer gewalttätigen „Demo" teilzunehmen und obendrein in ihrem Gefahrenbereich zu verbleiben – Demonstranten oder Polizisten???*

Und es gab auch noch keine parlamentarische Diskussion über die Schädlichkeit von Pflastersteinen, Stahlkugeln und Brandflaschen für Polizeibeamte … So kommt man als objektiver Beobachter nicht um das unbefriedigende Ergebnis herum: Während verletzte Krawallmacher in die politische Fürsorge der Nation eingebettet sind, insbesondere der Fürsorge der Medien, kümmert sich kaum eine Seele darum, wie man die bereits in die Hunderte gehende Zahl von verletzten Polizisten verringern könnte. Auf die zig Ermittlungsverfahren, die z. Zt. gegen Polizeibeamte wegen angeblich rechtswidrigen Vorgehens noch laufen, will ich nur am Rande und der Vollständigkeit halber eingehen. Im Stillen, bei mir selbst, habe ich mich oft gefragt: Wie lange werden sie noch mitmachen, diese meist auch jungen Männer im Polizeidienst, die buchstäblich nur Prügelknaben sind im Vergleich zur gehätschelten Alternative?!"

Jubiläumsveranstaltung „40 Jahre BBP" im Juli 1991 in Eichstätt. Die jungen Polizistinnen hier am Tisch fungierten als Ordonanzen – in deren Mitte der Autor. Privatfoto

Zum Schluss seiner Festansprache sprach unser Hundertschaftsführer das Gefühl und das Bewusstsein kollegialer und kameradschaftlicher Verbundenheit an, die wir hier erleben und für die es sich lohne, da zu sein und einen Teil seiner Freizeit zu investieren.

Gerade aus einem solchen Gefühl der Verbundenheit und Kameradschaft kamen wir ehemaligen Hundertschaftskollegen, die wir in München Dienst taten, seit Jahren zu regelmäßigem Stammtischtreffen zusammen und erinnerten uns gegenseitig mit „Weißt es noch?" an diese und jene Begebenheit unserer Zeit bei der Bayerischen Bereitschaftspolizei.

17. Folge

Aspekte der Ausländerkriminalität

Wird sind umgezogen, von der Bad-Schacherer-Straße in Ramersdorf in die Holbeinstraße in Bogenhausen. Die ganze KPI 42 mit ihren drei Kommissariaten. Den großen Klinkerbau an der Bad-Schacherer-Straße, in der sich die PD Ost und eine PI befanden, benötigte die Schutzpolizei vollends für sich. Wir bezogen das Mansardengeschoss eines Altbaus aus der Gründerzeit (oder wie man diesen Baustil sonst vielleicht nennt) mit Freitreppe zum Eingangsportal, den das Präsidium des BRK mit ihrem Umzug in einen Neubau räumte und der für die Polizei noch allemal gut genug war. Im Eckbau war bereits eine PI untergebracht. Ich schätzte diese alten Gebäude mit ihren dicken, soliden Ziegelmauern, die die Räume im Sommer kühl und im Winter warm halten.

Der Autor an seinem überladenen Schreibtisch beim Diktieren einer Presse- und Ereignismeldung. Privatfoto

Kurz nach meinem fünfzigsten Geburtstag, den wir im alten Kommissariat noch gebührend feierten und zu dem ich erfreut ein Glückwunschtelegramm vom Bundesvorstand unseres Berufsverbandes BDK in Berlin entgegennehmen durfte, packten wir unsere Akten in Umzugskartons und klebten Zettel an unser Mobiliar, in welche Zimmer sie im neuen Domizil verbracht werden sollten. Die Arbeit stockte für Tage. Dann aber hatten wir uns in unseren neuen Mansardenzimmern mit den schrägen Wänden beidseits des Fensters eingerichtet und unsere Rückstände aufgearbeitet. Ich residierte nun wieder, wie schon einmal, in einem Kämmerchen, den Schreibtisch mit der Stirnseite zum Fenster hin, links daneben das Schreibmaschinentischchen unter die Schräge geschoben und gegenüber ein kleines quadratisches Tischchen an den Schreibtisch herangerückt, an dem auf zwei Stühlen Besucher Platz nehmen konnten, wobei sich einer davon unter die Schräge der Wand bücken musste. Eine Verbindungstür führte in den Nebenraum, in dem ich die zwei Schreibkräfte meines K. – ich hatte eine zweite dazubekommen – untergebracht hatte. Es war mir inzwischen auch ein Diktiergerät bewilligt worden.

Mein Vertreter ging nun als Schichtleiter zum KDD. KOK Wolfgang K. rückte als Vertreter nach. Einer meiner Mitarbeiter ging weg zum Raub. Zwei neue Mitarbeiter bekam ich dazu: Aspiranten der Verwaltungsfachhochschule in Fürstenfeldbruck, Fachbereich Polizei. Sie hatten ihr Kommissarsstudium abgeschlossen und warteten auf ihre Beförderung zum KK. Mir waren die beiden höchst willkommen.

Den Dienstbetrieb berührten diese Veränderung nicht. Die Flut der Vorgänge erreichte uns auch in unserem neuen Domizil. Dass wir als Polizei einer Großstadt eines Tages auch einen Verstoß gegen das Jagdgesetz zu bearbeiten haben würden, hätte ich an sich nicht gedacht. Der Anzeige, die diesbezüglich eintrudelte, lag eine nach dem Jagdgesetz verbotene Schlagfalle bei, das *Corpus Delicti*. Sie war an einem Reisighaufen weit draußen am Stadtrand von Waldtrudering scharf gespannt und mit einem Hühnerei als Köder aufgestellt – eine Marderfalle. Eine Anwohnerin hatte früh morgens ihren Dackel Gassi geführt, und als der neugierig die Falle beschnupperte, griff sie nach dem Ei. Peng, schnappte die Falle zu und sie hing mit dem Unterarm darin fest.

„Da wird's g'hupft sei!", bemerkte einer meiner Mitarbeiter trocken. Die zuschnellenden Bügel hatten sie denn auch gehörig verletzt.

Wir wollten sehen, wie stark die Bügelfalle denn zuschlug. Ich wusste, wie damit umzugehen war. In den Hungerjahren der Nachkriegszeit hatte mich mein Vater einmal mit solch einer Falle, einer Fuchsfalle, zu einem an einem Bach tief im Wald liegenden Müller bei Waldburgskirchen geschickt, von dem gemunkelt wurde, dass er wildern ging. Gegen ein Säckchen Mehl nahm er sie mir tatsächlich ab, und Mutter servierte uns herrliche Dampfnudel. Aus dem Inventar unserer Putzfrau borgte ich mir einen Besenstiel, spannte die Falle, deren Feder so stark war, dass ich sie mit dem Fuß niedertreten musste, und tippte dann mit dem Besenstiel auf den Köderteller. Die Bügel schlugen mit einer Wucht zu, dass auch wir Umstehenden vor Schreck beinahe in die Höhe gehüpft wären. Den Besenstiel hatte es halb durchgeschlagen.

Wie man unversehens zum Spezialisten werden kann, bewies ein weiterer Fall, der aber eigentlich keiner war. Anscheinend hatten die lieben Kollegen meinen Fachbeitrag „Angewandter Tierschutz" gelesen (s. 16. Folge). Die Besucherin, die zaghaft an meine Tür klopfte, verhärmt und keine Spur Schminke im an sich hübschen Gesicht, hatten sie von der für ihren Wohnort „Olympisches Dorf" zuständigen PI der PD West zur KPI West verwiesen. Von dort war sie dann an mich weitergeleitet worden, der ich Spezialist für Tierschutz sei. Diese „Abwimmler"! Als sie mir aber erklärte, wo sie überall im Olympiagelände Spuren und Zeichen von Tierfängern und Tierquälern entdeckt habe und geheime Zeichen wie Wandkritzeleien, farbige Punkte und Wegmarkierungen auf Orte hinwiesen, an denen Tierquälereien vorgenommen würden, verstand ich die Kollegen. Gab es doch kaum eine Polizeidienststelle, bei der nicht der eine und andere psychisch Leidende – unter uns Polizisten als „Ferngesteuerte" bezeichnet – betreut wurde. Verständnisvoll zumeist, denn wer will diesen Menschen schon ins Gesicht sagen, dass sie spinnen und besser zum Psychiater gingen als zur Polizei. Als ich sie fragte, wie sie denn darauf komme, dass diese Zeichen auf Tierquälerei deuteten, erwiderte sie, dass sie dies spüre.

Ich wollte ihr nun auch nicht sagen, dass sie ganz schön spinne, und so antwortete ich: „Das sind ja die reinsten PSI-Phänomene!" Da entfuhr ihr ein Laut der Erleichterung. Hatte ich ihr mit meinem Hinweis auf PSI eine Erklärung für ihre Wahnvorstellungen gegeben, mit der sie leben konnte? Ich war in puncto parapsychologische Phänomene etwas belesen und hatte als Schulbub während des Kriegs ein Erlebnis, an das ich noch heute so manches Mal zurückdenke. Es war zur Zeit der Schlacht um Stalingrad, als eines Nachts der Hund der Ortsbrauerei, ein zottiger, behäbiger Bernhardiner, die Außentreppe zu unserer Wohnung heraufgesprungen kam, mit seinen Pfoten die Tür aufklinkte (man musste damals noch nicht alles vor Dieben versperren), im dunklen Flur herumtappte und erbärmlich heulte. Unser Vater vertrieb ihn, doch er kam wieder und heulte und heulte ganz schauerlich. Wieder scheuchte ihn mein Vater die Außentreppe hinunter, und er blieb schließlich weg. Nie zuvor war der Bernhardiner auch nur in die Nähe des Hauses an der Straße zur Kreisstadt gekommen, in dem wir im ersten Stock wohnten.

Am nächsten Morgen wussten wir, was ihn dazu getrieben hatte: Er hatte den Tod eines nahen Angehörigen angekündigt. In einem Telegramm wurde der Schwester meines Vaters, die mit ihrem Mann außerhalb unserer Marktgemeine einen Bauernhof betrieb, mitgeteilt, dass ihr einziger Sohn und Hoferbe in Russland für „Führer, Volk und Vaterland" gefallen war. Auf dem Land wusste man von solchen Phänomenen, und ich möchte noch heute nicht von der Hand weisen, dass sich der Geist des Gefallenen des Hundes als Medium bedient hatte, um seinen Tod kundzutun. Aber vielleicht spinne ich ja auch.

Meine Besucherin aber hatte ich offenbar von der sie bedrückenden Vorstellung, dass sie verrückt sei, befreit. Wochen später suchte sie mich noch einmal auf, geschminkt und hübsch und irgendwie erlöst. Sie brachte Aktenordner mit, in denen sie ihre Beobachtungen, Fotos und alle möglichen „Beweisgegenstände" gesammelt hatte. Ich nahm sie ihr ab und sicherte ihr zu, dass ich sie auswerten und etwa erforderliche Ermittlungen veranlassen würde. Sie sagte, dass sie nun richtiggehend erlöst sei. Als ich später die Ordner durchsah, entdeckte ich erst das Schreiben, das sie vorgeheftet hatte und in dem sie schrieb, dass alle sie verrückt erklärt hätten, ich aber habe von PSI gesprochen. Da hatte ich wohl mit einem einzigen Wort die richtige Therapie getroffen!

Mit „PSI" aber beschäftigte ich mich weiterhin. Mir schwebte ein Mystery-Krimi vor, und ich überlegte, wie ich meine Erkenntnisse über junge Schläger mit parapsychologischen Phänomenen zu einer spannenden Story vermengen könnte. Ich dachte mir eine junge Frau aus, die auf nächtlichem Nachhauseweg über die dunkle Spielwiese unserer Wohnsiedlung, in der sie ein Appartement bewohnte, von einer Clique betrunkener Jugendlicher hinter die Büsche gezogen, vergewaltigt und ermordet worden sei. Jahre ging ich mit dieser Idee schwanger, bis mir so nach und nach einfiel, wie die Täter einer nach dem anderen zu Tode kommen konnten, noch bevor die Mordkommission der Kripo sie ermittelt hatte und festnehmen konnte. Jahre dauerte es wieder, bis ich endlich einen Verlag fand, der die Story unter dem Titel „Die Rache einer Toten" veröffentlichte. Doch der Verlag ging Pleite, und mein so ganz anderer Krimi fand nicht die erhoffte Verbreitung. Jetzt wartet der Roman auf einen Verlag, der eine Neuauflage riskieren will.

Ein Fall von **Ausländerkriminalität,** für die wir in meinem Kommissariat zu einem gewissen Teil zuständig waren, veranlasste mich, mich näher mit dieser Problematik zu befassen. Ein Türke hatte beim Nachhausekommen von der Arbeit in seiner Wohnung in einem Altbau im Stadtteil Haidhausen den Hauseigentümer vorgefunden, dem seine Frau die Schadstelle zeigte, die dringender Reparatur bedürfe. Aufgebracht drang er auf ihn ein, packte ihn am Hals und würgte ihn. „Was du machen bei meiner Frau?", schrie er. „Ich dich umbringen!" Der Hauseigentümer erstattete entrüstet Anzeige. Sollte man hier berücksichtigen, dass nach traditioneller türkischer Lebens- und Gemeinschaftsform die Frau jeden Kontakt mit fremden Männern vermeiden und sich aus der Öffentlichkeit fernhalten muss? Der Mann, der als Ernährer, Beschützer und Repräsentant der Familie auftritt, verliert unter Seinesgleichen schließlich an Prestige, wenn er diese Rolle nicht voll und ganz erfüllt. So wird er denn nicht verstehen, warum er sich in diesem Fall der Körperverletzung und Bedrohung schuldig gemacht haben soll, wo er doch lediglich die Ehre seiner Familie verteidigte. Tja, dann müssen also die Deutschen die türkischen Gebräuche und Sitten berücksichtigen – nur wie, wo ihnen diese doch total fremd sind? Sollten nicht besser die Zuwanderer die deutschen Sitten, Gebräuche und vor allem Gesetze berücksichtigen, wenn sie hier leben wollen?

Ich wandte mich der Problematik der überdurchschnittlich angewachsenen Ausländerkriminalität zu, nachdem gerade auch die Münchner Abendzeitung in ihrer Ausgabe vom 02. 03. 82 ihren Bericht über die Kriminalitätsentwicklung in München, die unser Polizeipräsident für das Jahr 1981 tags zuvor bekannt gegeben hatte, mit dem Titel aufmachte: „Jeder vierte Straftäter ist ein Ausländer". 10 034 bzw. 25,5 % der in München insgesamt in der PKS für 1981 registrierten Tatverdächtigen (TV) waren Ausländer bzw. Nichtdeutsche, wie sie in der PKS genannt wurden, ein überdurchschnittlicher Anstieg und überdurchschnittlicher Anteil an der Wohnbevölkerung, der 17 % der meldemäßig registrierten 220 206 Ausländer entsprach. Geschätzte 30 000 sich illegal aufhaltende Ausländer kommen ja noch hinzu, und jährlich ein Millionenheer von Besuchern und Touristen.

Ausländische, also nichtdeutsche TV (zu denen auch Staatenlose gezählt werden) sind in der Regel ebenso wie deutsche TV mit Straftaten quer durch StGB und alle möglichen strafrechtlichen Nebengesetze vertreten", schrieb ich in meinem Beitrag „Ausländerproblematik" in der Hauspostille des PP München „MÜNCHNER POLIZEI 1982". Sie fallen in den einzelnen Deliktsfeldern jedoch mit unterschiedlich hohen Anteilen auf. So erweisen sie sich bei den Straftaten gegen das Leben mit einem überdurchschnittlichen Anteil von 34,1 % und bei Vergewaltigung von 38,2 % schon einmal deutlich als Gewalttäter. Unterschiedliche Anteile ergaben sich indes bei den verschiedenen Nationalitäten wie Türken, Jugoslawen, Italienern und Griechen. Bei der schweren und gefährlichen Körperverletzung sind sie ebenfalls deutlich überrepräsentiert (31,3 %), wobei hier die Türken dominieren, dicht gefolgt von den Jugoslawen. Bei der Straßenkriminalität traten nichtdeutsche TV bevorzugt in Gruppen auf, wobei die Tendenz zur Gruppenbildung um so ausgeprägter ist, je jünger die Täter sind. Bemerkenswert ist dabei, dass die einzelnen Nationalitäten vorwiegend unter sich bleiben, wie es sich vor allem in Bezug auf größere Banden und organisierte Kriminalität erweist. Dazu als Beispiele: Eine vierzehnköpfige, ausnahmslos aus Jugoslawen bestehende Bande befasste sich speziell mit Geschäftseinbrüchen. Eine dreißigköpfige Bande von Exil-Bulgaren verübte über Jahre hinweg zahllose Einbrüche und ganze Serien von Kfz-Aufbrüchen. Vier der Haupttäter dieser Gruppe wurden wegen Schutzgelderpressung zu langjährigen Freiheitsstrafen verurteilt. Einer fünfzehnköpfigen, aus Lecce/Italien angereisten Tätergruppe konnten nach Festnahme von vier ihrer Mitglieder u. a. mehrere Raubüberfälle auf Geschäfte nachgewiesen werden.

Bei jugendtypischen Gewalttaten, insbesondere Schlägereien, traten mitunter Tätergruppen in einer Stärke von zehn bis zwanzig und mehr Personen auf. Hier zeichnete sich ein deutlicher Trend zur Bildung rein ausländischer Jugendbanden ab, wobei Türken dominieren.

Die in München registrierten Ausländer verteilen sich natürlich nicht gleichmäßig über das ganze Stadtgebiet. Ihr jeweiliger Anteil schwankte (1980/81) von 8,6 % in Hadern im Südwesten der Stadt bis 43,7 % in der Ludwigsvorstadt bez. dem Wiesenviertel in Zentrumsnähe. Ab einem Ausländeranteil von 30 % soll nach damaligen Erkenntnissen die Fluchtbewegung der Deutschen einsetzen. Hier verdoppelt und verdreifacht sich deren Anteil in den Schulen und den Kindergärten, so dass deutsche Kinder hoffnungslos zur Minderheit mit all deren Nachteilen werden. In Stadtvierteln mit überdurchschnittlichem bzw. problematischem

Ausländeranteil beanspruchen meist die ausländischen Kinder, insbesondere die türkischen, auch die Straße und die Spielplätze und teils sogar die Jugendheime weitgehend für sich.

In einem Vortrag vor dem Ausländerbeirat und zahlreichen Journalisten im Großen Sitzungssaal des Rathauses, zu dem mich das Polizeipräsidium entsandte, nachdem ich mich mit meinem Artikel „Ausländerproblematik" als sachkundig „geoutet" hatte, trug ich vor, was ich dazu zusammengetragen hatte. Als einer der Zuhörer nach Beispielen für Ausländerkriminalität fragte, hielt ich auch damit nicht zurück, hatte ich davon doch neben oben geschildertem Fall doch eine ganze Reihe beispielhafter Fälle in petto, wie:

Eine deutsche Hausfrau stellte fest, dass das Etagenklo schon wieder völlig verdreckt war. Laut auf ihren türkischen Wohnungsnachbarn schimpfend, kehrte sie in ihre Wohnräume zurück. Der türkische Nachbar fühlte sich in seiner Ehre gekränkt, zumal es auch noch eine Frau wagte, ihn zu tadeln. Er trat der Frau die Tür ein und bedrohte sie mit einem Messer. Hier winkte der Beirat ab. Nein, so deutlich wollte man sich den Spiegel denn doch nicht vorhalten lassen.

Eine der Münchner Tageszeitungen aber titelte am nächsten Tag ihren Bericht: „Ausländer besser als ihr Ruf." Das erstaunte mich denn doch. Hatte ich sie wirklich besser gemacht, als es ihrem Ruf entsprach?

Mit der Ausländerproblematik befasste ich mich in weiteren Artikeln, so in „Delinquenz junger Ausländer" (BDK-Zeitschrift „der kriminalist" 10/83), „Ausländerkriminalität" („Kriminalistik" 10/90) und schließlich „Asylantenkriminalität" (DN P 5/91 und 6/91 sowie in EIR –„Executive Intelligence Review" unter „Spuren und Motive"). Dass die Problematik, die vor allem durch die Übervölkerung einzelner Stadtteile mit Ausländern, insbesondere mit aus völlig anderem Kulturkreis kommenden Ausländern wie den Türken bzw. Muslimen entstand, war längst nicht mehr zu übersehen. Hier tat Aufklärung not, Aufklärung auf beiden Seiten und nach innen sowie nach außen. Stellen doch so gravierende Unterschiede in den Kulturen, wie vor allem die nach unserem Verständnis arg überzogenen Ehrbegriffe bis hin zu sogenannten „Ehrenmorden" nicht zu übersehende kriminogene Faktoren dar, die es durch entsprechende Prophylaxe und Prävention zu verhüten und zu verhindern gelte.

Ich machte mich also daran, einen Beitrag über „**Glaube und Tradition der Muslime**" zu verfassen, beschaffte mir einen Koran und einschlägige Broschüren und begann erst einmal mich selbst schlau zu machen (veröffentlicht unter diesem Titel in Landesdokumentation des BDK-LV Bayern 1983 sowie überarbeitet unter „Glaube und Tradition der Muslime – Ursprung, Ausbreitung und Glaubensinhalte des Islam" in DNP 11/91).

Abweichendes bzw. kriminelles Verhalten wird an sich auf Störungen im Entwicklungsprozess des Individuums zurückgeführt, die im sozialen Umfeld oder im Ablauf der Sozialisationsphasen begründet sein können. Dies gilt für Deutsche wie für Ausländer. Bei Muslimen aber ist ausschlaggebend, dass sie andere Verhaltensmuster und Werte vermittelt bekommen, schon aus ihren Familien heraus. Das führt nicht selten zu Spannungen und ist mitunter die tiefere Ursache für so manche Straftaten von Muslimen bzw. Türken, mit denen sie aufgrund ihrer kulturellen und traditionellen Verhaltensweisen mit unserer Lebensweise kollidieren. So ist es für Polizeibeamte schier unabdingbar, sich über Glaube und Tradition der vielen bei uns lebenden Muslime zu informieren, um zu mehr Verständnis für diese und jene Verhaltensweisen der Angehörigen dieser großen Religion zu kommen. Rund 700 Millionen Muslime gehören in aller Welt dem Islam an. Damit ist diese Glaubensrichtung neben dem Christentum eine der bedeutendsten Weltreligionen. In der (alten) Bundesrepublik Deutschland lebten 1981 über 4,6 Mio. Ausländer, das sind rund 7,5 % der Bevölkerung. 1,5 Mio. bzw. 33,3 % der Ausländer waren Türken. In Bayern wurden 1982 über 709 000 Ausländer registriert, das waren 6,5 % der Bevölkerung. Auch hier rangierten die Türken mit einem Anteil von 31 % an erster Stelle. In München schließlich wurden zu dieser Zeit über 214 000 Ausländer gezählt, 16,7 % der Bevölkerung. Hier rangierten die Jugoslawen mit über 53 000 bzw. 24 % Nationalitätenanteil an erster Stelle, gefolgt von den Türken mit über 42 000 bzw. 18.9 %, den Österreichern mit 12,1 %, den Italienern mit 10,4 % und den Griechen mit 9,4 %. Für München ließ sich anhand der hier (damals) zu registrierenden Ausländerkonstellation sagen, dass sich mindestens 20 % der Münchner Ausländer zum Islam bekennen.

„Es ist kein Gott außer Gott", erkannte Mohammed, nachdem er in die Einsamkeit der Klippe von Hira einige Kilometer nordwestlich von Mekka im heutigen Saudi-Arabien geflüchtet war, um dort wochenlang zurückgezogen zu leben. Mohammed, d. h. der „Gepriesene", war zu dieser Zeit etwa vierzig Jahre alt. Um 610 begann er öffentlich zu predigen und Anhänger zu werben. Zunächst waren er und erste Gläubige (Moslems) noch Verfolgungen ausgesetzt, und erste Gruppen von Moslems mussten aus Mekka flüchten, im Jahre 622 auch Mohammed selbst (das Jahr dieser Flucht – Hidschra – begründet die islamische Zeitrechnung). 632 starb Mohammed in den Armen seiner Hauptfrau Aischa. Sein Schwiegervater Abu Bekr wurde erster Kalif und damit Oberhaupt des Islam in der Nachfolge des Propheten Mohammed mit dem Titel Emir el Muminin, d. h. Befehlshaber der Gläubigen und absoluter Herrscher der Islamischen Universalmonarchie. Omar, der zweite Kalif (634–644) leitete den Siegeszug des Islam ein, besiegte die Byzantiner und eroberte Damaskus, Jerusalem, Palästina, Syrien, Phönizien und Ägypten. Die Kunde von ausgedehnten und erfolgreichen Beutezügen führte die Araber in hellen Scharen zur grünen Fahne des Propheten. Sieg und Freude und im Jenseits schließlich das Paradies mit schönen Frauen und üppigen Gärten – lockender Lohn für die Glaubenskrieger.

Nach der Ermordung Omars spaltete sich unter dem dritten Kalifen, dem, als er eine neue Ausgabe des Koran zusammenstellen ließ, vorgeworfen wurde, die Suren verändert und Offenbarungen unterdrückt zu haben, der Islam in zwei Parteien: Die *Sunniten*, die neben dem Koran auch die Sunnah, die Überlieferung von Aussprüchen und Gewohnheiten Mohammeds als Glaubensgrundlage und Ergänzung für Fragen des täglichen Lebens der

Muslime anerkennen und sich als die „Rechtgläubigen" betrachten. Und in *Schiiten*, die diese Überlieferungen ablehnen und auch nur diejenigen Kalifen anerkennen, die direkt mit Mohammed verwandt waren.

Doch weiter und weiter breitete sich der neue Glaube aus. Die Heerscharen überrannten Persien, stießen über Nordafrika bis an den Atlantik vor, brandeten bei Gibraltar hinüber nach Spanien und eroberten Sizilien. Byzanz aber berannten sie zunächst vergeblich. Im 11. Jahrhundert lösten im Nahen Osten die Türken die Araber in der Ausbreitung des Islam ab. Nur vorübergehend vermochten die christlichen Kreuzritterheere sie zurückzudrängen. Im Gegenstoß eroberten die Türken Kleinasien, den Balkan und schließlich (1453) Konstantinopel, das frühere Byzanz, das sie zu ihrer Hauptstadt Istanbul machten. Den Heeren des osmanisch-türkischen Reiches konnte erst 1529 und letztlich 1683 vor Wien Einhalt geboten, der Islam aber erst zu Beginn des 19. Jahrhunderts aus Südosteuropa wieder verdrängt werden.

Der Islam ist die dem christlichen Glauben sowie auch der jüdischen Religion am nächsten stehende Weltreligion. Islam bedeutet Friede, Gottergebenheit. Allah wird als der Herr aller Weltenbewohner, als Allerbarmer, Allbarmherziger bezeichnet (1. Sure). Er ist kein unbarmherziger Rachegott. Der Gehorsam gegen Allahs Wille ist oberstes religiöses Ziel im Leben der Muslime. Ihr Leben ist durch feste Regeln, Sitten und Gesetze geordnet, deren Wurzeln das ewige Gotteswort des Koran und die Sunnah sind. Diese Lebensordnung wird durch fünf Säulen getragen:

*   *Glaubensbekenntnis.* Es lautet: „Es gibt keinen Gott außer Gott, und Mohammed ist sein Prophet." Wer es ausspricht, bekennt sich zum Islam. Wer sich die fünf Säulen zu eigen macht, gehört zum „Haus des Islam" und darf auf das ewige Leben hoffen.
*   *Tägliches Gebet.* Der Dienst an Gott wird durch fünf tägliche Gebete zu bestimmten Zeiten mit Niederwerfungen sowie durch freiwillige Andachtsübungen verrichtet. Als Gebetsrichtung wird die Wendung zur Kaaba, der heiligen Moschee in Mekka, gefordert. „Allah u akbar" (Gott ist der Größte) lautet der Ruf zum Gebet: das erste wird vor Sonnenaufgang

gesprochen, das zweite auf der Höhe des Tages, das dritte am Nachmittag, das vierte bei Sonnenuntergang, das fünfte zwei Stunden nach dem Abendgebet. Besteht aufgrund äußerer Zwänge, etwa auf Reisen oder während eines Aufenthalts in fremden, nichtislamischen Ländern, keine Möglichkeit zum korrekten Einhalten der täglichen Gebetszeiten, so dürfen die Gebete des Tages abends auf einmal verrichtet werden.

- *Fastengebot.* Der neunte Monat des islamischen Jahres, das nicht nach dem Sonnenjahr, sondern nach dem Mondwechsel berechnet wird und folglich kürzer ist als unser Kalenderjahr, ist der Ramadan, der große Fastenmonat. In diesem Monat hat sich der Moslem von Sonnenaufgang bis Sonnenuntergang des Essens, Trinkens, Rauchens und des Geschlechtsverkehr zu enthalten. Der Ramadan dient der Hinwendung zu Gott. Nach Sonnenuntergang treffen sich die Familien, auch mit Nachbarn und Freunden, zur ersten Mahlzeit der Nacht, der gegen Morgen eine zweite folgt. Höhepunkt des Fastenmonats ist der siebenundzwanzigste Ramadan, die „Nacht der Bestimmung", in der Gott seinem Gesandten Mohammed sein ewiges Wort anvertraute. Wenn die Sichel des Mondes den Beginn des zehnten Monats anzeigt, findet „Id ul Fitr", das Fest des Fastenbrechens statt (bei den Türken „Seker Bayram" genannt, wörtlich: Zuckerfest). Ähnlich wie bei uns zu Weihnachen beginnt damit ein Schenken, ein gegenseitiges Besuchen der Familien und eine allgemeine Fröhlichkeit.

- *Armensteuer.* „Leistet euren Beitrag zum Almosen, denn was ihr zu eurem Seelenheil auf Erden Gutes tut, das findet ihr einst bei Allah wieder", gebietet und verheißt der Koran. So stellt die Armensteuer eine Beitragsleistung für religiöse und soziale Aufgaben sowie als spontane Hilfe gegenüber Notleidenden dar. Die religiöse Pflicht der Selbstbesteuerung gebiete dem Gläubigen, wenigstens den vierzigsten Teil von allem Erwerb und dem, „was Gott für euch hervorbringen lässt", für Gemeinschaftseinrichtungen und an „wohltätigem Tun" zur Verfügung zu stellen.

- *Pilgerfahrt nach Mekka.* An der jährlich vom siebten bis zehnten Tag des letzten Monats stattfindenden Pilgerfahrt nach Mekka soll jeder Moslem, wenn irgend möglich, einmal im Leben teilnehmen. Die Pilger suchen die Stätten auf, an denen Mohammed die letzte Offenbarung erhalten hat.

Weitere bedeutende Glaubensinhalte sind das Verbot von Alkohol, von bestimmten Speisen, von Spiel und abergläubischer Schicksalsbefragung sowie das Heilige Gebot der Befolgung des Aufrufs zum Religionskrieg.

Im Islam spielt die Familie eine alles überragende Rolle. Sie ist das Zentrum, an dem sich alle ihre Mitglieder orientieren. Entscheidungen gehen ausnahmslos von ihr aus, genauer vom Familienoberhaupt, dem Patriarchen. Er gilt als Ernährer, Beschützer und Repräsentant der Familie. Er hat den Haushalt nach außen zu vertreten. Die Öffentlichkeit erwartet Entscheidungen allein von ihm, trifft er sie nicht, verliert er an Prestige. Im Gegensatz zu den meist isoliert lebenden deutschen Familien sind islamische bzw. türkische Familien einbezogen in ein Geflecht verwandtschaftlicher und nachbarlicher Beziehungen. Die Familie findet darin materielle als auch menschliche Unterstützung. Ein solches enges Zusammenleben unterwirft den einzelnen oftmals aber auch strenger Kontrolle. Selbstbestimmung und individuelle Freiheit sind hier kaum möglich. Gerade im Ausland, in einem anderen Kulturkreis wie bei uns, mögen es die Familienvorstände ganz besonders schwer haben, solchen Ausbrüchen mit alten Traditionen zu begegnen. Die städtische Bevölkerung der Türkei lebt indes seit jeher in einer anderen Tradition und einer freieren Welt als die ländliche (die meisten türkischen Familien in der Bundesrepublik kommen aber wohl aus der ländlichen Türkei).

Das Zusammenleben von Mann und Frau ist nach islamischer Tradition nur auf sexueller Basis möglich. Die Frau hat bei Verehelichung jungfräulich zu sein. In extremer Auslegung dieser Forderung kann es im Interesse der Familienehre erforderlich sein, sie zu töten, falls sie etwa vergewaltigt würde oder der

Prostitution nachginge. So werden Mädchen sittlich streng und ab dem Kleinkindalter getrennt von den Jungen erzogen. Das getrennte Heranwachsen der Geschlechter hat demnach auch zur Folge, dass eine Eheschließung nicht Sache zweier Liebender, sondern zweier Familien ist. Die Eheschließung wird in drei Schritten vorgenommen. Zum Ersten wird der Ehekontrakt im Hause der Braut unterzeichnet, wobei der Bräutigam und der Wali, der männliche Vertreter der Braut, vor einem Notar ihre Zustimmung geben (die Braut tritt dabei nicht in Erscheinung). Zum Zweiten werden Braut und Bräutigam einander zugeführt (ggf. erst Wochen oder Monate später). Zum Dritten folgt ein großes Bankett (arabisch Walima), bis zu dem die Braut noch im elterlichen Haushalt verbleibt. Nun erst kann die Ehe vollzogen werden.

Im Gegensatz zur Eheschließung gestaltet sich der Akt der Scheidung weitaus einfacher, zumindest für den Mann. Er braucht nur dreimal auszurufen: „Ich verstoße dich!" Die Kinder gehören in jedem Fall ihm. Im Ehekontrakt kann eine finanzielle Absicherung der Frau im Falle einer Scheidung enthalten sein.

Der Frau ist es untersagt, mit fremden Männern zu sprechen, und vor Gericht gilt ihr Zeugnis nur halb so viel wie das des Mannes. Sie hat sich von der Öffentlichkeit fernzuhalten. Sofern sich dies nicht vermeiden lässt, hat sie ihren Körper so weit wie möglich zu verhüllen, zumindest hat sie Arme, Beine und das Haar zu bedecken. Ihre Welt ist auf den häuslichen Bereich beschränkt. Sie hat sich dem Manne unterzuordnen und ihm mit Respekt gegenüberzutreten. So hat sie ggf. einige Schritte hinter ihm zu gehen und bei Anwesenheit männlicher Gäste ihr Essen nach der Bewirtung der Männer einzunehmen. Ist sie ungehorsam, darf sie gezüchtigt werden.

Die Ehre des einzelnen und der Familie hat für einen Moslem, einen Türken einen sehr hohen Stellenwert. Er muss darum kämpfen, muss Beleidigungen rächen und rigoros darüber wachen, dass z. B. seine Frau und ggf. seine Töchter nicht ins Gerede kommen. Dies hat Tradition. Seit Jahrhunderten musste er sich sein Recht meist selbst verschaffen. Der Emir war weit und stimmte einem oft auch nicht zu. Fehden, Blutrache waren die Folge. So resultiert die Neigung zu Gewalttätigkeiten, die der Islam an sich nicht propagiert, mehr aus geschichtlicher Entwicklung.

Gegenüber strenggläubigen Moslems sollte das für einen Moslem geltende Gebot des Koran: „Schließt euch nicht den Juden und Christen an, denn diese sind untereinander Freund, und ihr gehört sonst zu ihnen", nicht übersehen werden.

Delikte, die von Ausländern begangen werden, sind meist schwerer aufzuklären, und der Tatnachweis ist bei ihnen schwerer zu führen, als dies bei deutschen TV der Fall ist. Dies insbesondere, weil für Vernehmungen meist Dolmetscher hinzuzuziehen sind und damit entsprechende Vernehmungstaktiken nicht voll zur Geltung kommen können, das oft vielfältige Beziehungsgeflecht innerhalb der einzelnen Nationalitäten meist unüberschaubar ist, in Fällen von Mittäterschaft die einzelnen Täter oft über das ganze Stadtgebiet verstreut wohnen, sich aber untereinander womöglich schon aus dem Heimatort kennen, Vorladungen oft nicht zugestellt werden können, weil der Adressat für den Zusteller der Post unter einer Vielzahl schon allein auf einem Flur wohnenden Personen nicht ausfindig gemacht werden kann und erst zeitraubende Aufenthaltsermittlungen nötig sind, Vorgeladene (selbst Zeugen oder Geschädigte) nicht oder verspätet zur Dienststelle kommen oder überhaupt gleich einen Anwalt konsultieren, der womöglich von vornherein von einer Aussage abrät, und schließlich Ausländer, insbesondere die Südländer, grundsätzlich leugnen und selbst bei überzeugender Beweislage auf ihren unwahren Darstellungen beharren.

Um solchen Hemmnissen und Hindernissen zu begegnen, sind neue Methoden und Taktiken anzuwenden. Dies bedingt jedoch eine bessere Kenntnis der Mentalität der einzelnen Nationalitäten und Völker. In Gesprächen mit Ausländervertreten wurde u. a. deutlich, warum z. B. Türken Vorladungen versäumen, ihnen bewusst nicht nachkommen oder gleich einen Rechtsanwalt konsultieren: oftmals kann weder der Vorgeladene noch sonst jemand in der Familie deutsch lesen, wird die Post gesammelt, bis in Wochen vielleicht ein schreibkundiger Bekannter, Betreuer oder Sozialarbeiter vorbeikommt, oder sie werden einfach deshalb nicht befolgt, weil sie in Form einer Bitte abgefasst sind.

Solchen Hemmnissen kann begegnet werden, man muss nur wissen, woran es liegt. Zum einen durch Versand von Vorladungen in der jeweiligen Landessprache, wie sie bei vielen Polizeien längst benützt werden, zum anderen durch Vorladungen in Befehlsform. Schließlich sollten Vorladungen möglichst an das Familienoberhaupt gesandt werden, um erstens ihn nicht zu übergehen und zweitens ihn selbst in die Pflicht zu nehmen, die Frau, den Sohn, die Tochter zur Vernehmung zu schicken, wobei er ggf. auch gleich die für Frauen erforderliche männliche Begleitung entweder selbst übernehmen oder abkommandieren kann.

Dass immer gleich ein Rechtsanwalt konsultiert wird, liegt meist daran, dass man sich, nachdem der Rückhalt der Großfamilie, der Nachbarschaft, der Dorfgemeinschaft fehlt, rat-, schutz- und hilflos fühlt. Und man dürfe nur ja nichts eingestehen, denn mit einem Strafverfahren drohe womöglich die Abschiebung. Dass die deutsche Polizei korrekt ist und man als Vorgeladener nicht gleich schützend die Arme über den Kopf halten muss, wenn der Vernehmungsbeamte vor einen hintritt, um zu erläutern, um was es gehe, hat sich aber offenbar herumgesprochen. Außer gelegentlichen Erzählungen von Kollegen wurde mir kein solcher Fall von Furcht vor Schlägen bekannt (die in deren Heimat vielleicht zu erwarten waren). Seitens solcher Nationalitätengruppen schien es mir angebracht, Zutrauen und Vertrauen gegenüber der deutschen Polizei zu wecken und zu stärken. Ich schlug zum einen die Einrichtung von „Ausländerbeamten" vor, etwa bei den Kontaktbeamten der örtlichen PIs, zum anderen von Sachbearbeitern für Ausländerkriminalität in den 3. Kommissariaten der örtlichen KPIs vor. Die Rolle eines „Ausländerbeamten" könnte in etwa die des aus islamischer Tradition heraus vermissten Dorfältesten sein, der um die einzelnen Verhältnisse und Zwistigkeiten weiß und, soweit nicht Straftaten zu verfolgen sind, schlichtend und regulierend eingreift, auf kulturelle Unterschiede hinweist, Ratschläge gibt. „Sachbearbeiter für Ausländerkriminalität" könnten als Kristallisationspunkt für alle einschlägigen Erkenntnisse und die spezifischen Belange der Bekämpfung sowohl in zentraler Form (Stab) als vor allem auch bei den mit Ausländerkriminalität in Form von Konfrontationen beim täglichen Miteinander betrauten 3. Kommissariaten der örtlichen KPIs eingerichtet werden – wie ich in meinem K einen der beiden neuen Kommissare, der mir bereits in seiner vertrauenerweckenden Art und Weise im Umgang mit vorgeladenen Ausländern aufgefallen war, als Ausländersachbearbeiter bestimmte (den anderen bestimmte ich als Kristallisationspunkt für jugendtypische Gewalttaten). Gerade in solchen Funktionen können in oft tiefschürfenden Vernehmungen und umfassenden Ermittlungen Erkenntnisse anfallen, die die Ursachen kriminellen Verhaltens erleuchten und konkrete Anhaltspunkte für deren Bekämpfung liefern können. Durch gezeigtes Verständnis für die Lage so mancher Ausländergruppen kann damit das Vertrauen zur Polizei gestärkt und ein gewisser präventiver Effekt bewirkt werden. Ohne spezielles Hintergrundwissen über Kultur, Tradition und Mentalität der einzelnen Volksgruppen kann nicht zielgerichtet und verständnisvoll vorgegangen werden.

18. Folge

Ausschreitungen bei Fußballspielen und Demonstrationen

Ende September 1982 rasteten Fußballfans am Ende einer Begegnung TSV 1860 – Schweinfurt 5 im Stadion an der Grünwalder Straße in München total aus. Nach einer umstrittenen Elfmeterentscheidung unmittelbar vor dem Schlusspfiff rissen ca. 400 „60er-Fans" die Drahtgitter der Zuschauertribünen nieder, stürmten auf das Spielfeld, jagten hinter dem um sein Leben rennenden Schiedsrichter her und verletzten ihn und einen Linienrichter durch Fußtritte, Fausthiebe und Schläge mit einer Flasche. Anschließend wandte sich die tobende Meute gegen die Polizei, umringte und demolierte herbeibeorderte Gruppenfahrzeuge und schrie: „Bullenschweine, wir bringen euch um!" Im Stadion entstand ein Sachschaden von 30.000 DM.

Meine Frau und ich waren zu dieser Zeit, in der die großen Ferien zu Ende sind, die Reisekosten reduziert und das Meer nach den glühend heißen Monaten Juli, August wohlig warm ist, auf Mallorca-Urlaub. So war ich überrascht, was mir während meiner Abwesenheit in meinem Kommissariat entgangen ist. Der Gewaltexzess der „60er-Fans" im Stadion an der Grünwalder Straße fiel in unsere örtliche Zuständigkeit. Meine Mitarbeiter hatten sich hervorragend geschlagen und waren dabei, die Krawallos nacheinander aus dem Verkehr zu ziehen. Nach ersten Festnahmen und anhand der vom vorsorglich zu diesem Spiel eingesetzten Film- und Fototrupps gemachten Aufnahmen und den von Pressefotografen mit Teleobjektiven in weit schärferer Qualität geschossenen Fotos der die Drahtumzäunung niedertretenden und über das Spielfeld stürmenden Fans identifizierten sie einen der Täter nach dem anderen. Bei einem der nächsten Spiele des TSV 1860 passten sie unter der Leitung des KPI-Leiters die zum Stadion strömenden Zuschauer mit einem gemeinsamen Einsatz von SEK (Spezialeinsatzkommando) und Kriminalpolizei ab, zogen die anhand der Fotos erkannten Gewalttäter aus ganzen Rudeln von Fans heraus, nahmen sie fest und führten sie erkennungsdienstlicher Behandlung zu, anhand derer weitere Täter identifiziert werden konnten. Knapp hundert Rowdys waren es schließlich, die identifiziert und als Straftäter (Landfriedensbruch, Körperverletzung, Sachbeschädigung, Beleidigung etc.) überführt werden konnten.

Mit dem Gewaltausbruch der „60er-Fans" erwies es sich erneut, dass auch eine Amateurliga nicht von Krawallen verschont bleibt, wenn ein Verein nur erst einmal über einen Stamm fanatischer Fans verfügt. So war es bei Spielen des TSV 1860, der im Sommer 1982 von der Bundesliga in die Bayernliga abgestiegen war, bereits zu massiven Ausschreitungen bei Spielen des Vereins in Augsburg, Bayreuth, Vilshofen und Bamberg gekommen.

Die allgemeine Eskalation der Gewalt in den letzten Jahren, wie sie seit den 60er-Jahren vornehmlich von mir sattsam bekannten ideologisch verbohrten marxistisch-leninistischen Organisationen der revolutionären Studentenschaft und im Verlauf der 70er-Jahre von Hausbesetzern, Atomkraftgegnern und sogenannten „Friedensinitiativen" wieder und wieder vorexerziert wurden, brachte es mit sich, dass auch unter Fußballrowdys immer mehr nach Ersatzzielen gesucht wird. Es genügt nicht mehr, sich nur mit gegnerischen Fans oder unmittelbar am Spiel Beteiligten anzulegen. Zielgruppen sind gern auch Passanten, Läden, die geplündert werden, die Polizei selbst sowie auch Ausländer. Im Rahmen des „Provozierens um jeden Preis" wird angenommen, wer sich nur irgendwie dafür anbietet. Ausschreitungen waren vor allem bei Bundesligaspielen seit den 1970er-Jahren gang und gäbe. Und es gab Tote. Am 18. 11. 79 fand in Düsseldorf ein Schalke-Fan den Tod, im Jahr darauf starb in Nürnberg nach einer Massenschlägerei ein Zuschauer, am 24. 10. 81 wurde in Saarbrücken ein unbeteiligter Passant getötet und am 16. 10. 82 kam anlässlich des DFB-Pokalspiels Hamburger Sportverein – Werder Bremen ein Bremer Fan durch Steinwurf aus einer Hamburger Fangruppe zu Tode.

Nach den Erfahrungen mit „unserem Fall" machte ich mich daran, unter dem Titel POLIZEIEINSATZ GEGEN FUSSBALL-

ROWDYS einen weiteren meiner Fachartikel zu verfassen (veröffentlicht in der BDK-Zeitschrift „der kriminalist", Heft 12/83).

Der Polizeieinsatz bei Fußballspielen ist in der Regel ähnlich dem bei Demonstrationen gewisser extremistischer Gruppierungen für die Polizei sehr personal- und zeitaufwendig. Zunächst einmal muss überlegt werden, bei welchen Spielen es zu Ausschreitungen kommen kann (bei Spielen der Bundesliga und mittlerweile auch der Landesliga schon obligatorisch), mit welchem Publikumsandrang zu rechnen ist, welche Art Fans das Spiel besuchen werden, wann und mit welchen Verkehrsmitteln sie anreisen werden, welche Art von Ausschreitungen durch die jeweiligen Fangruppen erwartet werden müssen und auf welche potenziellen Täter besonders zu achten ist.

Von Anfang an mit diesem Phänomen konfrontiert, sah sich die Polizei schon bald gezwungen, geeignete Strategien und Taktiken zu entwickeln. Seit 1977 befasste sie sich damit in wiederholten Seminaren an der Polizeiführungsakademie (PFA) in Münster, richtete unter den jeweiligen Austragungsorten einen Meldedienst ein und installierte Sonderdateien (die von den Datenschützern alsbald verboten wurden). Universitäten und sonstige Institutionen stellten unterdessen wissenschaftliche Untersuchungen an, teilten die Fußballfans in Krawalltypen ein und unterschiedenen in Fans, die des Spieles wegen kommen und erst in Spontanreaktionen zu Schlägern werden und solchen, die das Spiel zum Anlass nehmen, sich auszutoben oder aus Unzufriedenheit, trostlosen sozialen Verhältnissen oder zur Verteidigung der Landesehre schlägern. Andere Wissenschaftler verstiegen sich in Verharmlosungen wie „sympathische Handgreiflichkeiten". Im Übrigen werden die Krawalltypen in einen „harten Kern", der vor allem für Randale und für Schlagzeilen wie „Terror im Vereinstrikot" oder „Der Krieg der Fans tobt sich in bundesdeutschen Fußballstadien aus", und in „Mitläufer" unterteilt. Der „harte Kern" rekrutiert sich in der Regel aus organisierten sogenannten „unechten Fan-Clubs" mit fantasievollen Namen wie „Blue Death", „Red Angels" usw. und tragen daneben das Vereinslogo auf ihren Jacken (wie die „60er-Fans" z. B. den Löwen). Die meist zu Hunderten auftretenden

„Mitläufer" gestalten die vornehmlich gegen den „harten Kern" gerichteten präventiven Maßnahmen, den Erstzugriff oder die Ermittlungsführung der Polizei schwierig. Auch wenn sie sich, mitgerissen durch die Massenpsychose, in gleicher Weise wie die notorischen Schläger produzieren, sind sie in anderen Kreisen zu suchen, sehen ihre Freizeit aber doch auch unter dem Motto: „Freie Zeit – leere Zeit". Nach Münchner Erfahrungen ist der Durchschnittstyp zu rund 75 % 16 bis 20 Jahre alt, zu 10 % auch erst 15 Jahre (vereinzelt auch erst 14), zu 10 % 20 bis 21 Jahre und zu 5 % als besonders irre Typen bis Anfang 30 Jahre alt.

Forschen wir nach den Ursachen des Rowdytums, so führen Untersuchungen an den Universitäten zu unterschiedlichen Ergebnissen. Sie reichen von falsch verstandenem Liberalismus über angebliche Arbeitslosigkeit (die von der Polizei ermittelten Täter sind es allerdings in den seltensten Fällen), Zukunftsangst, Hass gegen die Gesellschaft sowie Frust und Ohnmacht im Alltag, die Aggressionen produzieren, bis hin zu Behauptungen wie: „Viele Jugendliche kommen in die Welt der Erwachsenen, ohne zu wissen, dass man sich hier nicht alles erlauben darf."

Wir, die Polizei, betrachten derlei Feststellungen mit Skepsis. Sie sind für den polizeilichen Einsatz in keiner Weise hilfreich, auch wenn sie wunde Stellen in unserer Gesellschaft berühren. Fassen wir indes all diese Feststellungen zusammen, nehmen dazu die seit Jahren zu verfolgenden Pressemeldungen wie „Ehekrach mit den Fäusten", „Streit daheim macht Kinder krank", „Jugend von Trunksucht bedroht", „Die Schüler werden immer aggressiver" und „Jugendrichter urteilen nicht mehr so streng – lieber Geldbußen als Haftstrafen für junge Leute", und die stetige Zunahme der Gewaltkriminalität, wie sie die Polizeiliche Kriminalstatistik (PKS) zeigt, die von 1971 bis 1981 eine Steigerung allein der gefährlichen und schweren Körperverletzungen bundesweit um rund 96 % aufweist, so lassen sich wohl folgende drei grundsätzliche Übel unserer Gesellschaft, wie ich sie teils schon angesprochen habe, erkennen:

* *Mangelnder familiärer Halt.* Vielfach muss die Mutter mitarbeiten, um den Unterhalt der Familie zu sichern. Die Kinder, die Jugend-

lichen, werden oftmals nicht mehr geführt und angeleitet, und es scheint mitunter, als wüssten viele Eltern mit Begriffen wie Sitte, Anstand, Moral selbst nichts mehr anzufangen.

- *Unsere viel gerühmte demokratische Freiheit wurde allmählich zur Zügellosigkeit.* Es ist in unserer „Spaßgesellschaft" schier an der Tagesordnung, sich hemmungslos und rücksichtslos auszutoben, anderen seinen Willen mit Gewalt aufzuzwingen und mit Steinen und Brandsätzen nach der Polizei zu werfen. Warum sollten sich da Fußballrowdys nicht genauso aufführen dürfen wie Politrowdys?
- *Die Öffentlichkeit trägt nicht mehr dazu bei, die Jugend mitzuerziehen.* Kaum ein Erwachsener wagt es heute mehr, die Frechheiten mancher Jugendlicher zurückzuweisen, sie von Unfug und Straftaten abzuhalten. Läuft er doch Gefahr, sofort herausgefordert oder angegriffen zu werden.

Die Polizei allein kann indes weder die Ursachen der Kriminalität allgemein noch speziell für Fußballkrawalle beseitigen. Um so unmittelbarer aber wird sie mit den Symptomen konfrontiert, die sich in Sicherheitsstörungen vielfältigster Art zeigen. So beinhaltet ihr einsatztaktisches Vorgehen gemäß ihres Auftrages, Sicherheit und Ordnung auch bei Fußballspielen aufrechtzuerhalten:

- Aufklärung an bekannten Treffpunkten von Fangruppen im Innenstadtbereich und an den An- und Abmarschwegen einschließlich der Bahnhöfe der Bundesbahn und der U- und S-Bahn;
- Schutzmaßnahmen für tangierte Bahnhofsanlagen, die Spielleitung, die Mannschaften und evtl. sonst gefährdete Personen (Trainer, Vereinsvorstände, evtl. Ehrengäste);
- Unterstützung des Ordnungsdienstes bei der Überprüfung von Spielbesuchern hinsichtlich Waffen oder verbotenen bzw. gefährlichen Gegenständen;
- vorsorgliches Getrennthalten gegnerischer Fangruppen;
- Festnahme von Personen mit Stadionverbot;
- Verhütung, Unterbindung, Verfolgung und beweiskräftige Dokumentation von Straftaten und Ordnungswidrigkeiten.

In Städten mit regelmäßigen Austragungen krawallträchtiger Fußballspiele sind nach aller Erfahrung die Ermittlungen gegen Fußballrowdys in eine Hand zu legen. In München wurde nach dem Krawall im 60er-Stadion als Kristallisationspunkt für Erkenntnisse über Täterkreise, Herkunftsorte, Treffpunkte und Taktiken der Rowdys eine spezielle Ermittlungsgruppe innerhalb eines Kommissariats für Gewalt- und Rohheitsdelikte bestimmt – nachdem das hauptsächlich für Bundesligaspiele vorgesehene Olympiastadion im Bereich der KPI West liegt, war dies nicht mein für die KPI Ost zuständige Kommissariat, was ich an sich bedauerte. Ich hätte mich gern selbst damit befasst.

Für uns Polizisten und Kriminalisten war an sich klar: Das hohe Risiko des Erwischtwerdens muss oder müsste einhergehen mit entsprechenden Sanktionen, die möglichst auf dem Fuße folgen. Bleiben diese aus, wird alsbald weitergeschlägert, weitergestohlen, weitergeraubt. Die kriminalpolizeilichen Personenakten aber sind voll von Verfahrenseinstellungen – und anschließenden neuerlichen Ermittlungsvorgängen. Bis der Delinquent schließlich als Erwachsener und mittlerweile notorisch Krimineller endlich entsprechend seiner Missetaten verurteilt wird – auf Bewährung womöglich wiederum. Wir von der Polizei begrüßen unangebrachte Milde und verstiegene Resozialisierungsmethoden nicht. Wie wir aus täglicher Praxis erfahren, führen sie nur zu neuerlicher Kriminalität, zu ständig steigender Kriminalität. Was die Jugend meines Erachtens braucht, ist eine zwar gerechte, aber doch starke Hand, wozu auch und vor allem das Erziehungsmittel Strafe gehört – womit ich mit Soziologen aber wohl nicht übereinstimme. Die Jugend muss und will angeleitet und geführt werden, sie muss und will bei Entgleisungen entsprechend gemaßregelt werden, sofort und konsequent („geliebte Autorität" hieß es schon einmal, doch dies gilt heute wohl nicht mehr). Wenn dies weder das Elternhaus noch die Öffentlichkeit – die früher die Jugend mitzuerziehen half – nicht tun oder tun wollen, weil sie fürchten müssen, strafrechtlich verfolgt oder sofort angegriffen zu werden, wenn der ungezogene, Ermahnungen nicht zugängliche Bengel oder freche Rotzlöffel eins hinter die Ohren bekommt oder mit körperlicher Gewalt davon abgehalten wird, auf Jüngere, Schwächere oder alte Leute einzudringen, muss es wohl die Justiz, der Staat mit Bestrafung zu tun versuchen – dem aber auch sogleich mit Beschwerde, Berufung, Revision in die Parade gefahren wird, denn die Entgleisung ist meist doch schon lange her und ein Schuldgefühl längst nicht mehr vorhanden. Ständig neue Ventile schaffen für den fehlgeprägten Teil unserer Jugend, ständig neue Entschuldigungen suchen für deren Zügellosigkeit, deren moralische Missbildung, hieße andererseits, den Großteil unserer Jugend, der lernt und arbeitet und sich einfügt in unsere Gesellschaft, für dumm zu verkaufen. Ist dies überhaupt noch „unsere" Gesellschaft, in der wir leben …?

Mit meinem Fachbeitrag über Fußballrowdys hatte ich mich wieder etwas zu weit aus dem Fenster gelehnt, denn prompt lud mich die „Deutsche Vereinigung für Jugendgerichte und Jugendhilfen e. V." zu einem Wochenendseminar ein, in dem ich ein Referat über „Jugendliche Fußballfans – Gefahr für die Gesellschaft" halten sollte. Ich weiß heute nicht mehr, welche Vorträge im Einzelnen gehalten wurden. Der Diskussionsbeitrag eines Streetworkers aber blieb mir im Gedächtnis, der hervorhob, dass man Sorge tragen müsse, die jugendlichen Straftäter nach etwaiger Strafverbüßung wieder in ihren früheren Cliquen unterzubringen. In dem Milieu also, in dem sie straffällig geworden sind!?

Wie sich Fußballrowdys – Hooligan, wie man sie neudeutsch bezeichnet – seit Jahren und nach wie vor aufführen, zeigen die regelmäßigen Pressemeldungen. „Eine neue Form der Gewalt", konstatierte z. B. SPIEGEL-ONLINE in einem Beitrag über Randale nach einem Fußballspiel zwischen Lokomotive Leipzig und Erzgebirge Aue II im Februar 2007. Unter „Jagd auf Polizisten" wurde berichtet, dass rund 800 Fans nach Spielschluss auf die vor dem Stadion postierten 300 Polizisten losgegangen seien und diese mit Ziegelsteinen, Betonplatten und Feuerwerkskörpern angegriffen hätten. Die Polizisten hätten Schlagstöcke und Pfefferspray eingesetzt. Mehrere Angreifer seinen von Polizeihunden gebissen worden. Einer der Beamten habe in Notlage sogar einen Warnschuss abgegeben. 36 Polizisten seien verletzt worden. (Interessant erscheint mir, dass gewalttätige Fußballfans im Osten Deutschlands als Rechtsradikale bezeichnet werden.)

„Die Ausschreitungen sind nicht mehr, aber brutaler geworden", wird im Oktober 2009 der Sicherheitsbeauftragte des DFB zitiert. Und die Gewerkschaft der Polizei (GdP) stellt fest: „Die Gewalt hat drastisch zugenommen. Es ist nur eine Frage der Zeit, wann wir die ersten Toten zu beklagen haben." Und auf ihrem Symposium „Fußball und Gewalt" präsentierte die Polizei im Mai 2009 im Berliner Olympiastadion alarmierende Zahlen: Um 30 % lagen die Gewalttaten über dem Durchschnitt der vergangenen zehn Jahre. Zugleich seien in Deutschland 10 000 Stellen im Polizeidienst gestrichen worden.

Nicht immer ist es Fußball, der zu Gewaltexzessen Anlass gibt. Hunderte Verletzte forderten 2009 wieder einmal schwere Mai-Krawalle in Berlin. Und in Hamburg waren im September 2009 bei heftigen Straßenschlachten, die sich Autonome mit der Polizei lieferten, zahlreiche Verletzte zu verzeichnen. Die täglichen Gewalttaten auf der Straße, auf Bahnhöfen und in den U- und S-Bahnen der großen Städte, die längst auch Tote gefordert haben, werfen überdies ein grelles Licht auf die Menschen in unserem Land – nicht nur auf Jugendliche –, die bei jeder Gelegenheit außer Rand und Band geraten. Warum nur? Fehlgeprägt? Dem Suff und/oder Rauschgiftdrogen verfallen?

Für meine Serie „Staatsschutzkriminalität – Chronik der Gewalt" verfolgte ich die Umtriebe und Gewaltaktionen der verschiedenen extremistischen und terroristischen Gruppierungen weiterhin (auch wenn es mich dienstlich nichts mehr anging), sammelte diverse Veröffentlichungen und hielt mich in gelegentlichen Gesprächen mit damit befassten Kollegen auf dem Laufenden.

Mit ihren gewalttätigen Demonstrationen übertraf die Neue Linke (NL) Fußball- und sonstige Krawalle bei Weitem. 1980 änderte sich indes die Zielsetzung ihrer Anti-AKW-Bewegung. Ihr „Kampf" richtete sich nun auch gegen die atomare Bewaffnung und mündete schließlich in gewalttätigen Widerstand gegen den „Militarismus". Und mit dem Ruf „Autonomie" kämpften die Gruppen der nun „undogmatischen" NL mit Steinen, Molotowcocktails, Totschlägern, Äxten und Leuchtmunition um „Freiräume" in Staat und Gesellschaft, um alternatives Leben ohne Reglementierungen. Die Besetzung leer stehender Häuser und deren Verteidigung, aber auch Angriffe auf Sicherheitskräfte bei Großdemonstrationen zu unterschiedlichen Themen waren für diese Gruppen bevorzugt Anlass zu gewalttätigen Aktionen. So kam es z. B. zu Ausschreitungen anlässlich öffentlicher Rekrutengelöbnisse in Bremen mit 200 verletzten Polizeibeamten sowie während einer Demonstration gegen den CDU/CSU-Kanzlerkandidaten Helmut Kohl in Hamburg mit 102 verletzten Polizeibeamten.

1981 nahm die neue Protestwelle an Militanz zu (wie schon in meiner 16. Folge „Gewalt- und Rohheitsdelikte" angedeutet). Die Ausschreitungen begannen mit Demonstrationen gegen einen SPD-Parteitag und die weitere Beteiligung Hamburgs am Bau des AKW Brokdorf sowie erneut in der Wilser Marsch – nach wie vor ein Brennpunkt –, zu der 80 000 aus dem ganzen Bundesgebiet angekarrte Demonstranten aufgeboten wurden (wer zahlte deren Reisekosten nur – die Demonstranten doch nicht etwa selbst?). Wieder waren 129 verletzte Polizeibeamte zu verzeichnen. Ein Kollege von mir, mit dem zusammen ich schon während meiner Staatsschutzzeit mit der revolutionären kommunistischen Studentenschaft zu tun hatte, war als Führer eines bayerischen, dorthin abgeordneten DuSKdo mit dabei gewesen und wusste mir einiges darüber zu erzählen. In Berlin demonstrierten 50 000 gegen den Besuch des US-Außenministers Haig, und trotz eines Aufgebots von 7000 Polizisten brannten Barrikaden, wurden Autos demoliert, klirrten Scheiben, wurden Geschäfte geplündert, Sachschäden in Millionenhöhe verursacht und 150 Polizisten verletzt. In den Protestaktionen gegen die geplante Startbahn West des Frankfurter Flughafens – ein neuerlicher Brennpunkt – fanden die gewalttätigen Ausschreitungen ihre Fortsetzung.

Das Jahr 1982 war weiterhin geprägt vom „Anti-AKW-Kampf" und dem „Friedenskampf" der militanten Gruppen der NL. Ausschreitungen anlässlich einer Demonstration in Gorleben, bei denen 61 Polizeibeamte verletzt wurden, führten bei den „Autonomen" angeblich zu der Erfahrung, dass auch Bullen Angst haben können, und dass „Kleingruppentaktik" und „Sabotage" gegenwärtig die einzige Möglichkeit seien, „diesen Staat anzugreifen", ohne vom Gegner die Art des Handelns diktiert zu bekommen. 1983 rückte schließlich der „Friedenskampf" gegen die „NATO-Nachrüstung", gegen die „Militarisierung" und gegen die „Kriegsvorbereitungen" in den Mittelpunkt. Das NATO-Gipfeltreffen in Bonn wurde von der „autonomen Friedensbewegung" als ungeheuerliche Provokation bezeichnet. Protestbewegungen gegen Rüstungsfirmen, amerikanische Einrichtungen und die Bundeswehr wurden durchgeführt, Munitionstransporte und Kasernenzufahrten blockiert, die Herbstmanöver behindert und Aktionswochen gegen den NATO-Doppelbeschluss veranstaltet.

NATO-Doppelbeschluss

„Der Doppelbeschluss der NATO vom 12. Dezember 1979 bestand aus zwei Teilen:

Er bot dem Warschauer Pakt Verhandlungen über eine beidseitige Begrenzung sowjetischer und US-amerikanischer atomarer Mittelstreckenraketen an. Dabei waren die französischen und ein Teil der britischen Atomraketen aus dem Verhandlungsangebot ausgeschlossen.

Für den Fall, dass die Verhandlungen zu keiner Einigung führen würden, kündigte er die Aufstellung einer neuen Generation US-amerikanischer Raketen und Marschflugkörper – Pershing II und BMG-109 Tomahawk – in Westeuropa an.

Mit diesem Beschluss sollte dem Austausch der seit 1976 auf Westeuropa gerichteten neuen Raketengeneration der Sowjets mit den moderneren Raketen vom Typ SS-20, die eine höhere Reichweite und Zielgenauigkeit besaßen und mit atomaren Mehrfachgefechtsköpfen bestückt werden konnten, begegnet werden.

Nach dem Scheitern der Verhandlungen wurden die Raketen 1983 aufgestellt. Bei den von Gorbatschow schließlich geführten Verhandlungen gelang ein entscheidender Durchbruch. Am 8. Dezember 1987 vereinbarten die USA und die Sowjetunion unter Gorbatschow im INF-Vertrag Rückzug, Vernichtung und Produktionsverbot aller Raketen mit mittlerer und kürzerer Reichweite in Europa."

(aus Wikepedia, der freien Enzyklopädie)

Der NATO-Doppelbeschluss, so sagte später Wolfgang Schäuble, habe die Bedrohung durch sowjetische Raketen beseitigt, nicht die Friedensdemonstrationen dagegen. Und manch andere waren überzeugt davon, dass die Sowjetunion allein durch die amerikanischen Raketen davon abgehalten worden war, auch noch Westdeutschland zu vereinnahmen.

Die Massenaktionen des Jahres 1984, wie eine „Volksversammlung" in Neu-Ulm mit 100 000 Teilnehmern, eine Menschenkette zwischen Neu-Ulm und Stuttgart mit 160 000 Teilnehmern und Massendemonstrationen wie im Bonner Hofgarten mit 200 000 Teilnehmern legten ganze Städte lahm. Protestaktionen anlässlich des Weltwirtschaftsgipfels im Mai 1985 in Bonn waren weiterhin Anlass, Schaufenster zu zerschlagen und Polizeibeamte tätlich anzugreifen. Der Tod des Demonstranten Günter Sare, der im Verlauf einer gewalttätigen Demonstration gegen eine NPD-Veranstaltung in Frankfurt/Main von einem Wasserwerfer überfahren wurde, sorgte für weitere „bewaffnete Demonstrationen" und schwere Krawalle in Frankfurt und zahlreichen anderen Städten.

Was **Terroranschläge** betraf, so fiel im Vergleich zum Linksterrorismus der Rechtsterrorismus Anfang der 1980er-Jahre nicht sehr ins Gewicht. 78 Gewalttaten, darunter 11 Terrorakte, waren 1983 „nur" zu registrieren. Im Jahr davor jedoch war ein rechtsextremistischer Fanatiker – ein Einzeltäter – in Nürnberg mit dreifachem Mord an Ausländern hervorgetreten. In einer Diskothek erschoss der sechsundzwanzigjährige Neonazi nach einer

Auseinandersetzung einen farbigen US-Soldaten sowie einen farbigen amerikanischen Zivilisten und verletzte eine Koreanerin und einen Türken schwer. Auf der Straße schoss er mit dem irren Ruf „Es lebe der Nationalsozialismus" weiter um sich, tötete einen Ägypter und verletzte einen Libyer schwer. Nach einem Schusswechsel mit der Polizei, bei dem er verletzt wurde, beging er Selbstmord. Weiter waren eine Serie von Anschlägen gegen türkische Geschäfte, Einrichtungen und Wohnungen sowie auf Asylantenunterkünfte zu verzeichnen, und bei einer Schlägerei zwischen Türken und einer ausländerfeindlichen Motorradgruppe in der Silvesternacht 1981/82 kam in Gündelbach bei Vaihingen ein Türke ums Leben.

Die Zahl der Terrorakte, die von Linksterroristen begangen wurden, ist 1983 auf 215 gestiegen. Es waren dies 51 Sprengstoff- und 164 Brandanschläge. Zielobjekte waren in erster Linie Gebäude von Wirtschaftsunternehmen und Banken, vielfach aber auch Maschinen und Fahrzeuge von Firmen, die an bedeutenden Bauvorhaben und wirtschaftlichen Großprojekten beteiligt waren. Die gegen öffentliche Einrichtungen begangenen Brandanschläge richteten sich gegen Polizei und Justiz. In ihren Bekennungen stellten sie die Anschläge zumeist als Teil ihres „antiimperialistischen Kampfes" dar. 32 Terroranschläge bezogen sich auf die NATO-Nachrüstung als herausragendes Thema des Jahres 1983. Weitere zahlreiche Anschläge waren gegen das „imperialistisch-kapitalistische System" und gegen wirtschaftliche Großprojekte wie den Ausbau der Startbahn West in Frankfurt gerichtet.

1984 sank die Zahl terroristischer Anschläge deutscher Linksterroristen nach stetigem Anstieg in den Jahren davor. Mit 145 ausgeführten und versuchten Sprengstoff- und Brandanschlägen sowie drei Raubüberfällen waren sie um nahezu ein Drittel geringer als im Vorjahr. Der Anteil besonders schwerwiegender Fälle aber war besonders hoch. Der insgesamt angerichtete Schaden betrug über 30 Mio. DM. Verursacht durch den Hungerstreik inhaftierter RAF-Häftlinge (vom 4. Dezember 1984 bis 5. Februar 1985) stiegen sie indes erneut an.

Die untergetauchten Mitglieder der B-M-Bande (RAF) blieben inaktiv. Von den im Herbst 1982 erlittenen Rückschlägen und dem weitgehenden Verlust ihrer materiellen Basis hatte sie sich offenbar noch nicht wieder erholt. Allerdings verübte sie einen Banküberfall am 26. März in Würzburg, wo sie über 170.000 DM erbeutete, und einen Überfall auf ein Waffengeschäft am 5. November im Raum Ludwigshafen, Beute: 22 Faustfeuerwaffen, zwei Vorderschaftrepetierflinten und Munition. Auch die „Revolutionären Zellen" (RZ) verübten infolge interner Auseinandersetzungen über die politische Linie nur einige wenige Anschläge gegen die NATO-Nachrüstung. Ihre Versuche, Massenbewegungen zu radikalisieren, scheiterten. Erstmals seit Jahren stießen die RZ innerhalb der militanten extremistischen Linken auf Kritik. Autonome Gruppen warfen ihnen vor, sich zu einer Avantgarde zu entwickeln und nicht mehr aus der „Bewegung" heraus, sondern eigenständig zu agieren, was die Entwicklung der Massenbewegung behindere (erinnert uns dies nicht an die Richtungskämpfe unter Lenin, Trotzki und Stalin in den Jahren nach der Oktoberrevolution 1917 in Russland?).

Terroristische Aktivitäten waren zu 80 % einer Reihe kleiner Gruppierungen zuzuschreiben. Dazu gehörten auch die „Autonomen", die derlei Aktionsformen befürworteten. Herausragende Terrorakte aus dem RAF-Umfeld waren Sprengstoffanschläge auf das Offizierskasino des US-Militärflugplatzes Hahn am 7. August und die Schule für Nachrichtenwesen der Bundeswehr in Bad Ems am 22. Oktober. Als Hauptaufgabe sah das RAF-Umfeld die Fortsetzung der Bemühungen um den Aufbau einer „antiimperialistischen Front", Zusammenarbeit mit militanten „Autonomen" und der „Anti-Kriegs-Bewegung" an. Die gewalttätigen Ausschreitungen anlässlich des Besuches des Vizepräsidenten der USA, Bush, am 25. Juni in Krefeld, wurden von ihnen mit vorbereitet. Anschlagziele waren militärische Einrichtungen, Unternehmen mit Rüstungsproduktion, Einrichtungen der Energiewirtschaft und der am Bau von Kernkraftwerken und Entsorgungseinrichtungen beteiligten Firmen, Forschungsinstitute, Wirtschaftsbetriebe, Geldinstitute, Kaufhäuser (als Repräsentanten des gesellschaftlichen und wirtschaftlichen Lebens), Polizeidienststellen, Justizverwaltungen und sonstige Behörden („Unterdrückungsapparat"). Vielfach gaben auch lokale Themen Anlass zu Anschlägen. Eine 1983 begonnene Serie von Brand- und Sprengstoffanschlägen gegen Rechtsextremisten setzte sich, vor allem im norddeutschen Raum, auch 1984 fort.

Die Entwicklung zeigte, dass die RAF über ein Umfeld verfügte, das es ihr erlaubte, auch länger andauernde „Schwächephasen" zu überwinden. Die im Herbst 1982 durch Verhaftungen erlittenen personellen Verluste und der Festnahmen von sieben ihrer Mitglieder im Juni 1984 in der Nähe von Esslingen und im Juli 1984 in Frankfurt konnten durch Neuzugänge zumindest ausgeglichen werden.

Die **politisch motivierte Ausländerkriminalität** nahm seit Ende der 1960er-Jahre ständig zu. Nahezu täglich wurden Gewalt- und Terrorakte gegen öffentliche Einrichtungen, Geschäftsunternehmen, Politiker und Privatpersonen angedroht. Aktuelle politische Ereignisse, wie der arabisch-israelische Krieg, die Unruhen und Umstürze in Griechenland und Chile sowie Wahlen und politische Strafprozesse in anderen Ländern lösten demonstrative Sachbeschädigungen aus. Während der Zypernkrise 1974 kam es zu Ausschreitungen griechischer und türkischer Extremisten gegen konsularische Vertretungen Griechenlands und der Türkei. Verurteilungen und Hinrichtungen baskischer Terroristen in Burgos nahmen spanische Maoisten zum Anlass für Brand- und Sprengstoffanschläge gegen spanische Einrichtungen, u. a. ein Sprengstoffanschlag gegen das Spanische Generalkonsulat in München, zu dem ich, der ich beim Staatsschutz gerade Bereitschaftsdienst hatte, mitten in der Nacht zum Tatort gerufen wurde. Zusammen mit deutschen Linksextremisten verwüsteten sie das Büro der IBERIA in Berlin und besetzten die Paulskirche in Frankfurt, den Kölner Dom und weitere Kirchen. Bei Demonstrationen in Frankfurt schlugen spanische und türkische Extremisten mit Flaschen, Ketten und Stangen auf deutsche Polizisten ein.

Die erbitterten Auseinandersetzungen zwischen serbo-kroatischen Nationalisten und ihren politischen Gegnern forderten Jahr für Jahr Tote und Verletzte. So ging dem jugoslawischen Generalkonsulat in München 1975 eine Briefbombe zu, wurde ein Exil-Kroate beim Entschärfen einer „Buchbombe" schwer verletzt, wurden 1982 in der Nähe von Heilbronn drei Exil-Jugoslawen albanischer Herkunft erschossen, in Dillingen ein Mordanschlag auf einen Exil-Kroaten verübt und bei Sprengstoffschlägen auf jugoslawische Einbrichtungen in verschiedenen Städten der Bundesrepublik hohe Sachsschäden verursacht. Mit Mord- und Mordversuchen setzte sich die Serie von Anschlägen gegen Exil-Jugoslawen 1983 fort.

In zunehmendem Maße waren auch Gewaltaktionen iranischer Linksextremisten zu verzeichnen. So wurde 1976 aus Protest gegen das Schah-Regime die iranische Botschaft in Bonn gewaltsam besetzt, schlugen Anhänger der CISNU (Konföderation of Iranian Students, National Union) anlässlich einer Anti-Schah-Demonstration in Frankfurt auf Polizeibeamte ein, bewarfen sie mit Steinen, beschossen sie mit Stahlkugeln und verletzten bei Ausschreitungen anlässlich einer weiteren Demonstration 182 Polizeibeamte teils schwer. Die sich 1981 nach dem Sturz des Schah weiter zuspitzenden Ereignisse im Iran führten schließlich zu gewalttätigen Auseinandersetzungen zwischen Khomeini-Anhängern und Khomeini-Gegnern.

Den Friedensvertrag zwischen Israel und Ägypten nahmen wiederum palästinensische Untergrundgruppen zum Anlass für Anschläge gegen israelische Einrichtungen. So wurden bei der Detonation eines Sprengstoffpaketes am Frankfurter Flughaben zehn Personen verletzt, bei einem Sprengstoffanschlag in Berlin ein Kind getötet und 25 Personen teils schwer verletzt, bei weiteren Sprengstoffanschlägen neuerlich eine Person getötet und sieben teils schwer verletzt. Arabische Terroristen verübten 1985 u. a. einen Sprengstoffanschlag auf ein Einkaufszentrum der US-Streitkräfte in Frankfurt (35 Verletzte), erschossen in Bonn einen Libyschen Oppositionellen und verletzten zwei deutsche Passanten. 1986 verübten sie in Berlin

u. a. einen Sprengstoffanschlag auf das von Angehörigen der US-Streitkräfte besuchte „La Belle", bei dem drei Personen getötet und 200 verletzt wurden. Ein an der Entführung des italienischen Kreuzfahrtschiffes „Achille Lauro" beteiligtes Mitglied der „Palästinensischen Befreiungsfront" konnte in Berlin festgenommen werden. Im April 1989 wurden in Neuss in Zusammenhang mit der Festnahme von Angehörigen eines Terrorkommandos der „Volksfront für die Befreiung Palästinas – Generalkommando" (PFLP-GC) zwei Radiotuner und ein Computermonitor sichergestellt, die mit einem auf Luftdruckveränderungen reagierenden Zünder gekoppelt waren (mit einer ähnlichen Sprengvorrichtung war im Dezember 1988 ein amerikanischer Jumbo mit 281 Menschen an Bord über Lockerbie zum Absturz gebracht worden). Bei der Delaborierung im Bundeskriminalamt explodierte einer der Tuner, tötete einen der Beamten und verletzte einen weiteren schwer.

Linksextremistische und nationalistische türkische Gruppen gerieten ständig aneinander. Bei deren Ausschreitungen waren immer wieder auch Tote zu verzeichnen. Ab 1979 richteten sich die Agitationen der türkischen „Neuen Linken" auch gegen deutsche demokratische Parteien und die behauptete Zunahme des Faschismus in Deutschland. Nach dem Militärputsch in der Türkei im September 1980 wurde diese Agitation abgelöst durch Demonstrationen und Hungerstreiks gegen die „militärfaschistische Diktatur in der Türkei". Vermummte und bewaffnete Anhänger der türkischen „Revolutionären Linken" drangen 1982 in das türkische Generalkonsulat in Köln ein und nahmen 30 Geiseln. Kirchenbesetzungen wurden durchgeführt, Sprengstoffanschläge auf türkische Einrichtungen verübt und von Landsleuten Geld für den Kampf in der Heimat zu erpressen versucht. Ein im Oktober 1989 vor dem Oberlandesgericht Düsseldorf gegen 19 führende Mitglieder der „Arbeiterpartei Kurdistans" (PKK) wegen Mitgliedschaft in einer terroristischen Vereinigung, Mord und gefährlicher Körperverletzung durchgeführter Strafprozess hatte zahlreiche Solitaritätsaktionen für die inhaftierten Gesinnungsgenossen zur Folge.

Die irischen Extremisten trugen 1979 ihren Terror auch auf das europäische Festland und verübten Anschläge auf Einrichtungen und Angehörige der britischen Rheinarmee, so einen Anschlag auf deren Hauptquartier, bei dem 27 Deutsche und vier Briten verletzt wurden, und wiederholt auf britische Kasernen, die Personen und Sachschäden forderten. 1989 verstärkten sie ihren Terror in der Bundesrepublik, schossen in Münster auf offener Straße zwei britische Soldaten nieder, legten in Osnabrück fünf Bomben, versteckten in Hannover im Auto eines britischen Soldaten eine Bombe, die den Mann zerriss und seine Frau und zwei Kinder verletzte, erschossen in Unna eine Deutsche, die sie für eine Britin hielten, sowie in Wildenrath einen britischen Soldaten samt seinem einjährigen Baby, wobei sie auch dessen Frau schwer verletzten.

Schließlich verübten zairische Extremisten Brandanschläge auf Vertretungen ihres Landes, armenische Extremisten einen Bombenanschlag auf die „Turkish Airlines", afghanische Extremisten während des Krieges in Afghanistan einen Bombenanschlag auf das sowjetische Generalkonsulat in Berlin, waren Flügelkämpfe innerhalb der sozialrevolutionären „Pakistanischen Volkspartei" zu verzeichnen, wurden in Berlin bei der Herstellung eines Sprengsatzes für einen Anschlag gegen einen Beauftragten der evangelischen Kirche, der die Unterdrückung der Oromos durch die äthiopische Regierung gebrandmarkt hatte, zwei Äthiopier schwer verletzt. Und unter den verschiedenen tamilischen Exilorganisationen kam es zu gewalttätigen Übergriffen und in Bonn demonstrierten rund 2300 Anhänger der „Tamil Tigers".

Alle diese Ausschreitungen und Anschläge kosteten die Polizeien im ganzen Land Zeit und Personal. Nicht allein für die dadurch bedingten Einsätze und Ermittlungen. Ständig mussten darüber hinaus Niederlassungen, Botschaften und Konsulate der betroffenen Staaten durch Standposten oder regelmäßige Bestreifung beschützt werden. Zeit und Personal, das für den Schutz der Bevölkerung vor der zunehmenden Kriminalität nicht zur Verfügung stand.

Wir vom K 423 mühten uns weiter mit Alltagskriminalität ab. Da schossen in der Trabantenstadt Neu-Perlach jugendliche Rabauken mit einem Luftgewehr vom Balkon der elterlichen Wohnung aus auf Wartende an der Bushaltestelle gegenüber und trafen eine Frau in die Wade, wobei sich das Bleigeschoss unter die Haut bohrte und operativ entfernt werden musste. Meine beiden Mitarbeiter, die ich losschickte, kamen breit grinsend mit einem Luftgewehr zurück – sie hatten die elterliche Wohnung des Schützen durch Hinweis aus der Nachbarschaft ausfindig machen können. Durch falschen Notruf wurden Polizei und Feuerwehr zu einer Adresse in der Au geschickt. Wir ließen uns den in der Einsatzzentrale gespeicherten Notruf überspielen, und mein Mitarbeiter konnte den Anrufer, der zusammen mit seinen Spezeln sehen wollte, wie lange Polizei und Feuerwehr denn brauchten, durch Stimmenidentifizierung in der Nachbarschaft ausfindig machen (Missbrauch von Notrufen stellt gem. § 145 StGB ein Vergehen dar, das mit Freiheitsstrafe bis zu einem Jahr oder mit Geldstraße geahndet werden kann). Einen Fall von strafrechtlich relevanter Bedrohung – ein Mann drohte, seine ihm abspenstig gewordene Freundin zu erschießen – nahm ich zum Anlass, die Wohnung des Mannes sofort nach einer etwa vorhandenen Schusswaffe durchsuchen zu lassen; er sollte erkennen, dass er sich mit derlei Drohungen (Bedrohung mit einem Verbrechen gem. § 241 StGB) Schwierigkeiten mit Polizei und Justiz einhandle. Solche Bedrohungen empfand ich immer als sehr heikel, denn wir konnten den Täter nicht einfach für unbestimmte Zeit in Gewahrsam nehmen. Ein weiterer Drohanruf war nicht weniger heikel. Ein anonymer Anrufer hatte die Geschäftsführerin eines Supermarkts in Obergiesing wissen lassen, dass er eine der Flaschen des angebotenen Bieres vergiftet habe. Ich schickte auch hier einen meiner Mitarbeiter los, der erkunden sollte, ob es mit einem der Kunden Stunk gegeben hatte, denn der Anrufer musste ja einen Grund für seine Drohung gehabt haben. Ich selbst nahm mit der betreffenden Brauerei Verbindung auf. Der Geschäftsführer war sofort bereit, das gelieferte Bier auszutauschen und die Flaschen danach zu untersuchen, ob einer der Kronkorken entfernt worden war. Er bat indes dringend darum, über den Fall die Presse nicht zu informieren. Nun, das konnte ich ihm von meiner Seite aus zusichern, mir war auch nicht daran gelegen, Nachahmer auf den Plan zu rufen, hatten wir doch schon im palästinensisch-israelischen Konflikt einmal eine Drohung, dass in die von dort importierten Orangen Gift gespritzt worden sei. Damals war eine Presseinformation allerdings angebracht, denn sämtliche importierten Orangen konnten nicht einfach vom Markt genommen werden, der Kunde aber musste um die Gefahr wissen, um die Frucht genau zu besehen, bevor er sie verzehrte. In der Werkskantine eines Münchner Großbetriebes war ein Fall von Lebensmittelvergiftung aber tatsächlich einmal eingetreten. Ein halbes Dutzend plötzlich erkrankter Kantinenbesucher war bereits ins Krankenhaus eingeliefert worden, als die Schutzpolizei, die bereits vor Ort war, uns hinzuzog. Wir fuhren mit zwei Wagen los, denn zuallererst musste festgestellt werden, welches Gericht die Erkrankten zu sich genommen hatten. Es war das Fischgericht, wie sich alsbald herausstellte. Und der Chefkoch gestand, dass er den angelieferten gefrorenen Fisch schon gestern aus der Gefrierkette genommen hatte. Die gefrorenen Blocks waren also zumindest angetaut, was zu der Lebensmittelvergiftung geführt haben mochte. Gleichwohl mussten wir, die wir für diesen „Betriebsunfall" zuständig waren, eine Probe des Mittags angebotenen Gerichts untersuchen lassen, bevor wir den Koch der fahrlässigen Körperverletzung bezichtigten.

Die zahlreichen Anzeigen wegen abgeknickter Autoradioantennen und Mercedes-Sternen, mutwillig verkratzen Karosserien und mit Graffitis beschmierten Wänden machten uns eigentlich nur insofern Arbeit, als wir zu jedem dieser Fälle ein Statistikblatt ausfüllen und eine Weiterleitung an die Staatsanwaltschaft schreiben mussten. Schreibtischarbeit, die zu nichts führte und lediglich die Kriminalstatistik hochjagte. Mangels Täterhinweise waren weitere Ermittlungen ja von vornherein illusorisch, diese Anzeigen konnten nur verwaltet werden. Die Unterhaltspflichtverletzungen, die wir immer wieder zu bearbeiten hatten, machten schon mehr Arbeit, auch wenn sie oftmals genauso zu nichts führten. Der säumige Unterhaltspflichtige wurde zunächst zur Vernehmung vorgeladen. Kam er nicht, versuchte mein Sachbearbeiter festzustellen, ob dessen Adresse oder letzte Arbeitsstelle noch aktuell war. Die Sozialbehörden gaben ja aufgrund des „Sozialgeheimnisses", das sie nicht verletzen durften, keine Auskunft. Also musste erst ein richterlicher Beschluss erwirkt werden, der dann an die zuständige Sozialbehörde geschickt wurde. Die Anzeige ruhte derweilen auf dem Stapel unerledigter Vorgänge.

Ein Fall von unterlassener Hilfeleistung, den ich eines Tages auf den Schreibtisch bekam, dürfte einmalig gewesen sein. Der Fall, an Dalmatiens Adriaküste geschehen, lag schon eine ganze Weile zurück, doch er war noch ungesühnt. Der Tatverdächtige war Deutscher und wohnte in unserem Zuständigkeitsbereich. Ein junges holländisches Urlauberpaar war das Opfer. Es war mit einem mitgebrachten Schlauchboot und einem Paddel hinausgerudert, von der einsetzenden „Bora", einem vom kalten Hochland zum warmen Tiefland heftig wehenden ablandigen Wind, aber immer weiter aufs Meer hinausgetrieben worden. Andere Badegäste hatten deren verzweifelte Bemühungen, mit dem kleinen Paddel zurückzurudern, wahrgenommen und die Gefahrenlage erkannt. Sie hatten ein deutsches Urlauberpaar, das am Strand wie viele andere lagerte, aber ein Schlauchboot mit Außenbordmotor neben sich liegen hatte, gebeten, es ihnen zu leihen, um die immer weiter aufs Meer hinaustreibenden jungen Leute zurückzuholen. Doch der Deutsche hatte sich geweigert, sein Boot zur Verfügung zu stellen – und wollte selbst wohl auch nicht hinausfahren, doch das ging aus der über die zuständigen Botschaften und das BKA uns zugeleiteten Anzeige meiner Erinnerung nach nicht eindeutig hervor. Tage später erst war das kleine Schlauchboot mit den jungen Leuten weit draußen auf der Adria geborgen worden, sonnenverbrannt inzwischen.

Dann hatten wir immer wieder mal mit einer Welle von „Kettenbriefen" zu tun, wie sie oft über ganze Landstriche verbreitet werden. In einem mit fremdartigen Schriftzeichen (ostasiatisch …?) beginnenden Brief, den ein angeblicher Missionar aus Venezuela geschrieben habe, hieß es sodann auf Deutsch:

„*Dieses Gebet soll Ihnen Glück bringen. Das Original liegt in den Niederlanden. Es ist neunmal um die Welt gegangen. Jetzt ist das Glück zu Ihnen gekommen. Neun Tage nach Erhalt dieses Briefes werden Sie Glück haben, vorausgesetzt Sie senden diesen Brief weiter ...*" Da die Kette um die Welt gehen müsse, hieß es weiter, sollen zwanzig Kopien fristgerecht an Leute, die ebenfalls Glück brauchen können, weiterversandt werden. Für den Fall, dass dies unterlassen werde, wurde eine Reihe von Beispielen angeführt, was dann passieren könne: So habe ein RAF-Offizier 20.000 Dollar erhalten, aber wieder verloren, weil er die Kette unterbrochen habe, auf den Philippinen starb ein General, weil er es versäumte, dieses Gebet weiterzuleiten. Constantine Dias gewann nach dem Versand von 20 Kopien in der Lotterie ihres Landes zwei Millionen Dollar. Salon Fairschild erhielt den Kettenbrief und warf ihn weg, weil er nicht daran glaubte. Neun Tage später starb er. Raton Lorietto in Barcelona warf den Brief in den Papierkorb. Einen Tag später verlor er seine Frau bei der Geburt ihres Kindes ...

Was mit derartigen Gebets-Kettenbriefen bezweckt werden soll, ist unerfindlich, zumal darin betont wird, kein Geld zu schicken. Uns, der Polizei, machten sie indes Arbeit, denn sie sind geeignet, ängstliche Gemüter zur Weiterverbreitung von Kopien zu nötigen, und erfüllen damit den Straftatbestand der Nötigung gem. § 240 StGB, in dem es heißt: „Wer einen anderen ... durch Drohung mit einem empfindlichen Übel zu einer Handlung, Duldung oder Unterlassung nötigt, wird mit Freiheitsstrafe bis zu drei Jahren oder mit Geldstrafe bestraft." Dieser Straftatbestand trifft auf jeden Weiterverbreiter zu. Nachdem auf meine Rundfrage, wo sonst noch solche Kettenbriefe bekannt geworden seien, von verschiedenen Dienststellen solche eingingen, bezog ich diese in ein Sammelverfahren ein und beglückte damit die Staatsanwaltschaft. Der Bayerische Rundfunk „beglückte" aber nun mich mit der Bitte um ein Telefoninterview, das ich natürlich nicht ablehnte. Dabei wurde ich auch noch mit Lotterie-Kettenbriefen konfrontiert, für die mein Kommissariat aber nicht zuständig war. Ich machte mich beim zuständigen Kommissariatsleiter des Dezernats für Wirtschaftsdelikte schlau, wie Lotterie-Kettenbriefe strafrechtlich zu behandeln seien, bot diesem aber zugleich an, das erbetene Telefoninterview selbst zu gewähren. Doch er überließ es gern mir, und so hatte ich das zweifelhafte Vergnügen, mir Stichpunkte für die Fälle dieser Art zu erarbeiten. Was ich aber auch hier gern auf mich nahm, denn polizeiliche Öffentlichkeitsarbeit lag mir grundsätzlich an.

Das Direktionsbüro der KD 4, das ich natürlich informierte, schnitt das Telefoninterview mit. Es fiel recht passabel aus und fand bei meinem Vorgesetzten überraschend guten Anklang. Auf die Frage des Rundfunkredakteurs, wie das denn mit diesen Lotterie-Kettenbriefen sei, in denen man z. B. um 40.000 DM reicher werden könne, wenn man an die erste der in dem Kettenbrief genannten Adressen 40 DM überweise und 70 DM an ein Rechenzentrum IAC in Wien, dann bekomme man weitere Adressen, komme selbst auf die Adressenliste und zu Geld. Auf die Frage des Redakteurs, ob das nun Betrug sei, konnte ich ihm antworten, dass dies nach dem StGB speziell als unerlaubte Veranstaltung einer Lotterie strafbar sei. Wir, die Kripo, würden in diesen Fällen ermitteln. Wer daran verdiene? Wohl nur der Veranstalter, der sicherlich auf seine Kosten komme. Allenfalls noch die ersten auf der Liste. Die späteren gehen gewiss leer aus, denn die Kette wird früher oder später unterbrochen werden, man habe nicht die Garantie, dass jeder seinen Obolus weiterschickt. Eine Chance, wieder an sein Geld zu kommen, wenn kein Gewinn erzielt werde, besteht nicht. Man begeht ja selbst eine strafbare Handlung und hat insofern keinen Klageanspruch. Es wird auch gegen die Weiterverbreiter der Kettenbriefe als Mittäter ermittelt.

„Und wie ist es nun mit den Kettenbriefen dieses angeblichen Missionars aus Venezuela?", wollte der Rundfunkredakteur wissen. „Darin wird einem doch der Tod angedroht."

Auch darüber konnte ich ihn bzw. die Zuhörer aufklären, dies war ja unser Fall. Ich wies auf den Straftatbestand der Nötigung hin, den auch jeder Weiterverbreiter erfülle, und riet, einen solchen Brief einfach wegzuwerfen oder, falls man sein Gewissen damit zu sehr belaste, ihn an die Polizei zu schicken.

Noch am selben Tag rief der Saarländische Rundfunk bei mir an und bat um Auskünfte. Auch dort sah man es offenbar ebenso als ein Bedürfnis, die Bevölkerung darüber aufzuklären.

Bagatellkriminalität hin oder her, sie beunruhigte und schädigte die Bevölkerung und machte uns Arbeit. Dass ich mit meinem Vorgehen zu einem – vielleicht auch nur vorübergehenden – Stopp der Verbreitung beigetragen hatte, wie er alsbald zu erkennen war, befriedigte zumindest mich. Sollte ich mich mit meiner Vorliebe für polizeiliche Öffentlichkeitsarbeit als Pressesprecher bewerben?

Quellen:

Polizeieinsatz gegen Fußballrowdys von Heinrich Prinz, „der kriminalist", 12/83

Staatsschutzkriminalität – Chronik der Gewalt von Heinrich Prinz, DNP 5, 11/1990

NATO-Doppelbeschluss Internet, Wikepedia, freie Enzyklopädie

TEIL IV

Wechsel zum LKA

Das Bayerische Landeskriminalamt in der Maillingerstraße im Münchner Stadtteil Neu-
hausen. Die im Vordergrund stehende Bronzeplastik wissen die Kollegen nicht zu deuten,
sie nennen sie deshalb den „Ungeklärten Fall". Privatfoto

19. Folge

Bekämpfung organisierter und überörtlicher Kriminalität

Es kam dann doch anderes, als ich es mir vorgestellt hatte. Die KD 4 des PP München und mein KPI-Leiter bedachten mich in der zum Juni 1982 fälligen periodischen Beurteilung mit einer hervorragenden Note. Damit hatte ich für Bewerbungen auf Planstellen des Spitzenamtes des gehobenen Dienstes (A 13) alle Chancen. Leider waren zu jener Zeit im Bereich des PP München keine solchen ausgeschrieben, im LKA aber war in der Abteilung VI, Ermittlungsdienst, die Planstelle des Leiters des Sachgebiets (SG) „Überörtliche Kriminalitätsbekämpfung, Diebstahl von Kunstgegenständen", auf die ich mich vor wenigen Jahren mit noch nicht so hervorragenden Beurteilung schon einmal vergeblich beworben hatte, neu zu besetzen. Dieser Aufgabenbereich lockte mich nach wie vor, war ich doch längst auch in eine Arbeitsgruppe des BDK eingebunden, die sich mit seit Ende der 1960er-Jahre erkennbaren, besonders gefährlichen Kriminalitätsformen befasste, nämlich der organisierten Straftatenbegehung durch kriminelle Personengruppen. Mit ihr wuchs eine neue Qualität des Verbrechens heran, begangen durch Straftäter, die alle Möglichkeiten der Wirtschaft und der technischen Entwicklung nutzen, um möglichst hohe Gewinne zu erzielen. Von ihrer fast unbemerkten „Unterwanderung" legaler Wirtschaftszweige und ihrer Anpassungsfähigkeit ging und geht eine schleichende Gefahr für die Wirtschaft, den Staat, das demokratische Rechtssystem und den einzelnen Bürger aus.

Die italienischen Mafia-Clans, wie die sizilianische Cosa Nostra, die kalabresische 'Ndrangheta, die apulische Nuova Sacra Corona und die neapolitanische Camorra streckten ihre Krakenarme längst nach Deutschland aus und verbreiteten sich flächendeckend. Unter den zahllosen Landsleuten, die in Deutschland Arbeit suchten und fanden, fühlten sie sich von Anfang an wie zu Hause. Alsbald fand die italienische Mafia Nachahmer in anderen, insbesondere osteuropäischen Ländern, und im fernen Asien sind chinesische und japanische kriminelle Organisationen, „Geheimgesellschaften" wie die „Triaden" und die „Yakuza" seit Generationen bekannt und gefürchtet und längst auch bei uns mit gnadenlosen Erpressermethoden aufgetreten (erst wird ein Finger abgehackt, dann kommt der Tod).

Nicht allein mit Schutzgelderpressung scheffeln Mafia-Clans und kriminelle Organisationen Geld – diese Einnahmen stellen gleichsam die Steuer für ihren Unterhalt dar. Das Münchner Raubkommissariat klärte z. B. eine Serie von Raubüberfällen auf Banken, begangen in den Jahren 1977–1981 in München, Bayern und im übrigen Bundesgebiet, für die in insgesamt 62 Fällen sizilianische Tätergruppen in arbeitsteiligem Vorgehen verantwortlich waren. Sie erbeuteten rund 5,3 Millionen DM. Hier ansässige Sippenangehörige leisteten Vorfeldarbeit, baldowerten geeignete Bankfilialen aus, stellten Fluchtfahrzeuge bereit und bis zum Abflauen der aktuellen Fahndung auch Verstecke in ihren Wohnungen zur Verfügung. Die die Überfälle ausführenden, mit brutaler Gewalt vorgehenden Täter wurden kurzfristig eingeflogen oder reisten sonst wie an, nahmen sogleich Kontakt mit einem hier lebenden, aus Lecce/Süditalien stammenden Hintermann auf, und kehrten umgehend in ihre Heimat zurück. Sie gehörten überwiegend aus Sizilien – Bereich Catania und Palermo – und vom süditalienischen Festland – Bereich Lecce, Bari und Neapel – stammenden Banden an. Der Nachweis einer koordinierten Zusammenarbeit zwischen den einzelnen Gruppen aus Sizilien und dem Festland oder für die Zugehörigkeit zur Mafia konnte indes nicht erbracht, aber auch nicht verneint werden (gegenseitige Abschottung!). Gleichwohl konnte z. B. festgestellt werden, dass die meisten Bandenmitglieder untereinander verschwägert oder verwandt waren oder andere enge familiäre Kontakte bestanden.

Kernproblem der Ermittlungen in diesem Ermittlungskomplexen war die Tatsache – so stellt der Autor dieser Dokumentation fest –, dass die die Tat ausführenden Personen kurzfristig anreisen und nach der Tat schnell verschwinden. Überdies war in diesem Komplex von Interpol Rom – wie man es auch schon aus anderen Fällen kannte – keine brauchbare Unterstützung zu bekommen. Nach mehreren Monaten erst ging eine Antwort auf eine fernschriftliche Anfrage ein, die überdies zeigte, dass Rom nicht gewillt war, auf das Auskunftsersuchen einzugehen. Sie lautete lapidar: „Der Betroffene ist ein guter Mensch und hat sich noch nichts zuschulden kommen lassen." Gleichwohl konnte festgestellt werden, dass alle in dieser Bankraubserie ermittelten Täter in Italien kriminalpolizeilich bereits in Erscheinung getreten sind. Und es gibt in diesen Fällen, wie auch bei Schutzgelderpressungen, keine brauchbaren Geständnisse oder Aussagen über Mittäter. Zu groß ist die Furcht vor Repressalien bei Verletzung der *Omerta*, der Schweigepflicht. Zu den Hauptverhandlungen reisten schließlich Prozessbeobachter und Betreuer von Zeugen an, wie sollte man da ein offenes Wort wagen. Wie gefährlich es sein kann, ein Geständnis abzulegen bzw. Mittäter zu belasten, zeigt der Fall eines in Italien in einen Entführungsfall verwickelten Täters. Er wurde bei einem Gefangenentransport „befreit". Wenig später lag er tot auf einer Müllkippe. Dass dem Staatsanwalt und dem ermittlungsführenden Kommissar Konsequenzen angedroht und Rache geschworen worden ist, sei nur am Rande vermerkt. Damit müssen Amtspersonen nun mal leben.

Eindeutig aber habe festgestellt werden können, so der Sachbearbeiter der Raubserie, dass die Hintermänner solcher Überfälle in Deutschland leben. Bei diesem Personenkreis handele es sich um Leute, die hier Lokale oder sonstige Gewerbebetriebe führen oder als Gastarbeiter ihr Brot verdienen, aber immer noch engen Kontakt zu ihrer südländischen Heimat pflegen.

Mit meinen Recherchen zu der ganzen Problematik **organisierter** Kriminalität stellte ich denn auch fest: Organisatorisch mehr oder minder verfestigt, verhalten sich professionell agierende Tätergruppen bei Vorbereitung und Durchführung ihrer Taten sowie der Verwertung des erlangten Gutes weitgehend nach konspirativen Regeln. Sie schotten sich ab, bevorzugen als Trefforte die Lokale oder Wohnungen von Sippen- bzw. Bandenangehörigen oder sonst zuverlässigen Personen und kennen sich untereinander nur insoweit, als dies für das Funktionieren der kriminellen Organisation notwendig ist. Insbesondere ist der **Kernbereich** dem **Mittelbereich** nur vereinzelt und dem **Randbereich** in der Regel überhaupt nicht bekannt. Es exponieren sich nur die die Straftaten ausführenden Randfiguren. Die eigentlichen Drahtzieher bleiben im Hintergrund. Gerade auf die scheinbar honorigen Kaufleute, Export-/Importeure, Transportunternehmer, Besitzer oder Geschäftsführer von Spezialitätenrestaurants, Nachtlokalen, Spielkasinos und Amüsierbetrieben oder von Etablissements in Vergnügungsvierteln aber kommt es an. Sie bilden als Auftraggeber, Hehler und Hintermänner den Mittelbereich zwischen den Banden und den Topmanagern des Verbrechens, den „Generalisten", deren Unternehmungen eine bunte Palette verschiedenster Deliktsbereiche umfasst und deren Aktionsradius sich in der Regel über nationale und internationale Grenzen erstreckt.

Schon einschlägige Erkenntnisse über Diebstähle ganzer Lastzugladungen einschließlich Fahrzeug und das Verschwinden ganzer Warentransporte verdeutlichen die Tätigkeit krimineller Organisationen, die nach vorbereitetem Plan ausgeführt und nicht nur Tatort-, Objektwahl und Diebstahlsausführung, sondern auch den Warenabsatz und -umsatz einschließlich Wiedereinschleusung in den „legalen" Warenverkehr umfassen (siehe nachfolgend die meinem Polizei-Roman BITTERE ERKENNTNIS zugrunde liegende aktuelle Handlung).

Ihre Unternehmungen erstrecken sich auf folgende Aktionsfelder:
- Eigentumskriminalität
- Wirtschaftskriminalität
- Fälschungskriminalität
- Kriminalität im Dienstleistungsgewerbe (Vergnügungsstätten und Nachtleben, Zuhälter und Dirnenmilieu)
- Rauschgiftkriminalität
- Illegaler Waffenhandel

Nicht jede von kriminellen Organisationen bevorzugte Tat wird indes von professionellen Tätergruppen begangen und nicht jede bandenmäßige Tatbegehung ist organisierte Kriminalität. Hier ist jeweils an gewissen **Indikatoren** zu prüfen, ob dafür tatsächlich eine organisierte Tätergruppe verantwortlich ist oder sein kann. Solche Indikatoren können zum einen die angegriffenen Opfer oder Objekte, die Art der Beute oder des Gewinns, der Wert des Objekts oder Gutes oder die besondere Art der Tatausführung sein. Zum anderen können sie in den Lebensgewohnheiten der Täter, ihren Beziehungen untereinander, ihrem konspirativen Verhalten, den sorgfältigen Tatvorbereitungen, dem arbeitsteiligen Vorgehen, der Vorsorge für evtl. Festnahmen oder Verurteilungen, in Bestechungsversuchen oder in Pressionen gegenüber Mitwissern begründet sein. Derartige Indikatoren sind zunächst nur Merkmale, die anzeigen, dass dieser oder jener Tatbestand vorliegen könnte, Vermutungsgründe also nur. Sie sollen spezielle Ermittlungen auslösen, durch die der anfängliche Verdacht entweder erhärtet oder aber ausgeräumt wird. Sie sind Grundlage eines Meldedienstes für ein optimales Informationssystem, das sämtliche Informationen über den Bereich der organisierten Kriminalität abdeckt und sowohl bestimmte Organisationsmerkmale als auch bestimmte Indikatoren in Bezug auf Tatausführung, Tätermerkmale, Repressionen gegenüber gewissen Personen und Einwirkung auf Strafverfolgungsorgane umfasst.

Indikatoren für eine Vermutung, dass organisierte Kriminalität gegeben ist, können z. B. sein:

• Organisationsmerkmale wie Informationssperren hinsichtlich Auftraggeber, Abnehmer, Hinternmänner, Führen von Telefonaten unter konspirativen Regeln, Tarnung illegaler Warenkontingente mit falschen Dokumenten, Bestellung prominenter Anwälte oder Anbieten hoher Kautionen für wenig begüterte Tatverdächtige;
• Diebstahl von Wagenladungen, Containern oder größeren Warenposten, Überführung gestohlener Kraftfahrzeuge ins Ausland durch hierfür angeheuerte Personen;

- Diebstahl von Schmuck oder Edelsteinen von bedeutendem Wert auf einschlägigen Messen und Ausstellungen;
- Diebstahl von Stempeln, Dienstsiegel und Blankovordrucken für Ausweise und Berechtigungsscheine;
- Wertpapierbetrug (organisierter Vertrieb), Subventionsbetrug (wirtschaftliche sinnlose Warentransporte), Warenverkehr unter Ausnutzung von Steuerunterschieden und Zolldifferenzen u. v. a. m.;
- Herstellung und Verbreitung von Falschgeld in großen Mengen, Fälschung von Wertpapieren, Fälschung von Expertisen und von Kunstwerken und Antiquitäten.

Indikatoren im Dienstleistungsgewerbe:
- Hinweise an ausländische, insbesondere italienische Lokal- oder Geschäftsbesitzer, dass man über dessen gute Verdienste informiert sei (Vorstufe zur Schutzgelderpressung);
- unmotiviertes Verursachen von Schlägereien mit Gästen, Zertrümmern der Einrichtung oder Zerschlagen der Scheiben (Methode der Schutzgelderpressung), Häufung von Bränden in bestimmten Lokalitäten, plötzliche Zurückhaltung von Lokal- oder Geschäftsinhabern mit Auskünften gegenüber der Polizei; Hereinnahme von Geschäftsführern oder Teilnehmern ohne ersichtliche Notwendigkeit.

Indikatoren im Zuhälter und Dirnenmilieu:
- planmäßige, überregionale Zusammenkünfte von Zuhältern, planmäßiges Verlegen von Dirnen in andere Häuser oder Regionen,
- Diskriminieren von Dirnen in ihrer Wohngegend durch Schmierschriften, planmäßiges Blockieren ihrer Telefone, systematische Bedrohung der Dirnen oder Beschädigen deren Autos;
- schnelle Rotation von Dirnen entsprechend der Nachfrage;
- Pressionen gegenüber Mitwissern oder Zeugen;
- plötzliche „Gedächtnisschwäche" bei Tatzeugen, plötzliches Schweigen oder Widerruf der Aussage bei zunächst geständigen Tätern, ängstliches Schweigen Betroffener oder Geschädigter;

- unerklärliche Verletzungen bei Milieuangehörigen oder Geschäftsleuten aus dem Milieu, Auftreten von Roll- oder Schlägerkommandos, mysteriöse Unfälle von Milieuangehörigen oder Liquidierung polizeilich bekannter oder verdächtiger Personen.

Einwirkung auf Strafverfolgungsorgane:
- Beschwerdeschriftsätze, Dienstaufsichtsbeschwerden oder Schadenersatzforderungen wegen Berufs- oder Rufschädigung mit dem offenkundigen Ziel, Ermittlungen zu verzögern oder zu verhindern;
- gesteuerte tendenziöse oder von bestimmtem Tatverdacht ablenkende Presseveröffentlichungen;
- Bedrohung, Bestechung oder Erpressung der mit Ermittlung oder Anklage betrauten Personen.

Während in diesen Jahren Umfrageergebnisse ein steigendes Bedürfnis des Bürgers für mehr innere Sicherheit erkennen ließen, faselte die hohe Politik vorerst noch von Fortschritten in der Liberalisierung des Strafvollzugs und nahmen Fragen des Persönlichkeitsschutzes verurteilter Straftäter und Tatverdächtiger, ihre Verteidigungsmöglichkeiten und ihre Wiedereingliederung in die Gesellschaft breiten Raum ein.

Über das Phänomen „Organisierte Kriminalität", kurz OK, sagt die Polizeiliche Kriminalstatistik (PKS) trotz des große Besorgnis erregenden Anstiegs der Kriminalität von 2,5 Millionen bekannt gewordener Straftaten im Jahr 1973 auf 4,3 Millionen im Jahr 1982 nichts aus und enthielt ebenso nichts über Zahl und Umfang deliktübergreifender krimineller Handlungen, nichts über die Zugehörigkeit der ermittelten Tatverdächtigen zu kriminellen Organisationen und nichts über Tatzusammenhänge aufgeklärter und nicht aufgeklärter Straftaten einschließlich des möglichen organisierten Hintergrundes. Dabei hatten Polizeipraktiker längst erkannt, dass sich bestimmte Gruppen in Struktur und Zielsetzung von gewöhnlichen kriminellen Banden insofern unterscheiden, als nicht mehr die spezielle Tatausführung und damit die Perseveranz des kriminellen Spezialisten im Mittelpunkt steht, sondern sich ihre Aktivitäten auf alle denkbaren Deliktsfelder erstrecken, sofern sie nur Gewinn versprechen. Die Öffentlichkeit horchte auf, als sich in der Berliner Innenstadt rivalisierende Banden auf offener Straße ein Feuergefecht mit Maschinenpistolen lieferten, bei dem es Tote und Verletzte gab. Erkenntnisse über Diebstähle ganzer Lastzugladungen einschließlich Fahrzeug und das Verschwinden ganzer Warentransporte verdeutlichten die Tätigkeit krimineller Organisationen. Ihre Planungen umfassen nicht nur Tatort-, Objektwahl und Diebstahlsausführungen, sondern auch den Warenabsatz und -umsatz einschließlich Wiedereinschleusung in den „legalen" Warenverkehr. Die Beteiligten wirken bei unterschiedlicher Funktionsausübung eng zusammen. Gleiches konnte bei anderen Großdiebstählen, bei Kunstdiebstählen und Kfz-Verschiebungen festgestellt werden. Schutzgelderpressungen, organisierte Prostitution durch Zuhälterbanden mit entsprechenden kriminellen Begleiterscheinungen sowie organisierte Banküberfälle und andere Raubtaten bestätigten organisierte Kriminalität auch im Bereich der Gewaltdelikte. Organisiert betrieben werden auch Herstellung und Betrieb von Falschgeld und illegaler Waffenhandel. Auf dem Gebiet der Wirtschaftskriminalität häuften sich organisierte Begehung von Subventionsbetrug, Betrug mit Abschreibungsgesellschaften, betrügerischer Warenterminhandel und andere Deliktsformen. Illegale Arbeitnehmerüberlassungen und illegale Einschleusung von Ausländern bildeten neue Kriminalitätsformen. Alle diese Formen weisen in der Regel internationale Verflechtungen mit hohem Anteil ausländischer Tatbeteiligter auf. Überproportional waren und sind ausländische Täter im Bereich der Großdiebstähle, der Schutzgelderpressung, des illegalen Rauschgifthandels, der Banküberfälle, der illegalen Arbeitsvermittlung und der Ausländereinschleusung beteiligt. Und es sind dies nicht nur italienische Mafiosi, sondern auch Jugoslawen, Türken, Libanesen, Marokkaner, Asiaten, Südamerikaner und mit dem Fall des „Eisernen Vorhangs" und dem Zusammenbruch der Sowjetunion vermehrt Täter bzw. Organisationen aus den vormaligen Sowjetrepubliken. Und es kommt zu Teilnahmehandlungen in den verschiedensten Deliktsbereichen, die nicht von vornherein organisierten Gruppen zuzuordnen sind. Weitere Delikte werden zur Besitzerhaltung und zum Strafverfolgungsentzug sowie zur „Disziplinierung" Tatbeteiligter und Zeugen wie auch zur Ausschaltung konkurrierender Organisationen oder der Ausdehnung eigener Machtbereiche verübt. Zur Tarnung ihrer kriminellen Ziele bedienen sich die Initiatoren der Abschottung nach innen und nach außen und Anwendung konspirativer Methoden, der Verschleierung, spezieller Sicherungsvorkehrungen vor, während und nach der Tat, der Ausspähung kriminalpolizeilicher Fahndungs- und Ermittlungsmethoden, deren Ergebnisse und laufenden Maßnahmen durch Einschleusung von Informanten, Einwirkung auf Beamte, Gegenobservationen, Verteidigungsanträgen im Strafverfahren pp., Unterstützung gefasster und inhaftierter Mitglieder einschließlich deren Angehörigen, Ausnützung aller Rechtsmittel und Bereithaltung geeigneter Rechtskundiger zum Zwecke der Erschwerung der Beweisführung und der Prozessverzögerung, Einflussnahme auf die öffentliche Meinung zur Problematisierung und Diskriminierung polizeilicher Tätigkeiten usw.

Die Arbeitsgemeinschaft der Leiter der Landeskriminalämter mit dem Bundeskriminalamt (AG Kripo) befasste sich zwar seit 1973 mit der Frage dieser Kriminalitätsformen und setzte eine Unterkommission mit dem Auftrag der Erarbeitung einer Definition des Begriffs „Organisierte Kriminalität" ein. Das vorgelegte Ergebnis fand indes nicht die Zustimmung aller Mitglieder der AG Kripo. An ein erweitertes Gremium erging ein neuer Auftrag. Sie legte eine Indikatorenliste für Merkmale des Erkennens organisierter Verbrechergemeinschaften vor, die jedoch keine weiteren Initiativen des Gremiums auslöste. Man einigte sich lediglich darauf, die Entwicklung zu beobachten und anhand der Indikatorenliste beim BKA und den LKÄ Ermittlungsfälle zu überprüfen und dem BKA zu melden. Das führte dazu, dass nur wenige Länder überhaupt meldeten und die Indikatorenliste unterschiedlich ausgelegt und angewandt wurde, sodass das BKA den gewünschten Gesamtüberblick nicht erbringen konnte. Die AG Kripo stellte schließlich auch dieses Meldeverfahren ein und vertagte die weitere Behandlung auf unbestimmte Zeit.

Damit hat das höchste kriminalpolizeiliche Fachgremium in der Bundesrepublik damals (Ende der 70er-, Anfang der 80er-Jahre) zu diesem Phänomen weder eine Stellungnahme abgegeben noch Lösungsvorschläge unterbreitet. Das Ergebnis eines „ad-hoc-Ausschusses", den der Arbeitskreis II der Innenminister-konferenz auf Betreiben Baden-Württembergs einsetzte, mit dem Auftrag, zu prüfen, ob und ggf. welche neuen Methoden der Verbrechensbekämpfung erforderlich seien, hat, obwohl das erstellte Papier die Problematik deutlich aufzeigte und die not-wendigen Maßnahmen klar herausstellte, keine Einleitung er-forderlicher Bekämpfungsmaßnahmen gebracht. So blieb es wie seit eh und je bei **deliktbezogenen** Ermittlungen und Strafver-folgung unter Einbeziehung von Banden- oder Gewerbsmäßigkeit oder unter dem Aspekt der kriminellen Vereinigung. Womit in der Regel nur die die Tat ausführenden Personen, die ersetzbaren „Soldati", gefasst und abgeurteilt werden konnten. Die erforder-liche **personenbezogene** Beobachtung, Ermittlung und Strafver-folgung blieben unberücksichtigt und damit die abgeschottet im Hintergrund agierenden Drahtzieher einschließlich deren meist vielfältigen Beziehungsgeflechte, die Connection, unentdeckt.

Der Gefährlichkeit der italienischen Mafia wurde gleichwohl lange nicht adäquat begegnet. Der Bund Deutscher Kriminal-beamter (BDK), der als einzige Polizeiberufsorganisation der Bundesrepublik Deutschland bereits in seiner Satzung neben der Wahrnehmung der Interessen seiner Mitglieder eine kriminal-politische Aufgabenstellung verankert hat, legte 1983 eine von einer Arbeitsgruppe – der auch ich angehörte – erstellte **„Dokumentation und Konzeption zur Bekämpfung der Organisierten Kriminalität"** den Verantwortlichen in Bund und Ländern vor. Sie wurde mit Interesse zur Kenntnis genommen, doch sollte weiterhin erst einmal definiert werden, was „Organisierte Kriminalität" denn überhaupt sei.

Der organisatorische Aufbau der Kriminalpolizei ist delikt-orientiert und nach kriminologischen Gesichtspunkten gegliedert, die Zuständigkeit innerhalb eines jeden Landes flächendeckend be-grenzt. Soweit bei größeren Polizeidienststellen Fachkommissariate bestehen, sind diese an bestimmte Deliktsbereiche gebunden, darüber hinaus oft auch auf kriminologische Erscheinungsformen wie z. B. Wohnungs- und Geschäftseinbruch, Kfz-Diebstahl, Waren- und Warenkreditbetrug usw. festgelegt. Überregionale Zuständigkeiten mit unterschiedlichen Kompetenzen liegen bei den Kriminalinspektionen oder -direktionen und bei den Landeskriminalämtern, deren Fachdienststellen, soweit es sie gibt, ebenfalls speziellen kriminologischen Erscheinungsformen angepasst sind. Gleiches gilt für das Bundeskriminalamt, dessen Zuständigkeit von einem Auftrag oder genau festgelegten Deliktsfeldern, Tatmerkmalen oder bestimmtem Opferkreis abhängt. Die Bearbeitung von Ermittlungsverfahren erfolgt delikt- und fallbezogen. Ergeben sich dabei Hinweise für das Vorliegen von Straftaten, die nicht in den Zuständigkeitsbereich der sachbearbeitenden Dienststelle fallen, so werden in aller Regel diese Teilbereiche abgetrennt und an die zuständigen Dienststellen abgegeben. Gleiches gilt, wenn unterschiedliche örtliche Zuständigkeiten vorhanden sind. So kommt es vor, dass verschiedene Fachdienststellen einer Polizeibehörde und solche anderer örtlicher Zuständigkeit gleichzeitig oder nacheinander, manchmal auch unabhängig voneinander, wegen verschiedener Delikte gegen den gleichen tatverdächtigen Personenkreis ermitteln. In nur seltenen Fällen werden Sonderkommissionen gebildet, die deliktunabhängig gegen Personengruppen bzw. Banden ermitteln. Und dann sind die einzelnen kriminalpolizeilichen Fachdienststellen mit der Bearbeitung zahlloser Einzelfälle meist derart überlastet, dass für umfassende zeitaufwendige Ermittlungsaktionen kein Personal zur Verfügung steht. Wie sollen in all diesen Fällen Zusammenhänge erkannt werden?

Ich hatte mich Anfang Dezember 1982 kaum auf die erneut ausgeschriebene Planstelle des Leiters des Sachgebiets 632, „Überörtliche Kriminalitätsbekämpfung, Diebstahl von Kunstgegenständen", beworben, da wurde ich **ein halbes Jahr darauf** auch schon eingeladen, mich vorzustellen. Mit mir wurden weitere Kriminal-, Schutz- und Bereitschaftspolizeibeamte zum LKA „versetzt", darunter ein Kollege, der mit mir beim Staatsschutz war und inzwischen auch in den gehobenen Dienst aufgestiegen war, sowie ein Kollege, der zusammen mit mir den Aufstiegslehrgang zum gehobenen Dienst absolviert hatte, inzwischen Leiter eines Raubkommissariats der Kripo München war und im LKA das SG Kriminaldauerdienst (KDD) übernehmen sollte. Ich allein wurde zunächst lediglich „abgeordnet", musste mich also offenbar erst noch bewähren. Die Beamten der Schutz- und Bereitschaftspolizei führten ab dem Versetzungszeitpunkt die Amtsbezeichnung des Kriminaldienstes, also nun z. B. KOM statt wie zuvor POM, ohne eine kriminalistische Ausbildung absolviert zu haben, wie es beim PP München obligatorisch war. Das Amt legte darauf offenbar keinen Wert, gab die hohe Politik doch vor, dass sie Generalisten bevorzuge, die überall einsetzbar sind, nicht Spezialisten, wie Kriminalisten es an sich sind. Ich wusste bereits von Kollegen, die lange vor uns zum LKA in der Münchner Maillingerstraße versetzt worden waren, nachdem ursprünglich der beim PP München angesiedelte Aufgabenbereich Rauschgifthandel sowie eine Reihe von Beamten aus weiteren Bereichen wie Staatsschutz und Daktyloskopie gem. Polizeiorganisationsgesetz (POG) in dessen originäre Zuständigkeit, die sie als Zentralstelle für kriminalpolizeiliche Aufgaben für eine Reihe von Aufgabenfelder bereits besaß, dass das „Amt" einen eigenen, uns vom PP München fremden Stil pflegte. Mit Vorschlägen bräuchte ich hier nicht zu kommen, so rieten sie mir, damit würde ich gegen Wände laufen. „Und schreib nicht so viel, das mögen sie hier nicht." Nun, das sollte ich noch erfahren, als sie mich vor ein Tribunal zitierten, als ich es denn doch nicht lassen konnte, eine von mir angestrebte Verbesserung in der überregionalen Kriminalitätsbekämpfung, die seitens meines Abteilungsleiters abgewürgt worden war, in der Fachzeitschrift des BDK zu veröffentlichen.

So erfüllte mich der Schritt vom PP München, der Großstadtpolizei, die mich geprägt hat und mir berufliche Heimat geworden war, zum Landeskriminalamt, das mir gleichwohl ziemlich provinziell erschien, mit Unbehagen.

Der Leiter der Ermittlungsabteilung, Jurist und ehemaliger Staatsanwalt, dem ich anschließend an die offizielle Begrüßung durch die Amtsleitung an seinem überdimensionalen Schreibtisch gegenüber saß, begrüßte mich neutral freundlich und eröffnete mir, dass im Sachgebiet „Überörtliche Kriminalitätsbekämpfung" vor allem einsatzmäßig Anforderungen gestellt würden. Als ich ihm darzulegen versuchte, dass ich dafür aus meiner Zeit beim Staatsschutz des PP München gute Voraussetzungen mitbrächte, unterbrach er mich und sprach davon, dass häufig auch Wirtschaftsbetrügereien zu bearbeiten seien. War dafür in der Ermittlungsabteilung neben dessen Sachgebieten für Rauschgift, Falschgeld, Sprengstoff und Waffenhandel sowie für Überörtliche Kriminalitätsbekämpfung und Kunstdiebstähle, Ermittlungsgroßkomplexe und NS-Gewaltverbrechen nicht bereits ein spezielles Sachgebiet für Wirtschaftsdelikte vorhanden? Doch große Betrugsfälle waren sein Faible, wie ich alsbald erkennen sollte, und die Kapazität des SG Wirtschaftsdelikte reichte für die vielen Fälle, die er an sich zog, nicht aus.

Sollte mein Abteilungsleiter in diesen von ihm bevorzugten Wirtschaftsdelikten in weiser Vorahnung OK erkannt haben, noch bevor solche als tatsächlich existent anerkannt worden war? Ich selbst fand, nachdem ich mich eingearbeitet hatte und die Ermittlungsergebnisse meiner damit betrauten Mitarbeiter als verantwortlicher SGL prüfte, keine Anhaltspunkte dafür, wenngleich es bei diesen Wechsel- und Immobilienbetrügereien, die an sich nicht mein Ding waren, meist um Millionen ging und Großbetrüger dieser Qualität auf jeden Fall aus dem Verkehr gezogen gehörten.

Herzlich willkommen hieß mich allein der Dezernatsleiter, ein noch relativ junger Kriminaloberrat, der täglich weit her mit dem Zug zum Dienst fahren musste und dem die Sachgebiete Wirtschaftskriminalität, Überörtliche Kriminalitätsbekämpfung und Kunstdiebstähle, Ermittlungsgroßkomplexe und NS-Gewalttaten unterstanden.[1]

Es hatte ja auch einen ziemlichen Wirbel darum gegeben, wer die begehrte Stelle des SGL des Sachgebiets „Überörtliche Kriminalitätsbekämpfung und Diebstahl von Kunstgegenständen"

---

1 Ende der 1980er Jahre umorganisiert in Dezernat „Organisierte Kriminalität".

denn bekommen sollte – wie ich später erfuhr, als ich im Amt einen BDK-Bezirksverband LKA (BzV LKA) ins Leben rief und in den Personalrat gewählt wurde. Ein Fremder vom PP München …? Wo im Amt selbst qualifizierte Beamte vorhanden waren und der Vertreter (den vormaligen SGL, der wie ich vom PP München gekommen war, brauchte man als Leiter des neuen Observationskommandos) das Sachgebiet kommissarisch mit Erfolg geleitet hatte und überdies Leiter der Kunstgruppe in diesem Sachgebiet war, die er ehemals im PP Oberbayern aufgebaut hatte, von wo sie vom LKA vereinnahmt worden war. Ihm wurde nun ich vor die Nase gesetzt – und durfte mit ihm auch noch das Zimmer teilen, einen schmalen Raum, der an den zwei vor dem Fenster gegeneinander geschobenen Schreibtischen gerade noch Platz für unsere Rollstühle ließ. Meinen Vorstellungen von der Position eines Sachgebietsleiters wurde dies schon einmal nicht gerecht, auch wenn ich hier nur über rund zehn Mitarbeiter zu gebieten hatte, fünf für Kunstdiebstähle, die in meinem Vertreter bereits einen kompetenten Gruppenleiter hatten, und fünf für sonstige überörtliche Fallkomplexe. Beim PP München war ich als Kommissariatsleiter nicht so herabgewürdigt worden. Hier aber wurde ich, wie ich allmählich mitbekam, als mein Abteilungsleiter über meinen Kopf hinweg meinen Sachbearbeitern persönlich die Fälle zuwies und sich von diesen berichten ließ, wie es damit und überhaupt im Sachgebiet so lief, lediglich als „erster Sachbearbeiter" gesehen und sollte wohl selbst Fälle bearbeiten. Das lehnte ich ab, die Ausschreibung dieser Planstelle bezog sich auf Leiter, nicht auf Sachbearbeiter. Ermittlungskomplexe, wie sie hier anfielen, erforderten vollen Einsatz nicht nur von den Sachbearbeitern, sondern auch vom Leiter, wie ich alsbald erfahren sollte. Sollte das SG einschließlich anhängiger Ermittlungskomplexe mein Vertreter leiten, wenn ich in einem Ermittlungsfall als Sachbearbeiter zu Tatorten, Vernehmungen von Zeugen oder Beschuldigten etc. auf Dienstreise über ganz Bayern hinweg war? Wie ja schon mein Vertreter Diebstähle sakraler Kunstgegenstände, die er in vielen Fällen selbst bearbeitete, erforderten sie doch speziellen Kunstverstand, über Monate hinweg das SG geleitet hatte. Es bestimmte ja der Herr Abteilungsleiter, wer welche sonstigen Fälle überörtlicher Kriminalität zu bearbeiten hatte. Kein Problem also, das Sachgebiet meinem Vertreter zu überlassen.

Mein Verständnis von Führung sah indes etwas anders aus, als man sie in diesem Amt praktizierte, dieser aus Beamten aus dem ganzen Land zusammengewürfelten zentralen Dienststelle für kriminalpolizeiliche Aufgaben, geleitet von Juristen, die sicherlich viel von Prozessführung verstanden, von Menschenführung und polizeilicher bzw. kriminalistischer Führungspraxis aber anscheinend wenig Ahnung hatten. Inspiriert von meinem damaligen Chef im Stab der Abteilung K des PP München, PVP Dr. Georg Wolf, der regelmäßig Grundseminare für Führungspraxis durchführte und an der Bayerischen Verwaltungsschule Führungspraxis lehrte, verfasste ich während meiner Zeit als Kommissariatsleiter auch einen Artikel über „Führungsaufgaben des Kommissariatsleiters im Bereich der Straftatenaufklärung bzw. Verbrechensbekämpfung" und stellte heraus, dass es bei Straftatenaufklärung und Verbrechensbekämpfung, die beide ja ineinander übergingen und deshalb auch zusammen gesehen werden müssen, ganz entscheidend auf den Kommissariatsleiter ankam – und ein Sachgebietsleiter kam einem Kommissariatsleiter gleich. Dies zwar nicht in dem Sinne, dass er selbst erster Sachbearbeiter der im Kommissariat bzw. Sachgebiet zu bearbeitenden Ermittlungsfälle ist. Erst die volle Wahrnehmung der einem Leiter obliegenden Führungsaufgaben versetzt die Sachbearbeiter doch erst in die Lage, das von ihnen erwartete Ermittlungsergebnis zu erzielen, gerade in Ermittlungskomplexen, wie sie in meinem neuen Sachgebiet anfielen. Ohne die Elemente der geistigen Führung, also ohne permanente Analyse der Lage, Planung, Konzeptionsentwicklung und der den jeweiligen Erfordernissen angepassten Zielsetzung, ohne laufende Information über all die Fakten, die eine erfolgreiche Ermittlungtätigkeit erst ermöglichen, ohne gemeinsame Meinungsbildung in wichtigen Fragen, ohne sinnvolle Entscheidung und Auftragserteilung überall dort, wo es geboten erscheint, ohne entsprechende Koordination sich etwa überschneidender Ermittlungen, ohne richtig dosierte Aufsicht, die Fehlentwicklungen frühzeitig verhindert, ohne Erfolgskontrolle, die feststellt, ob man auf dem richtigen Weg ist, und ohne entsprechende Vertretung der Arbeitseinheit nach oben und nach außen sowie umfassender Öffentlichkeitsarbeit bleibt es mehr oder weniger dem Zufall überlassen, welches Ergebnis im Hinblick auf Straftatenaufklärung sowie Verbrechensbekämpfung erzielt wird.

Gleichwohl kam ich mit meinem Vertreter, KHK Hannes Ronacher (geänderter Name aus meinem Polizei-Roman BITTERE ERKENNTNIS), einem erfahrenen Kriminalisten, sowie meinen Mitarbeiterinnen und Mitarbeitern gut zurecht.

Und nachdem ich ein paar von ihnen rügte, dass sie einen ganzen Nachmittag in einer Gastwirtschaft verbrachten, während sie auf der Dienststelle gebraucht worden wären, trachteten sie mich in einer abendlichen, dem näheren Kennenlernen dienenden Bierreise zu überzeugen, dass man, wenn man V-Leute gewinnen wolle, schon auch mal Zeit aufwenden müsse. Das sah ich ein, und so verstanden wir uns denn doch.

Mit einem V-Mann-Tipp hatte schließlich auch der Ermittlungskomplex gegen eine überregional agierende Tresorknacker- und Einbrecherbande seinen Anfang genommen. Nach langwierigen Ermittlungen und wiederholtem Einsatz des Observationskommandos war er gerade zu meinem Dienstantritt zum Abschluss gebracht worden, kaum dass ich die zur Unterstützung von anderen Sachgebieten beigegebenen Beamten, die nun abgezogen wurden, noch kennenlernte. 17 Festnahmen und die Klärung von 44 Einbruchsdiebstählen in Geldinstitute und Geschäfte waren in diesem Ermittlungskomplex zu verzeichnen. Ein Erfolg, den ich als SGL nun in einem detaillierten Pressebericht den Medien verkaufte und damit schon gleich einmal die Führungsaufgabe der Öffentlichkeitsarbeit wahrnahm und nicht wie bisher den Sachbearbeitern überließ. Die Münchner und überregionale Presse stiegen voll ein. Vom Familien-Clan war in den Presseberichten die Rede (die Ethnie, um die es hier ging, dürfen wir in unserer ach so freiheitlichen Demokratie nicht nennen, ohne Gefahr zu laufen, wegen Volksverhetzung belangt zu werden).

Die Beschuldigten, 13 Männer und 4 Frauen im Alter zwischen 18 und 54 Jahren, hatten es insbesondere auf Bargeld, hochwertige

Kleidung und Teppiche abgesehen und Beute im Wert von insgesamt 3,5 Millionen DM gemacht. Diebesgut, Tatfahrzeuge und Einbruchswerkzeuge im Wert von rund 1,2 Millionen DM konnten sichergestellt werden. Den Ermittlungskomplex hatte das Bayerische Innenministerium dem LKA nach einer Serie von Einbruchsdiebstählen in Geldinstitute in Ober- und Mittelfranken, in der Oberpfalz und in Niederbayern im ersten Halbjahr 1982, zugewiesen. Ein Einbruch in ein Weidener Geldinstitut, bei dem den Tätern 15 Geldbomben mit rund 100.000 DM in die Hände fielen, erregte damals erhebliches Aufsehen. Auch in Baden-Württemberg und in Nordrhein-Westfalen wurden Banken ausgeraubt. Bei einem Einbruch in ein Bekleidungszentrum bei Roding im Landkreis Cham machten die Diebe Beute in Höhe von 600.000 DM. Aus einem Teppichgeschäft in Neustadt an der Waldnaab entwendeten sie Teppiche im Wert von 500.000 DM. Ebenfalls Teppiche im Wert von 80.000 DM fielen ihnen bei einem Einbruch in ein Geschäft in Neumarkt/Oberpfalz in die Hände. Im Zuge der nun einsetzenden intensiven Ermittlungen verdichtete sich alsbald der Verdacht gegen Angehörige einer reisenden Tätergruppe aus Münchberg im Landkreis Hof. Außerhalb der Stadt stießen die Ermittler auf eine angemietete Scheune und zwei Garagen, die sich als umfangreiches Diebeslager entpuppten. Aufgefundene Hydraulikpressen und Handfunkgeräte dürften aus Einbrüchen in Einrichtungen des technischen Hilfswerkes in Erlangen und Weiden stammen. In einer Konstanzer Geigenbaufirma entwendeten sie Violinen, Violen, Celli und Geigenbogen im Wert von 132.000 DM.

Die Täter gingen jeweils in wechselnder Beteiligung vor, erkundeten in der Nähe von Schnellstraßen, die ihnen mit ihren schnellen Wagen (Mercedes 500, BMW 528 sowie ein Motorrad) als Fluchtwege dienen sollten und auf denen sie die Observation mühelos abzuhängen vermochten, lohnende Objekte, stellten Beobachtungsposten mit Handfunkgeräten auf, bohrten Fensterrahmen an oder brachen Türen auf. Ihre Beute transportiere die Bande entweder in Schubkarren zu ihren Autos, oder sie klaute in Tatortnähe abgestellte Wagen.

Waren die Aktivitäten dieser Tresorknacker- und Einbrecherbande nun als OK zu werten? Damals stellte wohl niemand derlei
Überlegungen an. Was unter OK zu verstehen war, wusste ja auch
noch niemand verbindlich zu definieren. Es war einfach nur eine
Familienbande, eine Sippe, die nicht als kriminelle Organisation,
sondern lediglich als „kriminelle Vereinigung" gem. § 129 StGB
zu bewerten war, deren Zweck und Tätigkeit darauf gerichtet
sind, Straftaten zu begehen, was die Überwachung deren Tele-
fonverkehrs gem. § 100a Strafprozessordnung ermöglichte. Dazu
wirkten die Sippenmitglieder in wechselnder Tatbeteiligung über
längere Zeit zusammen. Sie taten dies nicht unter Verwendung
gewerblicher oder geschäftsähnlicher Strukturen oder unter Gewaltanwendung, Einschüchterung oder Einflussnahme auf Politik,
öffentliche Verwaltung, Justiz etc. – was in diesem Fall für die
Ermittlungen aber sowieso unerheblich gewesen wäre und lediglich im Hinblick auf Speicherung der Fall- und Personendaten für
Zwecke eventueller OK-Bekämpfung Bedeutung haben konnte.
An eine solche war zunächst aber eh nicht gedacht.

Ende der 1980er-/Anfang der 1990er-Jahre setzte sich die Ansicht
der Polizeipraktiker dann endgültig durch. „Nicht die Einzelfall-
aufklärung, sondern erst die Aufdeckung der Strukturen über-
greifender Täter-/Tatzusammenhänge und Deliktsarten ergibt das
Gesamtbild einer Organisation und schafft Anhaltspunkte zu ihrer
wirksamen Bekämpfung", trug der damalige Vizepräsident des
BKA, Hans Zachert, in einer Sondersitzung der Innenminister-
konferenz an der Polizeiführungsakademie Münster-Hiltrup 1990
vor. Lange davor – ich hatte mein SG nach einem Zerwürfnis mit
Abteilungs- und Amtsleitung aufgrund einer meiner Veröffentlichungen noch nicht verlassen – trat der Abteilungsleiter mit
der Frage an mich heran, ob und welche organisatorische Maßnahmen ich zur Bekämpfung organisierter Kriminalität im Bereich des BLKA vorschlagen könne. Ich, der ich in dessen Augen
vorrangig als Sachbearbeiter verwendet werden sollte? Ich war
perplex. Natürlich konnte ich, und so schlug ich unter Berück-
sichtigung der in Art. 7 Abs. 3 Polizeiorganisationsgesetz (POG)

festgeschriebenen Zuständigkeiten des BLKA folgende Aufbauorganisation vor:

- Dezernat 63 – Auftragszuständigkeit und kriminelle Organisationen mit einer für Einsatzsteuerung, Technik und Verwaltung zuständigen Geschäftsstelle
- SG 631 – Informationssammlung und -auswertung aus dem kriminalpolizeilichen Nachrichtenaustausch, aus sonstigen Erkenntnissen und aus Ermittlungen und operativem Einsatz
- SG 632 – organisierte Wirtschaftskriminalität, illegale Arbeitnehmerüberlassung und Ausländereinschleusung, zuständig für einschlägige Ermittlungen gegen den Mittel- und den Kernbereich organisierter Kriminalität
- SG 633 – Kunstdiebstähle und organisierte Fälschungen, Zuständigkeit für einschlägige Ermittlungen wie SG 632
- SG 634 – organisierte Kriminalität aus dem Eigentums- und Dienstleistungsbereich, zuständig für einschlägige Ermittlungen wie SG 632
- SG 635 – operativer Einsatz, zuständig für Informationsbeschaffung aus organisationsverdächtigen Kriminellenkreisen durch verdeckte Aufklärung, verdeckte Ermittlungen, V-Mann-Führung und Unterhalt konspirativer Wohnungen und Firmen.

Ich hörte nie davon, ob und in welchen Teilen mein Vorschlag etwa akzeptiert worden wäre. Ein Jahr darauf fiel mir indes ein Organisationsplan in die Hände, in dem das SG 633, zuständig für Ermittlungsgroßkomplexe, nun auch für Organisierte Kriminalität insoweit zuständig sei, als es OK-relevante Informationen sammeln, auswerten und ggf. abklären solle, eine entsprechende Datei errichten, einen länderübergreifenden Informations- und Erfahrungsaustausch pflegen und zugewiesene Straftaten bearbeiten solle. Ein Anfang! Um der zunehmenden Bedrohung durch OK begegnen zu können, forderte die CSU-Landtagsfraktion laut einem Bericht in der Süddeutschen Zeitung (SZ) vom 04. 11. 1987 beim Bayerischen Innenministerium einen Bericht über die augenblickliche Situation an. Anschließend wolle man über das Rechtsinstrumentarium nachdenken. Ins Auge ge-

fasst habe man drei Novellierungen: einen reformierten Zeugen-
und Opferschutz, die Möglichkeit der Abschöpfung kriminellen
Vermögens und einen Ausbau der nachrichtendienstlichen Überwachung. Im bayerischen Landeskriminalamt sei mittlerweile
ein eigenes Sachgebiet „633" (14 Beamte) zur Bekämpfung des
neuen Phänomens eingerichtet worden. Ob es bald Zuwachs
bekomme, so der Bericht weiter, wird wahrscheinlich erst der
Innenminister-Bericht zeigen.

In der Tat dauerte es nun nicht mehr lange. Bereits im
Oktober 1988 wies ein neuer Organisationsplan ein Dezernat 63
mit den Sachgebieten Zentrale Information, Operative Maßnahmen, Ermittlungen I und Ermittlungen II (Gewinnaufspürung
und -abschöpfung) aus, für das zudem im neuen Haushalt eine
Reihe zusätzlicher Planstellen beantragt würden. In der Hauspostille des BStMI „Bayerns Polizei", Nr. 1/2005 wurde die „Abteilung VI des Bayerischen Landeskriminalamts – Ermittlungsdienst – Operative Spezialeinheiten" mit all seinen Dezernaten
und deren Aufgaben ausführlich vorgestellt. Es sind dies:

- Dezernat 61 – Rauschgift, vereint zentrale Informations-
und Lagebedürfnisse mit bayernweiter Ermittlungsführung;
- Dezernat 62 – Allgemeine Ermittlungen in den Deliktsfeldern
Falschgeld, Waffen, Sprengstoff, Kunst und die zugewiesenen
Fälle von Strahlen- und Umweltkriminalität, Wirtschafts-
kriminalität, NS-Gewaltverbrechen und Sonderermittlungen;
- Dezernat 63 – Organisierte Kriminalität, in deren drei Sachgebieten werden die Aufgaben einer Zentralstelle in Bayern
wahrgenommen;
- Dezernat 64 – Operative Spezialeinheiten, besteht aus einem
Verbund von fünf operierenden Servicedienststellen, die nicht
nur die Ermittlungssachgebiete des LKA sondern kapazitäts-
abhängig auch außerbayerische Dienststellen unterstützen.
Es enthält ein Komplettpaket von Einsatzmöglichkeiten wie
Personenüberwachung, die Anwendung operativer Technik,
neueste Telekommunikationsüberwachung (TKÜ), eine
technische Sondergruppe (TSG) sowie den Einsatz verdeckter
Ermittler;

- flächendeckend wurden darüber hinaus bei den Kriminalpolizeiinspektionen (KPI) der bayerischen Polizeipräsidien
OK-Fachdienststellen eingerichtet.

Die mittlerweile erstellte Definition des Phänomens OK lautet:

- Organisierte Kriminalität ist die von Gewinn- und Macht-
streben bestimmte planmäßige Begehung von Straftaten, die
einzeln oder in ihrer Gesamtheit von erheblicher Bedeutung
sind, wenn mehr als zwei Beteiligte auf längere oder unbestimmte Dauer arbeitsteilig
- unter Verwendung gewerblicher oder geschäftsähnlicher
Strukturen,
- unter Anwendung von Gewalt oder anderen zur Einschüchterung
geeigneter Mittel oder
- unter Einflussnahme auf Politik, Medien, öffentliche Verwaltung. Justiz oder Wirtschaft zusammenwirken (der Begriff umfasst nicht Straftaten des Terrorismus).
Quelle: BStMI

Mit welcher Intensität vornehmlich Mafia-Clans ihrem kriminellen
Gewerbe verstärk in der Bundesrepublik Deutschland nachgehen,
begünstigt durch die Freizügigkeit innerhalb der EU, verdeutlichen die Ermittlungserfolge landauf, landab, die man endlich
statistisch darzustellen und in OK-Lagebildern der Öffentlichkeit
zu unterbreiten vermochte. Bereits von 1989 bis 1992 wurden laut
BKA in der Bundesrepublik Deutschland über 80 Ermittlungsverfahren gegen Mitglieder der italienischen Mafia geführt. Seit 1991
wurden – soweit ich informiert bin – über OK-relevante Kriminali-
tätsbereiche OK-Lagebilder erstellt, und die Meldungen über OK-
Ermittlungsverfahren mehrten sich von Jahr zu Jahr.

In Bayern wurden für 1992 33 derartige Verfahren mit
1050 Einzelstraftaten registriert und dazu 309 TV aus 23 Nationen
ermittelt, darunter 59 Italiener (Anteil: 19 %). Ein Jahr darauf waren
es bereits 66 OK-Ermittlungsverfahren mit 2148 Einzeldelikten,
ein weiteres Jahr darauf 75 Verfahren mit 3540 Einzeldelikten.

Bundesweit wurden 1994 789 OK-Ermittlungsverfahren mit 98 877 Einzeldelikten und 9256 TV aus 85 Nationen, darunter 425 Italiener registriert (zusammengefasst aus allen Ländern).

Baden-Württemberg meldete für 1995 77 OK-Ermittlungskomplexe mit 2778 Einzelstraftaten und 677 TV. In jedem 3. Verfahren konnten Verbindungen zu ausländischen Organisationen nachgewiesen werden, z. B. zu verschiedenen italienischen Mafiagruppierungen sowie zu den südamerikanischen Rauschgiftkartellen Kali und Medellin. In vier Fällen wurden erstmals auch Kontakte zur russischen, litauischen und lettischen Mafia festgestellt.

Bundesweit waren es 1999 818 OK-Ermittlungsverfahren mit 7777 TV aus 94 Staaten, davon 3231 bzw. 41,6 % Deutsche. Größte Gruppen ausländischer TV waren Türken (773 TV), Jugoslawen (634 TV aus Serbien und Montenegro), Italiener (457 – häufig mit Verbindungen zu italienischen Mafia-Gruppen), Polen (226) und Rumänen (239). Jedes dritte OK-Verfahren betraf Rauschgifthandel und -schmuggel.

Für 2006 wurden in Bayern schließlich 85 OK-Ermittlungsverfahren erfasst und 1401 TV aus 57 Nationen registriert. Der Anteil nichtdeutscher TV betrug 63 %. Höchste Anteile wiesen TV aus Serbien-Montenegro, Irak und Türkei auf. Häufigster Kriminalitätsbereich war Rauschgift.

Die italienische Richterin Liliane Ferraro, Nachfolgerin der 1992 ermordeten Richter Giovanni Falcone und Paolo Borsellino, sieht die Bundesrepublik als „Drehscheibe" für die Geschäfte der Mafia mit dem Osten. Dies belegen auch Aktivitäten des Camorra-Clans, der schon kurz nach der Wende in den neuen Bundesländern und verschiedenen osteuropäischen Ländern Filialen eröffneten. Die Karte der italienischen Ermittler zeige viele deutsche Städte, in denen die Clans Vertretungen haben: Stuttgart, Frankfurt, München, Leipzig – so lt. Münchner AZ vom 03. 12. 07 der Autor von „Gomorrah", Roberto Saviano.

Gern hätte ich in dem im BLKA gegründeten Aufgabenbereich OK mitgewirkt. Doch noch bevor dieser seine Arbeit aufnahm, wurde ich zur Abteilung V versetzt. Dort war die Planstelle des

Leiters des SG 522 „Kriminalstatistik und Auswertung" seit längerem vakant. Irgendwie war ich aber doch froh darüber. Was dem PP München über Jahrzehnte hinweg nicht gelungen war, mein Engagement zu bremsen, gelang dem LKA binnen eines Jahres. Es tendierte mittlerweile gegen Null.

Vorerst aber hatte ich noch mit dem Ermittlungskomplex über „Kirchen- und Wohnungseinbrecher" zu tun, der anfiel, kaum dass die Akten über die „Tresorknacker- und Einbrecherbande" geschlossen waren. Zu diesem Zeitpunkt wusste ich noch nicht, dass ich den Aufgabenbereich „Überörtliche Kriminalitätsbekämpfung und Kunstdiebstähle", in dem ich von vornherein den Vorläufer für OK-Bekämpfung und Krönung meiner Laufbahn sah und meinen unverbesserlichen Hang zur Analyse neuer Kriminalitätsphänomene und adäquater Planung von Aufbau- und Ablauforganisationen neuerlich unter Beweis zu stellen suchte, schon bald wieder verlassen sollte.

Quellen zu 19. Folge:

„Dokumentation und Konzeption zur Bekämpfung der organisierten Kriminalität", Herausgeber: Bund Deutscher Kriminalbeamter, August 1983

Dokumentation „Raubüberfälle auf Geldinstitute in der Bundesrepublik Deutschland durch italienische Tätergruppen" von KHK Edelbauer, Polizeipräsidium München, Juli 1982

„Erfassung und Bekämpfung der Organisierten Kriminalität" von Heinrich Prinz, BDK-Zeitschrift „der kriminalist", Nr. 2/1986

„Organisierte Kriminalität in Bayern 1992", herausgegeben von BStMI, München

„Abteilung VI des Bayerischen Landeskriminalamts – Ermittlungsdienst – Operative Spezialeinheiten", erschienen in der Zeitschrift des BStMI „Bayerns Polizei", 1/2005

„Grenzenlose Kriminalität – Mafia-Clans und Organisierte Kriminalität" von H. J. Prinz, EKHK a. D., in POLIZEIreport 2/2008 und 3/2008.

20. Folge

Diebstahl von Kunstgegenständen

Die Akten des Ermittlungskomplexes „Tresorknacker- und Einbrecherbande" waren noch nicht ganz geschlossen, da überrollte das Sachgebiet ein weiterer Millionenfall. Diesmal auf dem Sektor des Kunstdiebstahls, genauer des Diebstahls sakraler Kunstgegenstände, für die nun neben den laufend anfallenden Kunstdiebstählen die fünfköpfige Kunstgruppe zuständig war. Sakrale Kunstgegenstände im Wert von rund 1 Million DM konnten bei einem als gewerbsmäßigen Münchner Hehler tätigen Antiquitätenhändler sichergestellt werden. Die anschließenden Ermittlungen gegen eine kriminelle Vereinigung überwiegend schon älterer Täter, die ebenfalls einer dieser „namenlosen" Ethnien angehörten, führten zur Aufklärung von 57 Diebstählen sakraler Kunstgegenstände, 8 Wohnungs- und 3 Geschäftseinbrüchen, 20 Betrügereien und einer Reihe sonstiger Straftaten, begangen über mehrere Jahre hinweg in Bayern, Baden-Württemberg, Vorarlberg, Hessen und Niedersachsen.

Mit diesem, auf 19 Tatverdächtige angewachsenen Fall war ich als SGL voll beschäftigt. Ich koordinierte die Ermittlungen gegen die sich herauskristallisierenden Tätergruppen, koordinierte TÜs und beantragte Observationen, die in einem Fall bis hinauf nach Niedersachsen führten, wo die Täter laut TÜ ein lohnendes Diebstahlsobjekt wussten, die Niedersachsen aber nicht übernehmen konnten, weil ihr Observationskommando an Rechtsextremisten dran war. Ich wies den Observationstrupp, der mich mitten in der Nacht aus dem Schlaf klingelte und meldete, dass die Zielpersonen den vorgesehenen Coup diese Nacht ganz offensichtlich nicht mehr ausführten, an, abzubrechen und erst einmal ein Hotel aufzusuchen. Die Männer waren über 15 Stunden ununterbrochen hinter den Zielpersonen her gewesen, ich musste sie erst einmal ruhen lassen. Wie sich später bei den Vernehmungen der

Sichergestellte sakrale Kunstgegenstände bei einem gewerbsmäßigen Hehler im Wert von rund 1 Million DM am 22. 06. 1983, präsentiert für Pressekonferenz (3. von rechts: LKA-Präsident Dr. Trometer, rechts daneben LKD Wöbking, Leiter Abt. VI, 1. von links: SGL 632: EKHK Prinz). Foto: BLKA

festgenommenen Täter herausstellte, waren sie noch zweimal nach Göttingen/Niedersachsen gefahren, bevor sie in den Juwelierladen einbrachen, den sie schon lange zuvor ausbaldowert hatten. Die Beute vergruben sie am Waldrand bei ihrem Heimatort.

Oft war ich nach Dienstschluss noch gar nicht zu Hause, da fragten die Kollegen der TÜ-Schicht schon wieder nach mir, weil sich neue Hinweise ergeben hatten, bezüglich derer ich eine Entscheidung treffen musste. Dabei hatte meine Frau so sehr gehofft, dass ich beim LKA nun ein ruhigeres Leben hätte und sie nicht wieder um mich bangen müsste, wenn ich nicht rechtzeitig heimkam.

Nachdem wir personell ausgeschöpft waren und mit unseren Ermittlungen zu einem Ende kommen mussten, entschloss ich mich schließlich in Übereinstimmung mit meinem federführenden Sachbearbeiter, der zunächst meinte, wir sollten noch zuwarten, was die TÜ vielleicht noch bringe, zum Zuschlagen. Ich schrieb einen Einsatzbefehl für zahlreiche gleichzeitig zu überrollende

Objekte in München, Unterschließheim, Freising, Augsburg, Memmingen und Kempten, für die über 40 eigene Beamte, unterstützt durch ebenso viel örtlich zuständige Polizei- und Kriminalbeamte sowie einen Zug Bereitschaftspolizei aufgeboten wurden. Ausgestattet mit 11 Haftbefehlen und diversen Durchsuchungsbeschlüssen schlugen wir eines frühen Morgens im August 1983 zu. In drei Städten in Baden-Württemberg wurden durch die örtlich zuständigen Kriminaldienststellen weitere Objekte durchsucht. Die Einsatzleitung behielt ich mir vor, ließ mir ein Tornisterfunkgerät mit Außenantenne am Fenstersims ins Büro stellen und beauftragte einen der letzten noch verfügbaren Mitarbeiter mit dem Ablaufbericht der Aktion.

Mit den Einsatzvorbereitungen und der Kräfteeinteilung und Befehlsformulierung war ich ganz in meinem Element. Mein Dezernatsleiter bestätigte mir, dass einen solchen Einsatzbefehl das Amt noch nicht gesehen habe. Kunststück, hatte ich dergleichen doch beim PP München in zahllosen Studentendemonstrationen sowie bei den Olympiavorbereitungen zur Genüge praktiziert.

Die Aktion war ein voller Erfolg. Der Pressebericht, den ich darüber schrieb, füllte tagelang die Münchner Tageszeitungen. Sieben Personen im Alter von dreiunddreißig bis zweiundfünfzig Jahren waren zunächst festgenommen worden. Gegen sie hatten wir wegen Verdacht der Zugehörigkeit zu einer kriminellen Vereinigung bereits Haftbefehle beantragt (einer der Täter wurde vom Speicher heruntergeholt, von dem aus er sich durch eine Dachluke verdünnisieren wollte, ein weiterer fiel nach einem Sprung vom Balkon den Polizeibeamten in die Hände, die das Haus bereits umstellt hatten). Die Durchsuchungen führten zur Sicherstellung zahlreicher weiterer sakraler Kunstgegenstände wie Engel, Puttenköpfe, Leuchter, Kreuze und Heiligenfiguren, wertvoller Teppiche, verschiedener Pelze, Schmuckstücke, Goldmünzen, Hinterglasbilder, verschiedenes Porzellan, Zinnteller, Steinkrügen, geschnitzten Uhren, Lampen, Kannen, verschiedene antike Möbel u. a. m. sowie diversem Einbruchswerkzeug wie Brechstangen und Geißfüße. Teils rührten die bei der Aktion sichergestellten Gegenstände aus Diebstählen, von denen einzelne Stücke bereits bei dem gewerbsmäßigen Hehler in München vorgefunden worden waren. Nebenbei führte die Aktion auch noch zur Klärung eines Geldbörsendiebstahls, den einer der Festgenommenen erst am Vortag bei der Freundin seiner Lebensgefährtin begangen hatte. Typisch für die Langfinger dieser Ethnie.

Die Serie der diesem Fall hauptsächlich zugrunde liegenden Diebstähle aus Kirchen und Kapellen begann mit einem Einbruch in die Leonhardikapelle auf dem Kalvarienberg bei Bad Tölz im Frühjahr 1979. Die Täter wuchteten das massive Eichenportal mit zahlreichen Hebelansetzen auf und entwendeten Engel, Puttenköpfe und Leuchter im Wert von rund 30.000 DM. Es folgten zahlreiche gleichartige Straftaten, zuletzt ein Einbruchdiebstahl in die Filialkirche St. Margareth in Mintraching/Lkr. Freising im Mai 1983.

Der Ermittlungskomplex war ins Rollen gekommen, als ein Sammler aus dem Oberland das LKA um Überprüfung einer Votivtafel mit dem Gnadenbild des hl. Sebastian bat, die er über ein Zeitungsinserat bei einem Zwischenhändler erworben hatte. Er wollte sichergehen, dass es sich hierbei um kein Diebesgut handelt. Die Votivtafel weise folgenden Text auf, teilte er uns mit: „Ex Voto Christian Ballauf Pierbray (Bierbräu) alhier 1700". Solche Details sind in der Kunstdatei des LKA suchbar erfasst, sie kommen einem „Nummern-Gegenstand" gleich. Die Suchung führte denn prompt zu einem Treffer: Die Votivtafel war im April 1982 zusammen mit anderen Kunstgegenständen aus der Wallfahrtskirche St. Sebastian in Markt Breitenbrunn, Lkr. Neumarkt/Oberpfalz, entwendet worden. Es war davon sogar ein Fahndungsbild vorhanden. Am helllichten Tag hatten die als Bauarbeiter getarnten Täter die massiven Angeln des Kirchenportals aus dem Mauerwerk gebrochen.

Votivbilder dieser Art sind Gegenstand bayerischer Volksfrömmigkeit und Ausdruck des Dankes für die von diesem oder jenem Heiligen gewährte Hilfe. In Kirchen und Kapellen sind sie oft in großer Zahl vorhanden. Als beliebte Diebstahls- und Sammlerobjekt

*Der Heilige Sebastian, römischer Märtyrer aus der Zeit der diokletianischen Christen-
verfolgung um 300, ist Schutzpatron der Polizei – hier dargestellt auf einer Fahne der
Bayerischen Polizei. Er wurde ob seines christlichen Glaubens auf Befehl des Kaisers
Diokletian mit Pfeilen zu töten versucht und als tot geglaubt liegen gelassen. Eine fromme
Witwe fand und pflegte ihn gesund. Kaum hergestellt, ging er zu seinem Kaiser und be-
kannte sich erneut zum Christentum, worauf er mit Keulen totgeschlagen wurde. Sein
Name steht für vorbildliche Gesinnung und große Verantwortung für die Mitbürger sowie
für Überzeugungstreue im Glauben. Foto: Polizei*

werden sie gern über Antiquitätenhändler vertrieben oder auf Flohmärkten angeboten. Aus der Wallfahrtskirche St. Sebastian waren 15 solcher Tafeln gestohlen worden, in einem anderen der in der Kunstdatei des BLKA aufgeführten Fälle – Geiselwieskapelle bei Sittenbach im Lkr. Dachau – allein 103 Stück. Mit dem wirtschaftlichen Aufschwung der Bundesrepublik Deutschland in der Nachkriegszeit nahm die Vorliebe, Haus und Heim mit Putten und Heiligenfiguren auszuschmücken, die Wände mit Votiv- und Kanontafeln zu behängen und gotische Leuchter in die Diele zu stellen, allgemein zu. Achtung und Ehrfurcht vor diesem meist dem Gottesdienst geweihten oder religiöser Verehrung dienenden sakralen Gegenständen nahmen in dem Maße ab, als die Nachfrage stieg. Diebe und Einbrecher stießen alsbald in diese Marklücke vor, allenthalben wurden Kirchenportale mit schweren Eisenstangen aufgebrochen, kunstvolle Bleiverglasungen kurzerhand eingeschlagen, Kapellen und Bildstöcke rigoros geplündert, unersetzliche Plastiken mit Brachialgewalt aus den Verankerungen und Sicherungen gebrochen, Altarkreuze von den Sockeln gesägt und Gekreuzigte von Feldkreuzen gerissen. Dubiose Händler lieferten vom Messkelch bis zur Monstranz, vom Reliquienschrein bis zum monumentalen Altarbild und vom Stützengel für die Bücherkonsole im Wohnzimmer bis zur Predigtkanzel für die Hausbar, was gerade gefragt war. Nichts war mehr heilig, und Sünden fürchtete sich kaum noch jemand. Es ist einfach modern geworden, sich Madonnen, Heiligenplastiken oder Christusdarstellungen ins eigene Haus zu holen, statt die Orte aufzusuchen, wo sie allein hingehören – die Orte der Besinnung, unsere Kirchen. Die Zunahme der Diebstähle aus Kirchen und Kapellen und allgemein von sakralen Kunstgegenständen zeigte sich hinsichtlich der jährlich ziemlichen Schwankungen unterliegenden Fälle in den Durchschnittszahlen der gemeldeten Diebstähle im Fünfjahresrhythmus – ich dokumentierte sie in einem Artikel über „Diebstahl sakraler und sonstiger Kunstgegenstände". Die Aufklärungsquote schwankte in diesen Jahren, stieg zuletzt (1983) auf über 38 %, wobei die Anzahl der gemeldeten Fälle indes kontinuierlich zurückging. Die zuletzt hohe Aufklärungsquote mag neben der hervorragenden Sachkunde der Ermittlungsgruppe Kunstdiebstähle mit darin begründet sein, dass die einschlägige Sachfahndungskartei nach einem erfolgreichen Probelauf schließlich auf EDV bzw. Spudok-System übernommen worden war. 20 000 gesuchte Kunstgegenstände waren damals registriert. Dahingestellt aber muss bleiben, ob wirklich alle Fälle aus Kirchen, Kapellen, Museen und öffentlichen Sammlungen wie vorgeschrieben ab einer Schadenshöhe von 6.000 DM gemeldet wurden. Durch Tätergeständnis wurde publik, dass dies nicht immer der Fall war.

Für eine erfolgreiche Fahndung ist Grundvoraussetzung, dass von allen für Diebe und Einbrecher interessanten Stücke Fotos gefertigt werden. Identifizierungen von Kunstgegenständen sind letztlich nur anhand deren individuellen Merkmale möglich, wie z. B. bei Plastiken Blickrichtung, Armhaltung, Faltenwurf der Kleidung, beigegebene Attribute, Schwung der Flügel usw.

Überprüfung sakraler Kunstgegenstände. Privatfoto

Zusammen mit weiteren Beiträgen von Beamten der Kunstgruppe über den hier geschilderten Ermittlungskomplex unter dem Titel „Ermittlungen gegen eine kriminelle Vereinigung von Kirchen-, Wohnungs- und Geschäftseinbrechern" sowie über „Fahndung nach gestohlenen Kunstgegenständen" wurde mein Artikel „Diebstahl sakraler und sonstiger Kunstgegenstände" in einer „Dokumentation zur Verbrechensbekämpfung des BDK-Landesverbandes Bayern" im Juni 1984 veröffentlicht.

Deutlich zeichnete sich in dem oben erwähnten Ermittlungskomplex ein Zusammenwirken verschiedener Gruppen von Kriminellen unter einem Boss, Franz A., jenischer Landfahrerabstammung, ab. Bei einer dieser im Allgäu ansässigen Gruppe handelte es sich um Verwandte des Franz A. Sie verübte hauptsächlich Einbruchsdiebstähle in Kirchen, Kapellen, Antiquitäten- und Juweliergeschäfte, auf die sie ihr Verwandter aufmerksam machte. Einer der Verwandten setzte das Diebesgut vielfach auf einem Flohmarkt in Paris ab, während Franz A. hauptsächlich seinen Hehler in München belieferte. Eine weitere Gruppe um Erwin E. setzte sich vorwiegend aus Tätern aus dem Raum nördlich Münchens zusammen und beging insbesondere Wohnungs- und Geschäftseinbrüche. Ein dieser Gruppe angehörender Antiquitätenhändler beteiligte sich meist nur an Geschäftseinbrüchen, bei denen Schmuck in Aussicht stand. Ihre Tipps bekamen sie vorwiegend von Franz A., der sich in Weinlokalen oder Cafés erfolgreich an auffallend mit Schmuck behängte oder mit Pelzen ausstaffierte ältere Damen heranmachte und es verstand, in unverfänglichem Gespräch ihre persönlichen und finanziellen Verhältnisse zu erfahren. Seine Erkenntnisse gab er an Erwin E. weiter, der sodann Einbrüche in deren Wohnungen oder Geschäfte organisierte. Die beiden Tätergruppen standen zueinander nicht in Verbindung. Eine kleine, aus drei Mann bestehende Gruppe trat als „falsche Kriminalbeamte" an einige der Damen mit der Legende heran, dass eine Erpressung bevorstünde und zeigten einen fingierten, angeblich abgefangenen Erpresserbrief vor, oder dass nach Falschgeld gesucht werden müsse. Tatsächlich erfolgte während deren Anwesenheit ein Anruf, in dem erpresserische Forderungen gestellt und die Frauen damit in Panik versetzt wurden. Die angeblichen „Kriminalbeamten" hatten nun leichtes Spiel, durch Trickdiebstahl oder vorsorgliche Inverwahrungnahme oder Sicherstellung als angeblich erkanntes Falschgeld an deren Barschaft zu gelangen.

Der Leiter der Kunstgruppe des SG 632 inmitten seiner „Schätze" an gestohlenen und sichergestellten sakralen Kunstgegenständen. Privatfoto

Ein weiterer umfangreicher Fall beschäftigte die Kunstgruppe schon bald danach. In den Auslagen eines Geschäfts in Regensburg entdeckte ein Angestellter des Regensburger Diözesan-Museums mehrere aus dem Museum stammende Heiligenfiguren. Damit flog der Hausmeister des Museums, ein eingebürgerter Philippino, der über Jahre hinweg Heiligenfiguren und Kunstwerke aus dem Fundus des Museums beiseite schaffte und für Spottbeträge verscherbelte, auf. So kostete bei ihm ein heiliger Florian aus dem 15. Jahrhundert, Schätzwert 25.000 Mark, nur 350 Mark. Für ein Gemälde von Eduard Schleich im Wert von 70.000 Mark wollte er 300 Mark haben, eine Petrusfigur aus dem 17. Jahrhundert im Wert von 20.000 Mark gab er für 150 Mark ab. Er gab jeweils vor, die Kunstwerke bei Pfarrhausauflösungen oder Erbschaftsübernahmen erhalten zu haben. Er legte nach seiner Festnahme ein Geständnis ab. 94 der entwendeten Kunstwerke im Gesamtwerk von rund 800.000 Mark konnten wieder beigebracht werden. 27 Heiligenfiguren, Madonnen, Engel und Kerzenleuchter im Wert von rund 200.000 blieben verschwunden.

In dieser Sache rief mich an einem Sonntag im August 1984 der KDD des Amtes zu Hause an. Die Kripo Wiesbaden habe darum ersucht, mit einem zuständigen Beamten in Sachen „Kunstdiebstähle Diözesanmuseum Regensburg" sprechen zu können, es sei ein Hinweis eines Antiquitätenhändlers auf einige der entwendeten Kunstgegenstände eingegangen, in Wiesbaden lägen darüber aber keine Erkenntnisse vor.

Hier war die Kunstgruppe gefragt. Nachdem die wenigen der dort zur Verfügung stehenden Beamten oft genug auch an Wochenenden zu Tatorten oder Antik-Messen unterwegs sind, versuchte ich erst gar nicht, einen davon an diesem sonnigen Sonntag zu erreichen. Ich fuhr selbst zur Dienststelle, nahm Verbindung mit dem Kollegen in Wiesbaden auf und erfuhr, dass der hinweisgebende Antiquitätenhändler sechs der aus dem Diözesanmuseum entwendeten, nach einer gemeinsamen Presseerklärung der Staatsanwaltschaft Regensburg und des BLKA in Presseberichten erwähnten Kunstgegenstände erworben, drei davon aber bereits weiterverkauft habe. In einem vierseitigen Fernschreiben an den Kollegen in Wiesbaden und gleich auch an das BKA und alle Landeskriminalämter informierte ich die Adressaten über Sachverhalt, Sachstand und im Einzelnen entwendete Kunstwerke. Wie weit doch mit diesen Kunstwerken gehandelt wird!

Die Erfahrungen, die ich mit all diesen Diebstählen sakraler Kunstwerke gewann, veranlassten mich, einen „Mitwirkungsaufruf" zu verfassen, wie ich ihn schon für Kfz-Aufbrüche im PP München konzipiert hatte. Ich ließ in der hauseigenen Druckerei eine Anzahl DIN-A4-Blätter in leuchtendem Orange drucken, in denen auf jeweils zu ergänzenden Rubriken darauf hingewiesen wird, wann, wo, welche sakralen Kunstgegenstände gestohlen wurden und im Text erläutert wird, wie die Täter dabei in der Regel vorgehen. Sachdienliche Hinweise erbitte das Bayerische Landeskriminalamt, Sachgebiet 632, Adresse und Telefonnummer. Die Sachbearbeiter der Kunstgruppe sollten sie zu Tatortbesichtigungen oder Ermittlungen am Tatort mitnehmen oder den zuständigen Polizeidienststellen zusenden und deren Aushang in den Schaukästen der Kirchenverwaltung oder der Gemeinde veranlassen.

Darüber hinaus konzipierte ich einen generellen Einsatzplan für systematische Kontrollbesuche von Antikmessen und größeren Flohmärkten an den Wochenenden, wie sie von den Kunstsachbearbeitern sporadisch immer wieder mal durchgeführt wurden. Ich wollte derlei Besuche nicht allein der Eigeninitiative einiger weniger Mitarbeiter überlassen, sondern systematisch das gesamte Sachgebiet einbinden. Wie die erfahrenen Kunstfahnder gern behaupteten, blinzelten ihnen gestohlene Engel bei gelegentlichen Kontrollbesuchen ja gern zu. Sie kennen die Kunstschätze, die sie nach jedem gemeldeten Diebstahl selbst in die Kunstdatei eingeben.

Dass mich der Abteilungsleiter umgehend zurückpfiff, noch bevor ich meine Planung umsetzen konnte, hätte ich nicht gedacht. Die Kunstgruppe leiste gute Arbeit, hielt er mir vor, ich möge sie gefälligst in Ruhe lassen. Da hatte also schon gleich jemand meine Absicht verraten und sich beim Abteilungsleiter beschwert. Ich glaubte, mit meinen Leuten im Einvernehmen zu sein, denen ich in regelmäßigen Dienstbesprechungen, zu denen ich sie in mein und meines Vertreters schmales Dienstzimmer mit unseren die ganze Breite einnehmenden Schreibplätzen bat, wo sie dann gedrängt an den Wänden standen, meine Absichten grundsätzlich unterbreitete und ihre Meinung dazu wissen wollte, wie bei kooperativem Führungsstil an sich geboten.

Damit war auch nicht daran zu denken, dass etwa ein in meinem Sachgebiet zu bildender Bereitschaftsdienst für sachkundige Auskünfte und evtl. gebotene Ermittlungen zur Verfügung stand. Der KDD des Amtes war im Gegensatz zum KDD des PP München lediglich Ansprech- und Auskunftsstelle für die übrigen Polizeidienststellen, der überörtliche Fahndungen einleitet, Alarm-, Rundfunk- und Fernsehfahndungen auslöst und eingehende Fernschreiben steuert, während der KDD des PP München für alle Maßnahmen und Feststellungen zuständig ist, die kriminalpolizeilichen Sachverstand erfordern, außerhalb der Bürodienstzeit die notwendigen Sofortmaßnahmen für die Fachkommissariate durchführt, bei Festnahmen die Haftvoraussetzungen prüft und ED-Behandlungen veranlasst, zu Einbruchstatorten ausrückt und in Leichensachen die unaufschiebbaren Feststellungen hinsichtlich Auffindungssituation und Todesursache trifft. Seiner Aufgabe als Ansprechpartner wurde der KDD des Amtes in diesem Fall zwar gerecht, darüber hinaus aber konnte er nur dienlich sein, wenn er einen sachkundigen Beamten telefonisch erreichte. Wenn nicht, musste die Angelegenheit bis zum nächsten Morgen oder Werktag ruhen, denn Bereitschaftsdienste für die speziellen Sachgebiete waren nicht vorgesehen, so wie das PP München z. B. Wochenbereitschaften für Mord, Brand, Staatsschutz und Erkennungsdienst unterhielt. Nach meinen Vorstellungen entbehrte das Amt einer seiner Aufgabenstellung gerecht werdenden Organisation. Aber ich war als SGL ja nur unteres Management und wurde mit meinen Ideen und Vorstellungen über aufgabenrecht organisierte Verbrechensbekämpfung ständig nur ausgebremst. Wie warnten mich Kollegen, die mich kannten: Mit Vorschlägen läufst du hier gegen Wände!

Zwischen Weihnachten und Neujahr (1983) nahm ich an einem in dieser toten Zeit angebotenen Seminar für SPUDOK-Anwender teil. Ich wollte mich auf diesem Gebiet etwas kundig machen, vor allem im Hinblick auf die in diesem vornehmlich freitextlichen System vorgesehene Zusammenführung von Suchbegriffen.

Zum 1. Januar 1984 wurde ich endlich zum EKHK (A 13) ernannt. Ich fragte mich, warum erst sieben Monate nach Übernahme der Aufgaben eines Sachgebietsleiters? Andere waren sofort nach Einweisung in die Planstelle befördert worden, ich aber war erst nur „abgeordnet". War ich meinen Vorgesetzten wegen meiner oft kritischen Veröffentlichungen nicht geheuer? Die mit der Beförderung einhergehende Gehaltserhöhung in Höhe von rund 300 DM monatlich war mir damit sieben Monate lang vorenthalten worden. Ich konnte mich nun vor Ablauf von drei Jahren aber auch nirgendwo anders mehr hinbewerben.

Eines Tages bat mich einer meiner Mitarbeiten von der Gruppe der „Überörtlichen", ein junger, gewitzter, humorvoller Oberkommissar, der als Abiturient und „Seiteneinsteiger" über die Beamtenfachhochschule gekommen war und sich hervorragend bewährte, wann er mich denn einmal unter vier Augen sprechen könne, er hätte da ein persönliches Anliegen. Das war nun ein typischer Fall, weswegen ich als SGL ein Einzelzimmer haben wollte. Ich nahm ihn mit in ein Café vorne an der Nymphenburger Straße. Als er mir eröffnete, dass er in ein Kloster gehen wolle, und ob ich als sein unmittelbarer Vorgesetzter etwas dagegen hätte, glaubte ich erst, er mache Spaß. Er, der lustige, schwarzbärtige, bei den Mädels gern gesehene junge Mann wollte ins Kloster? Er möchte studieren, begründete er seinen mehr als seltsamen Schritt, im Kloster ermögliche man ihm dies. „Theologie?", fragte ich. Nein, nein, das werde nicht verlangt. Gefalle ihm denn der interessante Beruf eines Kriminalisten nicht? Doch, doch, das sei es nicht. Tja, da musste ich wohl Ja und Amen sagen. Er bedankte sich herzlich und verkündete, dass er dann sein Entlassungsgesuch einreichen werde, ich möge dies aber vorerst noch für mich behalten. Schade, gerade ihn hätte ich gern bei mir behalten. Wie ich in meinem früheren, für Gewalt- und Rohheitsdelikte zuständigen Kommissariat der Münchener Kripo, einen meiner tüchtigen Mitarbeiter, der zur Mordkommission wollte, nicht verlieren wollte und es ihm verwehrte. Kaum aber war ich weg, ging er. Und bewährte sich hervorragend auch beim Mord. Diesen Deliktsbereich sah er als Königsdisziplin. Gut, das konnte ich verstehen. Ich hatte auch einmal gedacht, mir mit dem Sachgebiet überörtliche Kriminalitätsbekämpfung einen Wunschtraum erfüllen zu können – und hatte mir nichts als Frust eingehandelt. Aber ins Kloster ?

Der Wunsch meines jungen Mitarbeiters, mich allein sprechen zu wollen, veranlasste mich, mir endlich ein Einzelzimmer zu verschaffen. Mit einem meiner Mitarbeiter vermeinte ich im Hinblick auf die nächste periodische Beurteilung ein Kritik- bzw.

Fördergespräch führen zu sollen und bat meinen Vertreter, mich so lange allein zu lassen – worauf er mir beleidigt war. Ich hatte mir über die Stärken und Schwächen meiner Mitarbeiter bereits einige Notizen gemacht, hätte mir dies allerdings sparen können, denn in diesem Amt war ich für die Beurteilungen meiner Mitarbeiter nicht zuständig, wie ich es als Kommissariatsleiter beim PP München selbstverständlich gewesen war und mir den Kopf darüber zerbrechen durfte, welche meiner Mitarbeiter anhand der vorgegebenen Quoten für die einzelnen Benotungen an der Spitze und welche am Schluss stehen sollten. Auch wenn der Dezernatsleiter sie erst absegnen musste und der Direktionsleiter auch noch ein Wort mitzureden hatte. In diesem Amt aber nahm der Dezernatsleiter die Beurteilungen vor. Er wusste meine Leute wohl besser einzuschätzen als ich, der ich täglich mit ihnen zu tun hatte. Aber gut, ein Sachgebiet oder Kommissariat ist an sich keine Dienststelle, es verfügte ja nicht einmal über ein Geschäftszimmer. Als Dienststellenleiter galt erst ein Dezernatsleiter, der in einem Geschäftszimmer ein oder zwei Angestellte beschäftigte, die den Sachgebieten über etwaige Verwaltungsaufgaben hinaus auch als Schreibkräfte dienten.

Beim PP München war ich als Kommissariatsleiter zwar ebenso wenig Dienststellenleiter, hatte in meinem Kommissariat aber Organisationsfreiheit. Das müsste man mir in diesem Amt eigentlich auch zugestehen. Ich entwarf also einen Zimmerbelegungsplan, mit dem ich in erster Linie eine Umbesetzung meiner Leute vornehmen wollte, um sie so zu platzieren, dass größere Ermittlungsfälle von gut zusammenarbeitenden Ermittlerteams in ein und demselben Zimmer bearbeitet werden können und ggf. in jedem Zimmer ein gehobener Beamter als federführender Sachbearbeiter und Teamleiter vorhanden ist. Mit meinen wenigen Leuten war dies kein Problem, auch wenn ich dabei für mich ein Einzelzimmer reservierte. In mehreren der größeren Zimmer blieben dabei immer noch Arbeitsplätze für einen dritten oder vierten Mann frei, sollten Unterstützungskräfte unterzubringen sein.

„Kommt nicht infrage", lehnte nun bereits der Dezernatsleiter meinen Plan ab. Was mich ungemein motivierte!

Aber ich wollte wenigstens noch dafür sorgen, dass mein Sachgebiet mit Schreibmaschinentischchen und Büroschreibmaschinen ausgestattet würde, auf dass meine Sachbearbeiter nicht immer nur ihre Reiseschreibmaschinen auf die Vorgänge auf ihren Schreibtischen hieven mussten, nachdem die Strategen in diesem Amt die Ansicht vertraten, dass sie ja doch meist auf Dienstreise waren und keine Büromaschinen benötigten. Auch wollte ich selbst eine haben, um nicht für jeden Schriftsatz das Dezernatsgeschäftszimmer aufsuchen zu müssen, um ihn einer der Schreibkräfte zu diktieren. Und Aktenregale forderte ich an, damit meine SB die Aktenordner für ihre Ermittlungskomplexe nicht immer auf dem Fußboden aufreihen mussten. Dass mir das SG Versorgung in den außergewöhnlich heißen Sommerwochen des Jahres 1983 keinen Ventilator für den TÜ-Raum zur Verfügung stellen wollte, in dem die Sachbearbeiter im Schichtdienst mit nacktem Oberkörper schweißgebadet bis in die Nacht hinein ausharren mussten, brachte mich erneut auf die Palme. Als der SGL Versorgung an einem Tag, als endlich ein Tiefausläufer ein wenig Abkühlung brachte, vorbeikam, um die Temperatur in dem Raum zu messen, eine Temperatur von mittlerweile nur noch 30 Grad maß, die er für zumutbar hielt, hätte ich ihn am liebsten hochkant rausgeworfen. Der zweite Stock des an das Altgebäude anschließenden Neubaus, in dem unsere Büros lagen, war zurückgebaut und das vorspringende Geschoss darunter mit Kiesel bedeckt, auf den die Sonne gnadenlos herniederbrannte und die Fassade aufheizte. Das vermochte der Mann partout nicht einzusehen. Für die elektrische Schreibmaschine der Schreibkräfte des Dezernats bewilligte er dann aber ein Rolltischchen, auf dem sie sie zu den Sachbearbeiter rollen konnten, denn auf den mechanischen Büromaschinen kamen sie mit ihrem mittlerweile an die Elektrische gewohnten Anschlag nicht mehr zurecht.

Noch einmal flackerte mein Engagement auf. Der meinem Sachgebiet bereits vor meinem Dienstantritt zugewiesene und geklärte Ermittlungskomplex gegen die „Tresorknacker- und Einbrecherbande", über den ich lediglich noch den Pressebericht schrieb (s. 19. Folge), beinhaltete neben den Einbruchsdiebstählen in Banken, bei denen mittels Hydraulikpressen Nachttresore aus ihren Verankerungen gedrückt worden waren, auch Fälle, in denen mittels Diamantkernbohrgerät Tresore geknackt wurden. Es wurde erst ein Stück der Stahlummantelung in entsprechendem Umfang aufgeschweißt oder per Flex herausgefräst, mit dem Diamantkernbohrgräte sodann die Betonarmierung durchbohrt und sodann die freigelegte innere Stahlplatte aufgeschweißt, wobei allerdings in der Nähe liegende Banknotenbündel durch die Schweißflamme angesengt wurden. Wasserlachen, versetzt mit weißlichem Schlamm, hatten sich im Tresorraum ausgebreitet, denn der Diamantbohrer musste gekühlt bzw. der abgefräste Beton ausgeschwemmt werden, wozu die Täter einen Gartenschlauch vom nahen Waschraum her angebracht hatten. In einem zweiten Fall war in die Betonwand zum Schließfachbereich durch mehrere in einem Viereck angebrachte Bohrungen ein Durchschlupf geschaffen und aus einer Reihe aufgebrochener Schließfächer Bargeld, Schmuck und Wertpapiere geplündert worden.

Diese Fälle blieben zunächst ungeklärt, die in dem Ermittlungskomplex überführten Täter kamen hierfür nicht infrage. Aufgrund der vom IM gem. Art. 7 (3) POG vorgenommenen Zuweisung musste weiter daran gearbeitet werden, was indes nur mit Unterbrechungen möglich war, denn die wenigen im Sachgebiet für überörtliche Fallkomplexe zur Verfügung stehenden Sachbearbeiter waren anschließend auch in den Ermittlungskomplex „Diebstahl sakraler Kunstgegenstände" eingebunden und wurden nach dessen Abschluss sogleich wieder im Bereich der Wirtschaftsdelikte verwendet, wie z. B. meine tüchtige Mitarbeiterin Claudia Rauhe (geänderter Name meinem Roman BITTERE ERKENNTNIS entnommen), eine wie ich von der Münchner Kripo übernommene Kriminalhauptkommissarin, die zusammen mit KOK Norbert Dornheim (geänderter Name w. o.) in einem Immobilien- und Darlehensbetrug in Millionenhöhe ermittelte und zu meinem Leidwesen für die noch ungeklärten Bankeinbrüche nicht zur Verfügung stand. Ich musste diese Fälle einem KHM überlassen, der vor kurzem erst vom Falschgeld herübergekommen war, aber nicht minder engagiert anpackte und bei einer Wohnungsdurchsuchung erfuhr, dass der bereits flüchtige Verdächtige eine Kiste voll Werkzeug in einem der Münchner Baggerseen versenkt hatte. Er forderte die Tauchergruppe der Bereitschaftspolizei an, die das Werkzeug tatsächlich fand. Das für Formspuren zuständige Sachgebiet war mit dem Wust an Meißeln, Zangen und Schraubenschlüsseln aber dann doch überfordert – solange ich dem Sachgebiet noch vorstand, fand sich jedenfalls keine Übereinstimmung mit an einschlägigen Tatorten gesicherten Werkzeugspuren.

Wie ich feststellen konnte, stiegen die Bankeinbrüche sprunghaft an, seitdem einige der bekanntesten Einbrecher und Schränker aus der Münchner Unterwelt nach jahrelanger Haft aus dem Knast entlassen worden waren – vorzeitig natürlich. Während 1981 in Bayern 161 Einbruchsdiebstähle in Banken, Sparkassen und Poststellen zu verzeichnen waren (17 davon in München), waren es 1982 schon 214 (73 davon in München), 1983 schließlich 274 (82 davon in München). Es lag auf der Hand, dass unsere alten Kunden sich neu formiert hatten und ihren aufgestauten Tätigkeitsdrang voll zur Entfaltung brachten. Zumal da und dort die Handschrift des einen und anderen klar zu erkennen war. Nachdem sich die Hinweise auf unsere alten Kunden mehr und mehr verdichteten, waren neuerliche Bankeinbrüche mittels „heißer Arbeit" und „Diamantbohrung" zu verzeichnen. Die Raubüberfälle (gemeint waren wohl vornehmlich Einbrüche) auf Banken, Sparkassen und Poststellen, wo auch Mengen an Postwertzeichen entwendet wurden, nahmen 1984 lt. Münchner AZ vom 29. 02. 1985 um fast ein Drittel auf 358 Fälle zu, worauf der damalige Innenminister Dr. Karl Hillermeier meinte, dass gerade von den kleineren Zweigstellen noch mehr Vorsorge gegen Überfälle und Einbrüche getroffen werden müsse, wollte ich mich wieder verstärkt unseren ureigensten Fällen widmen. War ich doch der Meinung, dass vor allem die Ermittlungen intensiviert werden müssten. Auch wenn diese Fälle von der Schadenshöhe her mit Millionenbetrügereien nicht zu vergleichen waren und die Wirtschaftsdelikte lt. besagtem AZ-Bericht um 10,2 % auf

15.216 Delikte mit einem Gesamtschaden von 424,4 Millionen Mark zugenommen hatten. Mir lagen Einbruchsdiebstähle mehr an als Großbetrügereien, die vornehmlich Leute betrafen, die ihr Vermögen weiter mehren wollten und auf Betrüger reinfielen. Einbruchsdiebstähle beeinträchtigen m. E. das Sicherheitsgefühl der Bevölkerung allemal mehr, als Betrügereien gegenüber mehr oder weniger Begüterten. Auch wenn sie, wie in diesem Fall, nicht unmittelbar Bürger betrafen, sondern Banken.

Trotz anfänglicher Bedenken meiner Mitarbeiter, dass wir weitere umfangreiche Ermittlungen nicht schaffen könnten, wollte ich auf breiter Front angreifen. Meine Leute ließen sich motivieren und packten mit an, auch wenn vorerst nur zwei, später dann drei Sachbearbeiter vorgesehen werden konnten. Nach neuerlichen Bankeinbrüchen wurde kriminalistische Kleinarbeit im wahrsten Sinne des Wortes geleistet. Endlich konnte auch festgestellt werden, aus welcher Straftat die Diamantkernbohrgeräte stammten – aus einem Einbruch im Bereich des PP München, wo er als UT-Anzeige registriert war. Als dann auch noch ein nach einer von einer benachbarten Behörde gesteuerter Zufall zu Hilfe kam (Kontrollmeldung nach einer von dort vorgenommenen PB-Ausschreibung[2]), schien die Bande professioneller Krimineller, die sich hier zusammengetan hatte, greifbar und überführbar. Die Aussage der Ex-Ehefrau eines der Tatverdächtigen bestätigte zwar in einem der Bankeinbrüche den Tatverdacht gegen einen der potentiellen Verdächtigen und die Aussage der Freundin dessen Flucht in die Türkei. Doch das genügte nicht, die ganze Bande auszuheben. Das Spiel „Räuber und Gendarm" begann spannend zu werden.

Um schlüssig zu beweisen, dass hier eine kriminelle Vereinigung gem. § 129 StGB am Werk war und damit gem. § 100a Strafprozessordnung Telefonüberwachungen gerechtfertigt waren, die allein die Verbindungen untereinander zutage fördern und weitere kriminaltaktische Maßnahmen ermöglichen konnten,

---

2 PB = Polizeiliche Beobachtung

mussten unter den tatrelevanten Kriminellen sämtliche früheren und aktuellen Querverbindungen sowie alle einschlägigen Einbruchsdiebstähle erfasst werden, also die Ausgangslage festgestellt werden. Es stand dafür an sich ein für das zugewiesene Verfahren der Diamantkernbohreinbrüche bereits genehmigtes SPUDOK-Programm zur Verfügung. – ein unschätzbarer Vorteil, wenn auch immens arbeitsintensiv. Strategisches Ziel der Ermittlungen musste also sein, die tatrelevanten Kriminellen als kriminelle Vereinigung zu überführen, deren Zweck oder Tätigkeit darauf gerichtet sind, Bank- und Poststelleneinbrüche, einschlägige Beschaffungsdiebstähle (von Einbruchsgerät bis zu Kfz) und eventuelle sonstige Straftaten zu begehen, in welcher Zusammensetzung und in bezug auf welche Delikte auch immer. Das taktische Vorgehen sollte zunächst auf Observation, TÜ, PB, allgemeiner Informationsgewinnung und kriminaltechnischer Untersuchung basieren. Mein als federführender Ermittlungssachbearbeiter bestimmter Mitarbeiter kam mittlerweile auf die Idee – er war vorher im Sachgebiet Falschgeld tätig und kannte sich insoweit aus –, per Bankenverteiler die Geldinstitute aufzufordern, angesengte Geldscheine, die ersetzt wurden, wenn ein Schein noch über die Hälfte vorhanden war, zu melden. Allein damit kam eine Unmenge an Arbeit auf uns zu. Zigtausende DM bekamen wir zugesandt, die wir nun dahingehend untersuchen lassen mussten, ob und wer seine Fingerabdrücke darauf hinterlassen hatte, ein schier hoffnungsloses Unterfangen. Darunter viele Scheine, die zusammengerollt offenbar als Fidibus zum Anzünden von Zigarren oder Pfeifen verwendet worden waren. Wie gingen so manche nur mit ihrem Geld um!

Während die auf dieses Ziel hin ausgerichteten Ermittlungen in Angriff genommen wurden, geriet das Ganze auch schon gleich ins Stolpern. Die Personalstärke des Sachgebiets reichte nicht aus. Gleichwohl wollte ich sehen, welchen Umfang die Aktivitäten der hier zu vermutenden kriminellen Vereinigung denn aufwiesen. Ich konnte mir nicht vorstellen, dass man den erkennbaren kriminellen Brennpunkt nicht bekämpfen wollte, so er erst einmal aufgezeigt wurde.

Ich machte mich beim „Kriminalpolizeilichen Meldedienst" des Amtes (KPMD) kundig, wo mir einer der dortigen Sachbearbeiter Einblick in die von den Basisdienststellen draußen im Land per KP 13 und KP 14 gemeldeten einschlägigen Fälle und Täter gewährte. Die Richtlinien des KPMD waren vor noch nicht allzu langer Zeit neu gefasst worden, befolgt aber waren sie weiterhin nur lückenhaft worden und mussten demzufolge lückenhaft bleiben. Insbesondere waren Meldungen des PP München zu vermissen, das seinen eigenen Meldedienst betrieb, wie ich ja wusste, denn vom LKA waren keine Rückmeldungen im Hinblick auf etwaige Tatzusammenhänge zu erwarten. Beim KPMD wurden die eingehenden Meldungen an sich, sofern dem einen oder anderen Sachbearbeiter nicht Zusammenhänge auffielen, nur verwaltet – in Handkarteien. Für mich ein Vorteil. Ich lieh mir die infrage kommenden Karteikarten aus und übertrug die relevanten Daten in die Vordrucke für die Bildschirme der SPUDOK-Erfassung[3], die bei umfangreichen Serien anhand bestimmter Beschreibungen das Erkennen von Tatzusammenhängen erleichtern und analog dazu in Listenausdrucken bestimmte Übersichten bieten sollen – wobei ich wieder ganz in meinem Element war, denn Lagedarstellungen waren nun einmal mein Ding. Es kam mir dabei darauf an, anhand der jeweils angegriffenen Objekte, der Begehungsweise und Tatmittel, der Spuren und sonstigen Hinweise sowie natürlich der Tatzeit, der Tatorte und Tatörtlichkeiten Tatzusammenhänge herzustellen. Insofern übernahm ich die Aufgaben des KPMD, worüber der mir zuarbeitende Kollege hoch erfreut war, denn damit konnte er in seinem eigenen Aufgabenbereich punkten. Dass kriminalpolizeiliche Erkenntnisse, soweit sie nach datenschutzrechtlichen Bestimmungen, die vornehmlich die freie Entfaltung der Persönlichkeitsrechte im Auge hatten, den Schutz der Gemeinschaft darüber aber unberücksichtigt ließen, überhaupt noch geführt werden durften, in wirklich zweckdien-

---

3 SPUDOK-System – ermöglicht Überblick über das Spuren- und Hinweisaufkommen sowie die Zusammenhänge aus verschiedenen Quellen etc.

licher Art lediglich bei einer Großstadtpolizei vorhanden waren und die über das Land verstreuten Unterlagen so gut wie verloren blieben, nachdem dort in der Art eines Drei-Mann-Postens nur A- und B-Tagebücher geführt und umfangreichere Ermittlungsakten von den jeweiligen Sachbearbeitern verwaltet wurden, war meiner Sache natürlich wenig dienlich. Waren die Daten doch vor allem im Hinblick darauf von Bedeutung, ob eine bekannt gewordene Straftat nach ihrem *modus operandi* etwa der bisherigen Vorgehensweise eines der tatrelevanten Kriminellen zugeordnet werden konnte. Weiter geriet meine SPUDOK-Erfassung schon gleich einmal ins Schwimmen, als ich die Tatzeiten mit den Haftzeiten potentieller Täter zu verknüpfen suchte. Nicht nur, dass die Einträge in der Haftdatei hinsichtlich der Zeiten in den jeweiligen JVAs sowie der tatsächlichen Haftdauer erst einmal chronologisch geordnet werden mussten. Sie waren vor allem unvollständig. Die zahlreich und freigebig gewährten Hafturlaube waren in aller Regel nicht enthalten.

Es blieben Lücken. So waren z. B. Hinweise auf bestimmte, von gewissen der tatrelevanten Kriminellen angeblich begangene Straftaten trotz allem Aufwand nicht zuzuordnen, weil diese Straftaten offenbar nicht gemeldet worden waren. Mit vagen Hinweisen, dass A. und B. vor geraumer Zeit einen Panzerschrankaufbruch begangen haben sollen, bei dem sie an die 100.000 DM erbeuteten und C. und D. an einem bestimmten Wochenende einen Einbruch in ein Postamt versucht haben sollen, ist nun einmal ermittlungs- und vernehmungstaktisch nicht viel anzufangen, solange den mutmaßlichen Tätern Daten dieser Taten nicht konkret vorgehalten werden konnten.

Nachdem die Ermittlungen zunächst auf der Stelle traten, ergaben sich plötzlich Hinweise auf eine Gruppe professioneller Bankeinbrecher. Der Verdacht, dass die Gruppe eine ganze Reihe von Bankeinbrüchen begangen hat – ich glaubte **Zusammenhänge mit rund 30 Bankeinbrüchen** zu erkennen – und Parallelen zu einer Reihe von Tresoraufbrüchen mittels Flex gegeben waren, veranlasste mich, eine Zuweisung der Gesamtermittlungen dieser Fälle durch das Innenministerium zu beantragen. Mein Abteilungsleiter, der die Weiterleitung ans IM unterschreiben sollte, aber lehnte ab. Er ordnete an,.die Ermittlungen einfach wie bisher weiterzuführen. Gerüchteweise kam mir zu Ohren, dass auch bereits einige der Dienststellen im Land dagegen protestierten, Fälle abgeben zu müssen (hatten die über die Buschtrommeln also schon gehört, dass da im LKA einer war, der ihnen Fälle wegnehmen wollte?). Wer sollte nun für die einzelnen über das ganze Land verstreuten Einbruchsdiebstähle zuständig sein? Die örtliche Polizeiinspektion? Die für einige Landkreise zuständige Kriminalpolizeiinspektion? Nun, in den Aufgabenkatalogen ist dies so vorgesehen. Selbst wenn diese über Tatzusammenhänge informiert wurden, was an sich Aufgabe des KPMD (gewesen) wäre. Welche Erfolge versprach man sich davon, wenn die einzelnen Ermittlungssachbearbeiter kreuz und quer durchs Land auf Dienstreise gingen, um den Zusammenhängen nachzujagen? Oder, wie es üblich war, Ermittlungs- und Vernehmungsersuchen zu verschickten in der Hoffnung, dass sich der Kollege darum genau so akribisch annimmt, wie er es vielleicht täte, wenn es einer seiner eigenen Fälle wäre, mit denen er in der Regel bereits genug zu tun hatte?

Zu jener Zeit hielt der BDK-Landesverband Bayern im Rittersaal der romantischen Altenburg in Bamberg seinen 8. Landesdeligiertentag ab, an dem auch ich als Mitglied des Landesvorstandes und Redakteur des Landesteils Bayern unserer Zeitschrift teilnahm.

Der die Polizeiabteilung des Innenministeriums leitende Ministerialdirigent, der dazu eingeladen war, forderte in seiner Ansprache eine Konzentration auf das Wesentliche.

Was um alles in der Welt aber ist das Wesentliche der Kriminalitätsbekämpfung, wenn nicht die Bekämpfung gerade professioneller Krimineller ...?

In meinem Sachgebiet brach indes die gesamte, im Hinblick auf umfassenden Angriff aufgebaute Motivation zusammen. Die Luft war raus. Meine Mitarbeiter hielten mir, der ich immer noch der Meinung war, man müsse doch zumindest feststellen, welche der Gauner für welche der registrierten Bankeinbrüche konkret ins Auge zu fassen seien, allein um zu wissen, an welche Dienststellen die weiteren Ermittlungen dann abgetreten werden können, vor, dass wir dafür doch gar nicht zuständig seien. Dafür war ihnen nicht einmal ein Vorwurf zu machen. Ich aber, der ich seit eh und je der Kriminalitätsbekämpfung mit Haut und Haar verhaftet war, war frustriert wie nie zuvor, auch wenn ich einzusehen vermochte, dass ich nicht an mich ziehen konnte, wozu ich gar nicht genügend Leute hatte. Also musste es wohl dabei bleiben, dass niemand den Zusammenhängen nachging. Gleichwohl musste sich jemand, der mein Sachgebiet mit „überörtlicher Kriminalitätsbekämpfung" betraut hatte, etwas dabei gedacht haben!

Engagement vermag in der Regel alle Hemmnisse zu überwinden, wenn es nur nicht durch einengende Direktiven abgewürgt wird. So gab ich die Hoffnung noch immer nicht ganz auf und verfasste einen kritischen Beitrag für unsere Verbandszeitschrift, in dem ich deutlich machte, wie Kriminalitätsbekämpfung über die eigenen Beine stolpern kann. War doch in der Satzung unseres Berufsverbandes u. a. festgelegt: „Aufgaben und Ziele sind insbesondere, die Mitwirkung bei der Entwicklung einer fortschriftlichen und praxisnahen Bekämpfung der Kriminalität." Hierzu einen Anstoß zu geben, fühlte ich mich berufen. Wie ich mit Kritik in meinen zahlreichen Fachartikeln ja auch nicht sonderlich zurückhaltend war.

Jetzt wurde man bei Amtsleitung sowie im Innenministerium aufmerksam. Ich wurde vor ein Tribunal der Amtsleitung zitiert – alles Juristen. Sie kanzelten mich ab nach Strich und Faden, und als ich einzuwenden wagte, dass ich es begrüße, dazu Stellung nehmen und meine Gründe für meine harsche Kritik darlegen zu können, fuhr mir der Herr Präsident über den Mund: „Davon will ich nichts wissen!"

Nun, ich kämpfe grundsätzlich nicht ums Wort, und so stand ich auf und ging. Es war mir indes klar, dass meines Bleibens in der Ermittlungsabteilung des Amtes nicht weiter war. Mit meinem hartnäckigen Bestreben für effektivere Kriminalitätsbekämpfung hatte ich mir wieder einmal den eigenen Ast abgesägt. Einen meiner nächsten Kriminal- bzw. Polizeiromane; dessen fiktive aktuelle Handlung ich in meinem Sachgebiet ansiedelte und dessen Protagonisten GEORG HAGER ich meinen eigenen beruflichen Werdegang unterlegte und gegen die Mafia ermitteln ließ, trug denn auch den Titel: BITTERE ERKENNTNIS (Selbstverlag bei H. J. Prinz, 9,– EUR).

Anmerkung:
In einem Beitrag über die Kriminalitätsentwicklung in Bayern im Jahr 2009 schrieb das BStMI in seiner Broschüre BAYERNS POLIZEI Nr. 1/2010 u. a.: „Auf Basis aktueller Lageinformationen gehen wir mit zielgerichteten Einsatzkonzeptionen gegen jede Form der Kriminalität konsequent vor."

Rekonstruktion eines von Bankeinbrechern vorgenommenen Mauerdurchbruchs (Betonwand des Kellers) mittels Diamantkernbohrgerät. Die Täter gelangten durch die herausgebohrte Öffnung in den Raum mit Bankschließfächern, die sie aufbrachen; sie entwendeten daraus Schmuck und Bargeld.   Foto: BLKA

21. Folge

Kriminalstatistik und Kriminalitätsentwicklung

Wieder einmal half mir mein Hausarzt aus der Verlegenheit, als ich wegen nervöser Magenbeschwerden und permanenter Rückenschmerzen und Nackenverspannungen von der ständigen Lese- und Schreibhaltung an meinem Schreibtisch bei ihm vorsprach. Für zwei Wochen schrieb er mich krank.

In der zweiten Woche bekam ich zu Hause einen dienstlichen Anruf. Doch nicht das Amt erkundigte sich etwa nach meinem Befinden. Das Innenministerium war es, ein Kollege, mit dem zusammen ich Anfang der 1970er-Jahre beim Staatsschutz gegen die rebellierende Studentenschaft und während der Olympischen Spiele 1972 für die Sicherheit der Olympioniken gekämpft hatte. Kurz danach war er, Lehrgangsbester seines Aufstiegslehrgangs, vom Innenministerium vereinnahmt worden und nun dort in der Polizeiabteilung tätig.

„Dir gefällt es wohl nicht in deinem Sachgebiet?", fragte er. Hatte er davon erfahren, dass ich hier in Ungnade gefallen bin?

„Im Sachgebiet schon, nur nicht in der Ermittlungsabteilung."

Er lachte. Er wusste Bescheid. Wir hatten uns immer gut verstanden und bei der Münchner Kripo manch vergnüglichen Abend im Kollegenkreis verbracht. Ich war damals gerade zum Amtmann befördert worden (später umetikettiert in Hauptkommissar), und da hatte er mir mal geraten, ich wäre doch der geborene „Amtmann" und sollte als solcher die verantwortliche Leitung des Einsatzgeschehens der damaligen Staatsschutzabteilung übernehmen. Tja, aber da war der Abteilungsleiter, ein Beamter des höheren Dienstes, der das Sagen und letztlich die Verantwortung hatte. Da würde ich ja trotzdem nur gegängelt.

„Würdest du dich auf ein anderes Sachgebiet umsetzen lassen?"

„Käme darauf an." Mir kam der Gedanke, dass mir die Leitung einer KPI irgendwo im Umland von München gefallen könnte.

„Für das Sachgebiet 522, Kriminalstatistik und Auswertung, suchen wir einen neuen Leiter. Seit der vormalige Leiter weggestorben ist, haben wir mit diesem Sachgebiet immer nur Schwierigkeiten."

Kriminalstatistik? Würde mir liegen. Für meine Fachartikel befasste ich mich immer wieder mal damit und kannte mich einigermaßen darin aus. „Okay, einverstanden."

Wieder im Dienst, wurde ich sofort zum Vizepräsidenten gerufen. Er fragte mich, ob ich die Kriminalstatistik übernehmen wolle. Ja, ich wollte, ich war ja schon darauf vorbereitet. Zurück in meinem Sachgebiet, berief ich sogleich eine Dienstbesprechung ein. Schweigend nahmen meine Mitarbeiter zur Kenntnis, dass ich sie verlassen würde. Auch mein Vertreter, dem ich in Aussicht stellte, dass er wohl noch einmal die Chance eröffnet bekäme, hier Sachgebietsleiter zu werden, enthielt sich jeglicher Äußerung. Dass ich einen Aufgabenbereich verließ, der ursprünglich mein Wunschtraum war, wenngleich er im Hinblick auf OK zu wünschen übrig ließ, gab ich nicht zu erkennen. Ich verzichtete gern auf einen Bereich, in dem ich mich nicht entfalten konnte.

Am 1. Dezember 1984 stellte ich mich über den Leiter der Abteilung V, ein ehemaliger Beamter des PP München wie ich, und den Dezernatsleiter, ein ehemaliger Landpolizist wie die meisten in diesem Amt, als neuer Leiter des SG 522 vor. Der DL rief meine neuen Mitarbeiter zusammen, stellte mich ihnen kurz vor, und ging sogleich wieder. Da stand ich nun vor einem Häufchen von Leuten, von denen ich keinen einzigen kannte: der Vertreter, ein Hauptkommissar in A 11, mit dessen Zuarbeit das IM offenbar nicht zufrieden war, eine Diplom-Mathematikerin im Angestelltenverhältnis, besoldungsmäßig mir in etwa gleichgestellt, eine Handvoll mittlere Beamte und eine Schreibkraft. Sie wandten sich schon gleich zum Gehen, als ich sie zurückhielt: „Meine Damen, meine Herren, lassen Sie sich kurz erklären, welchen Umstand sie es zu danken haben, endlich wieder mit einem neuen Sachgebietsleiter bedacht zu werden." Sie verhielten zögernd, und ich fuhr fort: „Bevor Ihnen Gerüchte zu Ohren kommen – oder schon zu Ohren gekommen sind –, warum ich von der Abteilung VI weggehe: Ich kam mit dem Abteilungsleiter nicht zurecht. Vom PP München her war ich es nicht gewohnt, dass man über meinen Kopf hinweg in mein Sachgebiet hineinregierte." Ich blickte in die Runde. Verschlossene Gesichter. Na, gut, interessierte sie wohl nicht.

„Will mir nun jemand meinen Arbeitsplatz zeigen?"

Mein künftiger Vertreter machte die Tür zum Nebenraum frei, unter der er stand. „Hier", bedeutete er mir schroff, „der Schreibtisch dort."

Zwei Schreibtische standen sich am Fenster gegenüber, einer davon mit ausgebreiteten Unterlagen bedeckt. Der Raum hatte keinen eigenen Zugang, er war wahlweise über die Zimmer daneben erreichbar. Es stank nach Zigarettenrauch, wie auch das große Büro, in dem die Leute versammelt waren. Ich war seit Jahren Nichtraucher.

Ich trat an den leeren Schreibtisch und stellte meine Aktentasche ab. Mein Vertreter, Harald O. (Name geändert), setzte sich an seinen Schreibtisch gegenüber und beschäftigte sich sogleich mit seinen Vorgängen. Er hatte sich selbst Chancen auf die Sachgebietsleiterstelle erhofft, das war mir klar. Doch ob er mich nun mochte oder nicht, vorerst brauchte ich ihn, niemand hatte mich darin unterwiesen, wie das hier lief. Die übrigen Mitarbeiter zogen sich an ihre Arbeitsplätze zurück, die Zwischentüren blieben offen und die Rauchschwaden zogen weiter durch den Raum.

Wortlos packte ich meine persönlichen Unterlagen aus und nahm Platz. Zum Kotzen schon gleich von Anfang an. Aber was soll's, ich wusste, dass ich zumindest die Zimmerbelegung umgehend ändern würde, ohne erst jemanden zu fragen.

Die Büros des Sachgebiets befanden sich im zweiten Stockwerk des Altbaus, direkt über dem überdachten Haupteingang mit Pförtnerloge und Blick hinunter auf die Bronzeplastik mit den Balkenarmen unter den hohen Bäumen. Das größere der Büros, in dem ich meinen Mitarbeitern vorgestellt worden war, war mit vier Arbeitsplätzen ausgestattet – fast ein Großraumbüro. Die Einbauschränke an der einen Stirnwand waren vollgepackt mit Computerausdrucken in großen schweren Ordnern, mit denen ich noch zu tun haben würde. Daran anschließend das Zweimannbüro, in dem ich mit meinem Vertreter residieren sollte, anschließend daran das Büro der zu meiner Verwunderung zum Sachgebiet gehörenden Diplom-Mathematikerin sowie über weitere Zwischentüren erreichbar zwei Büros in gleicher Größe, mit je einem Sachbearbeiter belegt. Ich sah ein paar Tage lang zu, was da in den Büros links und rechts so vor sich ging, verständigte mich mit Marlies E., der Dipl.-Math., einer großen, schlanken, selbstbewussten Frau, ob sie wohl in ihrem Büro mit meinem Vertreter auskommen würde, dann setzte ich meinen Plan in die Tat um, requirierte das Büro jenseits meines Vertreters und der Dipl.-Math. für mich, setzte den hier untergebrachten jungen, von der Münchner Schutzpolizei zum LKA versetzten Mitarbeiter zu den Kollegen und der Schreibkraft in das große Büro, wo ihn Kriminalhauptmeister Eckart M. (Name geändert), der hier das große Wort führte, noch etwas in den diffizilen Aufgabenbereich des Sachgebiets einarbeiten konnte und teilte einen der hier die Bude vollqualmenden Mitarbeiter das Zweimannbüro zu, das ich einnehmen sollte. Hier wollte ich auch das Terminal installieren lassen, das wir zwecks direkter Überprüfung der PKS-Datensätze demnächst geliefert bekommen sollten und für das ich schon gleich einen Arbeitsplatz neben den Schreibtischen quer zum einfallenden Licht vorsah – das meine schlauen Mitarbeiter, die abwechselnd daran arbeiteten, aber sogleich ans Fenster rückten, wo sie entgegen arbeitsmedizinischer Empfehlungen in den hellen Hintergrund blicken mussten. Na gut, sollten sie sich die Augen verderben, ich hatte es gut gemeint.

Übers Wochenende stattete ich mein neues Büro nach meinen Vorstellungen aus, befestigte mit Stahlnägeln ein kleines Bücherregal an der kahlen Wand mit meinen grundlegenden Gesetzesbänden StGB und StPO, den Erinnerungskrügen unserer 7. BPH mit dem Wappen von Eichstätt und dem bayerischen Rautenwappen, dazwischen den schwarzen Panther, Wappentier der Bayerischen Polizei und dem Krug des BDK mit bayerischem Staatswappen, Bundesadler und dem BDK-Schild dazwischen, sowie einer Grünpflanze oben auf und daneben an einem ledernen Leibriemen all die Ärmelabzeichen und Mützensterne der Bayerischen Polizei.

Mein neuer Arbeitsplatz mit individueller Note und Aussicht auf imposante Altbauten im Stadtteil Neuhausen. Privatfoto

Auf dem Fensterbrett platzierte ich eine Sansevieria mit hohen Lanzenblättern, dazu einige niedrige Gewächse und eine kleine Gießkanne. Auf meinen Schreibtisch kam wieder die von meiner Frau liebevoll neu mit einer stehenden und einer hängenden Dracaene und einer buntblättrigen Peperomia bepflanzte Hydrokultur, wie sie mich schon von Schreibtisch zu Schreibtisch begleitete. Ein quadratisches Besprechungstischchen mit zwei Stühlen vervollständigte die Einrichtung, die mit meinen pflanzlichen Verschönerungen einen persönlichen Anstrich erhielt. Die eingebaute Schrankwand um die Tür vom Flur her inklusive Kleiderspind fiel kaum auf.

Zunächst bekam ich gar nicht mit, was da nicht stimmte, dass ich nur wenige Vorgänge auf den Tisch bekam, die mich als SGL direkt betrafen, die zahllosen Formblätter aber, mit denen die Daten der einzelnen Dienststellen im Land an das LKA gemeldet wurden, an mir vorbeiliefen. Ich hatte keine Vorstellung davon, wie das hier gehandhabt wurde und dachte, die KP-31a-Vordrucke mit den Statistikdaten würden unmittelbar der EDV-Erfassung zugeleitet (wie ich bei der Münchner Kripo als Kommissariats-leiter für korrekte Daten im Formblatt KP 31a/EDV garantierte, so glaubte ich dies auch von den Dienststellen im Land erwarten zu können). Niemand hatte mir diesbezüglich den Arbeitsablauf erklärt, wie ich schon bei meinem Dienstantritt in diesem Amt von niemanden in den speziellen Aufbau dieser „Superbehörde", wie sie in den Medien gern genannt wurde, eingeführt worden war, deren vielgestaltige Aufgaben spezielle Kenntnisse und Fähig-keiten erforderten. Ich könne mich ja selbst schlau machen, hatte mir der Abteilungsleiter VI damals auf meine Frage, wer mir denn die einzelnen Aufgabenbereiche erklären würde, lapidar bedeutete. Bis ich in meinem neuen Sachgebiet schließlich mitbekam, dass meine Mitarbeiter den in der Expedition im Erdgeschoss ein-gehenden sogenannten Einlauf täglich abholten – für Dezernat und Abteilung gleich mit – und die Statistikblätter KP 31a/EDV in eigener Kompetenz prüften und an das Statistische Landesamt in der Innenstadt, wo sie zur EDV erfasst wurden, weiterlieferten bzw. persönlich rüberbrachten und nach erfolgter Erfassung zurück-holten. Viele der Datensätze erwiesen sich bei der nach erfolgter Erfassung vorgenommenen Plausibilitätsprüfung noch immer als fehlerhaft – klar, bei manueller Prüfung fiel nicht gleich auf, dass diese und jene Schlüsselzahlen, mit denen die einzelnen Daten über die Straftat, die Tatverdächtigen und die Opfer mit den jeweiligen Spezialitäten nicht zueinander passten oder den PKS-Richtlinien nicht entsprachen. Im großen Büro saßen wir uns dann paarweise gegenüber und verglichen über Stunden hinweg die im EDV-Aus-druck angemerkten Unstimmigkeiten mit den nach Erfassung bei uns abgehefteten KP 31a/EDV-Vordrucken und bereinigten sie. Hier beim LKA schien mir die PKS nach anderer Auflistung er-stellt zu werden. Die Straftatenschlüssel orientierten sich hier – oder mittlerweile – an den Strafrechtsparagrafen, während ich mich bis-her an kriminologischer Untergliederung orientiert hatte, wie sie bundesweit vorgesehen war. Beim PP München wurden Straftaten generell durch die Kripo bearbeitet, nicht wie auf dem flachen Land die kleine und teils mittlere Kriminalität durch die Polizei-inspektionen. War dies der Grund für die häufigen Fehler in der

PKS-Erfassung? Eine Beschwerde einer der Polizeidirektionen aus der Provinz über die Rücksendung von Statistikmeldungen mit höhnischen Randbemerkungen durch meine Mitarbeiter schien mir Bestätigung dafür zu sein, dass man sich dort mit den PKS-Richtlinien vielfach nicht zurechtfand oder sie vielleicht nie gelesen hat. Ich überlegte, ob ich meinen neuen Mitarbeitern wenigstens die „Regeln des Schriftverkehrs", wie ich sie während meiner Tätigkeit beim Münchner Kripo-Stab in einer Fachzeitschrift veröffentlichte, unter die Nase halten sollte, ließ es aber dann. Dienstliche Schreiben waren Visitenkarten der Behörde. In diesem Amt legte man darauf aber wohl keinen Wert, sonst würde man so unbedarften Mitarbeiter nicht erlauben, unter dem Absender des Amtes höhnische Rügen zu versenden. Ich erinnerte mich im Hinblick auf kriminalpolizeiliche Ermittlungstätigkeit an einen Kollegen der Münchner Schutzpolizei, der seiner hohen Rangzahl nach vor Bewerbern aus der Kripo ein Kriminalkommissariat übernehmen konnte (weil nach Ansicht der hohen Politik ein als Generalist ausgebildeter Polizist ja alles könne und nicht erst zum Kriminalisten ausgebildet werden müsse), dann aber darüber klagte, dass er mit dem Arbeitsablauf der Kripo so gar nicht zurecht käme und allein schon Schwierigkeiten mit den diversen Statistikmeldungen habe. Tja, selbst ich als ausgebildeter Kriminalist, der ich ein Jahr lang die verschiedenen Aufgabenbereiche der Münchner Kripo durchlief und abschließend in einem Kriminalfachlehrgang den letzten Schliff bekam, musste mir, als ich schließlich Kommissariatsleiter und letztlich Sachgebietsleiter im LKA wurde, die jeweiligen Arbeitsabläufe und Aufgabenstellungen autodidakt aneignen, wusste aber wenigstens, was von einem kriminalpolizeilichen Sachbearbeiter erwartet werden durfte. Wie mir z. B. einmal einer meiner jungen Mitarbeiter einen Vorgang nebst Statistikmeldung vorlegte, in dem er schrieb, dass die Geschädigte ihren wertvollen Ring, den sie als gestohlen meldete, wiedergefunden habe – sie hatte ihn nur verlegt. Verwundert entgegnete mir der Kollege, dem ich den Vorgang zurück gab, dass aber doch eine Anzeige vorliege. Ja, aber kein Diebstahl – also auch kein Diebstahlsfall für die Statistik. Als Arbeitsstatistik dient die PKS nicht.

Noch bevor ich mich neuerlich auf meinen neuen Arbeitsbereich einstellen konnte, musste ich erst einmal eine, wie ich sie empfand, „Degradierung" einstecken. Im Sachgebiet Personal eine Etage tiefer hatte ich meine Kripo-Marke abzuliefern, verrichtete ich doch im Sachgebiet Kriminalstatistik nur noch Innendienst. Mir kam es nicht auf die ovale, an einer Kette in der Hosentasche zu tragende bronzefarbene Kripo-Marke an, ich fand sie allenfalls praktisch, wenn man sich in heiklen Situationen kurz ausweisen musste, im Getümmel in einer S-Bahn zum Beispiel, wenn Randalierer zurechtgewiesen werden sollten. Als Polizeibeamter ist man schließlich immer im Dienst. Meinen K-Dienstgrad durfte ich indes behalten und musste nicht auf meine Bezeichnung „Dipl.-Verwaltungswirt" zurückgreifen, die ich mit meinem Aufstiegslehrgang zum gehobenen Dienst berechtigt war zu führen (die Urkunde darüber musste ich für 60,– DM kaufen, was ich auch tat, denn man weiß ja nie, auf was die hohe Politik eines Tages für eine Tätigkeit oder weiteren Aufstieg an Nachweisen verlangte). Oder sollte ich mich schon gleich als Kantinenwirt bewerben …?

Aber was soll's, ich steckte es weg, überlegte aber aufgrund der Prügel, die mir in meinem Bestreben nach effektiver Kriminalitätsbekämpfung ständig zwischen die Beine geworfen wurden, ernsthaft eine vorzeitige Pensionierung. Unter Nackenverspannungen und Rückenbeschwerden litt ich längst und wusste nach einem langen, über meine Schriftsachen – und jetzt über Computerausdrucke mit den Statistiktabellen und meinen Tischrechner – gebeugten Tag oft nicht mehr, wie ich denn meinen Kopf halten sollte. Wenn ich nun noch mangelnde Motivation dazu nahm, dann war es Zeit zu gehen. Doch da kam mir ein privates Hemmnis dazwischen, mit dem ich nicht gerechnet hatte. Der mit öffentlichen Geldern errichtete Wohnblock, in dem ich mit meiner kleinen Familie eine knapp 70 qm große Drei-Zimmer-Wohnung mit Balkon zur Südseite, auf dem wir so manche Ferientage verbrachten, innehatte, wurde privatisiert und zum Kauf angeboten. Klar, dass ich sie erwerben musste. In welch teure, privat finanzierte Mietwohnung hätte ich denn sonst unterkommen können? Mein Bausparvertrag, der zum Glück gerade zuteilungsreif wurde, reichte bei Weitem nicht. Ich musste zum Kauf unserer Wohnung, in der wir seit rund zwanzig Jahren wohnten und in der meine Frau nach der Heirat unserer Tochter das Kinderzimmer als ihre Kemenate bezogen hatte und ich das elterliche Schlafzimmer als mein Schlaf- und Bürozimmer ausstattete, noch einen größeren Bankkredit aufnehmen. Rund tausend Mark waren allein dafür monatlich für Zins und Tilgung aufzuwenden, gerade der Betrag, der mir bei vorzeitiger Pensionierung fehlen würde. Ich nahm also – vorerst – davon Abstand. Mein Dezernatsleiter, dem ich von meinen Beschwerden und meinem Wunsch einer vorzeitigen Pensionierung einmal erzählte, hatte aber damit gerechnet, denn als ich nicht dergleichen tat, fragte er mich, wann ich mich denn pensionieren lassen wolle, er würde gern meinen Vertreter zu meinem Nachfolger vorschlagen. Ausgerechnet diesen Unsympathen! Mir aber war längst klar, dass sie mich in diesem Amt nicht mochten. Wie ja auch ich für dieses Amt keine Sympathien aufzubringen vermochte.

Gleichwohl brachte ich es nicht fertig, die Dinge schleifen zu lassen. Meinem Beruf hatte ich mich nun einmal trotz aller Querelen mit Haut und Haar verschrieben.

Zunächst nahm ich den Jahresbericht in Angriff, zu dem vorab dessen zigseitige „Kurzfassung" für die Pressekonferenz des Innenministers, mit der er vor der Schar der dazu geladenen Journalisten die Kriminalitätsentwicklung des vergangenen Jahres verkündete und zu der ich unseren Amtschef begleiten musste, um ihm in meinen Unterlagen ggf. die infrage stehenden Daten aufzuzeigen. Der Jahresbericht bereitete mir insoweit kein Kopfzerbrechen, da ich mich an den Berichten der Vorjahre orientieren konnte und lediglich die Quotienten der Veränderungen errechnen und Erläuterungen dazu zu Papier bringen musste. Es durfte dabei nur keine Zeit verloren gehen, denn sobald die EDV-Abteilung im Hause die verschiedenen, dazu benötigten Tabellen wie Tabelle 01 – Grundtabelle, die eine Übersicht über alle innerhalb des Berichtsjahres in Bayern erfassten rechtswidrigen Straftaten, die Versuche hierzu, die Aufgliederung der Tatorte nach Einwohnerzahl, die Verwendung von Schusswaffen, die Aufklärungsquoten und die ermittelten

Tatverdächtigen zur Verfügung stellte, dazu diverse Tabellen über die Schadenshöhe, die Tatzeiten, die Tatverdächtigenstruktur, die Aufgliederung deutscher und nichtdeutscher Tatverdächtiger, die Aufgliederung der Opfer sowie die Opfer-Tatverdächtigen-Beziehung mit jeweils diversen Untergliederungen, wollte der Innenminister die Kriminalitätslage der Öffentlichkeit verkünden. Das danach herauszubringende Jahrbuch beinhaltete sodann noch eine Reihe der oben genannten Statistiktabellen.

Fallzahlen

In meinem ersten Jahresrückblick konnte ich konstatieren, dass die in den Vorjahren Jahr für Jahr zunehmende Zahl der in Bayern erfassten und 1983 mit 533 770 polizeilich registrierten Straftaten ihren (vorläufigen) Höhepunkt erreichten, im Jahr 1984 erstmals um 1,7 % auf 524 720 Fälle zurück ging, die Aufklärungsquote hingegen auf 59,6 % zunahm. Die Häufigkeitszahl (HZ), d. h. die Zahl der auf jeweils 100 000 gemeldete Einwohner entfallenden Straftaten, die regionale Vergleiche ermöglicht, betrug in diesem Jahr für Bayern 4785 Fälle. Für die Landeshauptstadt München war nach einem Rückgang der registrierten Straftaten um 2,7 % auf 91 607 Fälle und einem Anstieg der Aufklärungsquote um 1,5 % auf 50,5 % eine HZ von 7174 zu registrieren (unter vergleichbaren Großstädten nach wie vor niedrigste HZ). Für das Bundesgebiet (alte BRD) betrug die HZ in diesem Jahr 6755.

Neben der Kriminalitätsentwicklung im Gesamtbereich war auch auf die Entwicklung in den Präsidialbereichen und den großen Städten sowie auf die ermittelten Tatverdächtigen (TV) nach Geschlecht, Altersstruktur und Nichtdeutschen, auf den entstandenen Schaden, die Opfer, den Schusswaffengebrauch durch Rechtsbrecher sowie auf eine Reihe ausgewählter Straftaten und Straftatengruppen wie Gewaltkriminalität, Diebstahl unter sowie ohne erschwerende Umstände, Vermögens- und Fälschungsdelikte, Rauschgiftdelikte bis hin zur Umweltkriminalität einzugehen.

Noch war der hohe Stand des Jahres 1983 nicht wieder erreicht. Verschiedene Anzeichen signalisierten aber bereits eine neuerliche Zunahme, auch wenn in Teilbereichen eine gegenläufige

Entwicklung zu beobachten war, so bei den Sexualdelikten und vor allem bei der Jugendkriminalität.

Bundesweit stieg die Kriminalität nach vorübergehenden, teils als technische Panne (Mindererfassung infolge technischer Umstellung in Baden-Württemberg und Bremen in Höhe von etwa 2 %) zu bezeichnendem Rückgang im Jahre 1984 um 4,9 %, aber bereits im Jahr darauf um 2 % und 1986 um weitere 3,6 % zunahm. Mit nunmehr **4 367 124 Straftaten** erreichte sie eine neue Rekordmarke.

Im Dezember 1985 – ein Jahr nach Übernahme des SG Kriminalstatistik – musste ich zur Fortbildung der Polizeifachlehrer des Fortbildungsinstituts der Bayer. Polizei ein zweistündiges Referat über die „Neufassung der PKS-Richtlinien für Bayern" halten. Es war 1983/84 die „echte" Tatverdächtigenzählung eingeführt worden, d. h. jeder im Erfassungsjahr aufgetretene TV wurde unabhängig von seinem mehrmaligen Auftreten nur einmal registriert. Und die Erfassung zur PKS sollte vom Versand der Daten per KP 31a/EDB auf Datenfernübertragung (DFÜ) umgestellt werden. Auch wurden die PKS-Richtlinien hinsichtlich der Erfassung spezieller Straftaten ständig modifiziert und neue Schlüsselzahlen eingeführt, wie z. B. in Bezug auf Computerkriminalität und betrügerische Verwendung von Scheckkarten etc.

Nach wie vor war ich an Fortbildung interessiert, und so nahm ich im Mai 1984 an einer zweitägigen Fachtagung des BDK in Berlin teil. Thema: „Straftatenverhütung". Ich fuhr zusammen mit einem Kollegen (meinem Schwiegersohn) mit meinem Wagen auf der Autobahn München–Berlin durch die DDR. Strikt hielt ich mich auf der Interzonenautobahn an die Geschwindigkeitsbegrenzung von 100 km/h. Für die Rückfahrt informierten uns die Berliner Kollegen, dass bei Kilometer 27 hinter einem Holzstoß regelmäßig ein Radarwagen der Volkspolizei stehe und zu schnelle Bundesbürger gern um ihre D-Mark erleichtere. Ich hielt die vorgeschriebene Geschwindigkeit, und tatsächlich, da stand er, der Radarwagen der Vopo. Im Juni 1986 fuhr ich mit demselben Kollegen zu einer weiteren Fachtagung des BDK nach Böblingen, Thema: „Computerkriminalität und ihre Bekämpfung".

Kriminalitätsentwicklung der Jahre 1986 und 1987

Der in den letzten zwei Jahrzehnten zu beobachtende gesellschaftliche Wandel führte mit seiner fortschreitenden Liberalisierung und Enttabuisierung zu einem *Fortschrittsdenken*, dem überlieferte Vorstellungen von Sitte und Moral geopfert wurden. Die negativen Folgen dieses Wandels, nämlich der Abbau des Unrechtsbewusstseins, die Missachtung fremden Eigentums, die Abwertung der Begriffe Recht und Ordnung, der Verfall der politischen Moral und die Aufkündigung der Loyalität gegenüber Staat und Gesellschaft schlugen sich in hoher und weiter steigender Kriminalität nieder. Diesem Sog konnte sich auch Bayern nicht ganz entziehen, auch wenn zu hoffen war, dass wir nicht vollends mit hineingerieten und auch künftig geringere Steigerungsraten aufzuweisen haben würden. So wie dies bisher der Fall war, als für Bayern z. B. von 1971 bis 1986 eine Steigerungsrate von 44,7 %, für das Bundesgebiet (alte BRD) dagegen von 78,9 % zu registrieren war.

Die regionale Entwicklung wies 1986 in den sieben Regierungsbezirken Bayerns mit Ausnahme von Unterfranken, wo die Kriminalität um 2,1 % zurückging, teils aber doch auch überdurchschnittliche Steigerungsraten auf. Aus dem Rahmen fiel die Oberpfalz mit einer Zunahme von 3173 Fällen bzw. 8,3 %. Diese hohe Steigerungsrate war hier auf die **außerordentliche Zunahme** der Kriminalität im Bereich der für Wackersdorf zuständigen PD Amberg zurückzuführen, die **durch die andauernden gewalttätigen Demonstrationen gegen die Wiederaufbereitungsanlage Wackersdorf (WAA)** entstand (siehe dazu nächste Folge). Zugenommen haben hier insbesondere die Deliktsbereiche „Freiheitsberaubung, Nötigung und Bedrohung" (+ 719,9 %), Widerstand und Straftaten gegen die öffentliche Ordnung" (+ 126,3 %) sowie „Sachbeschädigung" (+ 35,1 %).

Mit der **Bevölkerungsentwicklung** ging die Kriminalitätsentwicklung in diesen Jahren keineswegs konform, sie spielte also keine Rolle. Im Gegensatz zur ständig steigenden Kriminalität ging die Bevölkerung von 1971 bis 1985 um über 278 000 Einwohner zurück und sank 1985 mit 61 Mio. unter den Stand von 1971. Die Kriminalitätsentwicklung jedoch kann lediglich anhand der zur PKS erhobenen Daten dargestellt werden. Abgesehen davon, dass das Dunkelfeld unberücksichtigt bleiben muss, ist die Erhebung der Daten Wandlungen unterworfen (z. B. Umstellung der PKS 1971 auf EDV und von einer **Eingangs-** auf eine **Ausgangsstatistik** sowie auf diverse Neuerungen). Der Zeitraum 1971 bis 1985 war denn auch geprägt von besorgniserregender Zunahme der polizeilich registrierten Straftaten. Mit in der Regel jährlichen Steigerungsraten von bis zu 8 % (1980) stieg die Zahl der Straftaten von 2,441 Mio. im Jahr 1971 auf 4,215 Mio. Straftaten im Jahr 1985. Ein 1984 zu verzeichnender Rückgang um 212 324 Straftaten oder 4,9 % basierte indes zum Teil auf Mindererfassung infolge technischer Umstellungen, die jedoch nicht alle Bundesländer betraf.

Mehr und mehr war ich in diesen Jahren auf Dienstreisen. Als Leiter des Sachgebiets Kriminalstatistik war ich Mitglied der „Kommission PKS" des BKA, deren jährliche Tagungen von jeweils einem anderen Bundesland ausgerichtet wurden. Per Intercity reiste ich durch die Deutschen Lande, lernte die mit der PKS-Erfassung betrauten Kollegen von BKA und den übrigen LKÄ kennen, gewann Eindrücke von anderen Landstrichen und Bewohnern, stellte fest, dass die „Nordlichter" in ihren Ansichten nicht minder stur sein können wie wir Bayern, genoss im Odenwald in einem wunderschönen Tal Ruhe und Abgeschiedenheit, bekam in Hamburg eine Hafenrundfahrt mit einer Barkasse der Wasserschutzpolizei sowie den Besuch eines Sexshops in St. Pauli, in dem zur Unterhaltung der Gäste auf offener Bühne gevögelt wurde, geboten und erfuhr an der Nordseeküste Schleswig-Holsteins, wo wir im ringsum von Deichen eingefassten und zum Hotel umgebauten „Pfahlershof" in Karolinenkoog untergebracht waren und das mächtige Bauwerk der Eiderabdämmung, die an der Mündung der Eider in die Nordsee das Hinterland vor Sturmfluten schützen sollte, besichtigen durften und erfuhren, dass die Hafenstadt Husum bis vor einer vor Jahrhunderten die Nordseeküste ins Meer holenden Sturmflut im Binnenland lag, und warum Kaffee mit Kognak und Sahne „Pharisäer" genannt wird („Oh, ihr Pharisäer", soll der zu einer Taufe eingeladene Pfarrer gerufen haben, als er statt Kaffee mit Sahne versehentlich auch eine mit Kognak versetzte Tasse serviert bekam und endlich merkte, warum alle immer fröhlicher wurden). Die Kommissionstagungen verliefen zwar durchwegs harmonisch und bestätigten mir, dass sich die Praktiker unter den Polizisten grundsätzlich verstanden. Als ich aber eigene Ideen einbringen wollte oder die Ideen anderer Bundesländer mit nach Hause brachte, musste ich auch hier erfahren, dass die unterschiedliche Politik der A- und der B-Länder (CDU- oder SPD-regiert), wie sie jeweils auch von den Amtsleitern der Länder vertreten wurde, dies und jenes nicht akzeptierte.

Die Kriminalität indes schert sich nicht um Politik. Ihre Struktur wird bestimmt von den Straftatengruppen des Diebstahls, der Vermögens- und Fälschungsdelikte, der Rohheitsdelikte, der Straftaten gegen die persönliche Freiheit und der Straftaten nach strafrechtlichen Nebengesetzen. Straftaten gegen die sexuelle Selbstbestimmung und gegen das Leben fallen infolge ihres geringen prozentuellen Anteils nicht bestimmend ins Gewicht.

Seit Beginn der 1980er-Jahre war diese Struktur Veränderungen unterworfen. Innerhalb der einzelnen Straftatengruppen gingen einzelne Delikte oder Deliktsbereich zurück oder nahmen nicht mehr in dem Maße zu wie zuvor. Andere stiegen weiterhin und erreichten teils überdurchschnittliche Steigerungsraten. Im Vergleich zu 1971 wies z. B. die jährlich den Löwenanteil stellende Straftatengruppe des Diebstahls einen Rückgang ihres Anteils von 65,9 % auf 62,4 % auf, wenngleich in diesem Zeitraum die Diebstahlsdelikte um über 1 Mio. zunahmen, maßgebend hierfür vornehmlich der Ladendiebstahl, der Wohnungseinbruch, der Automatenaufbruch und der Kfz-Aufbruch.

Der Anteil der Straftatengruppe „Sonstige Straftaten nach StGB" als nächstgrößere Straftatengruppe wies eine überdurchschnittliche Steigerung auf (und minderte damit zusammen mit weiteren, nicht unwesentliche Steigerungen aufweisenden Straftatengruppen den Prozentanteil des Diebstahls), hervorgerufen insbesondere durch die Zunahme der Vortäuschung einer

Straftat, der Hehlerei, des Glückspiels und den Massendelikten Sachbeschädigung und Beleidigung sowie den Straftaten gegen die Umwelt. Beim Glücksspiel wurde bereits 1983 die höchste Steigerungsrate erreicht (+ 503,6 %), während bei Erpressung, der Hehlerei von Kfz, der Brandstiftung, der Wilderei und der Verletzung der Unterhaltspflicht rückläufige Tendenzen festzustellen waren.

Der Anteil der Straftatengruppe „Vermögens und Fälschungsdelikte" hatte mit einer Zunahme auf 11,05 % die höchste prozentuale Steigerung unter allen Straftatengruppen aufzuweisen. Überdurchschnittliche Steigerungsraten waren hier bei Betrug und Untreue, dem Massendelikt Erschleichen von Leistungen (Schwarzfahren) und der Urkundenfälschung zu verzeichnen.

Eine überdurchschnittliche Zunahme wies auch die Straftatengruppe „Rohheitsdelikte und Straftaten gegen die persönliche Freiheit" auf, wobei besonders Raubdelikte, Körperverletzungsdelikte, Freiheitsberaubung, Nötigung und Bedrohung hervortraten. Für die Straftatengruppe „Straftaten gegen strafrechtliche Nebengesetze" war mit 10,2 % die zweithöchste Steigerungsrate zu verzeichnen. Ursächlich hierfür waren vor allem die weit überdurchschnittliche Zunahme der Wirtschaftsdelikte und der Rauschgiftdelikte.

Die Gruppe der „Straftaten gegen die sexuelle Selbstbestimmung" wies einen deutlichen Rückgang ihres Anteils auf. Ausschlaggebend waren hierfür der Rückgang der Vergewaltigungen, des sexuellen Missbrauchs von Kindern sowie der exhibitionistischen Handlungen und die Erregung öffentlichen Ärgernisses. Überdurchschnittlich angestiegen ist hier indes die sexuelle Nötigung.

Bei den „Straftaten gegen das Leben" war insgesamt eine gewisse Stagnation zu verzeichnen, während Mord und Totschlag aber zunahmen.

Zusammenfassend ist hinsichtlich der Entwicklung der Kriminalität in dem hier infrage stehenden Zeitraum (1971–1985) festzustellen: Die Veränderungen in der Struktur der Kriminalität weisen eine Zunahme qualifizierter Begehungsformen auf, die mehr und mehr auch auf organisierte Kriminalität deuten. Es wird zum einen vermehrt mit Gewalt gedroht oder Gewalt angewendet. Als qualifizierte Begehungsform ist auch der Diebstahl unter erschwerenden Umständen anzusehen, der an Bedeutung gewann, sowie vor allem der Bereich der Rauschgiftkriminalität, der gerade mit der weit überdurchschnittlichen Zunahme des illegalen Handels und Schmuggels die Zunahme des organisierten Verbrechens dokumentiert. Zum anderen zeigen die überdurchschnittlichen Steigerungsraten bei den Vermögens- und Fälschungsdelikten eine steigende Raffinesse der Straftäter. Die überdurchschnittlich angestiegenen Wirtschaftsstraftaten weisen auch hier auf zunehmende organisierte Begehung hin.

Der weit überdurchschnittliche Anstieg der Umweltdelikte lässt eine Sensibilisierung gerade auf diesem Gebiet erkennen. Die überdurchschnittliche Zunahme von Massendelikten wie Körperverletzung, Ladendiebstahl, Wohnungseinbruch, Kfz-Aufbruch. Leistungserschleichung, Sachbeschädigung u. a. lässt eine zunehmende Gleichgültigkeit gegenüber gesetzlichen Normen vermuten. Der Rückgang der Straftaten gegen die sexuelle Selbstbestimmung mag als eine von sicherlich mehreren Ursachen die Enttabuisierung der Sexualität haben. Die Triebhaftigkeit des Menschen ist gleichwohl unverändert.

Neue Erscheinungsformen

An neuen Erscheinungsformen der Kriminalität wurden in diesem Zeitraum festgestellt:

- zunehmende Diebstähle aus Geldautomaten mittels entwendeter Scheckkarten und missbräuchlicher Benutzung persönlicher Geheimnummer (PIN)
- Diebstahl von Euro-Schecks und betrügerische Einlösung großen Stils und vielfach bandenmäßig im In- und Ausland
- umfangreiche Anlage- und Beteiligungsbetrügereien auf in der Regel internationaler Ebene
- illegale Arbeitnehmerüberlassung großen Stils
- illegales, organisiert betriebenes Einschleusen ausländischer Arbeitnehmer

- zunehmende Verstöße nach dem Urheberrechtsgesetz durch Video- und sonstige Raubkopien
- zunehmende Fälle der sogenannten Computerkriminalität, d. h. Fälle, in denen die EDV Tatmittel oder Tatobjekt ist (Computerspionage, Computerbetrug, Computersabotage und Computermissbrauch)
- zunehmende Fälle nach dem Asylverfahrensgesetz (Missbrauch von Aufenthaltsbeschränkungen für Asylanten)
- in Umfang und Brutalität mehr und mehr zunehmende Gewalttaten durch randalierende oder demonstrierende Gruppen bei Großveranstaltungen (Fußballspiele, Demonstrationen)
- zunehmende und sich mehr und mehr verfestigende Kriminalität mit vielfach internationalen Verflechtungen, vor allem auf dem Gebiet der Eigentums- und Vermögensdelikte, der Wirtschaftsstraftaten, der Gewaltkriminalität, des illegalen Rauschgift- und Waffenhandels und der Herstellung und Verbreitung von Falschgeld.

Nord-Süd-Gefälle

Die Kriminalität nahm bundesweit von 1971 bis 1985 überdimensional um rund 72,7 % zu (bis 1986 waren es dann schon 78,9 %), in den nördlichen Bundesländern aber in stärkerem Maße als in den südlichen. So wies Schleswig-Holstein eine Zunahme von 96,5 %, Niedersachsen von 95,0 %, und Hamburg von 89,7 % auf. Die Häufigkeitszahlen betrugen 1985 für Schleswig-Holstein 9109, für Niedersachsen 7188 und für Hamburg 15 935. Eine über dem Bundesdurchschnitt liegende Zunahme der Straftaten haben auch Nordrhein-Westfalen (+ 80,4 %) und Hessen (+ 79,0 %) zu verzeichnen. Die HZ lag in NRW bei 6979, in Hessen bei 7414.

In den südlichen Bundesländern verlief die Entwicklung bis 1985 weniger steil. So war in Rheinland-Pfalz ein Anstieg um 65,5 %, im Saarland um 61,5 % und in Bayern um 42,8 % zu verzeichnen. Die Häufigkeitszahl betrug in Rheinland-Pfalz 5306, im Saarland ebenfalls 5306 und in Bayern 4705. Atypisch für die jeweiligen Regionen verlief die Entwicklung in Bremen mit einem Straftatenzuwachs von 47,8 % (HZ: 13 092), in Baden-

Württemberg von 66,3 % (HZ: 5548). In West-Berlin war bei einer Abnahme der Bevölkerung um 11,7 % ein Anstieg der Zahl der Straftaten um 53,1 % zu verzeichnen, wobei die HZ 14 510 Straftaten pro 100 000 Einwohner betrug.

Unabhängig von der Entwicklung in den Bundesländern und Großstädten (Stadtstaaten) war innerhalb der einzelnen Gemeindegrößenklassen eine starke Zunahme im Bereich der Kleinstädte (20 000 bis 100 000 Einwohner) sowohl der Gesamtbevölkerung (+ 37,3 %) als vor allem der Straftaten (+ 111,7 %) festzustellen. Demgegenüber haben die Mittelstädte (100 000 bis unter 500 000 Einwohner) bei nur unwesentlichem Bevölkerungsrückgang (0,1 %) einen Straftatenanstieg von 70,6 % zu verzeichnen, die Großstädte (über 500 000 Einwohner) bei einem Bevölkerungsrückgang von 2,6 % einen Straftatenanstieg von 63,3 %. Unter den Großstädten weist Frankfurt/Main mit 19 442 die höchste HZ, München mit 7 640 die niedrigste HZ auf (sicherste deutsche Großstadt noch heute).

Tatverdächtige

Die Zahl der Tatverdächtigen (TV) nahm in den Jahren von 1971 bis 1985 gleichermaßen wie die Zahl der Straftaten stark zu. Die Einführung der echten TV-Zählung 1983/84 lässt keinen Vergleich über den gesamten Zeitraum zu, von 1984 bis 1985 stieg deren Zahl indes weiter um 2,9 % auf knapp 1,3 Mio. an. Nach einer Schätzung des BKA sind die TV-Zahlen von 1971 bis 1982 jeweils um die durch die Mehrfachzählung überhöhten Werte von rund 25 % zu reduzieren.

Unter den Tatverdächtigen sind Verschiebungen sowohl in der Geschlechts- als vor allem auch in der Altersstruktur festzustellen. So stieg der Anteil der **weiblichen TV** im Zeitraum von 1971 bis 1982 um 83,4 % und nahm damit in weit stärkerem Maße zu als die Zahl der TV insgesamt, die um 61 % stieg. Nach Einführung der echten TV-Zählung betrug ihr Anteil 1984 23,6 %, der sich 1985 nochmals geringfügig erhöhte (auf 23,8 %). In der **Altersstruktur** stieg der Anteil der erwachsenen TV auf 72,3 %. Der Anteil der TV unter 21 Jahren nahm demzufolge auf 27,7 %

ab. Der Anteil der **ausländischen bzw. nichtdeutschen TV**, worunter auch staatenlose TV zählen, stieg von 10,7 % im Jahre 1971 auf 15,7 % im Jahre 1982. Nach Einführung der echten TV-Zählung betrug 1984 ihr Anteil 16,6 %. 1985 stieg ihr Anteil auf 18,0 % und nahm an absoluten Zahlen auf 231 868 TV zu.

Der Bund Deutscher Kriminalbeamter (BDK) beobachtete mit Sorge, wie die Kriminalität in unserem Lande ständig anstieg, die damit ebenso steigende Arbeitsbelastung der Kriminalbeamten aber nicht entsprechend gewürdigt wurde. Mitte der 1980er-Jahre berief er eine Arbeitsgruppe nach Berlin an den Sitz der Bundesgeschäftsstelle ein, die analysieren sollte, welcher Situation sich die Kripo wohl im Jahr 2000 gegenüber sehen würde. Zusammen mit Roland H., einem meiner vormaligen Mitstreiter beim Staatsschutz, gehörte auch ich dieser AG an. Zu unserer ersten Arbeitstagung luden wir Münchener, die den Vorsitz der AG führen sollten, zu einem original Münchner Weißwurstessen ein, zu dem ich in aller Frühe im Münchner Schlachthof eine Reisetasche voll frischer Münchner Weißwürste und mein Kollege bei seinem Bäcker eine Reisetasche voll ofenfrischer Brezn besorgten. Die Kontrolleure am Sicherheitscheck des Flughafens München-Riem (wir flogen natürlich, um mit unseren Unterlagen nicht etwa den DDR-Grenzorganen in die Hände zu fallen) staunten nicht schlecht, was sich da in meiner Reisetasche für ein Darmgeschlinge auf ihrem Monitor abbildete, und die Dutzende Brezn in Rolands Tasche wussten sie gleichsam nicht zu deuten. Wir grinsten und ließen sie reinschauen. Unter den aus dem ganzen Bundesgebiet anreisenden Kollegen und dem Personal der Geschäftsstelle lösten wir natürlich ein großes Hallo aus, als wir per Taxi ankamen – das dazugehörige Weißbier, wie es auch in Berlin eines gab, stiftete die Geschäftsstelle des BDK, in deren Konferenzraum wir tagten. Dann ging es an die Arbeit.

Meine Dipl.-Mathematikerin konnte ich im Verlauf unserer AG-Tagungen, zu denen wir noch mehrmals nach Berlin abhoben, dazu bewegen, eine Prognose über die Kriminalitätsentwicklung im Jahr 2000 zu erarbeiten und zur Veröffentlichung in unserer Fachzeitschrift zur Verfügung zu stellen. Sie machte sich routiniert daran, prognostizierte die Bevölkerungsentwicklung in den einzelnen Regionen und Verdichtungsräumen inklusive deren Ausländeranteil, nahm dazu die Straftatenentwicklung der Polizeilichen Kriminalstatistik inklusive der Kriminalitäts- und Tatverdächtigenstrukturen und kam (soweit ich ihre Abhandlung zu interpretieren vermag) über den logarithmischen Ansatz und letztlich das Modell des linearen Ansatzes zu der Prognose, dass für das Bundesgebiet (alte BRD, denn die Wiedervereinigung war Mitte der 1980er-Jahre noch nicht zu ahnen) **im Jahre 2000 insgesamt 6,626 Mio. Straftaten und eine Häufigkeitszahl von 6412 Fällen** zu erwarten seien. Tatsächlich wurden für das Jahr 2000 insgesamt 6 264 723 Straftaten und eine HZ von 7625 registriert (wäre 1990 das Gebiet der DDR nicht dazugekommen, fast ein Volltreffer).

Wir hängten uns kräftig rein, und ich, der ich damals meinen ersten PC in Betrieb nahm, wandte etliche Wochenenden und zahlreiche Nachtstunden auf und fasste das umfangreiche Ergebnis unserer Beratungen zu den Punkten:

- Staat und Gesellschaft (Bevölkerung, Wirtschaft, Politik und Recht, kriminogene Faktoren);
- Kriminalität (Entwicklung und Struktur, besondere Erscheinungsformen, Internationalisierung);
- Bekämpfung der Kriminalität (von Organisation und Führung der Polizei über Prävention, Aus- und Fortbildung, technischer Ausstattung bis zu kriminologischer Forschung);
- Anforderungen an Politik und Gesellschaft (Gesellschafts- und Kriminalpolitik, sicherheitspolitische Strategieentwicklung, Einbindung aller Ressorts in Forschung und Prävention, Forderungen an die Justiz);
- Konsequenzen für die Sicherheitsbehörden (Forschung, Zuständigkeiten im Sicherheitsbereich, Institutionalisierung der Kriminalitätsprävention, Personal- und Sachausstattung);

in übersichtlicher Form auf 120 Manuskriptseiten zusammen. Unter dem Titel „Situation der Kriminalpolizei im Jahre 2000 – Analyse und Prognose, Folgerungen und Forderungen" legten wir unser Paper dem Bundesvorstand vor, der es in einer nach Berlin einberufenen Sondersitzung beraten wollte. Und wie es nun einmal so ist und ich es oft und oft mit meinen dienstlichen Entwürfen erlebte, wussten es diejenigen, die sich mit der Materie kaum einmal befasst hatten, schon gleich besser. Das Papier würde die Situation der Kripo im Jahr 2000 keineswegs deutlich machen, und wie die Kripo bis dahin auszusehen hätte, schon gar nicht. Ablehnung schlug uns entgegen, insbesondere hinsichtlich der gesellschaftlichen Situation – auf die unserer Ansicht nach die ständig steigende Kriminalität doch zurückzuführen war! Aber nein, das Papier wirke pseudo-wissenschaftlich und enthalte Ansichten, die teils schon rechtsextremistisch wirkten. Das war der Gipfel! Gerät man in dieser Gesellschaft selbst unter Polizei-kollegen schon in den Geruch des Rechtsextremismus, wenn man für Recht und Ordnung eintritt? Hatten die linken Vorstellungen der 1968er längst auch in unseren Reihen Platz gegriffen? Der Bundesvorsitzende schlug schließlich vor, das Papier Abschnitt für Abschnitt zu diskutieren und zu überarbeiten, was sich bis in die Abendstunden hinzog. Mich erinnerte dies an die Taktik der KPD/ML, die auch immer so lange diskutierte, bis alle Gegner schwiegen oder gegangen waren. Sollten aber nicht wenigstens uns die Gemeinsamkeiten des Berufs verbinden?

Am nächsten Morgen – ich war mit hämmernden Kopf-schmerzen spät ins Bett gekommen – sollte es früh weitergehen. Doch zunächst waren wir beschlussunfähig. Es zeigte sich, dass vor allem diejenigen, die so vehement dagegen waren, der ver-lotterten Gesellschaft den Spiegel vorzuhalten, Disziplin ver-missen ließen. Letztlich wurde das Papier überarbeitet, es sollte unter dem Titel: **„Die Situation der Kriminalpolizei auf dem Weg in das Jahr 2000"** dem 7. Bundesdelegiertentag 1987 in Goslar als Beratungs- und Beschlussvorlage präsentiert werden.

Wieder zu Hause in München stand ein sonniges Wochen-ende bevor. Doch ich war missgelaunt mit bleierner Müdig-keit in den Beinen. Zum Frühstück gedachte ich mir Spiegel-eier auf Toast zu machen, noch bevor meine Frau aufgestanden war, dazu kühle Milch aus dem Kühlschrank. Als ich dann aber die Zeitung hochholte, brachte ich aus dem Keller zwei Flaschen Weißbier mit und machte mir ein Leberwurstbrot. Noch immer missgelaunt, machte ich mich daran, unser Papier nach den besprochenen Vorgaben zu überarbeiten und auszudrucken. Die Ziffer „Anforderungen an Politik und Recht" war völlig verstümmelt worden, der Faden – der von mir gesponnene Faden – zerrissen. Da änderte sich auch nichts daran, dass ich Teile der „Gesellschaftsstrategie", die gestrichen werden sollte, doch noch übernahm, um die Lücke nicht zu offenkundig werden zu lassen. Für die übrigen Ziffern fehlte der Bezug. Ich beschloss, aus der Arbeitsgruppe auszutreten, gleich mit der Übersendung des überarbeiteten Manuskripts. Ich hatte dafür genug geschuftet und verdammt keine Lust, mir anzuhören, was die Klugscheißer, die sich gar nicht die Mühe machten, sich hineinzudenken in die ganze Problematik, womöglich weiterhin auszusetzen hatten.

Im Büro lief der Betrieb so leidlich. Die Schwierigkeiten mit der EDV waren schon gar nicht mehr erwähnenswert. Es lief einfach nicht, wie es sollte. Nach der Pleite mit den Halbjahresberichten, als ein ganzer Dienstbereich übergangen worden war und die Berichte um Wochen verzögert wurden, stieg das Programm bei der nächsten Fehlerprüfung gleich wieder aus. In der Sachgebietsleiterbesprechung wurde verkündet, dass Überprüfungen am Terminal nur unter Eingabe der Dienstausweisnummer vorgenommen werden dürften. Ein Unding bei rund 20 000 Abfragen im Monat in den verschiedenen Dateien, der Personenfahndung usw. Man müsse, so schlug ein Kollege vor, Programmtasten mit einer Dienstausweisnummer programmieren, mit derjenigen des Sachgebietsleiters am besten. Worauf ein anderer entgegnete: „Wir versuchen damit schon wieder, die Hindernisse, die uns mit Vorschriften oder Gesetzen in den Weg gelegt werden, zu umgehen. Lassen wir das doch. Wir sind nur selbst die Dummen, wenn uns die Datenschützer draufkommen. Es kann uns doch wurst sein, wenn der Betrieb nicht mehr funktioniert, weil wir vor lauter Vorschriften nicht mehr über die Runden kommen. Die werden nie gelockert, wenn wir nicht dokumentieren, dass es so ganz einfach nicht geht."

Aussagegenauigkeit der PKS

Endlich fand ich Zeit, einen Fachbeitrag über die PKS-Regeln zu konzipieren und aufzuzeigen, inwieweit die dargestellte **angezeigte** Kriminalität denn wirklich **möglichst verzerrungsfrei** ist, wie in den PKS-Richtlinien gefordert. Mein Referat über die „Neufassung der PKS-Richtlinien für Bayern" am Fortbildungsinstitut Ainring bedurfte kritischer Vertiefung.

Noch immer hatte ich mich bei der Übernahme eines neuen Aufgabenbereichs eingehend mit der neuen Materie befasst. Die Erfassung zur PKS scheint einer der bedeutsamsten und folgenschwersten polizeilichen Aufgabenbereiche zu sein, wird von so manchen Sachbearbeitern aber lediglich als lästiges Übel abgetan und entsprechend nachlässig gehandhabt „Glaube keiner Statistik, die du nicht selbst gefälscht hast", lautete denn auch ein gängiger Spruch. Vordergründig und fast ausschließlich dient sie doch der Politik, die damit je nach Interpretation oder politischem Kalkül das Wählervolk entweder alarmiert oder einlullt. Zum anderen wird damit Personalpolitik betrieben.

Die Polizeiliche Kriminalstatistik dient letztlich jedoch der zahlenmäßigen Untersuchung der Massenerscheinung Kriminalität. Sie ist eine Zusammenstellung aller der Polizei bekannt gewordenen strafrechtlichen Sachverhalte unter Beschränkung auf ihre erfassbaren wesentlichen Inhalte. Im Interesse einer wirksamen Kriminalitätsbekämpfung soll sie zu einem überschaubaren und möglichst verzerrungsfreien Bild der angezeigten Kriminalität führen.

Unter Aufgabe und Bedeutung legen die PKS-Richtlinien fest, welchen Zwecken die PKS dienen soll, nämlich der:

- *Beobachtung der Kriminalität und einzelner Deliktsarten, des Umfangs und der Zusammensetzung des Tatverdächtigenkreises sowie der Veränderung der Kriminalitätsquotienten*
- *Erlangung von Erkenntnisse für vorbeugende und verfolgende Verbrechensbekämpfung, organisatorische Planungen und Entscheidungen sowie kriminologisch-soziologische Forschung und kriminalpolizeiliche Maßnahmen.*

In meinem Fachbeitrag (veröffentlicht unter dem Titel „Die Polizeiliche Kriminalstatistik" in der BDK-Fachzeitschrift „der kriminalist", Nr. 6/1989) führte ich zum einen auf, welche Datenarten im Einzelnen erfasst werden, nämlich Daten zum Tatverdächtigen, Daten zum Opfer (bei gewissen Straftaten), Daten zur Straftat sowie Daten zu Staatsschutzdelikten (werden in der PKS-S in eigenem Tabellenprogramm ausgewiesen). Zum anderen untersuchte ich, welche Abweichungen zwischen **Zielgesamtheit** und **Auswahlgesamtheit** bei allen polizeilich bekannt gewordenen Straftaten zu konstatieren sind, wobei ich, wie nachfolgend aufgeführt, auf Aussagegenauigkeit, Abweichungen in Umfang und Inhalt sowie Fallzusammenfassung einging.

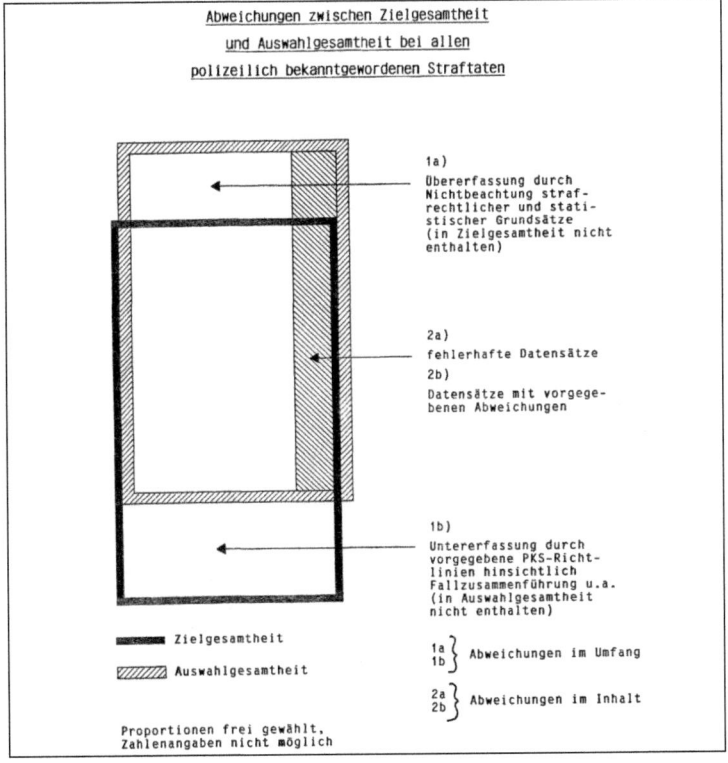

Grafik: SG 522/BLKA

Aussagegenauigkeit der PKS

Jede Statistik ist immer nur so gut oder so schlecht, so gut oder schlecht die zu ihr gemeldeten Daten sind. Wie jede Statistik, so hat auch die PKS gegen Vorurteile zu kämpfen. Zumindest auf der Ebene der Sachbearbeiter erwartet man sich aber wohl keine für die tägliche Arbeit informativen, zweckorientierten Aussagen. Sonst würden PKS-Meldungen nicht mit der Nachlässigkeit abgesetzt, wie dies in vielen Fällen zu beobachten ist.

Wie weit aber klaffen Anspruch und Wirklichkeit der PKS nun auseinander? Mit einer Erfassung der zur PKS zu meldenden Fälle wäre an sich ein zahlenmäßig fassbarer Inhalt gegeben. Es kann aber nicht davon ausgegangen werden, dass alle diese Fälle richtliniengemäß erfasst werden. Der statistische Fall ist auch nicht gleich Straftat zu setzen. So erscheint es doch zweckmäßiger, als Zielgesamtheit alle bekannt gewordenen Straftaten zu setzen. Zur Zahl der gemeldeten Fälle ergeben sich indes Abweichungen sowohl im Umfang als auch im Inhalt. Abweichungen im Umfang kommen zum einen durch Übererfassung, zum anderen durch Untererfassung zustande, sind als Faktum bei der Interpretation der PKS aber zu berücksichtigen. **Übererfassung** hat ihre Ursache in teilweiser Nichtbeachtung strafrechtlicher und/oder statistischer Grundsätze. Die durch sie erfassten Straftaten liegen zwar innerhalb der Auswahlgesamtheit, denn es handelt sich bei ihnen in der Regel um Straftaten/Fälle, wie sie von der PKS an sich erfasst werden. Sie liegen aber außerhalb der Zielgesamtheit, denn sie werden regelwidrig erfasst und kommen insbesondere zustande,

- wenn die hinsichtlich der Tateinheit geltenden Regelungen nicht beachtet werden, z. B. wenn bei Widerstand gegen die Staatsgewalt auch die dabei ggf. begangene Körperverletzung, Sachbeschädigung, Beleidigung etc. gemeldet wird
- wenn zusätzliche Straftaten gemeldet werden, die in qualifizierteren Tatbeständen aufgehen, wie z. B. Einbruchdiebstahl und Hausfriedensbruch oder Automatenaufbruch in der Gaststätte, in die eingebrochen wurde
- wenn bei Glücksspiel, Hausfriedensbruch oder Demonstrationsdelikten wie Nötigung oder Landfriedensbruch so viele Fälle

gemeldet werden, wie TV ermittelt wurden, bei Sexualdelikten wie Exhibitionismus oder bei Unterhaltspflichtverletzung so viele Fälle wie Opfer oder Geschädigte vorhanden sind

- wenn in Verkennung der Tatbestandsmäßigkeit z. B. die Androhung von Schlägen als Bedrohung gemeldet wird (erst die Bedrohung mit einem Verbrechen ist strafbewehrt)
- wenn Auslandsstraftaten erfasst werden, wie z. B. im Ausland z. N. deutscher Urlauber begangene Diebstähle oder betrügerische Scheckeinlösungen
- wenn Ordnungswidrigkeiten als Straftaten erfasst werden, wie z. B. ein einmaliger Verstoß gegen das AsylVfG oder sonstige Owi nach Nebengesetzen.

Untererfassung kommt vor allem dadurch zustande,

- dass die PKS-Richtlinien unter bestimmten Voraussetzungen eine Fallzusammenfassung vorgeben, so bei einheitlichem Handlungsablauf, bei Fortsetzungszusammenhang und in bestimmten Einzelfällen wie bei Geiselnahme, illegalem Grenzübertritt/illegalem Aufenthalt, Konkursdelikten, Kredit- und Subventionsbetrug, Beförderungserschleichung, Untreue, Urheberrechtsverletzung und Rauschgiftdelikten
- dass bekannt werdende Straftaten nicht weiterverfolgt oder einfach nicht zur PKS gemeldet werden, z. B. wenn bei missbräuchlichem Polizei- oder Feuerwehrnotruf keine Anzeige erstattet wird, auf Ersuchen eines Gerichts in einer Privatklagesache Ermittlungen getätigt, die dadurch bekannt werdende Straftat aber nicht zur PKS gemeldet wird, oder wenn eine Meldung aus sonstigen Gründen unterlassen oder vergessen wird
- dass den Strafverfolgungsbehörden Straftaten zwar bekannt, aber durch andere Behörden als die Polizei verfolgt und damit nicht zu PKS gemeldet werden, wie dies z. B. der Fall ist bei Steuerdelikten, die von den Finanzbehörden bearbeitet werden, bei Wirtschaftsdelikten, in denen die Schwerpunktstaatsanwaltschaften selbstständig ermitteln, bei Privatklagedelikten, die unmittelbar bei den Gerichten angezeigt werden.

Die Auswahlgesamtheit weist in der Regel eine Reihe von **Abweichungen im Inhalt** auf, von Daten also, die in bestimmten Fällen falsch sind, d. h. den tatsächlichen Tat-, TV- oder Opfermerkmalen nicht entsprechen. Die Zahl der Straftaten/Fälle bleibt dadurch aber unbeeinflusst. Ursächlich hierfür sind zum einen mangelnde Sorgfalt beim Abfassen der einzelnen PKS-Meldungen, zum anderen Abweichungen, die durch bestimmte Regelungen vorgegeben oder zwangsläufig sind, wie die PKS-Richtlinien z. B. vorgeben, dass beim Serienbetrug der Wohnort des Geschädigten zu erfassen ist (wodurch allerdings Kriminalität an Orte verlagert wird, wo sie nicht stattfand), dass in Fällen der Fallzusammenführung (Fortsetzungszusammenhand etc.) auch die Tatortangaben hinsichtlich der unterdrückten Einzelfälle unterdrückt werden, dass in Fällen des Fortsetzungszusammenhangs und bei Delikten, die innerhalb bestimmter Zeiträume begangen werden, die Tatzeiten der Einzelfälle untergehen bzw. statt der unbekannten Tatzeit die Entdeckungszeit registriert wird.

Falsche Details werden insbesondere erfasst, wenn unzutreffende Straftatenschlüssel angeführt werden, wenn überhöhte Schäden gemeldet werden, indem z. B. der bei einem Einbruchsdiebstahl entstandene Sachschaden mit aufaddiert wird, wenn Straftaten als geklärt gemeldet werden, ohne dass dem anfänglich Verdächtigen die Straftat nachgewiesen werden konnte.

Fallzusammenfassung

Nach den PKS-Richtlinien dürfen nicht alle in einer Strafanzeige aufgeführten Gesetzesverletzungen erfasst werden. Es sind all diejenigen Straftaten zu einem Fall – in der Regel zu dem mit der schwersten Strafandrohung – zusammenzufassen, die in Tateinheit mit weiteren Tatbeständen bzw. im Zuge eines einheitlichen Handlungsablaufes oder im Rahmen einer natürlichen Handlung begangen werden. Hinsichtlich der Tateinheit enthalten die Richtlinien Beispiele. Nicht erläutert ist aber, was unter natürlicher Handlungseinheit im Unterschied zu selbstständiger Handlung zu verstehen ist. Insoweit ist zunächst festzustellen, dass als

Straftat oder Fall neben den in den Richtlinien unter Tateinheit genannten Beispielen jede mehrere Tatbestände verwirklichende natürliche Handlungseinheit gelten soll, unabhängig davon, wie viele Personen/Institutionen dadurch verletzt oder geschädigt werden. Nach einschlägiger Strafrechtskommentierung und insbesondere nach kriminologischer Zielsetzung der PKS ist unter natürlicher Handlungseinheit ein strafbares Verhalten zu verstehen, das sich bei objektiver Betrachtung als zusammengefasstes Tun darstellt. Jedes weitere einheitlich zusammengefasste Tun ist demnach eine neue selbstständige Handlung.

Fortsetzungzusammenhang ist dann gegeben, wenn im Zuge der Bearbeitung eines Falles bzw. einer Fallserie bekannt wird (entweder durch nach und nach eingehende weitere Anzeigen oder Tätergeständnis etc.), dass derselbe Tatverdächtige (oder dieselbe TV-Gruppe) die gleiche rechtswidrige Tat, d. h. die unter derselben Schlüsselzahl des Straftatenkatalogs zu meldende Tat, wiederholt zum Nachteil desselben Geschädigten oder ohne dass Geschädigte vorhanden sind (z. B. bei Rauschgiftdelikten) begangen werden.

Die Ergebnisse der PKS werden in einem umfangreichen Tabellenprogramm ausgewiesen. Die einzelnen Tat-, Opfer- und Tatverdächtigenmerkmale werden dabei in verschiedenen Kombinationen dargestellt. Darüber hinaus sind Sonderauswertungen nach jedem beliebigen Merkmal möglich.

Schlussbemerkung

Meine Mitarbeiterin, die Dipl.-Mathematikerin Marlies E., vermochte meine nach wieder und wieder festzustellender Fehlerhaftigkeit von PKS-Meldungen wachsenden Zweifel an der Aussagekraft der PKS zu zerstreuen: Nach dem „Gesetz der großen Zahl" könne davon ausgegangen werden, dass die PKS brauchbare Ergebnisse liefere. Man muss allerdings um diese Umstände wissen und sie ggf. berücksichtigen. Problematisch wird es nur dann, wenn die PKS kleiner Dienststellen miteinander verglichen werden solle, womöglich auch noch in kurzen Zeiträumen. Hier sollte man Vergleiche tunlichst vermeiden.

Welche Bedeutung einer gewissenhaften, streng an den Richt-linien orientierten Erfassung der einzelnen Daten zukommt, wurde mit obigen Ausführungen wohl deutlich. Sie setzt kriminalistisches Verständnis voraus. Dem (kriminal-)polizeilichen Sachbearbeiter sollte deshalb die PKS-Erfassung nicht nur leidige Pflicht sein.

Quellen:

„Kriminalitätsentwicklung in der Bundesrepublik Deutschland" von Heinrich Prinz, München, DNP 12/1986

„Kriminalitätsentwicklung in Bayern 1986" von Heinrich Prinz, München, DIE BAYERISCHE POLIZEI, Teil I: 6/1988, Teil II: 1/1989

„Prognose von Straftaten" von Marlies Eichinger, München, BDK-Zeitschrift „der kriminalist", 9/1986

„Die Polizeiliche Kriminalstatistik" von Heinrich Prinz, München, „der kriminalist", 6/1989

22. Folge

Kriminalitätsursachen und Gewaltexzesse

Wieder eine Woche geschafft – Feierabend. Sie ist wieder arbeitsreich gewesen, doch ich freute mich aufs Wochenende und schaltete ab. Seit ich mich vor Wochen meiner BDK-Verpflichtung entledigt hatte, fühlte ich mich endlich wieder frei und unbeschwert, auch wenn ich abends nach Dienstschluss müde und abgespannt war und vor dem Fernseher alsbald einschlief. Gerade das aber war es – ich konnte meinen Feierabend verbringen, wie ich wollte, und wurde zu nichts gedrängt, was mir sonst im Kopf herumschwirrte.

Es befriedigte mich dann aber doch nicht, so gar nichts zuwege zu bringen. In Gedanken beschäftigte ich mich mit meinem Projekt eines Mystery-Krimis, in dem ich in einem fiktiven Fall eine von einer Clique betrunkener Jugendlicher vergewaltigte und getötete junge Frau an allen, die ihr Gewalt angetan hatten, aus dem Jenseits Rache nehmen lassen wollte, noch bevor die Kripo sie ermitteln und festnehmen konnte. Ich wollte darin zum einen die Arbeit der Mordkommission authentisch schildern und den sozialen Hintergrund so mancher fehlgeprägter Jugendlicher herausstellen, zum anderen aber auch Phänomene des Übersinnlichen (PSI, für das ich ein Faible habe) einbringen, und so stellte ich mir vor, wie sie mit blutenden Messerstichen zwischen den nackten Brüsten vor dem ersten der Täter, den sie aufs Korn genommen hatte, herschwebt, als die Clique in lang gestreckter Kolonne mit ihren Motorrädern durch den Forst Kasten im Süden Münchens braust. Erschrocken schlägt der nach der Vision vor seinen Augen, stürzt hinter ihr her über die Böschung geradewegs auf den Stamm einer mächtigen Fichte zu, dessen verdorrte, unterste Äste wie Spieße abstehen. Einer davon durchbohrt ihn. Bluttriefend ragt der spitze Ast aus seinem Rücken. Wie ich die übrigen der insgesamt sieben Täter zu Tode kommen lassen könnte, daran rätselte ich weiter herum. Dass der letzte der Täter, der Wortführer der Clique, vom Dach des Polizeipräsidiums in der Ettestraße stürzen und von den das Rondell vor dem Haupteingang begrenzenden hohen Lanzengitter aufgespießt werden würde, wusste ich indes schon. Die Mordkommission hatte ihn festnehmen können und vernahm ihn spät abends im Jourdienstzimmer der KD 1 im vierten Stock des Polizeipräsidiums an der Ettstraße. Als er dringend auf die Toilette musste, bewachte der Sachbearbeiter zwar die Kabine, übersah aber, dass dahinter über ein offen stehendes Fenster die dicht daran vorbeiführende Feuerleiter zu erreichen war, über die der Täter aufs Dach gelangte, wo er von der Vision des Opfers neuerdings bedrängt wurde, durch abwehrende Schläge das Gleichgewicht verlor und vom Dach in das den Vorplatz des Haupteingangs begrenzende Lanzengitter stürzte.

Ich schob meine Phantasien beiseite und wandte mich den Ursachen der in den vergangenen Jahren permanent steigenden Kriminalität zu. Anknüpfend an die in der vorhergehenden Folge aufgezeigte Kriminalitätsentwicklung und unser Papier „Kripo 2000" begann ich die hierfür meiner Meinung und meinen Erfahrungen nach ausschlaggebende Entwicklung unserer Gesellschaft zu analysieren. Ich kam davon einfach nicht los.

Kriminovalente und kriminogene Faktoren
Zu diesem Titel eines geplanten Artikels sammelte ich weiter Informationen, gliederte mein Konzept in Punkte wie familiale Sozialisation, soziale Kontrolle, Resozialisation, gesellschaftlicher Wandel, Politik, Auswüchse des „New Age" bis hin zu Einkommensungleichheit, Integration der Ausländer und Spannungsverhältnis zwischen deutscher und ausländischer Wohnbevölkerung, zu denen ich in Fachzeitschriften und sonstigen Abhandlungen einschlägige Aussagen fand. In einer relativ umfangreichen Arbeit, die schließlich in der Fachzeitschrift DIE NEUE POLIZEI (DNP), Heft 8 und 9, 1989, erschien, wies ich auf die in den vergangenen zwei Jahrzehnten in der Bundesrepublik (alte BRD) in so besorgniserregendem Maße von 2,07 Mio. (1971) auf

4,35 Mio. Straftaten (1987) angestiegene Kriminalität hin und hielt unserer ach so freiheitsliebenden Gesellschaft und unseren so liberalisierungswütigen Politikern einen Spiegel vor. Wiesen doch eine Reihe kriminologischer Forschungsergebnisse, verschiedene sachkundige Analysen, kriminalistische Erfahrung und eine kritische Betrachtung der gesellschaftlichen Entwicklung auf eine Reihe von Faktoren hin, die sowohl ursächlich sein dürften für Kriminalität allgemein als auch verantwortlich für deren beängstigenden Anstieg.

Ich nannte vor allem:
Mangelnde familiale Sozialisation. Im Sozialisationsprozess des Menschen spielt die Familie als primärer Sozialisationsfaktor eine wichtige Rolle und prägt ihn entscheidend schon in den ersten Lebensjahren. Defekte, hervorgerufen durch mangelnde Zuwendung und Anleitung, können zu Norm- und Verhaltenskonflikten führen. Inkonsistentes Erziehungsverhalten der Eltern, wiederholter Wechsel der Pflegestellen oder der Erziehungspersonen sowie strukturell oder funktional unvollständige Familien sind häufig Ursache für delinquentes Verhalten bereits der Jugendlichen und vielfach auch der späteren Erwachsenen[4]. Die gesellschaftliche Entwicklung der letzten Jahrzehnte begünstigte diese negativen, als **kriminovalente** Ursachen zu bezeichnenden Faktoren.

Eine wissenschaftliche Untersuchung über das **Trennungsverhalten von Primaten**[5] zeigt die Folgen einer Trennung vor allem von der mütterlichen Bezugsperson in drastischer Weise und lässt erahnen, wie gravierend die Bindung an eine Bezugsperson wohl auch für den Menschen ist. Die Affenbabys litten stark unter der Trennung, hatten große Schwierigkeiten, selbständige und selbst-

---

4 Siehe Hinweis auf Artikel des Autors über „Die Kriminologie junger Schläger" in 16. Folge.
5 Untersuchungen über die Folgen einer Mutter-Kind-Trennung bei Affen durch die Universitäten Colorado und Illinois/USA – ARD-Sendung „Bilder der Wissenschaft" am 29. 10. 1980.

sichere Einzelwesen zu werden, und schwankten im Zusammenleben mit anderen auch als ausgewachsene Tiere zwischen plötzlichen Gewaltausbrüchen und totaler Isolation. Alarmierend wohl auch der Nachweis, dass die kontaktbehinderten Versuchstiere nicht nur verhaltensgestört, sondern auch gehirngeschädigt waren, wie sich anhand mikroskopischer Gehirnschnitte erwies, die mit weniger Verästelungen der „Dendritenstruktur" des Kleinhirns weniger Verbindungen der Neuronen zu anderen Nervenzellen aufzeigten. So zeigt sich auch in der täglichen polizeilichen Praxis vor allem bei Gewaltdelikten ein Persönlichkeitsbild von vielfach aus misslichen Familienverhältnissen stammenden Tätern, deren frühe und häufige kriminelle Auffälligkeit und die Art und Weise der Tatausführung darauf schließen lassen, dass bei ihnen Anpassungsfähigkeit, anlagenbedingte Verhaltensbereitschaften und Neigungen bereits mit frühkindlicher Prägung nicht ausgebildet oder negativ ausgerichtet und ursächlich sind für ihr sozialfeindliches Verhalten und das Versagen gegenüber Lebensaufgaben und in zwischenmenschlichen Beziehungen. Solche Täter erweisen sich vielfach als haltlos, sind empfindsam und abnorm erregbar, oft von erschreckender Gemütskälte, zeigen eine auffallende Geltungssucht, gepaart mitunter mit regelrechtem Fanatismus, und weisen nicht selten alle Anzeichen eines Psychopaten auf. Resozialisationsmaßnahmen dürften im Hinblick auf eine hier wohl vorliegende Hirnschädigung fruchtlos sein.

Mangelnde soziale Kontrolle. Die informelle **Primärkontrolle** verringerte sich in den vergangenen Jahrzehnten sowohl im Elternhaus als vor allem auch in Schule und Öffentlichkeit. Ungehindert konsumieren Jugendliche die härtesten Pornos und brutalsten Horrorfilme am heimischen Videorekorder, verbringen ansonsten ihre Freizeit überwiegend außerhalb der Familie, und es fällt den Eltern oft nicht einmal auf, wenn sie in Rauschgiftkriminalität abgleiten. Mit fortschreitender und wohl auch nicht richtig verstandener Emanzipation begnügen sich viele Frauen nicht mehr mit der Rolle der Hausfrau und Mutter, streben nach einer Selbstverwirklichung, die sie nicht nur selbstständiger und unabhängiger werden, sondern auch mehr und mehr Straftaten begehen lässt, die vordem Männern vorbehalten waren, wie Gewalttätigkeiten bei Demonstrationen, Raubüberfällen auf Geldinstitute und Terrormorde z. B. im Rahmen der Baader-Meinhof-Bande.

Die **Erziehungsrolle der Schule** ging weitgehend verloren. Schon nach den ersten Schuljahren werden die Klassenlehrer durch Fachlehrer ersetzt und neben den auf dem Rücken der Schüler durchgeführten Experimenten wie Mengenlehre und neue Schultypen wurde und wird die Bewältigung einer Stofffülle gefordert, wie sie nur sehr disziplinierten Klassen zugemutet werden kann. So manche Lehrer kapitulierten denn auch vor den lärmenden Klassen und ließen erkennen, dass es ihnen allmählich gleichgültig wurde, ob die Schüler mitkamen oder nicht. Ein Züchtigungsrecht wurde und wird ihnen schließlich genauso wenig zugestanden wie den Eltern (nur ja nicht schlagen, hieß und heißt die Devise). So kam zum Schulstress vermehrtes Schulversagen und delinquentes Verhalten vor allem der Schüler mit geringeren Schulleistungen.

In der Öffentlichkeit wirken Erwachsene längst nicht mehr dämpfend auf flegelhafte Jugendliche ein, teils aus Gleichgültigkeit, teils aus Furcht, angepöbelt oder angegriffen und auch noch in Strafverfahren verwickelt zu werden (die Unkultur des Wegschauens hat sehr wohl ihre Gründe, billigt man dem rechtstreuen Bürger ja auch keinerlei Wehrhaftigkeit gegenüber zu mehreren oder z. B. mit Messern angreifenden Rabauken zu). Und in großstädtischen Ballungszentren kennt keiner mehr den anderen, und kümmert sich keiner um den anderen. So hat auch die Öffentlichkeit ihre Erziehungsrolle, ihre soziale Kontrolle verloren.

Die durch Polizei, Staatsanwaltschaft, Gerichte, Bewährungshilfe und Strafvollzug auszuübende **Sekundärkontrolle** verringerte sich gleichermaßen. Anzeigen der Bürger werden infolge Arbeitsüberlastung vielfach nicht mehr verfolgt, sondern nur mehr verwaltet und bleiben vielfach ungeklärt. Sanktionen werden oft nicht einmal mehr verhängt und Strafgefangenen schier ungehindert Bewegungsfreiheit eingeräumt. Dem Täter wurde und wird zumeist mehr Aufmerksamkeit gewidmet als dem Opfer. Die Ineffektivität der Sekundärkontrolle führte und führt zu mangelnder Unterstützung deren Tätigkeit. So werden Anzeigen oft gar nicht erst erstattet – sofern die Sachversicherung nicht darauf besteht – und Tatzeugen, vor Gericht nicht selten in die Verteidigung gedrängt, wollen nichts gesehen haben.

Verfehlte Resozialisation. Mit der Liberalisierung des Strafvollzugs durch das Strafvollzugsgesetz von 1976 wurden die bis dahin geltenden Vollzugsziele, nämliche die Allgemeinheit zu schützen, dem Gefangenen zur Einsicht in das begangene Unrecht zu verhelfen usw., als unzeitgemäßer und ineffektiver Verwahr- und Sühnevollzug abgetan. Die neue Leitlinie hieß: Resozialisierung. Bei immer mehr Straftaten wurden immer weniger Freiheitsstrafen verhängt, werden Vollzugslockerungen gewährt, die den Delinquenten nur wieder Gelegenheit zu neuerlicher Straftatenbegehung verhelfen. Zwar kann hierüber kein Nachweis geführt werden, denn über die von Freigängern und Hafturlaubern verübten Straftaten wird keine Statistik geführt. Welcher Kriminalbeamte sucht denn auch seine Täter ausgerechnet in Gefängnissen, wo er sie hinter Schloss und Riegel wähnt. Der tatsächliche Vollzug verhängter Freiheitsstrafen kommt dazu in der Regel nur bei schwersten Fällen in Betracht. So ist es unverständlich, wie manchen notorischen Kriminellen alsbald Vollzugslockerungen gewährt und sie neuerlich auf unschuldige Opfer losgelassen werden. Heute aber heißt die Devise: Rückführung des Gefangenen in das „normale und rechtmäßige Leben". Doch kann jemand, der nie eine Sozialisierung erfahren hat, überhaupt resozialisiert werden?

Negative Entwicklungen des gesellschaftlichen Lebens: Der Konsens der Demokraten zerfiel mit der Konsolidierung der wirtschaftlichen Verhältnisse in den 1960er-Jahren, den sogenannten satten Sechzigern. Aus der damaligen Studentenrevolte entstand ein Widerstand, der die Bundesrepublik in zunehmendem Maße mit einer Welle des Terrors und gewalttätigen Auseinandersetzungen auf der Straße überflutete. Eine um sich greifende Staats- und Gesellschaftsverdrossenheit breitete sich aus. Die politischen Gegensätze führten zur Polarisierung ganzer Gesellschaftsschichten und zum Verfall tradierter Werte und Normen.

Eine **verfehlte Kriminal- und Sicherheitspolitik** verringerte mit ihren liberalen Reformen das Risiko des Rechtsbrechers, überführt und noch dazu zu einer Freiheitsstrafe verurteilt zu werden. Sie erhöhte damit auch das Risiko des rechtschaffenen Bürgers, Verbrechensopfer zu werden. „New Age" lautete denn auch das Modewort für das „Neue Zeitalter", das unter der Devise stand und steht: „Tu, was dir gefällt, das ist das ganze Gesetz". In nahezu allen Bereichen menschlichen Verhaltens war und ist eine Verrohung der Sitten festzustellen. Es stehen nicht mehr Erziehungsziele wie Ordnung, Sauberkeit, Gehorsam und das Streben nach beruflichem Erfolg und Wohlstand im Vordergrund. Die überkommene Autorität von Eltern über Lehrer bis hin zu Kirche und Staat wird abgelehnt und nach nahezu unbegrenzter individueller Freiheit und Selbstbestimmung verlangt. Lebensgenuss rückte in den Vordergrund. Die Liberalisierung des Straf- und Strafprozessrechts seit Mitte der 1960er-Jahre (Entkriminalisierung des Sexualstrafrechts, Liberalisierung des Haftrechts etc.) ging einher mit zunehmender Reglementierung und Einengung polizeilicher Eingriffsbefugnisse. Die kriminalpolizeiliche Ermittlungstätigkeit wurde damit in einer Weise erschwert, die angesichts steigender Kriminalität und Personalknappheit bei Polizei und Justiz nur zu Lasten der Sicherheit des Bürgers gehen konnte und bedenkliche Auswirkungen auf die Rechtssicherheit mit sich brachte. Der sozialpolitische Ausgangspunkt einer Kriminalpolitik mit genereller Beschneidung der Befugnisse der Sicherheitsorgane, statt diese vor allem im Hinblick auf eine gesetzliche Verankerung des Einsatzes von Abhörgeräten bei der Verfolgung von Straftaten zu verbreitern (was die FDP mit ihrer Pseudo-Liberalität permanent zu verhindern sucht – so die Münchner Abendzeitung in einem Leitartikel zur Kriminalitätsentwicklung vom 16./17. 03. 1991) führte im Endeffekt dazu, dass die Sicherheitsorgane leistungsschwächer wurden. Überzogene Forderungen des Datenschutzes taten ein Übriges. So sah und sieht sich der rechtstreue Bürger schutzlos denjenigen Kräften ausgeliefert, die ihre „Freiheitsrechte" extensiv ausleben und ihre „Ansprüche" schamlos geltend machen.

Gern wird auch auf die **Einkommensungleichheit** in unserer „Zweidrittelgesellschaft" als kriminovalenter Faktor verwiesen, in der sich zwei Drittel der Bürger ungehemmt bedienen, das restliche Drittel indes der Armut preisgegeben wird. Das Verhältnis von armer Mehrheit und reicher Minderheit kehrte sich in den vergangenen Jahren um. So ist heute nicht die ungehemmte Bedienung der neuen Mittelschichten, sondern der Schutz der wirklich Armen vorrangige Aufgabe des Staates, so Prof. Dr. Kurt Biedenkopf in einem Interview gegenüber der Münchner Abendzeitung am 21. 03. 1989.

Arbeitslosigkeit sei indes nicht die alleinige oder wichtigste Determinante der Deliktsbegehung, so das Deutsche Institut für Wirtschaftsforschung in Berlin. Es müssten andere Faktoren wie starke Sozialisationsdefizite hinzutreten. Gleichwohl förderte eine starke Konsumorientierung und Ausrichtung an äußeren Statussymbolen die Neigung, sich die begehrten Güter einfach zu „verschaffen". Man sprach von „Wohlstandskriminalität", und die massenhaften Tatgelegenheiten (kriminogene Faktoren) führten zur Massenkriminalität, der die Polizei nicht mehr Herr zu werden vermochte. Und wachsende Wurzellosigkeit unserer anonymen Gesellschaft brachte überdies immer mehr Amokläufer hervor, Menschen, die kaum noch Kontakte zu ihrer Umwelt haben und verbittert in untergeordneter Stellung voller erlebter oder auch nur eingebildeter Erniedrigungen leben.

Verschiedenen in- und ausländischen Untersuchungen zufolge ist die höhere Kriminalitätsanfälligkeit von sozial Randständigen oder Unterschichtangehörigen aber zumindest teilweise auf deren Mängellage zurückzuführen; eine als illegitim beurteilte Einkommensungleichheit könne zu Konflikten um die Verteilung der Ressourcen und damit zu organisierter kollektiver Gewalt oder zur Kriminalität des Einzelnen führen. Eine vielfach unverschuldete Einkommensungleichheit zeichnete sich indes längst ab. Bereits 1985 stiegen die Ausgaben für die Sozialhilfe um 11 % auf 20,1 Mrd. DM, die Ausgaben für die „Hilfe zum Lebensunterhalt" um 19 %. Der Deutsche Städtetag zeigte sich besorgt über die steigende Zahl von Sozialhilfeempfängern, von denen die Hälfte jünger als fünfundzwanzig Jahre sei. Sie stelle einen breiten, stufenweise verwalteten Abstieg in die Armut dar, die zu einem Massenproblem werde.

Festzuhalten ist für jene Zeit (1980er-Jahre): Zu den 2 Mio. Arbeitslosen traten über 3 Mio. Sozialhilfeempfänger. Und in den Ballungszentren stieg die Zahl der Obdachlosen._

Mangelnde Integration von Ausländern

Die zu Zeiten wirtschaftlicher Hochkonjunktur ins Land geholten Ausländer wurden weithin nicht integriert. Nach Stagnation der wirtschaftlichen Entwicklung Anfang der 80er-Jahre und in Anbetracht der gerade unter Ausländern sehr hohen Arbeitslosigkeit sollten sie möglichst wieder ausgegliedert werden. Und zu Hunderttausenden ins Land drängende Asylbewerber wurden bewusst im Abseits gehalten, durften nicht arbeiten und fielen der Sozialhilfe zur Last. Ausländerfeindlichkeit breitete sich aus, geschürt vor allem durch rechtsextremistische Kreise.

Kriminovalente und kriminogene Schwerpunkte sind bei der ausländischen Wohnbevölkerung die vielfach mangelnde Übereinstimmung kultureller und sozialer Strukturen mit derjenigen der einheimischen Bevölkerung sowie die „Doppelsozialisation" der im Übergang von einer Kultur zur anderen aufwachsenden Gastarbeiterkinder. Störungen in den Sozialisationsbereichen Familie, Schule, Beruf, Freizeit, Wohnen und soziale Bindungen können grundsätzlich sowohl bei Deutschen als natürlich auch bei Ausländern ursächlich für Kriminalität sein. Bei Ausländern können diese Bereiche durch das Leben in einer fremden Welt aber weit mehr gestört sein, als dies in der Regel bei Deutschen der Fall ist.

Einschlägige Untersuchungen lassen erkennen, dass eine Konzentration von Ausländern dann eine kriminalitätshemmende Wirkung hat, wenn eine ausreichende soziale Kontrolle untereinander vorhanden ist, d. h. wenn das Regulativ der (Groß-) Familie, der Nachbarschaft, der Gemeinschaft vorhanden ist. Eine Konzentration von Ausländern erzielt dann aber den entgegengesetzten Effekt, wenn sie in statustiefen, kriminalitäts-

belasteten Gebieten anzutreffen und so hoch ist, dass sie Abwehr-
maßnahmen der einheimischen Bevölkerung provoziert. Stark
landsmannschaftlich geprägte Zusammenschlüsse kriminalitäts-
anfälliger Ausländer können sich zu Strukturen organisierter
Kriminalität verflechten.

Nichtdeutsche Tatverdächtige

Wie bereits in der 21. Folge ausgeführt, stieg der Anteil der ausländischen bzw. nichtdeutschen Tatverdächtigen an allen Tatverdächtigen von 1971 bis 1982 kontinuierlich auf 15,7 % und betrug 1984 nach Einführung der echten TV-Zählung 16,6 %, ein
Jahr darauf (1985) 18,0 %. Diese auf das gesamte Bundesgebiet
(alte BRD) bezogenen Prozentanteile lassen nicht erkennen, wie
es diesbezüglich in großstädtischen Ballungszentren aussieht, auf
die die ausländische Wohnbevölkerung zum Großteil entfällt und
in denen wohl auch vermehrt in Sammellagern untergebrachte
Aslysuchende sowie in der Illegalität der Großstädte aufhältliche,
illegal im Land befindliche Ausländer leben.

Die PKS für das Bundesgebiet und das Jahr 1984, die nach der
echten TV-Zählung insgesamt obige 16,6 % nichtdeutsche TV
aufweist, verzeichnet allein schon für die einzelnen Bundesländer
unterschiedliche TV-Anteile für Nichtdeutsche, wie 21,4 % für
Baden-Württemberg, 20,4 % für Hessen, 20,1 % für Bayern,
rund 13 % für Niedersachsen, Nordrhein-Westfalen und Saarland, sowie 11,5 % für Rheinland-Pfalz, 10,6 % für Bremen und
9,8 % für Schleswig-Holstein. Von den Großstädten nimmt das
kriminelle Frankfurt/Main mit 33,6 % den Spitzenplatz ein, gefolgt von Stuttgart mit 29,0 %, München mit 25,2 %, Nürnberg
mit 23,7 %, Mannheim mit 22,6 %, Berlin mit 20,3 % (diese
Stadt weist mit insgesamt 82 101 TV indes einen Spitzenwert
auf, unter dem die 16 665 nichtdeutschen TV eben „nur" mit
20,3 % zu Buche schlagen) und Hamburg mit 20,2 %. Weitere
der Großstädte ab 300 000 Einwohner liegen unter 20 % und
teils unter 10 % (wie Bochum und Essen). Unter den Nationalitäten nahmen Türken mit 29,0 % den Spitzenplatz ein, deren

Bevölkerungsanteil mit 32,7 % ebenso den absoluten Spitzenplatz beansprucht. Es folgten die Jugoslawen mit 11,7 % (Bevölkerungsanteil 13,8 %) und Italien mit 8,5 % (Bevölkerungsanteil 12,5 %). Sonstige Nationalitäten liegen unter ferner liefen.

Die PKS der Landeshauptstadt München wies für 1990 unter insgesamt 38 864 TV einen seit Mitte der 1980er-Jahre sukzessive steigenden Anteil nichtdeutsche TV von 38,0 % auf (für Bayern ist er in diesem Jahr auf 31,1 % gestiegen). Nicht alle der als Nichtdeutsche registrierten TV gehören indes der Wohnbevölkerung an. In München wurde in diesem Jahr für 56,6 % der nichtd. TV als Aufenthaltsgrund in der PKS erfasst: illegaler Aufenthalt, Tourist, Durchreisender, sonstiger Aufenthalt etc. Ein Jahr darauf (ich war schon pensioniert) bereitete dem damaligen Innenminister Edmund Stoiber laut AZ der Anstieg der Gewaltkriminalität größere Sorge. Ausländer begehen mittlerweile jede dritte Straftat in Bayern, schrieb die AZ, obwohl sie nur sieben Prozent der Bevölkerung stellen. Gerade beim Raub werde der hohe Anteil von Ausländern deutlich. Jeder zweite Räuber war kein Deutscher. Im Verhältnis zu ihrem Bevölkerungsanteil begehen Ausländer zweieinhalbmal so viele Straftaten wie Deutsche, nimmt die AZ in ihrem Bericht Bezug auf das Ergebnis der kriminologischen Forschungsgruppe des Landeskriminalamts, die das Phänomen der Ausländerkriminalität untersuchte. Besonders hoch sei der Ausländeranteil laut Untersuchungsbericht bei den bis vierundzwanzigjährigen Tätern.

Eine Analyse der gesellschaftlichen Zusammenhänge –, so schloss ich meinen Fachbeitrag „Kriminovalente und kriminogene Faktoren" damals ab –, etwa die Erforschung von Drogensucht, Arbeitslosigkeit, Ausländerfeindlichkeit, ist weithin zu vermissen und eine „Gesellschaftsstrategie" längst überfällig.

Wie aber sollte eine umfassende „Gesellschaftsstrategie" zustande kommen, wenn die einen nach links ziehen, die anderen nach rechts, und die politische Mitte langsam aber sicher zerfällt. Reicht doch der demokratische Konsens nicht einmal mehr zu einer wirksamen Kriminalpolitik.

Und zwischen all der politischen Unfähigkeit steht die Polizei mit ihrem Auftrag, Sicherheit und Ordnung aufrechtzuerhalten. Sie verschleißt einmal mehr ihre Kräfte, indem sie die Rechten vor den Linken und die Linken vor den Rechten schützen muss. Dabei ist ihre Kapazität längst durch die Tollerei steineschmeißender Demonstranten und Bomben legender Terroristen mit all ihren Folgeerscheinungen bis hin zu ausuferndem Objekt- und Personenschutz so gut wie erschöpft. Jede zusätzliche Aufgabe bedingt Abstriche in der Bekämpfung der permanent steigenden Alltagskriminalität, geht zu Lasten der alltäglichen Sicherheit des rechtschaffenen Bürgers.

Gewaltexzesse um die Wiederaufbereitungsanlage Wackersdorf/Opf.

Meine Kontakte zu den Kollegen, mit denen ich während meiner vierjährigen Zugehörigkeit zur Staatsschutzabteilung der Münchner Kripo zusammen war, rissen all die Jahre über nicht ab. Man begegnete sich da und dort, und viele der alten Kämpfer waren inzwischen von der Staatsschutzabteilung des LKA übernommen worden und ich traf mit ihnen so manches Mal beim Weg zum oder vom Dienst oder mittags in der Kantine zusammen. Klar, dass wir dabei die alten Zeiten aufwärmten und auf die Entwicklung zu sprechen kamen, die die revolutionären Studentenorganisationen inzwischen genommen haben. Einer der Kollegen von der Münchner Staatsschutzabteilung hatte sich als Leiter des Staatsschutzkommissariats der KPI Amberg in die Oberpfalz versetzten lassen, nachdem seine dort wohnhaften Eltern inzwischen pflegebedürftig geworden waren. Die Gewaltexzesse um die WAA bekam er voll mit. Nachdem seine Eltern kurz hintereinander gestorben waren, kehrte er reumütig zum PP München zurück. Er wusste zu erzählen, wie dort die Bevölkerung von den Atomkraftgegnern aufgehetzt wurde, in der die von überall her anreisenden Bürgerkriegstruppen bald schwammen wie der Fisch im Wasser – ganz wie die südamerikanischen Guerillas, die Tupamaros, es bei sich zu Hause praktizierten. Ich interessierte mich sehr für seine Erfahrungen, sammelte ich doch längst für meinen Report „Staatsschutzkriminaliät – Chronik der Gewalt" einschlägige Informationen aus Presse und Fachschrifttum (wovon ich noch heute, längst pensioniert, nicht lassen kann und mein privates Archiv auf Gewaltkriminalität und Phänomene wie Organisierte Kriminalität und die Geisel Rauschgiftkriminalität ausgeweitet habe). So habe ich kein Problem damit, authentisch über gewalttätige Demonstrationen, mordlüsterne Terroristen und die Gewaltexzesse um Wackersdorf und darüber hinaus zu berichten.

Am Abend des Pfingstsamstags, dem 17. Mai 1986, stoppten etwa hundert Demonstranten den Eilzug Schwandorf–Furth, dessen Strecke nahe Wackersdorf durch den Taxöldener Forst führte, und demolierten ihn mit Steinwürfen. Mit Baumstämmen blockierten sie einen Güterzug aus der Gegenrichtung, koppelten die Lok ab und bewarfen den Lokführer in seinem Führerstand mit Steinen, bis er mit seiner Lok zurück nach Schwandorf flüchtete. Wildwest in der Oberpfalz!

Eine Großdemonstration in München mit 20 000 Teilnehmern im Oktober 1985 führte zu ersten Ausschreitungen der „Autonomen" im Kampf gegen die geplante Wiederaufbereitungsanlage in Wackersdorf. Sie griffen Polizeibeamte mit Steinen an, warfen und schlugen Schaufensterscheiben von Banken ein und verkündeten mit Parolen wie „Feuer und Flamme für diesen Staat", worum es ihnen wirklich ging. Doch welchen Staat strebten sie an? Einen unter sowjetischer Führung stehenden sozialistischen Staat mit Verbannung politisch missliebiger Kräfte nach Sibirien?

Die am 11. 12. 85 auf dem für die WAA vorgesehenen Gelände beginnenden Rodungsarbeiten wurden bereits mit Sitzblockaden und den Versuchen, Baumaschinen die Zufahrt zu verwehren, begleitet. An eine erste Großdemonstration mit ca. 30 000 Teilnehmern (lt. Veranstalter, der Bürgerinitiative Schwandorf – die ARD-Tagesschau berichtete) schloss sich die Besetzung des Bauplatzes und die Errichtung eines Hüttendorfes an. Bei dessen Räumung zwei Tage später wurden über 800 Personen festgenommen. Um die Jahreswende wurde es wieder aufgebaut, und nun mussten Baumhäuser über Leitern und von Hubschraubern aus „erobert" werden; über 700 Personen wurden bei der zweiten Räumung festgenommen. Spontandemonstrationen und Blockaden folgten. Während einer Kundgebung am 8. Februar durchbrachen ca. 150 Demonstranten das Tor des zunächst mit einem provisorischen Zaun umfriedeten Baucamps und drangen zum Baumaschinenlager vor. Sonntag für Sonntag wurde am „Franziskus-Marterl" nahe dem Baugelände ein „Anti-WAA-Gottesdienst" gehalten (sollte wohl die gläubige Oberpfälzer Bevölkerung zum Mitmachen animieren), der von den Teilnehmern regelmäßig dazu genutzt wurde, anschließend an dem inzwischen errichteten Sicherheitszaun entlangzuziehen und sich in Szene zu setzen.

Zu Ostern 1986 eskalierte die Gewalt in Wackersdorf. Ca. 30 000 Personen (lt. Veranstalter 80 000) waren dem Aufruf verschiedener Parteien und Organisationen gefolgt und nach Wackersdorf gezogen, wo es zu gewalttätigen Aktionen kam. Eisenstäbe des Sicherheitszaunes wurden durchtrennt, mit Enterhaken die Sicherheitsdrähte heruntergerissen und mit Baumstämmen versucht, das Haupttor aufzudrücken. Die Zufahrtsstraßen wurden blockiert und die eingesetzten Polizeibeamten massiv mit Steinen beworfen und mit Armstützenschleudern (lt. WaffG verboten) und Stahlkugeln beschossen. Wasserwerfer und erstmals Reizgas mussten eingesetzt werden.

Dann kam Tschernobyl!

Seit diesem denkwürdigen Tag in den letzten Apriltagen (das genaue Datum, der 26. April 1986, war zunächst nicht einmal bekannt) eskalierte die Gewalt noch weit mehr. Die Guerillas – als bloße Chaoten konnte dieser straff organisierte, von Demonstrationsort zu Demonstrationsort ziehende und Anschlag auf Anschlag verübende Bürgerkriegshaufen wohl nicht mehr nur bezeichneten werden – fanden nun verstärkt Rückhalt in der verängstigten Oberpfälzer Bevölkerung, die ihnen teils sogar Übernachtungen bot. Da wurde der „Schwarze Block", wie die zumeist uniform dunkel gekleideten und mit schwarzen Kopfüberzügen mit eingefassten Gesichtsausschnitten vermummten Gewalttäter mittlerweile bezeichnet wurden, die nach ihren Ausfällen gegen die Polizei in die Reihen der ach so friedlichen Demonstranten, schwangeren Weiber und Kinder aufgenommen und damit vor polizeilichem Zugriff geschützt wurden. Wie vereinzelt zu hören war, wurden die mit den Ermittlungen betrauten Kriminalbeamten als Politkommissare beschimpft und Polizistenfrauen in den Geschäften nicht mehr bedient. Politessen wagten sich nicht mehr allein auf die Straße, weil sie von der Bevölkerung angespuckt wurden, und in den Gaststätten wurden Polizeibeamte mit Ausdrücken angepöbelt wie: „Ihr Drecksäue spritzt uns mit Gas an!" Mussten die Oberpfälzer mit den Gewalttätern denn gemeinsame Sache machen? Beschimpfungen und Anpöbelungen war vor Ort auch der Polizeipfarrer ausgesetzt. Im „Münchner Merkur" vom 03. 07. 86 fasste er seine schockierenden Eindrücke zusammen: „Hass auf die Kirche, totale Intoleranz und Kinder, die fleißig Steine sammeln, damit die Väter Wurfgeschosse haben. Mit Gegnerschaft zur Atomenergie hat das nichts mehr zu tun." Doch die geschürte Angst vor dem Atom trug Zwietracht selbst in die Familien von Polizeibeamten.

Zu den Pfingstfeiertagen tobten bürgerkriegsähnliche Auseinandersetzungen im Gebiet von Wackersdorf, das von den Demonstranten als „Freie Republik Wackerland" ausgerufen wurde. Ein errichtetes Zeltlager konnte angesichts der sich dort versammelnden Übermacht nicht mehr rechtzeitig geräumt werden. So war eine Basis geschaffen, von der aus die verschiedenen Aktionen organisiert und die Akteure mit Kampfmitteln versorgt werden konnten. Unablässiger Lärm hing zu den Feiertagen über dem Gelände der WAW, wie sie seit März 1986 hieß – Wiederaufbereitungsanlage Wackersdorf. Da dröhnten die Hubschrauber, hämmerten die Demonstranten gegen die Eisenstäbe des Sicherheitszauns und heulten die Pumpen der Wasserwerfer, die immer wieder auftanken mussten und längst aussahen, verbeult, die Scheiben zerschossen, als wären sie in einen Hagelsturm geraten. Die Polizeihundertschaften, die hinter dem Sicherheitszaun bereitstanden, waren immer wieder dem Bombardement aus Steinen und Stahlkugeln ausgesetzt. Die Demonstranten versuchten die

Eisenstäbe des Zaunes zu durchsägen, wieder und wieder wurden Wasserwerfer und Reizgas eingesetzt. Ein Ausfall aus der „Burg" des Baugeländes führte beinahe zur Katastrophe; die Formation der Polizei wurde von den Schwarzvermummten mit Steinen und Stahl- und Glaskugel, Schrauben und Stahlsplittern, die sie mit Armstützenschleudern verschossen, auf Distanz gehalten und regelrecht zusammengeschossen. Ein zur Beobachtung eines neuralgischen Punktes entsandtes Gruppenfahrzeug wurde umgestürzt und mit Molotowcocktails in Brand gesetzt. Eine zur Unterstützung entsandte Kolonne von Polizeifahrzeugen wurde angegriffen und auch hier ein Fahrzeug mit Molotowcocktail in Brand gesetzt. Die Bedrängten, zu denen kein Entsatz mehr vordringen konnte, weil sich „friedliche" Demonstranten vor die Fahrzeuge legten und erst weggetragen werden mussten, riefen über Funk regelrecht um Hilfe. Erst der massive Abwurf von Reizstoffgranaten aus Hubschraubern, die von mit feuerfesten Handschuhen und Gasmasken ausgerüsteten Demonstranten meist sofort aufgenommen und weggeschafft wurden, rettete schließlich die teils mit Eisenstangen und Ketten angegriffenen Beamten. Einen von ihnen zerrten sie an Armen und Beinen und versuchten ihn bei lebendigem Leibe zu vierteilen. Aus einem der brennenden Fahrzeuge erbeuteten sie die für die Einheit mitgeführte Reservemunition.

In diesen Tagen ersuchte die Einsatzleitung die übrigen Bundesländer dringend um Unterstützung und betete um einen Nebenkriegsschauplatz, etwa am Baugelände des Flughafens München II, der die geballte Macht der Gewalttäter wenigstens für ein paar Stunden aufsplittern könnte und sie teils schon anzuziehen begann wie ein verendeter Büffel die Geier und Schakale. Von den 182 in diesen Tagen verletzten Polizeibeamten musste einer mit schwersten Kopfverletzungen sofort auf die Intensivstation gelegt werden, 27 Beamte mussten mit Kopfverletzungen, Knochenbrüchen, Zerrungen etc. stationär behandelt werden und weitere waren mit Prellungen u. a. Verletzungen dienstunfähig.

Drei Wochen darauf wiederholten sich die Ausschreitungen. Trotz Demonstrationsverbot – wen interessierte das denn noch – kamen lt. Pressemeldungen wiederum 15.000 bis 30.000 Demonstranten nach Wackersdorf. Die inzwischen Tag für Tag und Wochenende für Wochenende eingesetzten Beamten waren längst maßlos verbittert. Da hielten sie für eine Sache den Kopf hin, um die sich die Politik selbst nicht einig ist. „Der Unmut", so berichtete die Münchner AZ vom 16./17. 06. 86, ginge bereits so weit, dass er sehr bald über eine Verweigerung unzumutbarer lebensgefährlicher Einsätze deutlich werden könnte. Haben sie doch auch den Gewalttätern nichts entgegenzusetzen als ihre Schilde, die noch dazu von den auf sie abgeschossenen Stahlkugeln und Schraubenmuttern etc. durchlagen werden konnten. Die erforderlichen Distanzwaffen, um sich ihrerseits die Kriminellen vom Leibe halten zu können, sowie den erforderlichen Strafrechtstatbestand[6], um sie auch dann strafrechtlich verfolgen zu können, wenn sie von einer Menschenmenge abgeschirmt werden, verweigern ihnen nicht nur die Politiker von SPD und Grünen, sondern auch die an der Regierungskoalition beteiligte F.D.P. Welche Demokratie wollen die denn? Welche sollen die Polizisten für sie schützen? Doch da tönt ein ehemaliger Bundesverfassungsrichter, SPD, in der ARD-Sendung „Brennpunkt" vom 25. 06. 86, man müsse diesen Dingen mit Gelassenheit begegnen. Wie „cool" können Polizeibeamte denn bleiben, wenn ihnen pausenlos Steine und Stahlkugeln um die Ohren fliegen und Brandsätze nach ihnen geworfen werden?

Und mit welchen Einkünften bestreiten die Berufsdemonstranten denn ihren Lebensunterhalt? Von reichen Eltern etwa? Oder lassen sie sich vom Staat aushalten, den sie bekämpfen?

Wir, die Polizeibeamten, wissen nicht erst seit Wackersdorf um Strategie und Taktik der extremen Linken, die dem Kapital und dem Imperialismus den Krieg erklärt hat und sowohl unter Aus-

---

6 Vor dem 3. StÄG v. 21. 05. 70 konnte jeder wegen Landfriedensbruchs gem. § 125 StGB belangt werden, der an einer Zusammenrottung einer Menschenmenge teilnahm, aus der heraus mit vereinten Kräften Gewalttätigkeiten begangen wurden. Heute kann nur noch belangt werden, wer sich tatsächlich an Gewalttätigkeiten beteiligt.

nutzung des vorhandenen legalen Spielraumes in Bürgerinitiativen, Aktionsplänen und Kongressen agiert als auch Aktionen aus der Illegalität heraus durchführt. Die Auswirkungen ihrer militanten Aktionen zeigten sich nicht nur in und um Wackersdorf, sondern überall in Bayern und im Bundesgebiet in einer Flut von Sachbeschädigungen und Brandanschlägen. Wie der Staatssekretär im Innenministerium, Hans Neusel, bekannt gab, sind in der BRD in den ersten sieben Monaten des Jahres 1986 236 Brand- und Sprengstoffanschläge verübt worden, 60 % mehr als im Vorjahr. Hauptangriffsziele waren Personen und Institutionen des sogenannten „Militärisch-Industriellen-Komplexes", zu dem nach terroristischer Terminologie vor allem Einrichtungen der Rüstungsindustrie, aber auch Einrichtungen der Bundeswehr und der NATO-Truppen zählen. Weitere Angriffspunkte sind Unternehmen, die in irgendeiner Form an Baumaßnahmen oder der Versorgung der Atomindustrie beteiligt sind. Verstärkt wurden in diesem Jahr Ziele der allgemeinen Energieversorgung attackiert, wie z. B. 45 Hochspannungsmasten, die umgesägt wurden und zu stundenlangen Stromausfällen führten, sowie Einrichtungen der Bundesbahn. Zusammengefasst, so schildert der „Informationsdienst Terrorismus – Extremismus – Organisierte Kriminalität", hat der Terrorapparat die lebenswichtige westdeutsche Infrastruktur im Visier. In einer, sicherlich nicht vollständigen Liste von Anschlägen seit Juni 1986 vermittelt der Informationsdienst einen Eindruck, wie intensiv der terroristische Kleinkrieg gegen die BRD geführt wird, in dem er tagebuchartig aufführt, wann und wo und gegen welche Einrichtungen Anschläge verübt wurden. Da verübten am 24. Juli „Kämpfende Einheiten" der sogenannten RAF einen Sprengstoffanschlag auf das Institut für Lasertechnologie in Aachen, Schaden: drei Mio. DM, am 25. Juli einen Sprengstoffanschlag per Autobombe auf das Luft- und Raumfahrtzentrum Dornier in Immenstadt am Bodensee, Schaden: 30.000 DM. Am 30. Juli wurden auf Einrichtungen des Pioniergeländes der Bundeswehr in München Brandanschläge mit Molotowcocktails verübt, Schaden: 400.000 DM. Auf dem Gelände des Bundesgrenzschutzes in Swisttal-Heimerzheim bei Bonn wurden von

„Kämpfenden Einheiten" der RAF drei Sprengsätze gezündet und ein Sendemast und ein Telefon- und ein Trafohäuschen beschädigt. In Kleve drang kurz nach Mitternacht ein maskierter Täter über ein Baugerüst in die Wachstube der Bundeswehr ein, fesselte die beiden unbewaffneten Soldaten und entwendete aus der Waffenkammer 2 G-3-Gewehre, 3 Pistolen, 1 MP (Uzi) und 1 Nachtsichtzielgerät. Im August wurden in Hanau ein Sprengstoffanschlag auf das Fahrzeug eines US-Soldaten und in Wesel-Büderich ein Brandanschlag auf das Fahrzeug eines Zivilangestellten der US Army verübt.

Eine Reihe von Anschlägen richtete sich gegen Einrichtungen der Nukleartechnologie, u. a. ein Brandanschlag gegen die nuklearmedizinische Abteilung der Münchner Universitätsklinik, Schaden: zwei bis drei Mio. DM, und wieder und wieder Brandanschläge gegen die im Bau befindliche nukleare WAW, die daran beteiligten Firmen und deren Baumaschinen, sowie zahlreiche Anschläge auf Hochspannungsleitungen in der Oberpfalz und im übrigen Bundesgebiet, die umgesägt oder mit gelösten Schrauben zum Einsturz gebracht wurden oder werden sollten. Vor Anschlägen war auch die Bundesbahn nicht gefeit. So entdeckten Gleisarbeiter auf den Schienen der S-Bahn in Berlin noch rechtzeitig eine 25 kg schwere Bombe. Auf der Bahnstrecke München-Ingolstadt stürzte ein angesägter Oberleitungsmast auf die Schienen, nachdem ein Zug die Stelle passiert hatte. Eine nachfolgende S-Bahn fuhr in die herabhängenden Leitungen. Auf der Bahnlinie Frankfurt–Mannheim riss die Lok eines Güterzuges die Oberleitung, über die Stahlbügel geworfen worden waren, auf 750 Meter herunter. Auf der Strecke Augsburg–Donauwörth riss ein durchfahrender Zug die Oberleitung, über die Seile gespannt worden waren, auf 1 Kilometer herunter. Im Stadtgebiet Braunschweig wurde die Transitstrecke Berlin–Braunschweig durch über die Oberleitung geworfene Seile und Gewichte sabotiert.

Erschreckend! In polizeilichen Pressemeldungen erfährt der interessierte Bürger in der Regel lediglich von diesem oder jenem Anschlag, kaum je von zusammenfassender Darstellung, die ihm die Augen öffnen könnte.

Weitere Eskalation

Nach Einschätzung von Sicherheitsexperten und aus Diskussionspapieren der Szene – so der „Informationsdienst Terrorismus – Extremismus – Organisierte Kriminalität", dessen erste Ausgabe mir als Rezensionsexemplar für die DNP zuging, als ich nach meiner Pensionierung deren Redaktion übernahm – ging hervor, dass eine weitere Eskalation von „großen" und massenhaft „kleinen" Anschlägen bevorstand. Seit den militanten Großaktionen in Brokdorf und jetzt in Wackersdorf nahm die Mobilisierung der Szene des terroristischen Umfelds beständig zu. Die zahllosen Sprengstoff-, Brand- und anderen Anschläge auf die zivile und militärische Infrastruktur der BRD, der erkennbare Trend zu systematischer Militarisierung der Trupps gewalttätiger Störer bei Auseinandersetzungen mit der Polizei, die sich ständig ausweitende Ausspähaktivität neuer Zielobjekte – einschließlich geeigneter Objekte zur Sprengstoffbeschaffung –, das Vorantreiben des Aufbaus verdeckter Strukturen und die wiederholte Ankündigung, über kurz oder lang die Konfrontation mit den Sicherheitsorganen mit Schusswaffen auszutragen, gaben Anlass zu äußerster Sorge.

Ich hatte bereits während der Olympiade 1972 in München, in die die Zeit des Beginns des Zweiten Weltkrieges am 1. September 1939 und damit der von der NL so apostrophierte „Antikriegstag" fiel, der Anlass für eine Demonstration mit straff geführten Blocks durch Münchens Innenstadt war, feststellen müssen, wie durchorganisiert der Aufzug dieser rund 10 000 Teilnehmer war, der letztlich das gewaltsame Eindringen in die Fußgängerzone zum Ziel hatte (s. 11. Folge). Ein drastisches Beispiel für die neuerdings angewandte Taktik des „militant-militärischen Flügels", wie sich die Gruppierung selbst nannte, war das koordinierte und äußerst aggressive Vorgehen von gewalttätigen Störergruppen bei den Aktionen bei Brokdorf. In militärischer Konvoi-Formation – so der Bericht eines Polizeieinsatzleiters in der Zeitschrift „Die Polizei" –, flankiert von Kradmeldertrupps, fuhren sie ihr Zielobjekt an. In Bad Bramstedt sperrten die Kradfahrer des Konvois die Seitenstraßen und lotsten den Konvoi im Schritttempo, zeitweilig anhaltend, durch die Stadt. An einer Einmündung verließ eine größere Zahl Vermummter die Fahrzeuge, plünderte ein Geschäft, schlug an mehreren Gebäuden die Scheiben ein und bedrohte Passanten. In der Ortschaft Hohenlockstedt verübten die Chaoten ähnliche Gewalttaten, verließen dann, als die Kradfahrer auf den Zufahrtstrecken zur Brokdorf-Demonstration Kontrollstellen der Polizei meldeten, ihre Route, um diese zu umfahren. Einen zufällig vorbeifahrenden BGS-Beamten griffen sie sofort an und beschädigten sein Auto schwer. Einer der stärkeren Konvois hielt in der Ortschaft Hue kurz an, gruppierte sich um, indem militante Kräfte an die Spitze gezogen wurden, und griff sodann in Kleve eine nur schwach besetzte polizeiliche Kontrollestelle an, die ihre Kradmelder offenbar gerade erkundet hatten. In ganzer Straßenbreite rollte der Konvoi auf Kleve zu, stoppte gedeckt durch eine Kurve vor der Kreuzung, an der die Polizei mit 30 Beamten den Verkehr kontrollierte, und dann stürmten an die 200 maskierte Chaoten auf die Kreuzung, bewarfen die überraschten Beamten mit Steinen und Molotowcocktails und beschossen sie aus nächster Nähe mit Leuchtspurmunition – womit sie später auch auf mit Verstärkung landende Hubschrauber schossen. Die Beamten mussten sich zurückziehen, wobei die Angreifer aus einem Polizeikombi eine MP mit Munition, eine schusssichere Weste und weitere Gegenstände entwendeten. Trotz Verstärkung aus einem 200 Meter zurückliegenden Kontrollpunkt vermochten sich die nunmehr 90 Beamten den Angriffen der Gegner, die sie mit langen Holzlatten in die unteren Körperregionen stießen und mit Steinen bewarfen – auf der Ladefläche eines in ihrem Konvoi mitgeführten Lkw lagen Pflastersteine bereit – sowie dem Beschuss mit Metallschrauben und Bolzen der inzwischen auf 300 Mann angewachsenen Angreifer nicht erwehren. Erst als mehrere Hundertschaften herangeführt worden waren – inzwischen hatten die überwiegend vermummten und mit Helmen ausgerüsteten Chaoten aus Jägerzäunen und Sitzbänken der Grundstücke entlang der Straße Barrikaden errichtet –, konnten die Angreifer zurückgedrängt werden. Bei den Auseinandersetzungen wurden innerhalb kurzer Zeit 80 Beamte teils erheblich verletzt. Dieser Überfall der „Straßen-Guerilla" machte deutlich, dass diese äußerst planvoll handelte, mit ihren Krädern zuverlässig aufklärte und über Megaphon taktische Anweisungen gab. Neben Leucht- und Signalmunition setzte sie Nebelgranaten, Molotowcocktails, Katapulte, Eisenstangen und Knüppel ein.

In der Polizeidirektion Schleswig-Holstein-West wurde der bewaffnete Angriff von Straßenguerilleros in Kleve als „schwerste Krawalle in Schleswig-Holstein seit Ende des Zweiten Welt-krieges bezeichnet. In der Szene indes wurde er „als noch nicht genug entwickelt" betrachtet. Die Überlegungen, die in Nach-bereitungspapieren zu den Aktionen in Wackersdorf und Brokdorf u. a. in „Radikal" zu Papier gebracht worden sind, zeigten klar und unmissverständlich auf, welcher Kurs in Zukunft gefahren werden würde. Die „Dimension der Konfrontation", die den Drahtziehern und Strategen der militanten Szene offensichtlich vorschwebte, war der Gebrauch von Schusswaffen. Mehrmals schon wurde auf diese Frage angespielt.

In offiziellen Stellungnahmen der Behörden – so der „Informationsdienst Terrorismus – Extremismus – Organisierte Kriminalität" – überwiegen dagegen die beruhigenden und be-sänftigenden Töne. Trotz des wachsenden Unmuts und der Ver-ärgerung in Fachkreisen über das Ausbleiben wirksamer Maß-nahmen zur Eindämmung des gefährlichen Reservoirs solcher verdeckt arbeitenden Guerilleros blieb es bisher pensionierten Experten vorbehalten, sich kompetent zu diesem Problem zu äußern. Der ehemalige BKA-Präsident Dr. Herold wies in einem *Spiegel*-Interview darauf hin, „dass bisher polizeilich unerkannte militante Straßenkämpfer die attraktivste Rekrutierungsgruppe der RAF darstellen." Er betonte, dass eine ernsthafte Bekämpfung der RAF eine möglichst vollständige Identifizierung und Be-obachtung des gewalttätigen Spektrums voraussetzt, die Polizei aber könne mit ihren zersplitterten Landesdateien und der in der Öffentlichkeit immer wieder infrage gestellten BKA-Zentral-datei „Landfriedensbruch und verwandte Straftaten", die wegen der von Land zu Land unterschiedlichen Datenanlieferung nur einen Bruchteil des tatsächlichen Militanzfeldes umfasse, nicht einmal der unmittelbar drohenden Gefahr begegnen. Obwohl die früheren informatorischen Grundlagen und Frühwarnsysteme an der konkreten Gefahr und am Verdacht anknüpften, wurden sie gegen Ende der 70er-Jahre aus Gründen vermeintlichen Datenschutzes weitgehend gelähmt – wie ich es als damaliger Sachbearbeiter für Informationsbeschaffung, Beobachtung politisch extremer Gruppen und Organisationen und Einsatzplaner für kriminalpolizeiliche Einsätze bei der Münchner Staatsschutzabteilung in den 70er-Jahren persönlich erlebte, was mich letztlich frustriert zur Aufkündigung dieser an sich interessanten Tätigkeit veranlasste (s. Folgen 10 bis 11).

Terrormorde
Schon in den 1970er-Jahren fielen linksextremistischen Mordschützen der RAF eine Reihe von Persönlichkeiten des öffentlichen Lebens zum Opfer:

- am 10. 11. 74 in Berlin der Kammergerichtspräsident **Günter von Drenkmann**, er sollte aus Rache für den RAF-Häftling Holger Meins, der nach langem Hungerstreik verstarb, entführt werden, wurde nach heftiger Gegenwehr aber erschossen;
- am 07. 04. 1976 wurde **Generalbundesanwalt Siegfried Buback** auf dem Weg von seiner Wohnung in Neureut zum Bundesgerichtshof auf offener Straße ermordet. Mit ihm starben der Fahrer seines Dienstwagens und eine Begleitperson;
- am 30. 07. 1976 traf die Tochter eines Studienfreundes des **Vorstandsprechers der Deutschen Bank Jürgen Ponto** zusammen mit zwei Männern als angekündigte Besucherin im Hause der Pontos in Oberursel ein und überreichte einen Blumenstrauß. Während er eine Vase besorgte, wurde er von deren Begleitern niedergeschossen;
- am 05. 09. 77 wurde **BDI-Präsident Hans-Martin Schleyer** von seinem Fahrer von der Arbeit zu seiner Dienstwohnung in Köln chauffiert, gefolgt von einem mit drei Beamten besetzten Begleitschutzfahrzeug der Polizei. Eine von den Terroristen eingerichtete Telefonkette meldete die Annäherung der Fahrzeuge an die im Hinterhalt liegenden Mordschützen. Mit einem rückwärts gegen die herannahenden Fahrzeuge fahrenden Auto

stoppten sie den Wagen Schleyers und dessen einen Auffahr-
unfall verursachendes Begleitschutzfahrzeug, eröffneten auf
Schleyers Fahrer und die Insassen des Begleitfahrzeuges das
Feuer und töteten sowohl den Fahrer als auch die teils mit
ihren Pistolen zurückschießenden, in der Hektik aber nicht
treffenden Polizeibeamten – insgesamt gaben die Mordschützen
119 Schüsse ab. Schleyer nahmen sie als Geisel und forderten für
seine Freilassung die Freilassung der inhaftierten elf Komplizen
der ersten Generation der Verbrecherorganisation RAF, die sie
letztlich mit der Entführung der Lufthansamaschine Landshut
durch Terroristen der palästinensischen PFLP, die bei einer
Zwischenlandung deren Flugkapitän kaltblütig in der offenen
Kabinentür erschossen und auf die Rollbahn fallen ließen, vergeblich zu erzwingen suchten. Nachdem die GSG 9 die inzwischen in Mogadischu/Somalia gelandete Maschine stürmte,
die Entführer überwältigte und die 86 Geiseln befreite, begingen die inhaftierten RAF-Terroristen Andreas Baader,
Gudrun Ensslin und Jan-Carl Raspe noch in derselben Nacht
in ihren Zellen Selbstmord. Als am folgenden Tag seine Entführer vom Tod ihrer Komplizen erfuhren, töteten sie Hanns-
Martin Schleyer mit Schüssen in den Hinterkopf. Seine Leiche
wurde am 19. 10. 1977 im Kofferraum eines in Mühlhausen/
Elsass (Frankreich) abgestellten Pkw gefunden. Tragisch und
an sich unverzeihlich: Auf den zu vermutenden Aufenthaltsort des Entführten in einem schallgedämpften Wandschrank
einer Wohnung in einem Hochhaus in Erftstadt-Liblar bei
Köln lag zwischenzeitlich ein Hinweis vor, doch die Adresse
ging in der Flut von Hinweisen aus der Bevölkerung unter (so
das Internetportal Wikipedia über die Schleyer-Entführung).
Mangelnde Organisation polizeilicher Sonderkommissionen
bzw. politischer Krisenstäbe, mangelndes Personal oder einfach nur Schlamperei ...? Schleyers Aufenthaltsort wurde
mehrfach gewechselt, wie sich später herausstellte, sodass er
am ursprünglichen Ort wahrscheinlich sowieso nicht mehr
vorgefunden worden wäre. Gleichwohl erscheint dieses Versehen unverzeihlich.

Der Terror der RAF und deren miteinander vernetzten Unterstützer ging weiter. Neben dem „Kommandobereich" (ca. 25 Mitglieder) und den sogenannten „Illegalen Militanten" (ca. 200 Mitglieder) gingen die Sicherheitsbehörden des Weiteren von einem „aktiven Umfeld" (ca. 2000 Personen) und einem „aktiven Sympathisantenfeld" (auf ca. 10 000 Personen geschätzt) aus. Besondere Bedeutung gewannen die „Revolutionären Zellen (RZ)" und sonstige Kleingruppen aus dem Umfeld der RAF. Sie operierten als Einzelgruppen aus der Legalität heraus, begingen zahllose Anschläge gegen Kommunalbehörden, Justiz, Polizei, kerntechnische Einrichtungen, Banken, Kaufhäuser und Industrieanlagen.

In den 1980er-Jahren fand die Mordserie linksterroristischer Gruppen in nach wie vor skrupellosem, brutalem Vorgehen ihre Fortsetzung, begleitet von wiederholten „Beschaffungsaktionen" zur Wiederherstellung ihrer logistischen Basis, Auffüllen der durch Festnahmen entstandenen Lücken und begleitet von einem neuerlichen Hungerstreik in Stammheim einsitzender Komplizen: am 11. 05. 81 erschossen Mordschützen der Revolutionären Zellen (RZ), die sich als verlängerter Arm der RAF verstanden, den **hessischen Minister für Wirtschaft und Verkehr, Heinz-Herbert Karry**. Er sollte für so zerstörerische Objekte wie Kernkraftwerke und Erweiterung des Frankfurter Flughafens bestraft werden;

- am 18. 12. 84 schlug ein Sprengstoffanschlag gegen die **NATO-Schule in Oberammergau** fehl. Ein Pkw mit 25 kg Sprengstoff war vor einem Schulgebäude abgestellt worden, die Zeitzünderschaltung aber war fehlerhaft eingestellt, sodass die Autobombe rechtzeitig entschärft werden konnte.
- am 01. 02. 85 ermordeten schließlich RAF-Mordschützen im Zuge ihrer „Offensive 84/85" in Gauting/Obb. den **MTU-Vorsitzenden Dr. Ernst Zimmermann**. Eine als Briefbotin getarnte Terroristin gab vor, Dr. Zimmermann müsse den Erhalt eines Briefes quittieren. Die Ehefrau geleitet sie ins Haus, worauf gleich auch noch ein Mann mit MP hinzukam. Das Ehepaar wurde gefesselt und Dr. Zimmermann mit mehreren Schüssen in den Hinterkopf ermordet;

- am 07./08. 08. 85 wurde in der Nähe von Wiesbaden der **US-Soldat Edward F. Pimental** ermordet. Die Mordschützen raubten dessen Dienstausweis (ID-Card), den sie zum Betreten der Rhein-Main-Air-Base in Frankfurt benötigten, wo sie einen Anschlag planten;
- am 08. 08. 85 explodierte auf dem militärischen Teil der **US Air Base in Frankfurt** eine Autobombe (50 kg Sprengstoff), die zwei amerikanische Staatsangehörige tötete und elf weitere Personen teils schwer verletzte;
- am 09. 07. 86 gegen halb acht Uhr morgens explodierte in dem Moment, als das **Siemensvorstandsmitglied Prof. Karl Heinz Beckurts** auf dem Weg zur Arbeit mit seinem Wagen in Straßlach bei München vorbeifuhr, ein am Straßenrand auf einem Fahrrad abgestellter 50-kg-Sprengsatz. Die Wucht der Explosion schleuderte den Wagen über die Straße hinweg in den Straßengraben und tötete Beckurts und dessen Fahrer. Beckurts war einer der bedeutendsten Industriemanager und Verfechter der Atomenergie;
- am 10. 10. 86 arbeitete **Ministerialdirigent Gerold von Braunmühl**, Leiter der politischen Abteilung im Auswärtigen Amt in Bonn, bis spät in die Nacht. Mit einem Taxi fuhr er nach Hause nach Ippendorf, einem kleinen Vorort von Bonn. Dort wurde er bereits von seinen Mördern erwartet. Ein mit Wollmütze maskierter Mann schoss ihn zweimal in die Brust, worauf er sich noch in Deckung eines geparkten Wagens zu flüchten vermochte, wo ihn ein zweiter Vermummter aus nächster Nähe in den Kopf schoss. Die in seinem Kopf befindliche Kugel stammte aus derselben Waffe, mit der bereits Hans-Martin Schleyer „hingerichtet" wurde;
- am 30. 11. 89 ermordete ein RAF-Kommando in Bad Homburg mittels einer seit Wochen unentdeckt vorbereiteten Sprengstofffalle den **Vorstandssprecher der Deutschen Bank Alfred Herrhausen** und verletzte dessen Fahrer schwer. Wie in Straßlach bei München, so war auch hier ein Sprengsatz am Straßenrand installiert, der aber nun nicht manuell, sondern mittels einer Lichtschranke zur Explosion gebracht wurde.

In Berlin gingen in diesem Jahr Terroristen der RZ dazu über, ihre Gegner, die sie als Menschenjäger und Schreibtischtäter sahen, mit Knieschüssen zu „bestrafen", so den **Leiter der Berliner Ausländerbehörde Harald Hollenberg** und den Vorsitzenden **Richter des Asylsenats des BVerwG Günter Korbmacher**, die sie jeweils beim morgendlichen Verlassen ihrer Wohnanwesen abpassten und in die Knie schossen.

Schwere Ausschreitungen in Berlin und Hamburg Todesschüsse an der Startbahn West in Frankfurt/Main

Im Brennpunkt des Demonstrationsgeschehens standen schließlich wieder einmal Berlin, Hamburg und Frankfurt/Main. In Berlin kamen die „geschlossenen Einheiten" der Polizei seit den „Kreuzberger Krawallen" vom 1. Mai 1987 nicht mehr von ihren Überstundenbergen herunter. Am 1. Mai 1988 kam es in Kreuzberg zu neuerlichen schweren Krawallen. Gehwege wurden aufgerissen, um Wurfgeschosse gegen die Polizei zu gewinnen, Schaufenster wurden zerschlagen und Molotowcocktails geworfen. Eine weitere Welle der Gewalt überrollte Berlin anlässlich des Jahrestages des „Internationalen Währungsfonds" (IWF) und der Weltbank im September. Straßenblockaden wurden errichtet und Brand- und Sprengstoffanschläge verübt. Der Sachschaden ging in die Millionen. Die Polizei verzeichnete 676 Festnahmen. Und wie ein Jahr zuvor den in Wackersdorf eingesetzten Berliner Polizeibeamten vorgeworfen worden war, besonders brutal vorgegangen zu sein, so warf die „Alternative Szene" nun den in Berlin eingesetzten bayerischen Beamten vor, „aus der Rolle gefallen zu sein".

Und wie nicht anders zu erwarten, zogen auch im Jahr darauf anlässlich eines „Kiez-Festes" am Lausitzer Platz rund 2000 Randalierer durch Kreuzberg, errichteten Barrikaden, zündeten Autos an, warfen Scheiben ein, verwüsteten Geschäfte, plünderten Kaufhäuser und lieferten sich Straßenschlachten mit der Polizei. „Die schwersten Krawalle seit Jahren", schrieb eine Münchner Zeitung, „haben in Berlin 335 Verletzte gefordert. Die CDU warf dem rot-grünen Senat Versagen gegenüber den Chaoten vor, Polizisten seien regelrecht verheizt worden.

Die WAW aber war in diesem Jahr 1989 *out*. Sie wurde plötzlich nicht mehr gebraucht, es war alles nur Spaß gewesen! Am 1. Juni trat der Baustopp auf dem WAW-Gelände in Kraft, nachdem die Bundesregierung der von der Veba AG vorgeschlagenen nuklearen Wiederaufbereitung in La Hague/Frankreich zugestimmt hatte und die bayerische Staatsregierung die Baugenehmigung aufhob. Mehr als 100 Mio. DM kostete nach Angaben des bayerischen Wirtschaftsministeriums der Polizeieinsatz zur Sicherung der Baustelle des WAW, und das bayerische Innenministerum registrierte 376 verletzte Polizeibeamte und Sachschäden von rund 7,5 Mio. DM. Da können die linken Revoluzzer stolz darauf sein, was sie den Steuerzahler gekostet haben.

Die „Berufsdemonstranten" mussten sich nun, da auch sonst mit dem „AKW-Kampf" kaum mehr was ging – in München marschierten Anfang Juni zwar noch 10 000 Atomkraftgegner in zwei Marschsäulen zur Innenstadt, doch gleichzeitig fand dort eine Kundgebung der rechtsextremen DVU statt, die es zu stören galt –, und sich angesichts der fortschreitenden Entspannung zwischen Ost und West sich selbst für den „Friedenskampf" kein müder Marschierer mehr fand, nach anderen Themen und „Feindbildern" umsehen. Sie haben eines gefunden: Rechts steht der Feind! Wie schon zu Beginn des Jahres 1988 in Berlin, so erwies es sich 1989 allerorten, dass nicht nur gegen die altbekannten rechtsextremistischen Parteien NPD und DVU, sondern vor allem gegen die „Republikaner" Tausende von „Gegendemonstranten" zu mobilisieren waren. Erhielten die „Republikaner" doch mehr und mehr Zulauf, zunächst auch aus den Reihen der Polizei, deren Beamte längst nach einer Partei gesucht hatten, die deutlich für Recht und Ordnung eintrat. Offenbar aber wurde sie bald von Neonazis unterwandert und musste für „extremistisch" erklärt werden. Worauf sich Beamte von ihr distanzieren mussten, wollten sie nicht ihren Beruf verlieren.

Schließlich brachte die Öffnung der Grenzen zwischen der BRD und der DDR am 9. November 1989 ein neues Reizwort aufs Tablett: Wiedervereinigung. Schon fand in West-Berlin eine erste Demonstration dagegen statt. Ließ sich mit diesem Reizwort etwa gar eine gemeinsame antiimperialistische Front mit den Linksextremisten (Kommunisten) im anderen Teil Deutschlands aufbauen und miteinander viele schöne Demonstrationen und Gewaltaktionen in Ost und West veranstalten …?

Gewalttätige Demonstrationen waren aber längst nicht alles, womit die Polizei in all den Jahren konfrontiert war und wieder und wieder zahllose Verletzte registrieren musste. Da war vor allem auch der sogenannte „Häuserkampf". Die im Frühjahr 1980 einsetzende „neue Protestwelle", getragen von den undogmatischen Gruppen der „Neuen Linken", begleitete mit Krawallen und Ausschreitungen sowohl den „Antiimperialismus- und Antifaschismuskampf", als vor allem auch den „Häuserkampf". Mit diffus formulierten anarchistischen Konzepten wurde um „Freiräume" in Staat und Gesellschaft gekämpft, wobei die Besetzung leer stehender Häuser und deren Verteidigung die bevorzugten Aktionen waren. „Autonome Häuserkämpfer" erklärten besetzte Häuser zu „befreiten Gebieten". Eine Münchner Zeitung berichtete unter Schlagworten wie „Blutige Schlachten in deutschen Großstädten", wie in Freiburg 10 000 Jugendliche auf die Straße gingen, um gegen 1200 Polizisten besetzte Häuser zu verteidigen, im Frankfurter Westend Demonstranten Pflastersteine gegen Polizisten warfen, die zur Räumung besetzter Häuser antraten, in Göttingen sich Demonstranten mit der Polizei schlugen, nachdem sie zahlreiche Scheiben eingeschlagen und Auslagen geplündert hatten, und sich in Berlin, wo vor dem Hintergrund einer verfehlten Wohnungspolitik „Wohnungsbesetzer" mit den Eigentümern und der Polizei stritten und es auch hier zu schweren Ausschreitungen kam.

In Hamburg indes, wo bereits 1981 klammheimlich Häuser der städtischen Siedlungsgesellschaft an der Hafenstraße schrittweise besetzt worden waren, ohne dass gegen diesen gesetzwidrigen Zustand etwas unternommen worden wäre, schwelte der Konflikt über Jahre hinweg. Wie bereits in mehreren anderen Städten, so eskalierte der Konflikt 1987 auch hier. Autonome Gruppierungen, unterstützt von jugendlichen Randalierern, machten Straßen unpassierbar und gingen gegen die anrückende Polizei und gegen die Feuerwehr mit Steinen, Stahlkugeln und Feuerwerkskörpern vor. „Autonome" und „Häuserkämpfer" aus dem ganzen Bundesgebiet solidarisierten sich mit den Hausbesetzern in der Hamburger Hafenstraße. Als die Besetzer einen angebotenen Pachtvertrag zunächst nicht abschließen wollten und zur gewaltsamen „Verteidigung" rüsteten, reisten viele auswärtige „Militante" an und halfen, die Objekte zu befestigen und Straßenbarrikaden zu errichten. Doch dann erfüllten sie das ihnen gestellte Ultimatum zum Abriss der Befestigungen und durften bleiben („Dohnanyis Hafenstraßen-Wunder", apostrophierte die Presse). Kapitulation vor der Gewalt!?

Aus den erkämpften Häusern heraus wurden wieder und wieder auch andere Straftaten begangen. Als ein Zivilbeamter der Polizei in der Nähe einen Autoknacker festnehmen wollte, konnte er sich dem Angriff der Hausbesetzer nur durch einen Warnschuss erwehren. Kfz-Aufbrüche waren dort gang und gäbe. Vorbeifahrende Polizeifahrzeuge wurden mit Stahlkugeln und Leuchtmunition beschossen und mit Steinen beworfen, oder es wurden ihre Reifen zerstochen. Ein gestohlenes Baugerüst wurde an den besetzten Häusern aufgebaut und verschweißt. Als es von Bauarbeitern abgebaut werden sollte, mussten diese unter einem Hagel von Steinen und Stahlkugeln flüchten. Nichts geschah hierauf. Und wen kümmerte es, wenn in den besetzten Häusern auch RAF-Terroristen, mit deren Parolen die Wände beschmiert waren, Unterschlupf fanden ...? Die „Autonomen" behielten – zumindest zunächst – ihren so mühsam erkämpften „staats- und rechtsfreien Raum". Die frustrierten Polizeibeamten fühlten sich von den Politikern regelrecht im Stich gelassen.

Ein Ereignis in Frankfurt/Main ragte 1987 über alle anderen, bis dahin an Skrupellosigkeit und Brutalität kaum noch zu überbietenden Gewaltaktionen der revolutionären Linken hinaus und ist allenfalls mit Hitlers Putschversuch und Marsch auf die Münchner Feldherrnhalle 1923 zu vergleichen, bei dem die demonstrierenden nationalsozialistischen Gewalttäter die Absperrung der Landespolizei mit gefällten Bajonetten, entsicherten Gewehren und Pistolen durchbrachen und bei dem Versuch, die Angreifer mit Verstärkung zurückzudrängen, ein Polizeiunterwachtmeister aus der Menge heraus erschossen wurde und bei dem anschließenden Feuerwechsel der Hundertschaftsführer und zwei weitere Polizisten tödlich getroffen worden waren, aber nun auch auf der Demonstrantenseite sechzehn Tote und eine Reihe Verletzte zu verzeichnen waren (s. Bericht eines ehemaligen Münchner Schutzmannes in „Bayern – 2000 Jahre in Bildern und Dokumenten", S. 212). Doch als am 2. November 1987 aus einer Demonstration gegen den Bau der Startbahn West des Frankfurter Flughafens zwei Polizeibeamte heimtückisch aus der Menge der Demonstranten heraus erschossen und neun weitere verletzt wurden, schoss die Polizei nicht wie anno dazumal in München zurück. Konnte es in dieser ideologisch aufgeheizten Stimmung in den Städten der damaligen BRD doch kein Einsatzleiter wagen, einen nach polizeirechtlichen Bestimmungen durchaus gerechtfertigten Feuerbefehl gegen gewalttätige Demonstranten zu geben. Er würde seines Lebens nicht mehr froh. Die Linksextremisten bis hin zur terroristischen Baader-Meinhof-Bande würden zu offenem Aufruhr blasen – wohl nicht ohne Erfolg, wenn man die Hunderttausende linker Demonstranten sieht, die jahraus jahrein ganze Divisionen von Polizisten beschäftigen und bedenkt, dass aus den damals in Frankfurt/Main agierenden Linksextremisten einmal sogar ein deutscher Außenminister hervorgehen konnte und sonstige der damaligen Extremisten, nachdem sie wie ein Chamäleon die Farbe wechselten, in deutsche Parlamente gewählt wurden.

Hatte Frankfurt/Main bereits mit dem Brandanschlag auf zwei Kaufhäuser im Juni 1968 durch die Studentin Gudrun Ensslin, den berufslosen Andreas Baader (einen Tag darauf bereits gefasst) und einen weiteren Studenten, der bekanntlich den Auftakt zum Terror der berüchtigten Baader-Meinhof-Bande bildete, ihre Unschuld verloren, so war die Stadt am Main seit den 1970er-Jahren bekannt für militante Aktionen und gewalttätige Demonstrationen aus allen möglichen und unmöglichen Anlässen wie der Räumung der besetzten Häuser am Kettenhofweg, wo Pflastersteine von den Dächern herunter auf die anrückenden Polizeibeamten geworfen wurden, das Straßenpflaster aufgerissen, Barrikaden errichteten, Schaufensterscheiben zertrümmert und gewaltsam gegen die Polizei vorgegangen wurde, und wo die Chaoten bei Demonstrationen gegen die Fahrpreiserhöhungen im öffentlichen Nahverkehr, bei denen Angehörige des KBW („Kommunistischer Bund Westdeutschland") Gleise blockierten, Weichen zementierten und Polizeibeamte wie üblich mit Pflastersteinen, Montiereisen, Molotowcocktails etc. angriffen. Nach dem Selbstmord ihrer inhaftierten Ikone Ulrike Meinhof wüteten erneut 500 sogenannte „Spontis" in den Straßen (vgl. 13. Folge). Ganze Bücher ließen sich füllen, wollte man all die Aktionen, die Zahl der jeweils verletzten Polizeibeamten aufführen und die verursachten Sachschäden beziffern.

Militante Berufsdemonstranten griffen wie üblich begeistert Aktionen der Polizei als Grund für anschließende Krawalle auf. Wie z. B. den Tod eines ihrer Genossen – Günter Sare, 36 –, der am 28. September 1985 von einem Wasserwerfer tödlich überfahren worden war. Aus Protest gegen eine Versammlung der NPD im Bürgerhaus des Frankfurter Stadtteils Gallus hatten linke Gruppierungen zur Gegendemonstration aufgerufen, in deren Verlauf es zu gewalttätigen Auseinandersetzungen zwischen militanten Linken und NPD-Anhängern kam. Die Polizei setzte zwei Wasserwerfer ein, von denen einer an einer Kreuzung gegen eine Demonstrantengruppe vorging. Als einziger der Gruppe wich Sare nicht zurück, er wurde vom Wasserstrahl getroffen und geriet im weiteren Vorrollen des Wasserwerfers unter dessen Hinterachse, die ihm den Brustkorb eindrückte. Gegen die Besatzung des Wasserwerfers erstattete die Mutter des Opfers Strafanzeige wegen fahrlässiger Tötung – was ihr an sich nicht zu verübeln ist. Fünf Jahre danach wurde das Verfahren in zweiter Instanz von dem Frankfurter Landgericht eingestellt (was wohl fünf Jahre Beförderungssperre für die beschuldigten Polizisten bedeutete). Sare, der laut Urteil vor dem Unfall Alkohol (1,49 Promille) und Haschisch konsumiert hatte (!), „schätzte die Gefahr wohl falsch ein". Man kann sich vorstellen, wie er unter die Hinterachse des Wawe geriet.

Tagelange Straßenschlachten in Frankfurt und in mehreren anderen Städten mit immensen Schäden waren die Folge. In der gesamten Republik wurde per Flugblätter zu Protesten und zum Marsch auf Frankfurt aufgerufen. Im Bonn-Kölner Raum rief ein „Piratensender" gar zur „bewaffneten Demonstration" auf. Brandanschläge auf Polizeiwachen, ein Arbeitsamt und ein Geldinstitut in Hamburg, ein Brandanschlag auf eine Daimler-Benz-Niederlassung in Frankfurt mit Millionenschaden, eingeschlagene Schaufenster allerorten sind Beispiele für die bodenlose Frechheit, mit der diese Chaoten neuerlich wüteten. Bildeten die sich wirklich ein, mit diesen ihren „Streichen" eine andere, auf Chaos begründete Gesellschaftsordnung zu erreichen?

Die Gewaltaktionen der Linken gegen die geplante bzw. im Bau befindliche Startbahn West des Frankfurter Flughafens fanden nach Sares Tod in den Medien vorübergehend keine große Beachtung mehr. Seit Anfang der 1980er-Jahre dauerten sie an, reichten von einer ersten Großkundgebung mit 10 000 Teilnehmern über Blockaden der An- und Abfahrtstraßen zum Teminal und des Terminalbetriebes, dem Mord an Wirtschafts- und Verkehrsminister Karry (siehe oben), der Errichtung von Hütten zur Blockade des Baugeländes, Mobilisierung von Solidaritätsdemos von bis zu 10 000 Teilnehmern, Schulstreiks und Bahnhofsblockaden in Frankfurt und anderen Orten, Abfackeln der Funkfeuereinrichtung am Flughafen (400.000 DM Schaden), eines Baggers und einer Bankfiliale, bis zu einem Ultimatum für den Baustopp, das der Landesregierung gesetzt wurde. Nach dessen Ablauf zogen 15 000 bis 20 000 Demonstranten zum Flughafen, den die „Bullen" sowie der FAG-Werkschutz indes abgeriegelt haben, worauf sich die Auseinandersetzungen immer mehr auf die nahe Autobahn verlagerten, die damit im Umkreis von 50 km dicht wurde. Die Berichte und Kommentare in den Medien über die Auseinandersetzungen am Flughafen „überschlagen sich in ihrem Gegeifere", so einer der Zeitungsberichte, die von Google übernommenen und chronologisch aufgelistet wurden und in denen nicht von Polizei, sondern immer nur von Bullen, Bullenverbänden und Bullenapparat die Rede ist. Sollte damit indirekt Stimmung gegen Polizei und Sicherheitsbehörden gemacht, und damit die ganze Gesellschaft gegen sie aufgehetzt werden? Bedurfte es einer solchen Hetze denn noch?

Am Abend des 02. 11. 1987 erreichte der Straßenterror der revolutionären Linken gegen den Bau der Startbahn West des Frankfurter Flughafens seinen Höhepunkt. Wieder war es Frankfurt, das so negativ von sich reden machte und Berlin mit seinen 1.-Mai-Krawallen und Hamburg mit seinen Krawallen um die Hafenstraße bis dahin in nichts nachstand. Zunächst verlief die Protestdemo anlässlich der Räumung des Hüttendorfes an der Startbahn West relativ friedlich. Als dann eine Verbotsverfügung verlesen wurde, schossen die teils maskierten Demonstranten Leuchtraketen und mit Zwillen Stahlkugeln auf die Beamten und bewarfen sie mit Molotowcocktails. Auch Pistolenschüsse fielen.

„Der Hinterhalt am Abend des 2. November war genau geplant, berechnet und wurde paramilitärisch durchgeführt", berichtet der *Informationsdienst Terrorismus – Extremismus – Organisierte Kriminalität*. „Das Kommando ‚Scharfschützen: Feuer!' wurde eindeutig von Zeugen gehört. Der Schütze hat den Zeitpunkt seines Mordanschlags sorgfältig gewählt: Die Schüsse fielen in dem Moment, als die vorrückenden Beamten vor brennenden Barrikaden aus Heuballen innehielten und so in der Dunkelheit auch auf mittlere Distanz mit ihren weißen Helmen problemlos anvisiert werden konnten." Polizeimeister Thorsten Schwalm (23) und Polizeihauptmeister Klaus Eichhöfer (43) wurden tödlich getroffen. Neun weitere Beamte wurden teils schwer bzw. lebensgefährlich verletzt, zwei davon lt. Pressemeldung durch Kugeln. Die Münchner Abendzeitung (AZ) machte den Fall in ihrer Titelseite groß auf: **„Der Polizistenmord – Ein Täter schon gefasst – Tatwaffe bei Polizei geklaut – Entsetzen und Abscheu."** Vierundzwanzig Stunden nach der Tat wurde einer der Täter gefasst, ein dreiunddreißigjähriger Frankfurter, gegen den bereits wegen gewaltsamer Aktionen gegen die Startbahn

West, Verdachts der Beteiligung an Anschlägen der „Sägenden Zellen" gegen Strommasten, Widerstand gegen die Staatsgewalt und Landfriedensbruch ermittelt wurde. In seiner Wohnung wurde die Tatwaffe, eine 9mm-Pistole, gefunden, die 1986 einem Zivilfahnder entwendet worden war. Laut Bundesanwaltschaft wurden drei weitere Täter ermittelt und festgenommen. Die Gruppe um den Mordschützen war laut Informationsdienst Terrorismus und Extremismus „nicht nur seit Jahren fest in der Frankfurter Anti-Startbahnszene verwurzelt. Kader dieser Gruppe bewegen sich seit Ende der 70er-Jahre im Frankfurter RAF- und RZ-Milieu …"

Nach dem 2. November kam es in der militanten Szene zu unverhohlenen Sympathiebekundungen mit dem Pistolenschützen. An einem besetzten Haus der Hamburger Hafenstraße wurde ein Transparent „Zwei Polizisten sind nicht genug" gesichtet. Ende November wurden fünf weitere Aktivisten der Gruppe um den Mordschützen und Anfang Dezember nochmals drei Personen aus diesem Kreis festgenommen. Der Gruppe wurden mindestens acht Brandanschläge und vier Anschläge gegen Hochspannungsmasten; sowie Diebstähle von zwei Polizeipistolen vorgeworfen. Mit einer Reihe weiterer Personen aus dem terroristischen Milieu konnten Zusammenhänge festgestellt werden.

Die Gewerkschaft der Polizei veranstaltete Trauermärsche und Trauergottesdienste, u. a. in München, an dem auch ich teilnahm. In der Münchner Theatinerkirche fand ein Trauergottesdienst statt, bei dem ein Polizeibeamter aus den Johannesbriefen las, in denen es u. a. heißt: „Mörder haben nicht das ewige Leben." Ich bin nicht sonderlich gläubig, doch diese Worte fand ich irgendwie tröstlich.

Landfriedensbruch:
Vor dem 3. Strafrechtsänderungsgesetz v. 21. 05. 1970 konnte jeder wegen Landfriedensbruch gem. § 125 StGB belangt werden, der an einer Zusammenrottung einer Menschenmenge teilnahm, aus der heraus mit vereinten Kräften Gewalttätigkeiten gegen Personen oder Sachen begangen werden.

Heute kann nur noch belangt werden, wer tatsächlich Gewalttätigkeiten begeht, d. h. als Täter oder Teilnehmer beteiligt ist oder auf die Menschenmenge einwirkt, um ihre Bereitschaft zu solchen Handlungen zu fördern.

Quellen:

„Kriminovalente und kriminogene Faktoren" von Heinrich Prinz, erschienen in der Fachzeitschrift DIE NEUE POLIZEI (DNP), Hefte 8 und 9/1989;

„Bürgerkrieg in Wackersdorf" von Heinz Tonner (Ps.), „der kriminalist", Heft 9/86;

„Informationsdienst Terrorismus – Extremismus – Organisierte Kriminalität", Werder/Hafel, Januar 1993

„Staatsschutzkriminalität – Chronik der Gewalt" von Heinrich Prinz, München, DNP Nr. 5 – 11/1990;

Münchner Abendzeitung zum Polizistenmord in Frankfurt vom 3./4./5. 11. 1987.

23. Folge

Schwindende Motivation –
Zunehmende Rauschgiftkriminalität

Gut 2000 Kollegen hatten sich zu dem Trauermarsch mit anschließendem Gedenkgottesdienst in der Theatinerkirche für die in Frankfurt erschossenen Kollegen vergangenen Freitag nach Dienstschluss eingefunden. Seit Tagen fuhren die Streifenwagen im ganzen Land mit Trauerflor an den Funkantennen. Wir, die wir sonst ungern auf die Straße gingen, um für eigene Belange zu demonstrieren, wollten bekunden, dass es uns alle berührte, was unseren Kollegen geschehen ist.

Nun war in Frankfurt also passiert, was längst zu erwarten war: Aus der Menge heraus war am Abend des 2. November 1987 heimtückisch auf die Polizei geschossen worden. Zwei tote und mehrere verletzte Kollegen waren zu beklagen. Eine neue Gewalt hatte sich aufgetan. Würde die Polizei eines Tages zurückschießen? Wohl kaum. In dieser linkslastigen Republik würden – wie ehedem bei den Nazis – wohl Ehrentempel für die dabei evtl. Getöteten errichtet werden, mit rotem Stern in diesem Falle. Nein, eher schaffte der Staat noch mehr kugelsichere Westen auf Kosten des Steuerzahlers an, mit denen sich die Kollegen der Einsatzhundertschaften dem Mob schwerfällig wie gepanzerte Ritter des Mittelalters stellen können, bevor die Politik auch nur daran dachte, etwa den Einsatz von Gummigeschossen zu erlauben, um das linke Gesocks wenigstens auf Distanz zu halten. Könnte sich die Polizei in einem solchen Fall ja auch vor Protestdemonstrationen und Brand- und Sprengstoffanschlägen nicht mehr retten – und der Normalbürger, sofern es ihn noch gibt, bliebe indessen schutzlos der Gier und Skrupellosigkeit der sonstigen Kriminellen ausgeliefert.

Einmal mehr wurde das Gesetz des Handelns gewalttätigen Demonstranten überlassen, überlassen von Politikern, die in den Medien den Ton angeben, gestützt von Wählern, die immer nur alles wollen und nicht bereit sind, auch einmal zu verzichten oder gar zurückzustecken in ihrer Zügellosigkeit, die sie Freiheit und Selbstverwirklichung nennen. Und es erwies sich: Polizeiarbeit, wie wir Praktiker sie verstehen, wird mehr und mehr illusorisch. Wie sie 1972 zu den Olympischen Sommerspielen schon illusorisch war, als wir schier Tag und Nacht daran gearbeitet hatten, den Sportlern und Gästen aus aller Welt Sicherheit zu bieten, NOK und Politik es aber verhinderten, dass wir auch die Achillesverse schützten: das Olympische Dorf und damit die gefährdete israelische Olympiamannschaft, die mit dem Leben dafür zahlte – was mir, der ich damals dazu auserkoren war (vergl. 11. Folge), den Innenschutz der olympischen Stätten und den Schutz der Sportler und Gäste vorzubereiten, noch heute bitter die Kehle hochsteigt. Mit dem Demonstrationsstrafrecht verhält es sich nicht viel anders. Nach dem Willen maßgeblicher Politiker hat es unangetastet zu bleiben. Keine Verschärfung des Tatbestandes des Landfriedensbruchs (wie er vor dem 3. StÄG vom 21. 05. 1970 galt), keine Strafbewehrung des Verbots der Vermummung. Auf dass nur ja hemmungslos weiterdemonstriert werden kann. Als Resultat zeichnete sich längst überdeutlich ab: Die Polizei wird der Fähigkeit beraubt, die Gesellschaft und die freiheitlich demokratische Grundordnung vor einer gewalttätigen Minderheit, vor dem Umsturz zu bewahren! Zu was all die Anstrengungen, unsere Rechtsordnung zu bewahren, die die Politik vornehmlich vor der Polizei schützen zu müssen glaubte? Zu was sich überhaupt der Gefahr aussetzen, von Molotowcocktails in Brand gesetzt, mit Eisenstangen erschlagen, von Stahlkugeln getroffen oder mit Schusswaffen niedergestreckt zu werden, ohne sich wenigstens selbst entsprechend verteidigen zu dürfen!?

Gedenkgottesdienste bieten – wie auch Beerdigungen – Gelegenheit, alte Kameraden wiederzusehen. So konnte ich eine Menge Kollegen begrüßen, und die Gelegenheit war günstig, sich nach dem Gottesdienst zusammenzutun, noch in ein Lokal zu gehen und sich heftig zu ereifern über das Geschehen und was alles faul war in unserer Gesellschaft und in unserem Land.

Doch dann sah ich mich nicht einmal mehr um und fuhr sogleich mit der U-Bahn nach Hause.

Ärger und Verdruss

Die letzten Nächte hatte ich schlecht geschlafen, wieder einmal. Abends todmüde, wälzte ich mich die Nacht über im Bett, mit nervösem Kribbeln in Armen und Beinen und Schmerzen in Schulter, Nacken und Rücken. Was bahnte sich da nur an …?

Es war kalt geworden ab der zweiten Dekade des Dezember 1987. Die Nächte wiesen Minustemperaturen von 12 bis 18 Grad auf, weiß überpudert der Wald, in dem ich endlich wieder einmal einen befreienden Waldlauf machte. Nach drei Tagen Urlaub und einem anschließenden Wochenende fing ich mich wieder einigermaßen ein. Nach einigen Tagen zu Hause würde ich immer ein ganz anderer Mensch, sagte meine Frau. Ich fühlte es selbst und begann mich abends sogar für den einen oder anderen Fernsehfilm zu interessieren. Doch kaum war ich wieder im Dienst, schlug mir schon gleich wieder Ärger auf den Magen. Mein Vertreter maßte sich in dreister Unverschämtheit an, meine Planungen für die Aufschlüsselung der einzelnen Straftaten mit jeweiligen Unterschlüsseln für häufig neue Tatbestände bzw. neue Erscheinungsformen der Kriminalität in kriminologischer statt strafrechtlicher Reihung, wie sie letztlich dem BKA in den jährlichen Zusammenkünften der Kommission PKS vorzuschlagen wären, als Schmarrn und unnötig zu bezeichnen und zum Abteilungsleiter zu rennen, um mich anweisen zu lassen, davon Abstand zu nehmen und unsere einzige Schreibkraft nicht auch noch damit zu belasten. Der wies ihn zwar in die Schranken, doch mir war der Dienst schon gleich gründlich vergällt und die sowieso dünne Vertrauensbasis zu meinem Vertreter auf Dauer zerstört. Hatte ich mich in meinem vormaligen Sachgebiet 632 noch eingebunden gefühlt in den Kreis der Kolleginnen und Kollegen, so fand ich hier lediglich in meiner Dipl.-Math. und einem der mittleren, mit der Prüfung und Erfassung der PKS-Daten betrauten Beamten aufgeschlossene Mitarbeiter. Der in diesem Aufgabenbereich das große Wort führende mittlere Beamte, den ich wiederholt ermahnte, mich zu informieren, wenn die vom

Statistischen Landesamt erfassten Daten vorlägen, glotzte mich immer nur starr an und dachte nicht daran, meiner Anordnung nachzukommen – war er doch der Günstling des Dezernatsleiters. Ein anderer trug schon frühmorgens eine Fahne vor sich her und verschwand mittags über Stunden. Ein älterer meiner wenigen Mitarbeiter verzog sich ständig zu angeblichen Arztterminen in seinem Heimatort im Oberland, kam oft erst Stunden später zum Dienst, fand sich mit den PKS-Richtlinien nicht zurecht – was er auf Vorhalt vehement bestritt – und hinkte den ihm zur Kontrolle zugeteilten KP 31a/EDV-Meldungen regelmäßig hinterher. Eine probeweise eingestellte junge Schreibkraft machte mir mit der Korrektur ihrer Arbeiten mehr Arbeit, als dass sie mir Hilfe wäre und kam regelmäßig zu spät zum Dienst. Sie taugt nicht, ließ ich den Dezernatsleiter wissen, sie würde immer nur mitgeschleppt werden müssen, wenn sie fest angestellt würde. Darauf gab er sie in ein anderes Sachgebiet. Hielt er nichts auf mein Urteil, das auf langjähriger Erfahrung beruhte …?

Ich selbst konnte es aber auch wieder keinem recht machen in diesem Amt. Vor knapp vierzehn Tagen hatte ich ein Schreiben an alle Polizeidirektionen entworfen, in dem es um die DFÜ (Datenfernübertragung) ging, mit der uns die PKS-Daten neuerdings übermittelt werden sollten, was aber noch nicht so recht klappte. Die ziemlich fehlerhaft getippten drei Seiten musste ich nochmals schreiben lassen. Als ich das Schreiben auf dem Dienstweg vorlegte, gefiel meinem Dezernatsleiter der eine und andere Ausdruck nicht – was mich allein schon auf die Palme brachte –, so trabte ich wieder zwei Stockwerke runter zur Aushilfsschreibkraft und legte das Schreiben zwei Tage darauf erneut vor. Acht Tage lang hörte ich nichts wieder davon, dann kam es über den Abteilungsleiter zurück, der mir nun die Änderungswünsche der Amtsleitung übermittelte. Hatte die etwas gegen meinen Stil oder wollte sie die Präsidien und Direktionen im Land nur nicht so direkt belehren, wie ich es in meiner Diktion zum Ausdruck brachte? Dass das Schreiben eilte, interessierte anscheinend nicht. Wieder formulierte ich den Text neu und ließ ihn neuerlich schreiben. Jetzt waren ausgelackte Tippfehler nicht übertippt und ich trabte wieder runter zur Schreibkraft. Bis das Schreiben endlich dem Präsidenten vorgelegt werden konnte, war dieser in Urlaub und es sollte nun vom Vizepräsidenten unterschrieben werden. Ich bekam es zurück, um den vorgetippten Namen des Präsidenten in den Namen des Vizepräsidenten zu ändern. Was war da doch Sand im Getriebe so mancher Behörden!

Vor Stabssachbearbeitern für Verbrechensbekämpfung der Präsidien und Direktionen im Land, uniformierte Beamte des höheren Dienstes zumeist, hatte ich im großen Lehrsaal des Amtes einen Vortrag über die Polizeiliche Kriminalstatistik (PKS) zu halten. Ich sprach über deren teils fragwürdige Aussagegenauigkeit und legte dar, welche Abweichungen zwischen Zielgesamtheit und Auswahlgesamtheit in meinem Sachgebiet zu beobachten seien und ging dabei zum einen auf Übererfassung, zum anderen auf Untererfassung infolge Falschinterpretation der PKS-Richtlinien ein. Meine Dipl.–Math. hatte ich für einen anschließenden Vortrag über mathematische Darstellungen der einzelnen Merkmale zu Tat und Täter und das „Gesetz der großen Zahl" nominiert. Meinen Vertreter band ich bewusst nicht mit ein, was er mir verübelte, zu gern hätte er sich vor diesem „erlauchten" Auditorium in Szene gesetzt. Doch dann rannte während der Pause zwischen den beiden Referaten einer meiner Zuhörer zu meinem Dezernatsleiter und verpetzte mich, dass ich die PKS-Vorgaben des Amtes in Frage stelle. Hatte mich der liebe Kollege nicht verstanden oder war er einer jener Vorgesetzten draußen auf dem Land, die die PKS-Richtlinien, die im ürigen nicht vom LKA, sondern vom BKA vorgegeben werden, nie so richtig begriffen hatten – oder war er einer jener Klugscheißer, von denen laufend fehlerhafte PKS-Meldungen kamen? Mein Dezernatsleiter ließ mich sofort kommen und stauchte mich gehörig zusammen: Wie ich dazu käme, anderer Ansicht zu sein als das Amt. Ich war perplex und verstand nicht, wie das Amt die PKS-Richtlinien denn interpretiert haben wollte. Eckte ich hier denn ständig nur an? Zeit, dass ich ging!

Dabei hatte ich die Beachtung der PKS-Richtlinien aus gutem Grund angemahnt. Mir schien damals bei den häufigen Demonstrationen die praktizierte Regelung, bei Landfriedensbruch (§ 125 StGB) so viele Fälle zu zählen, wie Täter festgestellt werden können, nicht richtlinienkonform. Wie z. B. bei einem Einbruchsdiebstahl nicht so viel Einbruchsdiebstähle zu registrieren sind, wie Täter mitwirken, so erschien es mir auch bei Landfriedensbruch nicht angebracht, so viele **Fälle** zu zählen, wie Täter festgestellt werden. Ist Landfriedensbruch doch dann gegeben, wenn aus einer Menschenmenge Gewalttätigkeiten **mit vereinten Kräften** begangen werden. Dieser Aspekt war in den PKS-Regeln ursprünglich nicht speziell ausgewiesen, heute hingegen heißt es in den BKA-Jahrbüchern (wie ich es anno dazumal schon einmal formuliert hatte): „Straftaten, die den Tatbestand des Landfriedensbruchs verwirklichen, sind bei unmittelbarem räumlichen Zusammenhang und unabhängig von der Zahl der Tatverdächtigen als 1 Fall zu zählen. Dabei kann sich der räumliche Zusammenhang z. B. auf einen Platz oder eine Straße nebst benachbarter Straßenzüge beziehen." Die Zahl der unter diesem Delikt registrierten TV geht deswegen nicht unter, sie wird in der TV-Tabelle 20 unter entsprechender Schlüsselzahl ausgewiesen.

Und aufgrund einer Anordnung unseres IM (Innenministerium), dem die hohe Häufigkeitszahl (HZ) einer der Industriestädte an der Donau aufgefallen war, hatten sich meine Mitarbeiter mit der Überprüfung der infrage kommenden Ermittlungsakten wahrlich hineingekniet. Sie stellten fest, dass entgegen der PKS-Richtlinien erschreckend häufig Delikte der Kleinkriminalität wie Körperverletzung, Sachbeschädigung, Bedrohung, Hausfriedensbruch als selbständige Straftaten gemeldet wurden, die in einheitlichem Handlungszusammenhang standen und insofern von dem Delikte mit der schwersten Strafandrohung subsumiert werden sollten, also zu 1 Fall zusammenzufassen waren. Andernorts wurden schätzungsweise 1000 Kfz-Aufbrüche unterdrückt, indem die einzelnen Taten von Serientätern zu jeweils nur 1 Fall zusammengezogen wurden. Ich war peinlich berührt, dass solche falschen Meldungen selbst vom PP München kamen. Hatte man in meinem ehemaligen Kommissariat für Kfz-Aufbrüche vergessen, dass „mehrere rechtswidrige Taten desselben Tatverdächtigen durch selbständige Handlungen z. N. **verschiedener**

Geschädigter nicht als 1 Tat zu zählen" sind? Ebenso wurden an die 2000 Ladendiebstähle mit einem Gesamtschaden von über 1 Mio. DM zu oftmals nur 1 Fall gemeldet. Klar, dass auch in diesem Deliktsbereich Banden auftreten, und der „Diebstahlstourismus" aus dem östlichen Ausland war schon vor dem Fall des „Eisernen Vorhangs" ein Problem. Allein die einzelnen Schadenssummen mussten hier signalisieren, dass da etwas nicht stimmte, abgesehen von der PKS-Regel, dass nur fortlaufende Ladendiebstähle desselben Täters z. N. desselben Kaufhauses als 1 Fall erfasst werden dürfen. Wenn schon die mit Vorgängen überladenen Ermittlungssachbearbeiter mit der Materie nicht vertraut sind (weil sie womöglich keine ausgebildeten Kriminalisten sind), so haben deren Vorgesetzte deren Arbeiten vor Abgabe an Staatsanwaltschaft und PKS auf Richtigkeit zu überprüfen.

Die Begegnung mit Rudi U., einem meiner früheren Mitarbeiter im K 423, zuständig für Gewalt- und Rohheitsdelikte und sonstige nicht zentral zugewiesene Straftaten (s. 16. Folge), bestätigte mir, dass ich damals mit der Art und Weise, wie ich ein Kommissariat leitete, absolut richtig lag. Ich traf ihn mittags in der Kantine des LKA, er hatte in einem seiner Fälle beim SG 623, Waffenhandel, zu tun und war in Begleitung einer jungen Kollegin, die er mir – zu meiner Verwunderung – als ehemalige Lehrerin vorstellte, die sich als Seiteneinsteigerin zur Polizei beworben hatte, im Fachbereich Polizei an der Beamtenfachhochschule Fürstenfeldbruck studierte und bei der Münchner Kripo ihr Praktikum absolvierte. „Als Sie bei uns K-Leiter waren", sagte er, „da ging halt noch was. Sie waren dahinter her, dass eine Schlägerclique auch ausgemittelt wurde, wenn wieder einmal eine Anzeige einging, dass jemand Opfer einer solchen Clique geworden war. Sie teilten den Vorgang einem der Sachbearbeiter zu, die Sie von vornherein für solche Delikte bestimmt hatten …" – wie z. B. Rudi U., der gut auf jugendliche Gewalttäter einzugehen vermochte –, „gaben möglichst einen zweiten Mann dazu und verschonten die beiden eine Weile mit weiteren Vorgängen. Und wenn zu den Ermittlungen Überstunden nötig waren, dann war das genehmigt. Heute kümmert es keinen mehr, ob die Täter ermittelt werden oder nicht, am wenigsten den K-Leiter. Der teilt weiter die Vorgänge zu, ohne Rücksicht darauf, dass der eine Vorgang viel, der andere wenig Arbeit bedingt. Wenn wir uns heute nicht gegenseitig helfen, ist jeder allein mit seinen Fällen. Überstunden dürfen wir dabei nicht machen, strikt untersagt. Also gehen wir bei Dienstschluss heim, egal ob da noch ein Zeuge seine Aussage machen will oder in einem der Lokale, in dem geschlägert worden war, Nachforschungen angebracht wären. Aber was soll's, der Tag geht auch so vorüber, ob da nun was aufgeklärt wird oder nicht. Spaßt macht es allerdings nicht mehr."

Das war es, was auch mich veranlasste zu sagen: „Es ist nicht mehr schön bei der Polizei", wenn mich Kollegen fragten, wie es mir denn gehe. Die Organisationsfreiheit, die ich sowohl als Ermittlungssachbearbeiter, als vor allem auch als K-Leiter bei der Münchner Kripo genoss, ließ mich meinen Beruf ehemals als einen der schönsten sehen – aber eben nur bei der Münchner Kripo. Nicht jeder aber sah und sieht wohl vor allem die Führungsaufgaben eines K-Leiters wie ich, die ja nicht allein in der gleichmäßigen Verteilung der zu bearbeitenden Vorgänge besteht. Gelehrt wird diese Aufgabe ja auch nicht, zumindest wurde sie es nicht zu meiner Zeit, als einzig und allein Einheitsausbildung angesagt war – und vielfach heute noch ist – und Kriminalisten in gleicher Weise wie Schutzpolizisten Verkehrsrecht zu pauken hatten und haben.

Die Ergebnisse der PKS können nun aber durchaus manipuliert werden – wenn z. B. überhand nehmende Kriminalität vorgespiegelt werden soll, um einen größeren Personalbedarf einzufordern und die eigene Führungsposition höherwertig einstufen zu lassen, oder umgekehrt bei peinlichen Anfragen der Politik bezüglich zunehmender Kriminalität diese als Beweis verstärkter Bekämpfungsmaßnahmen absinken zu lassen. Doch sollte man dies nicht durch auffallende Missachtung bestehender Regelungen versuchen, womit man sich nur in die eigene Tasche lügt. Möglich ist dies indes bei den sogenannten Kontrolldelikten, d. h. bei Delikten, die lediglich durch polizeiliche Kontrolltätigkeit aufgedeckt werden, wie z. B. im Bereich der Arbeitnehmerüberlassung und vor allem der Rauschgiftdelikte. Fährt man hier die

Kontrollen zurück, hat man rasch den ggf. von oben erwünschten Rückgang des Kriminalitätsaufkommens erreicht und „gewährleistet" Sicherheit auch mit weniger Personal.

Warum ich derlei Unstimmigkeiten überhaupt erwähne? Sie nerven! Ich hatte verdammt keine Lust mehr dazu, den Vorgaben der hohen Politik, den Spitzfindigkeiten hoher Vorgesetzter, vornehmlich Juristen, möglichst schon gestern nachzukommen. Oder, was die PKS-Erfassung betraf, die Fehler der Basis auszubügeln.

Vor wenigen Tagen erst – ich war mit der Kegelrunde vom Kfz-Aufbruch endlich wieder einmal im Mathäser-Weißbierkeller kegeln gewesen – hatte mich auch Sepp W., der ehemals dem K 234 angehörte, das ich damals leitete, inzwischen aber Leiter des Kommissariats für Fälle der Schwerkriminalität war, in meinem Defaitismus bestätigt. Er habe versucht, so erzählte er, den Fall einer räuberischen Italo-Bande, die bewaffnete Überfälle auf Banken und Geschäfte in wechselnder Beteiligung begangen hatte, im Verein mit der Staatsanwaltschaft in einer bestimmten Kammer des Landgerichts zur Anklage zu bringen, die akzeptable Urteile sprach. Bei zwei der Täter klappte es, sie wurden wie erhofft verurteilt, zu sieben und zehn Jahren Gefängnis. „Du hättest den Terror erleben sollen", empörte sich Sepp, „den die angereiste Sippe der Täter im Gerichtssaal aufführte und die Zeugen massiv bedrängte." Weitere Angeklagte wurden dann bei gleicher Beweislage freigesprochen. „Du wirst ja das Trara in den Zeitungen gelesen haben (ich hatte). Und dann musst du dich von den Kollegen auch noch dumm anreden lassen, wie: Scheint ja nicht weit her zu sein mit eueren Ermittlungen, wenn die einen verurteilt und die anderen freigesprochen werden."

Mir ging der Fall im Kopf herum. War bei den weiteren Tätern der zuständige Richter von der Mafia unter Druck gesetzt worden? Ich konnte es mir nicht vorstellen, die deutsche Justiz hätte es nicht hingenommen. Auch konnte in diesen Fällen kein Mafia-Hintergrund festgestellt werden – anders als in einer vom Raubkommissariat der Münchner Kripo Anfang der 1980er-Jahre geklärten Serie von insgesamt 62 über die ganze BRD verteilten Banküberfällen, zu der die die Überfälle ausführenden Täter nach entsprechenden Tipps hier bereits ansässiger Clanangehöriger jeweils aus dem Süden eingeflogen worden waren. Seit längerem versuchte ich meine beruflichen Erlebnisse und Erfahrungen in einem mehr oder weniger autobiographischen Kriminal- bzw. Polizei-Roman zu Papier zu bringen. Jetzt wusste ich, in welchem Aufgabenbereich ich meine Romanidee ansiedeln könnte: im SG 632 des LKA, in dem ich mit „überörtlicher Kriminalitätsbekämpfung" betraut gewesen war. Längst hatte ich mich ja auch in einer Arbeitsgruppe des BDK mit OK und Mafia-Aktivitäten beschäftigt (vergl. 19. Folge).

Es dauerte dann aber bis zum Jahr 2000, bis ich meine Romanidee, die zu Papier zu bringen ich erst nach meiner Pensionierung Zeit und Muße fand, veröffentlichte – im Selbstverlag nun, nachdem der VJE in Offenburg, der meinen Mystery-Krimi „Die Rache einer Toten" 1996 herausbrachte, kurz darauf aber pleiteging, womit sich meine Hoffnung, einen festen Verlag gefunden zu haben, in Luft auflöste. In meinem (Polizei-)Roman schilderte ich unter dem Titel „Bittere Erkenntnis" das Schicksal und den beruflichen Werdegang eines ehemaligen Münchner Kriminalbeamten und nunmehrigen LKA-Beamten. Die aktuelle, frei erfundene Handlung siedelte ich im Sachgebiet „Überörtliche Kriminalitätsbekämpfung" an und machte meinen Protagonisten GEORG HAGER zum Sprachrohr für autobiographische Erlebnisse und manch bittere Erfahrungen.

Mit folgendem Text versuchte ich den Leser auf mein Buch einzustimmen: *„Mit seiner Bestellung zum Leiter des Sachgebiets ‚Überörtliche Kriminalitätsbekämpfung und Kunstdiebstähle' beim Bayerischen Landeskriminalamt und seiner Beförderung zum Ersten Kriminalhauptkommissar geht für Georg Hager ein Wunschtraum in Erfüllung. Jetzt hat er organisierte Kriminalität zu bekämpfen. Topkriminalität! Mit seinen Leuten ermittelt er gegen die kriminelle Organisation um Cesare Lucchese, die sich die Einkünfte aus ihren Ladungsdiebstählen nicht schmälern lassen will und ihn zu veranlassen sucht, seine Ermittlungen einzustellen und der Organisation die kompromittierenden Ermittlungsakten auszuhändigen. Er erfährt davon, dass aus Neapel international gesuchte Killer eingeflogen werden sollen, um ein Mitglied seiner Familie zu entführen.*

Sein Wunschtraum wird zum Alptraum!

*Hager, der sich mit Haut und Haar der Kriminalitätsbekämpfung ver-
schrieben hat, gelangt zu der bitteren Erkenntnis, dass sein Engagement all
die Jahre über nichts gebracht hat. Die Sicherheit, die sie, die Polizisten,
zu gewährleisten wähnten, ist längst zur Farce geworden.*"

Der Redakteur einer polizeilichen Fachzeitschrift schrieb denn
auch in seiner Rezension über mein Buch: „*Mit BITTERE ER-
KENNTNIS legt Heinrich J. Prinz, ehemaliger Münchner Kriminalbeamter, einen Roman vor, der es in sich hat. ... So viele erschreckende
Parallelen zur Wirklichkeit, so realistische Beschreibungen des Polizeialltags – eingebettet in schriftstellerisch ausgezeichnet gestalteter Spannung –
habe ich bisher in keinem anderen Roman erlebt. Das Buch ist besonders
für Polizeibeamte, die ihren Beruf ernst nehmen, zu empfehlen, doch
VORSICHT, es könnte Sie zum Nachdenken anregen!*" E. G. W.
Aus BUNDESPOLIZEI, Nr. 9–2000.

Die Einladung zum „großen" Stammtisch der „Eichstätter
Kameradschaft" kurz vor Weihnachten kam wie gerufen. Über
Jahrzehnte hatte sich ein im Drill der Bereitschaftspolizei zu-
sammengeschweißter Kreis ehemaliger Anwärter und Ausbilder,
soweit es sie später nach München verschlagen hatte, nun schon
gehalten und kam mittwochs nach Dienstschluss regelmäßig im
Nebenzimmer von „Hein Essers Fischstuben" am Isartorplatz zusammen, wo ich mir meist das herrliche, über den Teller hinausragende Goldbarschfilet mit gemischtem Kartoffel-Gurkensalat
gönnte (später musste unser Stammtisch in ein Restaurant am
Hauptbahnhof, schließlich in ein Nebenzimmer des Hofbräuhauses verlegt werden). Rund ein Dutzend Kameraden waren es
regelmäßig, die um die zwei großen Wirtshaustische zusammen-
saßen, doppelt so viele zu besonderen Anlässen. Willi H. (inzw.
verstorben) brachte mitunter seine Frau mit, eine überaus lustige
Nudel. Sie war etwas älter als er und wusste aus der Kriegszeit zu
erzählen: „Ich wohnte damals in der Augustenstraße, da gingen
wir BDM-Mädel abends immer rüber zur Türkenkaserne und
guckten bei den Fenstern zu den Soldaten rein, wie sie sich beim
Zubettgehen auszogen. Da klopften wir dann an die Scheiben

und hatten unsere größte Gaudi. Die Luftangriffe aber waren schrecklich, die Brände – regelrechte Feuerstürme!"

Mein alter Kumpel Luck, mit dem zusammen ich ehemals die Eichstätter Gaststätten unsicher gemacht hatte, war nach seiner Münchner Funkstreifenzeit, während der er sich in einem Dirnenhaus von einem unbekannt gebliebenen Täter einen Bauchschuss eingefangen hatte (vgl. 6. Folge), inzwischen bei „Verkehrsanzeigen" gelandet. Er klagte darüber, dass sich die Kollegen der Polizeiinspektionen mittlerweile nicht mehr überall reinwagten. Kürzlich erst habe er ein Ermittlungsersuchen zum Aufenthalt eines Verkehrssünders in einer an sich berüchtigten Straße im „Hasenbergl" (Neubausiedlung im Norden Münchens) mit dem Vermerk zurückbekommen, dass sie sich da nicht mehr reinwagen könnten. „Das darf doch nicht wahr sein", schimpfte er, „wir haben in München doch nicht schon Verhältnisse wie in der Hamburger Hafenstraße." Er habe den Vorgang dem PI-Leiter zugesandte, der seine Marschierer dann auf Trab gebracht habe. „Und Unfallbeteiligte und Zeugen, die von den Streifen mit auf die Wache gebracht werden, vernehmen sie nicht einmal mehr", empörte er sich weiter. „Bei uns stapeln sich dann die Unfallanzeigen, nachdem die Beteiligten und Zeugen Vorladungen nicht nachkommen wollen und einwenden, sie wären doch bereits auf der Wache gewesen, da wollte man nichts weiter von ihnen wissen. Reihenweise verjähren die Verkehrsverstöße, weil sie nicht mehr in der gesetzlich vorgesehenen Frist bearbeitet werden können."

Später fand sich dann Lucks Frau ein, die als Verkäuferin in einem Kaufhaus in der Innenstadt arbeitete und mit ihrem Mann nach Hause fahren wollte. „Was da heute alles gestohlen wird!", empört sie sich. „Neulich wieder wurde die Polizei gerufen, als unsere Detektive zwei Ladendiebe ertappten. Als die Beamten die sich heftig gegen ihre Festnahme wehrenden Diebe abtransportierten, gingen Kunden gegen sie vor und beschimpften sie empört. Fluchtartig verließen die Beamten das Kaufhaus und zerrten die Festgenommenen mit hinaus. Zustände sind das, das ist nicht mehr mit anzusehen!"

Ich fragte mich schon lange, was mit unserer Gesellschaft los ist. Auswirkung des „New-Age – tu, was dir gefällt", wie die linken 68er es propagierten? Sollten wir Polizisten uns für diese Gesellschaft denn überhaupt noch engagieren? Soll sie sich doch austoben, eines Tages findet sie schon einen ihnen genehmen Diktator – einen Stalin diesmal! Als ich auf dem Heimweg in die U-Bahn umstieg, lief mir Peter J. über den Weg, ein Kollege, mit dem ich beim Staatsschutz zusammen war. Er war inzwischen bei der Sitte gelandet. Er erzählte mir, dass er in seinem K nun auch alle Erkenntnisse über AIDS sammeln müsse. „Was man da an Einblicken gewinnt, jagt einem kalte Schauer über den Rücken", dramatisierte er. „Da beginnt sich eine Seuche auszubreiten, die glattweg unsere Existenz bedroht." Er wollte mir eine Prognose zukommen lassen, die ihm vorlag und in der davon die Rede war, dass z. B. in Los Angeles bereits 10 % der Bevölkerung infiziert seien. 10 %, überlegte ich, wie viele wären das in München mit seinen 1,3 Mio. Einwohner? Satte 130 000! Wenn es erst einmal so weit ist, multipliziert sich alles sehr schnell. Die Freiheit, die man heute noch glaubt allen Infizierten zubilligen zu müssen, wird zur Furcht für alle Nichtinfizierten, zum Verlust von Lebensqualität. Kümmert das unsere Politiker …?

Im Bus zu meinem Wohnviertel traf ich mit einem weiteren Kollegen zusammen, Heiner H., Chef der Kriminaldirektion 4 des PP München. Er klagte darüber, dass wieder der zweite Schritt vor dem ersten gemacht würde. Erst würde die DFÜ angeordnet, und erst dann überlegt, woher man die dafür nötigen Terminals bekomme. „Die Vorgänge stauen sich vor unseren zwei lediglich zur Verfügung stehenden Terminals zu Bergen."

Es ist wirklich nicht mehr schön bei der Polizei.

Drogensucht und Rauschgiftkriminalität

So ganz aber war mein Engagement gleichwohl nicht tot zu kriegen. Das Phänomen der Rauschgiftkriminalität und die Art und Weise deren praktischer Fallerfassung fesselte meine Aufmerksamkeit. Gaben die PKS-Richtlinien doch vor, dass nur 1 Fall zu zählen ist, wenn Händler bzw. Händlergruppen über einen längeren Zeitraum Betäubungsmittel abgesetzt haben oder wenn eine Person sich über einen längeren Zeitraum Betäubungsmittel verschafft hat. Mir war klar, dass hier nicht jeder einzelne Deal und jeder gesetzte Schuss gezählt werden kann, die Fallzahlen würden ins Astronomische steigen und könnten doch immer nur geschätzt werden. Sie stiegen auch so überproportional. Wie aber kamen die Rauschgiftfahnder mit dieser Zählweise zurecht?

Ich hatte mich mit KHK Herbert D. vom Rauschgiftdezernat des Amtes zusammengesetzt. Die Modalitäten der statistischen Erfassung von Rauschgiftdelikten war eine überaus schwierige Materie, da stimmten wir überein.

„Das vielfältige Beziehungsgeflecht der Hascher, Kokser und Fixer ist kaum zu durchschauen", sagte Herbert. Er war braun gebrannt, gegenüber früher aber schmaler geworden, fast hager, und er rauchte nervös und gestresst. „Die Kollegen wissen oft selbst nicht, welche und wie viele Fälle sie zur PKS melden müssen oder dürfen. Und überhaupt – was ist hier unter längerem Zeitraum zu verstehen, über den hinweg immer nur 1 Fall zu zählen ist? Müssen wir zuwarten, ob wir die Kerle erneut erwischen, um dann die mehreren Male als nur 1 Fall zählen zu können?"

„Sicher nicht", entgegnete ich, war mir aber selbst nicht ganz klar, wie die Initiatoren dieser Regelung, die Kommission PKS, sich dies ehemals gedacht hatten. Die PKS war eine Jahresstatistik. Spätestens zum Jahresende waren die in diesem Erfassungszeitraum anfallenden Fälle zu melden. Gleichwohl konnten sie m.E. nicht bis dahin zurückgehalten werden. „Wir gehen davon aus", entschloss ich mich, „dass der Abschluss des jeweiligen Ermittlungsverfahrens den vorgegebenen längeren Zeitraum beendet, also alle bis dahin bekannt gewordenen bzw. nachgewiesenen Fälle zusammenzufassen sind."

„Okay, du kannst ja sowieso nur davon ausgehen, dass da Fälle zusammenhängen, wenn du eine ‚Connection' hast, wenn also der eine einkauft, der andere die Kunden beschafft und ein dritter den Einkauf finanziert. Als Kunde", fuhr Herbert fort, „lebst du vor allem dann gefährlich, wenn du den Lieferanten wechseln musst. Bist du z. B. auf 30-prozentiges Heroin eingestellt und erwischst plötzlich, sagen wir 60-prozentiges, ist es auch schon passiert. Das sind dann die Toten, die du in den Toiletten findest, wo sie sich eben den letzten Schuss gesetzt haben."

Herbert D. gehörte dem innerhalb des Rauschgiftdezernats zentral für Information und Auswertung zuständigen Sachgebiet an, neben dem jeweils für Süd- als auch für Nordbayern zuständige „Gemeinsame Ermittlungsgruppen Rauschgift" (GER), d. h. aus Polizei- und Zollbeamten bestehende Sachgebiete, sowie den in „Rauschgifteinsatzkommandos" (REK) Süd und Nord zusammengefassten und an den Brennpunkten eingesetzten eigentlichen Rauschgiftfahnder bestanden.

Wir sahen aus den Ermittlungsakten, die wir in unserem Sachgebiet auf die statistische Erfassung hin kontrollierten, wie es da kreuz und quer durcheinander ging. Da kaufte der von jenem, gab dieser an jenen und der wiederum an einen anderen ab, legten diese und jene ihr Geld zusammen und schickten einen aus ihrem Kreis zum Einkaufen nach Holland. Wenn da ein Sachbearbeiter vernehmungsmäßig zu tief einstieg, verrannte er sich hoffnungslos. Da ging kein Ende her, so verfilzt war hier die Szene.

„Warum glaubst du", fuhr Herbert fort, „ist in vielen Vernehmungen gefasster Konsumenten zu lesen: Die fünf Gramm Haschisch habe ich von einem Unbekannten im Englischen Garten erhalten. Stell dir vor, du bekommst im Jourdienst drei oder vier solcher Typen vorgeführt. Sie könnten dir den Dealer zumindest beschreiben, sofern sie nicht zumindest auch seinen Spitznamen kennen. Sie haben ja mit ihm verhandelt. Nimmst du ihn nun mit zur Lichtbilddatei, damit er dir den Dealer eventuell raussucht, musst du womöglich warten, bis du dran bist. So viel Zeit hast du meist nicht, du musst deinen Delinquenten ja fristgerecht dem Ermittlungsrichter vorführen. Veranlasst du eine Lichtbildsuche nicht gleich, bekommst du den Vorgang unweigerlich zu weiteren Ermittlungen zurück. Bringst du deinen Beschuldigten nicht in Haft, findest du ihn später womöglich nicht wieder oder du steckst längst bis zum Hals in anderen Ermittlungen. Was bleibt dir also anderes übrig, als so vage Spuren erst gar nicht zu legen."

Ich sah den Kollegen zweifelnd an. Fiel damit nicht zu viel unter den Tisch?

„Wir gehen hier nach dem ‚Sauhundprinzip‘ vor." Herbert grinste verschmitzt. „Unsere Ermittlungsrichter billigen es, wenn die Beweislage gegen einen jungen Rauschgifttäter zu wünschen übrig lässt und er ansonsten noch ein unbeschriebenes Blatt ist. „Sie vertreten die Ansicht, wenn er ein ‚Sauhund‘ ist, kommt er wieder. Dann können wir ihn immer noch packen. Ist er keiner, um so besser."

Dass die Rauschgiftkriminalität im Vergleich mit der registrierten Gesamtkriminalität in den vergangenen Jahren überproportional zunahm, war nicht zu übersehen. Von 916 im Jahr 1960 registrierten RG-Delikten schnellte deren Zahl bis 1970 um 1758 % auf 16 104 RG-Delikte empor. Was die Ursache hierfür war, stellte sich alsbald heraus: Das Rauschgiftzeitalter hatte begonnen, in den 60er-Jahren in den USA mit Blues und Gospel und Haschisch und LSD. Woodstock, eine kleine Stadt im Staat New York, ist einer der Begriffe aus jener Zeit, und die Szene schwärmt noch heute davon. An die 400 000 Jugendliche wälzten sich damals drei Tage lang bei strömendem Regen auf freiem Felde zu dröhnenden Rockrhythmen buchstäblich im Dreck, high durch Haschisch, Marihuana und LSD. Und die Ordnungsbehörden sahen zu. Eine Rock-Drogen-Kultur entstand und der Drogenkonsum wurde zum Massenphänomen. Und diese Unkultur schwappte sogleich nach Europa über, wo sie wie alles, was dazu geeignet ist, tradierte Werte über Bord zu werfen, begeistert aufgenommen wurde. Zwei Jahrzehnte nach dem Zweiten Weltkrieg breitete sich das Gammlerunwesen aus, und die sogenannten „Blumenkinder", langhaarige Hippies, fielen einer Plage gleich über die Städte her, vollgekifft mit Haschisch. Die Revolution in der Musikszene breitete sich mit Ghettomusik, Sounds und Songs von Demonstration und Revolution aus und begann die Szene mit politischen Arrangements zu füllen. Im Frühjahr 1967 begannen die ersten Straßenkämpfe. „Macht kaputt, was euch kaputt macht!", skandierten linke Systemveränderer und begriffen nicht, dass sie sich in erster Linie selbst kaputt machten.

Mit dieser Entwicklung ging eine breite, zunächst noch ideologisch verbrämte Invasion sogenannter ‚Modedrogen‘ einher, Halluzinogene waren führend, ‚Bewusstseinserweiterung‘ die bestimmende Motivation. Der Drogen-(Cannabis-)Konsum wurde als Mittel des politischen und gesellschaftlichen Protestes ausgerufen.

Unter den Drogenkonsumenten wurde Ideologie aber bald nebensächlich, und so waren die 70er-Jahre schließlich beherrscht vom Heroinmissbrauch, die 80er sodann von Kokain und die 90er vornehmlich von Amphetaminen. Ecstasy war es, ohne das der nun grassierende Techno-Rock, mit dem unsere Jugend vollends verblödet und wegen Schwerhörigkeit in Frühinvalidität getrieben werden soll, wohl nicht zu ertragen ist und die Nächte auch nicht endlos ‚durchgeravt‘ werden konnten. Und niemand klärte das junge Volk über die Gefährlichkeit dieses als Party- und Fitmacherdroge verharmlosten Stoffes auf.

Von 1970 bis 1990 stieg die Zahl der RG-Delikte um weitere 543 Prozent während die Gesamtkriminalität in diesen Jahren ‚nur‘ um 84,59 % auf 4,5 Mio. Straftaten anstieg. Nach der Wende, als sich ab 1993 die den Polizeibehörden der ehemaligen DDR fremde Erfassung zur PKS weitgehend normalisiert haben dürfte, wurde eine Gesamtzahl von 6,76 Mio. Straftaten registriert, darunter nun 122 240 RG-Delikte. Bis 2005 ging die registrierte Gesamtkriminalität überraschend auf 6,25 Mio. Fälle zurück, die RG-Delikte aber stiegen weiter auf 276 740 Fälle. Mittlerweile wurden über 340 000 sogenannte ‚Erstkonsumenten harten Drogen‘ (EKhD) registriert (von denen aber wohl längst nicht alle erkannt wurden) und seit erstmaliger Erfassung 1973 im Zeitraum der nächsten 35 Jahre über 38 000 Drogentote gezählt.

Brach diese Entwicklung aber so ganz von selbst über unsere Gesellschaft herein? War wirklich ein bis dahin ungestilltes Bedürfnis nach Drogen vorhanden? Es war weithin in Vergessenheit geraten, dass es Drogensucht, wie sie heute grassiert, vor Jahrzehnten in Deutschland nicht gab (vereinzelt war lediglich Morphiumgebrauch durch Ärzte, Schmerzpatienten, Kriegsverletzte zu registrieren). Muriel Mirak-Weißbach weist in ihrem höchst aufschlussreichen Buch „Der gerechte Krieg – das Rauschgift-kartell besiegen", Dr. Böttiger Verlags GmbH, 1990, u. a. darauf hin, dass die Sowjets schon früh erkannten, dass ‚bewusstseinsver-ändernde' Drogen im Vergleich zur üblichen Gehirnwäsche weit erfolgreicher einzusetzen seien und mit Rauschgift das soziale und kulturelle Gefüge des Westens empfindlicher gestört werden könne. In der Tat blieb die ehemalige DDR, der Ostblock all-gemein, bis zur Wende so gut wie drogenfrei, während der Westen einem immer stärkeren Zufuhrdruck (auch über die UDSSR, u. a. via Riga auf dem Seeweg nach Hamburg) ausgesetzt war.

Was die statistische Erfassung der RG-Delikte betrifft, so schildere ich hier an einem Beispiel noch einmal die speziell für diesen Deliktsbereich greifende PKS-Regelung: Stiehlt ein Taschendieb an 365 Tagen im Jahr je einem Passanten die Geld-börse, so ist je Geschädigten 1 Fall zu erfassen, über das Jahr hinweg also 365 Fälle. Gibt ein Drogendealer an 365 Tagen im Jahr Rauschgift ab oder beschafft sich ein Süchtiger Tag für Tag seinen Schuss, so ist jeweils nur 1 Fall zu registrieren – voraus-gesetzt, diese 365 Deals oder Beschaffungen werden in ein und demselben Ermittlungsverfahren aufgedeckt. Diese unterschied-liche Zählweise basiert auf dem Grundsatz, dass die bei der Be-arbeitung eines Ermittlungsvorganges bekannt werdende wieder-holte Begehung derselben rechtswidrigen Handlung mit derselben Schlüsselzahl der PKS, bei der keine Geschädigten vorhanden sind, als nur 1 Fall zu zählen ist. Verletzt wird hier nur das Be-täubungsmittelgesetz (BtMG), nicht bestimmte Geschädigte.

Erfasst werden in der PKS neben der Zahl der Fälle und Tat-verdächtigen auch bestimmte Tat- und Tätermerkmale, u. a. das Merkmal ‚Konsument harter Drogen' (KhD). Dieses Merkmal gibt zum einen Aufschluss darüber, wie viele Fälle von KhD be-gangen wurden (Tabelle 12), zum anderen, wie viele TV als KhD registriert worden sind (Tabelle 22).

Bei RG-Delikten handelt es sich bekanntlich um sogenannte Kontrolldelikte, d. h., diese Delikte werden nicht einfach an-gezeigt, sie müssen durch Kontrollen aufgedeckt werden. In diesem Deliktsbereich gibt es keine Geschädigten, hier sind selbst die Opfer

Täter. Der Polizei, die in diesen Jahren große Anstrengungen in der Bekämpfung der RG-Kriminalität unternommen hat und in Bayern keine „offenen Drogenszenen" duldete und duldet, wie sie sich z. B. in den Frankfurter Gallusanlagen ausbreitete, wo Deals offen abgewickelt werden und sich Süchtige auf den Parkbänken und vor allen Leuten ihren Schuss setzen, wird indes vorgeworfen, sie kriminalisiere die Süchtigen nur. Sie tut dies mit gutem Grund: Die Drogenszene hat sich von einem ursprünglichen Selbstversorgermarkt zu einem etablierten illegalen Markt entwickelt, der mit wachsender Professionalisierung die Gewinnspannen der Drogenhändler immer größer werden ließ und in dem Heer der Süchtigen über einen festen Kundenstamm verfügt. Längst ist die Drogenversorgung flächendeckend gewährleistet und der Zufuhrdruck mittlerweile so groß, dass z. B. ein „Straßengramm" Heroin, das vor Jahren vielfach noch 200 bis 300 Mark kostete, teils schon für 50 Mark zu haben war.

Die Rauschgiftkriminalität hat denn auch eine nicht zu übersehende **Beschaffungs- und Folgekriminalität** zur Folge, deren Ausmaß allenfalls geahnt werden kann. Der Finanzierung der Sucht dienen teils Raub-, Diebstahls- und Rezeptfälschungsdelikte zur Erlangung von Betäubungsmitteln (direkte Beschaffung), vor allem aber Handtaschenraub, Raubüberfall auf Geschäfte, Kfz-Aufbruch, Wohnungseinbruch etc. (indirekte Beschaffung, die aber nicht jedem, der mit solchen Delikten ermittelten TV nachzuweisen ist). Als Folgekriminalität sind Delikte zu werten, die aufgrund der Drogensucht oder im Drogenrausch begangen werden, wie z. B. Verkehrsdelikte mit oft tödlichen Folgen, Vernachlässigung der Fürsorge- und Aufsichtspflicht, Sexualdelikte bis hin zu Tötungsdelikten im Drogenwahn und zum Amoklauf.

Wenn heute von gewissen Kreisen unserer Gesellschaft die Freigabe sogenannter „weicher Drogen" (Cannabisprodukte) gefordert wird, da weniger suchtgefährdend – Haschisch und Marihuana beeinträchtigen ja „nur" die Persönlichkeit des Konsumenten –, dann frage ich mich, ob diese Leute denn überhaupt wissen, was sie damit hervorrufen: Neben Besoffenen im Straßenverkehr auch noch vollgekiffte Fahrzeuglenker, die Geschwindigkeit und

Entfernungen nicht mehr richtig einzuschätzen vermögen, dies auch noch im sogenannten „Echorausch", der sie noch Tage und Wochen nach ihrem „Jointgenuss" überfallen kann.

Hektische Tage

Es weihnachtete und war wieder etwas kälter geworden, an die vier Grad minus, und ziemlich neblig. Die letzten Tage im Amt waren ausgesprochen hektisch, dabei kämpfte ich auch noch gegen ein quälendes Brennen und Kratzen im Hals an und fühlte mich schlapp und ausgelaugt. Doch ich konnte jetzt nicht krankmachen.

Mit Jahresbeginn 1988 sollte für die PKS-Meldungen das neue Verfahren eingeführt werden, auf das wir schon so lange hinarbeiteten – Datenfernübertragung (DFÜ). Doch nun stellte sich heraus, dass es die dazu nötigen Formblätter nicht gab, anhand derer die draußen bei den Dienststellen dazu beauftragten Beamten oder angestellten Schreibdamen die Daten auf die entsprechenden Bildschirmmasken übertragen könnten – die die Fälle bearbeitenden Sachbearbeiter verfügten meist nicht über Terminals und konnten die Daten nicht gleich selbst auf die Bildschirmmasken übertragen. Und dass die Angestellten angelernt und mit der Übertragung der Daten direkt aus den Vorgängen beauftragt würden, war in deren Tarifverträgen nicht vorgesehen und somit nicht gestattet. Ich hatte es ehemals, als ich K-Leiter beim Kfz-Aufbruch war, riskiert, unserer tüchtigen Schreibkraft zu gestatten, die KP 31a/EDV für diesen und jenen Sachbearbeiter auszufüllen – unter dem Siegel der Verschwiegenheit, versteht sich, denn wäre es nach oben publik geworden, hätte ich die Differenz zu einer tariflichen Höhereinstufung womöglich aus eigener Tasche zahlen müssen.

Im Sachgebiet hatten wir schnell festgestellt, was notwendig war: Besprechung mit dem Sachgebiet EDV-Organisation der Abteilung IV, Elektronische Datenverarbeitung, dem Verlag Jüngling, der die Formblätter drucken sollte, und mir als dem für die PKS zuständigen SGL.

Wenn die Amtsleitung einverstanden war, konnten die benötigten Vordrucke wenigstens bis Ende Januar da und verteilt sein.

Bis dahin mussten wir uns noch ein Provisorium einfallen lassen. Als ich aufgebracht meinen Dezernatsleiter darüber informierte, erwiderte der: „Was regst du dich auf? Du bist dafür doch gar nicht zuständig." Oh verdammt, da hätte ich mich beinahe wieder in Aufgabenbereiche eingemischt, die mich nichts angingen, war ich doch nur für Erfassung und Auswertung der PKS zuständig. Für Formblattbeschaffung war das Sachgebiet 11, Organisation und Dienstbetrieb, der Zentralabteilung zuständig. Und wer sie entwerfen und bestimmen musste, welche Felder mit welchen Daten zu versehen waren, war wohl die Abteilung IV EDV. Da konnte ich ja nun beruhigt sein und vertrauensvoll darauf warten, dass diese Stellen denn auch tätig wurden.

Doch dann wurde eine Krisenbesprechung einberufen. Dass wir im Sachgebiet an diesem Nachmittag die Adventszeit auslaufen und die Weihnachtsfeiertage einläuten wollten – ich hatte mittags für meine Leute Weißwürste mit Brezn und Weißbier ausgegeben und für den Nachmittag Glühwein besorgt –, spielte für mich keine Rolle. Ich war froh, mit meiner unleidigen Mannschaft nicht auch noch den Nachmittag über zusammensitzen zu müssen.

Rückgang der Kriminalität?

Gerade als ich mich anhand der zum Beginn des neuen Jahres schon bald vorliegenden dicken, großen Wälzer mit den Ausdrucken der einzelnen PKS-Tabellen über den Jahresbericht 1987 machen wollte, verfügte die Polizeiabteilung des IM, dass dieser nun wieder in der Form wie 1983 gestaltet werden solle. Mit den anscheinend von meinem Vertreter eingeführten Veränderungen war man im IM offenbar nicht einverstanden. Ich kannte den Chef der Polizeiabteilung, er war vordem Chef der Münchner Kripo und hatte mich damals, als ich noch K-Anwärter war und beim Kfz-Aufbruch durchrollierte, auf Grund meines Erfolges bei der Aufklärung einer Serie von Speditions- bzw. Ladungsdiebstählen für den nächsten Aufstiegslehrgang für den gehobenen Dienst vorgeschlagen worden war, nach Einspruch des Personalrates (ich war schließlich noch nicht zur Kripo übernommen) ungerührt von der Liste gestrichen. Im IM galt er, Jurist und vor seiner Zeit als Münchner Kripochef Leiter einer Justizvollzugsanstalt, als Organisationsgenie. Wie er die Landpolizei organisiert hatte – jeder Landpolizei-Direktion unterstellte er eine Kripo-Inspektion –, so wollte er nach demselben Schema auch die Münchner Kripo organisieren. Die unter der KD 4 zusammengefassten Kriminalpolizeiinspektionen Nord, Ost, Süd und West sollten den Direktionen der Schutzpolizei Nord, Ost, Süd und West unterstellt werden. Der BDK lief dagegen Sturm, vergeblich, wie sich alsbald herausstellte. Jahre später wurde diese Fehlorganisation im Zuge der bayerischen „Reform der Polizeiorganisation" rückgängig gemacht und die Deliktsbereiche überhaupt neu gegliedert.

Ich holte mir also nun die vormaligen Jahrbücher aus dem Archiv und gliederte meinen Jahresbericht, wie er damals war. Viel Unterschied war da nicht, aber ich musste meine Planung neu ausrichten, bangte dabei aber immer noch, ob die Umstellung auf DFÜ, für die ja zunächst der Paralellbetrieb (KP 31a/EDV und DFÜ) praktiziert werden musste, nicht zu Teilerfassungen führte. Hörte ich doch von den Münchner Kollegen, dass die Sachbearbeiter mit den neuen Vorgaben und den Wälzern von Anwenderhandbüchern erst zurechtkommen mussten. Über Tage hockte ich nun über den Daten, linker Hand die engzeilig bedruckten großen Computerausdrucke, rechter Hand meinen Tischrechner, mit dem ich Anstieg oder Rückgang der einzelnen Deliktsbereiche errechnete und die Ergebnisse erst einmal handschriftlich zu Papier brachte. Meine Nackenbeschwerden nahmen sprunghaft zu, und abends wusste ich meist nicht mehr, wie ich denn meinen Kopf halten sollte, legte mich alsbald flach und hoffte, dass die Schmerzen bis zum nächsten Morgen abklagen.

Wie die PKS für 1987 aussah, überraschte mich nicht. Ein Rückgang um 2,0 % bzw. um 10 350 auf insgesamt 512 216 Fälle war zu konstatieren – hatte die Umstellung auf DFÜ also zu nicht unerheblichem Rückstau geführt? Im Vergleich zu 1983 waren indes immer noch Steigerungen bei den Vermögens- und

Fälschungsdelikten (+ 5,5 %), bei einigen Raubdelikten wie Raubüberfall auf Geldinstitute, Geldtransporte und Geschäfte (+ 29,8 %) sowie in Wohnungen (+ 22,9 %) und schließlich bei Freiheitsberaubung, Nötigung und Bedrohung (+ 6,8 %) und bei vorsätzlicher (leichte) Körperverletzung (+ 4,2 %) zu verzeichnen. Steigerungen auch bei den strafrechtlichen Nebengesetzen (insges. + 9,8 %, darunter Rauschgiftdelikte + 17,3 % sowie Straftaten gegen AuslG und AsylVfG + 22,1 %). Deutliche und zumeist kontinuierliche Anstiege auch bei einigen Delikten der Massenkriminalität, wie Diebstahl aus Kfz (+ 48,2 %) und Diebstahl von und aus Handtaschen (+ 48,2 %) sowie bei Widerstand gegen die Staatsgewalt (+ 41,3 %) und bei Umweltdelikten (+ 77,8 %). Anzeichen dafür, dass man in einigen Deliktsbereichen besser mit der Umstellung zurechtkam als in anderen?

Nach kontinuierlichem Anstieg in den vorangegangenen Jahren und Jahrzehnten waren zwar auch 1984 und 1985 schon Rückgänge um jeweils 1,7 % bzw. rund 9000 Fälle registriert worden, die 1986 mit einer Steigerung von 1.3 % bzw. 6855 Fällen nicht wieder ausgeglichen wurden. 1988 erreichte die Zunahme aber auch wieder nur 1,3 %. 519 005 Fälle waren nun zu verzeichnen – gegenüber dem Spitzenwert von 533 770 Fällen 1983 ein Rückgang um 2,8 %.

Eine rückläufige Tendenz wies auch die Aufklärungsquote sowohl insgesamt als vor allem in bestimmten schwer aufklärbaren Deliktsbereichen (Raub, schwerer Diebstahl etc.) auf, sie lag 1987 bei 56,1 %. Die Regionale Verteilung ließ eine Zunahme der Kriminalität sowohl in den Ballungszentren (über 500 000 Einwohner) als auch in mittelstädtischen Bereichen (50 000 bis 100 000 Einwohner) erkennen.

Drohender Nachwuchsmangel

Ende Februar ist der Winter doch noch gekommen. Seit Tagen schneite es immer wieder mal, und heute früh – ich hatte Überstundenausgleich genommen – weckten mich Schneeräumgeräusche unten auf der Straße vor unserem Wohnblock. Wohlig drehte ich mich auf die andere Seite und blieb liegen. Heute und morgen und übermorgen, ein ganzes verlängertes Wochenende lang, wollte ich wieder einmal nichts wissen von dem ganzen Mist im Dienst und mich endlich wieder meinen Romanen widmen.

Aber ich brauchte immer ein, zwei Tage, um abschalten zu können. Ich bringe es nicht fertig, die Missstände, die ich nicht zu ändern vermag, einfach zu ignorieren. Sie laufen mir in die Freizeit hinein nach. So denke ich bereits mit Unbehagen daran, wenn ich 1992 meine reguläre Dienstzeit rum habe und wirklich nicht frühzeitig in Pension gehen kann, nicht mehr mit sechzig gehen darf (Polizeivollzugsbeamte gingen zu dieser Zeit mit 60 in Pension, mittlerweile aber tatsächlich mit 62). Man erkennt inzwischen selbst im IM, dass ab 1992 aufgrund Nachwuchsmangel ein eklatanter Personalengpass entstehen wird (meine Dipl.-Math., die dafür herangezogen worden war, prognostizierte es). Den Nachwuchsmangel hat zwar die verfehlte Personalpolitik bei der Polizei nicht voll zu vertreten, er liegt am „Pillenknick", der Mitte der 1960er-Jahre einsetzte und inzwischen nicht nur die Stärke der Bundeswehr beeinträchtigt, sondern auch die der Polizei. Sie tut aber alles, um ihn nur ja zu verschärfen. Da ist einmal die Verfügung, dass der Nachwuchs sechs Jahre lang bei der Bereitschaftspolizei Dienst tun muss. Nun, ich selbst war damals vier Jahre lang bei der Bereitschaftspolizei. Der „Gammeldienst" hing mir die letzten ein, zwei Jahre zum Halse heraus. Inzwischen kann von Gammeldienst zwar nicht mehr die Rede sein. Heute sieht man sich als Bereitschaftspolizist schon fast täglich im Fernsehen, eingekeilt in eine Phalanx aus Helmen, Schildern und feuerfesten Anzügen, gegen die der „Volkszorn" anbrandet. Anscheinend verteidigen sie die freiheitlich demokratische Grundordnung, im Grunde aber wohl nur eine Politik, die niemand mehr so richtig versteht. Ein junger Kollege sagte mir, dass er einen Bekannten bald so weit gehabt hätte, auch zur Polizei zu gehen. Als der aber hörte, dass er sechs Jahre lang bei der Truppenpolizei dienen müsse, war seine Reaktion: „Nein, danke." Von den Werbern beim PP München hörte man, dass keiner der an sich tauglichen jungen Männer sich noch bei der Polizei bewerben will. Dafür drängen verstärkt Frauen zur Kriminalpolizei. Gut, die Lücken werden ja überhaupt Frauen füllen müssen. Und wenn man bei der Kripo bisher der Meinung war, 10 % Frauen seien genug, so muss man hier sicher umdenken. Frauen haben sich bei der Kripo durchaus bewährt, und wer meint, sie hier nicht brauchen zu können, ist von gestern. Doch was bietet ihnen und vor allem den sich zur Kripo bewerbenden Schutzpolizisten die Kripo …? Dass Frauen schließlich auch in Bayern zur Bereitschaftspolizei eingestellt wurden, nützte der Kripo zunächst nichts.

In Bayern garantiert der Dienst bei der Kripo – zumindest im mittleren Dienst –, bei Beförderungen Schlusslicht zu sein. Nicht nur die von der Schutzpolizei herüberwechselnden Kollegen haben dabei das Nachsehen, denn zunächst sind sie bei der Kripo nur Anwärter, müssen angelernt und in ihren Beurteilungen in der Regel zurückgestuft werden. Da können sie bei S noch so gut gewesen sein. Schließlich muss auch bei K die vorgegebene Quotenregelung beachtet werden, die bedingt, dass die Dienststellen nur so und so viele gute Benotungen vergeben dürfen und jeweils auch mittlere und schlechte mitzutragen haben. Klar, dass Neulinge hinter den bewährten alten Mitarbeitern rangieren und mit entsprechend geringerer Rangzahl nicht sogleich zur Beförderung heranstehen.

Der Schutzpolizei billigte man im letzten Doppelhaushalt Stellenanhebungen zu. Der Kripo nicht. Jetzt zogen die S-Beamten bei den Beförderungen vor allem zum Hauptmeister scharenweise an den K-Beamten vorbei. Der spezialisierte Kripodienst ist nicht mehr gefragt – Truppenpolizei „first"! Auch organisatorisch denkt man nur an die uniformierte Polizei. Sie ist der Garant des Staates, sie allein repräsentiert den Staat – so wenigstens scheint es. Und die Kripo? Nun, da hat man ja das Landeskriminalamt, das garantiert Ermittlungserfolge, auch wenn diese hauptsächlich aus deren Monopolstellung für gewisse Aufgabenbereiche resultieren. Die Ermittlungserfolge der übrigen Kripo sind Erfolge der Polizei schlechthin. Zu ihr gehören die sogenannten Kriminaler ja schließlich – und wenn die Zeitabläufe es eines Tages bedingen, wie im Dritten Reich wieder mit einer Uniform im Schrank.

Organisatorische Vorstellungen der Basis gelten nicht, sonst würde man in München z. B. nicht die KPIs der KD 4 den örtlichen Schutzpolizeidirektionen unterstellen wollen.

Wieder Todesschüsse auf Polizisten

Wieder fuhren die Streifenwagen mit Trauerflor an den Funkantennen. Beamte der Polizeiinspektion Dorfen, einem kleinen Städtchen rund 40 km nordostwärts von München, waren am Freitagvormittag des 3. März 1988 gerade von einer Hausdurchsuchung um acht Uhr morgens bei einem jugoslawischen Waffennarren zurückgekehrt, in dessen Wohnung sie auf Beschluss des Amtsgerichts Erding sieben Schusswaffen sichergestellt hatten. Der siebenunddreißigjährige Slobodan St. hatte sie aufgrund einer beim Landratsamt Erding beantragten Waffenbesitzkarte, die das Amt aufgrund eines Schreibens des Sportschützenvereins Ludwigshafen-Oggersheim, wo der Mordschütze vor seinem Wohnungswechsel nach Dorfen das Schießen geübt hatte, und der ihm darin bescheinigten Sachkunde erworben. Als er nun zum Führen der Waffen auch noch einen Waffenschein beantragte und darin über Seiten hinweg wirre Begründungen anführte, u. a., dass er von Cassius Clay bedroht würde, der ihm immer mit einer schallgedämpften Pistole auflauere, zweifelte die Behörde an seiner Zurechnungsfähigkeit. Er wurde zu einer psychiatrischen Untersuchung vorgeladen, der er nachkam. Ein Nervenarzt diagnostizierte „expansive Wahnvorstellungen", worauf ihm das LR den beantragten Waffenschein untersagte und die Waffenbesitzkarte für ungültig erklärte (die hier dargelegte Historie wurde umfangreichen Berichten der Münchner AZ vom 5./6. bis 10. März 1988 entnommen). Das AG Erding ordnete die Beschlagnahme der Waffen an.

Während die Beamten dabei waren, die auf den Schreibtischen ausgebreiteten beschlagnahmten Waffen zu registrieren, betrat Slobodan St. die Wache. „Gebt mir meine Waffen zurück!", rief er. Kaum dass die Beamten aufsahen, begann er auch schon zu schießen (ob mit einer weiteren mitgebrachten Waffe oder einer der auf den Schreibtischen ausgelegten Waffen blieb vorerst unklar) und traf zwei der Beamten tödlich. Einem dritten gelang mit einem Sprung durch das Fenster die Flucht aus dem Gefahrenbereich. Der stellvertretende PI-Leiter, PHK Alfred M. kam aus seinem Dienstzimmer gestürzt. Es gelang dem unbewaffneten Beamten, am Funkgerät einen Notruf abzusetzen und trotz eines Schusses in den Rücken an dem Täter vorbei in den Hof und zum nahen Nachbarhaus zu flüchten, wo er keuchte: „Holt das Rote Kreuz!", bevor er in den Armen der Nachbarin starb.

Als ein erster Streifenwagen vor der PI eintrifft, verlässt der Jugoslawe gerade die Wache. PHM Franz K. stößt die Tür des Streifenwagens auf, eine Maschinenpistole im Anschlag. Der Mordschütze schießt sofort und trifft. Schwer verletzt schießt der Polizeibeamte zurück und trifft den Amokschützen in den Kopf und in die Arme. Rettungshubschrauber verbringen beide in Münchner Kliniken. Der Mordschütze überlebt nicht.

Unter großer Anteilnahme der Bevölkerung und Teilnahme des Innenministers und seiner Staatssekretäre fand in der Turnhalle der Hauptschule mit anschließendem Requiem in der Dorfener Pfarrkirche die Trauerfeier für die getöteten drei Polizeibeamten statt. Ausländerhass keimte auf.

Ein Jahr darauf, am Ostersonntag, dem 26. März 1989, wurde ein weiterer bayerischer Polizeibeamter Opfer eines skrupellosen Mordschützen. Eine Streife der PI Fürstenfeldbruck, einer Kreisstadt westlich von München, hatte kurz nach Mitternacht einen in Schlangenlinien fahrenden Autofahrer mit auf die Wache genommen, es sollte eine Blutentnahme vorgenommen werden, wozu ein Arzt auf die PI bestellt wurde. Widerstandslos ließ der Delinquent die Blutentnahme über sich ergehen. Während nun der eine der beiden Streifenbeamten über die Straße die Einsatzzentrale der PD Fürstenfeldbruck aufsucht, um dessen Personalien zu überprüfen – die Diensträume der PD waren auf mehrere Gebäude verteilt –, zog der Delinquent plötzlich eine Pistole und streckte den siebenundzwanzigjährigen POM Erich R. mit einem tödlichen Schuss in den Kopf und einem zweiten in den Bauch nieder. Als aus dem Nebenraum der siebenundzwanzigjährige PM Josef B. gestürzt kam und auf den Mordschützen zwei Schüsse abgab, die jedoch nicht trafen, schoss er auch auf diesen und zerschmetterte ihm mit einer Kugel seinen rechten Unterarm. Dann flüchtete er aus dem Wachraum der PI. Wie sich herausstellte, wurde der sechsunddreißigjährige Mordschütze Josef R. aus Dachau bereits wegen Diebstahls gesucht. Wiederholt schon war er wegen Trunkenheitsfahrten und Ladendiebstahls vor Gericht geladen worden.

Vierundzwanzig Stunden später entdeckte eine Putzkolonne der Bundesbahn in einem der auf dem Grenzbahnhof Freilassing (zu Österreich) abgestellten Waggon einen Schlafenden. Die Arbeiter verständigten die Bahnpolizei. Die beiden Bahnpolizisten, die den schlafenden „blinden Passagier" aus dem Waggon entfernen wollten, entgingen nur knapp einem Mordanschlag auf sie. Als sie ihn weckten, griff er sofort nach seiner Pistole – das drohende Knurren und Zähnefletschen des Diensthundes der beiden Beamten hielt ihn aber davon ab, zu schießen, er gab auf. Erst jetzt stellten sie fest, dass nach dem Mann bereits wegen Polizistenmordes in Fürstenfeldbruck gefahndet wurde.

Diese tragischen Vorfälle lösten die Anordnung der obersten Polizeiführung aus (so die Münchner AZ, aus deren Berichten vom 28./29. und 31. März 1989 obiges Geschehen entnommen worden ist), künftig jeden Bürger, der in einem Polizeifahrzeug mitgenommen oder zur Wache gebracht wird, körperlich zu durchsuchen. Bei der Beisetzung des getöteten Polizeibeamten Erich R., während der dessen Braut wiederholt zusammenbrach – die Hochzeit stand unmittelbar bevor –, betonte der damalige Innenminister Edmund Stoiber, dass die polizeilichen Pflichten oft den Einsatz des eigenen Lebens forderten. Der Staat müsse deshalb alles tun, um Polizeibeamte zu schützen, „die sich dafür einsetzen, dass alle Bürger in einer menschenwürdigen Ordnung leben können." Eine Ehrenabordnung der Polizei begleitete den mit blau-weißem Rautentuch bedeckten Sarg.

Der Mörder erhielt lebenslang.

Letzte PKS-Tagung und anderer Frust

Noch gestresst von einer Woche mit Dienstreise nach Stuttgart zur Besprechung der Modalitäten für die geplante Einführung eines PKS-Merkmals für die Straßenkriminalität (Delikte, die auf Straßen und Plätzen oder von da aus begangen werden) und der anschließend anberaumten Pressekonferenz im Bayerischen Staatsministerium des Inneren zur Kriminalitätsentwicklung im Jahr 1987, wozu ich den Pressebericht lieferte, versuchte ich mich das Wochenende über wieder einmal meinen Romanen zu widmen. Doch ich konnte nicht abschalten, stand doch bereits die nächste Dienstreise bevor, auf die ich mich vorbereiten und das Einverständnis – oder die Ablehnung – der einzelnen TO-Punkte durch die Amtsleitung einholen musste.

Noch wusste ich nicht, dass es meine letzte Arbeitstagung der Kommission PKS war, zu der ich am 2. Mai 1988 mit dem Intercity „Albrecht Dürer" nach Hamburg fuhr, wo vom 2. bis 4. Mai die diesjährige Tagung stattfand (ich habe diese weiter vorn schon einmal erwähnt). Um 18.01 Uhr kam der Zug nach gut siebenstündiger Fahrt planmäßig am Hamburger Hauptbahnhof an. Mit dem Taxi fuhr ich zu der an sich nicht weit entfernten Katholischen Akademie in der Nähe der Michaeliskirche, Hamburgs Michel, und checkte erst einmal ein. Nachdem ich geduscht und mich etwas eingerichtet hatte, besah ich mir auf dem Stadtplan den kurzen Weg zur Deichstraße nahe den Landungsbrücken, wo wir uns in der Gaststätte „Zum Brandanfang" treffen wollten, und brach auf. Zwischen hohen Backsteinhäusern hindurch ging ich hinunter zum Binnenhafen. Die U-Bahn, die ich das kurze Stück noch hätte nehmen können, kam hier oberirdisch auf Stelzen daher. In der Deichstraße winkte mir der Kollege aus Hamburg zu, der die Tagung organisierte. Er stand mit dem Kollegen aus Nordrhein-Westfalen vor unserem Trefflokal und hatte mich schon von Weitem erkannt. Wir begrüßten uns herzlich.

Bis gegen acht waren wir so ziemlich alle versammelt, die schon am Vortag anreisen mussten. Lediglich die Kollegen aus Niedersachsen, Schleswig-Holstein und Bremen würden erst am Morgen vor Tagungsbeginn anreisen. Es wurde ein recht gemütlicher Abend. Wir aßen Fischgerichte – ich hatte mir einen überaus schmackhaften Brathering mit Zwiebelringen und Bratkartoffeln bestellt – und brachten schließlich alle unsere Witze an den Mann bzw. die Frau, denn der erkrankte Kollege aus Rheinland-Pfalz wurde von einer Dame vertreten, einer hübschen Blonden, die über unsere schlüpfrigen Witze herzlich lachte und sich als überhaupt nicht prüde erwies. Gegen zwölf brachen wir schließlich auf, doch nicht alle gingen wir schon in unsere Unterkunft zurück. Zu fünft machten wir noch einen Abstecher nach St. Pauli zur Reeperbahn, die nur eine Viertelstunde Fußmarsch entfernt war, und besahen uns amüsiert die „Sündige Meile", in der Sexshops vorherrschten und alle paar Meter ein Aufreißer mit seinen Sprüchen versuchte, uns in den einen oder anderen Schuppen zu locken. „Hier werden die Rohre verlegt!", rief der eine und ein anderer: „Die ficken sich da drinnen tot und dämlich, da könnt ihr doch nicht einfach vorbeigehen!" Wir grinsten nur. In einer Seitenstraße der „Davidswache", dem Polizeirevier 15, standen ungeniert die Nutten, hübsche, junge Dinger in hautengen Shorts und hohen Stöckelschuhen. Eine von ihnen stach plötzlich in unser Rudel hinein auf unseren Jüngsten zu, dem Kollegen aus dem Saarland: „Gehst du mit mir aufs Zimmer, Süßer?" Er wehrte grinsend ab, und wir bogen ab zur Herbertstraße, die vorn und hinten zugemauert war und nur schmale Einlässe freiließ. Frauen hatten hier keinen Zutritt. Ich fand es deprimierend, wie sich hier hinter großen Fenstern die Nutten feilboten, angetan mit knappsten BHs und Tangas und angestrahlt mit bläulichem Neon oder erotischem Rot. Die eine oder andere winkte, dass einer von uns hineinkommen möge. Viel Geschäft schienen sie hier nicht zu machen.

Auf dem Rückmarsch zu unserer Unterkunft bekamen wir wieder Durst, bogen kurz vor der Katholischen Akademie zum Großneumarkt ab, beguckten uns die vielen Lokale mit den langen roten oder grünen Tischen und Bänken im Freien und betraten schließlich ein Griechenlokal. Ein Pils für fünf Mark und eine griechische Fleischbällchensuppe rundeten den Abend ab. Die Preise in den Lokalitäten schienen mir reichlich gesalzen.

Die Tagung selbst fand im Polizeipräsidium, Beim Strohhause 31, statt, wie üblich unter dem Vorsitz des Leiters des für die Thematik zuständigen Fachbereichs KI 11, BKA, mit dem ich mich bereits gut verstand. Sie lief an wie erwartet: In den strittigen Punkten war neuerlich keine Einigung zu erzielen. So nahmen wir uns erst einmal die weniger problematischen TO-Punkte vor. Ansonsten erwies es sich, dass allein aus technischen Gründen vieles nicht mehr unter einen Hut zu bringen war. Die Länder hatten längst ihre EDV-Systeme installiert, jedes Land natürlich sein eigenes, und Neuerungen waren entweder im einen oder im anderen Land nicht mehr zu realisieren. Hier waren die Züge abgefahren – in verschiedene Richtungen. Darüber hinaus schien mir aber auch die Bereitschaft gar nicht vorhanden zu sein, sich mit grundsätzlichen Überlegungen zu befassen, was dringend nötig gewesen wäre, wollte man die vielen losen Enden endlich zusammenfassen und wieder unter wenigen einheitlichen Regelungen vereinen. Einer der Kollegen gestand gar ein, dass er erst im Zug noch schnell durchgesehen habe, um was es denn diesmal überhaupt ging. Klar, dass wieder mal nur Oberflächliches geregelt werden konnte. Wir dokterten an einzelnen Symptomen herum, ohne die eigentlichen Ursachen für die unterschiedlichen Auslegungen anzugehen.

Gleichwohl verstanden wir uns prächtig, und die Hafenrundfahrt auf einer Barkasse der Hafenschutzpolizei, die unser Hamburger Kollege für einen Nachmittag organisiert hatte, genossen wir alle gleichermaßen.

Pünktlich um 12.57 Uhr bestieg ich am letzten Tag der Tagung meinen IC nach München, lief um 20.04 Uhr im Münchner Hauptbahnhof ein und war eine knappe Stunde später zu Hause.

Am nächsten Tag versuchte ich meine Mitarbeiter über das Ergebnis der Tagung zu informieren. Mein Vertreter verbiss sich sogleich in eine heftige Diskussion mit meiner Dipl.-Inch., und in meinem Magen begann es sogleich wieder zu kribbeln.

Lobende Worte für scheidenden Amtschef

Mit Pressebericht vom 31. Mai 1988 gab das Bayer. Staatsminister des Innern den Wechsel an der Spitze des Bayerischen Landeskriminalamts bekannt. Innenminister August R. Lang verabschiedete den Präsidenten des BLKA, Dr. Helmut Trometer, der wegen Erreichens der Altersgrenze in den Ruhestand trat, und führte den bisherigen Leiter des Sachgebiets „Einsatz der Polizei" im IM, Ministerialrat Karl-Heinz Lehnhard, als neuen Präsidenten ein.

In seiner Laudatio würdigte der Innenminister die unbestreitbaren, über die Landesgrenzen hinaus beachteten Erfolge des Landeskriminalamts und seines scheidenden Präsidenten bei der Kriminalitätsbekämpfung. Er bescheinigte Dr. Trometer, der seit 1974 an der Spitze des BLKA stand und dieses zum größten und vor allem leistungsfähigsten Landeskriminalamt der Bundesrepublik Deutschland ausgebaut hat, hohe Führungsqualitäten, bei der er nie Zweifel an seinen eigenen Überzeugungen, Werten und Zielen aufkommen ließ. Ein großes Anliegen war ihm der ständige Ausbau der Kriminaltechnik auf hohem Niveau und die Einführung von DISPOL, des europaweit modernsten polizeilichen Kommunikationssystems für die Bayerische Polizei. Besondere Verdienste erwarb er sich unter Ausbau der internationalen Zusammenarbeit im Kampf gegen die Raschgiftkriminalität: „Das zuständige Dezernat Ihres Amtes ist weit über die Landes- und Bundesgrenzen hinaus wegen seiner Schlagkraft und Effektivität bekannt." Gerade bei wichtigen Gesetzesvorhaben wurde er aufgrund seiner Kompetenz als Sachverständiger befragt – so zuletzt bei der Beratung der Sicherheitsgesetze im Bundestag. Zusammenfassend stellte der Minister fest: „Sie haben ihre Tätigkeit nie als Job, sondern stets als Berufung verstanden und sich die Sicherheit der Bevölkerung zu Ihrem ganz unmittelbaren Anliegen gemacht."

Aus der Hand des Innenministers empfing Dr. Trometer dann das Bundesverdienstkreuz I. Klasse des Verdienstordens der Bundesrepublik Deutschland. Der Orden wurde ihm auf Vorschlag des Bayerischen Ministerpräsidenten Dr. h. c. Franz Josef Strauß vom

Bundespräsidenten für seine besonderen Verdienste um das Gemeinwohl verliehen.

Wieso nur konnte ich mich mit dieser Superbehörde nicht anfreunden? Nun, sie war ganz anders strukturiert als z. B. das PP München. Ihre vielgestaltigen Aufgaben – Zentralaufgaben vor allem, wie sie z. B. Abteilung II zukamen, Kriminaltechnik, mit Sachgebieten für Chemie über Medizin und Physik bis Biologie und für Handschriften und Urkunden über Waffen und Formspuren bis zu Anwendungstechnik, Abteilung III mit Sachgebieten für Fernmelde- und Fernschreibdienst, Funkbetrieb und Fernmeldeplanung, Abteilung IV Elektronische Datenverarbeitung mit Sachgebieten für Projektplanung, Anwendungsanalyse, Programmierung, Rechenzentrum und Datenerfassung, Abteilung V mit Dezernaten und Sachgebieten für Fahndung, Zentrale Information und Erkennungsdienst, Abteilung VI Ermittlungsdienst mit Dezernaten und Sachgebieten Rauschgift, sonstige gesetzliche Zuständigkeit wie Falschgeld, Sprengstoff und Waffenhandel, Auftragszuständigkeit und Observation, und schließlich Abteilung VII Staatsschutz mit Dezernaten und Sachgebieten für Polizeiliche Staatsschutzlage, Landesverrat und Staatsgefährdung sowie Terrorismusbekämpfung –, hoben sie unbestreitbar über sonstige Polizeibehörden hinaus, hatte sie doch in diesen Aufgabenbereichen, die spezielle Kenntnisse und Fähigkeiten erforderten, das Sagen, das Monopol.

Was mir aufstieß und wo ich ständig nur aneckte, war der Innere Dienstbetrieb, der so ganz andere Führungs- bzw. Amtsstil, als ich ihn vom PP München her gewohnt war und schätzen gelernt hatte. Mit dessen Modalitäten kam ich so gar nicht zurecht.

Aber was sollte es mich noch kümmern. Nach wiederholter hausärztlicher und orthopädischer Behandlung wegen nervöser Magenbeschwerden und vor allem wegen meiner notorischen Rückenschmerzen zwischen den Schulterblättern und in den Schulter- und Nackenbereich ausstrahlenden Verspannungsschmerzen, die trotz wiederholter Heilkuren, verordneter Massagen und gymnastischer Übungen zu keiner dauerhaften Linderung führten, hatte ich inzwischen meine vorzeitige Versetzung in den Ruhestand beantragt. Der Polizeiarzt, dem ich vorgestellt wurde, ein noch junger, sympathischer Mann, ehemals als Chirurg im Klinikum der LMU in Großhadern tätig, wie er mir erzählte, besah sich alle ärztlichen Atteste und meine Röntgenbilder, die ich vorlegte, untersuchte mich gründlich und ließ noch eine eigene Röntgenaufnahme von meinen Halswirbeln machen, wobei sich zeigte, dass einer der kleinen knöchernen Bögen an den Halswirbeln deutlich verschoben war, was ihn aber nicht weiter störte, mir aber doch Sorgen bereitete. Ich erinnerte mich plötzlich an einen steilen Kopfsprung in den Weiher der Brauerei meines Heimatortes, mit dem ich, damals zwölfjähriger Schüler, schmerzhaft auf dem Grund des Weihers aufschlug und tagelang mit schmerzendem Genick rumlief. Wenn da etwas abknickt oder sich verschiebt und die Nerven eingeklemmt werden, bin ich womöglich nicht einmal im Stande, mich zu erschießen. Der Polizeiarzt aber hatte nicht das von mir erhoffte Einsehen für eine vorzeitige Pensionierung. Ich sollte es erst noch einmal mit einer Thermalkur mit diversen Anwendungen versuchen – im Thermalbad Bad Birnbach an der Rott, meiner niederbayerischen Heimat. Okay, damit war ich einverstanden. Und wenn meine Beschwerden sich nicht besserten, könne man über eine Pensionierung reden. Da wusste ich Bescheid.

Die Kur aber musste erst terminiert werden, und so brachen meine Frau und ich während meines Jahresurlaubs, den ich für September beantragt hatte, erst einmal zu einem vom Rat des Kreises bereits genehmigten Besuch ihrer Eltern im sächsischen Vogtland auf. Um vier Uhr früh fuhren wir los und waren gegen halb acht am Grenzübergang Hirschberg, wo man uns erst einmal die Pässe und die Einreisebewilligung zur näheren Überprüfung abnahm (wir kannten das Prozedere längst). Ein Mercedes vor uns wurde peinlich genau gefilzt. Der Fahrer hatte wohl zu viel an Gegenständen in seiner Zollerklärung aufgeführt, was den Grenzern wohl verdächtig erschien. Stück für Stück musste er alles vorzeigen, was natürlich aufhielt. Wir selbst konnten danach anstandslos passieren.

Unser Vater war uns wie üblich kilometerweit entgegengegangen und verkündete sogleich, dass Mutter im Krankhaus liege. Sie musste an einem Leistenbruch operiert werden. Damit war schon gleich einmal klar, dass meine Frau die vier Tage, die wir nur bleiben wollten, den Haushalt schmeißen durfte. Nach Geldumtausch und polizeilicher Anmeldung fuhren wir gleich weiter zum Kreiskrankenhaus und fragten bescheiden an, ob wir Mutter nicht schon jetzt am Vormittag besuchen dürften (Besuchszeit war ansonsten erst ab 18.00 Uhr). Wir durften und überraschten Mutter total. Erst am Vortag war sie operiert worden und lag entsprechend schwach in den Kissen. Sogleich aber lebte sie auf. Wir hielten uns nur kurz auf, besuchten sie aber dann täglich.

Wir waren längst gewohnt, die Städte verfallen zu sehen, die Straßen mit dem alten Kopfsteinpflaster in gefährlichen Wellen gesenkt, die Gehsteige eine einzige Stolperstrecke. Das Kreiskrankenhaus aber schien uns eine Katastrophe, ein Notlazarett! Fünf Patientinnen im Zimmer, das gab es ja auch bei uns. Der Bau aber war noch nie renoviert worden und sah verfallen aus wie die Städte ja auch. Und unsere Mutter musste sich an einer um die Stange am Bettende geschlungene Mullbinde hochziehen, wenn sie sich aufrichten wollte. Neben sich in der Ecke befand sich ein Waschbecken für die Patientinnen, ein Klostuhl stand neben der Tür und die Schwestern waren die Liebenswürdigkeit selbst – sie fanden es nicht der Mühe wert, unsere Mutter ans Fenster zu legen, als dort ein Bett frei wurde. Es bestünde kein ausreichender Grund, lesen zu wollen (was man nur am Fenster konnte, denn Nachttischleuchten gab es nicht).

Die Versorgungslage fanden wir noch beschissener als wir sie schon von früheren Besuchen her kannten: Keine neuen Kartoffel, kein Gemüse, Vorbestellung von Fleisch und Brot und anstellen beim Abholen wie eh und je. Vier Tage Aufenthalt in diesem sozialistischen Land, für die wir auch noch mit Zwangsumtausch zahlen mussten, waren wahrlich genug. Die Grenzkontrolle bei der Ausreise war dann eher lasch. Vorne und hinten Deckel hoch, das war's. Nicht einmal die Zollerklärung wollten sie sehen. Auf der Heimfahrt über die A 9 regnete es aber dann in Strömen, und im immer dichter werdenden Verkehr ordnete ich mich schließlich in die äußerst rechte Spur ein und passte mich der Lkw-Geschwindigkeit an. Auf den Überholspuren bohrten die Raser dicht hintereinander her, kaum dass sie in dem aufsprühenden Gischt den Vordermann sahen.

Im Oktober konnte ich endlich die empfohlene Heilkur antreten. Sie bekam mir gut. In den bis zu 37 Grad warmen Thermalbecken aalte ich mich so richtig, absolvierte gewissenhaft die verordneten krankengymnastischen Bewegungsbäder und Unterwassermassagen, genoss die Fangopackungen und Rückenmassagen, nahm die von der Kurverwaltung angebotenen Übungsstunden in Hatha-Yoga wahr (Dehn- und Streckübungen, die ich später auch zu Hause ausübte), brach abends oftmals zu einem Lauf durch die Auen entlang der Rott auf und ging später in den Sternsteinhof, wo ich an den großen Wirtshaustischen mit interessanten Leuten ins Gespräch kam und gelegentlich zur Musik eines virtuosen Keyboardspielers und einschmeichelnden Sängers tanzte, unbeholfen, denn ich war darin so gar nicht mehr geübt. Auf den Liegen in den Ruheräumen oder an den Außenbecken machte ich mir Notizen zu meinen Romanvorhaben – einen Notizblock hatte ich immer und überall dabei – und erholte mich zusehends. Gleichwohl verspürte ich keine wirkliche Heilwirkung in Bezug auf das HWS-BWS-Syndrom. So bestätigte denn auch der Kurarzt, dass eine wesentliche Besserung meiner Beschwerden nicht erzielt worden sei, und empfahl mich hausärztlicher Weiterbetreuung. Meine Wirbelsäule schmerzte mich nach wie vor, vor allem zwischen den Schulterblättern im BWS-Bereich.

Wieder zu Hause, traf ich nach einem abendlichen Waldrundgang den Kollegen Jochen F., der ein paar Blocks weiter wohnte. Wir waren alte Funkstreifler, er inzwischen auch aufgestiegen und Leiter einer Polizeiinspektion im Münchner Osten. Abgekämpft kam er mir vor, er schleppte eine dicke Aktentasche mit sich und konnte wieder einmal nicht rechtzeitig Feierabend machen. Auf meine Bemerkung, dass er aber spät heim käme, begann er sogleich frustriert zu erzählen, dass er dringend eine neue Sicher-

heitskonzeption für den Landtag und das Innenministerium ausarbeiten müsse. Zwar seien die Vorgaben dazu noch gar nicht
bekannt, die Konzeption aber müsse umgehend stehen. „Da
haben wir im Präsidium und bei den Direktionen die Stäbe, die
Arbeit aber müssen wieder wir von der Basis machen", schimpfte
er. Typisch! Wer aber wusste über die Belange der Basis schon
Bescheid? Doch nur die Basis. Ich sprach ihn darauf an, wie das
mit der vom IM dem PP München aufoktroyierten Auflösung
der KD 4 nun laufe. „Die KPI's werden den PD's unterstellt",
erwiderte er, was ich aber schon wusste. „Fünf verschiedene
Kriminaldelikte aber müssen wir künftig bei den Pi's bearbeiten."
Das wusste ich noch nicht. „Drei Mann muss ich dazu aus meiner
PI abstellen, sie müssen acht Wochen bei der KPI rollieren und
werden dann weitere acht Wochen nach Ainring geschickt (zum
Fortbildungsinstitut). Drei Mann habe ich also für vier Monate
los, und auch später sind sie weg von der Straße. Dabei weiß ich
heute schon, dass ich mindestens noch zwei dazugeben muss."

Diese „Organisationsgenies" im IM! Konnten die es nicht
dabei belassen wie es war?! Die KD 4 hatte doch als eigen-
ständige Kriminaldirektion ihre Aufgabe relativ rationell bewältigt.
Und ich hätte mit meinen Erfahrungen beim K 423 durchaus
organisatorische Vorschläge machen können, nämlich zumindest
die Körperverletzungen in einem zentralen Kommissariat zusammenzufassen. Es fragte mich nur niemand, und ich wusste
längst, dass Vorschläge aus der Basis nichts galten, und enthielt
mich, noch welche zu unterbreiten. So musste also alles werden
wie auf dem flachen Land.

Den ersten Tag im Dienst wollte ich ruhig und ohne Hektik angehen und erst einmal nachlesen, was sich während meiner Abwesenheit alles getan hat. Noch vor Antritt meines Jahresurlaubs
und der anschließenden Kur hatte ich die Neuerungen in den
PKS-Richtlinien für eine Veröffentlichung im Informations-
blatt des Amtes konzipiert und meinen Vertreter beauftragt, sie
schreiben zu lassen, sobald wir die neue Schreibkraft bekämen,
die für den 1. Oktober zugesagt war (die bewährte bisherige

Kraft hatte man ins Direktionsbüro versetzt). Er hatte dies auch getan, der Dezernatsleiter aber hatte mein Schreiben zurückgehalten. Es sollte nun neben der bundeseinheitlich definierten „Straßenkriminalität" eine bayerische Straßenkriminalität geben, das müsse noch mit rein. Ich kreierte also einen zusätzlichen Summenschlüssel – wie solche seit Jahren in der PKS für die Zusammenfassung der Delikte der Rauschgiftkriminalität (RG-Delikte plus direkte Beschaffungsdelikte), der Gewaltkriminalität und der Wirtschaftskriminalität ausgewiesen wurden –, führte die in Frage kommenden Delikte auf, wies die Programmierer der Abteilung II entsprechend an und entwarf den Text zur Erläuterung des Begriffs „Straßenkriminalität" bzw. der „bayerischen Straßenkriminalität", die es nun neben der bundeseinheitlichen geben sollte. Bis das alles nun neu geschrieben und oben gutgeheißen wurde, mochte es Ende November sein. Ob das Info-Blatt noch rechtzeitig zum Jahresanfang rausgeht, erschien mir fraglich. Juckte mich aber nicht mehr.

Dem Sachgebiet war während meiner Abwesenheit ein neuer Mitarbeiter beschert worden. Er löste den jungen Beamten ab, der meist schon zum Dienstbeginn eine Fahne vor sich hertrug und zur Münchner Schutzpolizei zurückversetzt worden war. Der Neue kam im Austausch. Er hatte bei einer Verkehrsinspektion Dienst getan und musste für die Tätigkeit im Sachgebiet, in dem zwar keine kriminalpolizeilichen Ermittlungen anfielen, aber doch diesbezügliche Kenntnisse vonnöten waren, von Grund auf angelernt werden. Ich schüttelte innerlich den Kopf. Warum nur bestand dieses „Kriminal"-Amt nicht auf ausgebildete Kriminalisten! Prompt geriet er mit den beiden Kollegen im großen Zimmer, die hier das große Wort führten und ihn anlernen sollten, aneinander. Doch er behauptete sich, und so sah ich keinen zwingenden Anlass, dagegen etwas zu unternehmen.

Ich hatte noch Resturlaub gut, und nachdem sich der Dezember ruhig anließ, nahm ich kurzerhand eine Woche und ließ mir gleichzeitig einen Termin bei meinem Orthopäden geben. Meine Rückenbeschwerden plagten mich wieder verstärkt. Was mir an sich gelegen kam, denn ich wollte nun einmal in Pension gehen, nicht allein weil mir der Amtsstil dieses Hauses zum Halse heraushing, das auch, sondern weil etwas mit meinem Rücken nicht stimmte, was immer das sein mochte (was hier in der Tat nicht stimmte, sollte ich Jahre später erfahren, als mich der Notarzt, den ich eines Morgens benötigte, gleich mitnahm in die Klinik und einer Herzkatheteruntersuchung zuführte).

Mein Orthopäde untersuchte mich neuerlich gründlich. Als ich zwischen den Wirbeln der Brustwirbelsäule Druckschmerz verspürte, verpasste er mir eine Spritze. Waren hier die Bandscheiben geschädigt? Er schrieb mich für den Rest des Monats, also bis zum Jahresende dienstunfähig, und ich bat ihn um ein neuerliches Attest für den Polizeiarzt. Widerstrebend stellte er mir eines aus. Was er sich dabei dachte, interessierte mich nun nicht. Letztlich hatte der Polizeiarzt zu entscheiden, ob ich vorzeitig in Pension gehen konnte oder nicht.

Neuerlich beantragte ich meine vorzeitige Pensionierung aus gesundheitlichen Gründen, legte den Bericht des Kurarztes aus Bad Birnbach und das jüngste Attest meines Orthopäden bei und schickte es auf den Dienstweg, also über Dezernat und Abteilung zu deren Kenntnisnahme an das für Personalangelegenheiten zuständige SG 13 der Zentralabteilung. Ich hoffte sehr, dass es nun klappt und auch meine Beschwerden endlich abklingen, denen ich mit Massagen und Gymnastik (Yoga) zuleibe rückte. Doch vorerst wartete ich vergebens darauf, dass der Polizeiarzt mich vorlud. Als ich am vorletzten Tag des Jahres meinen Dezernatsleiter anrief, ihm ein gutes Neues Jahr wünschte und ihn fragte, ob er mein neuerliches Pensionierungsgesuch denn gesehen habe, verneinte er dies erstaunt. Sofort rief ich auch beim Personalsachgebiet an, dort lag es Gott sei Dank vor, war aber noch nicht bearbeitet worden. Man habe nur zwei Hände, begründete man die Verzögerung. Na gut, warum aber hatte mein DL es nicht gesehen? Den Ein- und Auslauf für die Sachgebiete und das Dezernat besorgten seit eh und je meine beiden Wichtigmacher im großen Zimmer, gewannen sie damit doch einen mitunter unschätzbaren Informationsvorsprung. Anscheinend aber wussten sie nicht, was es mit dem Dienstweg auf sich hat und brachten mein Gesuch gleich zum Endadressaten. Doch das war mir nun egal, das Gesuch war dort, wo es hin sollte und würde irgendwann auch den Polizeiarzt erreichen. Ich musste halt nochmals meinen Orthopäden bemühen, bekam wieder Spritzen verpasst und wurde weiterhin dienstunfähig geschrieben.

Mitte Januar erhielt ich die ersehnte Vorladung zum Polizeiarzt, am 6. Februar 1989 sollte ich kommen. Jetzt würde es sich entscheiden.

TEIL IV

Im (Un–)Ruhestand

24. Folge

Vorzeitige Pensionierung

Am Morgen des 6. Februar 1989 war ich beim Polizeiarzt. Auf dem Weg von der BBP-Kaserne in der Rosenheimer Straße zurück zur U-Bahnstation am Karl-Preis-Platz hüpfte etwas in meiner Brust vor Freude – mein Herz. Ich war pensioniert! PDU, POLIZEIDIENSTUNTAUGLICH, auch für den Verwaltungsdienst nicht geeignet. Und ich brauchte meinen Dienst erst gar nicht wieder anzutreten. Beglückt sang ich vor mich hin, was ich sonst nie tat.

Mein Beruf, dem ich mich einst mit Haut und Haar verschrieben hatte, war mir in den letzten Jahren mehr und mehr zur Qual geworden. Jetzt war ich die Qual los, brauchte mich nie mehr ärgern, weder über Kollegen oder Mitarbeiter, noch über Vorgesetzte, die Amtsleitung oder einengende politische Reglementierungen, brauchte mich nie mehr zu sorgen, was ich denn schreiben oder in Vorträgen sagen darf, um nur ja nicht anzuecken. Ich war frei!

Das Wetter spiegelte meine Stimmung wider: Sonnenschein und strahlend blauer Himmel. Nach Durchzug einer Regenfront hielt die seit Wochen bestehende Hochdrucklage an, nachts leichter bis mäßiger Frost, tagsüber null Grad oder etwas darüber, gelegentlich neblig-trüb, überwiegend aber sonnig.

Mein Büro räumte ich gleich am nächsten Sonntag auf, ich wollte niemanden mehr sehen in diesem Amt und warf keinen Blick zurück. Eine Woche darauf rief mich mein Dezernatsleiter an und fragte, ob ich mit Ende März oder Ende April pensioniert werden möchte. Wenn man mich schon fragte, wollte ich natürlich mit Ablauf April, schon wegen der noch laufenden vollen Bezüge. Und vor siebenunddreißig Jahren hatte ich im April bei der Polizei begonnen. Kurz darauf rief mich der Leiter des

SG 13 an und wies mich an, ein Schreiben einzureichen, dass ich mit Ablauf März pensioniert werden möchte. Ich entgegnete, dass mir mein DL soeben freigestellt habe, erst mit Ablauf April pensioniert werden zu wollen. Spöttisch entgegnete er: „So, das ist Ihnen freigestellt!" Er war dann aber doch mit Ablauf April einverstanden, und so verfasste ich ein kurzes Schreiben mit meiner diesbezüglichen Willenserklärung. Bis zuletzt kam ich mit diesem Amt nicht überein.

Dann musste ich dieses Amt aber doch noch einmal aufsuchen. Es ging um die Abschiedsfeier, der ich mich nicht entziehen wollte. Zusammen mit mir wurde der SGL der Auslandsfahndung pensioniert, ein überaus angenehmer Kollege. Wir vereinbarten, in der Kantine eine gemeinsame Abschiedsfeier zu veranstalten und uns die Kosten zu teilen – und unsere Frauen mitzubringen, die ihre Teilnahme davon abhängig machten, dass auch die Frau des anderen mitkam. Sie bekamen denn auch jede einen schönen Blumenstrauß überreicht. Schriftlich lud ich meine Mitarbeiter dazu ein, von denen tatsächlich zwei kamen, meine geschätzte Dipl.-Math. und einer der mittleren Beamten. Der AL hielt eine kurze Ansprache und überreichte uns das Abschiedsgeschenk der Abteilung, für das die SGL, DL und AL zusammengelegt hatten: jedem einen Moriskentänzer – ein ziemlich teures Präsent, eine gut 20 cm hohe Nachbildungen der farbig gefassten Holzskulpturen, wie sie der Bildhauer und Baumeister Erasmus Grasser 1480 für den Tanzsaal des Alten Münchner Rathauses in Größen von 61,5 bis 81,5 cm geschaffen hatte, ein Tänzerensemble, das die Moriska, einen maurischen Tanz mit vielen Kapriolen und akrobatischen Luftsprüngen um eine maurische Schöne herum darstellte, wie er im 15. Jahrhundert von Nordafrika her über Südwesteuropa als Volksbelustigung verbreitet war (und mitunter auch im Münchner Oktoberfestumzug dargestellt wurde und vielleicht wieder einmal wird). Ich war angenehm überrascht, hatte doch meine eigene Mannschaft nicht nur, dass sie zum Großteil meine Einladung ignorierte, mich auch nicht, wie die Mannschaft des Kollegen, mit einem Abschiedspräsent bedacht (Gott sei Dank, sonst hätte ich mich bei diesen Knülchen auch noch bedanken müssen). Ich kannte die von meinem Vertreter so negativ geprägte Mannschaft auch in dieser Hinsicht längst. Schon zur Verabschiedung des Präsidenten hatte sie sich mit dem Argument, „Der hat für mich ja auch nie etwas getan", geweigert, auch nur eine müde Mark beizusteuern. Ich hatte die 20 DM, die man im Amt pro Sachgebiet als Beitrag für ein angemessenes Abschiedsgeschenk gedacht hat, aus eigener Tasche gespendet.

Froh, auch die Abschiedsfeier überstanden zu haben, genoss ich meine Tage. Es ging mir überhaupt nicht ab, nie mehr zum Dienst zu müssen. Ende April traten in unserer Wohnanlage wie üblich zu dieser Zeit die Rasenmäher in Aktion. Dann wurde es aber doch wieder empfindlich kalt, so dass ich zusammen mit meiner Frau Abend für Abend unsere Balkontröge mit den frisch gepflanzten Petunien und Geranien und unseren „Mallorca-Kaktus" ins Wohnzimmer trug, um sie nicht der Kälte auszusetzen, die bis nahe null Grad sank.

In diesen Tagen raffte ich mich endlich wieder einmal dazu auf, zum Polizeistammtisch der Eichstätter Kameradschaft zu gehen. Er fand nun im Kasino der Bundeswehr in der Wallmannkaserne statt, wohin einer unserer alten Hundertschaftskollegen, der zu den Feldjägern abgewandert war, einen Draht hatte. Nach wie vor sparsam veranlagt, bevorzugten wir diese Lokalität, nachdem die dortige Kantine ein riesiges Schnitzel oder einen deftigen Schweinsbraten für 5,50 DM, den abgebräunten Leberkäse mit Spiegelei und Kartoffelsalat für 3,50 DM und die Halbe Bier für 1,65 DM anbot. Ordonnanzen bedienten. Klar, dass es wie üblich um den Dienst ging. So erzählte Kollege Hermann S. von seiner Tätigkeit bei der *Erkennenden Sachfahndung*: „Wir haben Arbeit und könnten Erfolge bringen, das glaubst du nicht. Aber wir haben keine Leute. Neulich fand ich im Ankaufsbuch eines Trödlers Tafelsilber verzeichnet. Ein Bursche aus der Gegend um Miesbach hatte es versetzt. Ich rief die KPI Miesbach an und erfuhr, dass es sich bei dem Burschen um einen Drogensüchtigen handelte, der sich vor zwei Tagen den ‚goldenen Schuss' gesetzt hat. Er stammte, wie auch das Tafelsilber, aus einer gut situierten Familie. Und vorige Woche erst habe ich einen gesuchten Wohnungsserieneinbrecher festgenommen. Ich sah ihn gerade ein An- und Verkaufsgeschäft betreten und erkannte ihn anhand eines fünf Jahre alten ED-Fotos."

Am 28. April 1989 durfte ich mir bei unserem Präsidenten meine Pensionierungsurkunde abholen. Bei dieser Gelegenheit gab ich auch Dienstwaffe, Dienstausweis, Polizeiführerschein und Codekarte für die Einlaßschleuse ab. Über nacht hatte es geschneit, fingerdick lag die weiße Pracht auf dem frischen Grün. Ich musste noch etwas warten, weil der Präsident Gäste aus Amerika dahatte, mit denen er sich über die Organisierte Kriminalität beriet. Tags zuvor hatte zu diesem Thema bereits ein Hearing im Bayerischen Landtag stattgefunden. Als er mich dann empfing, sprach er dieses Thema an. Tja, was sollte ich dazu sagen? Durfte es in Bayern bis vor wenigen Jahren OK doch gar nicht geben. Ich unterließ es, ihn an sein damaliges Presseinterview zu erinnern, in dem er äußerte, dass man nicht bekämpfen könne, was es nicht gäbe. Von wem war er damals beraten worden …?

In diesem Jahr kam endlich mein erster Taschenbuchkrimi HEISSE SPUR AM ISARSTRAND heraus, den ich vor dem Hintergrund eines spektakulären Entführungsfalles, anhand dessen ich für den Leiter K des PP München eine Stabsübung ausarbeiten musste (s. 13. Folge) und den ich auch gleich für einen ersten München-Krimi nahm. Ich hatte ihn über eine Literaturagentur angeboten, die ihn auf meine Kosten lektorieren ließ, aber keinen Verlag dafür interessieren konnte. Bis ich ihn selbst anbot, und zwar dem VERLAG DEUTSCHE POLIZEILITERATUR, Hilden; der sofort darauf einsprang und bedauerte, dass ich in so spät vorlegte, denn die Preisausschreibung für die besten drei Insider-Krimis, für die ich mit meinem Krimi in Frage hätte kommen können, was abgeschlossen. Die Auslagen für Lektorierung und Agenturhonorar bekam ich für den Buchverkauf in den folgenden Jahren herein.

Den Krimi bot ich unter meinem damaligen Pseudonym H. J. Tanner (Tanner nach meinem niederbayerischen Heimatort Tann) an. Im Jahr meiner Pensionierung 1989 ist er erschienen, inzwischen aber vergriffen (gern würde ich ihn in Neuauflage – etwa für einen BoD-Verlag oder als E-Book – anbieten).

Die teils zwiespältigen Rezensionen zu diesem meinen ersten Buch ließen mich die nicht zu übersehenden Unterschiede zwischen „zivilen" Autoren und Insidern der Kripo erkennen: Zweifellos dienen Krimis der Unterhaltung, der oberflächlichen, mit an den Haaren herbeigezogenen Handlungssträngen meist nur, zumindest so weit man deutsche Krimis betrachtet. Politische Aussagen, die der Verlagsideologie nicht entsprechen, verbieten sich meist schon die gern links orientierten Verlage. So kam ich z. B. mit meinem Rauschgiftkrimi OPERATION MOHN-BLUME, den ich als nächsten vorstellen wollte, schon gleich einmal nicht an, hatte ich darin doch, so ganz nebenbei aber eben „politisch nicht korrekt", von linken Steineschmeißern in Zusammenhang mit einer Demo gegen die damaligen rechten Republikaner und der AIDS-Angst unter den Rauschgift-fahndern gesprochen – eine Beamtin wurde in meiner Story von der Spritze eines Junkies, der sich sein Fixerbesteck nicht abnehmen lassen wollte, gestochen und lebte forthin in Angst, mit AIDS[7] infiziert worden zu sein (eine Angestellte des LKA stach sich tatsächlich einmal an einer sichergestellten Spritze eines Junkies). Man wollte, dass ich Steineschmeißer und AIDS streiche, womit ich nun nicht einverstanden war, gehörte derlei doch auch zum Alltag der Polizei, und den wollte ich in meinen Krimis ohne Abstriche schildern. Nachdem ich etliches an Porto und Rückporto für den Manuskriptversand ausgegeben hatte, suchte ich mir ein preiswertes Grafikstudio, das ein Coverbild, das ich selbst lieferte, und den Text druckgerecht aufbereitete

---

7 AIDS = Aquired Immune Deficiency Syndrom, kann im Blut eines evtl. Infizierten erst nachgewiesen werden, wenn sich nach Wochen Antikörper gebildet haben.

und die nötigen Druckfolien fertigte, sowie eine preiswerte Druckerei und brachte ihn schließlich im Selbstverlag heraus, wie anschließend noch zwei weitere (ich hatte mittlerweile die Redaktion einer polizeilichen Fachzeitschrift übernommen und verwendete die Einnahmen hieraus für mein Hobby). Dass mir zu deren Vermarktung nun aber ein entsprechendes Vertriebssystem fehlte, bekam ich schon bald zu spüren (die verbleibenden Restbestände werden eines Tages meine Erben entsorgen dürfen).

Krimis sind immer auch ein Stück Zeitgeschichte, ganz gleich ob sie von Zivilisten oder Kriminalisten verfasst werden, reflektieren sie doch mehr oder weniger deutlich den Verfall von Sitte und Moral, verdeutlichen, dass Pornografie auch im Krimi längst kein Tabu mehr ist, und zeigen auf, wie in unserer Gesellschaft Hemmungen bedenkenlos über Bord geworfen werden, oft nur noch den Trieben gelebt wird und mit welcher Skrupellosigkeit und Brutalität heutzutage gemordet und geschändet wird. Insoweit ist die oftmals blutrünstige Phantasie ziviler Krimiautoren von der Realität tatsächlich längst eingeholt worden.

Zivile Autoren aber haben meist keine Ahnung von Kriminalistik, polizeilichen Informationssystemen, strafprozessualen und polizeirechtlichen Befugnissen, speziellen Zuständigkeiten, Einsatztaktiken oder Arbeitsabläufen. Das Polizeimilieu, die Mentalität der Polizeibeamtinnen und -beamten ist ihnen unbekannt – für sie sind sie meist nur „Bullen" (männliche Rinder, die mit gesenkten Hörnern wutschnaubend im Sand scharren), womit sie bewusst oder auch nur unbewusst signalisieren, was sie von ihnen halten. Welche Frustrationen gewisse organisatorische und gesetzliche Hemmnisse, politische Vorgaben oder Angriffe der Medien, in deren Fokus sie ständig stehen, auslösen, verstehen sie nicht. Sie gehören schließlich nicht zur „Truppe", sind von derlei Dingen nicht betroffen.

Polizei-Krimis, wie ich sie schreibe, sind gleichermaßen Zeitgeschichte – und Spiegel der Gesellschaft in vielleicht noch deutlicherem Maße als landläufige Krimis, reflektieren sie doch die

Polizeiarbeit authentisch und hautnah, die sich ständig an gesellschaftlichen Entwicklungen, immer wieder neuen Kriminalitätsphänomenen und immer stärkeren Beschneidungen der Eingriffsbefugnisse in unserem ach so freiheitlichen Rechtsstaat orientieren muss. Nur Insider vermögen sie in einer Art und Weise zu schildern, die nicht allein auf dramaturgische Effekte abgestellt ist – von denen wiederum Kriminalisten nicht allzu viel verstehen –, sondern auch der Taktik und Technik der Kriminalistik und immer wieder neuen Gesetzen und Richtlinien gerecht wird.

So hatte die Literaturagentur mein Manuskript zu HEISSE SPUR AM ISAR-STRAND denn auch bewertet: „Der Autor weiß, wovon er schreibt, schließlich ist er selber lange Jahre bei der Münchner Kripo in verantwortlicher Stelle tätig. So wird denn auch die Erwartung an einen milieugerechten Krimi voll eingelöst. Gleichwohl müsse man ein wenig das vermissen, was nicht den geringsten Teil eines wirkungsvollen, erfolgreichen Kriminalromans ausmacht: das wohlvertraute, heiß geliebte Gefühl kribbelnder Spannung. Ein paar geheimnisvolle Seitenwege könnten auch in einem authentischen Krimi nicht schaden.“ Gerade das aber ist es, was mir an landläufigen Krimis nicht gefällt. Verbotene, aber vielleicht spannende Ermittlertricks oder Irreführungen des Lesers, der erst auf der allerletzten Seite erfahren soll, wer denn nun der Täter ist (und dann ist es doch wieder der Gärtner), sollte sich ein Kriminalist nicht leisten, so er denn authentisch erzählen will. Und die Kommissare als Säufer oder Psychopathen und damit als Spiegelbild der Gesellschaft darzustellen, verbietet sich mir. Wie der Pressesprecher des PP München einmal die Fernsehserie „München 7“ kommentierte und konstatierte, dass sich Realität und Film ganz gewaltig unterschieden (tz vom 05. 11. 04). Er sagte: „Die Polizei ist nicht dazu da, die Leute zu unterhalten, und wenn man dann unser Geschäft so zeigt, wie es ist, fühlen sich die Leute nicht unterhalten.“ Das fand ich auch so. Stellte ich doch in Bezug auf meine Polizei-Krimis auch mehr und mehr fest, dass sie zwar gern von Insidern und von Leuten, die der Polizei nahe stehen, gelesen und gelobt werden, vom übrigen „Volk" aber links liegen gelassen werden. Aber sei's drum. Für Leute, für die Polizisten nur Bullen sind (s. oben), schreibe ich eh nicht.

Dennoch erregte mein Erstling einiges öffentliches Interesse. So bat mich der Bayerische Rundfunk schon gleich um ein Interview. Der Moderator Oliver Bendixen, ehemals Polizeireporter einer Münchner Tageszeitung, führte einleitend aus: „Die meisten Fernsehmordopfer gibt es in München. Ausgerechnet in jener Stadt, die in der offiziellen Kriminalstatistik ganz unten rangiert. Was die Verbrechensrate angeht, ist die Landeshauptstadt glücklicherweise eher eine Provinz. Aber München gibt halt allemal eine schöne Filmkulisse ab. So wenig realistisch die Auswahl der Tatorte ist, so seltsam sind auch die Ansichten der Krimischreiber und Drehbuchautoren über die Arbeit der Polizei. Von Teamarbeit keine Spur, und rechtliche Hindernisse kennt der clevere Fahnder ohnehin nicht. Das wäre alles nicht so arg, würden nicht die Zuschauer diese TV-Klischees mit der Realität verwechseln. Ein Münchner Kriminaler hat sich nun an die Arbeit gemacht, gegen dieses Klischee anzuschreiben."

Der Moderator schilderte meinen beruflichen Werdegang, erwähnte, dass ich schon während meiner Zugehörigkeit zur legendären Münchner Funkstreife, die wohl alle aus der Serie „Isar 12" kennen, mein damaliges karges Gehalt mit einer Heftromanserie aufbesserte und fuhr fort: „Nach der Versetzung zur Kripo war es erst einmal Schluss mit dem Spaß und mit dem Schreiben. Die Fälle, die er zu bearbeiten hatte, verfolgten ihn in Gedanken auch in die Freizeit und bis in den Schlaf hinein. Da blieb die Lust aus, sich auch noch privat mit Verbrechen aller Art zu befassen." Ich legte dar: „Ich möchte keine Krimis schreiben nach altbekanntem Strickmuster, in denen der Held in unnachahmlicher Bravour seine Fälle im Alleingang löst, oder der Gehirnakrobat vom Schreibtisch aus. Die Polizeiarbeit ist anders – der Überstundenberg, die Knüppel, die von Politik und dem Gesetz den Polizisten und Kriminalisten zwischen die Beine geworfen werden, die Belange des Datenschutzes, oftmals überzogen, und den ganzen Frust und Stress des Kriminalisten und Polizisten."

Das Interview im BR machte auch den RIAS Berlin neugierig. Telefonisch bat auch er mich um ein Interview. Der „Kölner Express" schrieb in seiner Ausgabe vom 13. Dezember 1989 u. a.: „Trotz allzu intensiven Ermittlungsdetails und Fahndungsbeschreibungen ist Prinz (das Blatt übernahm gleich meinen richtigen Namen) eine spannende Story gelungen … Bis zum Schluss kann der Leser selber Detektiv spielen. Nebenbei klärt ihn der Autor über den oft frustrierenden Alltag der Polizei auf."

Der Leiter der „Kommission PKS" vom BKA, dem ich ein Exemplar meines jüngsten Krimis übersandte, bedankte sich für die freundliche Übersendung mit Widmung meiner „literarischen Meisterleistung, die zweifellos die erste Bedingung, die gemeinhin an einen guten Kriminalroman gestellt wird, nämlich Spannung, erfülle." Meiner ehemaligen tüchtigen Schreibkraft schickte ich in Erinnerung an die gemeinsame Zeit beim K 234 ebenfalls ein Exemplar. Sie schrieb erfreut zurück und bedankte sich für das dicke Lob, das ich ihr in meinem Krimi zugedacht habe. Sie habe sich sogleich als die „tüchtige Schreibkraft" erkannt, die ich auf Seite 42 darstellte. Öfters schon habe ich in der Folgezeit erfahren, dass meine Kollegen den einen oder anderen der in meinen Krimis beschriebenen Protagonisten erkannten, wie z. B. einmal auf meine Frage, ob die Mordermittler den in meinem Mystery-Krimi „DIE RACHE EINER TOTEN" beschriebenen federführenden Sachbearbeiter erkannt hätten, prompt die Antwort kam: „Klar, das ist der Herbert." Drohanrufe habe ich aber nie bekommen.

Für das ursprüngliche Projekt meines unter dem Titel DIE RACHE EINER TOTEN erst 1996 im VJE, Offenburg, erschienenen Mystery-Krimi riet mir die Agentur ausdrücklich zum Weiterschreiben dieser wirklich außergewöhnlich originellen Idee eines gewissermaßen „thanatologischen[8]" Kriminalromans.

---

8 Thanatologie = Wissenschaft von den Ursachen und Umständen des Todes, s. Klinisches Wörterbuch Pschyrembel.

Was ich auch tat und das Manuskript bei der Agentur lektorieren ließ, die es gleichwohl nicht unterbrachte, worauf ich es gegen Druckkostenvorschuss (sollte prozentual mit jedem verkauften Exemplar zurückfließen, was ich akzeptabel fand) an den VJE gab. Den Roman pries ich wie folgt an:

Auf nächtlichem Nachhauseweg über die Anlagen ihrer Wohnsiedlung fällt die junge, hübsche Karin Reimann einer Clique betrunkener Jugendlicher in die Hände. Sie wird hinter die Büsche gezerrt, vergewaltigt und mit sieben Messerstichen getötet. Während ihr die Sinne schwinden, schwört sie, sich an allen zu rächen, die ihr hier Gewalt antun.

Der junge Kriminalkommissar Bernd Bachmann, Angehöriger der Mordkommission 5 der Münchner Kripo und federführender Sachbearbeiter dieses Mordfalles, findet im Zimmer eines der Tatverdächtigen ein Springmesser. Dunkle Eintrocknungen haften daran. Blut! Deutlich hat er die beklemmende Vision vor Augen, wie junge Kerle die Frau hinter die Büsche zerren und ihr die Kleider vom Leib reißen. Er ahnt, wer hinter den mysteriösen Todesfällen steckt, denen plötzlich einer der Tatverdächtigen nach dem anderen zum Opfer fällt. Karin Reimann nimmt Rache und kennt keine Gnade, wie auch ihre Mörder keine Gnade kannten!

Für mein Buch organisierte ich in einer Münchner Gaststätte mit Theatersaal („Prinzregent Garten" in Pasing) eine gut besuchte Buchtaufe – vorangegangen war ein ausführliches Interview bei einem privaten Radiosender. Doch kurz darauf ging der Verlag pleite, worauf ich mir die Verlagsrechte rückübertragen ließ. Etwas überarbeitet, mit dem neuen Titel „Karins Rache" und unter meinem richtigen Namen bot ich den Stoff zur Neuauflage an.

Die Wiedervereinigung

Am 9. November 1989 fiel in Berlin die Mauer – Deutschlands Schicksalstag, wie es dieser Novembertag wiederholt war: 1918, als im Deutschen Reich und in Österreich(-Ungarn) die Monarchien gestürzt und am 9. November in Berlin die Republik ausgerufen wurde, und 1923, als Hitlers Putschversuch an der Feldherrnhalle in München, wo am 9. November bewaffnete Demonstranten die Polizeiketten durchbrachen und vier Polizeibeamte niederschossen. Unter Einsatz von Schusswaffen schlug die Bayerische Landespolizei die Demonstranten in die Flucht. Unter den Putschisten gab es sechszehn Tote, die nach Hitlers Machtübernahme in einem Ehrentempel aufgebahrt wurden, und zahlreiche Verletzte. Hitler floh zu einem Freund, wo er alsbald in einem Schrank versteckt aufgespürt und festgenommen werden konnte.

Die Wende von Deutschlands Teilung nach dem verlorenen Krieg führten die DDR-Bürger in friedlichem Drang nach Freiheit selbst herbei. Zu Tausenden flüchteten sie sich in bundesdeutsche Botschaften in Prag, Warschau und Budapest und stürmten über die ungarisch-österreichische Grenze in die Freiheit. Hunderttausend riefen am 9. Oktober 1989 in Leipzig: „Wir sind das Volk" und trafen sich von diesem Tag an jeden Montag in der Nikolai-Kirche zum Gebet für Freiheit und Einheit. Am 9. November gaben die Grenzposten in Berlin dem Freiheitsdrang nach, obwohl sie vor Ort nicht sicher waren, ob sie die Andrängenden nun wirklich passieren lassen durften. In Massen strömten sie in den Westteil der Stadt.

Drei Monate später, am 18. März, kam es zu den ersten freien Wahlen in der DDR. Am 12. April wählte die Volkskammer ihre erste demokratische Regierung. Beide deutschen Parlamente stimmten der Wirtschafts-, Währungs- und Sozialordnung zu, die am 1. Juli in Kraft trat. Am 6. Juli begannen die Verhandlungen zum „Einigungsvertrag", am 23. August schließlich beschloss die Volkskammer der DDR den Beitritt zur Bundesrepublik. Am 3. Oktober waren wir wiedervereinigt, ein Tag, der in die Geschichte unseres Volkes als Tag der Wiedervereinigung einging und heute Feiertag ist. Zu den 11 Ländern der Bundesrepublik traten 5 Länder der DDR. Gesamtdeutschland zählte 79 Millionen Einwohner. Und spöttische Zungen kürten als „Vogel des Jahres" den „Wendehals". Die Sorge, dass es in Berlin anlässlich der Vereinigungsfeierlichkeiten zu gewalttätigen Auseinandersetzungen kommen könnte, war nicht unbegründet. Zwar blieben die offiziellen Feierlichkeiten ungestört, am Abend aber kam es auf dem Alexanderplatz zu schweren Ausschreitungen. Mehrere hundert Gewalttäter aus der autonomen Szene griffen nach einer Demonstration gegen die Einheit die Polizeikräfte mit Steinen, Flaschen und Molotowcocktails an, zerschlugen Scheiben und setzten Autos in Brand. 136 Gewalttäter wurden festgenommen, 139 Polizeibeamte verletzt, 13 davon schwer. 63 Dienstfahrzeuge wurden beschädigt.

Wie sollten in das vereinigte Deutschland nun die DDR-Staatsorgane, die Polizeibehörden vor allem, integriert werden? Keine leichte Aufgabe für den Westen, nach dessen Vorbild Organisation, Befugnisse und Ausbildung nun organisiert werden sollten. Waren bislang doch keinerlei Planungen für den un-wahrscheinlichen Fall einer Wiedervereinigung vorgenommen worden, zumindest nicht im Westen, wobei der Osten, wie man intern erfuhr, für den Fall einer sozialistischen Über-nahme des Westens längst vorgeplant hatte. Im Rahmen ver-einbarter Aus- und Fortbildungsmaßnahmen führte z. B. die Bayerische Polizei für Angehörige der ehemaligen Volkspolizei des Landes Thüringen mehrere Informationsveranstaltungen durch, um sie mit den Aufgaben der Polizei in einem demo-kratischen Rechtsstaat sowie den rechtlichen, personellen und technischen Möglichkeiten ihrer Bewältigung vor Ort ver-traut zu machen. Im Gegenzug wurden westdeutsche Polizei-beamte zu den ostdeutschen Polizeibehörden und Dienststellen abgeordnet. Einer dieser Beamten war mein letzter Abteilungs-leiter im LKA, der das LKA Thüringen mit aufbauen half. Die ostdeutschen Volks- und Kriminalpolizisten verfügten aber sehr wohl auch über berufliche Erfahrungen und waren nicht von „Dummsdorf", und so machte bald der ketzerische Ausdruck „Besserwessi" die Runde. Mit einem Studium der Kriminalistik an der Humboldt-Universität[9] zu Berlin waren zumindest die

---

9 Humboldt-Universität, 1946 im sowjet. Sektor Berlins wieder eröffnet – aus Der Brockhaus.

Kriminalpolizisten den Kollegen im Westen voraus, wo inzwischen für Aufstiegsbeamte in den gehobenen Dienst zwar auch ein zweijähriges Studium an der Beamtenfachhochschule, Fachbereich Polizei, vorgesehen wurde, das Kriminalistikstudium an der Humboldt-Universität aber zu vermissen ist. Nach dem Willen der hohen Politik wird den Polizei- und Kriminalpolizeibeamten aber lediglich ein Einheitsstudium geboten, denn jeder muss in allen Sparten verwendbar sein, im Bereich von Ordnungs- und Schutzaufgaben sowie im Verkehrssektor genauso wie bei der Aufklärung hochkomplexer Kapitalverbrechen und der Verbrechensprävention. Ein separates Studium für Kriminalisten, wie vom Bund Deutscher Kriminalbeamter seit eh und je gefordert, lehnten unsere Politiker rundweg ab. „Besserwessi" auch und gerade in der Politik.

Nach der Vereinigung der beiden deutschen Staaten konstatierte denn auch Bärbel Bohley, DDR-Bürgerrechtlerin und Mitbegründerin des „Neuen Forum" von 1989: „Wir haben Gerechtigkeit erwartet und den Rechtsstaat bekommen." Eine Aussage, die auch so manche von uns Wessis als berechtigte Kritik an unserem seelenlosen „Paragraphenstaat" verstanden. Nun sah sich Deutschland bzw. hier der Westen ein zweites Mal in diesem Jahrhundert vor der Aufgabe, die Hinterlassenschaft eines totalitären Regimes aufzuarbeiten. Berlin musste als zentraler Tatort betrachtet werden, nachdem der Ostteil Berlins Hauptstadt des SED-Staates war. So kam denn auch die Berliner Polizei sehr schnell in die Pflicht, sich direkt und mit wesentlichen Teilen seiner Arbeitskraft der hier entstandenen Probleme anzunehmen[10]. Neben Regierungs- und Funktionärskriminalität ohne wirtschaftlichen Bezug (von Mord- und Totschlagsdelikten über Rechtsbeugung und Verschleppung bis zu politischer Verdächtigung, Wahlfälschung und Verletzung des Telefongeheimnisses) fielen vor allem auch Delikte mit über-

---

10 Fachbeitrag Regierungs-, Funktionärs- und Vereinigungskriminalität von LKD Manfred Kittlaus, Berlin, in DNP 1/93 und 2/93.

wiegend wirtschaftlichem Bezug an (Transferrubelbetrug, Straftaten in Verbindung mit Vermögen der Parteien und Massenorganisationen, Veruntreuung von Vermögenswerten des MfS, Umstellungsbetrügereien im Zusammenhang mit der Währungsunion, ungetreue Verwendung im Bereich Kommerzielle Koordinierung, Erpressung (private Häftlingsfreikäufe, Embargo-Handel, Waffenhandel). Wie LKD Manfred Kittlaus zu berichten wusste, stellte seine *Zentrale Ermittlungsgruppe* bislang (1993) eine Schadenshöhe von über 20 Milliarden DM fest, die im Zuge der Währungsunion entstanden sind. Als weiterhin sehr gefährlich bezeichnete er die Vernetzung der Organisierten Kriminalität aus den alten Bundesländern mit alten Funktionärscliquen der ehemaligen DDR. Er beklagte den Personalmangel, der dazu führte, dass die ständig neuen Straftaten, die bei den Ermittlungen aufgedeckt wurden, nur begrenzt verfolgt werden könnten.

Mein Beruf ließ mich weiterhin nicht los. Gesundheitlich ging es mir alsbald besser, nachdem ich regelmäßig meine Gymnastik- und Yogaübungen machte und mich in autogenem Training versuchte. Ich arbeitete weiterhin an Fachartikeln und Romanen, und es machte mir Spaß, an meinem PC meine Texte immer wieder zu überarbeiten. Niemand redete mir drein – bis auf meine Frau, die ich als erste kritische Leserin meiner Romantexte aber sehr schätzte. Ich stellte fest, dass jedes Jahr, das man früher als vorgesehen in Pension gehen kann, ein geschenktes Lebensjahr ist. Bis ich dann doch wieder voll einstieg, ungeachtet der gesundheitlichen Folgen, die mir der neuerliche Stress bescheren sollte.

Organisierte Kriminalität und Rauschgifthandel waren es, die mich nach wie vor beschäftigten, Organisationsdelikte. Für meinen neuen Krimi OPERATION MOHNBLUME fuhr ich zu Ortsbesichtigungen und suchte zusammen mit meiner Frau nach einem abgelegenen Ort, an dem man eine Leiche entsorgen könnte (wir fanden ihn in den Brennnesseln am Rande eines Parkplatzes im Perlacher Forst). Aus Reiseprospekten machte ich mich über Istanbul kundig, und beim ADAC besorgte ich mir Straßenkarten, anhand derer ich die Balkonroute, die für Rauschgifttransporte genutzte Verbindung, schildern konnte – wobei ich dann aber umdisponieren musste, denn der Bürgerkrieg in Jugoslawien ließ es angebracht erscheinen, auf die Ersatzroute über Ungarn auszuweichen. Die Story stellte ich im Klappentext wie folgt dar:

Kriminaloberkommissar Jürgen Renner hat es satt, immer nur den „Ameisenhandel" zu überwachen und hinter Kleindealern her zu sein, wie hinter Mehmet Demirag, den er zusammen mit seiner Partnerin, der jungen Kriminalkommissarin Monika Hoberg nun schon seit Tagen observierte. Doch dann wird seine Partnerin bei der Festnahme eines jungen Fixers von dessen verdreckter Einwegspritze gestochen und lebt fortan in Angst, mit AIDS infiziert worden zu sein. Und Renner, der den Kerl mit einem wütenden Faustschlag niederstreckt, bekommt eine Anzeige wegen Körperverletzung im Amt an den Hals.

Der Mord an Emine Baykara bringt Abwechslung in seinen zermürbenden Alltag. Die junge Türkin hängt mit Demirag zusammen und wurde mit einem Schuss in den Hinterkopf regelrecht hingerichtet. Zusammen mit seinem alten Freund Jochen Dornheim von der Münchner Mordkommission nehmen er und seine Partnerin die Ermittlungen gegen die „Türken-Connection" auf, in der sie die Täter vermuten. Als ihm ein V-Mann den Tipp zuspielt, dass ein in Istanbul liegen gebliebener Camper nach München geholt werden soll, sieht er darin die Chance, in die Connection einzudringen, denn es kann sich dabei nur um einen verkappten Rauschgifttransport handeln. Das Bundeskriminalamt wird hinzugezogen und die diplomatischen Wege für eine „kontrollierte Durchfuhr" durch die Staaten entlang der Balkanroute geebnet, und für Jürgen Renner und Monika Hoberg beginnt ein Abenteuer, wie es gefährlicher kaum vorstellbar ist. Wissen die beiden doch nicht, ob die Gegenseite sie nicht längst als Kriminalbeamte enttarnt hat (Selbstverlag bei H. J. Prinz).

Alltag der Münchner Polizei

Noch war der Roman nicht fertig, geschweige denn an den Mann gebracht (er sollte erst 1998 erscheinen), da rief mich die Redaktion der Tageszeitung „Münchner Merkur" an und fragte nach, ob ich eine Reportage über den Polizeialltag verfassen könne. Die Pressestelle des PP München habe mich dafür empfohlen. Und ob ich das konnte! Nur zu gern war ich bereit, Öffentlichkeitsarbeit für die Polizei zu betreiben und zu schildern, welche Aufgaben und Probleme sich den Polizeibeamten tagtäglich stellen, mit welchen Menschen und Problemen der Wach- und Streifenbeamte, der Unfallsachbearbeiter, der Ermittlungs- und Fahndungsbeamte konfrontiert ist. Die Skala reicht dabei vom Ladendieb, der seine Beute mit Zähnen und Klauen verteidigt, bis zum skrupellosen Betrüger, der selbst aus der Angst und Verzweiflung seiner Mitmenschen noch Kapital zu schlagen versucht, reicht vom drogensüchtigen Beschaffungskriminellen, der nur noch daran zu denken vermag, wie er zu Geld und seinem nächsten Schuss kommt, bis zum entmenschten Triebtäter, der über junge Mädchen herfällt, reicht schließlich vom alten Mütterchen, das sich vom bösen Nachbarn bestrahlt fühlt, bis zum fehlgeprägten, kontaktarmen Einzelgänger, der letztlich zum Amokläufer wird.

Ich frischte mein Wissen über die Abläufe in der modernisierten Einsatzzentrale des PP München und den damit eingebundenen Kriminaldauerdienst (KDD) auf, machte mich in meinen nun vielen freien Tagen an die Arbeit und schilderte authentisch den Alltag der Polizei, wie er sonst wohl kaum so offen und jenseits der Verzerrungen der Bildschirmscheinrealität dargestellt wird. In spannender Abfolge (wie ich meine) führte ich dem Leser vor Augen, wie in der Einsatzzentrale wieder und wieder die Notrufe anschlagen, Streifenwagen zu den verschiedensten Einsätzen beordert werden, der Kriminaldauerdienst erste Ermittlungen aufnimmt, Bereitschaftsdienste alarmiert werden, Brand- und Mordkommission, Rauschgift- und Sonderfahndung in Aktion treten und die Fachkommissariate ihren Ermittlungen nachgehen.

Wie schon meinen ersten Krimi sowie meinen Mystery-Krimi veröffentlichte ich auch diese Story unter meinem Pseudonym H. J. Tanner. Der MM brachte sie sporadisch in elf ganzseitigen Folgen von Ende Dezember 1990 bis Anfang März 1991. Von einem befreundeten LKA-Kollegen – er kam wie ich vom PP München – erfuhr ich, dass man im LKA von der Serie sehr angetan sei. Schau, schau!

Alltag eines Ordnungshüters:
Keine Spur von Schimanski

Fast ein Tag
wie jeder andere –
Kleinarbeit und
Großeinsätze

Serie von H. J. Tanner

Mit dieser Grafik machte der Münchner Merkur die einzelnen Folgen meiner Serie über den Alltag der Münchner Polizei auf.

Unter dem Titel AN EINEM EINZIGEN TAG brachte ich im Einverständnis mit dem MM meinen „Polizeireport" anschließend in zwölf Folgen in der Fachzeitschrift DNP heraus (Hefte 1/92 bis 12/92), anschließend unter dem Titel SCHATTENSEITEN EINER GROSSSTADT auch noch als Buch (Selbstverlag bei H. J. Prinz), zu dem ich im Klappentext schrieb:

„Verzweifelt sucht die Kripo nach der dreizehnjährigen Annette Wablitz, die nicht von der Schule heimkam. Wurde sie Opfer eines Sextäters? Da fordert ein Anrufer 500.000 Mark für ihre Freilassung. Ein Trittbrettfahrer …?

Ein Fall nur unter vielen, den eine Großstadtpolizei an einem einzigen Tag zu bearbeiten hat. Wieder und wieder schlagen in der Einsatzzentrale die Notrufe an, rasen Streifenwagen durch die Stadt, rückt der KDD aus, werden Bereitschaftsbeamte alarmiert. Bis dann die Fachkommissariate ihre täglichen Ermittlungen aufnehmen und ihrerseits in Aktion treten. Unter der heiter-geschäftigen Oberfläche von Bayerns Landeshauptstadt brodeln Neid, Missgunst, Habgier und hemmungslose Gewalt.

481

Rauschgiftreport

Weiterhin veröffentlichte ich Beiträge in der DNP, so einen
RAUSCHGIFTREPORT, der in Folgen mit ENTWICKLUNG
DER DROGENINVASION und vorgeschaltetem Leitartikel
DROGENSUMPF in Heft 8/91 der DNP begann und mit Beiträgen über DER STOFF; DIE SUCHT; URSACHEN DER
SUCHT, VERBRINGUNGSWEGE UND SCHMUGGLER-
VERSTECKE und schließlich DIE SZENE; bis zur Ausgabe 2/93,
für die ich inzwischen selbst verantwortlich zeichnete, erschien. In
einem Leitartikel zu URSACHEN DER SUCHT schilderte ich
unter dem Titel DROGENPROPHYLAXE, dass der Drogenmissbrauch in unserer Konsum- und Suchtgesellschaft längst zum
sozialen Problem geworden sei. Wie diesem Problem aber zu begegnen wäre, da klafften die Meinungen oft meilenweit auseinander
und reichten von rigoroser Bekämpfung des Drogenmissbrauchs
bis zur Freigabe illegaler Drogen. Die Frage indes, ob und inwieweit soziale, gesellschaftliche, politisch zu verantwortende
Missstände zum Drogenmissbrauch führten, würde ob der ganzen
Missbrauchsproblematik schon gar nicht mehr gestellt. Wäre aber
nicht besser hier anzusetzen? Prophylaxe bedeutet schließlich „Bekämpfung der Ursachen der Drogensucht", doch man beschränkt
sich auf Prävention. Vorbeugen sei die bessere Drogenpolitik, hieß
es wieder und wieder. Die Nachfrage müsse reduziert, jugend-
spezifische Aufklärung durchgeführt, mehr Therapieplätze eingerichtet und mehr Drogenersatzstoffe für Junkies bereitgehalten
werden. Angesichts von Hunderttausenden von Süchtigen müsse
bereits auf einen epidemischen Charakter der Drogensucht, auf eine
Erkrankung der ganzen Gesellschaft geschlossen werden, warnten
indessen Fachleute. Der Nationale Rauschgiftbekämpfungsplan
der Bundesregierung vom Juni 1990 sah u. a. für Menschen, die
aufgrund ihrer Persönlichkeitsmerkmale, ihrer Lebensumstände
und Erfahrungen, ihrer Hoffnungen und Enttäuschungen für
Missbrauchsverhalten anfällig und verführbar sind, eine massiv
zu intensivierende Prävention als vordringliche Aufgabe an. Ein
an sich guter Ansatz! Zumal Zielgruppe neben Öffentlichkeit,
Medienvertretern, Lehrern und Erzieher sowie Jugendlichen und

jungen Erwachsenen auch Eltern sein sollen, damit Familien- und Erziehungsbedingungen ermöglicht werden, die Suchtmittel-missbrauch verhindern.

Drogenprävention würde damit zur Drogenprophylaxe.

In Elternhaus und Schule sieht auch Prof. Dr. med. Olaf Koob, Autor eines einschlägigen pädagogisch-therapeutischen Rat-gebers, den Hauptansatz für eine sinnvolle Drogenprophylaxe. Die Chance, ein Kind vor einer Drogenkarriere zu bewahren, so Koop, bestehe darin, im Elternhaus seelische Bedingungen zu schaffen, die das elementare Bedürfnis nach Wärme, Liebe und Geborgenheit befriedigen. Junge Menschen dürfen nicht durch die moderne Zivilisation, mit abstrakten Lehrinhalten seelisch verkrüppelt werden. Es muss vermieden werden, dass der Geist mit Wissen vollgestopft wird und dabei die Seele verkümmert.

Beschaffungs- und Folgekriminalität
Welche Auswirkungen der Drogenmissbrauch über die Straftaten gem. BtMG hinaus hat, zeigt sich im Umfang der Beschaffungs-kriminalität und der Folgekriminalität, die ich in diesem Zu-sammenhang in weiteren Fachbeiträgen aufgezeigt habe.

In der PKS werden zu den Fall- und TV-Daten verschiedene Fall- und Tätermerkmale erfasst. Neben „Tatverdächtiger unter Alkoholeinfluss" u. a. ist dies das Merkmal „Konsument harter Drogen" (KhD). Als KhD gelten nach den PKS-Richtlinien des BKA Konsumenten der in der Anlage I–III des BtM-Gesetzes aufgeführten Stoffe und Zubereitungen, deren wichtigste harte Drogen Heroin, Kokain, Amphetamin/Methamphetamin und deren Derivate einschließlich Ecstasy und LSD sind. Bundesweit ging man im Jahr 2000 laut eines Fachbeitrags zu „Drogen im Straßenverkehr" (Münchner Polizei 2000) von POK Holger Harms von ca. 250 000 KhD und von ca. fünf bis sieben Millionen Konsumenten weicher Drogen (Cannabisprodukte) aus. Mit ca. 1,5 Mio. beziffert er die Medikamentenabhängigen. Er geht davon aus, dass ein Großteil dieser Personen im Be-sitze eines Führerscheins ist und regelmäßig am Straßenver-kehr teilnimmt.

Bei der Beschaffungskriminalität wird zwischen direkter und indirekter Beschaffungskriminalität unterschieden. Unter direkter Beschaffung ist die direkte Erlangung von BtM durch Raub, Diebstahl aus Apotheken, in Arztpraxen und Krankenhäusern sowie durch Rezeptfälschung etc. zu verstehen. Indirekte Beschaffungskriminalität ist die Beschaffung von Geldmitteln (neben Bargeld Veräußerung von durch Raub oder Diebstahl erlangten Wertgegenständen) zum Ankauf von BtM. Soweit der illegale Handel und Schmuggel von BtM der Finanzierung der Drogensucht dient, ist wohl auch hier von Beschaffungskriminalität zu sprechen, was vor allem auf KhD zutreffen dürfte. Die von KhD begangenen Fälle bezifferten sich im Jahr 2000 bundesweit auf 34,9 % (1990 37,7 %), für das Stadtgebiet München auf 45,1 % (1990 27,4 %).

Rauschgiftkriminalität ist längst auch auf dem flachen Land verbreitet, ist sozusagen flächendeckend. Auf dem flachen Land ist sie aber in der Regel nicht in der Intensität sichtbar wie in großstädtischen Ballungszentren, in denen die Versorgung mit Stoff zu jeder Zeit gewährleistet ist, denn hier konzentriert sich die Drogenszene. In ihr, im Kreis Gleichgesinnter, suchen junge Menschen, die vor den Auseinandersetzungen mit Alltagsproblemen in eine Phantasiewelt entfliehen, eigene unbefriedigende Situationen erträglicher zu machen. Eine Drogenclique aber ist keine echte Gemeinschaft. Sie wird nur durch den Rauschgiftkonsum zusammengehalten, ist eine Scheinsozietät, die aus lauter Einzelgängern besteht, die nur ihr eigenes Wohl im Auge haben und einander verraten, wenn es ihrem Vorteil dient. So gesehen ist wohl die These nicht von der Hand zu weisen, dass weniger die Droge, als vielmehr die Szene krank mache.

Die Rauschgiftdelikte (PKS-Schlüsselzahl 7300) nahmen im Zeitraum von 1960 auf 1970 um 1758 % zu und weitere 543,5 % von 1970 auf 1990. Das Rauschgiftzeitalter hatte begonnen (siehe 23. Folge). 122 240 RG-Delikte wurden nach der Wende registriert, wozu die ostdeutschen Länder noch relativ wenig beitrugen. Bis 2005 erhöhte sich die Zahl für Gesamtdeutschland auf 276 740 RG-Delikte. Tendenz weiter steigend.

Die rapiden Steigerungsraten verdeutlichen denn auch, dass hier zu einem Gutteil die KhD, die Süchtigen selbst verantwortlich sind, deren steigender Bedarf dieses Deliktsfeld forciert. So haben z. B. 1990 bundesweit 35 311 der als KhD ermittelten Tatverdächtigen 99 025 der aufgeklärten Straftaten begangen, 2,8 Fälle je KhD. Im Jahr 2000 hat sich deren Zahl mehr als verdoppelt: 88 828 KhD haben 249 075 Straftaten begangen. Dies zeigt, was an sich naheliegend ist: Süchtige sind Wiederholungs- oder Serientäter. 1990 waren bundesweit 4,7 % der aufgeklärten Straftaten KhD zuzuordnen, 2000 bereits 7,8 %. Beim Raub stieg deren Anteil im Jahr 2000 auf 15,5 %, beim schweren Diebstahl auf 17,2 %.

Insgesamt ist das Ausmaß der mit der Rauschgiftkriminalität einhergehenden Beschaffungs- und Folgekriminalität nur zu ahnen. Eine vor Jahren im Auftrag des BKA von Prof. Dr. Arthur Kreuzer, Universität Gießen, durchgeführte Studie ließ erkennen, dass Drogenabhängige ihren Lebensunterhalt lediglich zu 20 % aus legalen Mitteln finanzieren. Zu 10 % finanzieren sie ihn durch Prostitution, zu 30 bis 40 % durch Drogenhandel und im übrigen durch indirekte Beschaffungskriminalität. Jeder KhD begeht dazu (einschließlich Bagatelldelikten wie z. B. Beförderungserschleichung) mehr als vier Straftaten pro Tag.

Zahlen über von KhD als Folgedelikte begangene Straftaten bedürften einer Analyse sämtlicher in der PKS erfassten Delikte (wozu ich mich aber nicht aufzuschwingen vermochte). Unter Folgekriminalität sind Delikte zu verstehen, die auf Grund der Drogensucht oder im Drogenrausch begangen werden. Die Skala reicht hier von Verkehrsdelikten mit oft tödlichen Folgen (werden in der PKS nicht erfasst) über Vernachlässigung der Fürsorge- und Aufsichtspflicht und über Sexualdelikte bis hin zum Tötungsdelikt im Drogenwahn und zum Amoklauf. Beispielhaft lassen sich folgende, zumeist Pressemeldungen entnommene Fälle anführen:

- Im Drogenrausch warf ein 26-Jähriger Fernseher und Möbelstücke vom sechsten Stock auf die Straße und bewarf damit auch die anrückende Polizei.

- Als eine Wohnung geräumt werden sollte, wurde die Leiche eines zweijährigen Kindes entdeckt, das wochenlang tot in der Wohnung lag. Die 20-Jährige, drogensüchtige Mutter hatte es verhungern und verdursten lassen.

- Nach einem Trip nach Holland, wo sie Heroin, Kokain und Ecstasy-Pillen einkauften, dröhnten sich ein 18-Jähriger, eine 19-Jährige und ein 27-Jähriger so richtig zu. Als der 18-Jährige das Bewusstsein verlor und nicht wieder zu sich kam, deponierten sie ihn an einem Rastplatz. Dort wurde er tot aufgefunden.

- Ein wiederholt wegen Drogendelikten straffällig gewordener Mann wurde wegen Kreislaufbeschwerden in eine Klinik eingeliefert. Dort nahm er eine Krankenschwester als Geisel, schoss um sich und verlangte nach Alkohol und Drogen. Die Polizei überwältigte ihn.

- Aus einem Pensionszimmer befreite die Polizei zwei völlig verwahrloste Buben, um die sich die drogensüchtigen, völlig apathischen Eltern nicht mehr kümmerten.

- Ein 33-Jähriger, der sich gerade einen Schuss gesetzt hatte, wollte mit einer Gleichalterigen, mit der er sich gerade angefreundet hatte, nachts per Anhalter zu deren Wohnung fahren. Nachdem kein Wagen hielt, drehte er durch und feuerte mit einer Gaspistole den Autos hinterher. Schließlich stellte er sich mitten auf die Straße und feuerte in den zwangsläufig haltenden Wagen. Die schwangere Fahrerin erlitt einen Schock.

- Im LSD-Rausch stach ein 18-Jähriger mit einem Messer wild um sich. Er verletzte sechs Menschen teils schwer, bevor er von der Polizei überwältigt werden konnte. Während eines Eifersuchtsstreits stach ein 34-Jähriger, arbeitslos und drogensüchtig, seiner Freundin ein Messer in den Rücken. Nach einem Streit rammte eine 24-Jährige ihrem 34-jährigen Freund ein Messer in den Hals. Beide waren sie drogensüchtig. Ein alkohol- und drogensüchtiger 23-Jähriger erstach seinen 65-Jährigen Vater, der ihn zu einer Therapie zu überreden versuchte.

- Im Drogenrausch prügelte ein 27-Jähriger den 5-jährigen Sohn seiner Freundin zu Tode, nachdem dieser ins Bett gemacht hatte.

- Vollgepumpt mit Drogen bretterte ein 30-Jähriger mit 180 km/h als Geisterfahrer über die Autobahn. Zum Glück vermochten ihm die entgegenkommenden Autos auszuweichen, bis er schließlich von der Polizei aus dem Verkehr gezogen werden konnte.

- Ein 42-Jähriger zog sich im Kokainrausch nackt aus und verwüstete die Wohnung seiner ehemaligen Freundin, die sich in Urlaub befand, wobei er sich blutende Verletzungen zuzog. Schließlich rannte er vor das Haus, wälzte sich im Rasen und schrie erstaunten Passanten zu: „Ich bin Gott!" und: „Die wollen mich umbringen." Dann stürmte er durch die offene Terrassentür eines Nebenhauses, warf vor den Augen einer entsetzten 62-Jährigen Möbel um und verklebte seine Verletzungen mit Sekundenkleber. Er rannte wieder raus und schlug mit dem Kopf und den Fäusten am Haus daneben das kleine Küchenfenster ein. Als er durchzukriechen versuchte, blieb er stecken. Rettungssanitäter und Polizisten vermochten ihn nur mit Mühe zu überwältigen. Als sie ihn am Boden mit Handfesseln fixierten, erlitt er einen Atemstillstand und musste wiederbelebt und ins Krankenhaus geschafft werden. Jahrelang hatte er Kokain und Anabolika konsumiert.

Rauschgifttote

Seit 1973 werden die jährlich zu registrierenden Rauschgifttoten gezählt. In diesem ersten Jahr wurden bundesweit 109 Drogentote registriert. Bis zum Jahr 2000 waren rund 26 500 meist junge Menschen den Drogentod gestorben. Bis zum Jahr 2005 waren es dann schon rund 34 000. Jährlich kamen durchschnittlich bis zu 1500 hinzu.

Es scheint indes zweifelhaft, dass tatsächlich jeder an Rauschgift oder den Folgen seiner Sucht Verstorbene als Rauschgifttoter erkannt und gemeldet wurde und wird. Meldepflichtig sind alle Todesfälle, die in einem kausalen Zusammenhang mit dem missbräuchlichen Konsum von Betäubungsmitteln oder als Ausweichmittel verwendeten Ersatzmitteln stehen. Darunter fallen insbesondere Todesfälle in beabsichtigter oder unbeabsichtigter

Überdosierung, Todesfälle wegen langzeitlichen Missbrauchs, Selbsttötungen aus Verzweiflung über die Lebensumstände eines Süchtigen oder unter Einwirkung von Entzugserscheinungen sowie tödliche Unfälle unter Drogeneinwirkung. Nicht nur bei der letzten Fallkategorie, so das BKA, muss von einem großen Dunkelfeld ausgegangen werden.

Cannabisrausch

Der „ach so harmlose" Cannabis- bzw. Haschisch- und Marihuanakonsum verläuft in drei Rauschphasen: Unruhe, Euphorie mit eventuellen Halluzinationen, Apathie. Cannabismissbrauch verändert alle Bereiche der Persönlichkeit:

Alle Sinneswahrnehmungen werden intensiver, besonders Farb- und Tonempfindungen, und das Zeitgefühl geht verloren, d. h. Fahrstrecken und -zeiten, z. B. bis zu einem Zebrastreifen mit Fußgängern, können nicht abgeschätzt werden, Wahrnehmungen – etwa Ampeln – werden als nebensächlich betrachtet, ein farbenprächtiger Sonnenuntergang indes als besonders wichtig.

Körperempfindungen sind gestört, z. B. wird der rechte Fuß mit dem linken verwechselt. Die Bewegungsabläufe sind gestört, etwa beim Lenken (Verreißen des Lenkrades).

Die Euphorie bewirkt Risikofreude, z. B. zu schnelles Fahren oder zu dichtes Auffahren, das Denken ist beeinträchtigt, wird unlogisch und bizarr und ist nicht mehr auf die Erfordernisse des Straßenverkehrs gerichtet. Halluzinationen treten auf, evtl. noch Tage oder Monate später (Echorausch).

Ein Haschischberauschter, das wird damit klar, kann ein Kfz nicht sicher führen. Schon Anfang der 1990er-Jahre haben regionale Untersuchungen ergeben, dass bei Verkehrsunfällen entnommene Blut- und Urinproben in rund 20 bis 25 % cannabispositiv waren. Grenzwerte hinsichtlich des THC-Wirkstoffgehalts im Körper kann es nicht geben. Langfristig führt der Cannabismissbrauch zu seelischer Abhängigkeit, Persönlichkeitsstörungen und Cannabispsychosen. Der Umstieg auf „harte" Drogen ist vorprogrammiert.

Gleichwohl fordern verschiedene politische Gruppierungen die Freigabe von Cannabisdrogen. Sie bedenken nicht, dass allein mit Alkohol genügend Verkehrsunfälle mit oft tödlichen Folgen zu registrieren sind.

Quellen:

An einem einzigen Tag, Serie über den Polizeialltag von H. J. Tanner (Ps.), DNP 1/1992–12/1992

Rauschgiftreport von Heinrich Prinz, DNP 8/1991–2/1993

Drogensprechstunde von Prof. Dr. med. Olaf Koop, Stuttgart, Urachhaus, 1990

Gegen Drogen im Straßenverkehr von Heinrich Prinz, DBP 4/1995

Bekämpfung der Drogen im Straßenverkehr von POK Holger Harm, MÜNCHNER POLIZEI 2000

Drogensucht und Kriminalität von Heinrich Prinz, DBP Juli/Aug./Sept. 2002.

25. Folge

Redaktionstätigkeit und neuer Stress

Eines Tages stand der Herausgeber der DNP, ein im Frühjahr 1945 während der letzten Abwehrkämpfe an der Westfront nun schon im Reichsgebiet als Ordonnanzoffizier eines Gebirgsjägerregiments schwer verwundeter und in amerikanische Gefangenschaft geratener, zu meiner Zeit im LKA längst pensionierter Kriminaldirektor, vor meiner Tür und bot mir die Redaktion seiner Zeitschrift an, die er bisher selbst inne hatte, aus Altersgründen aber nun abgeben wolle. Es sei nur eine Halbtagstätigkeit, lockte er mich, und er würde mich entsprechend honorieren und einweisen. Im LKA, wo er sich über mich erkundigte, hätten sie mich empfohlen.

Ich war unschlüssig. Sollte ich mir schon gleich wieder Arbeit und mit völlig unbekannter Materie neuen Stress aufladen? Ich beriet mich mit meiner Frau, und nachdem sie dafür war, dass ich nicht untätig herumsaß und mehr und mehr unzufrieden würde und zudem mein Pensionsgehalt etwas aufstocken könnte, sagte ich zu – und machte mich augenblicklich daran, mein Schlafzimmer in ein Redaktionsbüro umzuwidmen. Meine Frau hatte ja nach der Verehelichung unserer Tochter das nun freie Kinderzimmer als ihre Kemenate bezogen, wo sie sich abends ihrem eigenen Fernsehprogramm hingeben und nachts zu jeder Zeit lesen konnte, ohne mich zu stören – wie auch ich diese Freiheiten hatte. Bei der Post beantragte ich einen Zweitanschluss für Telefon und Fax (die mich in der Folgezeit des Öfteren aus dem Schlaf klingeln sollten), ließ mir in einem Baumarkt eine Unmenge beschichteter Spanplatten nach vorgegebenen Maßen zuschneiden und bastelte daraus einen dreitürigen Kleiderschrank (irgendwo musste ja auch meine Garderobe untergebracht werden) und daran anschließend Regale über Regale rund ums Zimmer herum und über mein Bett hinweg mit integrierten Hängeschränken für Wäsche und Büromaterial sowie meinem darin ebenso integrierten Schreibtisch mit Arbeitsplatz auch für den Computer nebst Drucker. Für all die alten Aktenordner, die mir der Herausgeber und bisherige Redakteur der Zeitschrift überließ, mussten Regale zur Verfügung stehen – und auch noch für meine vielen Bücher – ich las nun einmal gern – und die Fachzeitschriften, die ich bezog, wie „Kriminalistik" und „der kriminalist" des BDK, oder als Ehemaliger vom PP München und dem BStMI zugesandt bekam.

Als verantwortlicher Redakteur war ich nun zuständig für zunächst 36 Textseiten pro Monatsheft (später auf eigenen Wunsch erhöht auf 40 Textseiten), die Kontaktpflege mit den Autoren und dem Redaktionsbeirat, Gewinnung neuer Autoren, Auswahl des Titelbildes für die einzelne Ausgabe (ein Fotoarchiv stellte mir der Herausgeber zur Verfügung, und von Pressediensten und durch eigene Fotos wurde es ständig aktualisiert), Abstimmung des monatlichen Leitartikels auf das jeweilige Schwerpunktthema, redigieren der einzelnen Beiträge, Vorgaben für den Druck (einspaltig oder – bei einleitenden Hinweisen auf die Thematik – auch mal zweispaltig und halbfett oder kursiv hervorgehoben) inkl. Vorgabe der Schriftgrößen für Titel, Autor und Text, Zusammenstellung von Kurzmeldungen über mit höheren Ämtern und neuen Aufgaben betraute oder im Dienst getötete Polizeibeamte/innen, Auswahl von Daten zur Monatschronik, Zusammenfassung sonstiger aktueller Meldungen, Auswahl von Fotos und Grafiken, Besprechung von Fachbüchern, die der Redaktion von Fachbuchverlagen zugesandt wurden, und anderes mehr.

Die Erstellung von Berichten zur regelmäßig mehrere Seiten umfassenden Länderumschau, in der Neuigkeiten aller Art aus Bund und Bundesländern unter Voranstellung des Bundes- und jeweiligen Landeswappens zu veröffentlichen waren, fand mein besonderes Interesse. Sofern von bestimmten Innenministerien oder einzelnen Polizeidienststellen nicht bereits deren Presseberichte übersandt wurden, schrieb ich weitere an, vor allem das Zollkriminalinstitut bezüglich der Fälle des Rauschgiftschmuggels und die Innenministerien der neuen Bundesländer und bat um regelmäßige Zusendung von Presseberichten über herausragende Fälle. Und nachdem meine Frau und ich seit der Wiedervereinigung keine Einreisegenehmigungen in die ehemalige DDR mehr benötigten und die Eltern meiner Frau besuchen konnten so oft wir wollten, suchte ich schließlich auch einige der auf dem Wege liegenden Polizeidienststellen auf, stellte mich als Redakteur der DNP vor, hinterließ die jüngsten Ausgaben, die interessiert entgegengenommen wurden, bat um Zusendung von Presseberichten und versuchte Autoren zu gewinnen, vor allem zur Problematik der Überleitung als Polizeibeamte nach bundesrepublikanischem Recht (was bis auf einen Fall allerdings vergeblich war, insoweit wollte kaum einer der ehemaligen Vopos aus seiner Deckung heraus). Ich war bestrebt, „meine Zeitschrift" vor allem auch hinsichtlich der neuen Bundesländer aktuell und aufschlussreich zu gestalten und kniete mich von Anfang an voll rein.

Nach Einweisung und Anleitung durch Rolf Weinberger, bundesweit bekannt nicht nur durch seine von ihm als erste Polizeizeitschrift nach dem Krieg ins Leben gerufene Fachzeitschrift DIE NEUE POLIZEI (DNP), sondern auch mit seinem 1964 als Kriminalrat beim Bayerischen Landeskriminalrat eigeninitiativ gestalteten und initiierten „**Kriminalpolizeilichen Vorbeugungsprogramm**", vom Fernsehen regelmäßig ausgestrahlt und von den Printmedien weiter verbreitet, firmierte ich ab Januar 1992 als verantwortlicher Redakteur der Fachzeitschrift DIE NEUE POLIZEI. Welche Ehre für mich – bei einem solchen Vorgänger, noch dazu vom BLKA empfohlen! Mit einem Leitartikel (wie ich sie künftig für jedes der Monatshefte verfassen sollte) über den POLIZEIALLTAG und eine erste der etwas überarbeiteten und im Tagesablauf zu Doppelstunden zusammengefassten Folgen, wie sie der MM bereits gebracht hatte, begann ich meine Redaktionstätigkeit mit Heft 1/92. Ich betitelte sie mit AN EINEM EINZIGEN TAG; sie lief über alle 12 Monatshefte des Jahres 1992. Danach brachte ich die Serie, nochmals etwas überarbeitet, unter dem Titel SCHATTENSEITEN EINER GROSSSTADT als Buch heraus – im Selbstverlag, nachdem ich noch immer keinen Verlag für meine Manuskripte interessieren konnte (zu beziehen über mich als Herausgeber unter Tel./ Fax 089/70009913 und jungen Leuten zu empfehlen, die wagemutig genug sind, zur Polizei gehen zu wollen – vielleicht sehen sie nach dessen Lektüre ja davon ab).

Rahmen für ein Monatsheft

Der Rahmen der jeweils nächsten Ausgabe hatte sich an folgenden Themenschwerpunkten zu orientieren:

- Leitartikel, möglichst mit Bezug zum Hauptthema der Monatsausgabe
- Recht, Kriminalpolitik, Kriminalitätsentwicklung etc.
- Entscheidungen höherer Gerichte, Rechtsprechung in Kürze
- Allgemeine Themen
- Kriminalistik/Kriminologie
- Sicherungstechnik, Internationale Rundschau, Aktuelles, Verkehrssicherheit etc.
- Länderumschau (Meldungen aus Bund sowie den Bundesländern)
- Tagungen, Stichworte, vorsorgende Rechtspflege, Steuertipps, Leserservice.

Bis zum Achten eines Monats mussten die Manuskripte per Einschreiben mit UPS zum Versand an den Verlag gegeben werden, dem sie zum sofortigen Satz und Druck für das Folgemonat vorliegen mussten. Kurz vor Monatsende kamen die Korrekturfahnen dann zurück, mussten auf die Schnelle (oft bis in die Nacht hinein) korrekturgelesen werden, wobei ich meine Frau mit einspannte und uns beiden danach gehörig der Kopf brummte.

Umbruch auf dem Tapetentisch

Beim „Umbruch" der ersten unter meiner Regie stehenden Ausgabe, zu dem ich unseren ausklappbaren Tapetentisch aus dem Kellerabteil holte und im Wohnzimmer aufstellte, worauf ich die 36 Textseiten auslegte und für den Rest auch noch den Wohnzimmertisch beanspruchte, stand mir mein Vorgänger zur Seite (heute nimmt man den Umbruch am PC vor). Für das

traditionell in einem Kreis dargestellte Titelbild meiner ersten
Ausgabe wählte ich eine Aufnahme der Arbeitsplätze der Einsatzleitung der modernen Einsatzzentrale CEBI[11] des Münchner
Polizeipräsidiums an der Ettstraße (für das Buch-Cover meines
Polizeireports SCHATTENSEITEN EINER GROSSSTADT
wählte ich später eine Aufnahme der Arbeitsplätze des Notruf-
annahmeraums, wo mein Polizeireport mit einem ersten Notruf zu Beginn der nächsten vierundzwanzig Stunden seinen Anfang nahm).

Funksprecher der Einsatzzentrale des PP München. Foto: H. Schmidt

---

11 Die Einsatzzentrale des PP München arbeitete damals mit CEBI, einem in
    Zusammenarbeit mit dem LKA NRW entwickelten computerunterstützten
    Einsatzleit-, Bearbeitungs- und Informationssystem. Die CEBI-Anwendung
    bediente sich einer eigenen Datenbankverwaltung (Ortsdatei, Meldenum-
    mern, Einsatzstichworte, Fahndungsräume etc.) sowie externer Systeme
    (INPOL, Kommunale Dateien, Überfall- und Einbruchmeldeanlagen, Funk-
    meldesystem). Quelle: Broschüre der Projektgruppe EDV-Planung beim PP
    München, 1987.

In einem Beitrag „In eigener Sache" wies ich auf den Wechsel in der Redaktion hin und schrieb:

„Es jährt sich 1992 zum 45. Mal, dass Rolf Weinberger die Fachzeitschrift DIE NEUE POLIZEI herausgibt, die erste Polizei-Fachzeitschrift nach dem Krieg. Sie erschien seitdem ununterbrochen – gestaltet all die Jahre über vom Herausgeber selbst – und fand als gewerkschaftsunabhängige, aktuelle Fachzeitschrift für die Aus- und Fortbildung bundesweite Verbreitung.

Rolf Weinberger war einer der Männer der ersten Stunde, die nach dem totalen Zusammenbruch 1945 unter oft erbärmlichen Umständen für Sicherheit und Ordnung einzutreten hatten und deren Einsatz überhaupt erst die Basis schuf, auf der letztlich das Wirtschaftswunder der Aufbaujahre entstehen konnte. Nach seiner Entlassung aus dem Gefangenenlazarett und noch auf Krücken gehend, trat der Kriegsheimkehrer im Oktober 1945 in den Dienst der Münchner Kripo. Bald fiel er mit seinem flüssigen Stil auf und wurde beauftragt, Situationsberichte über die Polizeiarbeit zu verfassen. Dabei ließ der eklatante Mangel an Fachliteratur in ihm die Idee reifen: eine Fachzeitschrift muss her! Auf eigene Kosten erstellte der „schreibende" Kriminaler eine Lizenzausgabe der geplanten Zeitschrift – und bekam die Genehmigung des Alliierten Kontrollrates zu deren Herausgabe. Die erste polizeiliche Fachzeitschrift der Nachkriegszeit war geboren, die mit ihrer ersten Ausgabe am 15. Mai 1947 erschien. Der Titel DIE NEUE POLIZEI steht noch heute für das, was er damals situationsbezogen ausdrücken sollte: Die Polizei wird immer wieder neu gefordert, hat sich vor allem in unserer freiheitlichen Demokratie immer wieder von Neuem den gesellschaftlichen Veränderungen anzupassen, wird immer wieder zur n e u e n Polizei.

Rolf Weinberger ging seinen als „schreibender" Kriminaler vorbestimmten Weg, wechselte von der Münchner Mordkommission, der er alsbald angehörte, zum Bayerischen Landeskriminalamt (Zentralamt für Kriminalidentifizierung, wie es damals noch hieß), absolvierte den gehobenen Lehrgang und im Zuge seiner Ausbildung für das Aufgabengebiet „Betrug und Wirtschaftskriminalität" drei Semester Universitätsstudium als Gasthörer, Abendkurse bei einer Handelsschule sowie eine praktische Ausbildung bei einer Treuhandgesellschaft und beim Sparkassen- und Giroverband – ein Beispiel dafür, was man damals Kriminalisten für spezielle Aufgaben an

Ausbildung angedeihen ließ, wogegen man es heute im Allgemeinen bei einer Allroundausbildung und beim „Einheitspolizisten" bewenden lassen zu können glaubt. Öffentlichkeitsfahndung war schließlich eines der neuen Aufgabengebiete Weinbergers, und nach seiner Ausbildung für den höheren Dienst engagierte er sich vornehmlich für das KPVP, das noch heute aktuelle „Kriminalpolizeiliche Vorbeugungsprogramm". Als Kriminaldirektor und Leiter der Organisationsabteilung des BLKA ging er 1977 in Pension, betrieb aber weiterhin die Redaktion der DNP.

Seine Zeitschrift hatte in mir nun wieder einen „schreibenden" Kriminaler als Redakteur, und ich war erneut voll und ganz in meinem Element. Regelmäßig suchte ich die Pressekonferenzen des Innenministers auf, nahm an polizeirelevanten Tagungen teil, beobachtete und fotografierte Aufzüge und Kundgebungen und suchte relevante Örtlichkeiten auf, über die sich zu berichten lohnte, oder erbat spezielle Presseberichte oder Fotos, wie z. B. ein Foto mit den ersten weiblichen „Uniformierten", wie sie seit 1992 auch in Bayern Verwendung fanden, wo vordem Frauen nur zur Kripo eingestellt worden waren.

Die ersten ab März 1992 in München eingesetzten weiblichen „Uniformierten" wurden sogleich der Öffentlichkeit vorgestellt. Foto: PP München

Die Darstellung von Kriminalitätslagen hatte es mir seit jeher angetan, vor allem die Entwicklung der Rauschgiftkriminalität, die deutlicher als jedes andere Kriminalitätsphänomen die zunehmende Dekadenz der deutschen Gesellschaft widerspiegelt. Ich schrieb und veröffentlichte zu dieser Thematik u. a. folgende Arbeiten:

„Der Zoll im Kampf gegen steigende Rauschgiftzufuhren" (DNP 2/92). Knapp ein Viertel der in der PKS ausgewiesenen Fälle des Handels und Schmuggels von Rauschgiften und der illegalen Einfuhr von BtM in „nicht geringer Menge" geht in der Regel auf das Erfolgskonto des Zolls. Bei den dabei festgestellten Tatverdächtigen kann der Zoll gar bis zu einem Drittel für sich verbuchen. In allen Bereichen der Rauschgiftzufuhr, so das Zollkriminalinstitut (ZKI) in Köln, sind erhebliche Steigerungsraten zu verzeichnen, die insbesondere bei Cannabis und Heroin überdurchschnittlich sind. Die Entwicklung ist besorgniserregend, beschreibt z. B. das Zollfahndungsamt (ZFA) Düsseldorf in seinem Jahresbericht 1990/91 die Rauschgiftsituation an der deutsch/niederländischen Grenze, trotz aller zöllnerischen Erfolge mit den herkömmlichen Kontrollmaßnahmen und dem derzeitigen Ermittlungspotential allein nicht mehr zu bremsen.

„Aspekte der Kriminalitätsentwicklung – Zunahme der Raubdelikte, Anstieg der Ausländeranteile, Dunkelfeld der Beschaffungskriminalität" (DNP 4/92). Zum Jahresbeginn beklagte BKA-Präsident Hans-Ludwig Zachert in einem Presseinterview zunehmendes Gewaltpotential. Derzeit würden z. B. viereinhalbmal so viele Raubdelikte registriert wie vor 25 Jahren. Offensichtlich habe die Werteordnung vieler Bürger „einen Knacks bekommen". Da würden Leistungen erschlichen, sei Schwarzfahren an der Tagesordnung, Ladendiebstahl allgegenwärtig. In der Beamtenschaft spiele Korruption eine zunehmende Rolle. Schon 1989 weise die Gewaltkriminalität für den Bereich der alten Bundesländer einen unübersehbaren Trend nach oben auf. Allein 1990 sei bundesweit eine Zunahme um 7,2 % zu verzeichnen. Die Kriminalitätsentwicklung 1991 und der in den Medien angesprochene stetige Anstieg der Gewaltkriminalität könne vorerst aber nur anhand einzelner regionaler Erkenntnisse beleuchtet werden. In Bayern bereite der erneute Anstieg der Gewaltkriminalität um 7,9 % (Vorjahr: + 4,8 %) Kummer. Beim Raub sei gar ein Anstieg von 19,0 %, speziell beim Straßenraub von 29,7 % zu verzeichnen. In Hessen sei bei den Raubstraftaten eine gravierende Zunahme um 22,3 % zu registrieren, beim Straßenraub gar um 32,6 %. Brennpunkte der Kriminalität – vor allem der Gewalt-, der Jugend- und der Ausländerkriminalität – seien verstärkt die großen Metropolen. So sei in München bereits 1990 eine Zunahme der Gewaltkriminalität um 5,0 %, speziell beim Straßenraub um 55,3 % zu verzeichnen. Die Münchner Abendzeitung schrieb in ihrer Ausgabe vom 8./9. Februar 1992: „Die Täter werden immer jünger, immer brutaler und sind meist rauschgiftsüchtig." Bundesinnenminister Rudolf Seiters sagte in einem Statement Anfang Februar 1992: „Immer mehr ausländische Tätergruppen verlagern ihr Aktionsfeld nach Deutschland. Damit geht eine hier zuvor unbekannte Brutalisierung einher." In Bayern wiesen die nichtdeutschen TV 1991 unter allen ermittelten TV einen Anteil von 32,0 % auf, bei der Gewaltkriminalität 33,8 %, bei der Vergewaltigung 42,7 % und speziell beim Straßenraub 46,4 %. Das Problem der Gewalt stelle sich bereits an den Schulen, und nicht erst seit heute. 1989 stellte die Uni München, Lehrstuhl für Schulpädagogik, in einer Studie fest, dass die Gewaltbereitschaft in den Schulen in den letzten Jahren zugenommen habe. Bei den Grund- und Hauptschulen mehr als bei den Gymnasien, in der Stadt stärker als auf dem Land. Zunehmend würden Schüler auch die Ausländerproblematik mit den Fäusten austragen. Die indirekte Beschaffungskriminalität Drogenabhängiger habe erhebliche Auswirkungen auf verschiedene Deliktsbereiche. So sind denn auch in bestimmten Bereichen der Gewaltkriminalität die Konsumenten harter Drogen (KhD) überrepräsentiert.

„**Erfolgreicher Schlag gegen internationalen Rauschgiifthandel**" (DNP 8/94) – Der internationale Heroinhandel und die daraus resultierenden Finanzströme standen im Mittelpunkt der Ermittlungen einer beim BLKA eingerichteten Ermittlungsgruppe. Nach Informationen des Rauschgiftdezernats des BLKA stand ein als Wechselstube genutztes Import/Export-Geschäft in der Münchner Innenstadt in Verdacht, mit einem Netz internationaler Heroinhändler in Verbindung zu stehen. Unter größter Geheimhaltung und dem unverfänglichen Namen „Ermittlungsgruppe Mozart" wurden 20 Fachleute der Bereiche Rauschgift, Organisierte Kriminalität, Wirtschaftskriminalität und Zollfahndung zusammengezogen. Eng und zukunftsweisend gestaltete sich die Zusammenarbeit mit Dienststellen der Polizei, des Zolls und der Justiz in der Türkei, Rumänien, Ungarn, Italien, Spanien, der Schweiz und Österreich. Die in den genannten Ländern vorhandenen Rauschgiftverbindungsbeamten des BKA leisteten wertvolle Unterstützung. Anfang Juni 1994 schlug die „Ermittlungsgruppe Mozart" nach einjährigen Ermittlungen schließlich zu. Es wurden 41 Objekte, darunter 21 Banken in München und Nürnberg und in Nordrhein-Westfalen und Hamburg durchsucht. Die insgesamt 170 eingesetzten Polizeibeamten und 18 Staatsanwälte stellten umfangreiches Beweismaterial sicher und nahmen 14 Personen wegen Verdachts des bandenmäßigen Handels von Betäubungsmitteln fest. Parallel dazu nahmen italienische Fahnder im Raum Mailand zehn Personen fest und stellten weiteres Beweismaterial sicher. Schon im Zuge der Ermittlungen wurde eine Reihe von Zugriffen vorgenommen. So wurde ein Lkw-Fahrer aus Baden-Württemberg nicht mehr aus den Augen gelassen, als er bei einer der Münchner Wechselstuben acht Millionen spanische Pesetas tauschte. Ungarische Grenzbeamte spürten im Drehkreuz eines Lkw-Aufflegers 50 kg Heroin auf. Weitere 20 Kilo wurden kurz darauf unter dem Bett seiner Freundin in Bukarest entdeckt. Beamte der Finanzpolizei (Guardia di Finanza) und der Staatsanwaltschaft in Mailand zerschlugen im Januar 1994 einen siebenköpfigen Dealerring. 20 Kilo wurden aus dem Verkehr gezogen. In Madrid störten Fahnder der Guardia Civil im Februar 1994 ein Dealer-Trio beim Umladen – 60 Kilo wurden konfisziert.

In Nordrhein-Westfalen fassten Polizeibeamte im Februar 1994 ein deutsch-jugoslawisches Dealer-Duo mit 32 Kilo. Aus vermutlich derselben Quelle hatten Grenzer 133 Kilo an einem rumänisch-ungarischen Übergang schon im Dezember 1993 sichergestellt. Und in Bukarest wurde ein Depot mit 90 Kilo ausgehoben. Ein weiteres deutsch-jugoslawisches Duo ging der Polizei im März 1994 in Nordrhein-Westfalen ins Netz. Diesmal wurden 34 Kilo sichergestellt. Bereits im August 1993 führte die gezielte Kontrolle eines einundvierzigjährigen türkischen Geldboten zur Sicherstellung von 50-Dollar-Blüten im Nennwert von 206.350 US-Dollar. Der Mann war in einer überwachten Münchner Wechselstube abgewiesen worden, weil man dort das Falschgeld erkannt hatte. Bayerns Innenminister Dr. Günther Beckstein sprach den Beamten der „Ermittlungsgruppe Mozart" für das hohe Engagement und die professionelle Arbeit seinen besonderen Dank aus und forderte in diesem Zusammenhang ein besseres Instrumentarium für die Polizei. Denn trotz des hervorragenden Erfolges offenbarten die Ermittlungen erneut Defizite, die Beckstein an folgenden Schwerpunkten festmachte: Der Straftatbestand der Geldwäsche biete an sich gute Ansätze, international agierende kriminelle Organisationen aufzudecken. In vorliegendem Fall konnte die dazu erforderliche Telefonüberwachung aber nur durchgeführt werden, weil der Verdacht der Bildung einer kriminellen Vereinigung begründet werden konnte. Dies werde sich nicht in jedem Falle so einfach bejahen lassen. Deshalb müsse der Straftatbestand der Geldwäsche in den Katalog der Straftaten nach § 100a Strafprozessordnung (Telefonüberwachung) aufgenommen werden. Den Einsatz technischer Überwachungsmöglichkeiten in Wohnungen, wie sie in vorliegendem Fall erforderlich waren, erlaubte zur Abwehr von Straftaten bislang lediglich das Bayerische Polizeiaufgabengesetz. Eine bundesgesetzliche Regelung zum strafverfolgenden Einsatz war überfällig. Auch bedürfe das milieugerechte Verhalten verdeckter Ermittler einer gesetzlichen Regelung, die deren nur objektiv strafrechtswürdige Verhalten ausschließe.

Weitere Ereignisse veranlassten mich als verantwortlichen Redakteur, im Interesse entsprechender Aktualität der DNP Beiträge dazu einzuholen:

Der neue Verkehrsflughafen München – Bayerische Landespolizei und BGS leisten Sicherheit im Verbund", von PR Werner Mutzel, Erding. Ab 17. Mai 1992 hatten die Bayerische Landespolizei und der Bundesgrenzschutz mit der Aufnahme des Betriebes des neuen „Flughafen München Franz Josef Strauß" eine neue Herausforderung zu bestehen. Als polizeiliche Führungsdienststelle wurde die dem PP Oberbayern nachgeordnete Polizeidirektion mit Polizeiinspektionen Flughafen München und Zentrale Dienste errichtet. Mit den Grenzkontrollen wurde der BGS beauftragt. Der Umzug von München Riem zum neuen Großflughafen im Erdinger Moos erfolgte in organisatorischer Meisterleistung, nahtlos wurde der Flugbetrieb vom alten zum neuen Flughafen übergeleitet. Der Widerstand gegen das Großprojekt, das den Flugbetrieb des unmittelbar am Rande der Landeshauptstadt liegenden Flughafen Riem, dessen Haupt- und Abflugrichtung über dicht besiedeltes Wohngebiet führte, übernehmen sollte, formierte sich bereits 1967. Ein Rechtsstreit entbrannte, alle nur möglichen Rechtsmittel wurden ausgeschöpft, aufgrund derer einmal ein Baustopp verfügt, dann wieder aufgehoben wurde. Fünfzig nennenswerte Aktionen der Flugplatzgegner wurden durchgeführt, sie reichten von Bauplatzbesetzungen, Verkehrsblockaden, Sachbeschädigungen und Widerstandshandlungen durch überwiegend auswärtige Täter. Der neue Airport liegt 28,5 km nordostwärts des Zentrums der Landeshauptstadt München. Er ist erreichbar mit S-Bahnen und über die Autobahn München-Deggendorf (A 92). In einem zweiten Bauabschnitt sollte ein eigener Fernbahnhof eingerichtet werden, der indes nach wie vor nicht in Angriff genommen wurde. Die Errichtung einer eigenen Magnetschwebebahn als schneller Zubringer war politisch nicht durchsetzbar.

Einen gewichtigen Beitrag zur Sicherheit am neuen Flughafen München leistet die Bayerische Landespolizei. Im Hintergrund das 1010 m lange Terminal mit 20 Fluggastbrücken. Foto: Böhmker aus DNP

„Der Weltwirtschaftsgipfel in München – Großkampftage für die Polizei.“ (DNP 8/92). Der Weltwirtschaftsgipfel vom 6. bis 8. Juli 1992 in München war das 18. Treffen dieser Art. Wirtschaftsthemen sollten neuerlich den Schwerpunkt bilden und die Plenarrunde sich vornehmlich mit einem Bündel von Maßnahmen zur notwendigen Stärkung der Wachstumskräfte beschäftigen. Zur Debatte standen globale Armut, Rüstungsausgaben, Umweltschutz, Verschuldung der Dritten Welt und Milliardenhilfen für die GUS. Russlands Präsident Boris Jelzin, der Gipfelgast war, übte schon im Vorfeld scharfe Kritik an den westlichen Industriestaaten, vor allem am internationalen Währungsfonds, der Russland ein Standardprogramm überstülpen wolle. Lange vor dem Gipfeltreffen rief ein breites Spektrum von linksextremistischen Gruppen sowie des terroristischen Umfelds zum Protest dagegen auf. In einem „Gegengipfel“, einer „Gegendemonstration“ und in „fantasievollen Aktionen“ wollten die Gipfelgegner, ein Bündnis von christlichen und ökologischen Gruppen, Grünen, alternativen sowie linksextremistischen in- und ausländischen Gruppierungen, ihren Protest zum Ausdruck bringen. So sah sich die Polizei veranlasst, um die Münchner Residenz als Tagungsort sowie um die Hotels, in denen die Delegationen abstiegen, innere und äußere Sperrringe zu ziehen, für die Fahrstrecken Halteverbote zu erlassen und eine Reihe sonstiger Sicherheitsvorkehrungen, angefangen bei Personen- und Objektüberprüfungen bis zu Schutzmaßnahmen für gefährdete Objekte aus Industrie und Wirtschaft, zu treffen. Rund 9000 Polizeibeamte aus allen Bundesländern kamen zum Einsatz. Die Kräfte wurden in acht Einsatzabschnitte gegliedert, im Einzelnen zuständig für die Residenz als den eigentlichen Tagungsort, für zentrale Veranstaltungen, für Raumschutz und Versammlungen, für Begleitungen, Lotsungen und stationären und mobilen Streckenschutz, für Verkehrsmaßnahmen, für kriminal-polizeiliche Maßnahmen, für Technik, ärztlichen Dienst und Versorgung sowie für Pressearbeit. Ich selbst machte mich schon früh am Tag auf die Socken, um meiner eigenen redaktionellen Pressearbeit nachzugehen.

Am äußeren Sperrring um die Residenz, über den viele Münchner am verkaufsoffenen Samstag einfach nur zum Einkaufen in die City wollten und wegen der umfangreichen Verkehrsbeschränkungen mit dem Radl kamen, sowie an den unmittelbaren Zugängen zur Großkundgebung am Marienplatz und seit den frühen Morgenstunden an den Einfallstraßen rund um München führte die Polizei Vorkontrollen durch und stellte Gaswaffen und Schlagwerkzeuge sicher. Foto: H. Prinz

Die Ludwig-Maximilian-Universität untersagte die Benutzung ihrer Räumlichkeiten für einen „Gegenkongress" aus Sorge um Ausschreitungen. Kirchliche Institutionen sprangen ein, und so zog bereits am 3. Juli ein erster spontaner Demonstrationszug zur Sankt-Lukas-Kirche im Stadtteil Lehel. Sorge bereitete der Polizei indes die Gegendemonstration am 4. Juli, zu der 10 000 Teilnehmer erwartet wurden. Ab den frühen Morgenstunden führte sie an allen Einfallstraßen rund um München und später auch an den Zugangsstraßen zum Marienplatz als dem für die Auftaktkundgebung vorgesehenen Ort Vorkontrollen nach Waffen und gefährlichen Gegenständen durch. Den anschließenden Demonstrationszug durch die Innenstadt, in den sich schon gleich zu Beginn mehrere hundert militante Autonome einreihten und der auf 12 000 Teilnehmer anschwoll, hatte sie dank der seitlich mitgeführten starken Kräfte aber voll im Griff. Nach Ende der in Sichtweite der Residenz abgehaltenen Schlusskundgebung zogen nur noch Kleingruppen durch die Stadt und verübten einzelne Sachbeschädigungen. Der eigentliche Rabatz begann erst abends. Unbekannte Täter warfen Brandsätze gegen einen Behelfsbau der Stadtsparkasse, und die Nächte darauf wurden eine Filiale der Deutschen Bank sowie ein Siemens-Labor in Brand gesetzt. An einer der Fahrtstrecken der Gipfelteilnehmer wurde ein junger Mann aufgegriffen, der einen Sack voll Krähenfüße im Gebüsch zu verstecken versuchte; er wurde in Unterbindungsgewahrsam genommen. Ein Jugendlicher setzte eine aufgezogene Bundesflagge in Brand, und Robin-Wood-Mitglieder drangen in eine Kirche ein und entrollten von Dachluken aus ein Transparent. Die Eröffnungszeremonie am Max-Joseph-Platz vor der Residenz, bei der Bundeskanzler Helmut Kohl die vorfahrenden Gipfelteilnehmer begrüßte, war für die Gipfelgegner d e r Anlass zum Protest. Trotz der Vorkontrollen am äußeren Sperrring war es rund 500 von ihnen gelungen, einzusickern und sich unter die friedlichen Schaulustigen zu mischen. Auf ein Signal hin rotteten sie sich zusammen und versuchten lärmend zur Residenz vorzudringen. Sie wurden abgedrängt, Festnahmen erfolgten. Unweit davon setzten die Demonstranten ihren lärmenden Protest fort. Sie wurden umstellt, versuchten durchzubrechen. Nach Stunden waren sie alle fest- bzw. in Gewahrsam genommen, 491 an der Zahl. Bis zum Abend wurden sie alle wieder freigelassen, nachdem der diensthabende Ermittlungsrichter die Voraussetzungen für einen Unterbindungsgewahrsam nach Art. 17 PAG als nicht gegeben erachtete. In dem gellenden Pfeifkonzert und den lautstark skandierten Parolen der die Begrüßungszeremonie störenden Gipfelgegner sah er entgegen der Auffassung der Polizei keine Verletzung strafrechtlicher Normen. Gewalttaten aus der Menge heraus seien nicht festgestellt worden, und Lärm sei keine Gewalt im Sinne des § 240 StGB, wie auch ohrenbetäubender Jubel nicht als solcher subsumiert werden könne. Das Tun der Störer sei auch nicht verwerflich im Sinne des § 240 Abs. 2 StGB, denn Kritik in der Öffentlichkeit gehöre zum Grundtatbestand der Meinungsäußerung in einer Demokratie. Derlei juristische Spitzfindigkeiten fand ich zum Kotzen. Die gesetzlichen Bestimmungen lauteten zwar so, wie sie interpretiert worden waren. Könnte man sie aber nicht den tatsächlichen Erfordernissen anpassen? Doch dazu müssten sich die verschiedenen politischen Strömungen in den Parlamenten erst einig werden, was nicht zu erwarten war. Was also sollten wir, die Polizei, tun, um ein hochpolitisches Begrüßungszeremoniell störungsfrei durchführen zu lassen? Müssen Veranstalter und die zu ihrem Schutz aufgezogene Polizei es tatenlos hinnehmen, dass diese linken Chaoten einen geordneten Verlauf verhindern? Muss wirklich diesem Pöbel immer und überall freie Bahn gelassen werden?

Mit der Einkesselung und Ingewahrsamnahme der Störer hatte indes nicht nur die Boulevardpresse ihr Fressen, sondern auch die linken Rathauspolitiker und die gesamte bayerische Opposition ihren Aufhänger für heftige Kritik an der Polizei. Vom „Tag der Greifer" wurde gesprochen, von „brutalem Einsatz" und „roher Gewalt gegen friedliche Demonstranten", von „schädlichen Eindrücken, die um die Welt gehen." Anzeigen wurden angekündigt. Es hätte aber auch verwundert, wenn es nicht doch gelungen wäre, wieder einmal die Polizei zum Buhmann zu stempeln. 20 verletzte Beamte hatte sie in diesen Tagen zu verzeichnen (Prellungen, Blutergüsse, Verletzungen durch Genitalientritt). Ihren Auftrag, einen störungsfreien Verlauf des Gipfeltreffens und die Sicherheit der Gäste zu gewährleisten, hatte sie voll und ganz erfüllt. Mit großem Aufwand zwar, aber auch mit großem Engagement. Dafür gebührt ihren Beamten Dank und Anerkennung, nicht wahr!

„Der Main-Donau-Kanal – Eröffnung und Bedeutung für die Wasserschutzpolizei" (DNP 10/92). Als die Eröffnung des Main-Donau-Kanals am 25. September 1992 heranstand, nahm ich Verbindung mit der Wasserschutzpolizeidirektion Bayern in Nürnberg auf und gewann POR Dieter Pinzer für einen Beitrag über dieses Ereignis. Umfassend machte sich der Beamte ans Werk, ging auf die Historie des Bauwerks ein und führte aus,

Der Kanal verbindet die Stromgebiete des Rheins und der Donau. Durch die Transportkapazität der gesamten Rhein-Main-Donau-Wasserstraße können die überbeanspruchten Landverkehrswege nach Südosteuropa und teilweise auch die Alpentransversalen entlastet werden. Grafik: RMD AG

dass mit dem Kanalprojekt bereits zum dritten Mal begonnen wurde. Schon Karl der Große versuchte im Jahr 793 eine Verbindung von Main und Donau herzustellen. Die Überreste der „Fossa Carolina" bei Treuchtlingen erinnerten noch heute an dieses Vorhaben. Im Jahr 1837 ließ König Ludwig I von Bayern an sieben Stellen mit dem Bau des nach ihm benannten Ludwig-Donau-Main-Kanals beginnen.

Zur Überwindung des Höhenunterschieds wurden 100 Schleusen gebaut. Bereits 1846 konnte der Kanal feierlich eingeweiht werden. 100 Jahre lang funktionierte er, und noch 1944 fuhren auf ihm deutsche Kriegsschiffe in ihr Einsatzgebiet im Schwarzen Meer. Nach stufenweisem Ausbau des Mains von Aschaffenburg bis Bamberg in den Jahren 1926 bis 1963 folgte von 1960 bis 1972 die Nordstrecke des Main-Donau-Kanals bis Nürnberg. Die Arbeiten am Südabschnitt, also von Nürnberg bis Kehlheim, begannen 1971 und wurden 1992 vollendet. Auch die Donau wurde auf 111 km staugeregelt. Von der Mainmündung in den Rhein bis zur Bundesgrenze bei Jochenstein sind nun 50 Schleusen in Betrieb.

Die bayerische **Wasserschutzpolizei**, so führt POR Dieter Pinzer weiter aus, nahm ihren Dienst 1925 am Rhein auf. Die Rheinpfalz war damals bayerisch, und so hatte die „Bayerische Rheinpolizei" ihren Sitz in Ludwigshafen/Rhein. Auch auf dem bayerischen Teil des Bodensees wurde 1926 eine bayer. Wasserschutzpolizei errichtet. An der Donau wurde 1937 in Regensburg die erste WSP-Station errichtet. Die Führung lag beim Wasserschutzpolizeikommando Donau mit Sitz in Wien. 1941 wurde die WSP-Wache der WSP-Station Regensburg nachgeordnet. Auf der bayerischen Mainstrecke begann nach 1945 der WSP-Dienst mit den WSP-Wachen Aschaffenburg, Lohr und Würzburg. Die nach amerikanischen Organisationsmodellen eingerichtete „Schiffsinspektion und Wasserschutz" mit Sitz in Niederwalluf/Hessen hatte die Führung über die WSP-Dienststellen auf dem Main.

Streckenboot „WSP 14" der WSP-Station Deggendorf auf Patrouillenfahrt auf der Donau. Foto: Neumeier

Nach der Übertragung der staatlichen Hoheitsaufgaben von der Militärregierung auf die Länder wurden die WSP-Dienststellen in die Bayer. Landespolizei integriert. 1977 wurde als Führungsdienststelle die WSP-Inspektion Bayern in Nürnberg eingerichtet. Die bis dahin bestehenden WSP. Inspektionen Donau, Main, Main-Donau-Kanal und Bodensee wurden aufgelöst. Aufgrund der ständig steigenden Aufgaben wurde die WSP-Inspektion am 1. November 1990 in WSP-Direktion Bayern umbenannt. WSP-Stationen bestanden zu dieser Zeit in Aschaffenburg, Lohr am Main, Würzburg, Schweinfurt, Bamberg, Nürnberg, Beilgries, Regensburg, Deggendorf, Passau und Lindau sowie 14 Polizeiinspektionen mit WSP-Aufgaben an den bayerischen Seen. Der Dienstbereich der bayerischen WSP umfasst seit Fertigstellung des Main-Donau-Kanals insgesamt 876 km Bundes- und Landeswasserstraßen und mehrere staatliche und kommunale Häfen. Bei den routinemäßigen Bootsstreifen überwachen die Beamten die Einhaltung der Schifffahrtsvorschriften, aber auch die Fischerei-, Landschafts- und Naturvorschriften. Praktizierter Umweltschutz ist auch ihre Kontrolltätigkeit beim in den letzten Jahren kontinuierlich angestiegenen Transport und Umschlag von gefährlichen Gütern.

Um bei einem Einsatz mit Gefahrgütern wirksame Maßnahmen und Anordnungen treffen zu können, sind nicht nur die Kenntnis der speziellen Vorschriften, sondern auch das Wissen um die Gefährlichkeit und Reaktionseigenschaften der verschiedensten Güter notwendig. Fortschreitende Umweltzerstörung und gewachsenes Umweltbewusstsein der Bevölkerung bringt vielgestaltige Aufgaben in der Verfolgung von Delikten der Umweltkriminalität mit sich. Bei den Beamten der WSP liegt dabei auch die gerichtsverwertbare Beweisführung hinsichtlich Gewässerverunreinigungen. Bei der Rettung von Menschen sowie der Bergung von Booten ist die WSP neben den zuständigen Rettungsdiensten stets beteiligt.

Umweltschutz
Von Beginn meiner Redaktionstätigkeit an hatte ich den Umweltschutz im Auge. In der Ausgabe 11/92 wies ich mit meinem Leitartikel „Das Klima kippt" auf den Schwerpunkt dieses Themas in dieser und den folgenden Ausgaben der DNP hin. „Der in der Vergangenheit recht unbekümmerte Umgang mit unserer Umwelt rächt sich", schrieb ich. „Altlasten werden mehr und mehr zum Problem, und die Schadstoffbelastung von Luft, Boden und Wasser bedingt allein in Deutschland jedes Jahr volkswirtschaftliche Verluste in mehrstelliger Milliardenhöhe – so eine Studie von Natur-, Sozial- und Wirtschaftswissenschaftlern, wegen der Bundesumweltminister Töpfer bereits im September 1991 Alarm schlug … So bewegt denn heute kaum ein anderes Thema die öffentliche Meinung so intensiv wie die Umweltdiskussion. Verkehrsinfarkt, Müllnotstand und Klimakatastrophe stehen als Schreckgespenst im Raum – eine Krise ungeahnten Ausmaßes. Gleichwohl gehen wir noch immer reichlich sorglos um mit unserer Umwelt."

Folgende Fachbeiträge druckte ich neben eigenen Beiträgen als Redakteur zu diesem Thema ab:
• **Gefahrenabwehr bei Ablagerung von Produktionsrückständen** von ORR Dr Dr. Siegfried Schwab, Ketsch (DNP 11/92). Der Verfasser, Dezernent beim LRA Karlsruhe,

erläuterte hinsichtlich der bei sogenannten Altlasten zu prüfenden Rechtslage folgenden Sachverhalt: „Nach Durchführung einer historischen Erkundung auf einem Betriebsgrundstück in P. konnten 25 000 Kubikmeter Schlackenablagerungen (Chrom III und Chrom IV) dem Produktionsprozess von Ferrolegierungen zugeordnet werden. Die auf dem Grundstück ehemals ansässige Firma war auch Eigentümerin des Grundstücks. Die Schlacke sollte von einer dazumal ebenfalls auf dem Grundstück ansässigen Firma als Zuschlagstoff bei der Herstellung von Fahrbahndecken eingesetzt werden. Beide Firmen haben seit Jahren ihren Betrieb eingestellt; beide sind im Wege der Gesamtrechtsfolge in anderen Firmen aufgegangen. Das Grundstück ist zwischen-zeitlich an eine dritte Person verkauft worden. In der Vergangenheit ist keine Polizeiverfügung ergangen." Detailliert ging er in seinen Ausführungen auf 1. Gefahr und Gefahrenerforschung, 2. Zustandsverantwortung, 3. Handlungsstörerhaftung und 4. Störerauswahl ein.

- **Umweltschutz – Zu den Aufgaben der Umweltschutzbeauftragten bei Luft- und Gewässerschutz, Abfallentsorgung und Strahlenschutz**, redaktioneller Beitrag (DNP 11/92). Ich legte anhand einschlägiger Veröffentlichungen einleitend dar: In den letzten zwei Jahrzehnten erst ist das Thema Umweltschutz in das Bewusstsein einer breiten Öffentlichkeit und in das Zentrum von Politik und Recht gedrungen. Was man mit eigenen Augen sieht, bleibt haften: dahinsiechende Wälder, keine Lebensspur in Wasserläufen, Betonisierung der Landschaft durch Trassen und Schnellstraßen, kilometerlange Staus, die Benzin- und Öldämpfe verursachen, zerborstene Großtanker und Ölteppiche, Ausdehnung des Ozonlochs und anderes mehr. Nähere Ausführungen folgten zu Gewässerschutz, Abfallentsorgung, Immissionsschutz, Strahlenschutz und Verhinderung illegaler Mülltransporte.
- **Verschmutzung der Umwelt durch Unternehmen**. In diesem Beitrag gibt RR z. A. Ass. jur. Wolfgang Große (DNP 4/94), einen Überblick über die strafrechtliche Verantwortlichkeit der betrieblichen Umweltschutzbeauftragten.

Er schreibt: Viele Unternehmen müssen aufgrund gesetzlicher Vorschriften oder nach behördlichen Anordnungen einen sogenannten betrieblichen Umweltschutzbeauftragten beschäftigen. Beauftragte für Umweltschutz werden durch die Unternehmensleitung in ihre Funktion eingesetzt. Sie sind damit Beauftragte des Unternehmens und nicht etwa der „verlängerte Arm" der Behörde. Umweltschutzbeauftragte gibt es für ganz unterschiedliche Aufgaben, beispielsweise den Betriebsbeauftragten für Abfall, Immissionsschutz oder Gewässerschutz.

• **Gesundheitsgefährdung durch Ozonbelastung** – Programm der Bundesregierung gegen den Sommersmog – Verkehrsbeschränkungen nicht länger auszuschließen (redaktioneller Beitrag, DNP 10/93). Einleitend legte ich dar: Wurden bis vor wenigen Jahren die festgelegten, regional oft unterschiedlichen Grenz- bzw. Schwellenwerte von so und so viel Mikrogramm Ozon pro Kubikmeter Luft nur im Hochsommer überschritten, so gab es in dem sich so schön und sonnig anlassenden Frühjahr 1993 z. B. in München, wo der Richtwert auf 120 Mikrogramm festgelegt ist, beinahe an jedem Sonnentag „Ozon-Alarm". „Sommer-Smog-Demos" wurden durchgeführt, veranstaltet zumeist von den Grünen und von Umweltinitiativen. Wieder und wieder wurde auf die gesundheitliche Beeinträchtigung durch erhöhte Ozonbeeinträchtigungen hingewiesen. Verkehrsbeschränkungen wurden gefordert. Der für die Sommermonate befürchtete „Daueralarm" fiel aber dann gottlob ins Wasser, der Sommer 1993 war nass und verregnet wie kaum ein Sommer davor.

Unter dem Stichwort „Sommersmog" veröffentlichte ich folgende Erläuterung: Bodennahes Ozon, der sogenannte „Sommersmog", ist in den Verkehrsabgasen selber nicht enthalten. Beim „Sommersmog" handelt es sich um eine Luftverschmutzung, die in der Atmosphäre aus einer Vielzahl von Vorläufersubstanzen unter dem Einfluss des Sonnenlichts entsteht. Ausgangsstoffe sind Stickstoffdioxide (NO_x) sowie flüchtige organische Verbindungen

Mit Demonstrationen zweimal die Woche protestierte die Umweltorganisation „David gegen Goliath" den Sommer über in München gegen die Verharmlosung der Ozonwerte durch Politiker und scheinbar mächtige Interessengruppen. Foto: H. Prinz

(VOC) bzw. Kohlenwasserstoffe, die unter anderem im Straßenverkehr anfallen. Reaktionsprodukte sind Ozon, Stickstoffdioxid, organische Nitrate wie Peroxyacetynitrat (PAN), Aldehyde und Säuren. Von der Konzentration und den Wirkungen her dominiert Ozon, es dient daher als Leitsubstanz für den „Sommersmog".

Unter dem Titel **Ozon-Alarm** brachte ich in DNP 10/94 einen Rückblick auf einen Bilderbuchsommer mit viel umweltpolitischem Sprengstoff. Ich schrieb: Der Sommer 1994 war herrlich. Anders als im Jahr davor, in dem es den Sommer nach einem sich schön und sonnig anlassenden Frühjahr weitgehend verregnete und damit auch die vielerorts laufenden und noch geplanten „Sommer-Smog-Demos" buchstäblich ins Wasser fielen, bescherte uns dieser Sommer Sonnentage und Hitze in schier nicht endender Folge. Wer da noch in den Süden fuhr, war selber schuld. Gleichwohl wurde uns dieser Bilderbuchsommer vermiest. Durch Ängste, die da kräftig geschürt wurden. Ozon! Sind die Gefahren, die davon ausgehen, größer denn je?

Die mit diesen Gasen angereicherte Luft atmen wir alle gleichermaßen. Doch wenn es darum geht, sie rein zu halten und damit uns allen gesundheitliche Beeinträchtigen zu ersparen, ziehen nicht etwa alle an einem Strang. Längst ist Umwelt, ist unser aller Gesundheit zum Politikum und damit zum Streitobjekt geworden. Die einen sehen das Heil in Verkehrsbeschränkungen, sowie die Ozonwerte eine gewisse Grenzmarke überschreiten. Die anderen halten davon überhaupt nichts und setzen auf Ursachenbekämpfung, die weit bessere Wirkungen zeitige.

Die anlässlich des Modellversuchs in Baden-Württemberg (sogen. Heilbronner Experiment) vom 23. bis 26. Juni 1994 verhängten Fahrverbote für Autos ohne Kat führten zu einer 40-prozentigen Reduzierung des Fahrzeugverkehrs. Demzufolge nahm auch die Konzentration der Stickoxide um 40 % ab, die der Kohlenwasserstoffe um 36 %. Und diese Stoffe sind es, die bei starker Sonneneinstrahlung zur Bildung von Ozon führen.

Nach wochenlanger Sonneneinstrahlung und anhaltend hochsommerlichen Temperaturen löste das Umweltministerium in Hessen am 26. Juli 1994 erstmals Ozonalarm aus. Schon im Vorjahr hatte Hessen als erstes Bundesland bei hohen Ozonkonzentrationen im Sommer ein Tempolimit von 90 km/h auf Autobahnen und 80 km/h auf Landstraßen beschlossen. Wirksam werden sollte es, wenn an drei der 33 hessischen Messstationen die Ozonbelastung auf mehr als 240 Mikrogramm pro Kubikmeter Luft steigt. Elf Messstationen hatten an diesem Tag (laut Pressemeldung) Giftmengen weit über 240 Mikrogramm angezeigt …

Ozonalarm löste in diesen Tagen auch Sachsen-Anhalt aus. Dort wurde auf der A 2 ein Tempolimit von 80 km/h verfügt (eine angedachte gemeinsame Verordnung mit Nachbarländern kam indes nicht zustand, einige Länder wie Bremen und Niedersachsen sollen bereits gemeinsame Entwürfe für eine Ozon-VO erarbeitet haben. Und Hamburg verordnete ganzjährig ein Tempolimit von 120 km/h auf allen Autobahnen, und im Stadtbereich gilt auf fast der Hälfte aller Straßen Tempo 30.

Der erstmals in Hessen ausgelöste Ozonalarm samt Tempolimit löste eine hitzige politische Diskussion aus. Bezeichnend für die politische Richtung, in die all die Anordnungen und Ankündigungen in diesen heißen Sommerwochen zielten, ist die Tatsache, dass davon allein die sagenumwobenen A-Länder Gebrauch machten, die rot- oder rot-grün regierten Länder. Bundesumweltminister Töpfer (CDU) soll geäußert haben, Hessens grüner Umweltminister Joschka Fischer betreibe mit seinem Vorstoß „Symbolpolitik". Die angeordneten Maßnahmen erweckten nur den Eindruck, als würde wirklich etwas gegen die Ozonbildung getan. Noch härter urteilte (laut Pressemeldungen) die hessische CDU-Opposition: Fischers Alarm sei ein „missglückter PR-Gag zur Füllung des Sommerlochs. Bayerns Innenminister bezeichnete die Maßnahmen dieser SPD-regierten Länder als unausgegoren und wies darauf hin, dass es für eine Sommersmog-Verordnung keine Rechtsgrundlage gebe und deshalb straßenverkehrsrechtliche Maßnahmen nicht angeordnet werden können.

Dennoch schien der Autofahrer die situationsbezogen angeordneten Tempolimits weitgehend akzeptiert zu haben. Dieses Mal wenigstens. Nicht alle SPD-regierten Länder folgten indes Hessens Vorstoß. Nordrhein-Westfalens Umweltminister lehnte es ab, in dem bevölkerungsreichsten Land der Bundesrepublik ein Tempolimit zu verhängen. Er wies darauf hin, dass selbst die totale Stilllegung des gesamten Kraftfahrzeugverkehrs und der wichtigsten Industriebetriebe in einem industriellen Ballungsraum wie dem Rhein-Ruhr-Gebiet nur eine Ozonminderung von maximal einem Drittel bringen könne. Solch drastische Maßnahmen würden das gesellschaftliche Leben stärkstens beeinträchtigen und teilweise lahm legen, und in anderen Ländern würde während dessen ungehemmt produziert.

Härteres Vorgehen gegen Umweltsünder, unter diesem Titel veröffentlichte ich in DNP 11/94 einen weiteren Beitrag von RR z. A. Ass. jur. Wolfgang Große, Fachhochschule Polizei in Aschersleben. Er gab darin einen Überblick über die gesetzlichen Neuregelungen des 2. Gesetzes zur Bekämpfung der Umweltkriminalität, durch die umweltschädliche und umweltgefährdende Handlungen wirksamer bekämpft werden könnten und die entsprechenden Vorschriften des Straf- und Ordnungswidrigkeitenrechts zum Teil geändert und um neue Tatbestände ergänzt wurden.

Mafia in Germania

Im Dezember 1989 gelang Bayerns Polizei ein erster Schlag gegen sizilianische Mafiosi, die sich in Kempten niedergelassen hatten. Salvatore Salamone vom Santangelo-Clan in Adrano auf Sizilien, als Gemüsehändler getarnt, spann von hier aus die Fäden für die Ehrenwerte Gesellschaft. Er wanderte hinter Gitter. Wie auch etliche seiner Komplizen. Sein Nachfolger als Allgäuer Pate, Vito di Stefano, gedeckt als Wirt des „Da Francesca" in Memmingen, hatte auch nicht mehr Glück. Für ihn und seine Komplizen war im Frühjahr 1993 Termin zur Hauptverhandlung.

Reinhard Dörrzapf, Autor der Münchner Abendzeitung (AZ), nahm den vor dem Kemptener Landgericht vorgesehenen Prozess sowie die Festnahmen in Italien zum Anlass, in einer umfangreichen Reportage über die italienische Mafia, ihre Verbindungen und grausamen Methoden zu berichten. Er schildert, wie nach blutigen Fehden verfeindeter Familien sizilianische Killer bei uns untertauchen und kommt letztlich zu der Feststellung, dass das System in Italien zerbricht, im Osten Deutschlands aber ein neues entsteht.

Unter dem Titel „**Mafia – Der Tod kommt nach Bayern**" veröffentlichte er die erste von 13 Folgen seiner Reportage ab dem 30./31. Januar 1993 in der AZ. Schon die erste Folge alarmierte mich – waren derlei Reportagen in dienstlichen Nachrichten kaum je zu finden. Ich sicherte mir die Nachdruckrechte der Serie für die DNP, fasste die eine und andere Folge zusammen, ordnete den Text entsprechend und brachte den AZ-Report in sechs Fortsetzungen in der DNP 7 – 12/93. Die erste Folge versah ich, wie auch der Autor seine erste Folge, mit dem schlagkräftigen Untertitel:

Auf nach Germania – mit Pizza, Pasta und Pistolen

„Keine Hinterhofkaschemme mit trüben Fenstern und finsteren Typen drinnen und roten Ferraris draußen, sondern ein ordentliches Mittelklasse-Ristorante in der Halteverbotszone. Weit und breit kein Testarossa, kein gepanzerter Daimler. Drinnen blitzende Gläser, saubere Tischtücher, blütenweiße Servietten", so beschreibt der Autor die Atmosphäre im Ristorante „Da Francesca" in Memmingen, dessen Wirt Vito di Stefano, 37, derzeit im Gefängnis von Kempten auf bayerische Knastkost umgestellt wird. Das schöne Bayern hatte Vito di Stefano nach Kenntnis der Polizei schon vorher kennengelernt, als hier sein Bruder einmal Schwierigkeiten mit der Polizei hatte. Vito di Stefano kam dann vom belgischen Namur angereist, um einen gesprächsbereiten Zeugen der Anklage von der Tugend des Schweigens zu überzeugen."

Pressestimmen verdeutlichen die Ausbreitung mafioser Strukturen mitunter deutlicher, als es die infolge Aussageverweigerung der Tatverdächtigen und „Erinnerungslücken" verängstigter Opfer oftmals auf objektive Tatbestände zu reduzierenden Ermittlungsergebnisse und Lagebilder vermögen. Grafik: H. Prinz

"Die Mafia sieht die Zukunft der Organisierten Kriminalität in Deutschland", hob er hervor und fuhr fort: „Von di Stefanos Lokal aus, so puzzelte es sich das Landeskriminalamt zusammen, ziehen Spuren zum Rauschgift-Großhandel nach Genua und Amsterdam, zum Verkauf nach Norddeutschland, zu Falschgelddruckereien in Mailand und zum Vertrieb falscher Dollarnoten nach Berlin und Osteuropa, zum Waffenhandel in den Osten, zum Waffenverkauf ins ehemalige Jugoslawien. Spuren führen zu Bankschaltern in Zürich und zu Morden in Sizilien."

Jahrzehntelang, so erläutert der AZ-Autor, waren die USA der einzige Außenposten der Mafia. In den sechziger Jahren kam Norditalien dazu. Jetzt richten sich die Augen der sizilianischen Cosa Nostra, der kalabresischen 'Ndrangheta, der neapolitanischen Camorra und ihrer Lieferanten in Südamerika, Asien und Osteuropa wie gebannt nach Deutschland:

In Deutschland findet sich für das weltweite Exportgeschäft mit gestohlenen Luxuslimousinen das dichteste Mercedes-, BMW-, Audi- und Porschevorkommen der Welt. Die Knacker stehen vor gedeckten Tischen bzw. Straßen, die Verschieber vor schnell und leicht zu überwindenden Grenzen (inzwischen sind auch diese abgebaut, der Verfasser).

In Deutschland findet die Mafia wie in keinem anderen europäischen Land außerhalb Italiens eine große, wohlhabende italienische Kolonie als Umfeld, das sie für ihre Zwecke gnadenlos erpressen kann.

In Deutschland findet die Mafia die ideale Drehscheibe für Geschäfte mit den Verbrecherorganisationen Osteuropas, der Türkei, mit den Jugo-Banden, den chinesischen Triaden, den jetzt ebenfalls nach internationaler Öffnung strebenden japanischen Yakuza.

In Deutschland und seinen östlichen Anrainern finden sich die meisten Möglichkeiten zur Reinigung schmutzigen Geldes. Bei ihren Bemühungen, die gigantischen Gewinne aus den Drogengeschäften der letzten Jahrzehnte in legale Erwerbsquellen zu verwandeln, haben die Mafia-Familien Italiens und ihre Partner in

Südamerika nach den Ermittlungen des italienischen Geheim-
dienstes über Investmentfirmen 72 Milliarden Mark in den neuen
Bundesländern angelegt.

In Deutschland gibt der Niedergang der Moral unter den
Berufspolitikern der Mafia das Gefühl, bald genügend politische
Beschützer auf kommunaler, Landes- und Bundesebene kaufen
zu können.

Neue Innovation des PP München

Wieder einmal erwies sich die Münchner Kripo als überaus
innovativ. Als ich erfuhr, dass die bisherige EDV-unterstützte
manuelle Führung der Lichtbilderkartei der Münchner Kripo
der Vergangenheit angehört, trat ich an den mir aus meiner Zeit
beim PP München gut bekannten Kollegen heran, der mit dieser
jüngsten Innovation befasst war und bat um einen Fachbeitrag
für die DNP. Unter dem Titel „**Digitale Bildverarbeitung im
Bereich der Täterfahndung**" und dem Untertitel „**Münchner
Kripo entwickelt modernste recherchefähige Lichtbilddatei der Deutschen Polizei**" legte mir EKHK Walter Neumann alsbald einen ausführlichen Beitrag hierüber vor, den ich
in Heft 3/94 der DNP veröffentlichte.

Auf technisch hohem Stand war die Münchner Kripo auch
schon früher, begann er seinen Beitrag und wies darauf hin, dass
sie bereits 1962 die Daten von erkennungsdienstlich behandelten
Straftätern auf Lochkarten übertrug und sie maschinell auswertete.
1968 sei das Magnetband zum Einsatz gekommen und die einzelnen Merkmale konnten mittels Fernschreiber abgefragt werden.
1980 sei ein EDV-System installiert worden, das unter der Bezeichnung „BT-Verfahren" (Bekannte-Täter-Verfahren) auch über
die Grenzen Bayerns hinaus ein Begriff wurde. Mit dem neuen
Bildverarbeitungssystem wird der Straftäter nicht mehr „foto-
grafiert", sondern per Videokamera gefilmt und die Aufnahmen
mit dem Personenbeschreibungssatz des „Informationssystem der
Bayerischen Polizei" (IBP) verglichen, mit KAN-Nummer und
Lichtbild-Nummer erfasst und als neuer Libi-Datensatz im BVS
abgespeichert. Die Fahndung nach dem zunächst unbekannten

Täter wird über die Lichtbildsuchung und den Lichtbildvergleich vorgenommen. Die Erkennungszeugen nehmen bequem vor dem Bildmonitor Platz, während der kriminalpolizeiliche Sachbearbeiter an seinem Recherchemonitor anhand der gefundenen Datensätze die farbigen Erkennungsbilder derjenigen Straftäter aufruft, die der abgegebenen Beschreibung entsprechen. Ist von einer tatverdächtigen Person ein Lichtbild vorhanden – etwa in gefälschten Ausweispapieren oder durch Raumüberwachungsanlagen – kann ein Lichtbildvergleich vorgenommen werden, indem das vorhandene Bild temporär im BVS abgespeichert und auf der linken Hälfte des Bildschirms dargestellt wird, während auf der rechten Bildschirmhälfte nacheinander die recherchierten Bilder aufgezeigt werden. Dabei muss jedes einzelne Bild mit dem „Tatverdächtigen-Bild" verglichen und nach übereinstimmenden Merkmalen abgesucht werden. Eine zeitlich aufwendige, aber doch oft erfolgreiche Recherche.

Mein Ehrgeiz immer wieder neue Autoren zu gewinnen, eigene Fachartikel zu erarbeiten und aktuelle Nachrichten für eine Veröffentlichung aufzubereiten, ließ meine ursprünglich als Halbtagstätigkeit bezeichnete Redaktionsarbeit bald zur Ganztagstätigkeit werden. Auch musste ich nach Erscheinen jeder Ausgabe die Honorare der Autoren und für etwaige Agenturfotos und Grafiken errechnen und per Liste an den Verlag der Zeitschrift senden. Längst brachte ich auf den mir pro Monatsheft zur Verfügung stehenden 40 Textseiten nicht mehr alles unter, denn auch der Herausgeber überhäufte mich mit Beiträgen, die ich darüber hinaus bringen sollte und womit er meine Planung regelmäßig durcheinander brachte. In schlaflosen Nächten überlegte ich, welche Beiträge ich denn überhaupt unterbringen konnte, stellte mehr und mehr eigene Beiträge zurück, vertröstete Autoren, die die zugesagte Veröffentlichung ihrer Arbeiten anmahnten, und ignorierte schließlich die barsche Aufforderung des Herausgebers: „Warum bringen Sie meine Texte nicht?", schien er mir als lange vor mir pensionierter LKA-Beamter ja auch längst zu weit vom aktuellen polizeilichen Geschehen weg und hatte vor allem keinen Einblick in das Demonstrationsgeschehen und die zunehmende Straßengewalt.

So sah ich mich schließlich nach einem Nachfolger um, schlug dem Hausgeber zwei der daran interessierten und meines Erachtens geeignete Beamten vor und kündigte die Redaktionstätigkeit aus gesundheitlichen Gründen auf. In einem Leitartikel in Heft 1/95 stellte sie der Herausgeber unter dem Titel „Weichenstellung" vor und schrieb dazu: *„Ein Jahresanfang ist immer Wegmarke guter Vorsätze, neuer Planungen und Weichenstellung für die Zukunft. So haben wir es auch gehalten. Dieses Heft, das 585ste in Folge seit dem Erscheinen im Nachkriegsjahr 1947, hat eine neue Redaktion gemacht. Unser bisheriger Redakteur Heinrich Prinz hatte in den letzten Jahren gewiss gute Arbeit geleistet, doch zuletzt hatte er sich aus persönlichen, wohl gesundheitlichen Gründen in seinen „zweiten Ruhestand" zurückgezogen. Wir wünschen ihm dazu das Beste …*

Für diese Aufgabe haben wir zwei neue Redakteure gewonnen, die sich bei ihrer Arbeit bestens ergänzen dürften. Leitender Kriminaldirektor Ingmar Weitemeier, Leiter Fachbereich Polizei der Fachhochschule für öffentliche Verwaltung und Rechtspflege des Landes Sachsen-Anhalt in Aschersleben und Ass. jur. Wolfgang Große, Göttingen. Erfahrener Polizeipraktiker der eine, und junger, aufstrebender Jurist und ehemaliger Kriminalkommissar der andere. Ihre Aufgabe wird es sein, DIE NEUE POLIZEI nicht nur im Sinne des Gründers und Herausgebers zu gestalten, sondern mit immer neuen Impulsen und Ideen zu bereichern …"

Nun, neue Impulse und Ideen hatte auch ich immer wieder einzubringen versucht, schon in gewissen Aufgabenbereichen bei der Münchner Kripo, vor allem aber im BLKA. Immer wieder bremste man mich aus, und zu meinen zunehmenden Rückenbeschwerden und Nackenverspannungen kam oftmals auch Frust bzw. ein deutliches Burn-out-Syndrom, wie man diesen Zustand psychischer und körperlicher Erschöpfung heute nennt der entsteht, wenn man sich übermäßig engagiert, sich ständig selbst unter hohen Eigendruck setzt und nicht die gebührende Anerkennung erhält. Längst machten mir auch meine Rückenbeschwerden wieder verstärkt zu schaffen.

Quellen zur 25. Folge:

„Der neue Verkehrsflughafen München", von PR Werner Mutzel, Erding, DNP 5/92

„Der Weltwirtschaftsgipfel in München – Großkampftage für die Polizei", redaktioneller Beitrag, DNP 8/92

„Der Main-Donau-Kanal", von POR Dieter Pinzer, WSPD Bayern, DNP 10/92

„Gefahrenabwehr bei Ablagerung von Produktionsrückständen", von ORR Dr. Dr. Siegfried Schwab, Ketsch, DNP 11/92

„Gesundheitsbelastung durch Ozonbelastung", redaktioneller Beitrag, DNP 10/93

„Verschmutzung der Umwelt durch Unternehmen", von RR z. A. Ass. jur. Wolfgang Große, FHS Polizei Aschersleben, DNP 4/94

„Härteres Vorgehen gegen Umweltstraftäter", RR z. A. Ass. jur. Wolfgang Große. FHS Polizei Aschersleben, DNP 11/94

„Mafia – Der Tod kommt nach Bayern", AZ Report von Reinhold Dörrzapf, Autor der Münchner Abendzeitung (Abdruck mit geringen Veränderungen mit freundlicher Genehmigung der AZ), DNP 7/93–12/93

„Digitale Bildverarbeitung im Bereich der Täterfahndung", von EKHK Walter Neumann, PP München, DNP 3/94.

26. Folge
Haarscharf am Herzinfarkt vorbei

Erlöst atmete ich auf. Wie schon einmal, als mich der Polizeiarzt vorzeitig in Pension gehen ließ. Nie wieder wollte ich mich derart unter Zugzwang setzen lassen, wie mit meiner Redaktionstätigkeit, so interessant ich sie auch fand. Wie in meiner aktiven Berufstätigkeit war ich schon gleich wieder viel zu tief eingestiegen. Über Monate hinweg ließ ich mich von einer empfehlenswerten Heilpraktikerin mit homöopathischen Mittelchen und in meinem Nacken und Rücken angesetzten Blutegeln aufpäppeln, suchte mich mit Spaziergängen und Waldläufen um den Lochhamer Schlag, das nahe Waldstück hinter unserer Wohnsiedlung, mit Radtouren in die Umgebung sowie mit Yogaübungen zu Hause auf dem Teppich fit zu machen und gönnte mir einen zweiwöchigen Kur-Urlaub im Thermalbad Bad Birnbach, wo ich Spaziergänge und Waldläufe in den Rottauen absolvierte. Erholt kehrte ich von dort zurück.

Erstmals seit der Übernahme der DNP-Redaktion vor drei Jahren flog ich mit meiner Frau wieder mal für drei Wochen nach Mallorca, wo wir im „Appartementos Club Royal Mediterraneo" in Sa Coma an der Ostküste ein Appartement gebucht hatten, wie zur gleichen Zeit auch mein Bruder aus dem Ruhrpott mit Frau und großer Tochter. Wir hatten uns indes den falschen Monat ausgesucht: Juni. Ich fror, wenn wir am Strand in der Sonne lagen und eine leichte Brise über den Sand strich. Worüber meine Mit-urlauber nur den Kopf schütteln konnten, denn wenn auch das Meer mit gerade mal über 20 Grad noch nicht so warm war wie zur Hauptsaison, so brannte die Sonne doch ganz schön kräftig vom wolkenlosen Himmel. Klar, dass ich es auch abends, wenn wir uns auf einer der Loggien unserer im selben Appartement-haus gebuchten Appartements zum Plausch bei Cerveza, dem milden spanischen Bier San Miguel oder trockenem spanischen Rotwein zusammen fanden, ohne Strickjacke nicht aushielt, auch wenn die Sonne noch gar nicht untergegangen war. Stimmte da etwas mit meiner „Pumpe" nicht …? In einem der aus mehreren zweistöckigen Appartementhäusern in gepflegter weiträumiger Anlage hatten wir uns eingemietet. Über die mit Palmen bestandene Strandpromenade hinweg blickten wir auf die Playa Sa Coma hinaus, wo hin und wieder stattliche Motor- und Segeljachten ankerten, an einem Klippenvorsprung zwischen Sa Coma und S'Illot, wo uns bei unseren gelegentlichen Shoppingtouren die Einkaufsstraße von Sa Coma entlang und über die Promenade von S'Illot der unter ausladendem Runddach mit Sitzgruppen auch im Freien gelegene „Sa Coma Biergarten" magisch anzog, gab es dort doch auch unser heimatliches „Erdinger Weißbier". Den ganzen Tag über legten hier Fahrgast- und Ausflugsschiffe an und manövrierten umständlich mit dem Heck an die Klippen heran, wo die Fahrgäste über den im Wellengang auf und nieder schwankenden Steg mit Unterstützung des Personals zustiegen. Bis über Cala Millor und Cala Bona hinauf und hinunter nach Porto Cristo verkehrten sie mit ihren „Glasbooten", durch deren gläsernen Kiel die Fahrgäste die Unterwasserwelt beobachten konnten. Und fern am Horizont zogen Containerschiffe und Tanker und hin und wieder Kreuzfahrtschiffe vorbei, abends festlich beleuchtet. Hier hatten wir ein Urlaubsdomziel gefunden – ausgekundschaftet schon vor Jahren von meiner Frau und unserer Schwägerin –, das wir immer wieder aufsuchen sollten. Die Appartements, bestehend aus Wohnbereich mit breiten Couchen links und rechts der breiten Fensterfront, Küchenzeile mit allem nötigen Koch- und Essgeschirr, Esstisch und SAT-TV, Schlafzimmer und Bad, waren geräumig und sauber. Die Loggien mit Tisch und Plastiksesseln boten reichlich Platz, und Einkaufsmöglichkeiten gab es in Supermärkten und sonstigen Geschäften gleich über die Straße, von wo ich mich als Wasserträger vom Dienst neben Bier, Wein und Lebensmitten mit den 5-Liter-Kochwasserbehältern abschleppte.

Die Punta de n'Amer, eine zwischen der Playa Sa Coma und der weiten Bucht von Cala Millor liegende, ins Meer hinausragende Halbinsel bzw. Landzunge – ein Naturschutzgebiet mit einem „Castell" genannten wuchtigen viereckigen Wehrturm, von dessen zinnenbewehrter Plattform mit historischer Kanone auf massiver hölzerner Lafette aus man sowohl in die Bucht von Sa Coma mit seinen Hotelbauten als auch auf Cala Millor mit den Hochhäusern den Strand entlang und den Bergen der „Serra de Llevant" im Hintergrund hinuntersah, war beliebtes Ausflugsziel von uns Brüdern, während unsere Weibsen sich entweder auf ihren Liegematten am Strand niederließen oder auf der Loggia eines unserer Appartements saßen und endlos plauderten, sofern sie nicht doch lieber shoppen gingen. Mit dem Marschieren hatten sie es nun einmal nicht. Meist stiegen wir ein Stück über die schroffen Klippen hinweg, bevor wir dann den Trampelpfad unter den Pinien den Hang hinauf Richtung Castell nahmen und dort auf der Terrasse des Restaurants „Castell Mirador" ein in bauchige Glaskrüge frisch vom Fass gezapftes „Estrella" tranken, ein sehr süffiges, dem Münchner „Augustiner" gleichendes Bier, bevor wir dann die Schotterstraße nach Cala Millor hinuntergingen und auf der Verbindungsstraße zwischen den Orten nach Sa Coma zurückmarschierten.

Es Castell – Beobachtungs- und Wehrturm auf der Anhöhe der Punta de n'Amer. Rechts im Hintergrund das Restaurant „Castell Mirador". Privatfoto

Wie ich einem Reiseführer[12] entnahm, hatte Mallorca nach der Vertreibung der Mauren im Jahr 1229 Jahrhunderte lang unter Seeräubern zu leiden, die dazumal von tunesischen Häfen aus das Mittelmeer unsicher machten, die Küstenorte plünderten und ihre Gefangenen als Sklaven verkauften. Eine Schautafel im Erdgeschoss des über eine Zugbrücke und den Wehrgraben hinweg zugänglichen Turmes zeigte die Umrisse Mallorcas mit den Standorten der „Torres", die rund um die Insel an exponierten Aussichtspunkten errichtet worden waren, von denen aus Wächter nach Segeln auf dem Meer spähten, die sich der Insel näherten und von Turm zu Turm signalisierten, dass Gefahr droht.

Wir erholten uns alle gut, auch wenn ich oftmals unter Gänsehaut zu leiden hatte. Im milden mediterranen Klima fühlte ich mich dennoch ausgesprochen wohl.

Mein Beruf ließ mich weiterhin nicht los. Nach wie vor bezog ich die PKS-Jahrbücher vom BKA als auch vom BLKA und führte weiter mein Archiv mit Berichten aus den Medien über alle möglichen Erscheinungsformen der Kriminalität, die mich zu so manchem Fachartikel animierten. So schon gleich einmal zu einem Beitrag für die Fachzeitschrift DIE BAYERISCHE POLIZEI (DBP), der in zwei Teilen in den Ausgaben November/Dezember 1995 und Januar/Februar 1996 unter dem Titel „Gewaltkriminalität und Verbrechensfurcht" erschien und in dem ich einleitend schrieb: „*Gewalt als gesellschaftliche Realität hat in der Bundesrepublik Deutschland in den letzten Jahren qualitativ und quantitativ einen besorgniserregenden Zuwachs erfahren, stellte Hans-Ludwig Zachert, Präsident des Bundeskriminalamts, bereits auf der Arbeitstagung ‚Aktuelle Phänomene der Gewalt' des BKA im November 1993 fest. Einhergehend mit dem seit 1989 (in den alten Bundesländern) zu verzeichnenden zahlenmäßigen Anstieg der Gewalttaten ist auch eine zunehmende Brutalisierung bei der Begehung von Gewalttaten zu*

---

12 Berlitz Reiseführer MAllORCA und Menorca, Berlitz Verlag 1976, 1000 Lausanne 6, Schweiz.

beobachten. Fremdenfeindliche Exzesse und rigorose Machtausübung der ‚organisierten Kriminalität' haben das Bedrohungspotential verschärft. Durch die von Gewaltphänomenen ausgehende erhebliche Beeinträchtigung des Sicherheitsgefühls der Bevölkerung wird der innere Friede in wachsendem Maße bedroht." Nach Ausführungen zu „Erscheinungsbild und Entwicklung der Gewaltkriminalität" ging ich näher auf die Zunahme der Verbrechensfurcht ein, die vor allem die Furcht vor krimineller Gewalt ist, und zitierte eine Aussage von Prof. Dr. Erwin Kube vom BKA, der dazu sagte: „*Das diffuse Gefühl der Bedrohung durch Kriminalität kann die Lebensqualität nachhaltiger beeinträchtigen als die Kriminalität selbst und zu größeren Einbußen führen, als dies durch das Opferrisiko gerechtfertigt erscheint.*" Weiter führte ich aus, dass Ursache für die steigende Kriminalität gesellschaftliche, durch verstärkte Wanderungsbewegungen aus Ost- und Südosteuropa sowie den Flüchtlings- und Asylantenstrom hervorgerufene Veränderungen anzusehen ist, durch die eine Steigerung der Kriminalität eingetreten sei. Mit dem Zustrom an Ausländern bzw. Fremden komme ein neuer, letztlich wohl ausschlaggebender Gesichtspunkt in die Betrachtung der Ursachen des anscheinend so unerklärlichen Anstiegs der Verbrechensfurcht: Fremdenfurcht! Mit einer Reihe von der Berichterstattung der Medien entnommenen Beispielen über schwere, vornehmlich durch Ausländer begangene Gewalttaten untermauerte ich diese These.

Im Jahresheft POLIZEI IN BAYERN 1996 veröffentlichte ich unter dem Titel „Krimineller Missbrauch neuer Kommunikationstechnologien" einen weiteren Beitrag, in dem ich einleitend schrieb: „*Kaum auf dem Markt, werden neue Techniken immer auch gleich für kriminelle Machenschaften genutzt. Das gilt für die aus dem Alltag längst nicht mehr wegzudenkenden Techniken des bargeldlosen Zahlungsverkehrs per Geld- und Kassenautomaten und den Bereich der Computertechnik schlechthin; längst wurden dafür eigene PKS-Schlüsselzahlen sowie spezielle Strafbestimmungen eingeführt. Das gilt im Zeitalter der Kommunikationstechnik natürlich auch und vor allem für den Bereich weltweiter Datennetze. Onlinedienste sind das beherrschende Element der Informationsgesellschaft. Mit T-Online in unglaubliche Dimensionen abheben, preist z. B. Telekom ihren Onlinedienst an, mit dem Btx, Btx plus, Internet und E-Mail zum ‚kleinen Preis' erreicht werden können. Denn im Internet gibt es keine Diktatur und keine Zensur, hier gibt es nichts, was es nicht gibt. Jeder kann tun, sagen und machen, was er will. Das Internet lebt von den Ideen, Meinungen und Gedanken seiner Teilnehmer, hier wird rund um die Welt diskutiert und informiert, können sich in unzähligen Foren die verrücktesten Leute treffen und ihre Gedanken, Texte und Bilder austauschen. Und das Angebot wird täglich umfangreicher und attraktiver. Per Mausklick durch die Netze surfen, das ist das neue Lebensgefühl – koste es, was es wolle. Wer heute keine E-Mail-Adresse hat, so heißt es, nicht online erreichbar ist, gehört einfach nicht mehr dazu, ist hoffnungslos out."*

Das Jahr darauf, 1996, buchten wir erneut. Im „Appartementos Club Royal Mediterraneo" natürlich wieder mit Blick aufs Meer – diesmal aber ohne meinen Bruder mit Frau und Tochter und auch etwas später, ab Ende Juni bis weit in den Juli hinein. Beinahe hätten wir die Buchung aber stornieren müssen, meine Rückenschmerzen machten mir wieder verstärkt zu schaffen, und ich fürchtete, mit unseren zwei Koffern à 20 kg auf der Strecke zu bleiben. So bandagierte ich meinen Brustkorb mit elastischen Binden und hoffte, damit meine strapazierte Rückenmuskulatur – oder was sonst die Ursache für meine bohrenden Schmerzen war – ausreichend stabilisieren zu können. Nun, ich brach mit unseren Koffern nicht zusammen, und zu zweit allein gaben wir uns so richtig dem Müßiggang hin, lagen vormittags faul am Strand, wobei ich gern auch eine Strecke schwamm, dabei gewohnheitsmäßig nach etwaigen Quallen Ausschau hielt, bereiteten uns mittags ein einfaches Mal und zogen uns danach zu ausgiebiger Siesta zurück. Den Nachmittag verbrachten wir bei Kaffee oder Tee mit leichtem Gebäck aus der Konditorei an der Einkaufsstraße auf unserer Loggia im zweiten Stock, träumten aufs Meer hinaus, sahen den Linien und Ausflugsbooten und den Motorbooten zu, die junge Leute an bunten Gleitschirmen, den sogenannten „Parachutas" hoch übers Meer zogen oder an der hintereinander mit Haltegriffen für gut ein halbes Dutzend Leute versehenen sogenannten „Banane", die mit ihren schwarz-gelb gestreiften Schwimmwesten aussahen wie die Biene Maja und über die zum Strand rollenden Wogen hüpften als ritten sie Galopp.

Nach erholsamen drei Wochen wieder zu Hause, vergingen gerade mal sechs Wochen, da hielt es mich eines frühen Morgens vor Rückenschmerzen zwischen den Schulterblättern nicht mehr im Bett. Im Wohnzimmer streckte ich mich auf dem Teppich aus in der Hoffnung, meiner Wirbelsäule auf harter Unterlage mit Streckübungen Linderung zu verschaffen. Es half nichts, wie ich mich auch wand und dehnte. Als würde jemand mit einem stumpfen Schraubendreher in meinen Wirbeln herumstochern, so fühlte es sich an – ein Schmerz, wie ich ihn in dieser Intensität noch nicht erlebt hatte. Meine Frau, die wach wurde, drängte mich, einen Arzt zu rufen. Ja, aber welchen? Es war Samstag, Wochenende, und weder mein Hausarzt noch mein Orthopäde erreichbar. So rief ich die Rotkreuz-Zentrale an, über die ein Bereitschaftsarzt erreichbar war. Der Sanitäter der Zentrale, den ich bat, mir möglichst einen Orthopäden zu schicken, der mir eine Spritze in die schmerzenden Rückenwirbel geben könnte, fragte:

„Was haben Sie denn für Symptome?"

„Eiskalte Hände, kalten Schweiß auf der Stirn, bohrende Schmerzen im Rückgrad zwischen den Schulterblättern."

„Da fehlt's woanders", erwiderte er. „Ich schicke Ihnen den Notarzt." Er kannte sich aus, und rettete mir mit dem Notarzt wohl das Leben.

Schon wenige Minuten später vernahmen wir das Tatü des Notarztes, der es vom nahen UNI-Klinikum Großhadern nicht weit her hatte, und an der Zufahrt zu unserem Block blinkten die Blaulichter. Der junge Notarzt und der ihn begleitende Rettungssanitäter der Münchner Berufsfeuerwehr, die in der Landeshauptstatt den an den großen Kliniken stationierten Not-arztdienst unterhielten, brachten gleich ein EKG-Gerät mit. Es zeigte indes keine Unregelmäßigkeiten an, was den Arzt indes nicht weiter verwunderte. Erst eine Herzkatheteruntersuchung würde zeigen, ob und welche der Herzkranzgefäße Verengungen aufwiesen.

„Wir nehmen Sie jedenfalls mal mit!", entschied er.

Per Rollstuhl verfrachteten sie mich über den Lift nach unten und zum Notarztwagen, in dem sie mich auf die Bare legten. Keinen Schritt durfte ich mehr gehen. Noch am selben Tag wurde eine Herzkatheteruntersuchung anberaumt. Neugierig verfolgte ich am Monitor, der das Röntgenbild des Brustkorbes dargestellte, wie der leitende Professor der Medizinischen Klinik, der sich persönlich meiner annahm, mit dem nach örtlicher Betäubung über die Schlagader in der Leiste eingeführten dünnen Draht meine das Herz umgebenden Adern absuchte, die sich mit dem eingespritzten Kontrastmittel deutlich abhoben. Und dann zeigte es sich: Nicht nur eine der Adern wies Engstellen auf, die den Blutfluss nur noch haardünn durchließen.

„Drei Bypässe sind nötig", verkündete der Professor schließlich. „Sind Sie einverstanden, dass wir das machen?"

Tja, da gab es wohl nichts zu überlegen. „Ja", erwiderte ich und ergab mich in mein Schicksal.

Zurück auf der Station riefen sie meine Frau an und eröffneten ihr, dass sie mich dabehalten und operieren wollten. Schon gleich für den nächsten Tag, Sonntag, der 1. September 1996, wurde ein Operationsteam aufgeboten. Apathisch ließ ich am nächsten Morgen die Vorbereitungen dazu über mich ergehen.

Als ich wieder erwachte, lag ich auf der Intensivstation, bekam über die Nase Sauerstoff zugeführt, hatte die Hände ans Bettgestell gebunden und einen Tubus im Halse stecken. Der Stationsschwester, die nach mir sah, konnte ich nur mit den Augen signalisieren, dass ich wieder anwesend war. Bewegungslos verbrachte ich die Nacht, überlegte im Halbschlaf, wo um alles in der Welt ich mich denn befand, nachdem ich ein ständiges, nahes Verkehrsrauschen vernahm. Verzweifeltes Rufen eines der Patienten, die mit mir in der Intensivstation lagen und der nach Hause wollte, ließ mich erkennen, dass ich nicht an der Autobahn München–Lindau abgelegt worden war, sondern im Klinikum der LMU lag.

Am Morgen darauf musste der Arzt all seine Kraft aufbieten, um den Tubus in meinem Schlund herauszuziehen. Der Einstich des Katheters in meiner Leiste war mit einem Druckverband versehen und mit einem Sandsack beschwert und die Operationswunden in meiner Brust – es musste der Brustkorb geöffnet und dazu das Brustbein in ganzer Länge durchsägt werden – und an beiden Beinen, aus denen Venen für die Bypässe entnommen worden waren – es waren insgesamt vier nötig, wie ich erfuhr – waren ordentlich verklammert und verpflastert, so fuhren sie mich in meinem Bett runter in die Station. Ich durfte mich nicht bewegen oder gar aufsetzen, auch wenn ich es gekonnt hätte. Mit geübten Griffen drehten sie mich auf die Seite, wenn sie auch meine Rückfront wuschen, fütterten mich und ermahnten mich streng, mich nur ja nicht aufzustützen, das Brustbein, das in Abständen mit Draht zusammengehalten wurde, musste erst einmal zusammenwachsen. Die Drähte verblieben – ich konnte sie im Monitor bewundern, wenn ich in den Jahren danach neuerlichen Herzkatheteruntersuchungen unterzogen wurde, nachdem sich in den Venenbypässen Engstellen bildeten, die per Ballondilatation oder per Stents beseitigt werden mussten. Knapp zwei Wochen musste ich stationär verbleiben, dann hatte man mich nach Entfernen der Wundklammern mit gymnastischen Übungen so weit hergestellt, dass ich die verordnete Reha antreten konnte, die ich für die nächsten vier Wochen in der privaten Herz-Kreislauf-Klinik „Lauterbacher Mühle" am Ostersee südlich des Starnberger Sees verbrachte, umgeben von herbstlich bunten Wäldern und die ersten zwei Wochen in Begleitung meiner Frau, die darüber wachte, dass ich auch ja meine Medikamente nahm und mich zu den ersten kleinen Spaziergängen runter zum Seeufer mit dem breiten Steg begleitete, unter dem man Schwärme junger Fische beobachten konnte, und Haubentaucher, die nach Beute tauchten. In der Ferne grüßte der Herzogstand herüber, auf den wir schon einmal per Sessellift hochgefahren waren. In einem interessanten ärztlichen Vortrag erfuhr ich, dass fünfzehn Prozent der Herzpatienten, wie ich einer war, an bohrenden Schmerzen zwischen den Schulterblättern litten. Jetzt wusste ich, was die Ursache meiner ständigen Rückenschmerzen war – und dass der Orthopäde der falsche Facharzt war.

Das Jahr darauf – ich war längst wieder fit – flogen wir erneut nach Mallorca, diesmal im August nach den Sommerferien in Bayern und zusammen mit unserer Tochter und den Enkelkindern Sabrina (11) und Stephan (14); ihr Mann, ein Kriminaler wie ich, stand unmittelbar vor den Prüfungen an der Beamtenfachhochschule in Fürstenfeldbruck und konnte nicht mit. Wir verbrachten herrliche Urlaubswochen. Stephan ritt gern auf der „Banane" aufs Meer hinaus, für Sabrina, die bereits Reiten gelernt hatte, mietete ich an der „Rancho Sa Coma" am Zugang zur Punta und der Reit- und Fahrstraße hinauf zum Castell wiederholt eines der bereitstehenden Reitpferde, während Stephan und ich schon mal vorausgingen und oben am Restaurant wieder mit ihr und der Reitergruppe, überwiegend Mädels, zusammentrafen. Das Meer war bei unserer Ankunft 27 Grad warm (ich hatte unser Badethermometer mit) und kühlte zum Ende unserer drei Wochen gerade mal auf 23 Grad ab.

Eigentlich wollten meine Frau und ich zweimal jährlich in Urlaub fliegen, im Frühjahr nach Gran Canaria, im Spätsommer nach Mallorca. So praktizierten wir es jedenfalls 1998, buchten 1999 aber wieder nur Mallorca, wie gehabt unsere Appartementanlage „Club Royal Mediterraneo". Hier gefiel es uns am Besten. Per Fax baten wir um Reservierung des Appartements mit Meerblick, das wir schon mal gehabt hatten. Mit freudigem Schrei nahm meine Frau bei unserer Ankunft an der Rezeption zur Kenntnis, dass unserem Wunsch entsprochen worden war. Nur mussten wir, die wir schon in aller Frühe in München abgeflogen waren, noch etwas warten, bis es gereinigt und abgenommen war und wir es beziehen konnten. Wir aßen derweilen im Strandrestaurant zu Mittag, und während dann der Hotelboy unsere Koffer die Freitreppe in den zweiten Stock hoch schleppte, ging ich schon gleich einmal Getränke und Kochwasser besorgen. Von unserer Loggia aus blickten wir bei einem ersten Cerveza erst einmal eine Weile aufs Meer hinaus, wo gerade das Ausflugsboot „Porto Cristo Cat", ein schneeweißer Katamaran, vorbeizog und auf die Klippen am „Sa Coma Biergarten" zuhielt, draußen ein „Parachuta" hinter einem Motorboot her über den Himmel schwebte, und an der mit Boyen abgegrenzten Anlegestelle für die Motorboote gerade das „Bananen"-Boot zurückkam und mit einer scharfen Kehre die jungen Fahrgäste in ihren bienengelben Schwimmwesten abwarf. Dicht bevölkert der Sandstrand mit den Binsenschirmen, jauchzend hüpften Kinder in die an den Strand rollenden Wellen, und durch die im Sand auf Decken und unter bunten Sonnenschirmen oder den bereitgestellten, kostenpflichtigen Liegen süßem Nichstun hingegebenen Badegäste stapfte die dunkelhäutige Melonen- und Kokosnussverkäuferin mit ihrem Bauchladen. Ihr altbekannter Singsang: „Melona, Melona, Melona – Goggoos …" drang bis herauf zu unserer Loggia im zweiten Stock, von der wir durch die Lücken der von Jahr zu Jahr höher aufragenden Palmen entlang der Strandpromenade den Sandstrand nur stellenweise überblicken konnten, über deren Wipfel aber auf das im Sonnenglast leuchtende Meer hinaussahen.

Rätselhaftes Verschwinden einer jungen Mallorquinerin
Wie bei jedem unserer Mallorca-Urlaube besorgte ich mir das deutschsprachige „**Mallorca Magazin**", das wöchentlich herauskam und überall zu haben war. Im MM 39/99 vom 25. 09– 01. 10. 1999 stieß ich auf eine Reportage über das rätselhafte Verschwinden der achtundzwanzigjährigen Mallorquinerin Maria del Carmen del Salto aus Porto Cristo. Die junge Frau war verschollen, seit vier Monaten schon. Mit einer Freundin war sie Ende Mai in einen Club in Cala Bona gefahren, wo sie offenbar etwas zu viel trank, denn plötzlich kippte sie vom Stuhl und schlug mit dem Kopf auf dem Steinboden auf. Während die Freundin in einem nahen Hotel nach einem Taxi telefonierte, kümmerte sich ein dreiunddreißigjähriger Deutscher, der seit Wochen in Cala Bona als Tauchlehrer arbeitete, um die Verletzte. Er lud sie in seinen Wagen mit Hamburger Kennzeichen, in den auch

drei befreundete Deutsche mit einstiegen, die ins nahe Sa Coma wollten. Die Verletzte, mit der er weiterfuhr, wollte er in ein Hospital in Porto Cristo bringen. Dort aber gibt es keine Nachtambulanz, wogegen in Sa Coma eine deutschsprachige ärztliche Versorgung direkt an dem Ort, an dem er seine Freunde aussteigen ließ, angeboten ist – eine Leuchtreklame weist nachts auf den Ärzteservice hin. Zurück in der Tauchschule in Cala Bona, in der er wohnte, packte der Deutsche sofort. Seine Mutter habe einen Herzinfarkt erlitten, soll er gesagt haben, er müsse sofort nach Hause.

Maria del Carmen blieb verschwunden. Ihre Familie zermürbte die Ungewissheit, und die Mutter weinte nur noch. Von der Polizei in Hamburg vernommen, soll ihr letzter Begleiter angegeben haben, dass er mit Maria auf der Anhöhe der Punta de n'Amer mit deren Einverständnis geschlafen und sie dann in Porto Cristo abgesetzt habe.

Ausgerechnet die Punta de n'Amer, die ich oft und oft durchstreifte! Ich war überzeugt, dass der Kerl sie dort vergewaltigte und sie, um seine Tat zu verdecken, ermordete. Doch ohne Leiche keine Tat, die ihm vorgeworfen werden könnte. Meine Spaziergänge in das Naturschutzgebiet dienten fortan der Suche nach einer Örtlichkeit, in der man ein Mordopfer entsorgen konnte. Da waren einmal die Bunker aus der Zeit des Spanischen Bürgerkrieges von 1936–1939. Zwei davon standen, teils mit Gebüsch überwachsen, am Ende unseres Sandstrandes, ich war schon oft an den gut mannshohen Betonbauten vorbeigekommen. Jetzt besah ich sie mir genauer. Aus einer breiten Schießscharte konnte die ganze, sanft geschwungene Bucht unter Feuer genommen werden, von einem zweiten die anschließenden, im weiteren Verlauf der Küste allmählich ansteigenden Klippen – und gegenseitig konnten sie sich Feuerschutz geben. War es möglich, ein Mordopfer durch die etwa 25 cm hohe und gut 1 Meter breite Schießscharte in den Raum dahinter zu zwängen? Vergeblich versuchte ich etwas in dem dunklen Innenraum zu erkennen, von dem eine Türöffnung in den Raum dahinter mit dem Einstieg von oben her führte. Es roch auch nicht etwa nach Verwesung. Der von hinten erreichbare kaminartige Einstieg war vorne und an den Seiten kniehoch ummauert und voller Müll. Ich versuchte erst gar nicht, hineinzusteigen. Am Bunker schräg gegenüber dasselbe Bild.

Einige hundert Meter weiter war ein Doppelbunker in die hier schon ziemlich hohen Klippen gebaut, getarnt zum Meer hin durch aufgemauerte Felsbrocken, einem gemeinsamen Einstieg zwischen den beiden Kuppeln und Schießscharten nach beiden Seiten. Ich stieg vom Weg her durch das lockere Geröll hinunter und besah mir den Einstieg, er war mit Felsbrocken verfüllt. An die Schießscharten wagte ich mich nicht heran, zu steil ging es da die Klippen hinunter.

Über eine halb verfallene Trockenmauer hinweg führte ein Trampelpfad durch den hier beginnenden Pinienwald den Hang empor. Bevor er oben auf die zum Castell führende Reit- und Fahrstraße mündete, befand sich in einer von Pinien über- wucherten Mulde ein aufgelassener Steinbruch. Doch auch hier keine Anzeichen dafür, dass man ein Mordopfer verschwinden lassen könnte. Über die Reit- und Fahrstraße hinweg erhob sich ein kleiner Hügel, zu dem die Trockenmauer weiterführte. Ich sah auch dort nach – und stutzte, als vor mit aus den übereinander liegenden Felsbrocken ein Schwarm Fliegen aufstieg. Was hatte die angezogen? Ich besah mir die Felsbrocken näher. Sie waren fest ineinander verkeilt. Nichts deutete darauf hin, dass damit ein menschlicher Körper abgedeckt worden wäre. Na gut, die Guardia Civil und die Policia Lokal, die in Sa Coma eine Dienst- stelle unterhielt und des öfteren auch die Strandpromenade be- streifte, hatten hier bestimmt alles nach der Vermissten Maria del Carmen abgesucht, nachdem der Verdächtige vor der Hamburger Kripo eingestanden hatte, dass er mit der Vermissten hier oben war. Von Cala Bona über Cala Millor führte ebenso eine Reit- und Fahrstraße herauf wie von Sa Coma aus.

Allmählich kam ich mir albern vor.

In meinem Kopf aber nistete sich die Idee zu einem Mallorca- Krimi ein. Mordopfer könnte vielleicht eine Deutsche sein, die vom Urlaub nicht zurückkehrt. Und Orte, wo man sich einer

Leiche entledigen könnte, gab es sicher noch anderswo – mir fiel da die Megalithsiedlung Capocorb Vell an der Südküste bei Cala Pi in der Nähe von Colònia de Sant Jordi ein. Meine Frau und ich hatten die Siedlung aus der Bronzezeit schon einmal besichtigt, nachdem ich in einem Reiseführer darauf aufmerksam geworden war (Berlitz Reiseführer MALLORCA und Menorca, Berlitz Verlag, 1000 Lausanne 6, Schweiz). In dieser prähistorischen sogenannten „Talayotsiedlung" gab es vielleicht einen solchen Ort. In dem Reiseführer hatte ich gelesen, dass die vor über 3000 Jahren aus tonnenschweren Steinquadern bis zu zwei Stockwerke hohen, konisch nach oben verjüngten Rundtürme, „Talayot" genannt, um die herum sich vormals längst verfallene Steinbehausungen gruppierten, unterirdische Kammern aufwiesen, in die man, so man sportlich genug sei, durch einen gewundenen, stockfinsteren Gang hineinkriechen könne. Ich erinnerte mich, im Innern eines der halb verfallenen Türme (aus derlei Steinsiedlungen war immer mal Material für Bauvorhaben weggeholt worden) ein Schlupfloch gesehen zu haben.

Ich musste da noch mal hin.

An einem wolkenverhangenen Tag mieteten wir einen Kleinwagen und fuhren über Manacor, wo meine Frau an der Ausfallstraße nach Palma ein großes Keramikgeschäft wusste und wieder einmal aufsuchen wollte – und natürlich neben einer mit für mallorquinische Keramiken typischen Ornamenten bemalte Dose als Mitbringsel für die Lieben zu Hause sowie zwei Pflanzenschalen für die Loggia unserer Wohnung daheim erstand – und bogen bei Algaida Richtung Llucmajor und Cap Blanc ab. Brusthohe Trockensteinmauern säumten hier die einsame Landstraße. Riesige Privatgrundstücke dehnten sich dahinter aus, an deren verschlossenen Zufahrten Tafeln mit der Aufschrift *Coto Privado de Casa* keinen Zweifel daran ließen, dass Touristen hier nicht erwünscht waren. Wieder einmal staunte ich, wie weitläufig die Insel war, wie ruhig und beschaulich das Landesinnere. Kaum vorstellbar, dass Mallorca jährlich von Millionen von Touristen überschwemmt wurde.

Kurz vor der Abzweigung nach Cala Pi weitete sich die Straße zu einem Parkplatz. Hohe Hinweisschilder kündeten in Deutsch, Spanisch und Englisch davon, dass sich hier die prähistorische Steinsiedlung von Capocorb Vell befand. Am Kiosk neben dem Eingang zum mit verfallenen Trockenmauern umfriedeten Gelände der Siedlung kaufte ich zwei Eintrittskarten à 250 Pesetas. Die Verkäuferin schob uns nach ihrer Frage „Deutsch …?" ein DIN-A4-Blatt in abgegriffener Zellophanhülle zu, das Erläuterungen zu „einer der wichtigsten Megalithsiedlungen im westlichen Mittelmeergebiet und einer der größten prähistorischen Siedlungen Mallorcas" enthielt. Fünf Talajots seien noch vorhanden, zwei viereckige und drei runde, außerdem 28 Behausungen. Die ersten wissenschaftlichen Ausgrabungen wurden von dem bekannten Archäologen Josep Colominas Roca durchgeführt, dem zu Ehren in der Siedlung ein Monolith errichtet wurde.

Ich ließ meine Frau, die nicht über die verfallenen Mauerkronen steigen wollte, an diesem Monolithen zurück. „Kriech mir da ja nicht rein!" rief sie mir nach und nahm auf dessen Sockel Platz.

Inmitten der verfallenen Mauern der ehemaligen Behausungen fand ich den noch rund sechs Meter hohen Rundturm mit dem im Reiseführer erwähnten Einstiegsloch. Auf einem schmalen Trittstein stieg ich hinein und stand darin wie im Turmluk eines Panzers. Als ich in die Hocke ging, gähnte vor mir der Gang, der in die unterirdische Kammer führen sollte. Auf Knien begann ich hineinzukriechen. Mit der kleinen Taschenlampe, die ich vorsorglich mitgenommen hatte, leuchtete ich vor mich hin. Über trockene Lehmreste und lockeres Geröll arbeitete ich mich voran, in leichtem Bogen führte die von groben Steinwänden umgebene Röhre weiter abwärts und verlor sich im Dunkeln. Ich verhielt und überlegte, wie weit ich denn wirklich hineinkriechen sollte. Aufrichten oder umdrehen konnte ich mich nicht. Aber ich hatte genug gesehen und begann rückwärts zu kriechen. Wer immer sich eines Opfers seiner krankhaften Triebe oder einer missliebigen Gefährtin dauerhaft entledigen wollte – hier war der ideale Ort dazu. Ich musste mir nur noch überlegen, welches Mordopfer ich in der Kammer deponieren könnte.

Als ich mit dem Hintern voran aus dem Gang ins Licht kroch, ertönte draußen der erschrockene Ausruf einer Frau. Ein junges Pärchen stand am Einstieg und sah verduzt auf mich hernieder. Ich grinste und richtete mich auf. „Aleman …?" fragte ich.

„No, English", erwiderte die junge Frau. Ich zuckte die Schultern. „I no speak English." Mit meinen paar Brocken Englisch konnte ich ihnen nicht erläutern, was mich veranlasst hatte, in dieses Loch zu kriechen. So grinste ich wieder nur, hob die Hand zum Gruß und ging davon. Mochten sie rätseln, was der verrückte „Aleman" da suchte.

Meine Frau sah mich missbilligend an und wies auf die lehmverschmierten Knie meiner hellen Hose, als ich zu ihr zurückkehrte. Notdürftig säuberte ich sie.

In meinen Polizei-Krimis schildere ich die Tätigkeit von Polizei und Kriminalpolizei immer authentisch. So wollte ich es natürlich auch in diesem Fall halten. In groben Zügen wusste ich über die Organisation der spanischen Polizei Bescheid, schon vor Jahren hatte ich mir ein vom Boorberg Verlag herausgegebenes Buch über „Die Polizeien in Westeuropa[13]"gekauft. Sie ist gegliedert in

- Nationales Polizeicorps bzw. die Nationalpolizei, zuständig für Städte mit mehr als 20 000 Einwohner und alle Provinzhauptstädte, dunkelblau uniformiert.
- Guardia Civil – Gendarmeriecorps, zuständig im gesamten Staatsgebiet (außer den oben genannten Städten) und in den Seegebieten, olivgrün uniformiert.
- Policias de las Communidades Autònomas – Polizei autonomer Gebiete, sofern diese ein eigenes Polizeicorps unterhalten wollen, dunkelblau uniformiert.
- Policias Locales – Kommunalpolizeien, dunkelblau uniformiert.

---

13 Die Polizeien in Westeuropa, Richard Boorberg Verlag Stuttgart München Hannover, 1989, ISBN 3-415-01430-4

Sowohl innerhalb der Nationalpolizei als auch der Guardia Civil gibt es neben verschiedenen uniformierten Einheiten eine Kriminalpolizei, entnahm ich Boorbergs Buch. Während die Nationalpolizei ausschließlich dem Innenministerium unterstellt ist, untersteht die Guardia Civil in Erfüllung ihrer zivilpolizeilichen Aufgaben dem Innenminister, in militärischen Funktionen dem Verteidigungsminister, in Erfüllung fiskalischer Aufgaben dem Finanzminister und bei strafverfolgender Tätigkeit dem Justizminister.

Ich tippte für meinen fiktiven Fall auf die Zuständigkeit der Guardia Civil, und so fuhren wir gleich weiter nach Palma de Mallorca, wo ich in der Carrer Manuel Azana das Hauptquartier der Cardia Civil zu finden hoffte, wie mir einmal gesagt worden war. Natürlich verfranzten wir uns erst einmal, trotz Stadtplan, den meine Frau auf den Knien hatte. Als wir die Straße endlich fanden, konnte ich nur vermuten, dass das große, einem Wohnblock gleichende Gebäude, an dessen flachem Vorbau die spanische Nationalflagge hing, das gesuchte Hauptquartier beherbergte. Ich parkte den Wagen samt meiner Frau, die nicht mitkommen wollte, unter einer schütteren Akazie auf dem Parkplatz gegenüber, und betrat das Gebäude über ein paar Stufen durch das unverschlossene Eingangsportal. Vor einer verglasten Pförtnerloge stieß ich auf einen jungen, baumlangen Polizisten in der olivgrünen Uniform und der traditionellen schwarzen Kopfbedeckung der Guardia.

„Buenos Dias", grüßte ich. „Habla usted alemàn?"

„No, Senor."

Anhand eines Schlüsselanhängers mit dem bayerischen Polizeiwappen bedeutete ich ihm, dass ich ein „colega" aus Alemania sei, worauf er auf die breite Treppe wies, die ins Untergeschoss führte. Lange Korridore führten unten in verschiedene Richtungen. Ich sah mich um. Auch hier überwachte ein Uniformierter den Publikumsverkehr. Ich zeigte auch ihm meinen Schlüsselanhänger und fragte ihn, ob er deutsch spreche. Er winkte mir ihm zu folgen, führte mich in eines der Büros und verwies mich an einen der beiden Zivilbeamten, die hier an gegenüberliegenden Schreibtischen saßen, Kriminalbeamte. Der Jüngere sprach perfekt Deutsch, und als ich ihm mein Anliegen, dass ich als pensionierter Münchner Kriminalbeamter Kriminalromane schreibe und Auskunft über die Zuständigkeit für einen fiktiven Mordfall in der Megalith-siedlung Capocorb Vell erbete, vergewisserte er sich zuerst bei seinem Gegenüber, einem älteren „Sergante", ob er mir Auskunft geben dürfe, und sagte dann, dass sie der „Grupo Delitos contra Personas", also der für Gewaltdelikte wie Mord etc. zuständigen Gruppe angehörten. Damit hatte ich genau die Dienststelle ge-troffen, noch dazu mit einem perfekt deutsch sprechenden Beamten, die mir die gewünschten Auskünfte erteilen konnte. Volltreffer.

Wieder zurück in München, machte ich mich umgehend an die Ausarbeitung meines Mallorca-Krimis. Mein Münchner Protagonist, Kriminalhauptkommissar Bert Bauriegl, Leiter einer der fünf ständigen Mordkommissionen des Mordkommissariats 111, war im Begriff, so begann ich meine Story, zusammen mit seiner Freundin Evi einen vierzehntägigen Urlaub auf Mallorca anzu-treten. Im „Sporthotel Sa Coma Playa" hatten sie gebucht. Ein Kollege des für Vermisste und unbekannte Tote zuständigen Nach-barkommissariat drängte ihm das Foto einer Vermissten auf, der Gattin eines Baugeschäftsinhabers, die von ihrem Mallorca-Urlaub in Còlonia de Sant Jordi nicht zurückgekehrt sei. „Vielleicht läuft sie dir ja über den Weg", meinte er, was mein Protagonist indes mehr als unwahrscheinlich fand. Doch da sollte er sich täuschen.

Einen Monat später, Anfang November, stieß ich auf eine Zeitungsnotiz, dass auf Mallorca eine verweste Leiche gefunden worden sei, von der die Polizei glaube, dass es sich um die ver-misste Mallorquinerin Maria del Carmen del Salto aus Porto Cristo handele, die seit Mai vermisst werde. Ich ging der Sache nach, fand im „Hamburger Abendblatt" vom 06. 11. 1999 einen ausführlicheren Bericht und erfuhr darin, dass der von Anfang an tatverdächtige Hamburger nun, da die Leiche gefunden und fest-gestellt worden sei, dass sie vergewaltigt und erdrosselt worden war, verhaftet wurde. Ich setzte mich mit der Redaktion des „Mallorca Magazin" in Palma de Mallorca in Verbindung, bat um detaillierte Berichte über die Auffindung der Leiche und abonnierte das MM für ein halbes Jahr. Wie ich vermutete, berichtete das MM ausführlich über den Leichenfund. Die Redaktion sandte mir Kopien ihrer in den Ausgaben 45 bis 47/99 vom November 1999 erschienen Berichte, deren erster betitelt war: „Schäfer entdeckte ihre Leiche". Der Schäfer Mateu Galmes sei mit seiner Mischlingshündin Perla auf dem abgelegenen Pfad bei S'lliot südlich von Sa Coma spazieren gegangen, als die Hündin abrupt stehen blieb und dann in das nahe Gebüsch lief. Mit einem verwesten menschlichen Unterarm im Maul kam sie zurück. Umgehend alarmierte er die Polizei. Drei Armbänder, eines davon mit der Aufschrift „Maria del Carmen" sowie eine Uhr und Stiefel identifizierten die Eltern als ihrer Tochter gehörend. Die Polizei gehe davon aus, schrieb das MM, dass Maria del Carmen an einem anderen Ort getötet worden war und dann in die unwegsame Zone gebracht wurde.

Tatort könnte sehr wohl die Punta de n'Amer gewesen sein. Dort parkten abseits der Rancho Sa Coma an der Zufahrt zur Punta unter hohen, ausladenden Pinien oftmals Autos und an den Wochenenden auch Wohnmobile, ich spazierte oft daran vorbei. Der ideale Platz, nächtens im Auto über eine Frau herzufallen. Laut Obduktionsbericht war Maria del Carmen vergewaltigt worden, bevor der Täter sie erwürgte. Mir ging der Fall nahe, als wäre er in meiner heimatlichen Wohngegend passiert. Hamburger Kriminalbeamte und eine Staatsanwältin flogen nach Mallorca, um sich an Ort und Stelle sachkundig zu machen, denn Deutsche dürfen nicht an fremde Staaten ausgeliefert werden, so fand der Prozess gegen den Mörder in Hamburg statt – er erhielt lebenslänglich.

Morde und sonstige Gewalttaten sind auch auf Mallorca nicht selten und werden oftmals von Ausländern, auch Deutschen, verübt. So war in einem zugemauerten Brunnen in Capdepera die Leiche eines seit Jahren vermissten fünfzigjährigen Immobilienmaklers aus Düsseldorf gefunden worden. Er hatte seinen Geschäftspartner betrogen. Durch eine Telefonüberwachung war eines Tages der Fundort der Leiche bekannt geworden. In Esporles war die skelettierte Leiche einer Frau gefunden worden. Sie lag in einem Plastiksack am Straßenrand versteckt und war mit Messerstichen und einem Kopfschuss getötet worden. Und im Seegebiet von Port d'Ántratx suchte die Küstenwache vergeblich nach der Leiche eines Münchners, der, nachdem er seine Geschäftspartner (Jung-Brooker) um Millionen betrogen hatte, nach Palma de Mallorca gelockt und auf einer Yacht mit einem Schlafmittel betäubt und erschossen wurde. Seine Leiche sollen sie an den Außenbordmotor eines Beibootes gekettet und versenkt haben. Und die Guardia Civil hatte immer wieder mal mit Rauschgifthändlern zu kämpfen, die ihre Ware über See anlanden. Ich entnahm das Kriminalitätsgeschehen dem Mallorca-Magazin, in dem ich immer erst die Polizeiberichte las. Insofern fühlte ich mich auch im Urlaub wie zu Hause. Und nun hatte ich das Magazin ein halbes Jahr lang zur Verfügung, womit sich die Kriminalität regelrecht verdichtete, die im übrigen bis in die Münchner Boulevardpresse durchschlug, wie z. B. mit einer Serie der AZ vom November 1997, betitelt „Mord-Insel Mallorca: Der tödliche Hass auf Deutsche", in der sie unter dem 20. 11. 97 schrieb: „Sonneninsel Mallorca – das Urlaubsparadies kommt in Verruf. Nach dem brutalen Mord an ‚Bierkönig' Manfred Meisel (49), seinem Sohn Patrick (8) und der Haushälterin dreht sich die Spirale der Gewalt weiter. Killer bedrohen eine Belgierin, die mit ihrem deutschen Mann ein Restaurant betreibt. Die Villa des größten Autoverleihers der Insel, Hasso Schützendorf (73), ging in Flammen auf. Die Mallorquiner sehen Sicherheit und Heimat bedroht – durch reiche und kriminelle Bundesbürger." Und einen Bericht über die Saufgelage am Strand von S'Arenal nahe Palma de Mallorca, betitelte die Münchner AZ vom 05. 07. 1999: „Mallorca brutal: Prügelei am Strand", und schrieb dazu: „Nächtliche Massenschlägerei auf Mallorca – zwei Gruppen deutscher Urlauber sind vor der berühmt-berüchtigten Strandbar ‚Ballermann 6' aufeinander losgegangen. Die Bilanz der blutigen Ferien-Schlägerei: drei Verletzte, zwei von ihnen Kellner, die versuchten, die erhitzten Gemüter zu beruhigen …"

In meinem Mallorca-Krimi, den ich mit **TOD IM TALAYOT** betitelte, wollte mein Protagonist Bert Bauriegl, Kriminalhauptkommissar und Leiter einer der ständigen Münchner Mordkommissionen, eigentlich unbeschwerte Urlaubswochen mit seiner Freundin Evi verbringen, wollte sie auf Reitausflügen in die Punta de n'Amer bei Sa Coma begleiten und sich ganz der Zweisamkeit hingeben. Doch es kommt alles anders. Sein Faible für prähistorische Siedlungen wird ihm zum Verhängnis. In der unterirdischen Kammer eines über 3000 Jahre alten, halb verfallenen Steinturms, Talayot genannt, stößt er auf eine mumifizierte Leiche und kehr schneller wieder in den Dienst zurück, als ihm und noch weniger Evi lieb ist. Zusammen mit Carlos Tassara von der „Grupo Delitos contra Persona" der Guardia Civil verfolgt er den Fall. Bei der Toten handelt es sich, wie sich alsbald herausstellte, um eine seit vergangenen Herbst vermisste Münchner Bauunternehmersgattin. In ihrem Hotel in Cólonia de Sant Jordi fand die Guardia Civil, die nach deren Verbleib forschen sollte, lediglich deren zurückgelassenes Gepäck. Als Bauriegels Kollegen in München einen Verdächtigen festnehmen, muss er sogar den Urlaub abbrechen. Evi schwört sich, nie wieder mit einem Kriminaler Urlaub machen zu wollen.

Der Autor signiert an seinem heimischen Schreibtisch Tel./Fax 089/70009913) seinen Mallorca-Krimis TOD IM TALAYOT, erschienen im Mai 2001 im „Verlag der Criminale", München, inzwischen vom Verlag aus dem Programm genommen und gelöscht. Privatfoto

Epilog

Mein Beruf ließ mich weiterhin nicht los, hatte ich mich ihm doch einst mit Haut und Haar verschrieben, auch wenn ich ihn ursprünglich aus purer Verlegenheit wählte und mein erster Eindruck nicht gerade positiv war, als ich mich bei der II. Bereitschaftspolizeiabteilung in Eichstätt einfand und sah, wie die jungen Polizeianwärter auf dem Exerzierplatz herumgescheucht wurden. Nach Grund-, Schieß- und Geländeausbildung und schließlich Sonderausbildung zum Kradmelder, als welcher ich bei den Fahrten unserer geschlossenen Einheiten zu diversen Großeinsätzen als „Kolonnenhund" immer wieder mal vorauspreschte und freie Bahn schuf, begann es mir aber doch zu gefallen. Und als ich schließlich bei der Stadtpolizei München über Jahre hinweg mit Blaulicht und Tatüüü Soforteinsätze bei der legendären Funkstreife fuhr und in all den Fällen, zu denen wir gerufen wurden, erste Entscheidungen zu treffen hatte, war ich in meinem Element. Und bei der Kripo, zu der ich schließlich wechselte, fand ich überhaupt meine Berufung. Hier kam mein Organisationstalent, von dem ich anfangs gar nicht wusste, dass ich es hatte, erst so richtig zur Geltung. Und im Bund Deutscher Kriminalbeamter (BDK) fand ich ein eigenes Betätigungsfeld.

Zum Ende meiner Dienstzeit aber war ich froh, nicht mehr gegen so manche taktischen, organisatorischen, politischen Unzulänglichkeiten in der Kriminalitätsbekämpfung angehen zu müssen, wie ich sie während meiner Kripo- und LKA-Zeit erfuhr. Fiel man mit konstruktiven Vorschlägen und neuen Ideen im Grunde doch nur lästig und wussten die hohen Vorgesetzten, die politischen Entscheidungsträger vor allem, die so gar kein Verständnis aufzubringen vermochten für eine zur erfolgreichen Bekämpfung der Kriminalität erforderlichen Professionalität, Organisation und eigenständigen Führung, alles längst besser.

So manches aber lag mir noch an, worauf ich in Fachartikeln hinweisen oder was ich in meinen Polizei-Romanen darstellen und mir von der Seele schreiben wollte, wie da u. a. waren:

Häufigkeit von Selbsttötungen

Selbsttötungen tangieren Polizei und Staatsanwaltschaft in gleicher Weise wie Mord und Totschlag oder tödliche Verkehrsunfälle, wenn dabei auch die Ermittlungen in aller Regel nicht den Umfang annehmen wie bei Täterermittlungen oder Feststellung des Verursachers, gleichwohl aber Professionalität erfordern. Sind Anhaltspunkte dafür vorhanden, dass jemand eines nicht natürlichen Todes gestorben ist, oder wird der Leichnam eines Unbekannten gefunden, so sind die Polizei- und Gemeindebehörden zur sofortigen Anzeige an die Staatsanwaltschaft oder an das Amtsgericht verpflichtet. So bestimmt es § 159 Strafprozessordnung. Auch sind Suizide bzw. „Selbstmorde", wie sie landläufig bezeichnet werden, für die Medien von Interesse.

Insgesamt, so schrieb ich in meinem Beitrag „Zur Häufigkeit von Selbsttötungen" für die Fachzeitschrift „POLIZEI IN BAYERN 1997", erfuhr die Zahl der versuchten und vollendeten Selbsttötungen (Tabelle 195A/B des BLKA) in Bayern in den vergangenen 20 Jahren insofern starke Veränderungen, als vor allem die Zahl der Selbsttötungsversuche von 4349 Fällen im Jahr 1975 um 23,8 % auf 3314 Fälle 1995 zurückging. Die vollendeten Fälle aber gingen in diesem Zeitraum lediglich um 8,6 % zurück – von 2372 auf 2167 Fälle. Der an sich auffallende Rückgang und die ausholenden Schwankungen der Selbsttötungsversuche sind aus der Statistik nicht zu erklären. Es ist nicht anzunehmen, dass die vielfältigen persönlichen Gründe und Motive, die einen Menschen in den Selbstmord treiben, in bestimmten Jahren mehr zum Tragen kommen als in anderen. Auch wenn „wirtschaftliche Notlage" als eines der für die statistische Erfassung relevanten Motive in Jahren der Rezession etwas mehr hervortritt (z. B. Arbeitslosigkeit). Was die Statistik indes auszusagen vermag, ist, dass der Anteil der Frauen an vollendeten Selbsttötungen geringer ist als an versuchten (mit denen sie oft nur Aufmerksamkeit zu erregen trachten).

Die sogenannte *Midlife Crisis*, die Krise in der Mitte des Lebens, zeichnet sich, wenn man so will, auch in der Selbsttötungsstatistik ab. Der Anteil der vollendeten Fälle liegt in dieser Altersgruppe (insgesamt 30 bis unter 60 Jahre) bei rund 25 %. Immer wieder werden aber auch Kinder mit versuchten und vollendeten Selbsttötungen registriert, desgleichen in steigender Anzahl Jugendliche. Todessehnsüchte sind nicht ungewöhnlich, so Psychologen. Nach der Selbsttötungsstatistik des BLKA stehen bei den vollendeten Fällen *Krankheit, Schwermut, Nervenleiden* an erster Stelle der Motive. Mit rund zwei Drittel schlagen hier die Fälle zu Buche. Familienzwistigkeiten liegen zwischen 20 und 25 %. Das Motiv *Liebeskummer* rangiert mit 10 bis 13 % relativ weit vorn und deutlich vor *Wirtschaftlicher Notlage*, das in den genannten Jahren lediglich mit 3 bis knapp 5 % registriert wird.

Nicht immer ist Selbsttötung auf Anhieb als solche zu erkennen. Einem Berserker gleich wütet so mancher Lebensmüde gegen sich selbst und löst damit umfangreiche Tatortuntersuchungen und gerichtsmedizinische Analysen aus. Unvorstellbar z. B. auch der Fall eines 32-jährigen Holzverarbeiters aus Holzkirchen, der sich auf den Schneidetisch einer Kreissäge legte und sich mittels der mechanischen Vorschiebeeinrichtung den Kopf absägen ließ. „Unglaublich, aber wahr" auch ein unter diesem Titel in der Fachzeitschrift „Kriminalistik", Nr. 11/89 veröffentlichter Fall, in dem sich ein Lebensmüder selbst vollständig in schwarze Klebefolie einwickelte und darin erstickte. Möglichst spektakulär verabschiedet sich so mancher Lebensmüder: „... und tschüss!", waren die letzten Worte eines 55-jährigen über Funk, als er im November 1996 mit seiner Sportmaschine Piper 28 gegen das Zugspitzmassiv flog. Andere reißen Unschuldige mit in den Tod, indem sie als Geisterfahrer auf Autobahnen mit Höchstgeschwindigkeit in den Gegenverkehr rasen. So mancher tödliche Verkehrsunfall mag gerade im Straßenverkehr ein getarnter Selbstmord sein, ist doch, wie man so sagt, nicht nur für jeden Raser, sondern auch jeden Todesmutigen ein Baum gewachsen.

Elektronische Wohnraumüberwachung

Der Einsatz technischer Mittel zum Abhören von Wohnungen, der sogenannte „Große Lauschangriff", war in den 1990er-Jahren lange Zeit nicht möglich, schrieb ich in einem umfangreichen, in den Ausgaben Nr. 1, 2 und 3/1998 der Fachzeitschrift DIE BAYERISCHE POLIZEI veröffentlichten Artikel. Zunächst verhinderte die Einschränkung der grundgesetzlich garantierten „Unverletzlichkeit der Wohnung" (Art. 13 GG) in bestimmten Fällen der Schwerkriminalität der Minipartner der Bonner Regierungskoalition, die FDP. Lange Zeit vermochte sich auch die SPD-Opposition nicht für die elektronische Überwachung von Wohnräumen zu erwärmen – im „Gesetz über die Aufgaben und Befugnisse der Bayerischen Staatlichen Polizei", Polizeiaufgabengesetz (PAG), war eine solche Befugnis indes zur Gefahrenabwehr möglich, nur fehlte sie zur Strafverfolgung. Als sie im November 1993 endlich umschwenkte, forderte sie aufwendige Genehmigungs- und Prüfungsverfahren, die den Einsatz dieses wichtigen Instruments der Bekämpfung vor allem der Organisierten Kriminalität in der Praxis schier unmöglich machte. Parteitaktische Winkelzüge bestimmten allenthalben das Vorgehen, Belange der Verbrechensbekämpfung waren nebensächlich. „Privatwohnungen", dieser Terminus war es, mit dem der Bürger verschreckt wurde. Damit wurde der Eindruck erweckt, als würde niemand mehr selbst in seinen eigenen vier Wänden vor dem „großen Lauschangriff" sicher sein – wobei einzig und allein Schwerkriminelle ins Visier der Kripo genommen werden sollten. „Großer Lauschangriff – jetzt brechen alle Dämme" suggerierte die linksorientierte Presse die Angst vor staatlicher Willkür. Und weiter (AZ vom 1. November 1997): „Das ist der Einbruch in das letzte Refugium des Menschen." Scharfe Kritik komme vor allem von Datenschützern, von FDP und den Grünen. Mit falschen Umfrageergebnissen wurde operiert: Nur 34 % der Deutschen seien laut „Die Welt" für den „Großen Lauschangriff", wogegen der Fernsehsender „n-tv" von 67 % „Dafür-Stimmen" sprach. Fürchteten gewisse Politiker denn für sich selbst, belauscht zu werden? Hatten sie Grund hierfür?

Mir persönlich kam und kommt angesichts der politischen Querelen, mit denen die Effizienz der Überwachung von Gangsterwohnungen, der Kriminalitätsbekämpfung schlechthin, verhindert werden soll, schlichtweg die Galle hoch. Acht Jahre dauerte es, bis eine einigermaßen praktikable Regelung in Kraft treten konnte. Bereits 1990 schlugen Bayern und das BKA vor, neben einer akustischen Überwachung von Wohn- und Aufenthaltsräumen Verdächtiger auch eine optische zu erlauben – letztere wurde schon gleich einmal abgeschmettert. 1992 ließen die Bundestagsfraktionen von FDP und SPD ein Abhören Schwerkrimineller scheitern. Im November 1993 fiel die SPD um und stimmte einem elektronischen Abhören – unterschieden nun in Späh- und Lauschangriff – zu. Im August 1997 beschloss schließlich der Bundestag die Einführung des sogenannten „Großen Lauschangriffs" zur Verfolgung schwerer Straftaten, mit der Einschränkung bzw. dem faulen Kompromiss, dass nur eine akustische Überwachung erlaubt sein soll. Doch erst musste der Bundesrat mit ebenfalls Zweidrittelmehrheit zustimmen, was infolge der dortigen Mehrheitsverhältnisse auf der Kippe stand. Änderungen im Ausführungsgesetz wurden gefordert und das Gesetzesvorhaben an den Vermittlungsausschuss verwiesen. Am 5. Mai 1998 konnten die entsprechenden Bestimmungen (Änderung des Art. 13 Grundgesetz, Einfügung des § 100c in die Strafprozessordnung) zusammen mit weiteren, die Bekämpfung der OK betreffenden Bestimmungen (OrgKG) in Kraft treten. Doch dann überlegten es sich die „Wächter des Rechtsstaates" doch noch anders. Sie schränkten die Überwachung der Telefongespräche Schwerkrimineller insoweit ein, als diese sofort zu beenden sei, sobald Privates besprochen würde. Unpraktikabel! Wie viele Polizeibzw. in einschlägigen Kriminalitätsphänomenen bewanderte Kriminalbeamte müssten hier Tag und Nacht das Ohr an den sonst die Gespräche automatisch aufzeichnenden Abhöranlagen haben, um sofort auf Aus zu schalten, wenn z. B. nach dem Wohlergehen der Ehefrau oder den Kindern gefragt wird? Wem sollen derlei Einschränkungen letztlich dienen? Der Mafia gar? Dem rechtstreuen Bürger jedenfalls nicht.

Amokläufer

In den letzten Jahrzehnten des zu Ende gehenden 20. Jahrhunderts, so schrieb ich in einem in Fortsetzung erschienenen Beitrag für die Fachzeitschrift DIE BAYERISCHE POLIZEI, Nr. 1 bis 3/2000 (abgedruckt auch in POLIZEINACHRICHTEN, Nr. 1 bis 3/2000), griff ein Kriminalitätsphänomen mehr und mehr um sich, das nach Ansicht amerikanischer Fachleute aus der anonymen Gesellschaftsstruktur unserer Zeit resultiert: der Amoklauf. Ein Kriminologe der Bostoner Universität, James Fox, bezeichnet das Jahr 1966 als den Beginn des „Zeitalters der Massenmorde". In diesem Jahr erwürgte und erstach der Amokläufer Richard Speck acht Schwesternschülerinnen. Der Amokläufer Charles Wittmann ermordete seine Frau und seine Mutter und erschoss dann von einem Turm der Universität Texas aus 14 weitere Personen. Und einen vorläufigen Höhepunkt setzten im Frühjahr 1999 zwei Jugendliche mit ihrem Amoklauf an der High School in Littleton im US-Staat Colorado, bei dem zwölf Schüler und ein Lehrer getötet sowie zahlreiche weitere Schüler zum Teil schwer verletzt wurden und die Täter schließlich Selbstmord begingen.

Meinen Erläuterungen zu Begriff, Ursachen und Anlässen von Amokläufen legte ich einschlägiges Schrifttum und kriminalistische Fachliteratur zugrunde. Nach Brockhaus ist Amok (malaiisch „Wut") als plötzliche Geistesgestörtheit mit stark aggressivem Bewegungsdrang definiert, die beim Befallenen wutartige, wahllose Zerstörungswut und Tötungsversuche auslösen. Dr. med. Thomas Knecht, Kantonale Psychiatrische Klinik, Münsterlingen, geht in seinem in „Kriminalistik", Nr. 10/1998 unter dem Titel „Amok – Transkulturelle Betrachtungen über eine Extremform menschlicher Aggression" veröffentlichten Artikel näher auf Geschichte und Begriff des Amok ein. Er interpretiert die Bedeutung des malaiischen Wortes Amok als „im Kampf sein Letztes geben". Unter dem Einfluss des Islam sei Amok vermehrt zu einem Akt des religiösen Fanatismus geworden und habe sich schließlich zu einem Instrument des sozialen Protestes gegen den Machtmissbrauch despotischer Herrscher gewandelt. In dem Maße, in dem Amok immer mehr Sache des Einzelindividuums wurde und seinen politischen Heroismus verlor, geriet das Image des Amokläufers mehr und mehr in die Nähe eines seelisch Kranken. Amok blieb auch nicht auf Malaysia und seine Nachbarstaaten begrenzt. Heute und auch in unseren Breiten wird bei Amokläufen oft ein dichtes Nebeneinander von mörderischen und selbstmörderischen Tendenzen deutlich. Doch wer lässt sich zu solch einer Tat so mir nichts, dir nichts hinreißen? Muss nicht ein entscheidender Faktor hinzukommen – ein geistiger Defekt, eine seelische Störung? Laut Brockhaus werden als Ursache von Amokläufen psychogene Faktoren, Epilepsie, Malaria und Katatonie angenommen. In dessen Abfolge sind zu beobachten: Ein Vorstadium des Brütens, begleitet oftmals von sozialem Rückzug und Selbstisolation, allmähliche Verschiebung der Bewusstseinslage, in der sich Angst und/oder Wut steigern. Schließlich der eigentliche Wutanfall, ausgelöst meist durch ein letztes, tatauslösendes negatives Erlebnis, wie beispielsweise Streit mit Arbeitgeber, Kollegen oder in der Familie, Verlust des Arbeitsplatzes, Misserfolg bei Frauen oder Eifersucht. Die meisten der Täter haben wenig Kontakt zu ihrer Umwelt, führen ein verbittertes Leben in untergeordneter Stellung, voll erlebter oder eingebildeter Erniedrigungen, in denen sich Hassgefühle aufbauen, bis das Maß voll ist. Sachbeschädigungen, Brandlegungen oder gegen den Täter selbst gerichtete Aggressionen gehen mitunter voraus.

Über Seiten hinweg konnte ich in meinem Artikel Amok-Fälle in den USA und weltweit anführen, über weitere Seiten noch weit mehr beispielhafte Amok-Fälle in Europa. Allein in Deutschland listete ich für die Jahre 1983 bis 1999 insgesamt 25 mir über die Medien bekannt gewordene Amok-Fälle auf, darunter:

Im Taunusstädtchen Eppstein, drang im Juni 1983 ein 34-jähriger Mann mit zwei Pistolen in eine Schule ein, erschoss drei Kinder, einen Lehrer und einen Polizisten, der gerade Verkehrsunterricht erteilte. Dann richtete er sich selbst. Sein vermutliches Motiv: Hass auf Lehrer, weil er selbst vergeblich versucht hatte, einer zu werden.

Im April 1988 verließ ein 37-jähriger lediger Arbeiter spät abends eine Gaststätte in Premenreuth/Oberpfalz und fuhr mit seinem Passat los. Zwei Bier hatte er nur getrunken, aber offenbar eine unheimliche Wut im Bauch. Unterwegs versuchte er den Wagen eines Arbeitskollegen von der Straße zu drängen, verfolgte ihn bis zu dessen Hof, wo er mit einem Beil auf ihn eindrang. Als dessen Vater aus dem Haus stürzte, um seinem Sohn beizustehen, sprang er in seinen Wagen und überrollte den Mann zweimal. Dann fuhr er weiter nach Letten, wo ein Ehepaar lebte, das in derselben Firma wie er arbeitete und mit dem er seit Jahren im Streit lag (er hatte dem Paar schon einmal die Fenster eingeschlagen, die Autoreifen zerstochen und den Grabstein der Familie umgeworfen). Als die Frau ihm öffnete, griff er sie sofort mit einem Messer an und stach auch deren Mann nieder. Danach fuhr er weiter nach Erbendorf zum nächsten Arbeitskollegen. Er warf ihm die Fenster ein, und als der Mann aus dem Haus stürzte, griff er ihn mit Beil und Messer an. Wieder fuhr er weiter. In Bernstein kappte er an einem Anwesen zuerst die Telefonleitung, dann schlug er ein Fenster ein. Der Inwohner wehrte den Eindringling mit Schüssen aus einer Gaspistole ab. Der Amokläufer raste mit seinem Passat weiter, lenkte den Wagen aber nun gegen einen Baum und starb. Er wurde als ruhig, introvertiert, verschlossen und kontaktarm geschildert.

Im Mai 1989 ging in Berlin der 24-jährige Sohn eines Libanesen und einer Deutschen mit einem Messer und einer Gabel auf seine Opfer los. Er tötete eine 50-jährige Frau und fügte sieben Menschen teils lebensgefährliche Verletzungen zu. Als Motiv wurde vermutet, dass er sich ausgeschlossen und nicht anerkannt fühlte.

Im April 1996 streifte ein 27-jähriger Reifenmonteur aus Taufkirchen bei München mit einem Gewehr durch die Nacht, nachdem er Streit mit seiner Freundin hatte. Rache bewegte ihn. Als ihm ein junges Paar auf dem Heimweg von einer Disco begegnete, schoss er die beiden nieder und verletzte sie schwer. Stunden später griff die Polizei den völlig desorientierten Mann auf.

Schwaches Echo meiner Polizeiromane

Meine Polizeiromane finden in der Gesellschaft meist nur ein schwaches Echo. Verstehe ich es nicht, den Bürger für die authentische Darstellung der Polizeiarbeit und so manche Fälle aus der Praxis, mit denen ich der Gesellschaft gern den Spiegel vorhalte, zu interessieren? Wollen sie nichts wissen von den Sorgen und Nöten der Polizistinnen und Polizisten, ihren taktischen Möglichkeiten und gesetzlichen Grenzen, ihrem Engagement und ihrem Stress und Frust, dem sie Tag für Tag ausgesetzt sind? Dass ich mich nicht zu artikulieren, keine Spannung aufzubauen vermag, kann ich nicht glauben, erhalte ich doch immer wieder mal Zuschriften, die sich anerkennend über meine Romane äußern, sie „sowohl sehr spannend als auch durch und durch authentisch" finden, und so mancher meiner Leser verlangt nach allen meinen Titeln und schätzt sie mitunter mit spezieller Widmung – die ich gerne anbringe – als Geschenk für Freunde und Bekannte. Der Redakteur einer polizeilichen Fachzeitschrift schrieb gar in einer Rezension zu BITTERE ERKENNTNIS, dass es dieser Roman in sich habe und er so viele erschreckende Parallelen zur Wirklichkeit bisher in keinem anderen Roman erlebt habe (vgl. 23. Folge). Durchwegs positiv über Polizistinnen und Polizisten äußern sich auch Besucher des Internetforums „Polizei-Poeten" (HYPERLINK „http://www.polizei-poeten.de" **www.polizei-poeten.de**) in ihren Einträgen in der „Gästeliste". Aber da sind dann die Lektoren so mancher Verlage, die meine Manuskripte rundweg ablehnen, lapidar meist mit „passen nicht in unser Verlagsprogramm u. ä.", oder sie kollidieren mit der Ideologie dieses oder jenes Verlages, wie mitunter indirekt verlautet. So stieß sich z. B. ein Literaturagent, den ich zunächst mit Lektorat und Vertretung meines Polizeiromans „Operation Mohnblume" betraute, an meiner Schilderung aus einer aktuellen Zeitungsnotiz über eine Wahlkundgebung der damaligen „Republikaner" in Münchens Olympiahalle, zu der sich laut Presseveröffentlichung 8000 Teilnehmer eingefunden hatten und sich draußen 6000 Gegendemonstranten versammelten. Die Polizei, eine Massenschlägerei zwischen den politischen Gegnern befürchtend, hatte 600 Polizisten aufgeboten, dann seien aber doch nur Flaschen geflogen und habe es einige Prügeleien gegeben. Der Vater eines drogensüchtigen Schülers hatte, so schilderte ich in der fiktiven Geschichte, an der Gegendemonstration teilnehmen wollen – statt sich um sein missratenes Söhnchen zu kümmern, den die Drogenfahnder ertappt hatten, wie ich meinen Protagonisten monieren ließ. „Da werden sie wieder gebrüllt haben: ‚Deutsche Polizisten schützen die Faschisten!‘", ließ ich ihn bei der Lektüre des Zeitungsberichts denken und fragen, wer da das größere Übel sei: Die linken Berufsdemonstranten und Steineschmeißer oder die ewig Gestrigen von rechts. Der Agent wollte diesen Passus raushaben, womit ich aber nicht einverstanden war, leben Polizisten doch auch nicht im politisch luftleeren Raum. Ich verzichtete darauf, von ihm vertreten zu werden.

Eine ausgesprochene Seltenheit an Begründung der Ablehnung eines meiner Manuskripte lautete einmal: „Da steht so viel von der Polizei drinnen, das lieben unsere Leser nicht." Da war sie wieder, die Ideologie so mancher Verlage! Mit der Polizei, den Bullen, wollen sie nichts zu tun haben. Wobei ich mich doch frage, ob das wirklich auch für deren Leser zutrifft. Das „Mallorca Magazin" zum Beispiel, dem ich ein Rezensionsexemplar meines Mallorca-Krimis „Tod im Talayot" zusandte, scheute sich nicht, unter dem Titel „Das ideale Versteck für eine Leiche" eine ausführliche Rezension darüber zu bringen (Nr. 28 vom 13.–19. 09. 2001). Selbst Münchner Zeitungsverlage berichteten nicht generell negativ über die Polizei und deren Beamte. So ließen sich anlässlich der „Criminale 2002" in München, die ich vorbereiten half und an der ich teilnahm (siehe unten), sowohl die „Süddeutsche Zeitung" in ihrer Ausgabe vom 3. April 2002 und der „Münchner Merkur" vom 16. April 2002, zu relativ ausführlichen Berichten darüber herbei, wie ich „meinen Beruf literarisch verarbeite". Polizeiromane, wie ich sie schreibe, erachte ich sowohl als Zeitgeschichte als auch als Spiegel der Gesellschaft in vielleicht noch deutlicherem Maße als landläufige Krimis, in denen die schriftstellerische Phantasie, die Skrupellosigkeit und Brutalität, mit der gemordet und geschändet wird, die Realität oft weit überholt. Nun, Krimis dienen allgemein der Unterhaltung, der oberflächlichen meist nur. Bestialische Lektüre ist für mich nicht unterhaltend, wie ich mich auch für landläufige deutsche Krimis allgemein nicht begeistern kann. Das Polizeimilieu, die Mentalität der Polizeibeamtinnen und -beamten ist diesen Autoren fremd. Welche Frustrationen gewisse organisatorische und gesetzliche Hemmnisse oder Angriffe seitens der Medien auslösen, in deren Focus sie ständig stehen, verstehen sie nicht. Sie gehören schließlich nicht zur „Truppe", sind von derlei Dingen nicht betroffen. Nur Insider vermögen Polizeiarbeit authentisch und hautnah zu reflektieren, die sich ständig an gesellschaftlichen Entwicklungen, immer wieder neuen Kriminalitätsphänomenen und immer stärkeren Beschneidungen der Eingriffsbefugnisse orientieren muss (Richtervorbehalt u. a.). Wird in unserem Rechtsstaat doch der freien Entfaltung der Persönlichkeit vor dem Schutz der Gesellschaft in oft unverantwortlicher Weise der Vorzug gegeben. So stehen für mich in der Regel Taktik und Technik der Kriminalistik, die immer wieder neuen Gesetzen und Richtlinien gerecht werden muss, und die Professionalität der mit dem Kriminalitätsgeschehen befassten Beamtinnen und -beamten, vor dramaturgischen Effekten und an den Haaren herbeigezogenen Plots.

Hunderte Exemplare meiner selbst verlegten Polizei-Romane – OPERATION MOHNBLUME (März 1998), BITTERE ERKENNTNIS (Februar 2000) und SCHATTENSEITEN EINER GROSSSTADT (April 2001) – stapelten sich mittlerweile im Kellerabteil unserer Wohnung. In Fachzeitschriften hatte ich nach deren Erscheinen Rezensionen und Inserate untergebracht, Bestellungen gingen aber nicht in dem erhofften Maße ein. Natürlich hatte ich mir vom Börsenverein des Deutschen Buchhandels jeweils die ISDN-Nummer für die einzelnen Titel zuweisen lassen und jährlich die anfallenden Gebühren bezahlt. Und zusammen mit meiner Frau fuhr ich tagelang Buchhandlungen in München und den umliegenden Städten ab und bot die Titel in Kommission mit üblichem Buchhändlerrabatt zum Weiterverkauf an. Für sündteuere Werbeinserate wollte ich nicht noch mehr Geld rauswerfen. „Bücher machen ist nicht schwer", erfuhr ich hautnah, „der Verkauf dagegen sehr."

Autorengruppe DAS SYNDIKAT

Ein Berufskollege aus einem der neuen Bundesländer, Wolfgang
Mittmann aus Beiersdorf/Südbrandenburg, machte mich auf das
SYNDIKAT aufmerksam. Er war in einer Fachzeitschrift auf
die Rezension meines Polizeiromans OPERATION MOHN-
BLUME gestoßen und interessierte sich dafür. Schrieb er doch
selbst auch, hatte zur DDR–Zeit schon Hörspiele, Szenarien und
Kriminalromane veröffentlicht und nach der Wende im Verlag
„Das Neue Berlin" mehrere Bände über DIE GROSSEN FÄLLE
DER VOLKSPOLIZEI, die er, ehemaliger Angehöriger der Kripo
der Transportpolizei und nach 34 Jahren im Polizeidienst seit
1990 als Kriminalhauptkommissar im Ruhestand (er war nicht
übernommen worden), akribisch recherchierte, veröffentlicht.
Wir vereinbarten, unsere Bücher auszutauschen. Als gelernter
Lokomotivschlosser studierte er nach Abitur Kriminalistik (ein
Studium, das es in der damaligen BRD nicht gab und mit der
Wende leider nicht übernommen wurde). Ich las sie mit Interesse
und stellte fest, dass die Polizei der ehemaligen DDR nicht viel
anders arbeitete als wir im Westen. Während der CRIMINALE

*Der Autor (auf dem Podium 2. von links) liest in der Eingangshalle des Polizeipräsidiums
Essen anlässlich der CRIMINALE 2000. Privatfoto*

2000 in Essen, wo er mit drei anderen Autoren in der Geno-Volksbank in der Hindenburgstraße las und ich mit zwei weiteren Autoren in der Eingangshalle des Polizeipräsidiums Essen in der Büscherstraße lernten wir uns persönlich kennen.

Im SYNDIKAT, gegründet 1986 in Stuttgart, fanden sich deutschsprachige Autorinnen und Autoren der Kriminalliteratur aus Österreich, der Schweiz und der Bundesrepublik Deutschland zusammen (aus einleitendem Text zum Programmheft der CRIMINALE 1995 in Potsdam). Neben den für eine Literaturgruppe üblichen Aktivitäten – Werkstattgespräche über die Perspektiven des Genres, Diskussion und Auseinadersetzung um die Literatur, Förderung des Genres – verleiht es auf einem jährlichen Krimifestival, der CRIMINALE, die jedes Jahr in einer anderen Stadt veranstaltet wird, einen Autorenpreis sowie einen Ehrenpreis an eine Persönlichkeit, die sich um das Genre besonders verdient gemacht hat. Die für die Aktivitäten des SYNDIKATS erforderlichen Gelder kommen aus Spenden und Mitgliedsbeiträgen. Das SYNDIKAT gründete den „Förderverein deutschsprachiger Kriminalliteratur e. V." mit Sitz in Stuttgart, der die Gelder verwaltet und als gemeinnützig anerkannt ist.

Die „Ehrenwerte Gesellschaft" des SYNDIKAT – mit der Mafia hat sie trotz ihres anrüchigen Namens nichts zu tun, auch wenn sich deren Mitglieder ebenso mit Mord und Totschlag und anderen kriminellen Aktivitäten befassen – schien es mir wert, als Mitglied beizutreten. Fühlte ich mich als Krimiautor, der seine Werke selbst verlegen und vertreiben muss und allenfalls Zuschussverlage an ihnen interessiert sind, doch weitgehend im luftleeren Raum. Als die vom 17. bis 21. April 2002 anberaumte CRIMINALE 2002 unter dem Titel SPURENSUCHE AN DER ISAR in München stattfinden sollte, stieg ich zu deren Organisation voll mit ein. Die aus einem Dutzend Autoren aus München und dem übrigen Bayern bestehende Arbeitsgruppe, die sich bereits im Sommer 2001 zusammenfand, nannten wir auf meinen Vorschlag „Soko Criminale". Sie hatte jede Menge zu tun, hatten sich zu diesem Mega-Event doch rund 150 Krimi-

Autoren angemeldet, waren ca. 100 Einzelveranstaltungen vorgesehen und darüber hinaus ein im Literaturhaus über drei Tage und Nächte laufender Rekordversuch „Die längste Krimi-Lesung der Welt" mit halbstündlich anderen Autoren – insgesamt 100 – zu organisieren, zu dem ich am zweiten Tag um 06.00 Uhr früh mit einer Lesung aus meinem Polizei-Krimi BITTERE ERKENNTNIS dran war. Der Erlös des zum Eintrag ins Guinnessbuch der Rekorde vorgesehenen „Krimi-Marathon" sollte einem guten Zweck zugute kommen.

Die als „größte CRIMINALE, die es bis dahin gab" bezeichnete Veranstaltung, zu der sich erstmals auch internationale Krimi-Stars die Ehre gaben, bot neben zahllosen Lesungen an unterschiedlichsten Örtlichkeiten eine Podiumsdiskussion im Literaturhaus unter dem Titel „Das Böse ist immer und überall – läuft die Realität dem Kriminalroman davon?"; einen Vortrag im Multimedia-Studie der Stadtbibliothek *Am Gasteig* zum Thema „Internetkriminalität – die dunklen Seiten des World Wide Web" durch KHK Rainer Richard, Kripo München; einen Vortrag im Literaturhaus, Großer Saal im dritten Stock zum Thema „Dem Serientäter auf der Spur – Profiling – Operative Fallanalyse" durch KHK Alexander Horn, Kripo München (beide durch mich gewonnen).

Weitere Veranstaltungen dienten der Fortbildung von Autoren über Marketing, Basiswissen (wie finde ich einen Verlag etc.) Steuerrecht, Sprechtraining u. a. m., sie fanden in der Bibliothek und dem Seminarraum des Literaturhauses statt.

Und das war noch nicht alles: Auf dem Programm standen eine „Kriminalistische Stadtführung" unter dem Motto „Schurken und Gendarmen", Treffpunkt Ettstraße vor dem PP München; „Fahrt mit der Krimi-Tram" jeweils ab Lehnbachplatz mit Lesungen und Überraschungen; „Der große Krimi-Slam" in Jörg Maurers Unterton, Kurfürstenstraße 8, die Chance für Schreibtischtäter, ihre Krimitexte, ob Gedicht oder Kurzgeschichte, *live on stage* zu präsentieren; „Der lange Krimi-Brunch" von 11.00 bis 17.00 Uhr im Café Schwabinger Wassermann, Herzogstraße 82, mit zahlreichen Autoren; „Die Falle", Kriminalstück im Blutenburgtheater,

Blutenburgstraße 35, Deutschlands erster Krimi-Bühne; „TAT-ORT", die besten Münchner Tatort-Folgen life im Literaturhaus, präsentiert auf großer Leinwand von den Tatort-Kommissaren Udo Wachtfeitl, Miroslav Nemec und Michael Fitz.

Workshops, Krimi-Schreibwettbewerbe, ein Kinder-Krimitag, ein „Großes Detektivspiel" u. a. waren darüber hinaus im Rahmen eines Kinder- und Jugendprogramms geboten. Und zum Schluss war die für dieses Event übliche Abschlussgala „Tango Criminale" zu organisieren, eine interne Veranstaltung mit Verleihung des mit 10.000 DM dotierten Krimipreises „Glauser" für den besten deutschsprachigen Kriminalroman des Jahres.

Ich selbst, einziger Autor, der von der Kripo kam, nutzte meine Kontakte zu Polizei und Justiz und organisierte Lesungen, die ich mit Motto und den jeweils vorgesehenen Autoren/Innen, die ich hier als Beispiel dafür, welche Typen denn man unter Krimi-Autoren/Innen findet, mit Ausbildung, Werdegang und speziellen Kenntnissen vorstellen möchte, wie ich sie in meinen Plakatentwürfen wie folgt ankündigte:

Autorenlesung im Bayerischen Staatsministerium des Innern unter dem Motto „Es geht um Mord". Es moderiert: Christoph Hillenbrand, Pressesprecher des BStMI. Es lesen: **Horst Eckert** aus Düsseldorf, Sprecher des SYNDIKAT, Diplom-Politologe, Journalist und Autor von Krimis, die im (fiktiven) Düsseldorfer Polizeipräsidium spielen; **Sirmione Zinth** (Pseudonym), kaufm. Ausbildung, Musikstudium in Karlsbad und München, ist freiberufliche Schriftstellerin und schreibt u. a. Kriminalerzählungen und makabre Short Storys; **Klaus Schuker**, geboren in Ravensburg, ehemaliger Polizeibeamter, hauptberuflich Autor, schreibt Kriminalromane und Kriminalerzählungen und Kurzgeschichten; **Manuela Martini**, geboren in Mainz, lebt in München und zeitweilig in Australien, studierte Literaturwissenschaften, drehte Werbe-, Industrie- und Dokumentarfilme, ihr erster Krimi spielt in Australien und trägt den Titel „Outback".

Autorenlesung im Polizeipräsidium München, Eingangshalle. Motto: „Mörderjagd im Großstadtdschungel". Es moderiert: Wolfgang Wenger, Pressesprecher des PP München. Es lesen:

Heinrich J. Prinz, ehemaliger Münchner Kriminalbeamter und Autor von München-Krimis und Polizeiromanen; **Friedrich Ani**, ehemaliger Polizeireporter und bekannter Münchner Krimi-Autor; **Annemarie Schönle**, ehemalige Beamtin, Roman- und Drehbuchautorin. In ihrem jüngsten Roman geht es um Vergewaltigung in der Ehe und dem daraus resultierenden Gewissenskonflikt der Opfer; **Heinz-Peter Baecker**, Fotografenmeister und Journalist, beheimatet im Hunsrück, schreibt Romane, Drehbücher und Krimis.

Autorenlesung im Bundesgrenzschutzpräsidium Süd, Casino. Motto: „Mordermittlung landesweit". Es moderiert: Manto Graf zu Castell-Rüdenhausen, Pressesprecher des BGSP Süd. Es lesen: **Thomas Prinz**, Diplomat beim Auswärtigen Amt in Berlin, promovierte in Politikwissenschaft und Geschichte und schreibt Krimis, gewährt mit spannenden Diplomatenkrimis Einblicke in den Betrieb einer deutschen Botschaft im Ausland; **Silvia Kaffke**, studierte Publizistik und Germanistik, lebt in ihrer Geburtsstadt Duisburg und schreibt Krimis – ihre Geburtsstadt verlieh ihr 2000 den Kulturförderpreis für Literatur; **Jürgen Kehrer**, studierte Pädagogik, war als Journalist tätig, lebt nun als freiberuflicher Schriftsteller in Münster, schreibt neben Kriminalromanen auch Sachbücher über realen Mord und Totschlag; **Helge Beiersdorfer**, studierte Germanistik, absolvierte eine Ausbildung zur Journalistin, arbeitete u. a. als Redakteurin bei der Frankfurter Rundschau, schreibt nun als freiberufliche Autorin Krimis und veröffentlicht Features und Reportagen.

Autorenlesung bei der Bereitschaftspolizei, I. Abteilung, München, Rosenheimer Straße 130. Motto: „Blutspuren". Es moderiert: Heinrich J. Prinz, EKHK a. D. aus München. Es lesen: **Beatrix Kramlovsky**, Schriftstellerin und freischaffende Künstlerin aus Niederösterreich, schrieb Kurzgeschichten, Erzählungen, ein Theaterstück und Kriminalromane; **Niklaus Schmid**, Weltenbummler und freier Schriftsteller, schrieb zahlreiche Kriminalromane, Kriminalerzählungen, Kriminalhörspiele sowie Reisebücher über die Balearen und Formentera, wo er zeitweise lebt; **Steffen Mohr**, Schriftsteller und Liedermacher aus Leipzig, hat ein bewegtes Leben hinter sich aber trotz Verfolgungen im damals anderen Teil Deutschlands seinen Humor nicht verloren. Heute schreibt er Kriminalromane, Kriminalhörspiele und Kurzkrimis; **Thomas Pfanner**, Paläontologe, Altenpfleger und Heimleiter, schreibt Kriminalromane und Kriminalerzählungen.

Kollegen aus Ost und West einträchtig nebeneinander: Wolfgang Mittmann (l.), KHK a. D. aus Südbrandenburg, und Heinrich J. Prinz, EKHK a. D. aus München, neben einem Streifenwagen (BMW 501) der legendären Münchner Funkstreife, wie auch Prinz ihn lange Jahre fuhr (auf der Brust den Button, der ihn als Mitglied der Soko Criminale ausweist) und den der ehemalige Funkstreifenkollege Herbert Joksch (inzwischen verstorben) vor der Verschrottung rettete und in altem Glanze wieder aufbaute. Joksch stellte ihn vor dem Wirtschaftsgebäude der I. Bereitschaftspolizeiabteilung zur Schau, wo im Palmensaal im ersten Stock die Krimilesung stattfand. Privatfoto

Krimistunde im Justizpalast, Prielmayerstraße 7, 2. Stock, Sitzungssaal 253, Thierschsaal. Motto: Mörder im Landgericht. Es moderiert: Erich Hallhuber, bekannt als Richter Wunder aus der im Justizpalast spielenden Fernsehserie „Café Meineid". Es lesen: **Anke Gebert**, geboren in Halle/Saale, ehemals Kunsterzieherin, studierte Literatur in Leipzig, lebt heute als freie Autorin in Hamburg. Für ihr Drehbuch „Hunde die schlafen" erhielt sie den Literaturpreis der Hansestadt und den Preis der Medienstiftung Schleswig-

Holstein. **Christa von Bernuth**, geborene Münchnerin, besuchte nach Internat und verschiedenen Jobs die Journalistenschule und schrieb u. a. für den Spiegel und die Süddeutsche Zeitung. Ihr erster Krimi trägt den Titel: „Die Frau, die ihr Gewissen verlor". Es folgte der Roman „Die Stimmen", in dem sie ihre Erfahrungen im Internat verarbeitete. **Cornelia Arnold**, geboren in Frankfurt, arbeitete als Reiseleiterin, Sekretärin und Reitlehrerin, schrieb Reportagen über Pferdesport, war Redakteurin beim Frankfurter Frauenblatt und zog schließlich nach Berlin-Lichtenberg, wo auch ihre Krimis angesiedelt sind.

Krimistunde bei der Staatsanwaltschaft, ursprünglich im Gebäude der StA München I in der Linprunstraße vorgesehen, musste sie kurzfristig in den Konferenzsaal des Oberlandesgerichts an der Prielmayerstraße 5/IV, Saal 420m, verlegt werden. Das Motto dieser Lesung: Der Staatsanwalt ermittelt. Es moderiert: Leitender Oberstaatsanwalt Manfred Wick. Es lesen: **Gabriele Wolff**, Oberstaatsanwältin und Krimi-Autorin aus Neuruppin, **Albrecht Schau** aus Ludwigsburg, Professor für deutsche Literatur und Sprache und deren Didaktik (emeritiert), schreibt Kriminalromane und -erzählungen und veröffentlicht wissenschaftliche Beiträge und Essays für den Hörfunk; **Karin Burschik** aus Rösrath bei Köln, Redakteurin des Mitteilungsblattes des SYNDIKAT, machte nach verschiedenen Tätigkeiten wie Bankkauffrau, Karatetrainerin und Physikstudentin das Schreiben zum Beruf und veröffentlichte u. a. eine Reihe von Krimis bei Bastei Lübbe; **Martin Schüller**, arbeitete neben Studium und diversen Berufen vorwiegend als Rockschlagzeuger und Sänger und lebt in Köln. Prägende Jahre als Taxifahrer und sein Musikwissen schlugen sich in Köln-Krimis nieder, die teils auch als Hörspiel im WDR kamen.

Krimistunde in der Rechtsmedizin, Sektionshörsaal der Pathologie, Frauenlobstraße 7. Moto: Auf dem Sektionstisch. Es moderiert: Prof. Dr. Matthias Graw, Institut für Rechtsmedizin der LMU München. Es lesen: **Hartwig Liedke**, studierte Psychologie und Medizin, war nach seiner Promotion Facharzt und Oberarzt in einem Unfallkrankenhaus, arbeitet nun in einer chirurgischen Gemeinschaftspraxis und lebt in Köln.

Er schrieb Krimis wie „Klinisch tot", „Tod auf Rezept" und „Scharfe Schnitte" sowie mehrere Kriminalerzählungen. **Renate Kampmann**, Fremdsprachenkorrespondentin, Dramaturgie-Assistentin und Produktionssekretärin beim NRW in Hamburg, studierte Germanistik und Geschichte, war als Journalistin tätig, entwickelte als TV-Producerin die RTL-Serie „Doppelter Einsatz" und schrieb Drehbücher. Heute arbeitet sie als freie Autorin und schreibt neuerdings auch Krimis. **Reiner M. Sova**, arbeitet nach einem Studium der Verwaltungswissenschaften und einem Jura-Grundstudium als Kriminalkommissar, war Drogenfahnder und Todesermittler und ist nun Dozent an polizeilichen Bildungseinrichtungen in NRW. Im Auftrag der Vereinten Nationen errichtete er in Sarajewo eine Polizeiakademie. Seine Krimis handeln von einem Bestatter mit detektivischer Leidenschaft, den er bis nach Bosnien und in den Kosovo führt. **Patricia Vohwinkel**, studierte vorwiegend das Leben an vielen Orten der Welt – und manchmal auch Germanistik, wie sie sagt. Und „genoss" Arbeitsverhältnisse wie Interviewerin, Übersetzerin und Lehrerin. Erste Krimis: „Zufällig Elchtod" und „Atemlos Elchtod".

Krimistunde im Hofbräuhaus am Platzl, 2. Stock, Erkerzimmer, mit anschließendem geselligen Zusammensein mit Autoren, Polizeibeamten, Freunden der Polizei und Krimi-Fans, musikalisch umrahmt von der „Lerchenauer Tanzlmusik". Motto: Mord und Todschlag bei Bier und Leberkäs. Es moderiert: Robert Link, TV München, Nachrichtenredakteur und Moderator des Polizeimagazins „Blaulicht". Es lesen: **Heinrich J. Prinz**, EKHK a. D. aus München, Autor von München-Krimis und Polizeiromanen mit authentischer Schilderung der Polizeiarbeit. **Marcus Winter** (Pseudonym, noch im aktiven Kriminaldienst) KHK und Drogenfahnder aus Nordrhein-Westfalen. Er gibt mit einem Roman aus dem Drogenmilieu sein Krimi-Debüt. **Edith Kneifl**, Psychoanalytikerin und freie Autorin aus Wien, veröffentlichte zahlreiche Beiträge im Wiener Frauenbuchverlag und wurde für ihren ersten, 1991 erschienenen Krimi „Zwischen zwei Nächten", mit dem Glauser-Preis des SYNDIKATS ausgezeichnet. **Wolfgang Mittmann**, KHK a. D. aus Brandenburg, Autor zahlreicher

Kriminalromane und Kriminalerzählugen sowie der Reihe „Große Fälle der Volkspolizei", in der er authentische Kriminalfälle im damals anderen Teil Deutschlands schildert.

Zu dieser Lesung hatte ich im Namen des Polizeistammtisches im Hofbräuhaus eingeladen. Alle meine Kollegen, teils mit familiärem Anhang, kamen. Dazu gesellten sich Freunde der Polizei und sonstige Privatpersonen sowie Autoren der Criminale. Der Pressesprecher des PP München, Wolfgang Wenger, und sein Vertreter, Peter Reichl, gaben uns die Ehre mit ihrem Besuch. So mussten zusätzlich Tische aufgestellt werden, und das Erkerzimmer, das für siebzig bis achtzig Personen Platz bietet, quoll fast über.

Nahtlos ging die Reihe der Lesungen im Bereich der Justiz weiter mit Lesungen vor Häftlingen in der Justizvollzugsanstalt (JVA) Stadelheim, Stadelheimer Straße 12, und der Frauenabteilung der JVA Am Neudeck 10, beides natürlich geschlossene Veranstaltungen. Je drei Autoren/Innen boten wir dazu auf.

Im Erkerzimmer des Hofbräuhauses lasen (von l. nach r.): Heinrich J. Prinz, Markus Winter, Edith Kneifl, Wolfgang Mittmann. Im Hintergund in bayerischer Tracht die „Lerchenauer Tanzlmusik" (Zweiter von rechts mit Brille und Adlerflaum am Trachtenhut mein Bruder Alfons). Privatfoto

So ganz konnte ich es weiterhin nicht lassen.

Mit der Criminale 2002 in München betrachtete ich meine beruflichen Aktivitäten an sich als beendet. Fünfzig Jahre kreisten meine Gedanken um Kriminalität und den politischen und kulturellen Niedergang einer Gesellschaft, die ich mehr und mehr zum Kotzen fand.

Dann aber animierte mich die Erfahrung mit meinem nach Herzrhythmusstörungen implantierten Herzschrittmacher zu einer Kurzgeschichte, in der das Mordopfer, ein Rentner, der seinen Ruhestand zusammen mit seiner Frau auf Mallorca verbringen wollte, ohne Kopf und Hände in den Isarkanal geschmissen wurde, um seine Identifizierung zu verhindern. An dessen Stelle und zusammen mit dessen Witwe düste der Mörder nach Mallorca ab. Er hatte indes übersehen, dass sein Opfer einen Herzschrittmacher trug, anhand dessen es identifiziert werden konnte – womit die Spur geradewegs zu ihm führte. Zusammen mit anderen Erlebnissen aus meiner reichhaltigen beruflichen Erinnerung stellte ich eine Anthologie mit einem Dutzend Kriminalgeschichten zusammen. Unter dem Titel GNADENLOSE MÖRDERJAGD brachte der VERLAG NEUE LITERATUR (VNL) in Jena sie 2004 heraus. Die Titelgeschichte bezog sich indes auf einen anderen Mordfall. Wie dem Mordopfer aus dem Isarkanal, das am Rechen eines Kraftwerkes kurz vor Landshut angeschwemmt wurde, der Kopf fehlte, stak in der Titelgeschichte ein Kopf auf einem Pfahl am Ufer der Würm, einem kleinen Flüsschen, das aus dem Starnberger See heraus Richtung München fließt und bei Dachau in die Amper mündet. Aus vorquellenden Augen starrte er dem Mordermittler entgegen, der zu dem versteckten Rasenplatz am Ufer gerufen worden war. Der Kriminalbeamte war schon einmal hier gewesen, vor fünf Jahren, als eine zwölfjährige Schülerin aus dem nahen Gräfelfing nicht mehr nach Hause kam. Er kannte den Mann, dem der Kopf gehörte, und hatte nicht vergessen, dass der Großvater dem damals noch jugendlichen Täter androhte, ihn einen Kopf kürzer zu machen. Doch gab es da nicht schon mal so einen Fall …? Immer wieder fallen

Kinder triebgesteuerten Sexbestien in die Hände. Die in dieser Anthologie als Titelgeschichte gewählte Story ist so ein Fall.

Und dann waren da noch ein Paar Fälle, über die ich gern noch schreiben wollte.

Die Rache des Dealers

In diesem, 2006 im Schardt Verlag, Oldenburg, verlegten Münchner Polizei-Krimi, schildere ich, wie der Drogenfahnder des LKA, der bereits in OPERATION MOHNBLUME vorgestellte KOK Jürgen Renner, noch mit dem Ecstasy-Fall vom Münchner Hauptbahnhof beschäftigt erfährt, dass er aus Drogenkreisen mit Blutrache bedroht wird. Hatte er damals, als die aus Istanbul eingeführte Heroinlieferung übergeben werden sollte, in Notwehr den Bodyguard des Capo der Türken-Conection erschossen, für den die Lieferung bestimmt war – den Bruder des Kurden Faruk Ercan (fiktiver Name), der ihm und seiner Partnerin Monika Hoberg auf der Balkanroute, über die sie als verdeckte Ermittler die in einem Wohnmobil versteckte Heroinlieferung überbrachten, auflauerte, wieder im Lande sein sollte. Er bangt indes weniger um seine sondern mehr um die Sicherheit seiner Partnerin und vor allem der bei seiner Ex in Düsseldorf lebenden Tochter Anja, die gerade jetzt in München ihre Polizeiausbildung antreten soll. Als die Schlinge aus Drogenhandel und Gewalt sich immer mehr um ihn zusammenzuziehen beginnt, tappt er auch noch in eine verhängnisvolle Falle. Geht die Rache des Dealers auf ...?

Rosen für die Lady

Seit Jahren archivierte ich Berichte über das Geschehen um die an der nördlichen Münchner Ausfallstraße entlang eines Bundeswehrübungsgeländes nach Ingolstadt abgestellten Wohnmobile, in denen Dirnen ihre Dienste an Ort und Stelle anboten und deren Zuhälter um die begehrten Standplätze an Europas lukrativster „Sündigen Meile" kämpften. Vor dem historischen Hintergrund des hier Mitte der 1980er-Jahre zwischen deutschen und jugoslawischen Zuhältern ausgetragenen gewalttätigen Konkurrenzkampf konzipierte ich einen Münchner Polizei-Thriller um die engagierte Chefin eines für Prostitutionsdelikte zuständigen Kommissariats des Münchner Sittendezernats, die Kriminalhauptkommissarin GABY MARKWARDT, ob ihres korrekten, blendenden Auftretens in der örtlichen Presse „Lady" genannt. Ich wollte mit meinem Roman zeigen, dass Frauen in der Männerdomäne Polizei sehr wohl auch in Führungspositionen ihren Mann stehen können. So schrieb ich meiner Protagonistin Gaby Markwardt die Leitung der „Soko Straßenstrich" zu, mit der das Polizeipräsidium der zunehmenden Brutalisierung auf dem Wohnwagenstrich begegnen will, und zeigte auf, welchen speziellen Anforderungen sie damit in Organisation und Führung einer Sonderkommission und der aktuellen Informationsverarbeitung per EDV genügen muss. Als der Zuhälter Peter Pichl, genannt „Bomber", die „Schwarze Olga", eines seiner besten Pferdchen, grün und blau schlägt, weil sie aussteigen will, geht sie zur Polizei. Die attraktive Hauptkommissarin sieht in deren Aussage ihre große Chance, an die Hintermänner der gewalttätigen Zuhälter heranzukommen. Doch dann vermag sie Bomber nicht aufzufinden, und auch Olga ist verschwunden. Hat der Zuhälter von deren Verrat Wind bekommen? Die Situation eskaliert, als er im Kugelhagel seiner Konkurrenten stirbt und Rollkommandos der berüchtigten Frankfurter Jugo-Mafia (vgl. „Die Verbrecher Holding", Piper Verlag, u. a. Buchveröffentlichungen von Jürgen Roth) über die eingesessenen Zuhälter herfallen, bestialisch stinkende Buttersäure in die Wohnmobile deren Dirnen schütten oder die „Liebeslauben" der Konkurrenz überhaupt gleich abfackeln. Die Fahndung per Phantombild nach dem Anführer der Zuhälter aus Frankfurt am Main, „Capitan" genannt, bringt die Hauptkommissarin in akute Lebensgefahr. Als sie nach nächtlichen Drohanrufen ein ihr auf der Dienststelle zugestelltes Rosenbukett in Händen hält, das ihr für die paar Rosen unter dem Zellophandeckel etwas zu schwer schien, durchfährt es sie: „Das ist der Tod!" Innerlich bebend aber vorsichtig bringt sie das Bombenbukett in einen abseitigen Raum und lässt es durch Beamte der Dienststelle WuG (Waffen und Geräte) entschärfen. Gefordert wie nie zuvor, bleibt es ihr auch nicht erspart, auf den Geiselnehmer, der ihren Rivalen, der während einer Razzia in einschlägigen Lokalen ihren eher frei-zeitmotivierten Vertreter, Hauptkommissar Udo Thoms, als Geisel nimmt, den „finalen Rettungsschuss" durch das aufgebotene Präzisionsschützenkommando zu befehlen. Ein Trauma, das sie nächtelang verfolgen sollte.

Der von mir als „Polizei-Thiller" mit dem Untertitel „Haupt-kommissarin der Münchner Sitte im Kampf gegen skrupellose Zu-hälter" apostrophierte Roman kam 2007 als „München-Krimi" im Schardt Verlag, Oldenburg, heraus. Einen nächsten „Polizei-Thriller" wollte ich anschließend der Russen-Mafia „widmen", die längst auch in München mordete. Vor dem historischen Hintergrund des Raubes frühchristlicher Mosaiken von un-schätzbarem Wert aus orthodoxen Klöstern im Verlauf der Wirren um die türkische Besetzung Zyperns im Jahr 1974, wie sie 1997 von der Kunstgruppe des BLKA sichergestellt werden konnten, wollte ich einen Münchner Antiquitätenhändler, wie die Kunst-gruppe des LKA ihn zu meiner Zeit als SGL des SG „Überört-liche Kriminalitätsbekämpfung und Kunstdiebstähle" im Visier hatte (20. Folge meiner Memoiren), als bedauernswertes Opfer der skrupellosen Russen-Mafia darstellen, die (fiktiv) ihrerseits hinter den in Zypern geraubten Kunstschätzen her war. Meiner Protagonistin Gaby Markwardt, die ich von der Sitte zu OK wechseln ließ, gedachte ich die Ermittlungsführung zu und be-gann unter dem Arbeitstitel „Tod eines verdeckten Ermittlers" erste Kapitel zu konzipieren. Plötzlich aber verlor ich die Lust dazu und ließ meine ersten Entwürfe liegen. Zwar verfügte ich über genug Berichte und Literatur auch über die Russenmafia und hatte selbst über den Fall laufend Presseberichte gesammelt. Doch ich wollte mir nicht wieder jede Menge Arbeit aufhalsen, nur um neuerlich reihum Verlage abklappern und womöglich Druckkostenzuschuss berappen zu müssen, bevor sich ein Verlag eventuelle dazu herbeiließ, meinen Roman zu verlegen.

Vielleicht schreibe ich eines Tages daran weiter – sofern mir noch Zeit dazu bleibt. Mein ehemaliger Beruf ist und bleibt mir schließlich Hobby. Aufmerksam verfolge ich die Entwicklung der Kriminalität, bin stolz auf die Erfolge meiner Kollegen, die sie in ihrem schier aussichtslosen, doch immer wieder erfolgreichen Kampf gegen das Verbrechertum erringen, bin aber doch von heimlicher Sorge erfüllt, dass sie der mehr und mehr ausufernden, vielfach organisierten Kriminalität und immer skrupelloseren Gewalt eines Tages nicht mehr Herr werden. Einmal noch besuchte ich ein Krimivestival, die Criminale 2004 am Niederrhein, und las – zusammen mit meinem Freund und Kollegen Wolfgang Mittmann und den Autoren/Innen Petra Pfänder und Markus Starck – im Schießkeller des Polizeipräsidiums Wesel. Für die Criminale 2005 im Hochsauerlandkreis, für die ein Kurzkrimi-Wettbewerb ausgeschrieben war, schrieb ich den Kurzkrimi „Der Vollmondmörder vom Möhnesee". Er wurde in der Anthologie „Fichten – Fälle – Fahnder" im Verlag Potszun, Brilon, veröffentlicht. Der Einladung zur Criminale bzw. zur Lesung aus der Anthologie vermochte ich indes aus gesundheitlichen Gründen nicht zu folgen, Reise- und sonstiger Stress verursachten mir immer öfter Herzbeschwerden, so dass ich fürchtete, irgendwann irgendwo auf der Strecke zu bleiben.

Als ich begann, über mein Berufsleben zu schreiben, wusste ich nicht, was ich mir damit aufgehalst habe. Doch es verhalf mir dazu, mir so manche schockierende Erlebnisse und enttäuschende Erfahrungen von der Seele zu schreiben, die ich noch nicht so ganz verarbeitet hatte. Gleichwohl stelle ich fest, dass gerade der Beruf des Kriminalisten einer der schönsten ist.

Mittlerweile bin ich Mitglied der Polizei-Poeten, ein von einem Kriminalisten aus Baden-Würthemberg ins Leben gerufenen Internetforum, dessen Logo ich mir hier abzubilden erlaube und das dessen Schöpfer inzwischen als Verein eintragen ließ.

Sollte mich heute jemand fragen, ob ich meinen ehemaligen Beruf noch einmal ergreifen würde, so bin ich mir doch sicher, dass ich dies nicht tun würde, auch wenn ich mich ihm ehemals mit Haut und Haar verschrieben hatte. Nicht nochmals möchte ich gegen eine Gesellschaft ankämpfen müssen, aus der heraus das staatliche Gewaltmonopol infrage gestellt wird, Linksautonome ihren unendlichen Hass auf die Polizei zum Ausdruck bringen (siehe Internetbeitrag des BDK, Landesverband Berlin, vom 03. 05. 2014) und Polizeibeamte weder bei Schlichtungsversuchen beim Streit zwischen Eheleuten noch bei Verkehrskontrollen oder vor extremistischen Gewalttätern ihres Lebens sicher sein können (siehe Dokumentation POLIZISTENMORDE von Heinz Tanner im Internetforum COP2COP unter „Wenn die Streifenwagen Trauer tragen" und im gleichnamigen Beitrag in der Fachzeitschrift „Polizei INFO.REPORT", Heft 3 – Mai/Juni 2012 ff.).

Viel lieber würde ich heute meine Tätigkeit als Blasmusikant wieder aufgreifen, die ich als Tenorhornist in der Tanner Blaskapelle erfolgreich (aber wenig ertragreich) ausgeübt hatte, bevor ich zur Polizei ging, und noch heute für die Egerländer Blasmusik unter Ernst Mosch und ähnliche Interpreten schwärme.

ENDE

Kriminal- und Polizeiromane aus der Feder des Münchner Exkommissars H. J. Prinz

Wie kaum einem anderen gelingt es Heinrich J. Prinz, Erster Kriminalhauptkommissar a. D. und Mitglied der Polizei-Poeten e. V., eine spannende Handlung mit realistischer Beschreibung des Polizeialltags zu verknüpfen, wie er ihn selbst erlebte.

Hautnah und authentisch schildert er die häufig stressige, oft frustrierende und meist nicht ungefährliche Polizeiarbeit.

Neben seinen Münchner Polizei-Krimis DIE RACHE DES DEALERS und ROSEN FÜR DIE LADY (vom Schardt-Verlag inzw. aus dem Programm genommen, Restexemplare noch beim Autor vorhanden) sowie seinen Kriminal- und Polizeigeschichten GNADENLOSE MÖRDERJAGD, die über den VJL oder den Buch- und Internetbuchhandel zu beziehen sind, sind die drei nachstehenden, von ihm im Selbstverlag herausgegebenen und inzwischen *preisreduzierten* Titel nur über ihn erhältlich.

OPERATION MOHNBLUME

Selbstverlag, 239 Seiten, kart., 6,00 EUR, ISBN 3-00-003259-2

Ein Mord im Münchner Rauschgiftmilieu und ein V-Mann-Tipp führen KOK Jürgen Renner und seine junge Partnerin Monika Hoberg, Rauschgiftfahnder des BLKA, zu riskantem Einsatz nach Istanbul. Sie bieten sich als verdeckte Ermittler an, einen dort angeblich liegen gebliebenen Camper, in dem eine größere Heroinlieferung versteckt ist, über die Balkanroute nach München zurückzuholen. Sie ahnen nicht, dass die „Türken-Connection" sie als Kriminalbeamte enttarnen wird, noch bevor sie zurück sind.

BITTERE ERKENNTNIS

Selbstverlag, 291 Seiten, kart., 7,00 EUR, ISBN 3-00-005435-7

Georg Hager, Kommissariatsleiter der Münchner Kripo, wird Leiter eines für überörtliche Kriminalitätsbekämpfung zuständigen Sachgebiets des bayerischen Landeskriminalamts. Sein Wunschtraum, Topkriminalität bearbeiten zu können, geht in Erfüllung. Doch als er mit seinen Leuten gegen die kriminelle Organisation um Cesare Lucchese ermittelt, die sich ihre lukrativen Einkünfte aus ihren Speditions- und Ladungsdiebstählen nicht schmälern lassen will, wird sein Wunschtraum zum Albtraum. Aus einer Telefonüberwachung bekommt er mit, dass auf seine Familie Mafiakiller angesetzt werden sollen. Verzweifelt versucht er, sie vor den eingeflogenen Killern zu schützen.

SCHATTENSEITEN EINER GROSSSTADT

Selbstverlag, 309 Seiten, kart., 8,00 EUR, ISBN 3-00-007500-3

Realitätsnah und kompetent führt der Autor dem Leser anhand fiktiver Einsätze und Ermittlungen den Tagesablauf einer Großstadtpolizei am Beispiel Münchens vor Augen. Wieder und wieder schlagen in der Einsatzzentrale die Notrufe an, jagen Streifenwagen durch die Stadt, rückt der Kriminaldauerdienst aus, werden Bereitschaftsbeamte alarmiert. Bis morgens die Fachkommissariate aktiv werden und abends dann wieder KDD und Bereitschaftsdienste gefordert sind. Erschütternd schließlich der Amoklauf eines jungen Menschen am Ende dieser für die Polizei an sich alltäglichen vierundzwanzig Stunden.

Spannende Handlung verknüpft mit authentischer Darstellung des häufig stressigen und meist nicht ungefährlichen Polizeidienstes versprechen auch folgende Titel:

ROSEN FÜR DIE LADY
208 Seiten, brosch., 12,80 EUR, ISBN 3-89841-317-9 (Schardt-Verlag).

Ein Münchner Polizei-Thriller über den engagierten und gefahrvollen Einsatz einer Hauptkommissarin der Münchner Sitte gegen skrupellose, im Konkurrenzkampf mit ortsansässigen Zuhältern um den lukrativen Wohnwagenstrich im Münchner Norden (historischer Bezug) liegenden berüchtigten Mafiakillern aus Frankfurt/Main.

GNADENLOSE MÖRDERJAGD
146 Seiten, kart., 8,90 EUR, ISBN 3-934141-82-X, VNL, Jena.

Anthologie mit Münchner Kriminal- und Polizeigeschichten, in denen der Autor den Leser ungeschminkt mit der Skrupellosigkeit, der rohen Gewalt und den ungehemmt ausgelebten Trieben von Sexualstraftätern konfrontiert, die Rauschgiftfahnder Jürgen Renner und Monika Hoberg vom LKA zu riskantem Einsatz bringt und eigene gefahrvolle Funkstreifeneinsätze schildert.

DIE RACHE DES DEALERS
208 Seiten, brosch. 12,80 EUR, ISBN 3-89841-270-9, Schardt-Verlag.

Noch mit dem Ecstasy-Fall vom Münchner Hauptbahnhof beschäftigt, erfährt KOK Jürgen Renner, dass ihm aus Drogenkreisen Blutrache droht. Zunächst weiß er nicht, von wem die Drohung ausgeht. Bis sich die Hinweise verdichten, dass der Kurde Faruk Ercan wieder im Lande ist, dessen Bruder er bei der Übergabe einer damals aus Istanbul eingeführten Heroinlieferung in Notwehr erschoss (siehe OPERATION MOHNBLUME). Immer enger zieht sich die Schlinge um seinen Hals zu.

Die ehemals im Schardt-Verlag verlegten Titel ROSEN FÜR DIE LADY und DIE RACHE DES DEALERS wurden dort zum 1. Juni 2013 aus dem Programm, den Katalogen des VLB sowie den Barsortimenten genommen. Kleine Restbestände sind noch beim Autor vorhanden.

Der Titel GNADENLOSE MÖRDERJAGD sowie die nachfolgende Anthologie sind im Verlag Neue Literatur, Jena, Plauen, Quedlinburg, vorrätig und über den Buchhandel lieferbar.

Mein Kopf, das Buch und Ich
Anthologie mit exklusiven Texten der Autoren Loti Kioske, Bernd
Schremmer, Edith Jürgen u. v. a. (der Autor Heinrich J. Prinz ist
auf Seite 169 mit *Ein Polizistenleben* vertreten).
Verlag Neue Literatur 2014, 200 Seiten, ISBN 978-3-934141-82-7,
Ladenpreis 8,90 EUR

**Buchbestellungen bei Heinrich J. Prinz unter Tel./Fax:
089/70009913 oder E-Mail: <hj.prinz@t-online.de>**
(auf Wunsch signiert oder mit Widmung versehen, ggf. für Kollegen
oder Freunde zur Beförderung, zum Geburtstag oder sonstigem
Anlass).

Der Autor

Heinrich J. Prinz ist ehemaliger
Münchner Kriminalbeamter. Seine
Berufung führte ihn über die
Bayerische Bereitschaftspolizei, die
legendäre Münchner Funkstreife
und verschiedene Aufgabengebiete
der Münchner Kripo ins Bayerische
Landeskriminalamt. Mit zahlreichen
Fachaufsätzen machte er sich bundesweit einen Namen. Als Erster Kriminalhauptkommissar (EKHK) ging er in Pension, übernahm
noch für ein paar Jahre die Redaktion einer polizeilichen Fachzeitschrift und lebt heute mit seiner Frau
zurückgezogen am Stadtrand von München. Er hat
eine Tochter, zwei Enkelkinder und zwei Urenkel.

Der Verlag

Wer aufhört
besser zu werden,
hat aufgehört
gut zu sein!

Basierend auf diesem Motto ist es dem novum Verlag
ein Anliegen neue Manuskripte aufzuspüren, zu veröffentlichen und deren Autoren langfristig zu fördern.
Mittlerweile gilt der 1997 gegründete und mehrfach
prämierte Verlag als Spezialist für Neuautoren in
Deutschland, Österreich und der Schweiz.

**Für jedes neue Manuskript wird innerhalb
weniger Wochen eine kostenfreie, unverbind-
liche Lektorats-Prüfung erstellt.**

Weitere Informationen zum Verlag und
seinen Büchern finden Sie im Internet unter:

www.novumverlag.com